The New Political Sociology of Science
과학의 새로운 정치사회학을 향하여

 카이로스총서28

과학의 새로운 정치사회학을 향하여
The New Political Sociology of Science

엮은이 스콧 프리켈·켈리 무어
지은이 대니얼 리 클라인맨·스티븐 엡스틴 외
옮긴이 김동광·김명진·김병윤

펴낸이 조정환
책임운영 신은주
편집부 김정연·오정민
홍보 김하은
프리뷰 윤덕호

펴낸곳 도서출판 갈무리 등록일 1994. 3. 3. 등록번호 제17-0161호
초판인쇄 2013년 11월 21일 초판발행 2013년 11월 31일
종이 화인페이퍼 출력 경운출력·프린트엔 인쇄 중앙피엔엘
라미네이팅 금성산업 제본 일진제책

주소 서울 마포구 서교동 375-13호 성지빌딩 101호
전화 02-325-1485 팩스 02-325-1407
website http://galmuri.co.kr e-mail galmuri@galmuri.co.kr

ISBN 978-89-6195-074-9 04300 / 978-89-86114-63-8(세트)
도서분류 1. 과학사회학 2. 과학철학 3. 사회학 4. 정치학 5. 사회운동 6. 자연과학

값 28,000원

이 도서의 국립중앙도서관 출판시도서목록(CIP)은 서지정보유통지원시스템 홈페이지(http://seoji.nl.go.kr)와 국가자료공동목록시스템(http://www.nl.go.kr/kolisnet)에서 이용하실 수 있습니다. (CIP제어번호 : CIP2013022911)

The New Political Sociology of Science

과학의 새로운 정치사회학을 향하여

제도, 연결망, 그리고 권력

스콧 프리켈·켈리 무어 엮음

대니얼 리 클라인맨·데이비드 J. 헤스·데이비드 H. 거스턴

레베카 개셔 앨트먼·레이첼 모렐로-프로쉬·로렐 스미스-도어

머린 클라위터·브라이언 마틴·브라이언 메이어·사브리나 매코믹

스콧 프리켈·스티븐 P. 밸러스·스티븐 엡스틴·스티븐 울프

스티븐 자베스토스키·에드워드 J. 우드하우스·제니 리어던

제이슨 오웬-스미스·켈리 무어·크리스토퍼 R. 헨케·필 브라운

지음

김동광·김명진·김병윤 옮김

일러두기

1. 이 책은 Scott Frickel and Kelly Moore (Eds.), *The New Political Sociology of Science*, Madison, WI : The University of Wisconsin Press, 2006을 완역한 것이다.
2. 인명은 본문에서 원어를 병기하지 않았으며 인명 찾아보기에 모두 병기하였다.
3. 단행본, 전집, 정기간행물, 보고서에는 겹낫표(『 』)를, 논문, 논설, 기고문 등에는 홑낫표(「 」)를 사용하였다.
4. 단체(위원회), 회사, 학회, 협회, 연구소, 재단, 프로젝트, 행사, 영상, 텔레비전 프로그램 이름, 전시, 공연물, 법률, 조약 및 협약에는 가랑이표(〈 〉)를 사용하였다. 정부 부처임을 쉽게 알 수 있는 고유명사에는 가랑이표를 사용하지 않았다(예 : 식품의약청, 환경보호청).
5. 지은이 주석과 옮긴이 주석은 같은 일련번호를 가지며, 옮긴이 주석에는 [옮긴이]라고 표시하였다.

2006년 이후 과학의 정치사회학은 새로운 청중을 찾아냈고, 전세계적
으로 더 많은 학자들이 과학의 정치사회학의 개념적, 경험적 초점을 활용해
학문적, 정책적 논쟁에 기여하고 있다. 이번에 출간되는 한국어판은 이러한
아이디어들을 더 널리 확산시키고, 희망컨대 새로운 이론적, 경험적 분석을
창출하는 데도 도움을 줄 것이기에, 우리는 이를 기쁘게 생각한다. 2006년
에 출간된 이 책에서 목표로 삼았던 것은 기존의 제도와 연결망들이 어떻게
과학기술의 구성요소, 과학기술이 만들어지는 방식, 또 과학기술이 권력과
정체성의 분포에 미치는 영향을 형성하는지 알아내는 것이었다. 우리는 제
도를 의미들로 가득 찬 상대적으로 내구성 있는 사회적, 물질적 관계의 시스
템으로 개념화했고, 그것이 행동에 구조화된, 그러나 결정적이지는 않은 영
향을 미친다고 봤다. 이렇게 하는 과정에서 우리는 과학기술의 사회적 연구
에서 당시 지배적이었던 접근법, 즉 실험실의 실천을 중심에 두고 지식생산
의 우연적인 미시환경을 강조하는 접근법에 도전하고 있었다. 이러한 접근법
은 과학지식 생산의 선형 모델에 대해 설득력 있는 비판을 가했고, 언어, 물
질성, 문화, 행위자의 행위능력이 하는 역할에 주목했다. 여기에 더해, 이는
과학을 다른 영역과 차별되는 사회생활의 장으로 가정할 수 없으며, 과학의
독특하고 공유된 특징들은 경험적·이론적 탐구를 통해 이해되어야 하는 것
임을 보여 주었다.

이러한 일단의 연구들에 기반해, 과학의 정치사회학은 지식에 대한 사
회적 연구의 규모를 확장시켜 그러한 연구가 실험실을 넘어 정부와 시장 같
은 제도적 시스템까지 나아가게 했고, 생산과 유통의 여러 규모들 간의 관계

에도 주의를 기울였다. 아울러 우리는 사회기술 시스템의 특정한 질서 속에서 누가 승리하고 누가 패배하는지에도 새롭게 주목하는 것을 목표로 삼았다. 이 책에 논문을 기고한 필자들은 비과학자들이 사회운동이나 여타 형태의 대중참여를 통해 지식에 이의를 제기하고 이를 형성하는 데 핵심적인 역할을 했음을 보였고, 규칙과 경제 시스템이 중요하다는 사실도 지적했다. 무엇보다도 이 책은 과학기술의 동학을 이해하려면 이종적 행위자들간의 상호작용을 이해해야 하며, 그러면서도 각각의 행위자들이 동등한 조건에서 상호작용에 참가한다고 가정해서는 안 됨을 보여 주었다.

이러한 관심사들에 초점을 맞춘 연구는 계속해서 증가해 왔고, 새로운 초점이 전면에 부상하기도 했다. 가령 과학자, 시민단체, 국가, 기업들 간의 전지구적 규모의 협력에 대한 주목, 환경 재앙을 포함한 사회기술적 재난의 동학, 신자유주의 경제 시스템의 역할과 한계, 그리고 인터넷, (건강이나 조상찾기를 위한) DNA 검사, 통신 시스템, 에너지 시스템, 식품 시스템, 보건사안 등과 같은 기술들과 관련해 제기되어 온 도덕적·윤리적 쟁점들에 대한 주목 등이 그것이다. 여기에 더해 최근의 연구는 이러한 기술들의 민족-인종, 성별, 계급, 지리적 특징들에도 면밀하게 주의를 기울여 왔다. 이러한 연구들은 사회기술 시스템이 일상생활에서 어떻게 차별적으로 경험되는지, 그리고 이러한 다양성에 대한 주목이 어떻게 지식 시스템을 향상시킬 수 있는지를 보여 주었다.

앞으로 반세기는 전례 없는 생태적 변화에 직면해 있는 점증하는 세계인구의 요구를 충족시킬 수 있도록 사회기술 시스템을 개발하고 사용하는 방식을 고안해 내는 과제를 우리에게 제기할 것이다. 지금 세계에서는 통신시스템과 교육 수준의 상승에 따라 과학기술의 개발과 사용에서 더 많은 종류의 참여가 나타나고 있다. 우리는 과학의 정치사회학의 도구들이 우리가 직면해 있는 어마어마한 도전과 기회에 대처할 수 있는 새로운 사회과학지식과 사회 행동에 정보와 영감을 줄 수 있기를 희망한다.

이 자리를 빌어 한국어판을 가능하게 해 준 갈무리 출판사와 위스콘신 대학교 출판부의 앤 T. 매케나, 그리고 김동광, 김병윤, 김명진 세 역자에게 감사를 드린다. 마지막으로 이 책에 논문을 기고해 준 필자들과, 계속해서 우리에게 영감을 주고 도전을 제기하는 동료 및 학생들에게도 변함없는 감사의 뜻을 전하고 싶다.

차례

이런 형식으로 편집된 책들은 대개 여러 학술회의에 발표된 논문들에서 처음 시작되어 수정과 편집을 거쳐 함께 묶여 독자들에게 하나의 유기적인 결과물, 즉 학문적인 논쟁과 종합의 산물로 제시되곤 한다. 그러나 이 책은 그런 종류가 아니다. 이 책은 세계화와 신자유주의적 개혁에서 비롯된 구조적 불평등에 대해 대니얼 클라인맨과 나누었던 대화에서 비롯되었다. 세계화와 신자유주의는 지식의 생산자와 소비자들뿐 아니라 과학 전반에 걸쳐 복합적이고 심층적인 영향을 주고 있는 것으로 보인다. 처음부터 우리는 이 책을 사회학과 과학학science studies 분야의 연구를 과학정책과 그 실천, 그 배후에서 이루어지는 정치적 및 경제적 의사결정, 그리고 과학이 계속 일으키고 파급시키는 생태적, 사회적 영향들과 융합시키려는 시도로 생각했다. 이러한 과정에서 우리는 권력 문제에 관심을 유도하려고 시도했다. 가령 거기에는 이런 물음도 포함되어 있다. 왜 어떤 지식은 생산되지 않는가, 또는 왜 어떤 집단은 유용한 지식을 바로 얻을 수 없는가? 우리들은 우리 학문이 널리 유의미하려면 이러한 물음을 설명하는 과제에 참여해야 한다고 굳게 믿고 있다. 이러한 목적을 위해, 우리는 여러 기고자들에게 오늘날 과학에서 왜 이런 사건과 과정들이 일어나는지 설명해 주는 개별 사례연구와 비교 사례연구를 기고해 달라고 청했다. 청탁받은 모든 학자들이 요구에 응했고, 대부분 기꺼이 우리의 작업에 동참했다.

이 서문에서 우리는 신과학정치사회학new political sociology of science, NPSS의 기본 윤곽을 설명해 둘 필요가 있을 것이다. 신과학정치사회학의 틀을 체계화하고 발전시키면서, 우리는 과학의 연구비 조달, 관리, 그리고 그 실천을 형성하는 정치적, 제도적 동역학에 더욱 확실하게 초점을 맞추고자 한다. 그리고 그 과정에서 문화적 과학학의 핵심 요소들뿐 아니라 폭넓은 사회 변화 과정들, 특히 그 의미와 연결망들을 강조하게 될 것이다. 이 책의 기고자들은 이러한 관점들이 교차하는 영역에서 연구하고 있으며, 집합적으로 볼 때 그들의 연구는 개념적 상호작용에서 생겨나는 역동적인 긴장에 대해 이야기하고 있다. 이와 비슷한 역동성이 이 책의 탄생을 가능하게 했다. 두 사람이 함께 이 책을 편집하는 과정은 매우 긴밀한 협력 과정이었다. 이 책의 형태를 놓고 초기에 벌였던 논쟁 덕분에 서문은 여러 차례 수정되었고, 토론은 최종 편집과 색인 작성 과정까지 계속 이어졌다. 이 책이 나오는 과정에서 이러한 협력관계가 반영되지 않은 부분은 거의 없다. 편저자의 이름도 알파벳 순서로 넣기로 합의했다.

이 책을 편집하는 과정에서, 우리는 과학에 대한 비판적 제도 분석의 요구가 높다는 사실을 발견하고 기뻤다. 2003년 11월 〈과학의 사회적 연구 학회〉Society for Social Studies of Science, 4S와 2004년 8월 〈미국사회학회〉American Sociological Association 학술대회에서 우리가 조직했던 학술 분과에 많은 사람들이 참여해서 벌였던 활발한 토론이 그 징후였을지도 모른다.

학술대회를 구성한 여러 세션들은 우리를 비롯해서 이 책의 기고자들, 그리고 분과에 참여했던 청중들이 공통된 – 그리고 저마다 특징적인 – 분석 주제와 형식들을 발표하고 서로를 자극할 수 있는 좋은 기회가 되었다.

:: 감사의 글

　기고자들 이외에도 이 책이 나오기까지 애써주신 많은 분들에게 진심 어린 감사를 드린다. 글을 실어주신 모든 분들이 초고부터 최종 수정본 제출까지 우리가 정한 무척 엄격한 기한에 적극 협력해주신 데 대해 고마움을 전한다. 위스콘신대학 출판부의 이 시리즈 편집자인 대니얼 클라인맨과 조 핸델스먼, 그리고 출판 국장 로버트 맨델은 시종일관 놀라운 헌신성으로 이 프로젝트에 임했다. 우리는 이 책이 그들의 기대에 부응하기를 기원한다. 편집이 시작된 이후에는 데이비드 허즈버그, 에린 홀먼, 그리고 매튜 레빈이 뛰어난 능력과 세심한 배려로 원고 진행을 이끌어나갔다. 원고를 정리해 준 제인 큐런과 색인 작업을 맡았던 블라이드 울스턴에게 감사드린다. 엘리자베스 S. 클레멘스와 에드워드 J. 해켓은 풍부하고도 유용한 조언을 아끼지 않았다. 평생의 동반자 리스 윌리엄스와 베스 퍼셀은 급한 일을 젖혀두고 우리의 이야기를 경청하고 깊은 인내심으로 원고를 읽어주었다. 우리는 두 사람의 사랑과 후원에 깊이 감사드린다.

1장

신과학정치사회학의 전망과 도전

스콧 프리켈·켈리 무어

이 장, 그리고 이 장에서 소개하는 이 책은 역사적 맥락에서 현대 정치에 학문적으로 대응한 산물로 읽힐 수 있을 것이다. 우리는 이 장에서 과학지식의 발전과 사용, 그리고 과학자들의 경력, 분야, 그리고 정책 체제policy regime에 대한 규제 방식과 시장에서 나타나는 최근 변화에 관심을 가지는 사회학자와 그 밖의 사람들의 연구 프로그램을 개괄하고자 한다. 또한 이 장은 이러한 변화의 결과, 지식생산체계가, 과학지식이 시민들의 요구에 더 잘 부응할 수 있게 만들기 위한 싸움에 동참하는 일부 과학자들을 비롯한 여러 사람들의 요구에 적절하게 대응할 수 있는지, 그리고 대응할 수 있다면 그 방법이 무엇인지 더 잘 이해하려는 시도이기도 하다. 근본적으로, 그것은 과학에서 정치적이란 무엇인가라는 해묵은 질문에 대한 새로운 답을 추구하려는 노력이다.

이 물음에 하나의 답을 내놓은 사람이 영국의 사회학자 스튜어트 블룸이었다. 그는 자신의 책 『과학정치학을 향하여』*Toward a Political Sociology of Science*에서 자신의 연구주제가 "현대과학이 본질적으로 정치적이며, 나아가, 과학의 역할이 근대국가의 정치체제의 핵심적인 부분이라는 가정에 토대를 두고 있다"는 비판적인 분석을 내놓았다(1974 : 1). 이 책의 경험적인 내용의 장들은 과학 내의 권위 구조에서 과학자들의 노동조합 가입(영국), 정치화 (미국), 정부에서 활동하는 엘리트 과학자들의 역할, 그리고 과학정책 결정 과정에 대한 시민 참여에 이르기까지 다양한 주제들을 다루고 있다. 과학이 라는 사회체계 안에서 과학자들이 수행하는 전문적인 역할에 대한 블룸의 강조가 탈코트 파슨스와 그의 제자였던 로버트 머튼과 긴밀하게 연관된 북 미판 구조기능주의를 연상하게 할지 모르지만, 그가 자신의 데이터를 이해 했던 해석적 양식은 위르겐 하버마스, 허버트 마르쿠제, 그리고 스티브와 힐 러리 로즈로 대표되는 유럽 비판이론가들의 관심사와 긴밀히 통한다. 블룸 은 머튼주의의 제도적 자율성 테제[1]에 반대하면서 다음과 같은 말로 자신 의 연구를 마무리 지었다. "현대과학의 사회적 구조는 사회, 경제, 정치 조직 에 고도로 의존하고 있으며, 이러한 환경 변화에 극도로 민감하다."(279)

블룸의 과학정치학 분석이 출간된 지 30년이 지났다. 그가 과학, 정치, 그리고 경제의 상호의존성에 대해 내렸던 결론은 오늘날 과학학 연구에서 너무도 자명해서 사실상 하나의 공리公理가 되었으며, 그가 자신의 견해를 이 끌어내는 과정에서 검토했던 제도들 사이의 상호연결성은 폭넓은 변화를 겪 고 있다. 과학자들이 정치와 맺고 있는 관계 변화를 생각해 보라. 1950년대 만 해도 일반인들은 사회기술적 쟁점들에 대한 의사결정 과정에서 실질적 으로 아무런 역할도 하지 못했고, 과학자들의 정치 관여는 대개 정부에 대 한 자문역으로 그쳤다. 그러나 1970년대 초에 이미 많은 변화가 이루어졌다. 지난 십여 년 동안 거세게 일었던 정치적 행동주의의 파도에는 무기연구와 합성 화학산업에 과학자들이 참여하는 데 대한 비난이 포함되었다. 새로운

---

1. [옮긴이] 머튼은 구조기능주의 관점에서 과학이라는 제도가 확증된 지식으로서 과학지식
을 생산할 수 있는 이유를 보편주의, 공유주의, 탈이해관계, 조직화된 회의주의라는 4가지
규범구조로 설명했다. 그는 이러한 규범구조 때문에 과학이 외부의 개입이 필요 없는 자율
적인 자기규제 체계라고 보았다.

활동가들은 여성과 소수자들에 대한 과학과 의학의 주장에 도전을 제기하기 시작했다(Hoffman 1989; Bell 1994; Morgen 2002). 같은 시기에 과학자들 자신도 정치적으로 동원되었고, 자신들의 전문성을 이용해서 정부와 기업의 과학 이용에 대해 문제를 제기하고 "사회적으로 책임 있는" 목표로 과학 연구를 새롭게 정립해야 한다는 주장을 폈다(Moore, 2008). 1990년대 이후 오늘날에 이르기까지, 우리는 비전문가인 "일반인 전문가"lay expert들의 등장으로 새로운 변화를 목격하고 있다. 그들은 과학자들과 함께 활동하면서 명백히 가치가 내재된 이론과 방법론에 대한 대안 이론이나 방법론을 추구하고 그것을 정당화하기 위해 노력하고 있다. 그들의 활동은 공립학교 생물학 교육과정에 지적 설계론을 포함시켜야 한다고 주장하는 반反진화론자들에서부터 오염된 지역 공동체를 위협하는 질병에 대한 해결책을 모색하는 "대중 역학자들"popular epidemiologists에 이르기까지 폭넓은 범위에 걸쳐 있다(Fischer 2000; Hassanein 2000; Gross 2003; Schindler 2004; Brown 1987; Moon and Sproull 2000). 과학의 언어와 도구를 학습하고 수정함으로써, 그 이용자와 일반인 전문가들은 과학 논쟁에 참여했고, 일부 경우에는 폭넓은 쟁점에 걸쳐 전문가들의 주장에 도전을 제기하는 데 성공했다.

공식적, 비공식적인 정치에 대해 이루어지는 날로 복잡한 개입은 오늘날 과학이 직면하고 있는 그보다 훨씬 폭넓은 일련의 변화들에서 중요한 하나의 차원에 불과하다. 현대 생활에서 이루어지는 그 밖의 여러 사회활동과 마찬가지로, 과학지식의 생산과 사용은 심하게 제약되고 상업화된 활동이 되었다(Etzkowitz, Webster, and Healy 1998; Powell and Snellman 2004; U.S. Congress 2004; Kloppenburg 1988; Abraham and Reid 2002). 분명한 것은 이러한 변화들이 간단히 이루어지지 않았고, 그 함의 역시 확실치 않다는 점이다. 오히려, 오늘날 우리는 과학자, 시민, 정부, 그리고 사적 부문 사이에서 과거 어느 시기보다 훨씬 더 풍부한 상호작용이 일어난다는 사실을 발견하게 된다. 서로 맞물려 있는 정치, 법, 그리고 상업 구조를 이해하려는 시도에는 상당한 어려움이 따른다. 이들 제도 사이에서 새롭게 나타나는 유연한 관계는 과학자들 자신의 주장이 갖는 신뢰나 권위뿐 아니라 지적 활동과 재산권, 법률적인 전문적 경계의 유지, 그리고 연구의 특징을 이루는 궤적과 실행들의 본성에 관해 공유되어 왔던 여러 가지 가정들에까지 도전을 제기한다. 좀더 넓게는, 정치화, 상업화, 그리고 과학의 규제가 보건, 민주적인 시민사회, 그리고 환경 복지에 깊은 함축을 갖게 되었다.

이 장의 목표 중 하나는 독자들에게 과학의 사회적 연구라는 분야에서 이루어지는 연구들이 이러한 폭넓은 역사적 변화와 그 사회정치적 함의를 이해하는 데 더 나은 시야를 열어줄 수 있다는 것을 보여 주는 것이다. 이 목표를 위해서, 우리는 블룸의 선행 연구에서 촉발되었고 오늘날의 과학을 구조짓고 미래의 과학 조직과 활동에 지울 수 없는 영향을 미칠 정치적, 경제적 실재의 변화에 제기되는 새로운 도전들에 맞서기 위해 새로운 이론과 방법론으로 무장한 "신과학정치사회학"NPSS의 개략적인 윤곽을 그리고자 한다. 신과학정치사회학은 법, 정치, 사회운동의 사회학을 기반으로 제도와 연결망이 지식을 생산하는 방식과 그에 뒤이은 저항과 적응의 동역학이 어떤 것인지 보여 준다.

과학정치사회학의 재정립

과학지식을 생산하고 인정하고 유포하는 체계에서 나타난 중요한 역사적 변화에는, 의식적이든 아니든 간에, 마찬가지로 폭넓은 일련의 지적 변화가 수반되었다. 그 과정에서 인류학자, 철학자, 사회학자 등이 새로운 방법론과 개념적 도구들을 만들었고, 일부에서는 "테크노사이언스"technoscience의 사회적 연구를 위해(Latour 1987 : 174) 전혀 새로운 어휘들을 내놓기도 했다(Akrich and Latour 1992). 보다 폭넓은 지적 변화의 신호탄을 처음 쏘아

올린 것은 토마스 쿤의 『과학혁명의 구조』*The Structure of Scientific Revolutions,* 1970[1962]였다. 프랑스의 규약주의 사상에서 비롯된 쿤의 주장은, "정상과학"에서 일탈사례가 누적하면서 발생하는 인지적 불일치를 강조함으로써, 과학에서 나타나는 변화에 대한 사회-심리적 이론을 지향했다. 쿤의 개념에서 착상을 얻은 1970년대의 사회학자들은 과학지식사회학 sociology of scientific knowledge을 주창했고, 과학이 자연적이고 보편적인 진리를 추구한다는 점에서 다른 사회 제도들과 다르다는 뿌리깊은 통념에 정면으로 도전했다(Barnes 1974; Mulkay 1979). 연구자들은 과학지식이 사회적이고 특수하며, 과학지식 생산을 떠받치는 제도와 문화적 실행의 본질적 성격이 자율적이지 않고 독특하지도 않다는 것을 입증하기 위해 노력했다. 비교적 짧은 시간 동안, 위대한 과학자들과 위대한 사상을 결부시켰던 휘그주의적 과학사 2, 그리고 과학은 자기규율적인 사회 제도라고 힘주어 주장했던 머튼의 관점은 광채를 잃었고, 그 대신 훨씬 더 우연적이고, 맥락적이고, 비판적인 과학사회학과 과학사회사가 그 자리를 채웠다.

그 이후, 이 분야에서 이루어진 연구는 과학의 물질적 및 인식적 재료들, 즉 사실과 인공물들이 어떻게 만들어지는지에 대한 인류학적, 철학적 측면에 초점을 맞추었다. 주로 문헌 연구, 실험실에 대한 민속지적 연구, 그리고 담론 분석으로 이루어진, 행위자-지향의 이 포괄적인 연구들은 인류학과 문화연구의 인식론과 방법론을 기반으로 상세한 사례연구 분석을 통해서 과학지식의 구성적 성격을 기술했다. 매우 폭넓은 주제를 아우르는 이 연구들은, 복잡한 사회기술적 연결망, 언어, 그리고 의식儀式들에 의해, 가정에서 사실이 탄생할 수 있는 인식적 여행의 지도를 작성했다. 이들 연구는 어떻게 기계, 생물, 텍스트, 데이터, 사람, 그리고 실행이 "이질적인 연결망" 안에서 하나로 합쳐지는지, 그리고 그 결과가 어떻게 권위적인 지식과 자연의 표

---

2. [옮긴이] 현재의 관점에서 과거의 이론이나 실행을 서술하는 방식을 말함.

상이 되는지를 보여 준다(Callon 1995). 이러한 관점에서 사회적인 것the social 과 자연적인 것the natural이 상호 구성되며 공동생산되는 범주들이라는 중요하고 연관된 주장들이 제기되고(Latour and Woolgar 1986; Clarke and Oleson 1999), 이러한 주제들이 확고한 사실, 테크닉, 이론 또는 기술로 안정화되는 것은 물질들의 협동적인 교환과 실행들의 조정을 통해 나타난 협상 결과이자(Fujimura 1996; Collins 1983; Pickering 1995; Casper 1998), 지리, 조직, 학문 영역을 둘러싸고 서로 신뢰를 획득하기 위한 경쟁이며(Clarke 1998; Gieryn 1999), "무엇이 진리인가" 그리고 "무엇이 가장 잘 작동하는가"라는 특정한 정의를 내릴 수 있게 하고 그 정의를 확장시키는 것이 독립적인 "자연"이 아니라 바로 이러한 문화적 장치들이라는 주장이 제기되었다. 신뢰를 얻기 위해 벌어지는 경합의 집합적이고 협상적인 성격은 다음 저서들에서 잘 예증되고 있다. Bijker and Law (1992), Clarke and Fujimura (1992), Galison and Stump(1996), Pickering (1992), 그리고 Star (1996). 1990년대 초중반에 간행된 이들 저서는 과학의 사회적 연구에 문화와 사회 구성주의적 접근방식을 확고하게 수립하는 데 크게 기여했다.

지식 생산에서 권력이라는 제도적 기반이 중요하다는 사실을 보다 깊이 인식하게 된 것은 지난 십여 년 동안 빠르게 성장한 두 번째 학문적 흐름에서 잘 투영된다. 우리가 신과학정치사회학이라는 이름으로 뭉뚱그린, 이 책과 그 밖의 문헌들에 실린 일련의 연구는 지식 생산체계를 틀지우는 규칙과 과정들, 의미, 조직, 그리고 자원 배분의 공통 분모를 고찰한다. 문화적 과학 연구에서 얻은 통찰들을 통합시키고 그 논변에 주의를 기울이지만, 신과학정치사회학은 지식 정치의 권력과 불평등이라는 구조적 차원에 초점을 맞추면서 과학이 어떻게 작동하는가에 대한 문화학파의 두터운 기술thick descriptions에 머물지 않는다. 여기서 한걸음 더 나아가 왜 과학이 다른 집단들보다 특정 집단들에서 더 잘, 또는 자주 작동하는지 설명하고 인종, 젠더, 계급, 그리고 직업 같은 사회적 귀속이 이러한 특정 결과와 상호작용하고 그것을 조건지우는 방식을 탐구하는 연구로 확장했다. 여러 권의 편저들이 과학과 기술에 대한 이러한 접근방식들의 여러 가지 요소들을 한데 모았는데, 이러한 시도들은 민주주의(Kleinman 2000), 대학-기업 관계(Restivo and Croissant 2001), 페미니즘(Schiebinger, Creager, and Lunbeck 2001), 환경보건(Kroll-Smith, Brown, and Gunter 2000; Brown 2002) 같은 구체적인 주제에 초점을 맞추었다.[3] 그러나 앞서 발간된 책들과 달리, 이 책에서 우리는 아직도 느슨하게 묶여 있는 이 분야 내에서 중요한 프로그램과 함께 상반되는 경향들을 밝혀내기 위해, 핵심 주제와 논변, 그리고 빙법론들의 넓은 단면을 보여주는 연구들을 나열할 것이다.

우리가 생각하는 신과학정치사회학 프로젝트의 핵심은 지식 생산과 전파에서 권력power을 얻고 배분할 수 있게 해 주는 제도institution와 연결망network에 대한 분석이다. 이들 3가지 중심 개념에 대한 우리의 기본적인 이해는 매우 직접적이다. 권력은, 여기에서 강조된 베버적 의미에서, 다른 사람들에게 직접적이든 간접적이든, 암묵적이든 명시적이든, 합법적이든 비합법적이든 영향을 미칠 수 있는 능력이다. 권력은 역동적이고 사회적인 조건이며, 그 성격은 그것이 취하는 형태, 사회 전반에 걸친 배분, 그것이 표현되는 메커니즘, 그 영향의 범위와 강도 등에 의해 경험적으로 기술될 수 있다. 우리에게 제도란 여러 사회활동 언저리에 조직되어 있고 다양한 방식으로 일상생활의 윤곽과 경험을 빚어내는, 상대적으로 내구력 있는 일련의 실행과 사상들의 집합을 뜻한다. 제도는 관례화된 "진행 방식"의 구현이며, 사회의 개별 성원들에 의해 대개 당연하게 여겨지더라도 특정 활동 과정을 강요하고 다른 활동을 가능하게 하면서 끊임없이 사회적 선택들을 틀지우고 이끌

---

3. 문화에 기반한 일부 탈식민주의와 페미니스트 과학 기술 분석(예를 들어 Downey and Dumit 1997; Harding 1998)도 왜 과학이 다른 집단보다 특정 집단에게 더 많은 혜택을 주는지 이해하려는 우리의 관심을 공유한다. 그러나 이들 학자들과 다른 점은 우리가 공식적인 권력관계, 조직, 그리고 연결망을 불평등의 근원으로 본다는 점이다.

어낸다. 연결망은 개인과 조직 행위자들 사이에서 이루어지는 역동적인 관계의 구성이다. 이 구성은 전적으로 특정 제도적 설정 안에서 기술되는 배경에서만 작동할 수 있지만, 우리는 연결망이 제도적 영역들을 연결하는 역할, 그리고 권력 분배와 제도적 배열의 변화에서 핵심적인 메커니즘으로 작동하는 측면에 가장 큰 관심을 가지고 있다. 이러한 다리놓기 과정을 통해 갈등이 일어날 수 있고, 그 결과 제도적 실행들이 견고해지거나 바뀔 수도 있다.

권력의 구조적 기반에 관심을 집중하게 되면 종종(항상은 아니지만) 연구실 문턱 밖에서 벌어지는 논쟁들, 사회의 지배적인 법적, 경제적, 그리고 정치적 구조에서 끊임없이 나타나는 복잡한 변화에 의해 생성하는 갈등들에 대한 탐구로 이어지곤 한다. 이러한 영역에서, 신과학정치사회학은, 예를 들어, 이익에 의해 추동되는 연구의 직간접적인 비용편익, 연구를 둘러싼 의사결정 참여를 지배하는 공식적 및 비공식적 관습의 함의, 그리고 이러한 의사결정이 이루어지고 실행되는 과정들에 대해 제기되는 물음들의 답을 구하려 시도한다. 어떤 지식이 생산되는가? 그 지식에 누가 접근할 수 있는가? 어떤 종류의 지식생산이 "수행되지 않은 채"undone 남겨지는가?(Hilgartner 2001; Woodhouse, Hess, Breyman, and Martin 2002)

이런 물음은 일반적으로 좀더 행위자를 중심에 두는 접근방식들이 제대로 다룰 수 없는 매우 시급한 정치적인 유형의 물음들이다. 과학의 사회적 연구에 대한 구성주의적 접근방식들은 일차적으로 기술에 치중했고descriptive, 흔히 지식의 실행이 국소적 수준에서 어떻게 전개되는지 밝히는 데 주력했다. 신과학정치사회학은 과학지식의 우연적이고 구성적인 성격을 인정하지만, 동시에 구성과정이 임의적이지 않으며 임의적으로 분포하지도 않는다고 주장한다. 신과학정치사회학은 왜 지식생산 방식을 바꾸려는 집합적인 노력이 성공하거나 실패했는지 설명하려고 시도한다. 분명한 것은, 우리 계획의 인과적 요소들이, 가장 하잘것없는 문제들조차 해체에 취약한 상태로 남게 되는 인식론적 문제들을 회피하지 않는다는 점이다. 그러나 우리는 어떤 종류의 주장, 결과, 그리고 과정이 다른 것보다 훨씬 일어나기 쉽게 만드는 지속적인 대규모 관계들이 존재한다는 점에 주목한다. 자신들이 다루는 대상의 끝없는 "창발적인" 또는 "사회적으로 구성된" 성격으로 인해 모든 인과적 진술이 잘못임이 입증될 것이라는 우려 때문에 인과 분석을 피하는 과학비평critique은 이처럼 넓은 패턴들을 설명하는 데 적합하지 않다. 비평과 기술description은 가치 있는 학문적 도구이지만, 사회기술적 논쟁에서 왜 패자와 승자가 있는지 이해하기 위해 우리가 시도하는 사례들에서는 그다지 유용하지 않다(Latour 2004). 더 중요한 점으로, 이 책에 실린 여러 장에서 잘 나타나듯이, 원인에 대한 탐색은 새로운 종류의 해법을 시사하는 방식으로 그 결과들을 이해하는 기반이 될 수 있다.

  이 책에 모아놓은 연구들이 과학의 사회적 연구에 사회 구조를 (그리고 이해관계, 체제, 그리고 조직처럼 구조와 어울리는 개념들을) 다시 "불러들이는" 집단적인 요청으로 읽힐 수도 있겠지만, 신과학정치사회학은 결코 역행적 시도가 아니다. 신과학정치사회학은 주로 맑스주의 이론과 경제분석에 기반했던 앞선 시기의 과학정치사회학처럼 결정론에 호소하지 않으면서 보다 폭넓은 과학의 사회적 관계를 분석한다(Arditti, Brennan, and Cavrak 1980; Aronowitz 1988; Noble 1977). 또한 신정치과학사회학은 그보다 앞선 과학의 제도주의 분석에서 가정했던 구조기능주의 역시 피한다(Ben-David 1991; Hagstrom 1965; Merton 1973). 이러한 접근방식들과 달리, 우리는 신과학정치사회학을 경제, 법률, 그리고 시민사회 제도들 내부와 그 사이에 배태되어 있는 과학지식 체계들의 관계를 신베버주의적neo-Weberian 관점에서 강조하는 경험적인 연구계획으로 규정한다. 이러한 분석에서 우리는 문화를 (의식儀式, 상징, 언어, 그리고 그 밖의 의미체계들) 배제하지는 않지만, 문화를 권력의 구조화된 관계 속에 배태되어 있는 무엇으로 이해한다(Bourdieu 1984, Lounsbury and Ventresca 2003; Schurman 2004).

  먼저, 우리가 기존 연구와 새로운 연구를 통합하고 그 지향점을 세우고

자 하는 4가지 일반적 요소들을 제시함으로써, 신과학정치사회학의 의미를 구체화할 수 있을 것이다.

신과학정치사회학 프로그램의 핵심 요소들

권력과 자원의 불평등한 배분에 대한 관심

우리가 공식 권력, 즉 제도적으로 배태된 사회적 관계와 이해관계 속에 들어 있는 권력에 초점을 맞추게 된 것은 평등한 접근, 책무, 그리고 불평등에 대한 관심에서 촉발되었다.[4] 스티븐 루크스가 썼듯이(2002 : 491), 권력을 이해하면 "누구에게 영향을 미치려 하고, 누구에게 호소하려고 애쓰고, 누구를 회피하고……누구에게 책임과 칭송을 돌려야 하는지" 아는 데 도움을 얻는다. 주어진 모든 순간마다, 개인이나 조직 행위자들이 그 속에 들어 있는, 사회관계의 구조는 가용한 자원에 접근하고, 행동을 취할 수 있는 가능성을 열어주거나 차단한다. 거기에는 권력 배분(즉, 정치)의 변화를 모색하는 행동도 포함된다. 이러한 배열은 의사결정과 그 밖의 형태의 권력에 대한 정례화된 통로와 절차를 제공함으로써 특정한 행위자들에게 공식 권력을 부여하며, 특정 행위자가 이러한 활동이 벌어지는 하나 또는 그 이상의 장^場에 위치하는지 여부가 결과를 설명하는 중요한 요인이 되게 한다. 행위자들이 활용할 수 있는 자원도 기존의 배열에 의해 구조화된다. 비공식 권력도 비슷한 원칙에 기반한다. 즉, 거래에 활용가능한 사회 연결망이나 그 밖의 자원들에 접근할 수 있는 사회적 지위 여하에 따라 권력을 행사하거나 일부 정치

---

4. 이해관계가 고정되어 있고, 확실하게 설명되며, 자기만족을 높일 수 있는 분명한 선택으로 이루어진다고 생각하는 합리적 선택 이론가들과(예를 들어, Coleman 1990) 달리, 우리는 사람들이 개인적 이익뿐 아니라, 또는 그 대신, 이타주의에 기반한 이해관계를 가질 수 있으며, 그러한 이해관계는 그들이 속한 제도에 의해 형성된다는 생각을 견지한다.

형태에 관여할 수 있게 된다.

"누가 자기결정과 자기이익을 위해 행동할 권리를 가지는가?"라는 물음에 대한 답은 시간과 장소에 따라 달라질 수 있다(Scott 1995 : 140). 예를 들어 민족, 계급, 인종, 젠더, 전문적 지위, 연령 등에 의해 구분되는 사회집단의 구성원들은 일상적으로 규칙을 정하고 자원을 징발하고 자신들에게 유리하게 상황을 규정할 수 있는 유리한 지위를 누린다. 그 밖의 경우에, 그보다 변하기 쉬운 자원들은 ─ 예를 들어 중요한 정보에 대한 접근, 즉 그래노베터의 용어를 빌자면(1973), "약한 유대"의 연결⁵ ─ 특정 행위자들에게 집단 내의 다른 행위자나 연결망이 공유하지 못하는 이익을 누리게 허용할 수 있다. 따라서 우리는 권력을, 부분적으로, 제도들 사이에 걸쳐 있는 유연한 연결망에 비해 상대적으로 안정적인 제도의 구성 안에서 행위자들이 차지하는 사회적 지위의 가변적인 기능으로 본다. 또한 우리는 정치를 이러한 구성을 확실하게 재생산하거나, 반대로, 크게 변화시키려고 노력하는 집단 행동으로 본다.⁶

규칙과 규칙 제정에 대한 관심

법률 규칙이든 행정 규칙이든, 규칙은 신과학정치사회학의 주요 관심사이다. 규칙이 권력의 결정적인 표현으로 기여하고, 논쟁이 벌어질 수 있는 수단을 규정하기 때문이다. 이러한 규칙들의 가장 중요한 특징 중 하나는 논쟁 조건의 기준, 즉 누가 토론에 참여할 권리가 있는지 여부와 경연 기준을 정해 준다는 것이다(Epstein 1998; Fischer 2000; Weisman 1998). 과학에서 더 영향력이 높은 기준선에 해당하는 규칙으로는, 인간 피실험자를 보호하는

---

5. [옮긴이] "약한유대"의 연결(the strength of weak ties) : Mark Granovetter의 개념으로 가까운 사람과의 강한 연결보다 안면이 있는 정도의 약한 연결에서 의외로 더 중요한 정보를 얻을 수 있다는 주장이다. 그는 이러한 관계가 구직행위에서 더 효과적이었다는 연구를 했다.
6. 우리는 권력이 관계뿐 아니라, 예를 들어, 저항 같은 개인적 행동이나 산만하고 상징적인 표상 같은(Foucault 1978; Scott 1990) 여러 가지 형태를 가질 수 있다는 것을 인정하지만, 보다 큰 사회적 정치적 변화에는 이러한 형태가 중요한 의미를 갖지 않는다고 생각한다.

규칙이 있다. 60년 전에 사람을 실험 대상으로 삼을 수 있었던 것은 과학실험에서 피해를 입는 사람들을 보호하기 위한 규약이나 그들이 법률에 호소할 수 있는 방안이 거의 없었기 때문이었다(Halpern 2004). 그 후, 인간 (그리고 동물) 피실험자는 훨씬 엄격한 보호를 받을 수 있게 되었다. 거기에는 충분한 정보에 근거한 동의informed consent 규정의 정교화, 미국 국립보건원 National Institutes of Health, NIH 연구비 수혜자들에게 요구되는 윤리 과정 수료 요건 등이 포함된다. 이러한 새로운 규칙들은 여러 가지 방식으로 생의료와 공중보건 연구에 참여하는 사람들과 과학자 사이의 관계를 재구성했다.

컴퓨터 프로그램이나 특허 같은 기술 체계 속에 들어 있는 규칙들 역시 권력관계를 구조화한다. 가장 분명한 수준에서, 이 규칙들은 처리될 수 있는 정보와 반드시 고려되어야 할 질서의 종류를 제약하고, 사람의 오류를 줄이고, 효율적인 의사소통과 조정을 가능하게 함으로써 인간의 의사결정을 대체한다. 그러나 이 규칙들은 인간 행위자들로부터 통제력을 빼앗아 외재화 시키고 내부 정보에 대한 접근을 제한하는 결과를 가져오기도 한다. 사적으로 소유된 체계들에서는 이러한 문제들이 복합적으로 나타난다.

우리가 과학에서 규칙과 절차적 활동의 구조와 운명에 대한 체계적 검토를 장려하는 이유는, 그것이 사회 관계가 정례화되고 내구적이 되는 조건들, 그리고 이러한 조건들이 크게 문제가 되고 권력관계의 중요한 재배열로 이어지는 때가 언제인지 더 잘 이해할 수 있는 수단이 되기 때문이다. 또한 어떤 절차가 다른 것들에 비해 더 큰 영향을 주는지 연구함으로써, 우리는 그 속에 규칙과 규칙 제정이 배태되어 있는 위계적이거나 분산된 배열들을 더 잘 이해할 수 있게 된다. 이런 접근을 통해, 연구자들은 어떤 활동이나 비활동이 보상이나 인가를 얻는지, 무엇이 지식으로 간주되는지, 그리고 지식이 어떻게 사용되는지 등의 주제들에 대해 더 큰 통찰을 얻을 수 있다.

이러한 규칙에 대한 강조를 결정론으로 간주하는 것은 옳지 않다. 규칙의 구조에 대한 관심만큼이나 우리는 그 규칙들이 다른 배경에서 적용되거나 무시되고, 저항에 직면하고, 적용을 위해 적응하는 방식에 대해서도 깊은 관심을 가진다. 또한 우리의 관심은 어떻게 변화(비정상적인 상태)에 의해 안 정성(정상 상태)이 붕괴하는지, 그리고 뒤이어 새로운 안정성이 나타나는지에 대한 연구를 촉구하는 구조기능주의자들의 그것과도 다르다. 안정성과 갈등이 역의 상관관계를 가진다고 가정할 필요도 없다. 오히려, 우리는 이러한 역동적인 조건들의 관계를, 연구를 통해 해결될 수 있는 경험적 문제들로 간주할 수 있다.

조직의 동역학에 대한 관심

신과학정치사회학에서 과학 조직에 대한 연구가 경험적으로 중요한 이유는 과학의 사회적 지형을 지배하게 된 조직과 조직적 잡종들의 종류와 수효 때문이다. 지난 수십 년 동안 조직은 자연이 해석되고, 처리되고, 성문화되고, 외부자들에게 표상되는 장소[site]였지만, 오늘날 이러한 장소들은 실험실을 벗어나 크게 확장되었다. 몇 군데만 거론하더라도, 무역 협회, 특허국, 규제 기관, 개발 은행, 그리고 사회운동 조직까지 포괄하고 있다. 미국의 경우(대부분의 우리 연구가 기반을 두고 있는), 과학은 날로 다양해지는 조직적 배경 속에서 수행되고 있다. 따라서 우리는 이처럼 달라진 배경과 그것을 통해 조직과 조직적 연결망이 지식 생산을 틀지우는 "행동 논리"를 이해할 필요가 있다(Alford and Friedland 1991 : 243; Vaughan 1999).

그 밖에도 조직 연구를 통해 중요한 이론적인 소득을 얻을 수 있다. 그 중 하나가 왜 지식이 특정한 방식으로 조직되는지에 대한 만하임주의자들의 물음이(1991), 과학이 국가, 시장, 그리고 광장과의 관계에서 엄청난 변화를 겪었다는 관점에서, 새로운 중요성을 획득하게 된다는 것이다. 마찬가지로 중요한 또 한 가지 측면은 조직 변화가 종종(분명, 항상은 아니지만) 권력 관계 변화를 나타낸다는 점이다. 조직 연구자들은 수많은 조직 변화의 원인을 찾아냈지만, 여기에서는 3가지만 언급하겠다. 첫 번째는 조직된 활동가와 법률 적용으로 조직의 배열에 명백한 도전이 제기되었다는 것이다(Epstein 1996; Edelman 1992; Sutton, Dobbin, Meyer, and Scott 1994). 이 경우, 도덕적, 법률적, 또는 경제적 강압으로 순응이 강요된다. 또한 조직 변화는 성공 사례를 모방하거나 다른 맥락에서 행동 모형을 빌어오는 식으로 일어날 수도 있다(DiMaggio and Powell 1983; Clemens 1997; Lounsbury 2001). 마지막으로, 가치 있는 자원의 가용성이 변화하면, 조직 구조에서 변화가 나타날 가능성이 높다.[7]

방법론적 고찰

앞에서 설명한 이유들로 인해, 조직은 우리가 옹호하는 분석 유형의 전략적 거점을 제공해 준다. 실제로, 이 책에 포함된 장들은 대부분 조직과 조직적 연결망이라는 수준 언저리에 모여 있다. 그러나 독자들이 곧 알아차리겠지만, 많은 장들은 과학의 장場들(Woodhouse), 사회운동(Morello-Frosch et al.), 그리고 정치문화(Kleinman and Vallas)에 대해 좀더 거시적인 수준의 분석을 제공하며, 한 장은 과학에서 나타나는 갈등을 찾아내는 미시 수준의 민속지적 연구를 제시한다(8장). 이 연구는 인간 행동과 그보다 큰 구조들 사이의 교차에 대해 결론을 이끌어내고자 할 때 어떤 수준의 분석이 적절한지에 대한 물음을 제기한다. 우리의 관점에서, 연구를 수행하는 수준 자체는 중요한 문제가 아니다. 어느 수준을 택하느냐에 따라 열거되는 증거들의 유형과 답할 수 있는 물음의 종류가 달라진다는 점을 제외하면 말이다. 그보다 더 중요한 것은 사회적 삶이 다른 척도에서 의미 있게 조직되며, 연구자들이 이러한 척도 차이를 가로지르면서 유용하게 연구할 수 있다는 사실을 인식하는 것이다. 따라서 어떤 분석 수준이든 모든 연구는, 국소적인 실

---

7. 분명, 모든 조직적 변화가 중요한 방식으로 권력관계에 영향을 미치지는 않는다. 가령 일부 변화는 실질적이기보다 상징적일 수 있으며(Meyer and Rowan 1977), 단명할 수도 있다.

험실에서(Kleinman 2003) 지식인 운동(Frickel and Gross 2004), 그리고 국민국가(Mukerji 1989)에 이르기까지, 여러 제도들이 인간 행위자들의 조직과 교차하고 그것을 형성하는 방식을 설명해야 한다.

비교연구의 접근방식은 인과적 설명을 구축하는 데 특히 유용하다. 이러한 방법론을 통해 연구자들은 이론적으로 중요한 관계, 과정, 행위자, 또는 메커니즘들의 상대적 중요성을 평가할 수 있다. 베버를 따라서(1949 : 183), 우리는 순수하게 개별사례적인idiographic 설명 형식이나 전적으로 보편적인 설명 형식 그 어느 쪽도 추구하지 않으며 왜 우리가 과학 정치 속에서 이루어지는 권력 배분을 관찰하는가라는 물음에 대해 확률론적이고 인과적인 진술을 구축하려고 노력한다. 성공과 실패의 비교는 특히 유용하다. 예를 들어, 성공한 발명은 흔히 "혁신"으로 간주되지만, 실패한 사례들에 대한 관심 없이 무엇이 발명을 혁신으로 만들었는지 확신할 수 없다. 다른 종류의 비교연구도 (시간, 지리적 영역, 행위자들의 그룹, 과학연구의 피실험자, 집적과 배분의 메커니즘 등) 비슷한 이점이 있으며, 어떻게 제도적 배열이 일부 집단의 요구와 이익을 만족시키는 반면 다른 집단들은 무시하는지 보여 준다.

신과학정치사회학의 가장 특징적인 방법론적 기반 중 하나는 집적과 배분 과정에 대한 관심이다. 확실히, 과학의 사회적 연구에 대한 행위자 중심 접근방식들도 이러한 과정에 관심을 가진다. 그러나 그들이 이질적인 아상블라주heterogeneous assemblages의 연속적인 재구성과정에 초점을 맞추는 반면, 우리는 어떤 사회집단이 과학지식을 통해 실험실 안팎에서 이득을 얻는지 여부에 관심을 집중한다는 점에서 차이가 있다. 우리가 가장 큰 관심을 가지는 집적과 배분의 메커니즘은 실험실, 시장, 정부, 그리고 대학들 사이에서 작용하는 그것이다.

마지막으로, 우리는 범위 조건scope condition에 대해 보다 면밀한 관심을 기울여야 한다고 생각한다. 즉, 우리는 한 연구에서 제기되는 주장이 다른 사례들과 연관되는지, 연관된다면 어떻게 연관되는지를 분명히 고려할 필요가 있다. 우리는 우리의 주장이 단지 하나의 사례에만 적용가능한지, 좀더 넓은 범위에 걸쳐 적용할 수 있는지, 아니면 흔히 그러하듯이 한정된 숫자의 상황들에만 관심을 가지는지 분명히 하기 위해 노력해야 한다. 이것은 사례 연구를 줄이거나 특정 유형의 해석 전략이나 증거수집 방식에 특권적 지위를 주어야 한다는 뜻은 아니며, 오히려 탐구 범위의 조건을 특정하는 것이 이론 구축에 필수적인 요소이며, 연구의 경험적 적용가능성을 확정하는 데 결정적이라는 것을 상기시키고자 함이다.

각 장에 대한 개괄

이 책에 실린 장들은 앞에서 개괄했던 신과학정치사회학의 주요 특징들을, 전부는 아니라도, 상당부분 공유하는 여러 학자들의 논문들을 모은 것이다. 저자들은 다양한 학문 분과에 속해 있고, 젊은 학자부터 연륜 있는 사람까지 다양하다. 생명과학의 영역 안에서, 이 책은 농업, 생의학, 생명공학, 환경, 분자생물학 등의 분야의 연구와 정책에 대해 비교적 고르게 관심을 기울였으며, 군사 연구를 다룬 마틴의 글(10장)만 이 영역을 완전히 벗어났다. 처음부터 그런 의도는 아니었지만, 이 장들이 다루는 관심사는 지난 20년 동안 이 분야가 어떤 영역에 초점을 두었는지를 잘 투영해 준다.

부분적으로, 과학의 사회적 연구가 생명과학이라는 주제에 크게 쏠렸다는 것은 미국을 비롯한 전세계에서 나타나는 생물학 연구의 양적 증가를 투영하며, 과학학 분야의 많은 학자들 사이에서 의심의 여지없이 공유되고 있듯이, 생명과학이 개인성, 시민권, 젠더, 그리고 인종에 대한 이해가 재구성되고 재정의되고 있는 중요한 수단이라는 전반적인 인식을 반영한다(Clarke, Shim, Mamo, Fosket, and Fishman 2003). 구조를 과학학에 다시 불러들이는 문제를 놓고 지금까지 많은 이야기를 해 놓은 마당에, 과학이 어떻게 ─ 개념적으로나 제도적으로 ─ 사회적인지 이해하려는 학자들에게 생명과학이 상대적으로 접근하기 쉽다는 점을 인정하지 않는다면 우리들이 부주의하게 비쳐질 것이다. 동시에 우리는 독자들이 생물학에 기반하지 않은 분야들, 그리고 미국 이외에 다른 나라에서 조직되고 실행된 과학 분야에서도 신과학정치사회학의 가치를 발견하기를 기대한다.[8]

이 책은 모두 3부로 구성되며, 각 부는 과학이 경제, 시민사회, 그리고 국가와 맺는 복잡한 뒤얽힘과 대체로 병치된다. 독자들이 알게 되겠지만, 각 장의 저자들은 이들 주요 제도들 중 하나를 기반으로 분석을 수행하며, 거의 모두 제도의 논리가 침투할 때 발생하는 수렴, 잡종성, 갈등, 그리고 모순을 강조하고 있다. 다음 장부터 소개되는, 제도의 논리가 새로운 방식으로 구성되고 있다는 풍부한 증거들은 현재라는 역사적 시기가 공공 및 정치적 삶을 형성하는 데 지식생산자들이 그 어느때보다도 결정적인 역할을 하고 있는 격렬한 변화의 시기라는 우리의 믿음을 강화시켜 준다. 그렇다고 해서, 전통적인 연구 수행이나 지식 조직의 방식이 사라지거나 부적절해졌다는 뜻은 아니다.[9] 변화가 있으면, 그에 대한 저항이 따르기 마련이다. 이처럼 격화되는 동역학의 함의를 이해하기 위해서, 우리의 연구는 변화를 가능하게 하는 힘과 속박하는 힘들이 어떻게 섞여 짜이는지 양 측면을 모두 고려할 필요가 있다. 1부에 포함된 장들은 사적 영역과 공적 영역이 뒤얽힌 다른 차원들을 검토하고 이러한 과정이 국가와 시민사회에 어떤 결과를 낳을 수 있는

---

8. 이 책은 미국에 초점을 맞추고 있기 때문에, 연관된 신과학정치사회학 연구의 국제적 범위를 포괄하지 못한다.

9. 그렇지만, 초-국가 연합의 출현이 국민국가의 쇠퇴를 의미하는 것은 아니며(Weiss 1998), 인터넷 공간의 이메일 활동이 활성화되었다고 해서 정당이나 이익집단들의 영향력이 줄어든 것도 아니다. 우리는 과학에 대해서도 마찬가지 생각을 할 수 있다. 간(間)학문성의 온갖 논의에도 불구하고, 19세기 말엽과 20세기 초에 북아메리카와 유럽 대학들의 조직 구조에 깊이 각인된 학문 분야들은 여전히 공공 지식을 생산하고 보증하는 중심 축으로 남아 있다. 국립보건원 심사단에 시민의 새로운 목소리가 더해졌다고 해서 과학정책을 수립하는 전문가와 공무원들의 합창소리가 잦아들지는 않는다.

지 그 가능성을 찾는다.

과학의 상업화

이 주제는 대니얼 리 클라인맨과 스티븐 P. 밸러스의 장으로 시작한다. 그들은 대학과 기업의 생명공학에서 나타나는 동형화의 일반적 경향을 개념화하기 위해서 "비대칭적 수렴"asymmetrical convergence이라는 이론을 수립했다. 저자들은 한때 동료 간의 협력과 자율성의 공간으로 간주되었던 대학이 점차 과학자들이 상업 세계의 강제에 화답할 수밖에 없는 장소로 인식되고 있는 반면, 과학 집약적 기업에서 일하는 과학자들은 자신들의 작업 환경이, 전통적으로 대학에서만 가능하다고 생각되었던 정교한 장비와 이념을 추구할 자유, 그리고 동료 간의 협력관계의 특징을 갖추고 있다는 것을 발견하게 된다고 주장한다. 신제도주의 조직사회학과 경제사회학에서 이론적 틀을 빌어온 클라인맨과 밸러스는 그동안 제도 안에 깊이 배태되어 있었던 규범과 실행들의 경계가 흐려지면서 나타나는 여러 가지 "모순, 변칙, 그리고 역설"을 탐구한다. 이중에서 가장 중요한 것은 학문적 논리가 기업 연구환경에 침투하는 것보다 대학 실험실, 승진과 종신재직권 심사 위원회, 그리고 교실 안에서 경제적 시장 논리의 영향력이 높아지는 정도가 훨씬 강한 상황에서, 수렴 과정이 극히 불평등하게 이루어지고 있다는 점이다. 또한 이 연구는 과학기술학에 대해서도 여러 가지 함의를 가진다. 사실상 모든 것이 어떻게 사회적으로 (또는 다른 식으로) 구성되었는지에 대해 초점을 맞추었던(Hacking 1999) 지난 20년과 달리, 클라인맨과 밸러스는 "이미 **구성된** 것들이, 특히 테크노사이언스의 장場을 포함해서, 모든 종류의 사회현상을 어떻게 형성하는지"에 대한 연구의 지속적인 가치를 주장한다. 다음 장도 비슷한 주제를 다루면서, 클라인맨과 밸러스의 간접적인 비판 대상이었던 구성주의적 개념들이 통합되면, 적절한 맥락을 획득할 경우, 오늘날 대학에서 진행중인 변화를 이해하는 데 어떻게 도움을 줄 수 있는지 보여 주었다.

제이슨 오웬-스미스도 날로 심화되는 대학의 상업화가 불평등하고 때로 모순적인 영향을 미치는 점에 관심을 가지고 있다. 3장에서 그는 대학 연구의 상업화를 이중적인 과정으로 기술하고 있다. 첫 번째는 대학 내부의 위계질서의 변화, 또는 그의 표현에 의하면 "접목"grafting의 논리이며, 두 번째는 대학과 산업의 파트너 관계를 새로운 행위자와 배열의 구성을 용이하게 하는 방향으로 확장 또는 "번역"하는(라투르의 개념을 빌자면, Latour 1987) 과정이다. 컬럼비아대학, 보스턴대학, 그리고 위스콘신대학의 상업화 시도에 대한 사례연구를 토대로, 오웬-스미스는 하나의 제도적 논리의 공식 규칙과 위계구조를 다른 것에 접목시키려는 시도가 일시적으로 행위자들에게 모호함에 대응해서 새로운 연결을 이룰 수 있는 기회를 준다고 주장한다. 시간이 흐르면서, 이러한 연결은 자원의 재분배, 그리고 더 중요하게는 연결의 수평적인 그물망의 재구성을 통해 튼튼해진다. 현재라는 시기는 대학을 더 넓은 사회와 연결하는 새로운 종류의 관계들이 빠른 속도로 출현하는 기회의 창일 수 있지만, 새로운 제도적 구성들이 자리를 굳히고 새로운 지식 경제가 그 속에서 정착하게 됨에 따라 그 창이 무한정 열린 채 남아 있을 가능성은 크지 않은 것 같다.

시장이 과학에 미치는 영향은 복잡하다. 4장에서 스티븐 울프는 이러한 영향력의 불평등이 생물학의 영역을 넘어 확장되고 있음을 입증하기 위해 농업에 주목한다. 울프의 연구는 준거 연결망reference network의 변화하는 구조와 조성이 농식품agrofood 체계의 새로운 전문 지식 생산에 농부들이 기여할 여지를 침식하고 있다는 것을 보여 준다. 준거 연결망은, 관리를 위한 의사결정(예를 들어, 특정 유형의 농장에 어떤 비료를 얼마나 사용할 것인지)에 정보를 제공하기 위해 다양한 배경에 적용되는 생산 기술 실행의 경험적 기록 저장소 역할을 하는 제도들로 이루어진다. 이러한 데이터베이스들은 농부의 경험 지식이 기록되고, 집적되고, 순환되고, 사유화될 수 있는 성문화된 지식codified knowledge으로 변화하는 데 기여한다. 울프는 1990년대 이래, 준거 연결망이 농산업 기업들과의 상업적 관계를 강조하는 대가로 농부들의 (집합적으로 조직된) 전문적 능력을 희생시키는 방향으로 재조직화되었다고 주장한다. 농화학 비료와 농약 공급업자들에게 고용된 고도로 전문화된 농업경제 컨설턴트와 독점적인 디지털 낙농 데이터베이스의 출현과 긴밀한 상호조정으로, 농부들의 전통적인 상호의존성은 약화되고 농부들은 지식 생산의 탈중심화 과정 속에서 점차 주변화되고 있다. 따라서 클라인맨과 밸러스, 그리고 오웬-스미스와 마찬가지로, 울프도 농부들이 계속 지식 생산에 참여하고 있음에도 불구하고, 이질적 연결망에서 위계적 관계에 편입되며 이 관계가 그들이 자신들의 밭에서 얻은 데이터에 대한 재산권을 비롯한 소중한 자원을 통제할 수 있는 능력을 제한시키고 있다는 것을 발견한다.

5장에서 데이비드 J. 헤스는 앞선 장들과 다른 출발점에서, "좀더 깊이 역사화된 과학지식사회학"을 주창한다. 그는 비교적 오랜 기간에 걸친 (몇 달이나 몇 년이 아니라 수십 년) 비교 사례연구 방법을 제기하면서, 우리가 연구 프로그램들이 어떻게 일제히 변화를 겪는지에 대해 관심을 가질 뿐 아니라 그 프로그램들을 틀지우는 "외부" 기관들, 행위자들, 문화들, 그리고 물질들의 역사적 성격에 주의를 기울여야 한다고 주장한다. 이러한 분석틀의 예를 보여 주기 위해서, 헤스는 암치료에 대한 두 가지 연구 프로그램이 맞이한 상이한 운명을 비교했다. 한 프로그램은 약물에 기반해서 새로운 혈관형성을 막는 antiangiogenesis 요법에 초점을 맞추었다. 이 분야를 이루는 연구의 연결망은 이른 시기에 기업과 관계를 수립했고, 규제 변화로 산학연계가 늘어나면서 약물 기반 접근방식은 이익, 돈, 마케팅, 그리고 결과를 얻을 수 있는 유리한 위치를 점하게 되었다. 두 번째 사례는 상어의 연골조직을 비롯한 그 밖의 자연 물질이나 식품에 초점을 맞추는 암치료 연구이다. 약물 기반 혈관신생 억제 요법 연구에 기업의 돈이 몰린 반면, 식품 기반 요법은 소수의 "시대에 뒤진" 연구자들과 일부 사회운동 활동가들이 참여했을 뿐이었고, 논쟁의 수렁에서 벗어나지 못했고, 약물 기반 분야가 거둔 성장과 수익성에 비해 전혀 진전을 이루지 못했다. 헤스는 두 분야의 역사가 전혀 다른 방향으로 분기^{分岐}한 이유를 서로 다른 자금 조달 방식으로 돌리는 단순한 설명을 배격했다. 그 대신, 그는 더 만족스러운 설명을 발견했다. 거기에는 암치료법을 연구하는 실험실의 제도적 규모의 좀더 폭넓은 역사적 변화에 대한 이해, 과학자와 의사라는 두 행위자와 그들의 역할이 점차 분화되는 양상, 분자 수준의 메커니즘, 생화학적 경로, 그리고 유전자 발현에 대한 연구를 강조하는 경향이 늘면서 점차 생의학 분야에 집중되는 문화적 투자, 그리고 생의학이 자연 기반 체제에서 벗어나 합성 (그리고 종종 독성) 체제를 지향하면서 생산하는 상품들의 점증하는 탈자연화^{denaturalization} 등이 포함된다.

앞장에서 얻은 단서를 토대로, 6장에서 에드워드 J. 우드하우스는 우리에게 특정 종류의 지식 생산을 유도하는 산업의 역할을 한층 더 복잡하게 생각하라고 촉구한다. 그는 인간의 목적에 더 잘 부응하기 위해 원자와 분자를 재배열하는 두 가지 기술을 둘러싼 발전과 열광주의를 비교한다. 그중 하나인 나노기술은 낙관주의와 남아돌 만큼 풍부한 연구비를 얻었지만, 그 위험성(그리고 혜택)에 대한 이해는 거의 전무한 실정이다. 다른 하나는 기존의 극도로 유해했던 분자 생산에 대한 환경친화적 대안인 "녹색화학"^{green chemistry}으로, 그에 대한 관심과 연구비는 나노기술에 비해 형편없이 적은 수준이다. 이처럼 제각기 다른 방향으로 분기한 운명에 대한 전통적인 분석은 산업 경영자, 시장 수요, 그리고 정부 규제자 등을 이야기를 풀어가는 중심 행위자로 다루었을 것이다. 우드하우스도 그들의 중요성을 인정하지만, 과학적 과정을 개발하는 것은 그들의 보스나 규제자들이 아니라 궁극적으로 화학자들 자신이라는 점을 우리에게 상기시킨다. 그는 과학자들이 유독^{有毒}한 "갈색 화학"을 지속적으로 개발해 왔고, 나노기술의 잠재적 위험에 대한 관심 결여는 시장, 정부, 그리고 가장 중요하게 교과서와 학술회의, 그리고 출간물들에 대안적인 지식이 부재하는 상황 같은 여러 요소들의 복잡한 상호작용에 기인한다고 주장한다. 2부에서 시민사회 속의 과학 정치에 초점을 맞추려는 우리의 의도와 훌륭하게 부합하면서, 우드하우스는 과학자들이 유해하거나 잠재적으로 해로운 산물을 만들어 낼지 여부에 대한 의사결정에서 좀더 적극적인 역할을 수행할 필요가 있다고 결론짓는다. 그러나 그는 과학자들도 다른 사람들과 마찬가지로 항상 대안을 생각할 수 없다는 점을 인정한다. 그것은 그들 속에 깊이 배태된 경로와 자원의 그물망 때문이다. 그는 과학자들에게 대안을 요구할 책무가 비과학자, 특히 대중에게 있다고 주장한다.

과학과 사회운동

2부에는 모두 다섯 개의 장이 포함되며, 이 장들은 시민들이 과학의 영역으로 건너가고 과학자들이 그들과 함께 일반 시민으로 관심사를 함께할 경우 거둘 수 있는 상승 효과에 대해 다룬다. 7장에서 스콧 프리켈은 1970년대 초반에 유전독성학이라는 분야를 제도화하는 데 일조했던 〈환경성 돌연변이 유발원 학회〉Environmental Mutagen Society, EMS라는 작은 전문가 집단의 조직 정치를 검토한다. 프리켈의 관심은 조직이 과학 연구와 과학자 행동주의 사이의 관계를 조건지우는 방식을 탐구하는 것이다. 그는 과학 "운동"activism이라는 선험적 정의가 빠른 제도 변화의 맥락 속에서 전통적인 과학적 실행이 논쟁의 대상이 되지 못하게 막는다고 주장한다. 이 경우, 전통적인 경계 설정에 따라 유전 독성학 연구자의 연구 행위와 환경단체 활동 사이에 명확한 선을 긋는 것이 〈환경성 돌연변이 유발원 학회〉가 덜 명백하지만 더 효과적인 환경 행동주의의 변종들을 양육할 수 있도록 허용할 것이다. 프리켈은 논쟁의 여지가 있는 목표를 추구하는 전통적인 행위가 때로 중요한 사회정치적 변화를 낳을 수 있지만, 이 과정을 완전히 이해하기 위해서, 연구자들은 일견 일상적으로 보이는 행동의 정치적 중요성에 대해 체계적으로 의문을 품어야 한다고 결론짓는다. 그러기 위해서는 과학운동이 구성되는 방식이 어떤 것인지, 전략적이고 논쟁적인 정치가 가장 잘 전개될 수 있는 곳이 어디인지, 그리고 지식 생산과 조직의 결과가 무엇인지에 대해 새로운 감수성이 요구될 것이다.

과학 연구와 환경주의의 관계에 대한 분석은 8장에서 계속된다. 크리스토퍼 R. 헨케의 의도는 "과학자들이 환경을 변화시킬 동인動因이 될 수 있게 하고, 또한 그렇게 하도록 만드는" 요인들 중 일부를 밝히는 것이다. 이 작업을 위해서, 그는 (문자 그대로) 현장으로 간다. 농업 현장에서 그는 캘리포니아 주 샐리너스 계곡에서 자신들을 도와 간단하고 값싼 토양 검사를 수용하고 경작지의 질산 수준을 낮추라고 농부들을 설득하는 농업 과학자들을 발견한다. 얼핏 보기에 농업용수 오염이라는 심각한 문제에 대한 직접적인 해결책처럼 보이는 이러한 접근방법은 실상으로는 갈등과 미묘하고 복잡한 문제들로 가득 차 있다. 과학자와 재배자들 사이의 관계가 한편으로 농부와 캘리포니아 농업을 위한 옹호자이면서 다른 한편으로 환경 향상을 위한 옹호자인 영역 사이의 경계 지대에 해당하기 때문이다. 헨케는 과학자들이 자신들의 윤리적, 전문적, 환경적 관심과 농장 정치경제의 위급성, 그리고 주 당국의 규제에 의해 야기되는 위협 사이에서 협상을 이루기 위해 애쓰고 있다는 것을 보여 준다. 헨케는 다양한 구조적 속박과 사회문화적 압력에도 불구하고, 농업 과학자들이, 대학이나 환경운동 진영의 비판자들이 "기업의 볼모"라고 냉소적으로 무시하는, 상대적으로 독립적인 행위자로서 어느 정도의 자율성을 지키는 방법을 찾았다고 주장한다. 매우 도발적인 결론에서, 그는 과학자들이 좀더 운동에 나서라는 우드하우스의 요구를 더욱 확장해서 과학자들이 과학의 민속지학자가 될 것을 촉구한다. 그는 변화를 일으킬 동인들이 환경규제에 대한 결정에 중요하게 기여할 수 있는 유리한 위치에 있다고 믿고 있다.

정치적 행위자로서의 과학자에 초점을 맞추었던 프리켈과 헨케의 주장에 이어지는 3개의 장은 비전문가들이 지식생산체계의 변화를 이끌어내기 위해 조직되는 방식을 다루고 있다. 레이첼 모렐로-프로쉬와 공동 저자들은 그들이 "체화된 보건 운동"embodied health movements, EHMs이라 부르는 것의 기원, 전술, 그리고 성공에 관심을 둔다. 9장에서 저자들은 체화된 보건 운동이 정책 논쟁의 과학화에 대한 대응으로 출현했다고 주장한다. 논쟁의 과학화로 정치적 도덕적 쟁점들이 과학적 물음으로 바뀌었고, 그로 인해 비과학자들이 정책결정에서 목소리를 내지 못하게 되었다는 것이다. 그들은 천식, 걸프전 신드롬, 그리고 환경 요인으로 발생한 유방암 문제를 제기하는 활동가들이 몸소 겪은 경험을 지렛대로 삼아 연구비 조달, 법률, 매체의 보도 지면, 그리고 연구에 대한 접근 수준을 크게 바꾸었다는 것을 보여 주었다. 체화된 보건 운동의 성장과 효율성 증대는 연구 생명윤리에 대한 새로운 관심을 활용한 그들의 능력뿐 아니라 과학적 불확실성을 도입시킨 능력, 그리고 그들이 연구 문제, 방법, 그리고 치료 선택지 등에 대해 도전을 제기하면서 동시에 과학자들과 동맹을 맺을 수 있었다는 점에서도 그 원인을 찾을 수 있다.

지난 20년 동안, 권력과 지식의 상관관계에 대한 과학학 분야의 연구는 크게 늘어났다. 10장에서, 브라이언 마틴은 이러한 증가가 학계와 정책입안자들에게 중요할 수 있다고 인정한다. 그러나 그는 대개 그런 연구가 정작 과학에 대한 대안적 관점, 즉 시민들이 연구비 지원, 테크노사이언스의 창안과 이용에 더 적극적인 역할을 수행하는 과학을 만들어 낼 방법을 모색하는 시민들에게 거의 도움이 되지 않는다고 주장한다. 행동 전략을 마련하는 데 주력하기 위해 비판을 자제하면서, 마틴은 "민중을 위한 과학"과 "민중에 의한 과학"이라는 개념에 기반해서 대안적 과학의 전망을 탐구한다. 그가 제시하는 4가지 전망은 시민과 과학자들의 서로 다른 역할을 기술한다. 이러한 전망을 실현하기 위해서는 여러 가지 전략이 이용된다. 그런 전략에는 압력집단 정치, 국가가 주도하는 변화, "민중에 의한 과학"에 참여하면서 "대안을 실천하기", 그리고 풀뿌리 단체들에 대한 능력부여 등이 포함된다. 마틴은 국방과학의 예를 통해 이러한 전략이 어떻게 형성되었고 국가, 시민, 그리고 과학자들 사이에서 어떻게 권력관계를 형성할 수 있는지 보여 준다.

2부의 마지막 장에서 켈리 무어도 비전문가들의 과학지식 생산 참여의 기원과 정치적 의미를 다룬다. 그녀의 목표는 전문가-주도, 아마추어, 그리고 풀뿌리 과학이라는 3종류의 "참여과학"의 주요한 제도적 기원을 추적하고, 이러한 움직임이 과학에 어떻게 도전을 제기하는지 밝히는 것이다. 그녀는 비전문가들의 과학지식 생산 참여가 늘어난 과정을, 환경정책에 대한 시민참여를 요구했던 1960년대와 1970년대의 법률 변화, 인간 피실험자에 대한 의정서 채택, 그리고 과학지식의 정확하고 올바른 생산을 위해 일반인들의 지식이 필수적이고 정당하다고 간주하는 사회운동 등으로 추적한다. 공중보건 연구, 조류학, 생태 복원, 그리고 대기오염 반대운동 등의 사례연구를 통해, 무어는 각각의 형태가 무엇이 과학을 구성하는가라는 구체적인 물음을 우리에게 제기한다고 주장한다. 시민-주도 개혁은 과학자들이 법률과 규제라는 영역에서 수행하게 될 새로운 역할을 예견한다. 이것은 3부에서 다시 다루어질 주제이다.

과학과 규제 국가

12장에서 스티븐 엡스틴은 국립보건원과 미국 식품의약청Food and Drug Administration, FDA에서 최근 나타난 개혁의 물결을 다룬다. 이러한 개혁은 생의학 연구의 패러다임 변화의 신호탄이며, 그 과정에서 인간의 변이가 갖는 중요한 차이를 인식하고 그러한 차이를 연구 설계와 임상 요법 개발 과정에 포함시키는 새로운 생의학 모형에 의해 "표준 인간"standard human이라는 가정이 빠르게 대체되고 있다는 것이다. 오늘날, 연방의 자금 지원과 인가를 얻으려면, 대학의 연구자들과 제약회사들은 여성, 인종과 민족 소수자, 어린이, 그리고 노인을 피실험자로 반드시 연구에 포함시켜야 한다. 엡스틴은 이러한 정책변화 사례를 통해 행위자들이 과학, 국가, 그리고 사회운동을 오가는 "범주화의 정치"politics of categorization가 새로운 "생명정치"biopolitical 패러다임을 제도화하는 과정을 탐구한다. 생명정치 패러다임은 복수의 사회적 정체성을 포함하며, 국가, 과학, 그리고 사회운동의 행위자들의 새로운 제도적 구성을 촉발했다.

엡스틴이 연구에서 사회적 평등과 정의를 실현하는 계획을 진전시키는 제도적 변화의 성공담을 제공한다면, 13장에서 제니 리어던은 지식생산 과정에 소수자들을 포함시키려는 연구자들의 좋은 의도가 비뚤어지는 사례를 다룬다. 그녀의 연구는 과학에 대한 일반인의 참여를 주장하는 (2부에서 다루어진 것과 같은) 학자들의 연구에 대한 중요한 도전이지만, 그 이유가 흔히 과학자들이 주장하듯이 시민참여가 효율적이고 효과적인 지식생산을 저해할 것이라는 두려움 때문은 아니다. 오히려, 리어던은 시민참여가 "선험적으로 좋은" 것이고, 시민참여만 하면 상대적으로 힘 없는 사회 집단들에게 자동적으로 혜택이 돌아간다고 가정해서는 안 된다고 충고한다. 특히 그 집단들이 구조적으로 불이익을 당하고 있을 경우, 비과학자들을 생의학과 게놈 연구에 참여하는 "파트너"로 포함시키려는 선의의 노력이 자칫 그들을 더 종속시킬 수 있다는 것이다. 이러한 논변과 과학적 의사결정 과정에서 연구 피실험자들의 권리를 빼앗을 수 있는 제도적 과정은 1990년대 중엽과 말엽에 토착민과 소수자 집단을 〈인간 게놈 다양성 프로젝트〉Human Genome Diversity Project에 포함시키려는 시도에서 충분히 입증되었다. 리어던은 처음부터 차등적 권력관계에 민감한 절차적 선택을 인식하고 명시적으로 선택하지 않는 한, 생의학의 물질과 논의 관행에 배어 있는 틀에 박힌 과정들이 이들 집단의 이익에 반하는 방식으로 체계적으로 작동할 수 있다고 주장한다. 이러한 결론은 과학의 의사결정을 위한 공식적인 절차 규칙의 중요성을 강조하는 다음 장의 내용과 맥을 같이 한다.

14장에서 데이비드 H. 거스턴은 과학에서 가장 바람직한 의사결정이 전문가 집단 사이의 합의에 의해 만들어진다는 생각에 비판적이다. 그 대신, 그는 과학과 정치를 통합시킬 더 나은 방법이 있다고 믿는다. 그의 말을 빌자면, "합의는 과학자들에게 맡겨 놓기에는 너무 중요하기" 때문이다. 거스턴은 투표와 같은 절차 규칙이 과학의 바람직한 의사결정과 상반된다는 과학자들의 통념에 이의를 제기한다. 그는 실제로 투표가 모든 수준의 과학에서 일상적으로 이루어지며, 과학을 정치로부터 절연시키려고 노력하기보다 사회와 과학이 둘을 통합시키려는 부가적인 노력에 좀더 기여할 수 있을 것이라고 주장한다. 거스턴은 그것을 가능하게 하는 한 가지 방안이 공식적이고, 투명하고, 민주적인 투표 규칙들을 만드는 것이라고 말한다. 과학에서 투표가 중요하다는 자신의 주장을 뒷받침하기 위해, 거스턴은 1975년에 있었던 〈국제 DNA재조합 컨퍼런스〉International Conference on Recombinant DNA Molecules(일명 〈아실로마 회의〉)와 발암물질에 대한 〈국가독성학프로그램〉에서 발간한 『발암물질 보고서』National Toxicology Program's Report on Carcinogens 소위원회의 사례를 들고 있다. 아실로마 회의에서, 자발적인 연구 중단을 촉구하는 선언문을 놓고 회의 참석자들 사이에서 이루어진 투표는 절차, 목표, 그리고 결과를 잘못 정의한 임시방편적인 과정에서 나온 것이었다. 그 회의에서 있었던 투표의 민주적 성격이 함량 미달이었음에도 불구하고, 아실로마 회의는 최고의 훈련을 받은 전문가들도 자신들이 다루는 문제의 본질, 범위, 그리고 그 함의에 대해 종종 동의하지 않기 때문에 투표가 필요하다는 것을 입증했다. 후자의 경우, 『발암물질 보고서』 소위원회의 2000년 보고서의 투표 결정에 대한 분석은 포괄적인 가이드라인과 절차적 투명성에 의해 이루어진 투표는 참여한 구성원들 사이에서 포괄적인 동의, 즉 합의를 이룰 수 있다는 것을 보여 주었다. 거스턴이 과학정책을 형성하는 의사결정에 공식적 규칙이 중요하다는 것을 보여 주었다면, 다음 장은 과학정책 실행에서 공식 규칙의 중요성을 제기한다.

생명과학의 장기적 영향에 대한 지식이 거의 없는 상태에서 생명형태를 변화시키는 능력을 발전시키면서, 정부 공무원, 과학자, 그리고 대중은 기본적인 생명과정에 대한 개입의 윤리에 대해 물음을 제기해 왔다. 과학자들이 자신들의 연구가 낳는 윤리적 쟁점에 대해 알고 있다는 것을 확실히 하기 위해서, 2000년에 미국 국립보건원은 모든 연구비 수혜자들이 연구윤리 강좌를 수강하게 만드는 정책을 법제화했다. 로렐 스미스-도어의 장은 2001년과 2003년에 50개 분자생물학과 생화학 박사과정 프로그램을 무작위 추출해서 이 정책을 실시하고 생명과학자들과 인터뷰를 한 내용을 소개하고 있다. 그녀는 윤리 강좌를 개설한 박사과정 숫자가 점차 늘어나고 있고, 강좌들이 법률이 지정한 과정으로 간주되고 있으며, 이는 강좌 관리자들이 생물학 커리큘럼의 중요한 측면으로 윤리를 제도화하기보다는 법률 조항에 의해 규칙을 따르는 것에 불과하다는 신호라고 주장한다. 그뿐 아니라, 스미스-도어는 이들 강좌의 강사가 지위가 낮은 실무자이거나 인터넷 강좌로 진행되고 있으며, 대부분의 강좌가 1학점이나 2학점을 할당하고 있다는 사실을 발견했다. 그녀는 이러한 제도 변화의 성격이 – 부분적이며, 진지하게 받아들여지지 않고 있으며 – 상징적으로는 법률에 따르고 있지만, 정규 교실 환경에서 전임 교수가 가르치는 고학점 강좌가 보여 줄 수 있는 진지한 제도적 변화에는 훨씬 못 미치고 있다고 말한다.

이 책의 마지막 장에서, 머린 클라위터는 생의학 분야에서 위험을 재정의하고, 임상적 약품 사용자들을 변화시키기 위해 계속되는 투쟁을 다룬다. 그녀는 "약제화"pharmaceuticalization를 약제학적 약품을 질병 치료에서 질병 위험 치료로 확장시키는 것을 합법화하기 위한 산업과 규제 당국의 노력에 포함된 과정이라고 기술한다. 암 예방이라는 맥락에 자신의 분석을 위치지우면서, 클라위터는 1990년대에 타목시펜tamoxifen(제품명은 놀바덱스Nolva-dex), 즉 제약회사가 질병 예방 기술로 선전했지만 효과를 얻기 위해서 건강한 여성들을 최종 사용자로 바꾸어야 하는 약품을 둘러싸고 벌어진 일련의 투쟁에 대해 이야기한다. 클라위터는 규제 체제와 치료 환경에서 나타난 중요한 변화가 제도적 장을 바꾸어 놓았고, 그 과정에서 제약 기술에 대한 생의학적 지식 생산이 의사, 환자, 규제 당국, 그리고 생의학 연구자들에게 신뢰할 수 있게 되었다고 주장한다. 역설적이게도, 제도적 행위자들의 재구성이 환자, 소비자, 그리고 최종 사용자들의 목소리를 강화시켜 주었지만, 동시에 제약산업의 취약성뿐 아니라 힘까지 증대시켰다.

결론

우리는 보다 큰 정치경제학 속에서 과학의 위치 변화를 이해하기 위해, 빠르게 성장하는 신과학정치사회학 학자 집단과 오늘날의 지리정치적 조건이 긴밀히 연결되어 있다는 점을 지적하면서 이 서문을 시작했다. 우리의 주장을 평가할 수 있는 또 하나의 유용한 렌즈는 과학과 과학정책의 의식적, 추론적, 상징적 측면들을 강조하는 분석들이다. 우리가 제기하려는 주장은 사회 행동을 구조적 조건 및 세력들과 확실히 연결짓지 않는 한, 과학의 사회적 연구는 우리 시대의 가장 근본적인 사회적 쟁점들 중 일부를 틀짓고 그에 대응하는 과학의 역할을 다루는 데 어려움을 겪을 것이며, 앞으로도 그런 문제가 계속될 것이라는 점이다.

여기에서 나타나는 역설은, 정치와 과학의 상호연결이 더욱 확산된 시기에, 이 분야가 대체로 과학자들 자신의 상호작용과 그들의 추론 세계에 대한 관심에서 비롯되었다는 점이다. 이러한 이론적 및 방법론적 전환이 가치가 없는 것은 아니지만, 그 과정에서 우리의 관심은 과학 연구가 배태된 방식, 그리고 경제, 정치, 법률 세력의 체계와 그것들이 얽혀 있는 방식에서 멀어졌다. 우리는 과학 권력의 구조적 특징에 대한 학자들의 상대적인 무관심이 낳은 의도하지 않은 결과로, 이 분야가 과학과 과학 정책에 논쟁을 제기하는 데 실패하게 되었다고 믿는다(Martin 1993). 따라서 우리는 우리의 주장이 실세계의 정치에 대한 개입이면서 동시에 학문적 논쟁으로 구성되는 더 좁은 정치에 대한 개입이라는 이중의 개입으로 읽히기를 바란다. 우리는 양자가 관련이 없다고 생각하지 않으며, 이러한 상호연결성을 심화시키는 새로운 방법을 찾는 것이 가치 있는 지적·정치적 목표라고 생각한다.

　우리가 시장, 국가, 그리고 시민사회를 관통하는 측면에 초점을 맞추면서 과학을 분석하는 접근의 정당성을 강조하는 것은 그런 정신 때문이다. 이 책에 실린 장들이 입증하겠지만, 이러한 폭넓은 영역 속에서 획득되는 관점은 지식생산과 연관된 권력의 복잡하고 변화하는 분배, 그리고 규칙 제정 절차와 조직적 연결망들이 이러한 변화에 저항하거나 제도적 배열을 바꾸기 위해 결합하는 다양한 방식에 대해 많은 것을 폭로해 줄 것이다. 이러한 영역들만큼이나 중요하고, 필경 보다 큰 신과학정치사회학 프로젝트를 위해 도움이 될 것은 이 책을 구성하는 15개의 장들을 가로지르고 통합하는 데 도움을 주는 주제와 물음들이 무엇인지 인식하는 것이다. 독자들이 그중에서 더 많은 주제를 찾아낼 수 있겠지만, 4개의 주제가 반복적으로 우리의 관심을 끈다. 향후 연구를 주도할 수 있는 네 가지 물음들을 열거해 보자. 교차하고 중첩되는 논리들이 어떻게 지식생산의 내용과 조건을 형성하는가? 과학에서 제도 변화를 일으키는 가장 중요한 공식적 및 비공식적 메커니즘은 무엇인가? 과학연구와 그 결과의 폭넓은 확산과 이용의 궤적을 형성하는 가장 중요한 요소는 무엇인가? 그러한 메커니즘들이 지식과 기술에 대한 접근에 미치는 영향은 무엇인가? 이 책의 저자들은 이 물음들에 대해 제각기 다른 방식으로 답하고 있다. 이 모두가 합쳐져서, 이 장들은 과학에서 무엇이 정치적이고 그 이유는 무엇인가에 대한 분석에 기반하고 초점을 맞추기 위한 지적 발판을 제공할 것이다.

1부

과학의 상업화

2장 수렴 속의 모순

3장 상업적 뒤얽힘

4장 농식품 혁신 체계에서 나타나는 집단 자원의 상업적 재구조화

5장 혈관형성방지 연구와 과학 장의 동역학

6장 나노과학, 녹색화학, 과학의 특권적 지위

수렴 속의 모순

생명공학 분야의 대학과 산업

대니얼 리 클라인맨·스티븐 P. 밸러스

　새롭게 출현하는 지식경제에 대한 이해는 과학기술학의 중심적인 관심사일 것이다. 이 장에서, 우리는 그러한 이해에 기여하면서 동시에 피에르 부르디외가 "과학 장"scientific field이라고 불렀던 연구에 대한 폭넓은 조직적·제도적 접근방식이 가지는 장점을 밝히고자 한다. 이 장*에서, 우리는 "비대칭적 수렴"asymmetrical convergence이라고 부른 과정에 초점을 맞출 것이다. 비대칭적 수렴은 기업과 대학의 규약과 실행이 점차 둘 사이의 경계를 넘나드는 것을 뜻한다. 우리는 넓은 의미에서 **생명공학**이라고 부를 수 있는 분야에 속한 대학과 기업 종사자들과의 인터뷰를 통해 얻은 데이터를 분석해서 이 과정에 대한 기존의 개념화를 한층 강화시키고자 한다.

　근년에 과학기술학 분야는 한정된 숫자의 접근방식과 분석자들의 그늘에 가려져 있던 상황에서 벗어나 풍부한 갈래로 나뉘었으며, 마찬가지로 다양한 주제 영역을 탐구하기 위한 폭넓은 지향점을 가지게 되었다. 이는 우리가 보기에 매우 건강한 방식인 것 같다. 동시에 **사회구성주의**라고 통칭할 수 있는 넓은 범위에 걸친 연구의 유산들은 그 속에서 수행된 연구와 해당 분야의 윤곽을 계속 유지하고 있다. 행위자 연결망(예를 들어, Callon 1986), 경계작업(예를 들어, Gieryn 1999), 그리고 사회세계(예를 들어, Fujimura 1988) 등의 개념들은 폭넓게 이용되며, 트레버 핀치[1](예를 들어, Pinch and Bijker 1989), 특히 브뤼노 라투르[2](예를 들어, 1987) 같은 이름은 과학기술학에서 여전히 중요한 의미를 가진다. 그리고 이러한 현상은 충분히 그럼직하다. 낡은 "제도주의" 패러다임이 무너진 후 과학기술학을 지배했던 학문적 파도에서 우리가 학습했던 내용들은 과소평가될 수 없으며,[3] 테크노사이언스, 사회적인 것/기술적인 것의 경계, 그리고 자연 그 자체가 구성되었다는 사실도 부인할 수 없다. 그러나 동시에, 모든 현상을 사회적으로 구성된 무엇으로 보려는 북새통 속에서 우리는 무언가를 상실했다(다음 문헌을 보라. Kleinman 2003). 우리는 이미 구성된already constructed 것들이, 특히 테크노사이언스의 장을 포함해서, 모든 종류의 사회 현상들을 형성할 수 있다는 점을 간과해 온 경향이 있다.

이미 구성된 것에 관심을 기울여야 한다고 해서, 사회 세계가 정태적이라는 주장을 하려는 뜻은 아니다. 실제로, 이 장의 핵심은 변형, 즉 대학과 첨단기술 산업 분야에서 동시에 일어나고 있는 변화에 대한 것이다. 그러나 이러한 변형과 궁극적인 경계의 흐려짐은 각각의 분야를 개조하려는 행위자

---

1. [옮긴이] 트레버 핀치(Trevor Pinch, 1952 ~) : 사회구성주의 관점에서 기술의 사회적 구성이론(SCOT)을 제기했다. Bijker와 함께 자전거 설계의 사회적 선택을 분석한 논문(1989)이 유명하다.
2. [옮긴이] 브뤼노 라투르(Bruno Latour, 1947 ~) : 인간 행위자뿐 아니라 비인간 행위자의 행위능력을 인정하는 행위자 연결망 이론(ANT)을 Callon, Law 등과 함께 수립했고 『실험실 연구』(1986), 『실행 중인 과학』(1987), 『자연의 정치』(2004) 등 대표작이 있다. 국내에 번역된 저서로 『우리는 결코 근대인이었던 적이 없다』(갈무리, 2009), 『브뤼노 라투르의 과학인문학 편지』(사월의책, 2012) 등이 있다.
3. 여기에서 언급한 내용은 과학사회학의 "아버지"로 불리는 로버트 K. 머튼의 연구를 기반으로 한 것이다. 머튼은 과학을 핵심적인 사회 제도로 보았고, 과학의 원활한 기능의 기반을 제공하고 과학에 독특한 특성을 주는 요인들에 초점을 맞추었다. 다음 문헌을 보라. Merton(1973).

들의 노력을 제약하는 깊이 구축된 규범과 실행들 – 넓게는 문화들 – 에 의해 형성된다. 우리가 비대칭적 수렴이라고 부른 현상을 분석하기 위해서, 우리는 최근까지도 과학기술학에 극히 주변적인 영향력을 미치는 데 그쳤던 문헌들로부터 영감을 끌어온다. 그것은 조직적 분석의 새로운 제도주의(예를 들어, DiMaggio and Powell 1983; Schneiberg and Clemens 2006), 경제사회학(예를 들어, Saxenian 1994), 그리고 새로운 계급이론(예를 들어, Gouldner 1979)이다.

우리가 제기한 비대칭적 수렴 이론은 균일하지 않고 모순적인 수렴이 일어나고 있으며, 과거에 뚜렷이 구분되던 제도적 장들이 합쳐지는 현상이 점증하고 있다는 것이다. 한 영역의 사회적 규약과 실행이 (이미 구축되고 깊이 제도화된) 다른 영역으로 도입되면서 기존의 특성에 도전하는 새로운 지식생산 구조를 낳는다. 한편으로, 과학집약적인 기업들은 학술지 논문 출간, 지식 교환의 후원, 그리고 호기심으로 추동되는 연구 등의 대학의 관행에 호소하는 것이 유용하다는 사실을 깨닫게 되었다(그런 관행들이 복잡하고, 종종 기업의 목표와 모순되고 차이가 남에도 불구하고 말이다). 다른 한편, 대학의 제도들이 기업의 담론과 실행에 의지하는 경향도 점증하고 있다[4](이러한 경향은 프로페소리어트professoriat라는 더 적절한 명칭을 붙여 재해석될 수 있다. 3장을 참조하라.) 우리는 그 결과가 아직도 대학과 기업 실험실 양쪽에 모두 퍼져 있는 오랜 규범적 이해를 침해하는 모순, 변칙, 그리고 역설을 낳는다고 주장한다.

우리가 목격하고 있는 수렴 과정은 과거에 서로 다르던 두 영역이 직접적으로 서로를 투영하는 단순한 동형화isomorphism가 아니다. 오히려, 각 영

---

4. 기업가적 담론과 실행을 언급한 이유는 대학 교수들이 점차 매우 경쟁적이고(협동이 아니라), 자기이익을 중시하고, 개인주의적인 방식으로 움직인다는 뜻이다. 우리가 사용하는 기업가의 의미는 친숙한 방식을 새로운 방식과 결합시키는 행위자들을 언급할 때 슘페터가 썼던 것과 다르다.

역이 늘 직접적이지는 않은 방식으로 상대의 요소를 채택하고 그것을 자신의 영역의 여러 측면들과 통합시켜서, 두 개의 새로운 잡종 체제[hybrid regime]를 만들어 내는 과정이다. 각 영역은 상대 영역의 규약들과 실행들을 저마다의 목표 달성을 용이하게 하기 위한 방식으로 수용하고, 상대의 뒤집힌 거울상과 흡사한 무엇을 만들어 낸다. 이 과정에서 각 영역은 규범적 지향성의 독특한 집합들을 새로운 내용으로 결합하는 모순적 혼합물이 된다.

중요한 것은, 제도적 장들 안에서 서로 갈등하는 논리들이 계속 공존하며, 이 제도적 장들이 하나 또는 다른 하나의 논리에 지배된다는 점이 이 과정의 특징이라는 것이다. 따라서 기업의 규범이 대학에 유입됨으로써 많은 사람들이 대학의 목적이라고 간주해 온 관점들과 근본적으로 배치되는 행동(예를 들어, 데이터 매점[買占])에 기여할 수 있다. 동시에, 기업 과학자들도 고용주들에게 압력을 행사해서 기업에 뚜렷한 이익이 되지 않는 활동을 제도화할 수 있다(예를 들어, 연구개발의 이른 시기에 학술 논문을 발간하고, 대학 과학자들을 포함시킨 기업 세미나를 여는 등). 그 결과, 서로 다른 행위자들이 이러한 차이를 해소하는 방법을 둘러싸고 논쟁을 벌이면서 그 조직에 긴장과 갈등을 불러일으키곤 한다(제조업의 상황에 대한 예는 다음 문헌을 보라. Vallas 2003). 이런 의미에서, 수렴 과정은 모순적이며, 이러한 모순은 기업과 대학의 근본적으로 다른 역사와 목표를 투영한다. 우리가 이 과정을 비대칭적 수렴이라고 부르는 까닭은, 그 결과로 출현하는 잡종 체제가 기업과 대학 사이의 경계선 양편으로 나뉜 서로 다른 규약과 실행들로 구성됨에도 불구하고, "최종적으로" 이 과정을 틀짓는 것은 이윤의 논리이기 때문이다.[5] 기업은 수익성을 향상시키기 위해 대학 문화의 속성을 받아들이고,

---

5. 오웬-스미스는 (이 책의 3장에서) 오늘날 잡종적 대학의 출현을, 대체로 비슷하지만, 다른 방식으로 분석했다. 울프는 (이 책의 4장에서) 행위자들이 비대칭적인 공동생산 과정에 어떻게 관여할 수 있는지 훌륭하게 예시했다. 마지막으로, 우드하우스도 (이 책의 6장에서) 사회적 결과를 빚어내는 기업의 어울리지 않는 능력을 잘 포착했다.

학계 역시 직접적인 상업적 목적을 위해서, 또는 대학이 상업 문화의 요소들을 받아들여 정당성을 얻는 간접적인 이유로 사적 부문의 규약과 실행을 도입한다.

이 장에서 우리가 제시하는 데이터는 모순과 역설로 가득 찬 제도적 변화의 이미지이다. 대학은 한때 연구자들이 자신들의 연구 과정을 자율적으로 통제할 수 있는 상호협력의 장소로 여겨졌지만, 이제는 과학자들이 상업 세계의 요구에 부응해야 하는 강박에 시달리고, 대학 관리자들이 교수들에게 "기업가주의"에 높은 우선순위를 두는 곳으로 간주되고 있다. 다른 한편, 과학 집약science-intensive 기업들에서 이루어지는 연구의 특징은 협동 정신과 관리자의 압력에서 벗어난 자유로운 분위기이다. 오늘날 대학 연구자들은 거의 이런 자유를 누리지 못하는데도 말이다. 그로부터 두 가지 결과가 나타난다. 첫째, 그리고 역설적으로, 과학자들은 종종 전통적인 대학의 규범을 뒷받침하는 데 필요한 조건과 자원―가장 정교한 장치, 가장 후한 예산, 기업가적 압력으로부터 제일 멀리 떨어진 거리―을 기업 연구소에서 가장 쉽게 찾을 수 있다. 둘째, 우리의 인터뷰에 참여한 두 분야의 응답자들이 서로 다른 분야의 운영 방식을 알게 되면서, 서로 다른 논리들이 점차 대학과 기업 실험실 양편에서 일치하게 되었고, 대학과 기업의 과학이 과거만큼 차이가 나지 않는, 종종 모순적이고 균일하지 않은 수렴 과정이 나타났다. 이처럼 중요한 변화들이 미국의 지식생산 구조에 영향을 주고 있다. 이 과정을 제대로 이해하려면 지금까지 연구자들이 채택했던 것보다 훨씬 넓고 포괄적인 관점이 필요할 것이다.

우리는 비대칭적 수렴이라는 우리 이론의 핵심 주장을 개괄하면서 이 장을 시작했다. 이후에는 과거의 접근방식에 대해 간략하게 언급하면서, 우리가 생각하기에 현재 진행중인 지식생산의 재구조화의 특징을 이루는 핵심 주장들을 이끌어낼 것이다. 그런 다음, 우리의 인터뷰 데이터를 얻는 데 사용한 방법을 기술하고, 과학연구의 변화하는 구조와 문화에 초점을 맞춘 경험적 분석을 제시한다. 먼저 대학 과학에서 나타나는 두드러진 경향들에 대한 논의에서 시작해서, 기업 실험실에서 병행적으로 나타나는 진전들을 고찰할 것이다. 우리가 제시하는 증거는 통상 하나의 제도적 영역과 연관된 조직 논리가 오늘날 대학/산업 경계의 양편에서 모두 발견된다는 것을 시사한다. 마지막으로 비대칭적 수렴 과정에서 변이가 나타나는 주된 원인에 대한, 충분한 정보에 기초한 추론을 제시하는 것으로 결론을 대신한다.

이론에 대한 설명 : 비대칭적 수렴 과정

미국의 경제적 경쟁력 저하에 대한 우려가 높아지던 1980년대에, 과학과 대학 연구의 공적 역할에 대한 전후戰後의 이해는 큰 변화를 겪기 시작했다. 과거에는 상대적으로 자율적인 영역으로 간주되었던 대학의 연구는 점차 경제와 기술 혁신의 원천으로 해석되었다. 생물학의 발전과 연방 정책의 변화(특히 1980년의 〈베이돌 법〉)로 특허와 지적재산권이라는 강력한 날개를 새로 얻은 대학은 자본축적 과정에서 날로 중심적인 역할을 수행하도록 고무되었다. 공공지출에 대한 재정 압박이 늘어나는 와중에 (그리고 고등교육을 제약하려는 사회적 분위기 속에서), 대학 당국은 부족한 자원을 얻기 위해 점차 시장기반 원천에 눈을 돌렸다. 그 결과, 많은 사람들이 주장하듯이, 전통적으로 알려졌던 대학 연구의 논리 자체에 중대한 변화가 일어났다(Slaughter and Leslie 1997; 다음 문헌도 보라. Owen-Smith and Powell 2001; Powell and Owen-Smith 1998; Etzkowitz and Webster 1998).

대학-기업 관계university-industry relationships, UIRs에 대한 초기 연구는 대학의 생물학자와 생명공학 기업들 사이의 공식적 계약관계가 늘어나면서 전통적인 학문의 자유와 자율성이 두드러지게 침식되는 사태에 초점을 맞추었다(다음 문헌을 보라. Blumenthal et al. 1986; Shenk 1999). 이런 문헌들 중 상당수는 대학과 기업 사이에 나타나는 다양한 유형의 합작사업, 그리고 면허 협약이나 특허 보호를 강화하기 위한 대학의 노력이 자유로운 지식의 흐름과 과학연구의 자율성을 위협하는 사태에 대해 우려의 목소리를 냈다. 비슷한 시기에, 기업부문에 종사하던 지식 노동자들을 다룬 문헌들은 기업이 점차 바람직하고 자율적인 영역을 제공하는 곳으로 인식되며, 그 속에서 과학자와 공학자들이 유연하고 협동적인 노동 환경이라는 화려한 마구^馬^具에 현혹될 수 있다는 분석을 제기했다(Saxenian 1994; Albert and Bradley 1997; Powell 2001).

이 문헌들의 분석은 한결같이 심각할 정도로 비역사적이다. 다른 글에서 주장했듯이(Kleinman and Vallas 2001; Kleinman 2003), 미국의 대학이 19세기 이래 끊임없이 변화해 온 것은 사실이더라도, 일반적인 분석이 묘사하듯이 상아탑이라는 이미지와 일치한 적은 한 번도 없었다. 한 가지 예를 들자면, 1980년대 이후 폭넓은 논의를 촉발시켰던 대학과 기업 사이의 공식적 연결은 결코 새로운 이야기가 아니다(Noble 1977 : 110; Geiger 1993 : 284; McMath et al. 1985 : 189; Lowen 1997 : 75).

기업의 연구 조직을 살펴보면, 그 역사적 패턴은 최근 연구자들이 가늠할 수 없을 정도로 복잡하다. 역사가 데이비드 하운쉘의 주장에 의하면, 20세기 대부분의 기간 동안, 기업 실험실의 연구책임자들은 기업 연구자들에게 대학에서 훈련받은 과학자들을 유인하기 위한 방편으로 "대학의 연구 환경과 흡사한 분위기"를 제공했다(1996 : 26, 27; 다음 문헌도 보라. Mees 1920). 20세기에 걸쳐 이러한 노력들이 거둔 성공은 불균등했다.

공식적인 대학-기업 관계와 기업 과학자들의 자율성이 전혀 새로운 것은 아니지만, 과거에 구별되었던 조직적 장들이 수렴하거나 공^共진화하기 시작한 폭넓은 구조적 경향의 출현은 **새롭**다고 할 수 있다. 다른 글에서 주장했듯이(Kleinman and Vallas 2001), 상업적인 규약과 실행들이 점차 학계를 지배하고 있으며, 학문적인 규약과 실행 역시 과학집약적인 기업들에 도입되었다. 이처럼 서로 다른 규범과 실행들이 뒤섞인 결과는—우리가 비대칭적 수렴이라고 부른 이 과정은—잡종적 지식 체제이며, 여기에서 하나의 장이 다른 장의 깨진 거울이 된다. 따라서 대학 과학은 기초지식의 가치에 대한 규범이 깊이 제도화되었을 뿐 아니라, 경쟁과 기업가정신이 횡행하고 지적재산권이 이 영역에서 통용되는 화폐가 되는 상업 문화의 특징까지 심화하게 되었다. 비슷한 방식으로, 지식-집약 기업들도 이윤추구에 대한 강제라는 동기뿐 아니라 연구 자율성과 학문적 출간의 가치를 뒷받침하는 관례를 함께 받아들이게 되었다.

우리가 대학 과학과 기업 과학에서 관찰한 수렴 현상은 여러 요인으로 설명된다. 그중 하나로 과학자를 비롯한 전문가들이 두 영역의 경계를 넘나드는 이동성을 꼽을 수 있다. 이 패턴은 아직 충분히 연구되지 않았지만, 전문 과학자들 사이에서 대물림되는 권위라는 위계체계를 뒤바꿀 가능성이 있다(Smith-Doerr 2004; Leicht and Fennell 1998). 그 밖에도 투자자들에게 좋게 보여야 하는 산업계의 관심 때문에 기업들이 "스타" 과학자를 고용하거나, 가장 권위있는 학술지에 논문을 출간하는 등, 과학적 평판을 얻으려고 노력해야 하는 압력을 받게 된다(Stephan 1996). 동시에 대학들은 자신들의 활동을 정당화하기 위해 애쓴다. 특히 공립 대학들은—흔히 사적 부문의 경제성장에 대학이 학문적으로 얼마나 기여했는가 라는 측면에서 해석되는 목표인—자신들의 존재의 "유의미성"을 입증하라는 점증하는 압력에 시달린다. 그렇지만 이러한 압력과 그로 인해 촉진되는 수렴과정에도 불구하고, 대학과 기업이라는 장은 저마다 미국의 사회형성 과정에서 폭넓게 받아들여진 위치, 그리고 그와 연관된 특성들을 여전히 간직하고 있다. 따라서 정도는 다르지만, 대학들은 호기심에서 촉발된 연구와 시민 교육에 계속 전념하고, 지식 집약 기업들도 상품과 이윤 생산에 전념해야 한다는 본분을 망각하는 경우는 거의 없다. 이 장을 시작하면서 지적했듯이, 우리가 이러한 수렴과정을 "비대칭적"이라고 부른 까닭은, 과학연구에 대한 공공정책의 전제를 이루는 자본의 논리와 경제적 경쟁력이라는 목표가 행사하는 힘이 훨씬 크다는 인식 때문이다. 좀더 구체적으로 이야기하자면, 기업들은 궁극적으로 이윤을 위해 학문적 규범과 실행들을 수용하며, 대학도 자신들의 요구에 비해 정부의 지원이 줄어들게 된 신자유주의적 재정정책에 직면하면서 이익 창출을 위한 실행을 받아들이게 된 것이다.

비대칭적 수렴 과정을 좀더 깊이 이해하기 위해서, 우리는 산업계와 대학에서 생명공학 관련 연구를 하는 80명의 과학자, 연구비 지원 실무자, 그리고 관리자들을 대상으로 반-구조화된 인터뷰[6]를 수행했다. 인터뷰는 2001년 가을에서 2002년 여름까지 진행되었고, 약 절반은 6개 대학 — 3개 대학은 캘리포니아 주, 나머지 3개는 매사추세츠 지역 — 소속이었다. 나머지 절반의 인터뷰는 14개 생명공학 기업 종사자들에서 병렬 표본으로 추출한 대상에 대해 이루어졌다. 이번에도 절반은 샌프란시스코만 지역에 위치한 기업들, 나머지 절반은 매사추세츠 주에 기반을 둔 기업들을 대상으로 했다. 샌프란시스코 만 일대와 보스턴 인근 지역을 선정한 이유는 두 지역에 지식집약 기업들이 집중되어 있고(Saxenian 1994), 생명공학 연구의 중심지를 대표하기 때문이다. 우리가 면담한 대학 연구자들은 모두 넓은 의미에서 비슷한 생명공학 관련 생물학을 연구하고 있었다.그들이 속한 대학들은 공립 및 사립 연구 1 대학[7]들을 모두 포함하고 있었다.[8] 우리 연구에 포함된 모든 기업들은

---

6. [옮긴이] 반-구조화된 인터뷰(semi-structured interview) : 중요한 질문은 미리 정해 놓고 같은 문항을 질문하지만, 상황에 따라서 문항을 수정하거나 추가할 수 있는 형태의 면접 방식.

7. [옮긴이] 연구 1 대학(Research I university) : 카네기 고등교육기관 분류에 따른 범주로 대략 다음과 같은 요건을 갖춘 연구중심 대학을 가리킨다. 1. 포괄적인 학사 학위 수여 2. 박사학위 수여를 통한 대학원 교육에 대한 전념 3. 연구에 높은 우선순위 부여 4. 매년 50명 이상의 박사학위자 배출 5. 연간 4천만 달러 이상의 연방 지원금. 1994년에 미국에서 이 요건을 충족하는 대학은 모두 59곳이었다. 2005년 이후 〈카네기 재단〉은 더 이상 이러한 단일 분류가 의미가 없다고 보았지만, 지금도 많은 대학들이 이 개념을 쓰고 있다.

8. 중요한 것은 우리가 인터뷰한 과학자들의 경험이 연구 1 대학들에 속한 교수들의 경험과 다른 것처럼 보인다는 점이다. 대학들 사이에서 나타나는 이러한 편차는 앞으로 이루어질 연구의 중요한 주제이다. 다음 문헌을 참조하라. Owen-Smith 2003.

진단 또는 의학 관련 생명공학을 연구하는 업체들이며, 농업 관련 업체는 포함되지 않는다. 기업 표본들은 규모와 연혁의 변이를 보장하기 위해 계층별로 추출되었다. 따라서 창업한 지 얼마 안 되는 작은 기업부터 이미 자리를 잡았고 수익성이 높은 대규모 기업까지 두루 인터뷰의 대상으로 포함되었다. 응답자들은 모든 직급에 걸친 대학(조교수, 부교수, 정교수, 박사후 연구원, 학부 학생, 기술자와 행정직)과 기업(연구팀장에 해당하는 박사급 과학자, 소장 박사급 연구원, 연구 조원, 기술자, 그리고 관리 직원) 종사자들을 포괄했다. 인터뷰는 반-구조화된 면담 형식으로 45분에서 90분 사이의 시간 동안 진행되었다. 문항은 5가지 핵심 영역으로 이루어졌다. 배경 질문, 연구나 관리 조직, 정보 흐름이나 지적재산권, 노동 환경에서의 젠더 문제, 그리고 직업 문화와 경력이 그것이다.

발견

대학 생명공학의 과학 연구 특성

대학-기업 관계UIRs에 대한 기존 문헌들은 대학 과학자들과 기업 사이의 직접적이고 공식적인 관계의 중요성에 초점을 맞추었다. 그리고 실제로, 우리가 면담한 대학 과학자들은 합작 사업, 제휴 관계, 그리고 대학의 학과와 사기업 사이의 협정 등에 대해 이야기했다. 극소수만이 그들이 현재 사적 부문의 기업과 연구상의 관계를 맺고 있다고 이야기했다. 이러한 발견은 국가 차원의 연구에서 극소수의 연구자들만이 기업의 연구비 지원을 받고 있다는 사실과 일치한다(자세한 내용은 다음 문헌에 인용된 내용을 보라. Kleinman and Vallas 2001 : 455). 물론 공식적인 대학-기업 관계가 중요하지 않다는 뜻은 아니지만, 우리는 특정 학문 배경에서 그런 관계가 실재한다는 사실은 그리 중요하지 않다는 주장을 펴려 한다. 대학-기업 관계는 제도적 변화의 신호일 수 있으며, 심지어 대학 문화에 더 큰 변화를 촉진할 수도 있다. 그러나 우리의 인터뷰 데이터가 시사하듯이, 산업과 대학 사이의 직접적이고 공식적인 거래가 없이도, 최소한 대학-기업 관계와 무관하게 대학 과학문화에서 폭넓은 변화가 진행중이다(다음 문헌도 참조하라. Kleinman and Vallas 2001; Slaughter and Leslie 1997).

이 점은 보스턴의 한 엘리트 대학에 재직하는 중견 과학자의 발언에서 처음 제기되었다. 일반적인 상황에서 그가 관찰한 변화를 요약하면 다음과 같다.

> 우리가 처음 이 업체를 시작했을 때……나는 사람들로부터 엄청 욕을 먹었습니다. …… 당신은 돈을 위해 이 일을 하고 있다는 함의였고, 대학에는……돈을 벌려는 생각을 해서는 안 된다는 문화가 있었지요(웃음). 그리고 당신이 돈을 벌고 싶어 하면, 그건 나쁜 일이었지요. 그건 부정적인 동기였습니다. 그렇지만, 오늘날 상황이 완전히 바뀌었습니다.

계속해서, 그는 대학 과학자들이 일반적으로 기업 과학을 얕보는 경향이 있지만, 자신의 동료 중 상당수는 상업적으로 유의미한 연구 수행의 장점을 깨닫게 되었다고 주장한다.

대학 관리자들은 이러한 변화의 최첨단에 서서 대학 문화의 변화를 추진하는 주요 동력이 되고 있는 것처럼 보인다. 국가나 연방 수준의 예산 삭감, 그리고 대학 과학의 경제적 중요성을 강조하려는 선출직 관리들의 압력으로, 학장, 교무처장, 그리고 총장은 공식적인 대학-기업 관계를 장려한다. 공식적인 대학-기업 관계 이외에도, 이들 관리자가 대학 문화를 변화시키는 주된 원동력인 것 같다. 한 학장은 대학에서 벌어지고 있는 변화에 대해 다음과 같이 말했다.

지금 이 순간, 대학은 우리가 누구인지, 무엇을 하고 있는지, 예산 삭감의 관점에서 우리가 어떻게 잘 해 나갈 수 있을지에 대해 [주된] 탐구와 재평가를 수행하고 있습니다. 그리고 저는 동료들에게 대학이 자본재를 생산하는 곳이라는 생각이 합당하다고 설득하려 애쓰고 있습니다. 우리는 정신, 개념, 일부 경우에는 특허를 제조하고, 이것들은 기업들이 만들려는 자본재입니다. 만약 당신이 스스로를 자본재 제조업자라고 간주한다면, 당신의 성공은 당신이 만든 자본재를 생산환경의 어딘가에 위치시켜서 학생들을 길러내고, 그들이 졸업해서 직장을 얻고 제 역할을 다하는 것입니다. 그것이 바로 우리가 하는 일이고⋯⋯ 우리가 존재하는 이유입니다.

이 학장은 단지 변화에 대해 이야기하는 데 그치지 않고, 사태가 반드시 바뀌어야 한다고 교수들에게 역설하고 있다.

우리가 면담했던 두 번째 관리자의 반응은 자신이 대학 문화를 바꾸라는 압력을 받고 있다는 것을 분명하게 보여 주었다. "우리에게는 더 이상 답이 궁금하다는 이유만으로 연구를 할 특권이 없습니다⋯⋯ 왜냐하면 요즈음 저는 사람들에게 영향을 줄 수 있는 가능성이 있다는 사실을 기반으로 납세자들의 돈을 사용하는 것을 정당화해야 하고, 그것이 절대적으로 중요하다고 생각하기 때문입니다." 이 학장은 지금 당장은 아니지만 곧 "특허 숫자, 기업의 숫자⋯⋯ 그리고 경제에 미치는 영향"이 교수의 종신재직권 심사의 표준적인 기준이 될 것이라고 내다봤다. 대학 관리자들은 대학 교수 임용과 승진 결정을 대학이 아닌 자본의 논리와 일치시키는 방식으로 정당화할 필요성을 날로 절감하고 있다.

특히 우리 연구의 표본에 들어 있는 대학 실험실들이 기업이나 이윤추구 조직과 직접 거래를 한 경우가 상대적으로 적기 때문에, 앞에서 인용한 발언들은 대학 문화에서 나타나는 변화가 과거 연구가 강조했던 대학-기업 관계보다 훨씬 더 넓고 깊게 나타나고 있다는 것을 보여 준다. 이번에도 우리는 공식적인 대학-기업 관계가 새로운 지식경제의 중요한 측면을 담당한다는 사실을 부인하지 않으며, 기업-대학 관계가 대학이나 첨단기술 산업 문화를 새롭게 변모시키고 있다는 사실도 부인하지 않는다. 그러나 대학-기업 관계에 대한 지나친 관심으로 인해, 대학 실험실이 점차 기업의 실험실과 불균등하지만 동일한 구조가 되도록 이끄는 좀더 미묘하고 간접적인 과정들을 간과할 수 있다. 이런 과정들을 이해하려면, 상업적으로 도출된 규범과 실행의 주입이 어떻게 그리고 어느 정도로 대학 과학자들의 연구 상황을, 최소한 부분적으로 기업과 대학 사이의 직접적이고 공식적인 관계와 독립된 방식으로, 변화시키고 있는지 물음을 제기해야 한다.

대학에서 나타나는 수렴과정의 모순적 성격은 전통적인 학문 규범에 대한 믿음과 응답자들 사이에서 광범위하게 퍼져 있는 기업가적 수사修辭가 공존하고 있다는 점에서 잘 드러난다. 따라서 우리가 인터뷰한 과학자들은 연구에 대한 결정에서 자신들에게 허용되는 자율성을 힘주어 강조했다. 한 과학자는 특색 있게 이렇게 지적했다. "저는 실험실 책임을 맡고 있는 사람입니다. 그리고 나의 지적 관심이 무엇보다 중요합니다." 덧붙여서, 우리가 면담한 모든 대학 과학자들은 자신들의 연구가 "기초 연구"라고 말했다. 그렇지만 동시에, 인터뷰했던 많은 대학 생물학자들은 과학자-과학자 상호작용의 특성을 묘사하는 데 경쟁적이고, 고도로 도구화된 교역과 흡사한 관계를 강조하는 신자유주의적 담론에 크게 의존했다.

협력이나 협동에 대해 물으면, 응답자들은 한결같이 자신의 실험실이나 학과는 매우 협력적이라고 답하지만, 두 번에 한 번쯤은, 일단 실험실을 벗어나면 협동이 한정된 도구적 이유에서 이루어진다고 말한다. 즉, 필요한 정보나 재료를 얻기 위한 협력에 국한된다는 것이다.[9] 인터뷰에 참여한 한 조교

---

9. 오웬-스미스(3장)는 오늘날 미국 대학에서 나타나는 변화가 증가하는 협력연구와 연관된다고 주장했다. 그러나 그는 이러한 협력의 질에 대해서는 아무런 설명도 하지 않았다. 협력의 증가는 더욱 도구적이고, 좁게 집중된 협력을 뜻할 수 있으며, 이런 종류의 협력연구가 경제

수는 이렇게 지적했다. "만약 당신이 어떤 문제에 관심이 있고, 누군가가 당신에게 매우 유용한 시약이나 동물 모델을 가지고 있다면, 당신은 [필요한 정보와 실험 재료를] 구하기 위해서 그들과 협력할 것입니다." 우리는 상호교환, 이익, 그리고 협동의 환경이 아니라, 개인적 연구 주제를 발전시키기 위해 좁게 구축된 협동에 대한 이야기를 무수히 반복해서 들었다.

역설적이게도, 대학 과학자들 중 일부는 기업이 실질적인 과학의 협동을 북돋는 데 대학보다 나은 환경을 제공한다고 보았다(이 점에 대해서는 다음 문헌을 보라. Smith-Doerr 2004). 자신이 속한 기업에 대해 설명하면서, 응답자 중 한 명은 다음과 같이 말했다. "집단정신이나 무언가를 성취했을 때의 흥분감이 기업 쪽이 더 높은 것 같습니다. 그래서 여러 부분들을 모아 대학 실험실에서는 결코 이룰 수 없던 일을 달성할 수 있어요." 앞으로 기술하겠지만, 대학에서 기업으로 옮긴 응답자들은 이런 견해에 공감을 표시했다.

지적재산권 보호라는 측면에서, 대학 생물학과에 기업가 논리가 확산되고 있다는 사실 역시 분명했다. 로버트 머튼은 대학 과학의 두드러진 속성이 사적 소유권에 대한 반감이라고 주장했다. 그는 공동 소유권이야말로 "과학적 에토스[10]의 핵심적인 요소"(1973 : 273)라고 말했다. 대학-기업 관계에 대한 분석자들과 비판자들은 대학 과학에서 – 특허와 지적재산권에 대한 고려인 – 사적 소유권이 늘어날 것이라고 역설한다. 비판자들에 따르면, 이러한 양상은 대학 과학자들 사이에서 정보와 물질의 흐름을 저해할 위험이 있다. 그러나 우리가 얻은 데이터는 많은 분석자들이 주장하듯이 대학의 성격을 변화시키는 것은 대학 과학자와 상업적 기업 사이의 **직접적인 관계**가 (그리고 그들의 상관관계를 밝히지 않고 은폐하는 사태나 지적재산권 협정 같은 것이) 아니라는 것을 보여 준다. 우리의 관찰에 따르면, 정보와 물질의 공

적 동기와 결합된 것일 경우 그 이익은 시간이 흐르면 지속될 수 없을 것이다.

10. [옮긴이] 머튼은 에토스(ethos)를 "과학자를 구속하는 규칙, 법규, 신념, 전제조건 등 감정적 색조를 띤 복합체"라고 규정했다.

유를 구속하는 주된 요인은 대학 과학 문화에 대한 더 크고 간접적인 영향이었다. 그것은 정보와 연구 재료의 "자유로운 흐름"을 제약했던 공식적인 대학-기업 관계만이 아니었다. 그 이외에도, 우리는 전문적인 차별성을 둘러싼 첨예한 경쟁을 목격하고 있다. 과거 어느 때보다 과학에서 선두의 지위, 즉 중요한 발견을 달성하는 경주에서 이기는 것이 중요해지고 있다. 대학 과학을 포위하고 있는 기업가적 에토스와 결합해서, 이러한 경쟁은 같거나 비슷한 분야의 과학자들 사이에서 지식 공유를 막는 장벽을 세웠다.

비대칭적 수렴의 모순적 성격을 투영하면서, 대학 소속 응답자들은 과학의 공유주의라는 머튼 규범(Merton 1973)에 대한 깊은 집착을 확실히 드러냈다. 실제 행동에서는 많은 사람들이 그 규범을 위배하고 있으면서도 말이다. 보스턴 지역 대학에서 이미 확실한 지위를 확보한 한 과학자는 이러한 집착의 전형을 보여 주었다. 그는 이렇게 말했다. "처음부터 확실한 내 입장은, 내가 출간하는 모든 것, 시약을 비롯해서 모든 것이 공적 영역의 일부라고 간주하며, 그것을 가지고 사람들이 무엇을 하는지에 대해서는 어떤 물음도 제기하지 않는 것입니다." 한편, 다른 사람들의 견해를 반영하면서, 한 응답자는 "사람들이 실제로는 자신들이 사용하는 방식대로 많은 것들을 공유하지 않습니다.……날로 경쟁적이 되고 있지요"라고 답했다. 이 응답자는 다른 응답자들이 자신들의 활동에 대해 이야기한 것을 다음과 같이 전했다.

> 당신이 아는 많은 사람들은 이것이 …… 기업과 재정적 이해관계, 그리고 모든 것과 긴밀한 상호작용을 갖는다고 주장할 것입니다. 하지만 저는 그렇게 믿지 않습니다. 저는 이 분야의 추동력이 자기 이익과 출세이며 …… 사람들은 부유해지기 위해서가 아니라 승진하기 위해서 그렇게 행동한다고 생각합니다. …… 대부분은 자기방어적이고, 재정적 이익과는 무관합니다. 공적, 승진, 연구비, 명성 이런 것들이 중요하게 여겨지지요. 그리고 그것이 내가 이 분야에서 경쟁이 심해졌다는 점이 분명한 답이라고 생

각하는 까닭입니다.

중요한 것은, 응답자들이 정보 공유의 규범이 약해진 이유를 설명하면서 특허 증가를 꼽지 않았다는 점이다. 대학의 한 소장 과학자가 언급했듯이, 학계에서 정보의 흐름을 제약하는 것은 특허가 아니라 다른 사람이 그 정보를 "채가지" 않게 하려는 노력 때문이다. 이 교수는 이렇게 말했다. "[정보를] 내놓을 수 없는 것은 누군가 다른 사람이 가져다 쓸 수 있기 때문입니다."

요약하자면, 우리가 얻은 데이터에 따르면, 대학 과학에 상업적이거나 기업가적 에토스가 유입되면서 실제로 정보의 흐름을 저해하는 수많은 제약이 증가했지만, 그런 제약은 직접적인 (공식적) 영향보다는 폭넓은 문화적 영향에 의해 나타나는 경우가 훨씬 많다는 것이다(비슷한 발견에 대해서는 다음 문헌을 보라. Marshall 1997:525 그리고 Campbell et al. 1997). 우리 데이터는 만약 대학 과학의 상업화가 정보 흐름을 저해한다면(우리는 그렇게 믿고 있다), 그 결과는 재정적 거래로 인한 직접적이고 명백한 법적 장치에 의해 나타난 것만큼이나 대학 문화의 미묘한 변화를 통해 매개되었다는 것을 시사한다. 대학 과학자들은 사기업과 직접 관련을 가지는지 여부와 무관하게, 점점 더 시장과 기업 논리에 따라 행동하고 있다.

이 절에서 제시된 데이터는 우리가 비대칭적 수렴이라고 부른 것에 관해 여러 가지 중요한 결론을 시사하고 있다. 첫째, 우리 데이터가 시사하는 바에 따르면, 대학에 상업 문화가 주입되고 있으며, 이윤을 과학연구의 동기로 받아들이는 경향과 대학 과학자들의 장점을 기업부문 기준에 따라 평가할 가능성이 점차 높아지고 있다. 둘째, 응답한 과학자들은 자신들이 자율적으로 연구를 결정한다고(이것은 "대학의 역할"이라는 전통적인 특권으로 볼 수 있는 기회이다) 말하지만, 그들은 자신들의 연구를 집단적 노력으로 보지 않는다. 그 대신, 자원을 둘러싼 경쟁이 대학 생물학에 일종의 기업가주의를 조장하고 강화시켰다. 현대의 학문적 과학이 늘 어느 정도의 기업가적 실행을 포함할 수는 있지만, 많은 비용이 들어가는 생물학 연구비를 충당하기 위해 연방정부와 사기업 재단의 자금 지원을 얻을 수 없게 되면서, 최근 이러한 실행들이 한층 강화되었다(Adams, Chiang, and Starkey 2001 : 74).[11] 마지막으로, 우리의 인터뷰는 "과학 공유주의"에 대한 집착이 정보와 물질의 매점에 관여해야 할 필요성에 대한 믿음과 조화를 이루지 못한다는 것을 시사한다. 중요한 점은, 우리가 대학 생물학에서 정보와 물질의 흐름에 가해지는 제약의 증가를 목격하는 한, 이것이 대학 생물학자와 사기업의 직접적인 상업적 연계를 반영하는 것은 아닐지라도, 여러 가지 방식으로 시장을 투영하는 경쟁 문화를 나타낸다는 사실이다.

기업 생명공학에서 이루어지는 과학연구의 성격

이 절에서, 우리는 산업계의 지식 노동에 대한 학문적 논의에서 중심적인 두 가지 주제를 탐구한다. 첫째, 우리는 생명공학 기업에서 이루어지는 연구의 구조에 대한 데이터를 제시한다. 그런 다음, 우리는 연구자들의 협동과 정보 공유 문제를 고찰할 것이다. 우리의 데이터에 따르면, 일터의 협동과 자율성의 성격뿐 아니라 생명공학 기업의 정보 공유도 부분적으로 생명공학 기업들이 대학의 환경과 (완전히 같지는 않지만) 비슷하게 보이도록 압박하는 규범적 압력에 의해 영향받는 것 처럼 보인다.

과거 연구자들은 기업과 대학의 활동과 인원이 점차 섞이면서, 종종 첨단 기업들이 참호로 에워싸인 기업이라는 관료주의적 성격을 탈피하고 좀 더 협동적인 조직 문화를 받아들이고 있다는 사실을 발견했다(Smith-Doerr

---

11. 이 장을 읽은 한 동료는, 1980년대와 1990년대에 걸친 국립보건원의 엄청난 예산 증가와 대학의 생물학 연구에 대한 기업들의 지원을 지적하면서, 우리의 주장에 이의를 제기했다. 우리는 이러한 증가를 인정하지만, 우리의 주장은 가용한 자금이 지원 요청을 충당하지 못한다는 의미이다. 우리가 면담한 대학의 응답자들과 생물 과학 분야의 동료들은 이러한 점을 분명히 인식하고 있었다. 그들은 항상 자신들의 연구 프로그램을 지속하기 위해 필요한 연구비를 확보하느라 전전긍긍했다.

2004). 우리 데이터도 이러한 패턴과 일치한다. 실제로, 사적 부문의 많은 응답자들의 답변과 마찬가지로, 응답자 중 한 명은 자신이 일하는 업체에서 "관료주의의 최소화"를 강조했다. 그러나 그것은 단지 이 과학자의 연구 경험에서 나타난 관료주의의 상대적 부재를 뜻하는 것만이 아니었다. 그의 유연한 연구 환경이 과거에 그가 속했던 대학에서의 지위보다 더 많은 자유를 제공한다는 것은 여러 가지 측면에서 매우 역설적이다. 그는 이렇게 말한다.

> 이른바 학문적 자유에도 [불구하고] …… 조교수 시절의 경험과 [비교하면]……[기업 쪽이] 과학에 집중할 수 있는 시간이 [더 많습니다]……내 경험으로는, [대학에서] 다음 연구비 지원을 받을 수 있는 실험을 하라는 압력이 훨씬 큽니다. 기업과 마찬가지로 대학에도 과학자들의 관심과 연구비를 지원받을 수 있는 연구 사이에 이런 종류의 갈등이 있습니다. 대학들 사이에서 연구비를 둘러싼 싸움이 벌어지면서, 생명과학 분야에서 개인이 창조성을 발휘할 기회는 점점 줄어들고, 그 대신 개인들이 자신들이 하고 있는 일에 대해 별반 발언권을 갖지 못하는 대규모 프로젝트에 포함되는 경우가 더 많아집니다. 그들은 훨씬 큰 프로젝트의 일부로 작은 역할을 담당할 뿐이지요.

자신의 경험을 토대로, 이 과학자는 우리와 마찬가지로 다음과 같은 결론을 내렸다.

> 나는 기업의 연구가 대학의 그것과 매우 흡사해지고 있다고 생각합니다. 둘은 수렴하고 있지요. 나는 자신이 순수 과학자라는 자부심을 항상 가질법한 많은 대학 과학자들이 정작 자신들의 개념을 더 상업화시키기 위한 방법을 찾으려 애쓰고 있다고 생각하며, 대학의 특허 담당 부서들에 의해 이런 움직임이 [조장되고] 있다고 믿습니다.

우리가 면담한 대학원생들도 사적 부문에 취직하기 위해 노력하면서 대학의 성격이 변화하고 있다는 점을 지적했다. 서해안 지역의 한 대학원생은 이렇게 지적했다.

> 나는 내가 실험실을 이끌 수 있으리라고 생각하지 않습니다. 전체 연구를 총괄 지휘할 책임을 지고, 연구비를 얻어와서 다른 사람들의 삶을 책임질 생각도 없어요. 내 말은⋯⋯ 만약 당신이 프로젝트 책임자[PI]이고 연구비를 얻지 못해서 대학원생들에게 돈을 주지 못하고, 당신에게 의존하고 있는 사람들에게 생활비를 대주지 못한다면 어떻겠냐는 말입니다. 이런 권위를 가지지 못하더라도 기업에서 자리를 얻을 수 있기를 바랍니다.

여기에서도 한 번도 실현된 적은 없지만 전통적인 규범이 역전되는 역설이 나타난다. 이 대학원생은 대학에서 자신이 직면한 관리자 또는 기업가로서의 압력을 벗어나기 위해 기업에 취직하는 것을 고려하고 있다. 이런 응답자들에게, 그동안 많은 사람들이 대학의 특성으로 간주했던 자유와 자율성을 허용하는 쪽은 기업이다.

이런 견해에도 불구하고, 기업의 상황에서 이루어지는 과학 연구에 대한 전형적인 관점은 과학 연구가 궁극적으로 기업 경영자들이 생각하는 방향으로 고안되고, 설계되고, 수행된다는 것이다(다음 연구를 참조하라. Dubinskas 1988). 대학 문화가 기업에 확산되는 정도가 불균등하고, 생명공학 업체에서 기업과 대학의 관행이 융합되는 방식이 때로 불안정한 점을 고려하면, 이런 견해가 얼마간 타당하다는 것을 알 수 있다. 실제로, 우리 표본에 들어 있는 여러 기업들은 과거보다 판매가능한 산물을 발견하는 쪽으로 한정해서 연구 활동의 초점을 맞추었다. 경영자들과 과학자들은 이익을 내야 하는 기업의 속성과 자율성을 보장해야 하는 대학의 속성 사이에서 빚어질 수 있는 갈등을 인정한다. 그들은 자율성과 자기 통제에 대한 과학자들의 바람이 이익 추구를 침식하는 것이 아니라 이익 창출에 기여할 수 있도록 힘들게 균형을 유지하기 위해 노력하고 있다.

우리가 연구했던 대부분의 기업에서, 과학자들은 상당히 자율적으로 연구를 수행했고, 종종 자신이 연구를 설계하는 자유를 누렸다. 좀더 엄격하게 통제되는 기업의 경우에는, 과학자들이 연구 제안서를 제출해서 공식적인 승인을 얻어야 했다(그렇지만 이 장애물도 비공식적으로 극복될 수 있었다). 그러나 그 밖의 여러 기업들 - 소규모 창업 회사들과 대규모 유명 기업들 - 의 조직 문화와 관행은, 여러 가지 중요한 측면에서, 대학의 규범과 관행에서 자유롭게 끌어낸 형식을 취하고 있었다.

실제로, 우리 표본에 포함된 많은 생명공학 기업들에서, 대학 실험실과 구분되는 조직적 특성을 찾아내기 힘들 것이다. 특히 샌프란시스코만 지역의 한 대기업의 경우가 그러하다. 인터뷰에서 발췌한 내용을 살펴보자.

질문: 당신이 하고 싶은 연구 계획을 제안할 기회가 있나요? 오로지 당신이 지적으로 관심을 가진다는 이유만으로 말입니다.

답: 그럼요. 우리 부서는 일종의 위임을 받지요. 다른 부서는 다를 수도 있습니다. 우리는 기초 연구에 중점을 두는데, 약품 후보나 [기업에서] 사람들이 연구하고 싶어 하는 치료법에 대해 연구할 수도 있고, 『사이언스』나 『네이처』에 게재되면 다른 어떤 연구도 할 수 있습니다. 기업에 들어갈 때까지는 어떻게 돌아가는지 모르기 때문에 뭐라고 이야기할 수 없어요. 하지만 당신이 매력적이고, 뚜렷이 인정받는 연구를 하고 있다면, 전혀 문제가 되지 않아요. 왜냐하면 우리의 관심사도 과학계 내에서 우리가 첨단 연구를 하고 있다는 평판을 얻는 것이고, 당신이 그런 연구를 하면 지원을 받습니다. 따라서 나는 자유롭게 당신에게 이런 문제가 중요하고, 우리가 정말 그런 연구를 원하고 있다고 말하고 싶어요. 단지 약품만이 아니에요, 물론 그것이 중요하기는 하지만 말이에요.

기업이 상업적 목적을 달성해야 하지만, 기초 연구에 (심지어 호기심에서 비롯된 연구까지) 아낌없는 지원을 하고 있다는 것은 분명하다. 중요한 점은, 기업이 가시성이 가장 높은 기초연구를 지원하며, 좀더 일상적인 체계-구축 연구는 지원하지 않는다는 것이다.

그러나 기업의 상황에서 대학의 규범이 확산되는 과정은 불균등하며,[12] 대학의 규범이 덜 제도화된 기업에서 과학자들은 상대적으로 덜 자율적이고 자신의 연구 활동을 통제하는 정도도 낮다. 가장 일반적인 상황은, 관리자가 전반적인 연구 영역과 목표를 정한 후에 과학자들이 우선 순위에 부합하는 연구 프로젝트를 설계하고 이끌어가는 방식이다. 이러한 상황에 대한 가장 전형적인 평은 다음과 같다. "나는 내가 관심을 가지는 것이면 무엇이든 할 풍부한 자유를 누린다. 다만 그 연구가…… 회사의 넓은 관심 범위에 포함되고, 내가 나 자신의…… 연구 방향을 고르는 한에서 말이다.…… 이것이 내가 진정으로 원하는 자유이다."

우리가 인터뷰한 관리자들은 수익성 높은 치료제를 개발하는 데 초점을 맞추면서도, 동시에 연구 과학자들에게 자율성을 유지시켜야 할 필요성을 충분히 의식하는 것처럼 보였다. 여러 응답자들은 현장 과학자, 연구책임자, 그리고 책임 관리자들과 지속적인 대화를 하고 있었다. 보스턴의 작은 기업에 있는 한 과학자는 이렇게 말했다.

[연구책임자가] 자신이 생각하는 아이디어들을 가지고 옵니다. 나는 일부 또는 대부분을 수용하지 않습니다. 나도 아이디어를 그에게 가져갑니다. 내가 낸 아이디어는…… 내 밑에 있는 그룹이 원하는 것이지요. 따라서 [우리가 연구 주제를 결정하는] 방식은 상당 부분 쌍방향적이라고 할 수 있습니다.

---

12. 즉, 학계의 일부 규범들은 기업들 사이에서 균일하게 채택되고, 다른 규범들은 대부분의 기업들에 부분적으로 채택되며, 또 다른 학계의 관습들은 일부 기업에서 발견되지만 다른 기업에서는 나타나지 않는다.

가장 규모가 큰 기업들에서는 편차가 훨씬 크며, 일부 기업들은 과학연구에 대한 통제나 책임을 관장하는 공식 프로그램을 채택하기도 한다. 그러나 상대적으로 통제가 있는 상황에서도, 일상적인 연구 활동에 대해 관리자들이 감독하는 경우는 거의 없다. 경험이 적은 과학자들은 책임자로부터 지시를 받을 수 있다. 그 방식은 대학 실험실의 스승 제도mentorship와 비슷하다. 한 연구책임자는 이렇게 말했다.

[연구방법에 대한 선택은] 대부분 그들에게 맡겨진다고 할 수 있습니다. 그러나 내가 고용한 사람들은 사실상 그런 결정을 내릴 만큼 충분한 경험이 없지요. 그럴 때에는 내가 많은 자료를 읽고, 우리가 이렇게 할 수 있지 않겠느냐고 제안하고, 논문을 그들에게 보여 줍니다. 그러면 그들이 그 논문을 읽은 다음, 내가 제안한 방식을 따를 것인지 또는 더 나은 방식으로 할 것인지 결정하게 됩니다.

우리는 이들 기업에서 과학자들이 누리는 자율성과 지적 자유를 과장하려는 생각은 없다. 우리가 면담한 기업들 중 어느 곳도 과학적 자율성이라는 대학의 신화를 정확히 투영하지 않으며, 기업들이 과학자들에게 연구 주제 선택을 허용하는 정도에도 분명한 편차가 있다. 그렇지만, 많은 기업들에서, 관리자들은 흔히 대학 과학자들의 실행을 이끈다고 가정되었던 규범들을 유지하면서 전문가의 자율성에 많은 것을 양보한다. 앞으로 다루겠지만, 기업들이 대학의 규범을 수용할 때, 그들의 정책은 소속 과학자들이 행사하는 정당한 압력을 반영하는 것처럼 보인다.

대학 생물학에서 우리가 발견했던 상황, 즉 경쟁적 관계의 에토스로 인해 실험실과 대학 간의 정보의 흐름이 종종 차단되었던 상황과 대조적으로, 기업의 많은 실험실에서 우리는 대학의 이상을 실제 대학보다 더 철저히 신봉했던 일련의 관계들을 발견했다. 공통적으로, 우리가 연구했던 기업들은 연구 직원들 사이에서 일련의 협동적인 관계를 야기할 수 있었고, 공동 연구의 가치와 해당 기업내의 다른 부서와 지위 사이에서 정보와 기법들의 공유를 강조했다. 연구 과정 전반에 상호 지원의 에토스가 가득 차 있었고, 기업 내의 정보는 매우 공개적으로 소통되었다. 많은 기업 실험실에서 공통적으로 관찰할 수 있는 측면에 대해, 한 과학자는 이렇게 말했다.

> 내 생각으로, 이 회사에 속한 모든 사람들 사이에……한 프로젝트의 성공은 다른 프로젝트들의 성공을 도울 수 있다는 느낌이 있는 것 같습니다. 따라서 최소한 지금까지 내가 보아온 것은……언제든 누군가가 한 프로젝트에 가치 있는 무언가를 입력할 수 있고, 그들이 그렇게 하고, 그것이 활용된다는 점입니다.

물론, 이러한 규범적 환경이 자연발생적으로 만들어진 것은 아니다. 오히려, 우리는 과학 연구책임자와 인사 관리자들이 실험실에 이런 문화를 조성하기 위해 의도적인 노력을 기울였다는 것을 발견했다. 한 인사관리 책임자는 이렇게 말했다. "우리가 제공하는 열린 환경은 협동을 허용하고, 복도든 화장실이든 당신이 어디에 있든 간에 사람들이 대화에 참여해서 자신의 생각을 이야기하게 만듭니다. 그것이 바로 그런 방식의 열린 환경입니다." 마찬가지로, 다른 기업의 관리자는 자사가 실험실에서 협동적이고 열린 문화를 만들기 위해서 의식적인 노력을 기울이고 있다고 말했다.

> 우리는 [정보 공유]를 위해서 많은 노력을 기울입니다.……매달 연구 회의를 가집니다. 그 회의 목적은 자료 발표가 아니라 연구 계획을 발표하고 앞으로 진행할 연구를 조직하기 위한 것이지요. 심지어는 신규 시설에서도, 실험실을 벗어난, 우리가 협동 영역이라고 부르는 영역이 있습니다. 사람들은 그곳에 가서 자리에 앉아 연구 프로젝트에 대해 이야기하거나……자료

를 읽고, 토론할 수 있습니다. 그것이 중요한 까닭은 모든 사람들이 다른 프로젝트에서 무슨 일이 진행중인지 알아서 중복을 피해야 하기 때문입니다.……[따라서] 사람들이 수많은 서로 다른 주제로 연구를 하기 때문에 일종의 상호의존성이 있는 것이지요.

물론, 이러한 개방성은 제한적이다. 기업 내에만 열려 있을 뿐, 기업 간에는 적용되지 않는다. 그렇지만, 그 함의는 역설적이다. 이들 실험실에서 이윤을 추구하는 기업 관리자들의 주도로 협동과 협력 연구가 이루어진 반면, 대학의 자유방임적 자유는 종종 고립화와 독재를 야기했다. 경영자들이 대학의 규범을 유지한 이유는 소속 과학자들의 만족과 수익성 향상 두 가지 모두였다.

우리가 인터뷰한 많은 기업 과학자들의 경우, 기업 연구 상황의 협력적 특성은 그들이 과거 대학에서 경험했던 분위기와는 뚜렷한 대비를 이루었다. 기업에서 일한 지 얼마 되지 않았고, 자신의 회사가 제공했던 협동연구의 가능성에 대해 매우 낙관적이었던 한 과학자는 이렇게 말했다.

저는 회사에 들어와서 오히려 관심 있는 종류의 연구를 할 수 있는 기회가 더 많아졌습니다. 대학의 경우는 잘 아실 겁니다.……자신이 하고 있는 연구가 고립되는 경향이 있고, 협력 연구를 시작하려면 상당히 많은 노력이 필요하지요.……반면, 기업의 경우 회사 안에 전체 연구를 진행하는 동료들이 다 있어야 하기 때문에 자신이 그곳에서 필요로 하는 서로 다른 [형태의] 전문성을 모두 얻을 수 있지요.

상업적 기업의 많은 과학자들은 자신들이 대학 대신 기업에서 일하기로 한 결정이 바로 이러한 팀워크에 대한 갈망, 그리고 대학에서 느꼈던 고립감과 관계가 있다고 보고했다. 한 연구책임자는 이렇게 지적했다. "진정으로 [대학] 과학에 결여된 한 가지 요소는 팀을 이루어서 연구할 수 있는 기회입니다."

이른바 대학의 규범이 대학보다 오히려 기업에서 실현될 가능성이 높으며, 일부 경우에는 이러한 현실 때문에 과학자들이 대학에서 기업으로 이동하기도 한다는 역설적 상황이 벌어지는 것이다.

학계의 중요한 특성은 논문 출간이다. 이 점에 관해서, 상업적 기업들이 자신들의 연구 결과를 출간하기 꺼려한다는 오랜 우려가 있었다. 그렇게 할 경우, 사적으로 소유된 지식이 공유 재산이 되기 때문이다. 물론 우리 연구에 포함된 일부 기업들은 이러한 가능성을 의심해서, 학술지에 논문을 거의 출간하지 않았다. 그러나 이러한 경향성은 우리 표본에서 소수의 기업들에 국한되었다. 부분적으로 자신들이 고용한 과학자들의 학문적 경향에 의해, 그리고 부분적으로는 자사의 연구 결과를 출간함으로써 얻을 수 있는 상업적 이익이라는 동기에 의해(McMillan, Steven, Narin, and Deeds 2002), 많은 기업들은 학술지에 논문을 출간하는 대학의 관습을 적극적으로 받아들였고, 과학자들에게 기업 연구결과를 출간하도록 충분한 지원을 제공했다.

인터뷰 결과는 생명공학 기업에 고용된 과학자들이 학술지 출간이라는 규범을 강하게 선호한다는 사실을 분명하게 보여 준다. 샌프란시스코만 지역의 대규모 업체에 근무하는 한 과학자는 이렇게 말했다.

> 우리는 성공한 과학자가 되고 싶었습니다. 그리고 우리의 본질은 여러 가지 면에서 학자였지요. 우리는⋯⋯ 자신이 하고 있는 일에 대해 언제 기쁨을 느끼는지 알고 있고, 사람들에게 자신이 하는 일이 무엇인지, 그리고 어디에서 착상을 얻었는지 이야기하고 싶어 하기 때문에, 공개적일 수밖에 없고 외부 사람들에게 이야기하지 않으면⋯⋯ 한 가지 사고방식에 고착될 수 있습니다. 내가 하는 일은 단지⋯⋯ 전체적인 과학 과정의 한 부분일 뿐이고⋯⋯논문을 내지 않고 학술회의에 참석하지 않으면, 물론⋯⋯나는 진짜 과학자가 아닌 셈이지요.⋯⋯(우리가) 관심을 가지는 것은 과학자 사회에서 최신 연구를 하고 있다는 우리의 평판입니다. 그리고 [이곳에서] 우리는 그렇

게 하도록 지원을 받습니다.

매사추세츠 주의 작은 회사에 다니는 또 다른 과학자는 좀더 실제적인 관점을 강조했다. 그러나 그것도 마찬가지로 과학의 실행을 뒷받침하는 것이었다. "개인적으로, 당신은 논문을 출간하면서 추세를 따라잡을 수 있습니다. 박사학위를 가졌으면 당연히 논문을 낼 것이라고 누구나 생각하지요."

응답자 중 상당수는 기업들이 과학 연구 결과 출간에 대한 자금 지원으로 얻을 수 있는 이득을 지적했다. 샌프란시스코만 지역의 한 기업에 다니는 연구책임자는 이렇게 말했다.

어떤 회사가 새로 설립되어 명성을 얻고 싶다면, 논문 출간이 그 회사의 신뢰 획득에 도움이 됩니다. 그리고 과학자 공동체의 일부로서의……당신의 지위도 확실해지지요. 당신은 사람들에게 이곳으로 와서 연구하고 강연을 하도록 유인하는 셈입니다.……우리는 어떤 면에서 대학과 비슷해서 많은 사람들이 세미나를 열고, 학술지 출간도 우리 활동의 일부로 기업 문화에 일조하지요.

분명, 학술 논문 출간은 이익추구를 목적으로 하는 기업의 핵심적 활동과 걸맞지 않는다. 그러나 학계를 벗어난 영역에서도, 논문 출간은 과학의 핵심적인 문화적 경향으로 인정된다. 비록 우리의 인터뷰 결과 논문 출간과 학술 대회에서의 학문적 교류 참여가 부담이 된다는 사실이 드러났지만, 기업의 생명공학에서 이미 이러한 관행은 널리 확산되었다. 응답자들은 그 이유를 두 가지로 설명했다. 첫째, 대학 환경에서 온 과학자들은 이런 활동에 참여하고 싶은 기대를 품는다. 관리자들은 이러한 기대를 알고 있고, 출간과 학술적 의사소통이 최고의 과학자들을 회사로 끌어들이고, 연구 동기를 부여하고, 다른 회사로 옮기지 못하게 막는 데 효과적이라는 사실을 알고 있다. 논문 출간과 정보 교환으로 그 회사는 내부 과학자들에게 정정당당한 기업이라는 인상을 확실히 심어준다. 둘째, 많은 기업 관리자들은 법적 보호를 전제로 한 학술지 출간이 산업계의 핵심 행위자들, 즉 모험 자본가, 주식 소유자, 다른 기업, 자신들이 관계를 맺고 싶어 하는 대학들, 그리고 영향력 있는 과학자들의 눈에 자신들의 정당성을 확립하고 강화하는 효과적인 수단이라고 주장했다.

이 절에서 제시한 데이터를 통해, 우리는 몇 가지 결론에 도달한다. 첫째, "지식 그 자체를 위한 지식"이라는 동기는 흔히, 과거의 분석자들이 대학의 학문활동의 핵심으로 간주했던, 유연성, 협동, 그리고 정보의 자유로운 흐름을 자극하는 것으로 생각되었지만, 우리가 얻은 데이터는 특정 상황에서는 대학의 규범보다 이윤 추구가 이러한 과학적 실행의 차원들을 촉진할 수 있다는 것을 보여 주었다. 둘째, 인터뷰에 참여한 사람들은 제도 안에 깊이 각인된 과학(역설적이게도, 대학 과학)의 고정 관념들이, 기업 과학이 여러 가지 측면에서 대학의 이상과 흡사하게 보이도록 압박하는 데 중요한 역할을 하는 것처럼 보인다고 시사했다. 다시 말해서, 관리자, 기업 과학자, 그리고 투자자들 모두 과학이 어떠해야 하는가에 대한 — 근본적으로 당연시되어 왔던 — 관념을 가지게 되었고, 관리자들과 사적 부문의 과학자들이 이런 생각을 실행으로 옮기도록 압박한다는 것이다.

토론

이 연구는 대학의 규약과 실행이 점차 기업으로 흘러들어가 중요한 요소가 되는 복잡한 과정이 진행중이며, 그 역도 성립한다는 주장을 제기하고 있다. 이 방정식의 대학 쪽 항에서, 우리 데이터는 기업과의 직접적이고 공식적인 결합이 과거 대학 과학의 전유물로 간주되었던 전통적인 자율성을 위협하고 있다는 생각에 도전을 제기한다. 이러한 자율성에는 언제나 한계가 따른다는 점을 인정하지만, 일반적 수준에서 우리 연구에 참여한 생물학자들은 상당한 수준의 자율성을 유지한다. 그러나 동시에 우리는 많은 대학 생물학자들 사이에서 기업가적이고 경쟁적인 분위기가 크게 고조되는 현상을 보게 된다. 여기에서 비롯된 움직임(예를 들어, 정보 흐름의 제약)은 대학-산업 공식 관계의 결과가 아닌 경우가 많다. 그것은 학계로 확산된 사적 부문의 가치를 반영한다. 우리의 데이터가 이러한 영향으로 인한 구체적인 결과를 다루지는 않지만, 특히 대학 관리자들이 대학의 새로운 임무에 대해 입법자와 후원자들이 보내는 신호에 따라 움직인다는 것을 시사한다. 상업적 모험 추구, 외부 수입 추구, 특허 획득이 가능한 주제에 초점을 맞춘 연구의 방향, 그리고 그 밖의 우선순위 등이 우리가 연구했던 대학 환경에서 쉽게 찾아볼 수 있는 두드러진 경향이었다.

그런데 이러한 압력이 전혀 새로운 현상이 아니라는 것을 재차 지적할 필요가 있다. 그렇지만 "거대 생물학"big biology의 비용 증대에 따라, 대학 과학이 제공할 수 있는 자원이 과학자들의 연구비 수요를 따라갈 수 없게 된 최근 몇 년 동안 이러한 기업가적 압력이 가중된 것으로 보인다. 우리 논의가 과학 분야와 비대칭적 수렴 사이의 관계를 다루지는 않았지만, 우리 데이터는 이러한 압력이 서로 다른 과학 전문분야들 사이에서 불균등하게 나타날 가능성을 시사한다. 수요를 감당할 자원이 적은 분야들은 자원에 대한 요구가 많은 분야들에 비해 기업가 정신이나 경쟁과 연관된 실행을 수용할 가능성이 낮다.

그 밖에도 우리 연구는 상업 기업들이 과학지식을 핵심적인 생산 요소로 간주하게 되면서, 전통적으로 대학과 연관되었던 제도적 논리와 실행들에 호소하고 있다고 주장한다. 생명공학 기업의 연구 조직에서 협동적 성격이 나타나는 이유에 대한, 최소한, 하나의 설명은 과학자들이 생명공학 기업에 도입시킨 가치, 그리고 기업들에 최소한 부분적으로 내재하고 있는 전문가 문화이다. 그 결과 역시 역설적이다. 기업들이 물적 자원을 더 많이 누리고 있다는 점을 감안하면서, 우리가 인터뷰한 많은 기업 과학자들은 자신들의 고용주가 대학보다 학문적 가치들을 실현할 기회를 더 많이 제공한다고 말했다. 특히 대학들이 기업가적 가치를 강조했기 때문에 대학을 떠났던 응답자들의 경우, 최소한 일부 상황에서 기업들이 대학보다 더 "학문적"으로 되었다고 결론지었다.

예상할 수 있듯이, 많은 생명공학 기업들은 지적재산권을 보호하기 위한 정책을 적절히 갖추고 있다. 이러한 정책이 기업과 다른 조직들 사이의 정보 흐름을 저해하는 것은 틀림없지만, 대학에 재직하는 응답자들의 말에 따르면, 많은 기업들이 소속 과학자들의 논문 출간을 적극적으로 장려하고 있으며, 많은 기업 과학자들이 논문 출간을 연구의 중요한 출구로 보고 있다. 기업들이 논문 출간을 장려하는 동기는 크게 두 가지로 볼 수 있다. 한편으로 논문 출간을 장려함으로써, 과학자들이 기업에 도입할 수 있는 여러 가지 가치에 스스로를 일치시킬 수 있으며, 그 덕분에 대학 규범에 대한 호소로 가장 유망한 과학자들을 고용하고, 이직을 막고, 연구 동기를 부여할 수 있게 된다(Albert and Bradley 1997). 다른 한편, 전부는 아니지만, 우리가 면담한 일부 기업들은, 논문 출간을 과학자와 투자자들의 눈에 정당한 조직이라는 인상을 수립하고 강화하는 강력한 수단으로 보았다.

현재 맥락에서 이 점을 더 발전시킬 수는 없지만, 우리는 대학과 산업 사이에서 나타나는(비록 균일하게 일어나는 것은 아니지만) 수렴이 학문적 자본academic capital이 경제적 자본economic capital으로 전환될 수 있는 주된 요소라고 믿는다. 실제로 대학의 학과와 상업 기업들 사이에서 형성되는 성공적인 제휴는 정확히 이런 효과를 목표로 삼는다. 산학 연계에서 한쪽 당사자가 출간 가능성을 높이면, 다른 쪽은 수입을 높일 수 있다. 물론 기업의 입장에서는 학문적 자본의 축적이 궁극적으로 경제적 자본을 얻는 수단이다.

우리 데이터는 이처럼 새롭고 본질적으로 모순적인 지식 체제의 일반적인 윤곽이 나타나기 시작하고 있음을 시사하지만, 우리가 관찰한 결과에 상당한 변이가 존재한다는 점을 주목할 필요가 있다. 이러한 변이 중 하나는 논문 출간에 대한 태도에서 기업 간에 상당한 차이가 있다는 점이다. 이 점에 대해서는 많은 후속 연구가 필요하지만, 우리 데이터는 기업 실험실 사이에서 대학 문화와 실행을 지원하는 수준에 영향을 미치는 U자형 패턴을 보여 주기 시작했다. 간단히 언급하자면, 논문 출간이나 과학자들의 상대적 자율성을 보장하는 경향은 두 종류의 기업, 즉 산업계에서 자리를 잡아가고 있는, 개인 소유의 소규모 창업 기업과 그보다 규모가 크고, 상대적으로 안정된 지위와 확실한 수익을 얻고 있는 기업에서 가장 두드러졌다. 그에 비해 전통적으로 대학의 전유물로 여겨졌던 관행을 가장 적게 지원한 기업 유형은, 소속 과학자들의 명성이나 수익 창출 상품을 통해 시장에서 확실한 자리를 잡지 못한, 중간 크기의 상장 회사인 것으로 나타났다. 다시 말해서, 대학 규범이 충분히 인정되지 못하는 기업 유형은 상업적 능력을 높이라는 점증하는 압력을 받고 있고, 시장에서 아직까지 불확실한 지위에 처한 기업들이었다. 그 밖의 상황에서, 기업들은 학계의 실행들을 상업적 목적과 일치시키고 자본 축적과 학문적 명성 사이에서 중요한 합치점을 찾아내는 데 성공한 것으로 보인다.

우리가 관찰한 결과에서 두 번째 변이의 원천은 조직 내의 특정 행위자들의 권력 변화와 함께 나타나곤 한다. 이 점에 대해서도 앞으로 더 많은 연구가 필요하지만, 우리는 여러 사례를 통해, 서로 다른 집단들 사이에서 기초나 응용 연구의 가치 지향점에 대한 논쟁이 벌어지고 있다는 증거를 발견했다. 우리가 연구한 생명공학 기업들 중 일부는 발견-지향 discovery-oriented 연구를 장려하는 문화에서 응용이나 실용적 관점에 좀더 비중을 두는 연구로 갑작스럽게 전환했다. 게다가, 인터뷰 결과는 특정 조직이 어디에 역점을 두는가에 대한 불화의 증거를 밝혀냈다. 이 점은 특히 대학 실험실, 그리고 관리자와 교수들 사이에서 두드러졌다. 여기에서 중요한 점은 새롭게 출현하고 있는 지식 체제가 단순하고 정적이거나 균일한 구조가 아니라 변덕스럽고, 불확실하며, 그 구성이 변화하고 있다는 것이다. 우리 연구는 이것이 이러한 환경 속의 상이한 요소들이 서로 교차하는 압력의 소산이라고 주장한다.

만약, 우리 연구가 밝혀내고 있듯이, 생명공학의 제도적 경계가 빠른 속도로 재구성되고, 심지어 일부 경우에, 붕괴하는 하나의 사례를 제공한다면, 우리의 발견은 생명공학 분야를 넘어 다른 영역에까지 적용될 수 있는 이론적 중요성을 가질 것이다. 최근까지도 조직 구조에 대한 제도주의 이론들은 정상성靜狀性, 내구성, 균일성, 그리고 최우선의 규범적 요구에 대한 순응을 통한 정당화의 언어로 이야기하는 경향이 있었다(Meyer and Rowan 1977; DiMaggio and Powell 1983). 지식경제에서 중요한 요소인 생명공학의 사례는 종종 갈등을 빚는 복수의 규약과 실행들이 오랜 시간 동안 공존할 수 있으며, 불안정하고 본질적으로 모순적인 조직적 실행들을 만들어 낼 수 있다는 점을 우리에게 상기시킨다. 초기 제도주의 문헌들이 전제로 삼았던 가정들과는 반대로, 우리 연구는 동형화isomorphism가 반드시 합의, 안정성, 그리고 일관성을 수반하지 않을 수 있다는 주장을 제기한다. 일례로, 상업적 규범과 과학의 규범의 결합이 날로 증가하고 있지만, 두 가지 규범의 합류가 꼭 동질적인 장을 생성하는 것은 아니며, 오히려, 잡종적이고 본질적으로 모순적인 제도적 체제들을 발생시킬 수도 있다(Vallas 2003). 이것은, 일부 영역에서는 동형화를 촉진하고 다른 영역에서는 다양성을 조장하는 식으로, 서로 다른 방식으로 기업이나 조직에 영향을 주는 서로 경합하는 요구들을 반영한다. 종종 제도적 장들 속에 숨어 있는 다양성과 그것이 생성하는 갈등하는 논리들에 대한 인식은, 종국적으로 조직이라는 생명의 변화하는 성격과 그 속에서 조직들이 더 넓은 환경에 대응하는 방식을 더 잘 이해할 수 있게 해 줄 것이다.

우리의 데이터가 이 점을 충분히 다루고 있지는 못하지만, 우리는 생명과학의 지식 생산 구조가, 종종 관리자, 입법자, 그리고 기업 행위자들이 전문 과학자와 교수들의 제도화된 문화와 싸우게 만드는, 서로 교차하는 영향력들의 소산이라고 생각한다. 날로 그 힘이 커지는 상업적 이해관계를 염두에 두면서 — 앞에서 지적했듯이, 이것이 우리가 발견한 수렴의 비대칭성에 대한 논의로 이어지는 대목이다 — 우리는 과학자들이 새롭게 출현하는 지식 체제의 여러 측면들을 변경하고, 중재하거나 이의를 제기하는 행동을 일으킬 수 있다는 점 또한 지적하고자 한다. 실제로, 이러한 갈등의 조정이 앞으로 이루어져야 할 연구의 중요한 영역이다. 과학 상업화를 향한 여러 가지 지향들이 뒤섞이면서 고등교육을 담당하는 여러 영역들에 어떤 변화를 줄 것인가? 공립대학 관리자들의 생각은 주 의회의 입법자들이나 기업 관계자들과 날로 빈번해지는 교류, 그리고 경영자의 사고방식에 의해 더 큰 영향을 받는가? 아니면 자신들의 대학의 공공적 정당성을 강화시키는 문제에 대한 관심이 더 큰가? 상업화 과정은 대학 과학이 누리고 있는 대중들의 신뢰에 정확히 어떤 영향을 줄 것인가? 논의의 여지가 있지만, 경제 발전을 통해 얻는 정당성은 반드시 객관성과 공공선public good 주장에 대한 위협과 견주어서 평가되어야 할 것이다. 이러한 물음들은 앞으로 연구가 이루어져야 할 중요한 주제들이다.

어떤 의미에서, 우리 연구는 넓은 의미에서 사회구성주의라고 부를 수 있는 앞선 세대의 연구와 무척 흡사하다. 우리는 새로운 지식체제의 구성, 새로운 경계가 만들어지는 과정에 관심을 가지고 있다. 그러나 우리 연구는 어떤 사실이나 장, 또는 현상의 새로운 구성을 밝히는 것이 아니다. 또한 우리는 구성이나 (재)구성이 모든 순간에 가능하다고 주장하지도 않는다. 우리는 역사적 전환점에 처해 있다. 지금은 제도주의 정치경제학자들의 용어로 위기의 시기이다. 이 시점에서 과학-집약 기업의 출현은 산업의 재구성을 가능하게 해 주었고, 재정 위기는 대학의 재정립을 가능하게 했다. 이러한 잡종적 장들의 재구성을 가능하게 만든 요인들 이외에도 — 이 요인들이 우리 연구의 배경으로 크게 기여했다 — 우리 데이터는 이미 수립된 규범, 실행, 그리고 구조들이 잡종 문화가 구성되는 방식에 어떻게 영향을 미치는지 밝혀주었다. 이것은 기존의 규범과 실행들이, 설령 새로운 방식으로 재결합되어도, 여러 행위자들의 행동에 영향을 주는 구성 과정이다. 행위자들은 자신들이 원하는 대로 과학적 실행들을 제도화시킬 만큼 자유롭지 않다. 오히려, 산업-대학 경계를 넘어서는 개인들의 움직임, 과학자가 무엇인가 그리고 상업적으로 생존가능한 것이 무엇인가에 대한 뿌리 깊은 관념과 결합된 정당성이라는 압력이 이처럼 수렴적이지만 아직 모순으로 가득 찬 장을 구성하는 동인이다. 양편의 행위자들은 대학과 기업이 무엇인가에 대한 기존 관념들을 비틀고 바꾸는 과정에서조차 그 관념들의 균형을 이루기 위해 노력해야 한다.

이 장에서 우리는 비대칭적 수렴이라는 우리 이론이 제기한 물음을 탐구하는 수단으로 대학과 산업의 생명공학 관련 분야에 종사하는 연구자들과 인터뷰를 수행했다. 우리가 얻은 발견은 대학/산업 경계를 가로지르는 연구가 필요하며 과거에는 서로 다른 제도적 영역으로 간주되었던 분야들을 결합시키는 구조적, 규범적 메커니즘들을 탐구할 수 있는 가능성을 시사하고 있다. 앞으로 다른 과학의 장들에 초점을 맞추고, 이러한 제도적 상호작용이 이루어지는 특정 국면들에 중점을 둔 추가 연구가 이루어져야 할 것이다.

3장

상업적 뒤얽힘

전유되는 과학과 오늘날의 대학

제이슨 오웬-스미스

지난 30년 동안, 우리는 대학이 상업화되는 정도와 그 유형이 심화되고 다양해지는 것을 목격했다. 학문 기관들은 과거 어느 때보다 복잡한 상업적 역할을 담당하고 있다. 대학은 지적재산권의 실행과 판촉에서부터 적극적인 모험자본 투자, 지식경제의 중력의 핵인 광범위한 계약 연결망에의 긴밀한 개입 등 폭넓은 활동에 힘쓰고 있다. 날로 증가하는 대학 연구개발 R&D의 상품화 경향은 새로운 전문가 집단들을 낳고, 교수들의 경력 궤적을 변화시키고, 대학의 계층화 위계체계를 바꾸고, 많은 대학에서 조직 하부구조의 변화를 촉발했다. 후자의 변화가 특히 중요한 까닭은 기술 면허를 담당하는 기관들이 대학과 산업 사이에 투과가능한 경계를 유지시키고 있기 때문이다.

전통적인 대학의 연구 사명을 떠받치는 제도적, 조직적 배열에서 나타난 변화는 폭넓은 대응을 불러일으켰다. 이러한 대응의 특징은 "혁명적" 움직임(Etzkowitz, Webster, and Healey 1998), 대학을 변화시키는 사회적 "충격파"의 핵심적인 구성성분(Kerr 2002) 등으로 해석되기도 했다. 경제 지향적 학자들은 국가의 경제 부흥을 책임질 "황금알을 낳는 거위"로 대학 연구 상업화의 극적 가속화를 북돋운 입법(1980년의 〈베이돌 법〉[1])을 찬양한다.

> 〈베이돌 법〉의 유일한 목적은 대학 연구자들에게 자신들의 아이디어를 활용하도록 유인동기를 주기 위한 것이라고 말하면 충분하다. 이 과정에서 발생하는 경쟁 문화는 왜 미국이 기술에서, 다시 한번, 가장 뛰어난지 설명해준다("Innovation's Golden Goose" 2002).[2]

같은 결과(예를 들어, 교수들이 수익창출 가능성이 있는 자신들의 발견을 상업적으로 활용하는 데 대한 관심 증가, 학문의 전당에서 경쟁이라는 전유appropriate, 專有 문화의 확산)에 대해 좀더 개혁주의적 비판자들의 관점에서 대학 자체의 건강성에 대한 깊은 우려가 야기되고 있다(Press and Washburn 2000; Bok 2003). 셸던 크림스키가 이 주제를 정리했듯이, 전유專有 과학, 사기업의 이윤, 그리고 대학에 확산되는 비밀주의와 경쟁의 문화가, 열린 과학이 민주 사회에 제공하는 가장 중요한 이익을 파괴하고 있는 형국이다. 그것은 "권력에 대해 진실을 이야기"할 수 있는 안정된 지위를 가진 자율적이고 헌신적인 전문가들의 존립 근거이다.[3] 이러한 관점에서, 공공재에 대한

---

1. [옮긴이] 〈베이돌 법〉(Bayh-Dole Act): 1980년 미국 상원의 Birch Bayh와 Robert Dole 의원이 발의한 〈특허 및 상표권 개정안〉(Patents and Trademark Amendment Act)으로 연방정부로부터 연구비를 지원 받았어도 연구성과에 대한 특허권은 연방정부가 아닌 대학이나 연구기관이 갖도록 허용한 법안이다. 이 법안을 계기로 대학 같은 공공 연구기관들의 상업화, 나아가 과학의 상업화가 가속된 것으로 평가된다.
2. 대학 연구를 경제적 경쟁력과 연관시키는 수사는 연방 연구기금을 얻기 위한 근거(Slaughter and Rhoades 1996)나 국가혁신체제에 대한 학문적 분석에서도(Mowery 1992) 흔하게 나타난다.
3. 이러한 논의는 버클리대학의 생태학자 이그나치오 차펠라의 종신재직권을 둘러싼 사례에서 잘 드러난다. 유전자조작 옥수수 계통이 멕시코의 토착 종 옥수수를 오염시킨 사례를 다루어 많은 논란을 일으킨 그의 연구, 그리고 최근 버클리대학의 명성 높은 식물과학과와 거대 제약회사 〈노바티스〉가 제휴했던 협정에 저항했던 유명한 사건은 예상치 못한 그의

관심을 가능하게 하는 학문적 기반의 상실이야말로 증가하는 상업화가 가져오는 파괴적인 부작용이다.

대학연구의 상업화를 보는 관점이 긍정적이든, 경고적이든, 또는 불가지론이든 모든 관찰은 공통의 출발점을 공유하며, 따라서 자신이 관찰하는 변화의 원인에 대해 거의 일치된 견해를 보인다. 그러나 상업화 시도의 결과에 대한 평가는 저마다 다르다. 대학의 상업화를 둘러싼 논쟁은, 최소한 암묵적으로, 대학이나 전유 과학이 특징적이고 모순적인 제도적 체제를 대표하며, 과학의 최후 보루인 대학의 역할이 시민사회에서 독특한 위상을 요구한다는 생각을 토대로 삼고 있다.

공공 과학과 전유 과학의 구별이 사라지면서, 캠퍼스의 구성과 실행들이 바뀌고 있으며, 다른 제도들에 대한 대학의 상대적 지위가 재조정되고, 현대의 대학을 구성하는 다양한 연결들이 새롭게 형성되고 있다. 이러한 변화는 필연적으로 대학, 그리고 대학이 일부를 이루고 있는 체계를 모두 변화시킨다. 상업화의 효과는 대학에서 나타나는 기초 과학과 상업적 과학의 관계의 체계적 변화, 그리고 대학이 사회와 맺는 보다 넓은 연결의 변화에서 기인한다. 이러한 변화가 이로울지 해로울지의 여부는 두 영역이 수렴하는 과정보다는 대학의 특징적 성격에 대한 기대, 그리고 시장의 힘 앞에서 그러한 특성이 회복될 수 있는 능력 여하에 달려 있다. 상업적 개입은 대학의 핵심을 침식시킬 수 있지만, 위기에 처한 특성들이 처음부터 저절로 주어진 것은 아니다. 그 특성들은 독특하고 우연적인 역사적 과정의 산물들이다. 대학의 건강성과 미래의 전조에 대한 우려는 학문적 영역과 상업적 영역의 교차점에서 발생하는 체계적인 변화에 기반하고 있는 것이 틀림없다.

학문적 지식과 전유적 지식을 뚜렷하게 구별하는 것은 과학을 강력한 규범과 특징적인 보상 체계를 가진 제도로 보았던 머튼의 개념에 기반한다

종신재직권 탈락 이유를 잘 설명해 준다(Dalton 2003).

(Merton 1968, 1973; Dasgupta and David 1987, 1994). 머튼의 관점에서, 과학과 그 조직적 고향(대학)은 사회와 분리되어 있기 때문에 사회 질서에 기여한다.

그러나 상업적 계약은 이러한 구분을 비웃는다. 대학의 변화는 인접 구조들을 변화시킬 수 있으며, 시민사회의 대부분은 대학 세계에 인접해 있다. 상업화의 효과를 이해하려면 대학의 구성이 가지는 안정성과 고유함, 그리고 이러한 구조가 모순에 취약하고 손상될 수 있다는 지식 모두에 호소해야 한다. 만약 대학 내의 단층 선이 이동하는 현상이 사회 전체에 문제가 된다면, 우리는 내적 변화가 최후 보루의 벽을 넘어 확산되는 사태를 상상해야한다. 요약하자면, 연구 상업화를 둘러싼 논쟁은 과학의 제도 및 행위자 개념들에 걸쳐 있지만, 동시에 대학을 복잡하고 변화가능한 연결망 속에 위치 지우고, 그 연결망이 학문 기관들의 성격을 수립한다는 것이다.

대학 과학은 복수複數의 의미 체계들 속에서 중요한 위치를 점하며 복수의 차원으로 이해될 수 있다. 이어지는 서술을 통해, 나는 대학 과학의 안정성과 자율성을 강조하는 견해와 대학이 그 속에 포함된 다양한 연결망에 의존하는 측면을 강조하는 관점을 오가면서, 연구 상업화의 함의를 탐구할 것이다. 전자는 상업화를 두 개의 분리된 제도적 질서가 잡종적 체계를 낳기 위해 융합하는 과정으로 이해한다. 여기에서 이동성이라는 새로운 기회들이 반세기 동안 대학 과학을 지배했던 지위의 위계체계를 뒤섞어 놓는다. 후자는 상업화가 야기하는 대학과 시장, 정부, 시민, 그리고 그 밖의 요소들과의 관계 변화의 측면에서 상업화를 고찰한다. 이 렌즈는 통합과 변화하는 기회를 강조하는 대신, 변화하는 사회적 지위가 대학과 대학 과학에 대한 기대에 미치는 영향을 볼 수 있는 시야를 제공한다.

대학 연구의 상업화는, 개인과 집단 행위자들을 구성하고 안정화하는 것과 동일한 현상의 결과로, 제도와 위계체계들을 검토할 수 있는 현장을 제공한다. 미국의 연구대학은 하나의 제도이자 동시에 사회변화를 일으키는 행위자이다. 그 안정성과 효율성은 다른 행위자와 제도들과의 조밀한 관계에서 기인한다. 상업적 계약관계의 심화는 적어도 두 가지 측면에서 잡종적 대학을 낳는다. 하나는 접목接木, grafting(서로 다른 두 가지 규칙 집합들이 융합해서 같은 장소에서 새로운 혁신을 창조하고 확산하는 현상)에 의해, 그리고 다른 하나는 번역translation(유연하고 우연적인 연결망 안에서 한 존재자가 분리된 노력의 장들을 가로질러 확장하는 것, 여기에서 연결망의 강도는 행위자 자신에 의해 구성된다)(Latour 1993)에 의해 이루어진다. 나는 이미 확립된 정치경제학 속에 배태된, 변화하는 대학이라는 맥락에서 이러한 잡종성의 이중적 개념을 탐구할 것이다. 그리고 그 과정에서 권력을 전달하는 안정되고 제도화된 위계적인 사회질서와, 구성과정을 뒷받침하는 좀더 유연하고, 노력이 들어가고, 포괄적인 연결망 사이의 개념적 상호연결성을 증명하려고 시도할 것이다.

존재론, 권력, 그리고 변화

권력과 존재의 정치경제학은 근본적으로 상관적이다. 권력은 객체화된 위계질서 속의 상대적인 지위에 기인하며, 이 위계질서의 꼭대기에 있을수록 자원과 기회 배분에 유리한 위치를 얻는다(Wright 1984). 존재론은, 대체로, 다양한 참여자들을 관계라는 배열 속에 등록시키고 안정화시키는 정치적 성취이다(Latour 1987; Mol and Law 1994). 전자가 참여자들을 물화된 구조의 필연성에 직면하게 만든다면, 후자는 상황지어진, 유연한, 그리고 불가피함과는 거리가 먼 확장을 통해 실제 행위자들을 구성한다.

변화 가능성 역시 이처럼 서로 다른 두 개념에 따라 달라진다. 위계적 질서화 — 특히 구조에 기반한 자원 불평등을 귀속에 따른 구별 및 기대와 동일시하는 — 는 안정적이며, 가장 근본적인 변화를 제외하면 모든 것에 저항할 수 있다. 권력의 구조와 제도는 제약, 이해관계, 그리고 차별적 기회를 낳는 내구력 있는 원천들이다. 변화가 일어나기는 하지만, 변두리(Phillips and Zuckerman 2001)나 틈새(Friedland and Alford 1991; Sewell 1992; Clemens and Cook 1999)에서 일어날 가능성이 가장 높다. 내구력 있는 권력체계 안에서, 새로움은 갈라진 틈에서 솟아오른다.

그에 비해, 유동성flux은 확장된 연결망들의 자연스러운 상태이다. 안정성에는 많은 노력이 들지만, 사물의 객관성과 이동성의 출현을 위해 필수적이다. 연속적인 번역 이외에, 복원resilience은 우연성을 가리고 그 밑에 있는 연결들을 덮는 과정들에서도 발생할 수 있다. 만약 사회적 존재론이 행위자들의 관계적 수행 속에 있다면, 체계들의 속성은 조립된 구성요소들 중에서 가장 약한 부분과 그들의 자기-수리 능력만큼 안정될 뿐이다. 이미 수립된 사회 질서 속에서, 불안정화를 위험과 일치시키기란 쉬운 일이다.

이러한 관계성의 두 차원이 연구대학 상업화의 결과에 대한 고찰들을 하나로 묶는다. 대학에서 일어나는 상업적 성공과 학문적 성공에서 차이가 관찰되는 이유는 변화의 우연적인 과정에 대한 검토를 통해 설명될 수 있다. 대학들이 새로운 경쟁 무대로 진입하는entry 시점과 궤적에 관심을 기울임으로써, 변화하는 장의 기회 구조와 위험을 모두 볼 수 있는 통찰을 얻을 수 있다. 그러나 단일 유형의 거주자들로 이루어진 위계 질서의 자리바꿈 식으로 변화를 보는 관점은 대학들이 여러 유형의 안정된 경기자들로 가득 메워진 장 안에 존재한다는 요점을 놓치게 한다. 접목이라는 측면에서 변화를 보는 관점은 갑작스럽게 불안정해진 체계들에서 이동성을 설명하기 위해 진입 시점과 그 지점을 강조하는 반면, 확장을 통한 변화는 행위자들의 유형을 가로지르는 연결을 추적하는 것도 필요하며 이러한 연결의 결과가 반드시 대칭적으로 생각될 필요가 없다는 것을 상기시켜 준다(자세한 내용은 이 책의 2장을 보라). 그런 다음, 다양한 연결망과 제도화된 계층 질서는 같은 과정에 대해 대안적 관점들을 제공하며 그러한 관점들은 배타적이라기보다는 보완적이다.

계속해서 나는 점증하는 대학 연구 상업화가 기존 대학 체계 안에서 변화하는 위계질서라는 측면에서 이해될 수 있으며, 동시에 대학의 지위를 변화시키고 새로운 유형의 행위자와 배열을 구성하는 일련의 확장과 번역으로 해석될 수 있는 여러 가지 방식들에 대해 논의하겠다. 변모된 "기업적" 대학을 고려할 때 일견 모순적으로 여겨지는 권력과 구성 개념들을 다루기 전에, 내구적이고 제약적인 권력체계와 존재의 우연적이고 성취된 연결망에 동시에 초점을 맞추는 과정에 내재하는 긴장을 얼마간 해소할 수 있는 주장을 개괄하기로 하자.

권력과 출현의 위상학들을 연결짓기

서로 다른 이론적 전통을 하나로 결합하는 작업은 이 장의 범위를 넘어선다. 그렇지만, 앞으로 시도될 브리꼴라주[4] 작업에 대한 이해를 돕기 위해 약간의 이야기를 하기로 하자. 사회적 존재론과 계층화를 연결하려면 역사와 동역학의 개념을 정립할 필요가 있다. 전자는 행위자들의 권력에서 관찰되는 차이점의 원천에 대한 것이고, 후자는 움직이는 체계의 특성을 강조한다. 역사는 궤적들의 중요성을 주장하고, 제도 동역학은 그것들에서 벗어날 기회를 주는 창문을 열어준다. 우연성은 시간과 공간의 국소화뿐 아니라, 사태가 달라질 수 있었으며 모든 특정 배열은 상술 가능한specifiable 과정들로부터 출현했을 수 있다는 가능성도 시사한다.

실재하는 것들은, 기존의 이해관계, 관련성, 그리고 행위자들의 맥락에

---

4. [옮긴이] 손에 닿는 재료들을 재치 있게 이용하는 기술이라는 뜻으로, 여기에서는 여러 가지 접근방식을 결합한다는 의미로 사용된다.

서 일어난 우연적이고 상황지어진 절차들에서 출현한다(Latour 1999). 안정화가 진행되는 동안 논쟁이 발생하는 까닭은 출현하는 실체들이 그들의 관계 패턴을 통해 관찰가능한 속성을 얻기 때문이지만, 그 관계들 또한 기존의 구성을 변화시킨다. 그러나 존재론적 수행과 권력 행사가 실패로 돌아갈 수 있다. 어떤 존재자는 사산死産하고(Latour 1996), 지시된 변화는 저항에 직면하거나, 기존의 안정된 경기자들로부터 상징적인 승인을 얻는 데 그칠 수 있다(15장을 보라). 사물은 구성되었기 때문에 실재하는 것이나 다름없지만, 구성은 항상 그 이전의 성공과 실패로 가득 찬 공간에서 일어난다.[5] 이해관계, 가능성, 그리고 미래의 등록 시도에 저항할 잠재적인 원천들의 서로 교차하는 집합을 제공하는 것은 바로 이 실재reality, 즉 이들 인위적인 존재자들의 두드러지고 비타협적인 사물성이다. 사물은 다양한 연결망에서 출현할 수 있지만, 그 출현이 명료한 장에서 일어나는 것은 아니다.

안정화된 실체들은 변화에 저항한다. 기존 배열의 우연적인 원천이 불명료할 때에는 반항이 더 중요한 의미를 가진다. 우리가 사실과 인공물의 블랙박스화라는 관점에서 생각하든 아니든 간에, 정상적인 상황을 규범적인 조건으로 변화시키는 합리화 과정(Meyer and Rowan 1977; Zucker 1977), 또는 조직적 행동의 일상화(March and Simon 1958), 그리고 자연스러운 불가피함이라는 분위기로 우연성을 감추는 과정들이, 복수의 질서를 당연시되는 배열의 단일한 구성으로 축소시킨다(Law 1994). 세상을 들어올리려면 실험실 이외에 많은 것이 필요하지만(Latour 1983; Kleinman 2003) 자신이 만들지 않은 세계를 실제로 만들어지지 않은 세계와 동일시하기는 무척 쉽다.[6]

---

5. 기업가적 대학이 학문적 잡종의 최초 사례나 유일한 경우가 아니라는 것은 놀랍지 않다. 그보다 앞선 유명한 사례들로는 19세기 말에 무상토지 불하의 수혜를 입어 설립된 대학의 사례(Geiger 1986), 그리고 대학 상업화를 당연시하는 근거가 된 전후 시기 연구소들(Leslie 1993; Lowen 1997)을 들 수 있다.

6. 학문적 연구와 상업적 연구를 동시에 수행하는 대학의 생물학 실험실을 검토한 최근 연구에서, 대니얼 클라인맨은 이 주제를 다음과 같이 설정했다. "실험실과 과학자들이 세계를

이러한 동일시는 잘못된 것이다. 행위자, 대상, 이해관계, 그리고 제도는 조건부로 구성되고, 일단 안정화되면, 자신과 다른 것들의 미래를 구축한다.

접목과 번역은 비슷한 현상에 대해 다른 관점을 제공한다. 접목은 권력과 이해관계를 떠받치는 위계체계를 바꿀 수 있는 이동성의 새로운 가능성을 창조함으로써 한 부문 안에서 변화의 가능성을 연다. 번역은 변화를 공명resonance으로 간주하며, 여기에서 벼려지는 새로운 연결들이 한 체계 안에 있는 모든 구성요소들의 성격을 근본적으로 변화시킨다. 이 관점에서는, 수평적 관계가 기존의 행위자와 새롭게 출현하는 행위자들의 의미와 특성을 바꾼다. 명백히 "기업가적인" 대학의 진화에는 두 가지 유형의 과정이 모두 관여한다. 훨씬 더 복잡한 상업적 개입들이 대학의 계층 체계, 그리고 자율적인 "상아탑" 대학을 의미 있게 만드는 부문 간 연결을 모두 변화시킨다.

대학의 잡종성

날로 증대하는 상업화는 수직적 변화와 수평적 변화를 모두 촉발한다. 과학적 및 기술적 발견의 발전과 전파를 전유하려는 접근방식들은 대학의 연구 사명에서 점차 중요한 공식 구성요소가 되고 있으며, 상업적 성공은 학문적 이동성의 수단이 될 수 있다(Owen-Smith 2003).

대학은 점차 "경제 발전의 엔진", "지적재산권의 창조자이자 판매상"으

형성하는 데 중요한 역할을 수행한다는 것은 의심의 여지가 없는 사실이지만, 내 의도는 내가 보고 있는 것이 더 중요하고 의미심장한 경향이라는 것을 입증하는 것이었다. 다시 말해서, 과학자에 의해 수행되는 연구와 그들이 살고 있는 세계가, 그 속에서 과학이라는 실행이 이루어지는, 보다 큰 (사회적) 환경에 의해 중대한 방식으로 어떻게 형성되고 있는가가 더 중요한 문제이다"(Kleinman 2003 : 157). 나는 클라인맨이 이 글에서 주장하는 취지에 진심으로 동의하지만, 사회적인 것과 기술적인 것의 상대적 우월성과 차별성에 대해 현재 벌어지고 있는 토론에 가담할 생각은 없다. 나는 두 가지 모두가, 그것들의 우연적 성격을 감추는 대체로 비슷한 과정들을 통해 받아들여진 관계적 성취들이라고 주장하고자 한다.

로 개념화되고 있으며, 과학의 최후의 보루가 아니라 경쟁적 이익의 원천으로 간주되고 있다(Feller 1990; Chubin 1994; Slaughter and Rhoades 1996). 이러한 개념 변화는 구성 요소들과의 관계에서 대학의 지위를 다시 설정하고, 그 과정에서 양자의 특성을 변화시킨다.

연구 대학에서 나타나는 일련의 변화는 학계의 특성인 제도적 배열과 계층 질서에 변화를 야기하며, 동시에, 그 안정화된 패턴이 과거 학문적, 상아탑 대학의 가능성을 열어주고 유지시켰던, 보다 넓은 부문 간 연결에도 변화를 가져오고 있다.7 이처럼 변화들이 서로 연결되면서 오늘날의 "기업가적" 대학이 처하게 된 상황에 대한 예비적 고찰을 하기 전에, 다음 절에서 이러한 이중적 변화가 동시에 존재한다는 것을 보여 주는 개략적인 경험적 관찰을 하기로 하자.

분리된 체계들을 잡종적 질서에 접목시키기

상업화에 연계된 대학들에서 나타나는 변화가 모순적인 제도 질서들 사이의 간극에서 빚어지는 긴장에서 비롯된다면, 연구에 대한 학문적 접근과 전유적 접근 사이의 접촉면은 이러한 변화를 들여다 볼 수 있는 창문을 열어준다.8 이들 체계 사이의 차별성을 가장 쉽게 파악할 수 있는 것은 그들의 특징적인 산출물의 측면이다. 특허는 전유적 영역의 화폐에 해당하며, 논문 출간은 학자들의 장부에서 으뜸가는 신용장이다. 특허와 울타리, 학계의 논문 출간과 확성기를 연계시킨 아리 립(Arie Rip 1986)의 적절한 비유는 각 영역의 독특한 특징을 잘 이야기해 준다.

특허와 논문 출간은 당대의 연구 노력에서 나온 결과를 번갈아 인준하고 확산시키는 제도들을 대표한다. 출간과 특허 모두 성취의 표식이자 정

---

7. 미국 대학을 다룬 많은 역사적 분석들은 오늘날 당연시되는 대학 연구개발 노력의 성격이 실제로 [역사적] 성취였음을 상기시켜 준다(Guston and Keniston 1994; Kleinman 1995).
8. 이 절은 최근 논문(Owen-Smith 2003)을 기반으로 한다.

보 확산의 수단이다. 그러나 출간이 확성기인 이유는 그 성공이 미래 연구의 폭에 달려 있기 때문이다. 논문 출간은 자신의 발견이 어떻게 사용될지에 대한 통제력을 공식적으로 해제하는 것이다.[9] "소유권"은 대체로 순수한 인정과 우선권의 문제이다. 출간으로 돌아오는 보답은 명성이며, 그 보상은 다른 사람들이 저자의 발견을 사용하는 것과 긴밀히 연결된다. 요약하자면, 논문은 배타성에 대한 어떤 가정도 하지 않는다(그리고 성공하려면 반드시 그러해야 한다). 그와 대조적으로, 특허는 그 발명자가 법적으로 소유하는 지식의 "구획"plot을 획정한다는 의미에서 울타리이다. 배척가능성 excludability(당신의 자산을 다른 사람이 사용하지 못하게 할 권리)과 전유가 능성appropriability(당신의 자산을 사용해서 경제적 보상을 얻을 권리)이 중심이며, 그 다양한 함의는 대학 상업화에 수반된 격렬한 비난을 낳았다.

또한 특허 소유권은 우선권을 확립한다. 특허로 얻는 소득은 일차적으로 금전적인 것이다. 소유권은 행정 절차를 통해 인정되며, 따라서 다른 사람들의 인정이나 발명의 사용과는 분리된다. 여전히 생산력에 구속되지만, 특허와 연관된 보상은 타인이 기술에 근거한 상품 판매로 얻는 수익의 일부를 받거나(특허권 사용료) 법으로 보호된 발명 권리에 대한 지불금을(면허료) 받기 위해, 타인이 자신의 발견을 다른 사람이 이용하는 것을 통제하고 감시하는 일이다.

냉전 기간 동안, 과학과 공학에 대한 학문적 접근과 전유적 접근은 (최소한 수사적으로) 서로 분리되어 있었다. 논문출간은 대학의 영역이었고, 특허는 기업에 집중되었다. 그러나 대학의 상업적 연계가 늘어났고, 특히 대학의 특허 출원이 급상승하면서 — 오늘날 미국이 보유한 전체 특허의 5%(National Science Board 2002)이다 — 대학과 상업적 영역 사이의 제도적 경계는 크게

---

9. 그렇다고 해서 논문이 실제로 어떤 발견의 재연(새로운 확장은 논외로 하더라도)을 위해 필요한 모든 정보를 전달한다는 뜻은 아니다.

흐려졌다.[10] 대학 내의 구조 변화를 이해하기 위해 더 중요한 점은, 특히 증가가 제각기 발산하는 명령, 구성요소, 보상, 그리고 실행들이 대학에 도입되고 있다는 신호라는 사실이다.

여기에 수반되는 변화는 알아차리기 힘들 만큼 미묘할 수 있지만 이미 만연해 있으며, 대학과 대학 과학자들의 평가에 새로운 기준을 더하고, 기존에 성공을 평가하던 규준을 바꾸고 있다(Owen-Smith and Powell 2001). 고도로 계층화된 경쟁적 장(대학 연구) 출신의 인정받은 경기자들이 다른 영역(전유된 연구)으로 진입하면서, 널리 퍼진 대학의 특허 획득은 조직을 넘어서는 수준에서, 대학 경쟁의 새로운 장을 열었다. 대학에 부여된 연구 임무에서 공적 과학과 사적 과학의 지향성이 명시적으로 통합되면서, "전통적인" 대학 경쟁에서 성공 가능성을 구조화했던 기존의 지위 질서에 균열이 발생했다. 성취에 이르는 다른 경로를 열기 위해 게임 규칙을 바꿈으로써, 연구 상품화는 과학의 상업적 이용과 학문적 이용을 가로지르는 정표의 피드백[11]으로 특징 지을 수 있는 잡종적 제도의 출현에 촉매 역할을 수행한다(Owen-Smith 2003).

누적이익에 의한 계층화

대학의 계층 질서는 과학자 개인이나 단일 대학에 의해 만들어진 것이 아닌 제약 구조를 나타낸다. 우선권 경주, 연구비 경쟁, 그리고 평판이라는 보상을 둘러싼 승자독식의 세계에서, 승리는 또 다른 성공을 낳는다. 머튼은(1968) 이러한 계층화 과정을 "가진 자에게는 더 많은 것이 주어져서 더욱 부유해질 것이다"라는 성경 구절[12]을 빌어 표현했다. 이러한 마태효과Mat-

---

10. 확장을 통한 잡종성을 다루는 다음 절에서 중점적으로 다루게 될 내용이 바로 이 부문 간 경계의 흐려짐이다.
11. [옮긴이] 출력의 일부가 입력으로 다시 들어가서 계속 증폭이 진행되는 과정을 뜻한다.
12. [옮긴이] 『마태복음』 13장 12절.

thew Effect가 지배하는 체계 안에서, 성공에 대한 늘어나는 보상은 평판에 기반한 동료 평가에 의해 추동되고, 이동 가능성은 제한되고, 변화의 해로운 효과는 기존 위계체계의 맨 아래쪽에서 불균형하게 감지될 수 있다.[13]

그럼에도 불구하고, 이동을 가능하게 하는 기회와 자원이 기존의 지위 격차를 강화시키는 동료평가 체계와 구별되는 제도적 통로에서 발생할 수 있다. 상업적 개입, 특히 특허는 ─ 대학의 평가 기준으로부터의 분리, 그리고 보상이 대학과 연구자들에게 무제한의 수입으로 흘러들어갈 잠재력으로 인해 ─ 확실한 대안을 제공한다.[14] 지적재산권의 소유권과 마케팅은 이른바 일확천금의 대박 특허료를 낳으려는 시도를 조장하고 교수들이 창업 기업에서 지분 소유권을 얻으려는 경향을 증대시킨다(Association of University Technology Managers 1999). 대학의 상업화에 대한 보상은 학문적 성공을 촉진시켜서 재정 이익이 대학의 사명이 될 정도이다.

물론 이러한 특허권 이용료의 흐름은 대부분의 대학에서 극히 적으며, 가장 성공적인 모험 사업에서도 연구개발 비용에 근접하지 못한다(Mowery et al. 2001).[15] 그러나 특정 프로젝트나 용도에 국한되지 않은 소득의 흐름은

---

13. 특히 평판은 논문이나 연구비 수여에 대한 동료심사 과정이 단순맹검인 생명과학과 물리과학 분야에서 누적이익이 나타나게 하는 분명한 메커니즘이다.

14. 상업적 노력이 결코 유일한 허점은 아니다. 실제로 대학에 책정되는 연구비는 ─ 의회에서 대학과 단과대학에 직접 지출을 승인하는 연구 기금 ─ 1980년의 1천 1백만 달러에서 2001년에 17억 달러로 급증했다(National Science Board 2002). 역시 동료심사를 거치지 않는 (따라서 비난이 높아지는) 이 기금은 뒤떨어진 대학들이 대학 경쟁에서 이길 수 있는 자원을 얻는 수단으로 옹호되었다. 보스턴대학 총장 존 실버는 이 기금을 대학의 동료심사 체계인 "동창회 연결망"으로 끌고 들어가는 수단으로 보았다. 실버는, 로비 노력을 통해 모은 돈 덕분에, 보스턴대학이 대학 순위에서 더 높은 위치로 올라갈 수 있었다고 주장한다. "동료심사를 통한 연구비와 계약은 매년 늘어났다. 그것은 동료심사를 거치는 연구비를 가지고 들어오는 저명한 과학자들을 끌어들이기 위해서 시설들을 합칠 수 있었기 때문이다"(Schlesinger 2001). 이 장에서 다룰 내용은 아니지만, 대학의 로비 노력 증가와 그 결과는 과학정치사회학의 연구에서 많은 성과를 낼 수 있는 영역이다.

15. 〈대학기술관리자협회〉가 조사한 미국의 142개 대학 중에서, 19곳만이 총 면허료 수입이 1천만 달러 이상이라고 답했다. 거의 절반(70개)이 1백만 달러 이하의 수입을 보고했고, 1

그 규모보다 큰 혜택을 줄 수 있다. 컬럼비아대학의 부교무처장을 지냈던 마이클 크로우는 컬럼비아대학이 돈벌이가 되는 생의학 특허의 기간을 연장하려고 시도했다가 실패한 사례를 다룬 최근 논문에서 이렇게 지적했다. "이것은 우리에게 절대적으로 중요한 소득 흐름이다. 그것은 자유롭고 확실한 연구비의 가장 중요한 원천이다. 그 외의 모든 연구비에는 부대조건이 달려 있다"(Babcock 2000). 같은 주에 이루어진 또 다른 인터뷰에서, 크로우는 자신의 주장을 확장해서 이처럼 자유롭고 확실한 연구비 흐름이 대학이 "다른 연구비가 허용하지 않는 무언가를 할" 수 있게 해 준다고 말했다(Pollack 2000).

다른 대학들도 비슷한 신념을 표명한다. 스탠퍼드대학과 〈위스콘신 동문연구재단〉Wisconsin Alumni Research Foundation, WARF은 특허권료를 교수와 학생들의 연구를 지원하는 대학 전체의 연구 기금으로 삼고 있다. 마찬가지로, 카네기멜론대학도 웹 탐색 엔진인 라이코스Lycos에서 벌어들인 2천 5백만 달러가 넘는 지분 수익금을 컴퓨터 학과에 투자했고, 여러 교수좌에 연구 기금을 지원하고, 첨단연구 시설을 설립했다(Florida 1999).

대학과 학문적 과학이 자신들의 수익 활동으로 유입된 자원에서 혜택을 얻는다는 것은 분명하다. 실제로, 89개의 연구 집약 대학을 대상으로 거의 20년 동안(1981~1998) 진행된 분석에서, 나는 대학의 특허 활동과 논문 출간 사이에 정正의 연결 패턴이 증가한다는 사실을 발견했다. 에머리, 러트거스, 그리고 컬럼비아를 포함하는 여러 대학들은 지적재산권 자산 규모가 급격히 성장하는 데 발맞추어 논문출간의 영향력 등급도 극적으로 높아졌다(Owen-Smith 2003). 대학에 상업적 명령을 도입시켜서 명성에 기반한 학

억 달러에 근접하는 대학은 한 곳도 없었다. 모든 사람들이 이 대학들이 특허료로 13억 달러를 조금 넘는 수입을 올렸다고 말했다. 이는 그들이 연방정부가 지원한 연구개발 사업에 지출한 180억 달러에서 7%가 조금 넘는 금액이다(Association of University Technology Managers 2000).

문적 과학의 세계에 어느 정도 이동 가능성의 기회를 줄 수 있지만, 이러한 이동성은 결코 확실하지 않으며 학문적 노력과 상업적 노력을 가로질러 자원을 수단으로 삼으려는 시도는 그 자체로 위험을 수반할 수 있다.

이러한 시도로 잘 알려진 두 가지 사례를 검토해 보자. 보스턴대학이 자회사 격인 〈세라젠〉Seragen과 갈등을 빚은 사례와 컬럼비아대학이 유전자 조각을 세포에 삽입시키는 기술에 대한 블록버스터급 특허를 연장하려 했던 사례가 그것이다.[16] 1987년, 보스턴대학 측은 소속 교수가 설립했던 생명공학 기업인 〈세라젠〉의 대주주 지분을 구입하기 위해 2천 5백만 달러의 영업 이익을 투자했다. 당시에 주식 구입 금액은 보스턴대학 전체 자산의 14%에 달하는 엄청난 액수였다. 그 후 여러 해에 걸쳐 보스턴대학은 추가로 돈을 투자했고, 결국 총 투자액은 8천 5백만 달러를 넘어섰다. 1992년에, 매사추세츠 주 검찰총장의 압력으로, 이 대학은 회사에 대한 투자를 제한하는 데 합의했다. 1997년 말에 보스턴대학은 기울어가던 한 기업을 공개 인수해서 제조, 임상시험, 그리고 품질확인 서비스 등을 제공하기 시작했다. 1988년에 이 회사의 대표 상품인 림프종 치료제가 식품의약청 자문단에 의해 승인 추천을 받은 직후, 회사는 캘리포니아 주에 기반을 둔 〈리건드 제약회사〉Ligand Pharmaceuticals에 매각되었는데, 그 액수는 대학 측에 90% 이상의 손실을 안겨주는 것이었다. 주주들의 손실은 엄청났고, 그해 말에 대학을 상대로 소송이 제기되었고 총장이 이 회사를 관리하는 과정에서 자기 거래를 했다는 혐의를 받았다(R. Rosenberg 1997; Barboza 1998).

컬럼비아대학의 특허 연장 사례도 마찬가지로 큰 물의를 일으켰다. 이후 약품개발 노력에 필요한 근본적인 생명공학 기술 중 하나가 될 특허가 이 대학에서 1983년에 출원되었다. 핵심 발명자의 이름을 따서 "액슬 특허"Axel patent라 불린 이 특허에는 가장 성공적인 생명공학 약제 중 일부를 개발하는

---

16. 미국 특허번호 4,399,216.

데 사용된 동시형질전환co-transformation이라 불리는 방법이 포함되었다.17 컬럼비아대학은 이 방법을 이용해서 개발한 모든 약품의 판매금액의 1%를 사용료로 받는 포괄 특허를 획득했다. 이 특허의 사용료 수익은 2억 8천만 달러로 평가되었고, 그 덕분에 컬럼비아대학은 지난 10년 동안 특허료 수입의 측면에서 최고 대학의 반열에 올랐다. 그러나 특허 시효가 소멸되어 소유권을 잃게 되자, 마이클 크로우가 증가된 연구능력과 우연성 사이의 관련성을 명백하게 보여 주었던 특허료도 끊어지게 되었다.18

손실을 피하기 위해, 컬럼비아대학 관계자들은 미국 상원의원 주드 그레그(뉴햄프셔 출신)를 설득해서 해당 특허의 시효를 연장하는 〈농업지출법안 수정 조항〉을 지지하게 했다.19 이 수정 조항은 1984년의 〈해치-왁스먼 법안〉Hatch-Waxman Act의 논리를 끌어와서 한층 확장한 것이었다. 〈해치-왁스먼 법안〉은 많은 시간을 요하는 식품의약청 승인과정에서 흔히 나타나는 지연 사태에 대한 보상으로, 기업들이 특허를 얻은 치료법의 시효를 연장할 수 있게 해 준 법안이었다. 컬럼비아대학의 제법특허process patent 연장은 1984년 법령의 범위를 크게 확장시키려는 시도였기 때문에 기업 로비스트, 특허 집단, 그리고 상원의원들로부터 상당한 저항에 직면했다. 결국 연장 시도는 언론의 비판과 관심 집중이라는 장벽에 부딪쳐 실패로 돌아갔다(Babcock 2000; Pollack 2000; Marshall 2003).20

---

17. 더 잘 알려진 약 중에는 〈암젠〉사의 빈혈증 치료제 에포젠(Epogen), 그리고 류마티스성 관절염 치료제로 성공을 거둔 〈임뮤넥스〉의 엔브렐(Enbrel)이 있다.
18. 1983년에 인가된 〈액슬〉사의 특허는 시효가 17년이었고, 2000년 8월에 만료되었다. 그 이후 인정된 특허들은 출원 시기부터 20년 동안 보호받는다.
19. 14개월에서 18개월 특허가 연장될 경우 추가 특허료는 1억 5천만 달러에 달할 것으로 추정된다.
20. 이 싸움은 2003년까지 이어졌다. 컬럼비아대학은 1995년에 〈액슬 제조법〉에 이차 특허를 출원했고, 향후 17년 동안 대학에 특허료 수입을 더 줄 가능성을 시사했다. 보스턴 지역의 두 생명공학 회사 〈젠자임〉(Genzyme)과 〈애보트 바이오리서치 센터〉(Abbott Bioresearch Center)는 새로운 특허가 1983년의 원래 특허와 실질적으로 다르지 않으며, 컬럼비아대학이 "자신의 특허 독점을 연장하려는 비합법적인 시도"라고 주장하면서 신규 특허를 무효로

상업적 이익을 학문적 성취에 활용하면 분명 이롭지만, 〈세라젠〉 사례와 액슬 특허는 접목이 제한적이나마 혁신을 가능하게 하는 창문을 열어줄 수 있음을 강조하면서도 신중해야 한다는 경고를 주고 있다. 이미 기반을 갖춘 경기자들도 열린 창문에 대응하면서 계층화와 제약이라는 새로운 체계가 응집된다. 앞의 사례에서, 한 대학은 상당한 자금을 특정 기업의 운에 거는 도박을 하면서 공공 과학의 위계체계라는 사다리를 오르려는 공격적인 시도를 했다. 그 과정에서 주 입법자들의 관심을 끌었고, 성공을 위해 분투하는 기업에 생산 서비스를 임대하는 대학에-부적절한un-university-like 행동을 했다. 스펙트럼의 반대편에서는, 블록버스터급 특허료를 날로 늘어나는 연구비 수요와 유연성 확보에 활용했던 한 명문 아이비 리그 대학이 특허료 손실에 직면했다. 그에 대한 대응으로, 대학 측은 특허권을 연장하기 위해 논쟁의 여지가 있는 여러 가지 시도를 했고, 독점권을 연장시키려고 불공정하고 비합법적인 수단을 동원한다는 비난을 자초했다. 역시 대학에-부적절한 처신이라는 비난이었다.[21]

이 두 가지 사례는 제도의 체제를 가로지르는 자원 활용의 혜택과 위험을 잘 보여 준다. 실패한 도박은 성공을 위해 노력하던 대학의 정당성에 손상을 입혔지만, 다른 대학에서는 지속적인 수입의 흐름을 유지시키는 데 몰두하는 비용을 치르긴 했지만 상업적 성공 덕분에 대학 서열의 사다리를 오르는 데 도움을 받았다. 이러한 캐치-22[22]의 상황이 대학을, 그들의 불확실

해 달라는 소송을 제기했다. 그런데 이미 다른 두 연방법정에 비슷한 소송이 제기되었다(하나는 로스앤젤러스에서 〈암젠〉사가, 다른 하나는 샌프란시스코에서 〈제넨테크〉가 낸 것이었다.)

21. 특허가 제한된 독점권을 준다는 것은 자명하지만, 어떻게 블록버스터급 특허에서 나오는 특허료를 대체할 것인가의 문제가 중요해지고 있다. 액슬 특허 이외에도, 또 하나의 근본적이고 매우 가치가 높은 제법 특허(코헨-보이어 유전자 접합 특허)의 기한이 최근에 만료되어서, 스탠퍼드대학교와 캘리포니아대학교 샌프란시스코캠퍼스의 특허료 수입이 크게 줄어들었다.

22. [옮긴이] 'Catch-22'는 미국의 소설가 조지프 헬러의 소설 제목으로, 진퇴양난의 상황에 빠

한 수명이 일련의 위험한 블록버스터를 성공시킬 수 있을지 여부에 달려 있는 제약회사와 생명공학 고객들의 운명과 엇비슷한 불안정한 상황으로 몰아넣고 있다.

이것들은 특수한 예가 아니며, 변화하는 제도적 환경에 대학이 대응하는 여러 측면들을 잘 보여 주고 있다. 이러한 새로운 환경은 1980년 〈베이돌법〉이 통과된 이후, 기술면허에 대한 조치와 접근방식들의 제약적이면서 동시에 집합적인 결과로 탄생했다. 본질적으로, 상업논리가 대학의 핵심 사명에 도입되면서 혁신활동에 대한 창문이 열렸고, 바로 그 혁신활동이 미래의 기회를 한정짓는 구조를 굳히고 상위권 대학이나 중위권 대학 모두에 새로운 제약을 가하기 이전까지는 이동 가능성을 높였다. 한때 분리되었던 체제들이 하나의 조직적 사명으로 통합됨으로써 여러 영역들에 걸쳐 자원들이 이용될 수 있게 되지만, 실제적인 자원의 대체가능성은 한시적으로 제한된다. 오늘날 대학의 기회와 결과들을 구조화하는 서열은 기본 논리와 전유적 논리를 융합시킨 잡종이며, 이 영역들 내부나 영역들을 가로질러 이익이 축적될 수 있게 해 준다.

여기에서 작동하는 과정이 접목의 한 유형이다. 과거에 분리되었던 (최소한 명목상으로) 제도적 배열들이 합쳐진다. 그 접촉면에서 모순이 발생하며, 참여자들이 변화하는 환경에 대응하기 위해 노력하면서 새로움의 공간이 열린다. 그러나 이 창문은 일시적으로만 열린다. 왜냐하면 초기의 경기 참가자들이 자신들의 미래의 변동을 제한하고 신참자들의 혁신 기회를 제약하는 모델을 만들었기 때문이다. 따라서 신참자들은 상업적 체제와 학문적 체제를 넘나들며 이익이 누적되는 특성의 계층화 체계에 맞닥뜨리게 된다. 접목 과정은 대학 고유의 예견된 실행들을 변화시켰다. 그 결과, 상업 활동과 학문적 활동 어느 하나를 성공하려면 양쪽 모두에서 성공해야 한다는 요구

진 것을 뜻한다.

가 높아지고 있으며, 양쪽 영역에서 결과를 달성하려면 대학에서 사회의 넓은 영역으로 확장하려는 시도가 일상적으로 이루어져야 한다.[23] 언론매체에서 상업적 성공과 그 사소한 과오들을 큰 소리로 떠벌리고, 많은 주지사들이 대학의 능력을 이용해서 첨단기술의 동력으로 삼기 위해 안간힘을 쓰고 있는 시대에, 대학-내부intra-academy의 지위 경쟁과 대학-외부의 후원체계 모두 상업화의 영향력을 절감한다. 요약하자면, 접목에서 기인한 활동에 대한 사회적 구속력 역시 포괄적인 연결망들을 가로질러 번역된다는 것이다.

흐려지는 경계와 대학의 연결망들

확장과 번역의 언어는 기초 과학과 상업적 과학이 뒤섞인 제도적 질서 하에서 지위를 얻고 유지하려고 애쓰는 두 대학 이야기에서 핵심어에 해당한다. 대학 간 경쟁의 규칙은 바뀌었고, 상아탑을 구성하고 뒷받침하는 연결망들도 변화했다. 상업화는 게임의 규칙을 변화시켰고, 이러한 변화가 대학과 핵심 후원자들 사이의 관계를 바꾸어 놓았다. 이러한 변화는 새로운 종류의 학문적 행위자들을 창조한다. 이어지는 절에서, 나는 상업적 관여가 오늘날 대학들의 성격 자체를 변화시키는 몇 가지 번역 과정을 추적할 것이다.

대학의 연구개발R&D 지형 변화

점증하는 대학 상업화는 대학들이 전통적인 임무를 수행하는 방식을 변화시키는 데 그치지 않았다. 상업화는 사회 속의 이미 확립된 구분을 가

---

23. 부분적으로는 이 절에서 서술한 활동으로, 컬럼비아대학과 보스턴대학은 2000년에 로비스트들에게 많은 비용을 지출한 기업 순위에서 최상위를 차지했다. (이 데이터의 출전은 다음과 같다. opensecrets.org, www.opensecrets.org/lobbyists/indusclient.asp?code=W04 &year=2000&txtSort=A, 2003년 1월 6일) 두 대학 모두 가장 저명한 교육 로비 기업인 〈캐시디 앤 어소시에이츠〉(Cassidy and Associates)에 의뢰하고 있다. 흥미롭게도, 이 로비 회사의 설립자이자 회장, 그리고 CEO인 제럴드 캐시디는 최근에 보스턴대학 이사회에 이름을 올렸다(Deveney 2003).

로지르는 관계들 역시 바꾸어 놓았다. 특히 기술발전, 연구 요건, 그리고 새로운 기회 등이 학문과 상업의 경계를 흐려놓은 생명과학, 광학, 나노기술, 그리고 컴퓨터 화학 같은 영역들에서 대학 연구는 상업적 응용의 한 구성요소가 되는 반면, 산업의 동력이 기초적 발견의 열쇠를 제공해 주고 있다. 기업과 대학의 연구개발 노력의 관계 변화는 기업을 위해 새로운 길을 개척하는 대학 과학자의 능력을 약화시키고(6장), 상업적 발견이 대학 연구의 궤적을 열어줄 가능성을 높이고 있다(N. Rosenberg 2000).

최근 과학 저널 『사이언스』의 사설에서 도널드 케네디[24]는 오늘날 생명과학 연구의 특징을 두 가지 상이한 경향의 수렴으로 설명했다. 다시 말해서, 기업가가 주도하고 연방에서 기초 연구에 기금을 지원하는 전후戰後 정책과 "일반적으로 인상적인 하부구조의 지원을 받은 대규모 팀에 의해, 혼합되거나 상업적 배경에서" [수행되는] "기업의 강력한 기초과학"의 발전이라는 두 가지 경향의 수렴이다(Kennedy 2003). 생명과학에서 나타나는 이러한 두 가지 경향의 수렴은 최근에 완성된 〈인간 게놈 프로젝트〉Human Genome Project에서 가장 잘 나타난다. 이 프로젝트에서 국립보건원의 프랜시스 콜린스가 이끈 넓게 분산된 학문적 컨소시엄과, 크레이그 벤터가 설립한, 좀더 이윤추구에 초점을 맞춘 〈셀레라 지노믹스〉 팀이 맞붙어서 인간 유전체의 염기서열 분석 경주를 벌였다. 논쟁의 여지가 있지만, 이 계획의 성공에서 핵심인 속도와 기술 혁신은 이 "두 팀" 사이의 치열한 경쟁에 많은 빚을 졌다. 이러한 경향이 생명과학 분야에서 가장 두드러지지만, 특허와 논문 출간에 대한 서지학적 분석에서 두루 나타나는 뚜렷한 경향은 과학과 공학의 여러 분야에서 유사한 패턴이 나타나고 있음을 보여 준다.

과학 연구에서 협동의 빈도와 규모가 극적으로 증가하는 시대에, 지식경제의 중력의 중심은 한때 미국의 연구개발 체계를 지배했던 기업의 연구개

---

24. 이 저널의 편집인이자 스탠퍼드대학의 전 교무처장이다.

발 실험실에서 대학과 비영리 연구 센터로 이전했다(Hicks et al. 2001). 기업 연구개발 기금은 지난 10년 동안 전례를 찾을 수 없는 규모로 미국의 연구 대학들에 쏟아부어졌고, 대학이 미국의 연구개발 활동에서 담당하는 비율은 날로 증가하고 있다(National Science Board 2002). 동시에 대학들이 특허받은 과학에 쏟는 관심도 늘어나고 있다. 이 점은 기업 특허에서 대학 논문들이 인용되는 빈도가 두 배 이상 늘어났다는 사실에서 충분히 입증된다(National Science Board 2002).

점차 협동적, 다학제적, 초분과적인 특성이 강화되는 연구 생태계에서 대학들은 협동을 위한 노력을 지탱해 주는 닻과 같은 구실을 하고 있다. 미국 국가과학위원회National Science Board의 2002년 『과학기술지표』(2002 *Science and Engineering Indicators*)에서 나온 그림 1을 보라. 이 그림은 여러 부문에 걸친 조직들이 참여한 공저 논문의 백분율을 보여 준다. 그림 1은 협력하는 조직들이 속한 부문들의 관점에서 조직 간 협력연구의 패턴을 강조하고 있다.[25] 여기에 나타난 연결망의 이미지에서, 한 부문의 교점node의 크기는 그 부문에 속한 조직들만 저자로 참여한 공저 논문의 백분율과 비례한다 ─ 예를 들어, 둘 이상의 기업에 속한 저자들이 쓴 논문은 "기업"이라는 표지가 붙은 교점의 크기에 기여하지만, 어느 화살표의 크기에도 영향을 주지 않는다. 여기에서 화살표는 다른 부문들을 포함하는 협력 연구의 비율을 나타낸다. 화살표의 크기와 농도는 협력 연구의 양에 비례한다.[26] 그림 1이 주

---

25. 이 협력연구는 최소한 미국 과학정보연구소(Institute for Scientific Information)에 등재된 학술지에 과학논문으로 실린 것들이다.

26. 여러 개의 특허보호신청이 대기 중이다. 이 이미지는 그림1에 있는 표에 나타난 데이터를 이용해서 〈파젝〉에서 만든 것이다. 여기에 나타난 데이터는 비대칭적이며(그것은 기업의 출간이 대학 공저자들에 의존하는 경우가 그 반대보다 더 많다는 뜻이다), 도표의 대각선을 따라가면 한 부문내에서 이루어진 협력 연구의 비율을 볼 수 있다. 대학을 나타내는 가장 큰 교점은 한 조직 이상이 관여한 전체 학문적 논문의 약 63%가 오직 대학들에서 나왔다는 것을 보여 준다. FFRDCs는 연방지원연구개발센터(Federally Funded Research and Development Centers)의 약자이다. 데이터의 합이 100%를 넘는 것은 부문별 논문 숫자를

는 뚜렷한 메시지는 대학이 내적으로 가장 믿을 만한 부문이면서(대학의 교점이 가장 크다), 동시에 부문 간 협력으로 정의되는 세계에서 가장 중심적인 파트너라는 것이다. 1999년에 모든 분야에 걸쳐, 대학이 가장 큰 성과를 거두었고, 협력적 기초 연구의 중추 역할을 맡았다.

이처럼 공적 연구와 상업적 연구의 수렴에서 대학이 중요한 역할을 담당하는 이유는 과학의 성격 변화, 그리고 학계와 상업 세계 양편에서 동시에 새로운 항행 전략이 요구되는 제도적 질서에서 기인한다. 이처럼 대학이 중심 역할을 담당한다는 사실은 위안이 된다. 상업화에 의해 파괴되는 것이 아니라, 오히려 대학이 기초 연구와 상업적 관심사를 포괄하는 연구에서 필수 통과지점obligatory passage point이 되었다. 이러한 대학의 중심성은 포괄적인 사회적 도입이라는 주제에서 변화를 야기하고, 다른 한편 새롭게 탈바꿈한 대학이 과학 추구에서 새로운 유형의 장소로 자리를 굳힐 수 있는 기회를 제공하고 있다.

연구개발을 넘어서

등록과 번역에 대한 이론적 작업이 시사하는 것은 다음과 같다. 새롭고 안정적인 실체나 인공물을 끌어들이기 위해 필요한 행위자의 그물은 놀랄만큼 다양하고, 종종 분열을 일으킨다. 마찬가지로, 대학이 연구에서 차지하는 중심성은 연방정부, 국제적 정책 무대, 운동 단체, 새로운 매체 등 우리의 시야가 미치는 범위보다 훨씬 멀리까지 확장되는 연결에 기반하고 있다.[27] 기업가적 대학의 출현과 구성, 그리고 그와 결부되어 두 개의 서로 다른 연구개발 모델의 수렴이 진공 속에서 이루어진 것은 아니다. 그리고 그 결과는 대

더하는 데 사용한 계산 방법 때문이다. 기관 저자까지 전체 논문 숫자에 가산했다.

27. 여기에서 제기된 논변의 많은 부분은 오늘날 과학을 구성하는 연결망의 변화, 그리고 대학에서 진행중인 변화에 대한 다른 두 접근방식과 일치한다(Gibbons et al. 1994; Etzkowitz and Leydesdorff 1998).

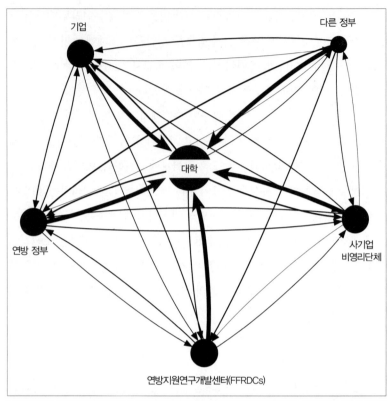

	대학	연방 정부	기업	비영리단체	FFRDCs	다른 정부
대학	63	32	25	36	13	6
연방 정부	87	19	14	14	6	3
기업	82	17	22	16	7	2
사기업 비영리단체	90	13	13	21	3	3
FFRDCs	85	14	14	7	20	0
다른 정부	92	46	19	11	20	8
기초연구개발 지출(%)	44	7	31	9	8	없음

〈그림 1〉 다른 부문, 모든 분야를 포괄하는 공저 논문 비율, 1999. 주도자들은 왼쪽 열에 열거되어 있다. 위쪽의 가로 열에 열거된 것은 공저자(共著者)들이다. (출전:『과학기술지표』, 2002)

학과 기업 파트너 사이에서 긴장을 촉발했다.[28]

　가치 있는 특허의 기한을 연장하려 했던 컬럼비아대학의 시도, 그리고 〈위스콘신 동문 연구재단〉WARF과 캘리포니아 기업인 〈제론〉Geron사가 최근 분리된 인간배아줄기세포주에 대한 권리 배분을 놓고 갈등을 빚은 사례는 과학적 발견으로 얻은 이익에 대한 접근, 배타성, 그리고 권리를 둘러싼 갈등이, 왜 상업적 관여가 점증하는 상황에서 대학이 자신의 고유한 특성을 유지할 수 있는 능력을 둘러싼 우려를 야기하는지 잘 보여 준다.[29] 그러나 대학은 그보다 강하고 약삭빠른 상업적 파트너들이 보호하는 수동적인 대상이 아니다. 이윤추구를 위한 협력자나 고객을 결정하는 과정에서 특허라는 울타리는 대학에 전례 없는 수단을 제공했다. 이러한 수단을 이용하려면 학문적 기관들이 지적재산권을 대체 수익원 이상의 무엇으로 인식할 필요가 있다. 사적 권리가 공적 요구로 전환될 수 있는 방식과 연관된 폭넓은 개념이 대학의 지적재산권 관리 정책과 그 실행에 도입될 수 있으며, 또한 그러해야

---

28. 대학에서 일어나는 변화가 기업의 연관된 분야들에서 필연적으로 공명을 일으킨다는 사실을 잊어서는 안 된다. 이 사실이 널리 인정되었음에도 불구하고, 여러 학자들은 학문적 접근방식을 더 침식하는 것은 기업이라고 주장한다(Slaughter & Leslie 1997). 학계와 산업계를 가로질러 수렴이 일어나고 있지만, 이러한 변천은 "비대칭적"이며, 잠재적으로 대학에 불리하고 기업에 유리한 방향으로 전개된다(Kleinman and Vallas 2001).

29. 최근 연방법원 판결[Madey v. Duke, 자유전자 레이저(FEL) 연구로 특허를 가진 John M. J. Madey와 그가 속한 듀크 대학 사이에 갈등이 벌어져 대학 측이 그의 직위를 박탈했다. 그 후에도 대학의 그의 실험실과 시설을 이용하자 Madey가 소송을 제기해서 대학 측이 자신의 실험실과 장비를 무단으로 이용해서 특허를 침해했다고 주장했고, 최종적으로 연방법원은 그의 손을 들어주었다. 이 판결로 상업적 목적이 아닌 순수 과학 연구의 경우 과학자들이 특허받은 기술이라도 자유롭게 이용할 수 있다는 오랜 관행이 무너지게 되었다. — 옮긴이]이, 연구가 대학의 중심적인 관심사이고 그러한 관심이 상업적 영역으로 점차 넘어간다는 것을 근거로, 대학이 학문적 연구를 하는 경우 지적재산권 적용을 면제받을 수 있다는 전통적인 개념을 사실상 폐기하면서 이러한 도전은 좀더 심각해지고 있다(Eisenberg 2003). 과학자들이 (상업적으로 가치 있는 프로젝트에 관여하든 아니든 간에) 복수의 원천으로부터 도구와 물질에 대해 (많은 노력과 자원의 비용을 들여서) 특허를 내야 한다는 점증하는 요구에 직면하고 있는 상황에서, Madey v. Duke 판결은 연구 도구들에 대해 특허를 신청하는 만연한 관행이 학문적 연구를 위축시킬 수 있다는 우려를 가속화시킬 것이다.

한다.

에이즈 항레트로바이러스 치료제의 예를 들어 보자. 여러 가지 치료제로 이루어진 일종의 칵테일에 해당하는 이 치료제는 에이즈에 감염된 환자들의 치료율을 크게 높였다. 이들 치료제의 상당수를 개발하는 데 예일, 미네소타, 에모리, 듀크 같은 대학들이 중심적인 역할을 했고, 이들 대학은 모두 항레트로바이러스 약제의 중요한 측면에 대한 특허권을 가지고 있다 (Kapczynski, Crone, and Merson 2003). 약품 개발에서 대학 과학이 중심적 역할을 수행했다는 사실은 진정한 공공이익이 대학 연구를 상업화시키려는 시도를 수반할 수 있다는 주장을 어느 정도 뒷받침해 준다. 또한 이러한 상업화 노력은 대학에 새로운 힘과 가능성을 줄 수 있으며, 대학은 값이 비싸지만 꼭 필요한 치료법을 보다 많은 사람들이 이용할 수 있게 보장하는 데 자신이 가진 특허권을 전략적으로 이용할 수 있다.

예일대학은 스타부딘stavudine의 핵심 특허를 보유하고 있다. 흔히 항레트로바이러스 치료제로 쓰이는 이 약은 〈브리스틀-마이어스 스퀴브〉사(이 회사는 제리트Zerit라는 상표명으로 판매했다)에만 배타적으로 판매가 허가되었다. 2001년 초, 저개발국가의 주민들에게 의료지원을 제공하기 위해 헌신하는 비영리단체인 〈국경 없는 의사회〉는 예일대학에 스타부딘의 복제약을 남아프리카에 공급해 줄 것을 요청했다. 남아프리카에서 이 약을 1년 동안 투약하는 데 들어가는 비용은 대부분의 환자들의 지불 능력을 넘어섰다. 예일대학은 〈브리스틀-마이어스 스퀴브〉사와의 기존 계약을 이유로 요청을 거절했다. 예일대학의 협력연구국 Office of Cooperative Research 관리책임자인 존 소더스톰은 편지에서 이 문제를 다음과 같이 규정했다. "예일대학이 특허 소유자인 것은 사실이지만, 예일은 〈브리스틀-마이어스 스퀴브〉사에게 그 회사만이 요청에 대응할 수 있다는 조건부로 독점 판매권을 주었다"(McNeil 2001). 당시 이 대학의 교무처장이었던 앨리슨 리처드는 『예일 데일리 뉴스』와의 인터뷰에서 이 문제에 대해 구어체로 이렇게 말했다. "치료제를 싸게 제공하는 것은 우리 일이 아닙니다. 우리는 〈브리스톨-마이어스 스퀴브〉사가 이 문제를 잘 해결하도록 최선을 다하기를 바랍니다"(Adrangi 2001).

충분히 예견되듯이, 이러한 대응은 비상한 관심을 불러일으켰고, 예일 법대생들이 시작했고, 이 화합물의 발명자인 당시 명예 교수가 지지했던 캠페인을 비롯해서 엄청난 대중적 항의 사태에 직면했다(Borger 2001).[30] 그중에는 예일대학의 대응이 지적재산권 면허에 대해 자신이 세운 정책을 위반한 것이라는 주장을 담은 〈국경 없는 의사회〉의 편지도 있었다. 해당 정책과 연관된 부분은 다음과 같다.

> 대학의 목적은 본연의 임무인 교육과 사회 전반의 이익 증진을 위한 기술 개발에 있다. 따라서 일반 정책으로, 대학은 보유하고 있는 면허를 이러한 목적 달성을 증진하기 위해 사용해야 한다. 독점 면허는 협력연구국의 관점에서 공중이 혜택을 입을 수 있는 취지에서 개발을 확보하는 가장 효율적인 방법으로 간주되는 경우에 승인되어야 한다. 독점 면허 협정은 한정된 기간 이내에 효율적인 개발과 마케팅을 수행하지 못하는 사태를 막기 위해 면허를 보호

---

30. 윌리엄 프로소프(William Prusoff) 박사는 남아프리카에서 예일대학의 특허권을 완화해야 한다는 대학생들의 캠페인에 강한 지지 의사를 나타냈다. "나는 그 점에서 분명히 학생들의 편에 섭니다. 나는 예일대학 측이 그 약을 무료로 공급하거나, 인도나 브라질이 저개발 국가들을 위해 값싸게 약품을 생산할 수 있도록 허용하기를 바랍니다. 그러나 문제는, 거대 제약회사들이 이타적인 조직이 아니라는 점이지요. 그들의 유일한 목표는 돈을 버는 것입니다"(McNeil 2001). 흥미롭게도, 스타부딘은 프루소프가 개발한 최초의 항레트로바이러스 치료제가 아니다. 그는 첫 번째 치료제인 아이독시우리딘(idoxyuridine)을 1950년대에 예일대학에서 합성했다. 식품의약청의 승인을 받은 최초의 항레트로바이러스 치료제인 이 화합물은 지금도 단순 헤르페스 바이러스로 인한 눈 감염증을 치료하는 데 쓰인다. 프루소프는 대학-기업 관계의 역사에서 지금과 전혀 달랐던 시기를 이렇게 회상했다. "당시 학과장은 그 약의 특허를 원했습니다. 그런데 예일대학의 변호사들은 특허와 관련해서 아무것도 하려 들지 않았어요. 돈벌이를 위해 무언가를 한다는 것은 대학의 품위에 어울리지 않는 일이었으니까요. 그래서 4, 5개의 서로 다른 회사들이 제조해서 시장에 내놓았습니다. 특허는 없었어요. 누구나 원하면 만들 수 있었지요. 그때는 그런 시절이었지요"(Zuger 2001).

하기 위한 것이다(강조는 필자).[31]

예일대학과 〈브리스톨-마이어스 스퀴브〉사 사이의 집중적인 논의가 있은 후, 회사 측은 남아프리카에서 특허권을 주장하지 않을 것이며, 제리트 가격보다 30배 이상 저렴한 복제약의 생산과 유통을 위한 방안을 마련하겠노라고 선언했다(Kapczynski et al. 2003).

이 결과는 "역사적"인 것으로 환영받았고, 대체로 예일대학에 대한 대내외적 압력의 결과였다. 만약 〈브리스톨-마이어스 스퀴브〉사에 직접 압력이 가해졌다면 그 효과는 훨씬 약했을 것이다. 이 경우 공식적으로 그리고 공공연하게 사회적 혜택과 효율적 이용에 전념한 지적재산권 소유자가 운동가들이 거대 기업에 성공적으로 압력을 행사할 수 있도록 지렛대의 받침점과 같은 역할을 했다. 그런 압력이 가능했던 것은 예일대학 측이 한편으로 가치 있는 지적재산권에 대한 우려를 가지고 있었지만, 다른 한편으로 자신의 대중적 이미지에 대해서도 우려했기 때문이었다. 조금 역설적이지만, 〈브리스톨-마이어스 스퀴브〉의 최종 결정은 예일대학의 개방적 및 학문적 성격과 전유적 권리가 한데 결합된 결과일 수 있다.

처음 요구를 제기했던 〈국경 없는 의사회〉 회장 토비 캐스퍼는 이렇게 지적했다. "지금까지 기업이 이런 약의 특허를 포기한 적은 한번도 없었습니다. 대학이 이런 특허를 얻기까지 많은 돈이 들어갑니다. 따라서 자신들의 권리를 포기하는 데 주저하게 되지요. 그러나 예일대학은 여론과 학생들의 움직임이 두려워서 행동에 나선 것입니다. 게다가 에이즈는 기업 홍보에는 묘지와도 같고, 대학의 홍보에도 해로울 수 있는 분야이지요"(Lindsey 2001). 예일대학이 선언에 맞추어 내보냈던 간략한 보도자료는 이 결정에서 대학의

---

31. 이 정책은 1998년에 마지막으로 개정되었다. 따라서 청원이 들어온 시점에는 유효했다. 이 인용문의 출전은 다음과 같다. www.yale.edu/ocr/invent_policies/patents

역할을 특히 강조했다. "예일대학은 〈브리스톨-마이어스 스퀴브〉BMS와 맺은 면허 협정으로 인해 발생할 수 있는 모든 장애 요인들을 제거하기 위해 애썼다. 우리는 예일대학이 오늘 〈브리스톨-마이어스 스퀴브〉가 중대 결정을 선언할 수 있도록 길을 열었다는 데 대해 기쁘게 생각한다. 우리는 앞으로 모든 제약회사들이 자사의 AIDS 치료제가 아프리카에서 합당한 가격으로 많은 사람들에게 널리 이용되도록 계속 격려할 것이다."32 더 중요한 사실은, 예일대학이 대학 혁신을 기반으로 하는 필수 의약품에 대한 폭넓은 접근을 확보하기 위한 최고의 실천 방안 개발을 시작할 기회를 얻었다는 점일 것이다.

선견지명이 있는 선언으로 판명될 수도 있지만, 이러한 노력에 대한 최근 보고는 대학 연구가 연구개발 흐름에서 상류에 위치한 특성 때문에 학문적 기관들이 "초기 수단"early leverage을 개발과 마케팅에 사용할 수 있는 가능성을 얻었다고 지적했다. 이 보고서의 또 다른 "주요 내용"은 대학 연구와 상업개발, 그리고 대학 사회와 시민사회 사이의 경계가 흐려지고 있다는 점을 함축적으로 언급하고 있다. "접근권의 문제는 혁신과 불가분의 관계를 가지며, 대학들은 두 가지 모두에 대해 최선의 전략이 주는 영향을 고찰해야 한다"(Merson 2002:1).

분명한 사실은, 예일대학이 의심의 여지없는 영웅이 아니라는 점이다. 이 대학의 특허권과 면허협정은 환자들이 필요로 하는 주요 약품의 폭넓은 배포를 막을 수 있었다. 그러나 바로 그 특허권과 면허권이 기업 정책의 변화를 달성하는 데 필요한 지렛대(수단)를 제공할 수 있었다. 이 이야기의 결말은 바람직하다. 그 결과는 대학의 특허권을 보다 넓은 세계가 약물 치료를 이용할 수 있도록 압력을 행사하는 데 사용하려는 그 밖의 많은 시도에 불을 붙였다(Lindsey 2001). 여기에서 우리는 대학에서 나타나는 경쟁의 초점

---

32. 예일대학 보도자료. 2001년 3월 14일. "Statement by Yale University Regarding Bristol-Myers Squibb Company's Program to Fight HIV/AIDS," www.yale.edu/opa/newsr/01.03.14.03.all.html (접속 시점 2004년 1월 9일).

변화와 복수의 과학 모델들의 수렴을 통해, 학문적 기관들이 보다 넓은 장에 영향력을 행사할 수 있는 새로운 기회를 얻는 하나의 방식을 보게 된다. 포괄적이고 잡종적인 기업가적 대학이, 다양한 영역들에 걸쳐 조직적 노동 분업이 이루어지는 과학을 정착시킨다. 따라서 오늘날의 연구 대학은 강제된 행위자이자 반드시 거쳐야 할 통과지점이다. 즉, 기회와 위험이 모두 따르는 위치인 것이다.

이중 잡종으로서의 기업가적 대학

오늘날 미국 대학에서 일어나고 있는 변화는 대학 과학과 공학의 게임의 규칙을 근본적으로 변화시켰다. 접목 과정을 통해 새로운 경로의 이동 가능성이 열렸고, 그런 다음 상업 논리와 학문적 논리가 뒤섞인 새로운 질서가 다시 굳어졌다. 이 과정에서, 이러한 특징적 강제가 우연적으로 다른 강제로 전환되면서 성공을 위해 노력하는 대학과 이미 성공을 거둔 대학 모두에 중요한 영향을 미쳤다.

대학의 제도적 변화와 계층 체계에서 나타나는 변화는, 대학에 국한해서 이해될 수 없기 때문에, 현대 사회에 폭넓은 함의를 가진다. 잡종적, 기업가적 대학의 출현은 관계에 의한 성취이다. 오늘날의 연구 대학의 특징과 속성은 여러 체제와 부문들에 걸친 숱한 연결들에 의해 빚어지고 있다. 대학들이 자신들이 만들어 낸 새로운 학문적 게임의 명령에 적응하면서, 이러한 접촉 지점들은 멀고 가까운 구조들과 공명해서 대학의 변화를 가능하게 하고, 따라서 대학뿐 아니라 당대의 사회의 윤곽과 특징들까지 재구성한다.

내가 서술한 두 가지 형태의 잡종화는 떼려야 뗄 수 없는 연관성을 가진다. 접목은 안정되고 당연시된 관계들의 체계에 의존하며, 그 관계들은 서로 분리되어 있지만 통합될 가능성이 있는 체제들을 구성한다. 이들 분리된 체제들이 충돌하면, 그것들이 의존하는 바로 그 관계들의 집합이 우연적이라는 사실이 드러난다. 모순은 한때 긴밀하게 구속되었던 행위자들이 새롭게 돌출한 모호함에 대한 대응으로 새로운 관계를 벼려낼 수 있는 기회를 열어준다.

이러한 움직임들이 반향을 일으키면서 하나의 장의 자원과 기회들의 배분뿐 아니라 안정된 사회적 존재론의 원천인 번역과 등록의 연결망 또한 변화시킨다. 대학 연구 상업화에 내재한 기회와 위험은 같은 원천에서 비롯된 것이다. 재질서화와 잡종화의 재구성은 합동해서 대학이 고유성과 사회적 기여를 위해 세계로부터의 분리되어야 한다는 모든 요구를 제거한다. 이처럼 대학이 세계 속에 배태되어 있고, 세계의 통제를 넘어, 세계를 만들어가는 데 필수적으로 기여한다는 점을 인식할 때, 대학의 측면에서 새로운 유형의 수단과 행동의 가능성이 열린다. 이러한 행동의 체계적 효과에 대한 세심한 주의, 그리고 우연한 상황들에 대한 임시방편적 대응의 의도치 않은 결과에 대한 관심이 필요하다. 그러나 나는 통합되는 특성들과 끈끈한 뒤얽힘 또한 우리가 익숙해진 질서의 폭넓은 재구성과 혁신의 기회를 제공해 준다는 점을 주장하고자 한다.

4장

농식품 혁신 체계에서 나타나는
집단 자원의 상업적 재구조화

스티븐 울프

연결망 조직이 연구, 정책, 그리고 실행에 중요하다는 사실은 널리 인정되었다. 그 핵심에 해당하는 연결망의 관점은 관계적인 것이다. 행위자들의 관계에 확실히 초점을 맞추려면 제도에 대한 분석이 필요하다. 여기에서 제도는 행위자들 사이에서 상호작용과 자원 전달을 가능하게 하는 사회적, 인지적, 물질적 구조로 정의된다. 돈, 물질, 노하우, 그리고 상징적 정당성의 전달은 행위자들의 능력 취득의 근거가 되고, 따라서 제도들이 이러한 자원의 축적과 흐름을 중재하는 방식을 이해하는 것은, 과학과 기술의 실행을 포함해서, 개발 과정을 분석하는 데 중요하다. 경제적, 사회적, 그리고 생태적 목표에 대한 투자가 상호보완하는 지속가능한 개발이라는 이상에 우리가 좀더 가까워지려면 혁신 체계의 구조화가 요구되고, 그러기 위해서는 제도에 대한 관심이 필요하다.

이 장에서 나는 농업 지식생산의 제도적 분석을 제시한다. 과학학, 혁신 연구, 그리고 기술변화의 경제학 등에서 이끌어낸 개념들을 한데 결합시켜서, 나는 **분산 혁신**distributed innovation에 대한 검토를 통해 과학과 기술의 실행에서 연결망 조직의 중요성을 이끌어내고자 한다. 분산 혁신은 서로 떨어져 있는 조직들에서 활동하는 이질적 행위자 집단들의 상호작용에 의해 집합적으로 조직되는 새로운 기술지식 생산으로 정의된다(Allaire and Wolf 2002; Allen 1983; von Hippel 1983). 혁신 분석에 대한 정통 경제학의 접근 방식들은 공적, 사적 개입에 내재하는 유인동기와 메커니즘을 찾는다. 한편으로 지식은 공공재(즉, 누구나 접근가능하고 비경쟁적인 재화)이며, 이 공공재가 국가 수준에서 공공 투자를 정당화한다. 다른 한편, 개인과 사기업들은 경쟁적 이익을 창출하고 유지하기 위해서 자신들의 기술 능력을 생산하고, 개발하고, 그 비밀을 유지한다. 따라서 그동안 집단 구조들이 - 사회조직의 중간 수준 - 학습에 참여하는 문제는 충분히 고려되지 못했다. 지식생산의 집단적 거버넌스를 중재하는 제도들에 대한 사회학적 분석은 경제학과 정책연구에 많은 기여를 했다. 거기에는 경제학자와 정책입안자들이 사회자본의 중요성에 민감해진 것도 부분적으로 작용했다(Bowles and Gintis 2002).

이 장은 농업의 분산 혁신을 떠받치는 제도적 구조들에서 나타나는 변화에 초점을 맞춘다. 농업혁신체제의 제도적 변화 패턴은 전세계적 패턴과 유사하며(이 책의 2장, 3장, 그리고 다음 글을 보라. Wolf and Zilberman 2001), 그 과정에서 그동안 전통적으로 받아들여졌던 공적 부문과 사적 부문의 행위자들의 노동 분업은 불분명해지고, 공공재 생산에서 대학이 담당하는 역할은 점차 모호해지며, 사유화와 상업화를 향한 경향이 나타나고 있다(Bok 2003). 이들 연결망에서 분산 혁신이 일어난다고 해서, 이러한 연결망들의 성격이 반드시 집단적이거나 비위계적인 것은 아니다. 내가 주장했듯이, 분산 혁신을 뒷받침하는 연결망 구조는 점차 사적이고 상업적인 특성을 띠고 있다. 농업에 적용하면, 이러한 궤적은 여러 가지 사회적 우려를 낳는다. 거기에는 농식품 체계에서 비농업 부문의 이해관계에 비해 농부들이 가지는 상대적인 힘, 그리고 개선된 생태 농업 성과 같은 공공재에 대한 요구에 대응할 수 있는 혁신 체계의 능력 등의 문제가 포함된다.

예를 들어, 비농업 부문 농업 관련 산업nonfarm agribusiness은 비료나 살충제 같은 투입물에 대해 특정 곡물의 생식질이 어떻게 반응하는지에 대해, 정확한 지리적 준거에 기반한 고도로 상세한 기록을 포괄하는 대규모 독점 데이터베이스를 구축한다. 기업들은 이런 자원을 통해 지식 기반을 확장하고, 연구 프로그램의 목표를 정교화하며, 고객들에게 제공하는 농경제 자문의 질을 높이고, 궁극적으로는 그들의 시장 점유율을 높일 수 있다. 이런 구조에서, 생산과정에 대한 농부의 기여는 현저히 줄어든다. 농부들의 노하우가 식물 육종기업의 종자, 성문화된 생산방법, 그리고 판매 대리인 속으로 통합되어 들어간 것이다. 동시에, 지식생산이 수질, 생물다양성, 그리고 토양 건강 같은 공공재 생산에 투자할 충분한 유인동기를 가진 기업들의 통제가 강화되면서, 연구를 수행하고 기술 체계를 형성시킬 공공의 능력은 훼손된다.

농업 혁신에 대한 일반적인 역사적 설명과 과거에 이루어진 사례연구를 토대로, 나는 **전문 구조**professional structure를 분산 혁신 체계의 핵심 요소로 간주한다(Allaire and Wolf 2002). 전문 구조는 분화된 전문성을 공유하는 독립적인 행위자들 사이의 상호작용을 조정하고 ─ 새로운 기술지식을 포함해서 ─ 집단 재화의 생산을 촉진한다. 이러한 기능을 뒷받침하는 주요 메커니즘은 참여자들이 경험적 관찰을 평가하고 비교할 수 있게 해 주는 준거를 만들고 유지하는 것이다. 농식품 체계는 농부의 전문지식과, 좀더 일반적으로, 집합적 조직 구조에 의존하는 부문으로 분석된다. 오늘날 투자가 중지되고 집단적인 조직 형태가 쇠퇴하는 대신 사적, 기업적, 전유적 논리를 지향하는 두드러진 경향은 기업, 지역, 그리고 부문 전체에 직접적으로 경쟁력 요구가 제기되는 상황으로 이어지고 있다. 한편 생태적 우려와 공정함에 대한 관심을 높이는 메커니즘은 분명하지 않으며, 사실상 침식되고 있는지도 모른다. 이러한 발견은 농식품 체계에서 학습을 유지하고 증진시킬 수 있는 두 가지 기회를 지적한다. 첫째, 혁신 과정에 대한 집단적 조직구조의 기여를 인정할 필요가 있다.[1] 둘째, 지식창조 능력에 대한 상업적 투자를 집단적이고 공공적 개입으로 보완할 필요성이다.

내가 다루는 문제, 그리고 내가 관찰한 정치경제학의 동역학은 클라인맨과 밸러스의 접근방식(2장)과 같은 맥락이다. 지식의 기능이 날로 중요해지는 상황에서, 지식생산의 공개성과 책무성을 유지하는 것은 가장 중요한 사회적 도전을 제기한다. 집단 구조를 지식체계에서 제3의 형태의 거버넌스로 인정하는 것은 분석자와 정책입안자들의 제도적 레퍼토리를 유용한 방식으로 풍부하게 만들어 줄 수 있다(Williamson 1987; Menard 2002; Wolf 2004).

이 장의 나머지 부분은 다음과 같이 구성된다. 다음 절에서, 나는 지속 가능한 개발이라는 일반적인 문제에서 혁신이 가지는 특권적 지위를 검토할 것이다. 환경관리 이론과 정책 지향성이 진화한 과정에 대한 이 간략한 설명은 제도적 접근방식이 생태적 근대화에까지 거슬러 올라간다는 것을 지적한다. 농업의 지속가능성이라는 특수 사례로 돌아가면서, 나는 1960년대의 적정기술운동 appropriate technology movement에서 비롯된 농업체계 연구 전통으로 대변되는 농업 근대화에 대한 정치경제학적 비판의 역설적 요소를 밝혀낸다. 지식생산 그리고 그 정당화 구조와 경로로 "농부들을 되돌려 놓아야 한다"고 명시적으로 주장하면서, 이 접근방식은 농장주와 농부들의 전문 구조가 농업기술의 생산, 세련화, 그리고 확산에 미친 동시대의 기여 및 역사적 기여를 과소평가하는 경향이 있다. 그런 다음, 알레어와 울프의 연구(Allaire and Wolf, 2002)에서 제기된 주장을 기반으로, 나는 지식생산의 연결망 구조들의 구조와 기능에 대한 구체적 예증으로 농업의 분산 혁신 개념을 상세하게 다룰 것이다. 나의 분석은 앞에서 정의한 전문 구조를 구체적인 준거로 지식생산의 기초를 이루는 집단적인 조직 구조에 초점을 맞춘다. 그런

---

1. 혁신의 집단적 성격을 무시하는 합리적 신화에 대한 분석은 다음 문헌을 보라. Allaire and Wolf (2004).

다음, 농업 혁신 체계 내에서 상업화와 사유화 논리가 가지는 힘을 강조하기 위해서, 오늘날 제도의 궤적을 보여 주는 두 개의 사례연구를 제시할 것이다. 이 장의 마지막 절에서, 나는 이러한 분산 혁신 연결망의 재구조화 패턴이 가지는 정책적 함의에 대한 논의로 결론을 맺을 것이다.

혁신, 제도, 그리고 생태적 근대화

혁신에 대한 분석은 생태학의 사회과학에서 중심적인 무대를 차지했다. 가장 넓은 수준에서, 지식 창조는 정치경제학의 새로운 초점이다(Hollingworth and Boyer 1997). 천연자원 연구에서, 생태계 관리는 점차 지역민들의 자원에 대한 접근주장을 공공재에 대한 요구와 통합시키기 위해 학습이 요구되는 적응의 문제로 정의하고 있다(Lee 1993; Walters and Holling 1990). 환경사회학 분야의 학자들은 생태적 근대화 이론을 수립했다. 그것은 경제와 생태의 과정을 기술과 제도변화를 통해 화해시키기 위한 분석적이고 규범적인 틀이다(Mol and Sonnenfeld 2000). 학습은 학문 서클 바깥의 영역에서도 최우선의 관심사이다. 생태적 건강, 사회정의, 그리고 경제적 경쟁력이라는 3가지 지배적인 성과 기준이 지속가능한 발전 담론과 정책을 빚어내고 있으며, 혁신 동역학의 측면에서 날로 뚜렷한 모습을 갖춰가고 있다. 개별 기업들 역시 성과를 극대화하기 위해서 지식창조 능력을 이해하고 동원하는 데 중점을 두고 있다.[2]

지속가능한 발전에 적용된 혁신의 개념화는 시간이 흐르면서 변화해 왔다. 좀더 구체적으로 이야기하자면, 사회를 녹색으로 변모시키기 위한 압

---

2. 9·11의 여파로, 나는 (국가) 안보가 이들 전통적인 트로이카를 대체하는 지위를 떠맡고 있다는 점을 지적한다.

박과 전략의 지식이라는 견지에서 분석의 범위가 확장되었고, 지금도 계속 확장되고 있다. 환경관리를 위한 개입 전략의 초기 분석은 오염물질 배출로 인한 피해 완화와 폐기물 관리 기술[3]에 초점을 맞추었다. 이러한 접근방식에서는 배출물을 저장하고, 재활용하고, 기존 기술보다 청정한 기술을 만드는 등의 공학적 관점에서 문제의 틀이 세워진다. 고전적 예로 굴뚝에서 나오는 매연 집진기, 촉매 변환장치, 그리고 납 성분이 들어 있는 페인트 사용을 금지시키는 운동 등을 들 수 있다.

환경 영향이 다른 영역으로 전이되는 문제(예를 들어 수질오염을 줄이기 위한 변화가 종종 대기의 질에 나쁜 영향을 주는 경우)와 환경 개선보다 오염 예방이 합리적이라는 사실을 인식하게 되면서, 정책 초점이 확장되고 있다. 이러한 두 번째 시기의 분석과 정책은 생애-주기 분석, 총 비용 산정, 공정 혁신, 그리고 산업 생태학의 개념에 의거한 시스템 재설계 등에 중점을 둔다(Graedel and Allenby 1995). 여기에서 문제의 틀은 점점 더 경제적 관점에 기반하며, 기업과 개인에게 생태효율성을 추구하도록 직접 유인동기를 주는 데 강조점을 준다. 중요한 예로는 펄프와 제지산업에 대안적 표백 방법을 채택하게 하고, 이산화황 방출 거래 시장을 설립한 사례를 들 수 있다. 이러한 체계적 접근방식은 좀더 포괄적인 전략을 추구할 기회를 제공하고 연구개발에 대한 투자를 촉진하지만, 여전히 새로운 가능성을 열기보다 이미 벌어진 문제를 해결하는 데 그친다.

좀더 급진적 변화를 촉발하기 위해 조직의 더 높은 수준의 개입에 관심이 높아지면서 기술-정부 접촉면에 대한 분석에 제도라는 요소가 통합되고 있다. 다시 말해서, 이제 혁신에 박차를 가하고 새로운 물적 능력을 창출하기 위해, 자원에 대한 접근과 이전을 규율하는 구조에 관심이 집중되는 것이

---

3. [옮긴이] end-of-pipe(EOP). 환경정책에서 그동안 지배적이었던 접근으로, 오염물질 배출원을 중심으로 오염원을 관리하고, 오염된 환경을 최소화하고 정화하는 사후처리에 중점을 두는 기술적 접근방식을 가리킨다.

다. 개인의 자원 배분 결정의 맥락을 바꾸려는 노력은, 혁신을 경쟁적 시장에서 합리적 계산에 관여하는 기업들의 산물로 보는 정태적인 모형의 한계를 인식하는 데에서 비롯된다(Porter and van der Linde 1995). 버코트(Berkhout 2002 : 2)는 생태적 근대화를 "중간 수준의 설명을 통해" 생태적 지속가능성과 경제발전을 화해시키려는 시도로 기술한다. 그는 이렇게 말한다. "특히, 기술 혁신과 제도 혁신의 공진화에 제대로 초점이 맞춰져야 한다는 주장이 제기되었고, 이러한 상擬 속에 제도적 맥락과 과정을 포함시키려는 움직임이 있었다."

이처럼 점차 야심이 커지는 분석, 프로그램, 그리고 개발 계획에서, "제도를 제대로 다루어야" 할 중요성이 높아졌다.[4] 사적 유인동기와 공적 동기를 제휴시키려는 시도는 생태효율성 논리eco-efficiency(즉 경제적 경쟁력과 자연자원 보존이 상보적이라는 논리)에 따라 자원의 흐름을 변화시킬 필요성에 역점을 둔다. 그리고, 동시에, 정보 생성과 변화의 패턴을 바꾸어서 학습과 기술변화를 지속하고 촉진시키기 위해 제도 개혁이 요구된다(Hemmelskamp, Rennings, and Leone 2000). 이러한 틀에서, 사회적인 것과 생태적인 것의 통일은 생산을 유지할 수 있는 제도적 구조를 새로운 능력의 적용과 일치시킬 수 있는지 여부에 달려 있다.

국소적 지식 체계와 선형 모형

농업 혁신과정에 대한 논의로 돌아가면서, 나는 먼저 농업과 농촌 발전을 다루는 비판적인 학술 문헌과 발전학 문헌들에 들어 있는 구조적 역설을

---

4. 제도의 문제가 몇 가지 방식에서 "가격을 적절하게 유지"하는 생태적 경제학의 문제의식이 빛을 잃게 만들고 있다(Daly and Cobb 1989).

밝히고자 한다. 과거의 실패를 진단하고 지속가능한 발전을 주도하는 행위자들은 산업 기술이나 표준화된 기술이(예를 들어, 유전학, 화학제품, 농업 기업에서 생산한 기계들) 외부에서 부과되는 문제를 비판하고 국소적 지식 체계를(예를 들어, 특정 지역의 농부 집단들이 가지고 있는 노하우) 정당화하는 데 크게 비중을 둔다.

산업이나 발전이라는 배경에서, 참여 연구와 확장 모형은 발전학 development studies과 적정기술에서 출현한 농업체계 연구 전통(Chambers, Pacey, and Thrupp 1989)의 일부이다 — 이 흐름이 녹색혁명과 농업 산업화에 대한 비판을 촉발했다. 이 접근방식은 노동의 개념과 설계가 그 실행과 괴리되는 테일러주의 노동 분업의 재구조화라고 간주되는 것에 비판을 집중한다. 정책과 실행의 수준에서, 그 목표는 행위자들이(예를 들어, 구체적 환경에서 생산 도구의 적용에 관여하는 지역민)이 혁신과정에 적극적으로 참여하게 만드는 것이다. 이처럼 "농부들을 다시 불러들이려는" 노력은 "연구와 확장 체계가 정보와 지식을 생성하고 이전하는 중심적인 원천으로 보는" 발전모형의 "기술이전" 실패로 간주되는 것에 대한 대응으로 구체화되었다(Thrupp and Altieri 2001).

기술이전 모형 비판은 2차 세계대전 이후 농업 근대화 과정에서 지역의 행위자들이 외부에서 만들어진 기술적 처방을 수용했고, 그 처방은 상대적으로 소수의 표준화된 산업적 투입물(예를 들어, 트랙터, 고수확량 품종, 농화학물품, 식물성 및 동물성 식품 영양가이드 등)의 여러 가지 조합으로 이루어져 있다고 주장한다. 이러한 기술들은 데카르트적 의미로 보편 과학의 산물, 또는 라투르가 이야기하는 "불변의 동체"[5]라고 볼 수 있다(Kloppen-

---

5. [옮긴이] 불변의 동체(mobile immutables) : 행위자 연결망 이론(actor network theory)의 중요한 이론가인 브뤼노 라투르의 개념. 행위자 연결망 이론(ANT)은 과학지식이나 인공물을 인간과 비인간 행위자들로 이루어진 이질적 연결망으로 본다. 행위자들은 매개자에 기입을 함으로써 자신의 의지를 다른 행위자에게 번역하려고 시도한다. 이것을 기입(inscription)이

burg 1991; Flora 2001). 표준화된 생산도구와, 그 속에서 실행이 이루어지는, 국소적, 생물리적, 사회경제적, 그리고 문화적 맥락 사이의 단절이 기능장애를 야기한다. 이러한 전제에서, 핵심은 농부들이 외부와 상부에서 만들어지고 공급된 전지구적(즉, 비국소화된) 기술적 패키지로부터 자유롭게 하는 것이다. 이러한 재구축 프로그램은 실행자들이 국소적인 생산 체계를 형성하는 과정에 적극적 학습자이자 의미 있는 참여자로 관여하는 포럼을 만드는 작업의 하나이다. "이러한 시도에서, 경작자, 연구자, 확장자들은 고정된 기술 패키지와 투입물들을 수동적으로 받아들이는 것이 아니라 새로운 조직 관계에서 일하고, 농생태학의 원리를 학습하고, 지식과 다양한 테크닉을 혼합한다"(Thrupp and Altieri 2001 : 268).

그러나, 부분적으로, 이러한 비판의 유도 과정이 부적절하게 보일 수 있다. 셍커와 포크너가 주장하듯이, "오늘날 혁신의 선형 모형은 이미 두루 신용을 잃었고……기술이 과학을 낳는 경우도 종종 있으며, 많은 기술 향상이 과학과 아무런 관련을 갖지 않는다는 사실이 인정되었다. 또한 선형모형은 혁신의 특징을 이루는 병행 및 상호작용 활동들을 간과한다"(Senker and Faulkner 2001 : 207). 과학과 기술의 연결에 대해 좀더 정확한 역사적 설명을 제공하는 것 이외에도, 혁신연구라는 일반적인 장은 학습의 국소화된 측면들에 대한 올바른 인식을 높여 주었다(Lundvall 1992). 더 이상 지식은 누구나 선반에서 끄집어내서 쓸 수 있고, 자유롭게 순환하는 순수한 공공재로 간주되지 않는다(Antonelli 1998). 개인과 조직은(예를 들어, 가족, 기업, 협동조합) 내적으로 유관한 지식을 만들어 내기 위해서 외부의 일반적인 정보에 접근하고 그것을 해독해야 하는 실제적인 문제에 항상 직면할 수밖에 없다. 혁신의 선형모형을 전제로 할 때, 기술변화 과정에서 국소적 활동과 국

라고 하는데, 기입은 새로운 번역을 허용한다는 의미에서 항상 유동적이지만, 다른 한편 일부는 건드리지 않고 남겨둔다. 이러한 기입 과정을 불변의 동체라고도 부른다(김환석, 『과학사회학의 쟁점들』, 문학과 지성사, 2006, 76쪽).

소적 행위자들에 대한 기술이전 모형의 설명은 불충분하다. 기술이전 모형이 근대화 정책, 투자, 그리고 내러티브를 구축하는 편리하고 강력한 주장으로 기여해 왔고 지금도 그러하지만, 기술변화의 동역학에 대한 설명으로는 결함이 있다(Allaire and Wolf 2004).

로젠버그는 기술변화라는 "블랙박스의 안쪽"을 들여다보려는 유명한 시도를 했다(Rosenberg 1982). 그는 경제와 역사의 관점에서 기술변화를 이해하기 위해서 발명자와 그의 이름과 연관된 혁명적 산물 너머로 시선을 확장해야 한다고 결론지었다. 일련의 경험적 사례들을 고찰하면서, 로젠버그는 기술변화가 "개별적으로 작은 혁신의 향상들이 축적되는, 느리고 종종 거의 보이지 않는 형태로 일어난다"(62)고 주장한다. 좀더 구체적으로, 그는 학습을 매우 중요하지만 종종 간과되는 과정인 사용using — "최종 사용자에 의해 [산물이] 활용되는 기능인 학습의 여러 측면들"(122) — 과 동일시했다.[6] 이러한 통찰을 기반으로 할 때, 기술변화는 국소화된 최종 사용자들의 지식 자산과 연구개발에 참여한 연구자, 상품 설계자, 그리고 제조업자들의 지식 자산이 결합된 산물로 간주되어야 할 것이다.

혁신의 탈중앙화된, 상호작용 모형을 받아들이려면, 농업 근대화에 대한 정치생태학적 비판의 토대에 해당하는 연구를(예를 들어, 다음 연구가 포함된다. Chambers, Pacey, and Thrupp 1989; Kloppenburg 1991) 다시 살펴볼 필요가 있다. 지역 실행자들의 누적적 경험이 기술 생성과 개선 과정의 필수 구성요소라면, 우리가 관찰하는 생태적 및 사회경제적 문제들이 외부에서 유래한 기술의 부과를 뒷받침하는 일방적인 하향식 정보 흐름의 역사적

---

6. 이용을 통한 학습에 대한 나의 관점은 로젠버그(1982)와는 상당히 다르다. 그는 불변하는 자본재(즉, 생산기계)와 생산수명 기간 동안 효율적으로 상호작용하는 법을 배우는 사용자에 초점을 맞추었다. 나는 사용자들의 적응, 그리고 사용자들이 그것을 통해 상호작용하는 기술들의 적응에 초점을 둔다. 다시 말해서, 내 관점에서 기술의 속성들은 사용자의 지식 및 기법과 공진화한다.

패턴의 부산물이라는 주장을 어떻게 해석할 것인가?

　이후에 제기할 이론적 및 경험적 주장들을 기반으로, 최종 사용자의 경험 지식이 기술변화 과정에 포획되는 메커니즘들을 이론적 및 경험적으로 입증함으로써 나는 농업 기술 변화가 (비대칭적인) 상호작용의 과정이라는 점을 증명할 것이다. 그렇지만 농업 분야의 지식생산이 농장과 농부 수준의 과정을 포괄하는 데 크게 의존한다고 해서, 내가 이러한 분석을 기초로 지역 생산자들이 기술생성 연결망에서 중심적 위치를 차지하며, 그로 인해 농업 발전과정에서 엄청난 권력을 행사한다는 결론을 내리려는 것은 아니다. 하나의 계층으로, 농부는 농산업과 비교해서 동등하게 참여하지 않는다. 또한, 농부 집단 내에서도 지식생산 능력의 측면에서 권력과 이해관계가 불균등하게 배분된다.

　클라인과 클라인맨(2002)은 기술의 사회적 구성social construction of tech-nology, SCOT의 접근방식과 방법론을 정치경제학적 고찰로 확장시켜 둘을 결합시켜야 한다고 주장했다. 연관사회집단 사이의 상호작용에 대한 기술의 사회적 구성 분석이 권력 편차를 인식하지 못하는 문제점과 다원주의 가정을 전제한다는 비판을 기반으로, 저자들은 분석자에게 구조적 고찰에 주의를 기울일 것을 촉구한다. 두 사람의 프래그마틱한 주장이 사회과학의 관점에서는 지극히 정통적인 것으로 해석될지 모르지만, 임의적 준거들이 지배하는 시대에 행위자 중심 사회과학으로의 전환이라는 측면에서 그들의 주장은 의미를 가진다. 클라인맨은 구조를 다음과 같이 정의한다.

　[구조는] 확실한 자원배분, 능력, 무능력을 결정하고 행위자들의 구조적 위치에 따라 그들에게 주어지는 제약과 기회를 규정하는, 공식적이고 비공식적인, 명시적이고 암시적인 "경기 규칙들"이다. 권력과 그 작동은 이러한 구조적 맥락에서 이해된다. 구조를 규정하는 경기 규칙은 특정 행위자들에게 가치 있는 자원을 주거나 그 자체가 자원으로 기여함으로써 다른 행위자

들에 비해 유리한 위치에 서게 한다(Kleinman 1998:289, Klein and Klein-man 2002:35).

가치 있는 자원이 누구에게 부여되고 누가 접근 가능한가의 문제가 농부들의 지식생산 참여를 제약하고, 그들이 농식품 생산체계에서 나오는 경제적 잉여에서 더 높은 비율을 가져가지 못하게 하며(오늘날 미국에서 소비되는 식품 1달러 중에서 농부의 몫은 0.09달러에 불과하다), 자신들의 생계가 달려 있는 생물리적biophysical 자원의 관리자로서 활동할 수 없게 만드는 구조적 특성이다. 여기에서 이야기하는 가치 있는 자원이란, 데이터, 연구개발 능력, 농산업-미국 농무부-무상토지불하대학으로 이루어지는 연결망에서 지식생산을 떠받치는 주 보조금과 대중적 정당성 등을 뜻한다(High-tower 1973). 이러한 전략적 자원의 통제는 비농업적 이해관계가 농부들을 그들의 정치경제적 이해관계와 일치하는 방향으로 지식생산 과정에 통합시킬 수 있게 해 준다.

선형모형을 배격하고 혁신의 상호작용적, 관계적 개념을 채택하려면, 테크노사이언스의 연결망에 농부들이 참여하고 있다는 사실을 인정해야 한다. 그렇지만 그들이 기술의 구성에 참여한다는 사실을 인정한다고 해서, 이러한 연결망이 위계적이지 않다는 뜻은 아니다. 어떤 연결망이 내집단과 외집단으로 나뉘어진다고 해도, 연결망 내부의 권력은 내집단의 구성원들 사이에 차별을 낳을 수 있다. 농부들이 지식생산에 어떻게 참여하는지, 그리고 그들이 — 하나의 계층으로서, 그리고 일반적 계층 내에서의 이해관계 집단으로서 — 참여를 통해 어떤 정치적 및 경제적 자원을 이끌어내는지 알기 위해서는 구조적 고찰이 필요하다. 농장과 농부 수준의 기술적 실행이 과학과 기술에 통합되는 구체적인 방식에 대한 이론은 다음 절에서 다루어진다.

제도와 학습 : 집단 구조, 전문지식, 그리고 분산 혁신

혁신 체계는 지식의 생산, 분배, 그리고 적용에 관여하는 행위자들, 활용 가능한 자원, 이 행위자들 사이의 상호작용을 형성하는 제도들의 집합으로 구성된다. 위에서 언급했듯이, 이러한 기술변화의 상호작용 개념은 혁신의 선형 모형과 뚜렷한 차이를 보인다. 이 틀에서, 혁신은 "과학, 기술, 학습, 생산, 정책과 수요를 포함하는 복잡한 피드백 메커니즘과 상호작용 관계라는 특징을 가진다"(Edquist 1997). 복수의 원천으로부터 나오는 지식의 통합을 지지하고 강제하는 조직과 제도라는 요소들은 혁신, 그리고 궁극적으로 사회경제적 성과를 결정짓는 핵심 요소이다.[7] 이 장을 비롯해서 이 책의 다른 장들에서 주장했듯이, 지식생산은 사회적 생산 체계 안에서 정치적 및 경제적 기회와 권력의 배분을 변화시킨다.

혁신의 체계적 측면들을 고찰하면서, 알레어와 울프는, 다른 광범위한 생산체계의 사례에서 추측할 수 있듯이, 농업의 기술변화가 현장에서 체득되는hands-on 탈중앙화된decentralized 과정이라고 주장했다(Allaire and Wolf 2002). 기존 기술의 향상과 새로운 도구 및 기법의 개발은 실험과 모의시험을 통해 실험실에서 포괄적으로 이루어질 수 없다. 두드러진 농생태적 이질성(즉, 생물리적 변이)과 농장 기업들의 능력에서 나타나는 특이함(즉, 사회경제적 변이)이 산업적 농업의 특징을 이루는 표준화된 기술의 경제적, 생태적 실행에서 맥락-특수성context-specificity을 낳는다.

농업기술은 고도로 현장–특화적site-specific인 경향이 있기 때문에 제조업, 운송 또는 정보기술과 다르다. 곡물마다 필요조건이 다르며……그 결

---

7. 혁신 체계 그리고 진화경제학의 관계에 대한 문헌을 개괄한 유용한 논문으로는 다음을 보라. Edquist (1997). 이 논문의 제도적 지향성과 지식 생산에 분명히 초점을 맞춘 접근방식은 이 책에서 개진된 주제들과 직접적으로 연결된다.

과, 기술향상은 무한히 수정되고 개작된다. 따라서 개발 비용의 중요한 부분은 혁신의 이용자에게 부과되며, 추가 실험이 그 과정을 늦춘다(Mokyr 1990 : 32).

기술표준 확산의 강제력, 그리고 개별 농장들이 일반적인 기술을 적용하기 위해 연구개발을 할 수 있는 능력이 일반적으로 미약하다는 점을 고려할 때, 우리는 혁신의 상호연관된 두 가지 핵심 요소를 식별할 수 있다. 1) 농부들은 지식자원으로 — 어느 정도 고유한 환경에서 기술표준과 상호작용하는 개인들이 체득하는 경험지식인 — 이용을–통한–학습learning-by-using을 의도적으로 추구할 수밖에 없다. 2) 시행착오를 거듭하는 개인들에 기반한 학습이 비효율적이고, 그들의 생산환경이 항상 변화하기 때문에, 농부들은 자신들의 능력을 끊임없이 갱신하기 위해 경험지식을 공유하지 않을 수 없다. 이러한 요구조건은 전문지식을 뒷받침하는 집합적 구조의 가치를 잘 보여 준다. 알레어와 울프는 이 개념을 다름과 같이 정의했다(2002 : 1).

기술변화는 생산체계에 대해서가 아니라 그 안에서 일어나는 과정이다. 생산도구에 대한 사용자들의 경험은 연구, 설계, 그리고 기술적 지원의 연속적 과정에 통합되어 들어간다. 지역 수준에서, 비공식적인 상호작용 이외에도, 집단 구조는 이러한 경험지식을 집적하고 공식화하고, 전달하는 데 기여하며, 따라서 기술체계 안에서 핵심적인 기능을 수행한다. 생산도구의 사용자와 공급자 내부, 그리고 양자 사이에서 이루어지는 정보 순환을 통해 학습이 일어나고, 전문지식이 탄생한다. 집단 학습은 표준화를 뒷받침하고, 개인과 집단이 규모의 경제에서 이익을 얻을 수 있게 해 준다.

기술체계에서 이루어지는 학습의 집단 구조

시장에 맞게 조정된 사적 투자와 공적으로 조직된 국가의 기여는 잘 알려져 있지만, 그 이외에도 여러 가지 집단 구조들이 기술 체계의 혁신과 학습을 강력하게 떠받친다.[8] 조직적 학습을 주제로 한 문헌들에서 강조되듯이, "사회화"와 "내화"ᵉᵃᵗᵉ 과정을 통해 분산된 암묵지[9]를 성문화된 지식으로 변환시키는 데 기여하는 개인 간 연결망 같은 비공식적 메커니즘을 찾아내는 차원을 넘어서(Levitt and March 1988; Nonaka 1994), 우리는 혁신 체계 내의 공식적인 집단 구조들을 강조한다.

내 주장은 지식을 순수한 공공재로 개념화하는 식의 접근에 대한, 이미 확립된 비판과 일맥상통한다. 내 관점에서, 지식은 기업들의 현장-특화적 적응을 전제로 하는, 국소화된 구체적인 자원이다. 여기에서 기업들은 특유한 조직과 능력으로 대별된다(예를 들어 다음 문헌을 보라. Antonelli 1998). 지식의 암묵적 요소에서 야기되는 "끈끈함"stickiness—노하우가 소통되기 힘든 특성에서 기인하는 마찰—을 극복할 수 있는 메커니즘의 부재로, 지식은 이질적인 행위자들 사이에서 효율적으로 순환할 수 없다. 그 결과, 학습의 누적성과 혁신의 속도는 한정된다. 이러한 비용을 줄이기 위해서, 직업 공동체를 비롯한 집단적인 매개가 조직 간 커뮤니케이션과 표준화를 촉진한다. 여기에서 사용되는 표준화란 기술적 및 인지적 협약이 확산되어 효율적인 커뮤니케이션을 가로막는 장벽이 완화되는 것을 뜻한다. 이러한 화합이, 행위자들의 집합이 생산과 소비에서 규모의 경제를 얻을 수 있는 능력을 높인다.

---

8. 이 절의 내용은 다음 논문에서 가져온 것이다. Allaire and Wolf (2002).

9. [옮긴이] 암묵지(tacit knowledge) : 매뉴얼로 만들 수 없는 종류의 지식으로 마이클 폴라니는 "명확히 이야기하거나 표현할 수 없지만 이 지식으로 어떤 일을 성취할 수 있는 일련의 체화된 기술(embodied skill)"로 정의했다. H. M. 콜린스는 TEA 레이저 실험의 재연 가능성을 다룬 연구에서 지침서나 매뉴얼이 아니라 과학자들 사이의 개인적이고 직접적인 접촉을 통해 전달되는 암묵적 지식이 결정적 역할을 했다고 밝혔다.

또한 집단 구조와 그것들이 만들어 내는 전문지식은 개인 기업과 부문 수준의 규모에서 적응적 관리를 가능하게 하고, 새로운 지식과 외부 교환에 의해 발생하는 제약과 기회들에 대응해서 조직의 경계를 가로질러 자원을 재할당할 수 있는 능력을 뒷받침한다. 예를 들어, 미국의 농업은 우유 같은 일용품의 과잉생산으로 고통을 받는 반면, 식량 안보, 생태적 관리자 정신, 그리고 농업관광agro-tourism 같은 서비스는 과소생산되는 문제점을 안고 있다. 변화에 적응하는 – 자원을 과잉 성숙된 시장에서 새롭게 창발되는 시장으로 이전하는 – 능력은 해당 부문 내의 넓은 범위의 기업과 조직들이 관련된다는 의미에서 집합적이다. 한 부문 내에서의 적응 능력은 노동자들의 (재)교육과 (재)훈련, 대학 같은 전문 조직에서 투입되는 지식에 대한 새로운 초점, 주 정부의 규율에 대해 새롭게 초점을 맞추는 기초구조에 대한 투자, 그리고 개별 기업들의 위치에서는 추구하기 어려운 그 밖의 활동을 조정하는 집단 구조에 의해 촉진된다.

여러 수준의 유인동기들이 혁신 체계 속에서 집합적으로 구조화된 전문지식에 대한 투자를 뒷받침한다. 농부들에게는 자신들의 학습능력을 향상시키고 자신이 소유한 농장, 토지, 그리고 부문의 경쟁적 지위를 높이기 위해 경험 지식을 공유하는 데 적극적으로 참여할 동기가 있다. 농장 투입물 공급자와 농장 산물 구매자들에게도 국소화된 집합적 구조를 뒷받침할 동기가 있다. 그들이 농부의 학습 능력을 향상시켜서 최신 기술을 따라잡을 수 있게 해야만 소중한 고객과 농산품 공급자를 유지시킬 수 있기 때문이다. 공적 영역도 부문과 전사회적 수준에서 능력 – 예를 들어, 식량 안보와 그밖의 서비스 수요에 대응할 수 있는 능력 – 을 높이기 위해 이러한 전문지식을 뒷받침할 유인동기를 가진다. 그러나 집단 능력의 가치를 인정함에도 불구하고, 기업들이 이러한 투자에 따른 대가를 얻지 못한다면 투자 부족이라는 전반적인 문제에 봉착하게 된다.

전문 능력은 기업가정신과 발전을 위해 필수적인 자원이다. 로렝 테브노가 이야기했듯이, "혼자서는 혁신을 이룰 수 없다"(Thevnot 1998). 실행과 생산 체계에서 물질적 변화는, 부분적으로는, 상호의존적인 행위자들을 연결시키는 제도와 자원에 달려 있고, 그것이 새로운 기술지식의 집단적 생산을 가능하게 한다.

기술지식의 생산과 관리를 위한 연결망 조직으로서의 전문직업

전문가는 불확실하고 우연적인 상황에서 일하면서, 생산과정의 새로운 문제를 해결해야 하는 노동자이다. 그들은 자신들의 교역 도구를 창조적으로 적용하고 새로운 생산 과정을 개발해야 한다. 이러한 생산양식은 여러 가지로 양식화된 "틀", 즉 판박이처럼 물건을 찍어내도록 사전에 마련된 방식에 의존하는 비전문가들의 그것과는 다르다(Braverman 1974). 이러한 노동 표준화는 생산의 맥락과 투입의 질이 안정적이거나 예측가능할 때에만 가능하다. 이런 상황에서, 노동자들의 성과와 산출의 모니터링(품질 측정)은 간단하다. 이 경우, 우리는 위계적인 조직을 예견하게 된다. 그와 대조적으로, 비표준화된 생산환경에서, 우리는 노동자들의 자율성의 보다 높은 수준과 좀 더 구획된(즉, 수직적 통합 수준이 더 낮은) 생산체계를 관찰한다(Robertson 1999).[10]

전문화된 기술지식의 통제는 전문직업을 규정하는 핵심적 특징이다(Elliot 1972; Freidson 1986). 국가와 사회가 전문직에게 허용하는 "시장 인클로저market enclosure(즉 제한된 독점 상태)"는 이러한 지식의 책임 있는 사용과 유지를 전제로 한다. 전문직의 권력과 지위가 지식에서 비롯된다는 사실을 감안하면, 전문 구조는 학습을 촉진하기 위해 구성원들을 조정하는 역할을 한다.

---

10. 그러나 오늘날 자가경영은 전문가의 규칙이라기보다 예외에 해당한다. 그럼에도 불구하고, 기술 서비스 생산에 개입하기 때문에, 고용 계약이 노동 과정에 대한 통제의 상실로 직접 이어지는 것은 아니다. 프리드슨(1986)은 자가경영이 전문가들에게 호사가 아니라 가장 큰 문제인 경우가 많다고 주장한다.

전문가 연결망이란, 핵심 능력을 공유하고 소유권이라는 경계를 가로질러 전략적 동맹을 맺는 독립적인 실행자들의 공동체라고 정의할 수 있다. 전문가 연결망은 핵심 능력을 식별하고, 역량을 구축하고, 그것을 구성원들에게 공유하고, 소유권을 통합하지 않으면서 지식 흐름을 내화시킨다. 각 전문가들의 결정과 능력은 다른 제도들뿐 아니라 연결망 전체의 능력에 의해서도 강제된다…….

개별 실행자들은 독립성을 유지하면서, 자신들의 인적 자본human capital을 **중심이 없는**hubless, 실제로 보스가 없는 연결망에 장기적으로 헌신한다. …… 현금 지불 교환 없이, 권위주의적 감독 없이, 그리고 외부 관리기능을 그들의 일상적인 작업에 통합시키지 않으면서, 구성원들은 자발적으로 정보와 기술을 교환하고, 생산에 협력한다 — 즉, 과정을 공유한다. 실제로, 연결망의 구성원들은 많은 영역에서 경쟁자로 남아 있고, 자신들의 능력을 통해 빨리 그리고 솜씨 있게 다른 사람보다 더 많은 이익을 취하려고 시도한다. 따라서 전문직은 복잡한 생산전략을 작동시키고, 연결망 전체뿐 아니라 개별 구성원들의 이익도 높인다(Savage and Robertson 1997 : 158~159).

새비지와 로버트슨의 이 인용문에서 자기이익과 집단이익 사이의 긴장이 나타났지만, 학습의 집합적 성격 덕분에 정보는 계속 모인다. 분산 구조(즉, 개별 실행자들이 제공한 준거들로 이루어진), 자기-거버넌스(즉, 일반적으로 주씨의 권위를 빌어 참여자들이 만들고 시행하는 행동 규칙과 구성원 규칙)가 있기 때문에 전문직은 집합적 연결망인 것이다.

준거 연결망

전문지식은 준거 연결망reference networks을 포함하는 다양한 집합적인 재화를 기반으로 한다(Allaire and Wolf 2002). 준거란 생산에서 도출된, 표준화된 경험적 관찰이다. 준거 연결망은 준거의 공동출자pooling에 참여하는 개별 준거들의 집합으로 이루어진다. 개별 준거는 구체화된 환경과 관리 상황에서 이루어진 성과(즉, 소출, 품질, 그리고 비용)의 기록이다 — 예를 들어, 특정 품종을 선택했을 때 에이커당 곡식의 산출량(부셸), 토양 종류, 경작지 시스템, 비료와 해충 방제를 위한 살충제 투입량, 그리고 충분히 포함할 필요가 있다고 집단적으로 판단되는 그 밖의 모든 정보가 해당된다. 이러한 준거들은 농부가 카탈로그에서 적절한 곡식 종자를 선택해서 수익성 있는 곡물을 재배할 수 있도록 지원하는 자원을 나타낸다. 좀더 긴 시간적 틀에서, 이러한 준거들은 농작물 재배자들이 새롭게 출현하는 국소화된 강제와 기회 변화에 적응할 수 있게 해 준다.[11]

부문들 사이의 장기적 관찰을 집적, 비교, 종합하는 수단으로, 준거 연결망은 조직의 경계를 가로지르는 집단 학습, 즉 앞에서 우리가 분산 혁신이라고 정의했던 것을 떠받친다. 준거 연결망은 암묵적 지식을 성문화된 지식으로 바꾸는 데 중요한 역할을 한다(Nonaka 1994). 성문화된 지식은 기록보관소에 수집되고 다른 사람들에게 유포될 수 있다. 따라서 준거연결망은 1차 생산이 이루어지는 장소들을 수평으로 가로지르고, 구매자와 공급자를 수직 방향으로 이어주는 커뮤니케이션의 핵심 통로이다. 이러한 원천을 통해, 상품과 서비스 생산자들은 진화하는 일반generic 기술을 국소적 원천의 조건에 적용시킬 수 있게 된다. 지역의 실행자들은 새로운 생산도구와 기법을 평가하고 선택적으로 채택할 수 있다. 이런 식으로, 집단 구조는 투입의 생산성을 높여서 단기적인 기술적 결합에 기여한다. 또한 이 구조들은 학습비용을 줄이고 조직-전체의 적응 능력을 높여서 장기적 경쟁력에도 기여한다.

비교할 기회가 없다면, 차이의 확인이 (베이트슨이 제기했던 의미에서,

---

11. 이러한 데이터베이스는 비료와 살충제 이용의 경제적으로 합리적인 한계, 이른바 최적영농 관리(best management practices, BMPs)를 밝히는 데 이용될 수도 있다.

Bateson 1980) 불가능하며, 정보는 결핍된다. 그 결과, 특히 생산 결과가 다변량 함수인 (즉, 원인을 밝히기 어려운) 경우, 학습은 매우 느려지고, 결과 (즉, 연간 소출, 긴 임신 기간)를 관찰할 수 있는 경우의 수는 한정된다. 생산과 일정 정도 공식화된 실험(가령, 내가 채택한 잡초 제거 방식으로 얻은 에이커당 150부셸의 소출이 많은 것인가 적은 것인가?)을 통해 이루어진 경험적 관찰을 해석하려면 비교할 수 있는 준거가 필요하다. 또한 준거는 잠재적으로 수익을 얻을 수 있는 계획들의 방대한 집합에 자신의 조사 능력을 어떻게 할당할 것인지(질소비료 살포 시기를 바꿔서 소출을 증대시킬 가능성은 얼마인가?) 결정하는 데에도 도움을 준다. 다른 사람의 생산 경험에 접근할 수 있기 때문에, 농부는 생산량을 증대시키기 위해 학습하고 실험적 시행착오를 거치는 데 들어가는 시간을 줄일 수 있다. 실제로 대부분의 시도는 막다른 골목에 다다르지만 말이다. 준거 연결망은 국소화된 학습의 효율성을 높인다. 물론, 부여받은 자원과 운영 방식이 저마다 다르기 때문에, 다른 농장 경영주의 경험이 완전히 이전가능한 것은 아니다. 그러나 사용을 통해 학습된 경험은 부분적으로 이전될 수 있다. 자신만의 시행착오라는 내적 기록에 의존하거나 독자적인 연구개발을 수행하는 대안적 경우를 감안하면, 타인들의 경험은 중요한 가치가 있다.

개인들의 경험지식을 집적하고 다른 사람들이 접근할 수 있게 하려면 조정이 필요하다. 첫째, 맥락-특수한 결정이 가능한 강력한 준거 집합을 만들려면, 모든 참여자들이 표준화된 데이터 수집과 보고 규약을 준수해야 한다. 둘째, 이러한 규약은 공유된 기술어휘, 그리고 어떤 기술적 문제와 방법론이 관심을 기울일 가치가 있는지에 대한 상당한 정도의 합의를 전제로 한다. 물론, 자연적 상태에서는 이러한 집단 정체성의 요소들이 존재하지 않는다. 실행 공동체에서는 자기조직이 일정한 역할을 수행하지만, 이러한 협약은 만들어지는 것이 아니라 양육되어야 한다. 양육에는 항상 유지관리를 위한 고려가 따른다. 셋째, 투입과 생산 설정에서 나타나는 부문별 적정 변이

성을 대표하는 많은 숫자의 관찰이 데이터베이스에 반드시 표현되어야 한다. 동시에, 연결망은 일관성을 유지해야 한다. 자신의 경험을 집적하고 비교할 수 없을 정도로 큰 차이가 나는 생산체계 운영자들은 잡음을 일으킬 가능성이 있다. 넷째, 특수 훈련을 받은 능력 있는 사람들이 이론과 운영과 연관된 문제들의 집합에 따라 데이터를 조직하고 분석하고, 그 결과를 사용가능한 형태로 만들어야 한다. 그리고 다섯 째, 연관 환경이 계속 변화하는 농업에서, 생산적인 자원이 될 수 있도록 준거는 지속적으로 갱신되어야 한다. 농업의 경우, 해충 저항성, 새로운 생산도구와 규제의 도입, 소비자 수요 변화 등이 기존 지식의 가치를 침식하기 때문에 준거의 끊임없는 갱신이 요구된다.

이러한 조정 요구는 어느 정도 공식적인 구조의 필요성을 시사한다. 종종, 전문가 집단들이 준거 연결망을 만들고 유지하기 위해 지도력과 관리 서비스를 제공한다. 전문화된 기술지식을 통제하는 집단으로 정의되는 전문가는 이러한 조정 기능을 수행하는 데 적합하다(Freidson 1986).

농업 혁신 연결망의 제도 변화에 대한 경험적 서술

혁신의 분산적 측면에 대한 입증을 넘어서, 이러한 기술 영역의 학습구조에 대한 분석은 오늘날 농업 혁신 체계의 조직에서 나타나는 중요한 정치경제학적 동역학을 지적해 준다. 농업 혁신 체계의 준거 연결망은 점점 더 농부들과 수직적 관계를 맺고 있는 사적·상업적 실체들의 통제를 받고 있으며, 일부 경우 그들에 의해 이 연결망이 구축되기도 한다. 지식생산이 조직과 전략 논리의 초점이 된다는, 카스텔의 "정보주의"informationalism 개념(Castells 2000)과 같은 맥락에서, 우리는 아래로는 농식품 가공업자들, 그리고 위로는 투입물 공급자들이 자신들을 생산체계의 "데이터 허브"로 자리매김하는 것을 관찰하게 된다. 이러한 상황 전개는 우리에게 다음과 같은 물음을 던진다. 이런 데이터는 어떻게 수집되는가? 그리고 누가 그 데이터에 접근하는 가? 농산업은 왜 경작지와 농장 수준의 데이터 기록에 투자하는가? 준거 연결망의 제도적 구성과 그보다 큰 혁신 체계에서 나타나는 이러한 변화는 어떤 함의를 가지는가? 이런 물음들이 아래에 제시된 경험적 사례의 뼈대를 이룬다.

나는 오늘날 이루어지는 학습구조의 재조직화가 날로 상업적 관계를 강화하는 데 비해 집단적 성격을 약화시키며, 혁신 체계의 참여자로서 농부들의 지위를 침식하고 있다고 주장하고자 한다. 그 침식 과정은 1세기가 넘게 지속되었지만, 오늘날 특히 가속되고 있다. 마르쿠스는 이러한 쇠퇴의 궤적에서 초기의 결정적인 순간을 찾아냈다(Marcus 1985). 19세기 후반 미국에서 주 농업시험소 체계[12]가 창설되기 이전 수십 년 동안 벌어졌던 논쟁을 연구하면서, 마르쿠스는 결국 의회에서 승인되어 개별 주들이 실행에 옮겼던 농업시험소 개념이, 충분한 정보를 가진 일단의 전문적인 "실험적 농부들"experimental farmers의 경험적 관찰의 통합에 기반한 분산화된 체계 접근이 패배하면서 나타난 산물이라는 사실을 발견했다. 승자는 환원주의 원리와 실험적 설계에 몰두한 전문적 농업 과학자 간부 집단이었다. 그들의 연구는 새로 창설된 직위인 농업 장관에 의해 조정되었다.

중요한 사실은, 전문적인 농업 과학자의 등장과 중앙화된 연구 관리가 지식 생산 과정에서 농부의 지위를 약화시켰지만 완전히 배제시킨 것은 아니라는 점이다. 현대의 농업 연구가 농부들의 이익에 봉사하는 것이 아니라는 많은 증거가 있지만(Friedland, Barton, and Thomas 1981), 농부들은 연

---

12. [옮긴이] 미국에서 1887년에 제정된 〈해치법안〉(Hatch Act)으로 주(州) 농업시험소(agricultural experiment station)가 처음 설립되었고, 정부로부터 부지를 불하받은 해당 주의 대학들이 협력관계를 이루었다. 1988년에는 50개 이상의 시험소에서 1만 3천 명 이상의 과학자들이 활동했다. 농업 고문(extention)의 활동도 농업시험소에서 이루어지는 과학 연구를 기반으로 한다.

구 과정에 통합되었다. 다양한 메커니즘들이 경작지와 농장 수준에서 이루어진 경험적 관찰을 연구개발의 중심에서 이루어진 테크노사이언스 활동에 연결시킨다.

경작지와 농장 수준의 관찰은 다양한 방식으로 수집되고 유포된다. 농부들이 관리위원회와 자문단에 참여하는 방식도 그중 하나이다. 통계조사는 지역 활동과 조건에 대한 경험 정보를 제공하는 중요한 원천이다. 농업시험소에서는 생산 배경이 (불완전하게) 모의실험된다. 농업 고문[13]이나 투입물 생산업체의 판매 대리인 같은 매개자들이 농장에서 시험을 하고, 농부들을 시연 과정에서 적극 참여시키고, 정보가 연구 개발 시설과 농장 사이에서 순환할 수 있는 통로를 제공한다. 그리고 그다지 포괄적이지 않은 목록에서 마지막으로 언급할 점은 준거 연결망이 생산도구의 사용자와 제작자 사이에서 반복적으로 피드백이 계속되도록 기능한다는 점이다. 이러한 연결성이 필수적인 까닭은 지식 생산이 농장에서 시험 설비로 완전히 이전될 수 없기 때문이다. 위에서 언급했듯이, 생물리적 변이와 농장 기업들의 능력 차이로 인해 실험실과 생산 현장 사이에서 집중적이고 연속적인 대화가 필요하다. 이 대화의 재구조화가 바로 준거 연결망의 재조직화이다.

알레어와 울프는 혁신의 집합적 차원의 분석이라는 맥락에서 준거 연결망과 전문 지식을 이론적으로 상술하는 데 초점을 맞추었다(2002). 나는 준거 연결망에 대한 두 개의 사례분석, 즉 식용돼지 생산 관리와 농경제 자문의 사례를 통해 이 분석을 확장하고자 한다. 여기에서 제시되는 정보는 농부, 농업 관련 산업, 상품 협회 대표(즉, 전문적인 교역 단체), 환경단체, 규제기관, 그리고 상업기업과 대학의 연구자들과의 인터뷰를 통해 수집된 것이다.

---

13. [옮긴이] 농업 고문(extension) : 연방이나 주 정부에 고용되어 군(郡) 등 지역의 농촌문제 해결에 도움을 주는 기관이나 공무원을 가리킨다. farm extention agent라고도 한다.

사례 1 : 돼지 관리

〈돼지개량회사〉Pig Improvement Company, PIC는 세계최대의 식용 돼지 육종 품종 공급업체이자 소프트웨어-기반 농장 관리도구로 잘 알려진 〈피그케어〉PigCare의 판매회사이다. 이 회사와 관계하는 사육자들은 매일 개별 동물들의 기록을 작성해서 〈돼지개량회사〉에 데이터를 전달하고, 회사는 데이터를 모으고 분석한다. 〈돼지개량회사〉는 개별 사육자들을 주기적으로 평가하고, 그들의 성과를 유사한 다른 농장과 비교해서 순위를 매긴다. 이러한 벤치마킹 덕분에 농장 경영주는 동료들과 비교해서 자신들의 성과를 분석할 수 있다. 또한 소프트웨어가 다양한 정보를 종합해서 쉽게 해석할 수 있는 결과를 제공하기 때문에, 농부들은 자신들의 성과를 시계열적으로 손쉽게 평가할 수 있다. 내 암돼지 한 마리의 출산율이 동료의 그것보다 높은가 낮은가? 가축 한 마리당 치료 비용은 상승하고 있는가, 그리고 그 비용이 다른 비슷한 농장의 운영 사례와 일치하는가? 새로운 사육 설비 건설에 투자해서 동물 개체당 일일 체중이 늘어날 수 있는가? 이러한 준거 기준은 개별 농부들이 농장에서 수집된 데이터를 해석하고 전략적 선택을 평가할 수 있게 해 준다.

〈피그케어〉 서비스를 돼지의 유전적 특질을 판매하고 돼지 산업의 경쟁력을 뒷받침할 수 있는 판매 도구로 사용하는 것 이외에, 〈돼지개량회사〉는 개별 사육자들에게서 받은 데이터를 이용해서 적절한 유전 계통뿐 아니라 기업 전략도 평가한다. 〈돼지개량회사〉는 사업 유형, 건물 형태, 농장 규모, 사료와 약물 투여, 그리고 경영주의 경험 같은 농장 경영의 여러 측면과 유전학의 다양한 조합이 사료 전환효율[14]이나 사육 비용 같은 성과 척도와 어떻게 상관되는지 통계적으로 분석할 수 있다. 당시까지도 농장의 판매와 폐

---

14. [옮긴이] 전환효율(feed conversion ratio) : 가축을 길러 고기 1kg을 얻는 데 들어가는 사료의 비율. 사료효율이라고도 한다. 성장을 촉진하면 이 효율을 높일 수 있다.

사 관련 자료는 체계적으로 데이터베이스에 포함되지 않았지만, 분석자들은 이러한 진화를 예견하고 있다. 이런 데이터를 얻을 수 있으면 고기의 저지방도, 입 크기나 넓적다리 굵기, 그리고 페하pH 같은 성과 척도가 유전학과 농장 경영의 효용성을 분석할 수 있을 것이다. 이 데이터베이스는 〈돼지개량회사〉가 특정 육종 계통의 성과를 평가하고, 자신들의 실험과 재정 자원을 돼지 고기 소비자들의 변화하는 선호와 농장 수준에서의 비용 제약에 대한 데이터와 어떻게 일치시킬 것인지 평가할 수 있는 능력을 제공한다.

그런데 우리는 정작 축산폐기물 관리와 악취 관리 같은 급박한 환경문제를 평가하고 그 해결책을 찾는 데 유용한 데이터가 수집되지 않고 있다는 사실에 주목한다. 가장 큰 규모의 돼지 농장은 대도시에 맞먹는 분량의 오수汚水를 쏟아낸다. 돼지 분변 관리는 아이오와 주, 노스캐롤라이나 주, 미주리 주 등 돼지 농가가 집중된 주에서 가장 중요한 환경문제이자 정치적 관심사이다. 예를 들어, 1999년에 분변 저장소에서 유출된 2백만 갤런 이상의 오염물질이 노스캐롤라이나 주의 강으로 흘러들었다. 마찬가지로, 이 데이터베이스는 동물의 건강을 관리하기 위해 질병예방 목적으로 투여하는 항생제를 대체할 수단의 비용과 효율성을 분석하는 데에는 사용되지 않고 있다. 항생제 저항성을 가진 박테리아 변종의 확산, 그에 따라 사람의 건강 관리에 쓰이는 항생제의 효력까지 저하되는 문제 등이 정책입안자들의 의제로 부상하고 있다. 기업들이 생태적 문제와 보건 관련 우려에 대응해야 한다는 요구에도 불구하고, 이처럼 기업에 전유된 데이터베이스proprietary databases는 여전히 근시안적이고 사적인 관심사에 초점을 맞추는 데 그치고 있다.

〈돼지개량회사〉와 데이터를 공유하기로 결정한 돼지 생산자들은 할인된 가격으로 〈피그케어〉 소프트웨어와 자료 분석 서비스를 제공받는다. 그러나 자신들의 농장에서 나온 데이터를 제공하고 싶지 않은 사육자들은 소프트웨어를 구입해야 한다. 예를 들어, 미국에서 두 번째로 큰 돼지 농장인 머피가 농장Murphy Family Farms은 자신들의 데이터를 제공하지 않기로 했다.

그 결과, 그들은 다른 사육자들과 성과를 비교할 수 있는 데이터를 받지 못했다. 이런 농장들이 데이터를 제공할 경우 득보다 실이 많다는 것은 자명하다. 실제로, 이 정도 농장은 규모가 워낙 커서 자신들의 농장 운영의 다양성을 이용해서 적절한 경영 방식을 찾아낼 수 있다.

그러나 〈피그케어〉가 이 분야의 선두 주자는 아니다. 미네소타 대학이 개발한 피그챔프PigChamp는 미국에서 가장 널리 이용되는 소프트웨어 패키지이자 가장 큰 규모의 데이터베이스이다. 이 대학은 최근 한 사기업에 피그챔프의 독점 판매권을 주었지만, 소유권은 여전히 대학에 있다. 피그챔프의 데이터는 대학 연구자들에게는 무료로 제공되며, 상업적 기업이 데이터에 접근하려면 계약을 해야 한다. 그 외에도, 표면적으로 미국의 양돈농가를 대표하는 단체인 〈미국돈육생산자협회〉National Pork Producers Council, NPPC가 데이터베이스 구축 사업에 착수했다. 〈미국돈육생산자협회〉의 계획은 데이터의 가치를 높이기 위해 양돈농가들을 끌어들일 뿐 아니라 비양돈 농업 관련 산업이 생산 데이터를 내화(사유화)시키지 못하게 막으려는 시도이다.

이 집단 프로젝트는 "협회", 즉 (머피가※ 농장이나 프레미엄 스탠다드 같은) 초대형 농장들의 데이터 집적을 용이하게 하기 위한 조직 설립에 대한 논의가 이루어지던 시기에 등장했다. 고도의 노동 분업 그리고 구성원들이 가진 포괄적인 자원과 함께, 회원에게만 접근이 허용된 이 데이터베이스는 앞에서 설명한 관리 도구들보다 훨씬 상세한 고객 맞춤형이었다. 머피가 농장을 비롯해서 당시 데이터를 공동출자하지 않던 농장들이 이 사업에 참여하게 된 동기는 자신들의 성과를 비슷한 경쟁자들과 비교하고, 혁신적인 개념(유전학)을 접하기 위해서였다. 자신들의 사적 데이터베이스에 국한되었던 대형 농장들은 자신들이 사내에 보유하던 정보와 다양성에만 접근할 수 있을 뿐이었다. 물론, 그들이 "데이터베이스를 개방하고" 이종교배에 참여한 것은 자신들의 기록만으로는 경쟁에서 우위를 유지하기 어려운 상황이 되었기 때문이다.

이처럼 다소 유사하고, 서로 경쟁하는 여러 데이터베이스 계획이 출현했다는 사실은 준거 연결망을 구축하고 통제하는 다양한 행위자들에게 내재한 동기를 분명하게 보여 준다. 다양한 선택지가 나타났다는 사실－누가 구성원인가? 누가 데이터에 접근할 수 있는가? 기술체계의 어떤 측면들을 면밀하게 살펴볼 필요가 있는가?－은 현재 진행중인 여러 가지 변화의 중요성을 잘 드러낸다. 그 변화들이 분산 혁신 과정이 조직되는 방식, 그리고 농부, 농업 관련 산업, 대학, 전문가협회, 그리고 소비자들이 담당할 역할을 구조화할 것이다.

사례 2 : 농경제 자문

1990년대에 미국에서 상업적 농경제 서비스 시장은 가히 폭발적으로 증가했다. 이 기간 동안, 농부들에게 다양한 의사결정에 대한 조언을 하는 자문역 농경제학자들의 중요성은 여러 가지 측면에서 높아졌다. 개별 농장 수준에서, 에이커 당 곡물 생산비율이 높아지면서 농약과 비료 같은 투입물 소매상에서 일하던 기술자들이 생산 결정에 미치는 영향력이 점차 높아졌다. 농부들의 생산관리와 결정, 특히 어떤 품종을 선택할 것인지, 어떤 종류의 살충제와 제초제를 언제, 어떻게, 어디에 살포할 것인지 결정하는 데 길잡이가 되는 데이터의 수집, 관리, 그리고 해석을 외부에 위탁하는 현상은 농-환경 관리와 농-산업 조직과 관련해서 중요한 물음을 제기한다.

상업 서비스 시장의 증가와 농부들이 외부위탁에 의존하는 일반적인 패턴에는 여러 가지 요인들이 기여했다. 동시에 현장-특화site-specific 관리 맞춤형 기술들(즉, 정보기술, 정밀 농장 경영, 관개 기술 등)이 정교해지면서 전통적인 농업생산 모형에 급속히 결합되었다. 이처럼 고도화되고 통합된 기술들은 대개 전문 장비와 관리 기술, 상당한 투자를 필요로 하며, 이러한 조건들은 개별 농장보다는 지역의 투입물 판매상들이 충족시키기 쉽다. 세계화와 무역자유화로 인해 농부들이 받는 비용-가격 압력은 날로 높아지며, 농부들은 좀더 효과적인 투입물 관리 방도를 모색할 수밖에 없게 된다. 또한 수질 문제에 대한 우려에서 비롯된 환경 압력도 농화학 관리에 대한 관심을 높였다. 이러한 맥락에서, 많은 농부들이 자신의 농장 관리를 위해 정보 이용을 높이고 데이터 관리를 원활하게 하기 위해 농약과 비료 등 투입물 공급자들에게 도움을 구하게 되었다. 우연의 일치는 아니지만, 비슷한 시기에 그동안 공적으로 운영되었던 농업 고문 제도가 상업화되었고, 전세계 수십 개 나라에서 사영화되었다(Feder et al. 2001).

비료와 농약 공급 부문의 수준에서, 지식-집약 서비스 지향성의 출현 ─ 자신들의 역할이 단순히 비료와 농약 같은 투입물을 공급하는 데 그치지 않고 농장 경영을 지원하는 일이라는 자기인식과 그에 따른 대중적 이미지 형성 ─ 은 새로운 형태의 경쟁을 낳았고, 새로운 능력의 획득을 요구했다. 서비스 분야에서 이익 창출을 할 수 있는 중심을 세우고 다양화시키기 위해서, 비료와 농약 판매상들은 날로 고도화되는 농부들의 농장 경영에 부가가치를 주기 위해서 상세하고, 현장-특화된 관리 지원을 제공할 수 있어야 했다. 과거에 수수료를 받고 시장을 분석하고 진단하는 서비스가 어려웠던 까닭은, 농부들이 오랜 기간 동안 직거래로 비료를 구입해 왔고, 거래 과정에서 무료로 임시 수업을 받았으며, 경작지에서도 무료로 조언을 받아 왔기 때문이다.

이 분야의 기업과 개인들의 서비스 능력을 향상시켜야 하는 요구가 제기되고, 고투입 석유화학-기반 농업이 야기하는 외부 비용에 대한 환경운동 진영의 비판이 고조되면서, 그에 대한 대응으로 전국적 전문가 공인 프로그램인 공인농업자문가Certified Crop Advisor, CCA 제도가 출범했다(Wolf 1998). 사적 부문의 농경제학자를 공인한다는 개념은 비료협회(기업 컨소시엄)와 농무부USDA-천연자원보존국 회의에서 처음 등장했다. 투입물 공급업자들은 수질보호를 위해 대안적인 농화학관리 방안을 장려하고 보조하기 위한 연방지원 프로그램에 참여가 금지되었다. 이들 상업 부문들이 배제되었던 이유는 그들의 주된 사업이 농화학제품 판매이기 때문에 이해관계 상충conflict of interest이 빚어진다고 생각되었기 때문이다.

이 프로그램은 전국과 주 단위에서 출제된 시험, 지속적인 교육 이수 요건, 추천장, 그리고 윤리 서약 등으로 구성된다. 현재 미국과 캐나다에서 1만 4천명 이상의 공인농업자문가가 활동하고 있다. 그들의 전문 능력 덕분에, 투입물 회사를 위해 일하는 농경제학자들은 지역 차원의 관찰들을 종합해서 농부들에게 충분한 정보에 기초한 자문informed advice을 해 주는 지위를 얻게 되었다. 농부들은 생산의 특수 분야(가령, 영양소 관리, 잡초 방제, 살충제 다루는 방법)를 전공하는 개인들의 자문 서비스로 혜택을 볼 수 있다. 이론상, 공인농업자문가는 경작 기간 동안 한 지역에서 하루에 여러 농장을 순회할 수 있으며, 전화나 판매대를 통해 더 많은 농부들과 면담할 수 있다. 동시에, 판매상들이 농부에게 제공하는 약정 서비스와 농경제 자문을 수행하는 데 이용된 기록들은(예를 들어, 토양과 작물 소출 디지털 지도, 화학물질 관리 기록) 소중한 이차 자료이다. 이런 의미에서, 농경제학자와 그들이 대변하는 투입물 판매상들은 지역의 준거 연결망에서 중심hub을 이룬다. 특권적인 위치로 인해, 그들은 효율적으로 학습하고 지역 생산체계에서 점차 강력한 행위자가 된다.

이러한 동역학은 외부위탁이라는 농업생산의 기존 관행을 더욱 가속시키게 될 것이다. 점차 판매상들은 투입물과 결합된 자문 제공 이상의 활동을 하고 있다. 이제 그들은 농장 관리에 관한 의사결정에 참여하고 있고, 맞춤형 서비스를 제공한다. 나는 일리노이 주의 한 농업 공동체에서, 옥수수 농민들로부터 옥수수를 심고 수확하는 작업 사이의 모든 과정이 지역의 투입물 업자들에게 맡겨진다는 이야기를 들었다. 플로리다 주에서, 한 지역 판매상은 농부들에게 포괄적인 잡초관리 서비스(농부가 에이커 당 비용을 한 차례 지급하면 해당 계절에 모든 잡초 관리를 보장하는 서비스)를 판매하고 있었다. 미시시피 주의 면화 농부는 자신의 농지에 어떤 살충제가 뿌려지는지 모른다고 말했다. 자문 곤충학자에게 돈을 주어서, 어떤 살충제를 살포할지 결정하고, 적당한 공중살포업자를 고용하도록 의뢰했기 때문이다. 이런 서비스를 효율적으로 제공하고, 점차 축소되고 빠른 속도로 정리되고 있는 농업 분야에서 살아남기 위해, 판매업자들은 효율적인 학습자가 되기 위해서 공세적인 조치를 취하고 있다.

앞에서 논한 상업적 농경제 자문 모형에서 나타나는 데이터 획득과 관리 패턴은 농부들이 적극적인 학습자가 될 수 있는 가능성이 날로 줄어들고 있음을 보여 준다. 앞에서도 농업체계 연구 전통에서 제기된 비판에 대해 언급했듯이, 미국의 공공기관과 대학은 국소적 능력보다는 산업 기술을 진흥하는 데 기여했다는 점에서 심한 비판을 받아 왔다. 국소화된 준거들이 상업적 비료와 농약 판매상들에 의해 통제되는, 새롭게 출현하는 조직 모형도 농부들의 자율성과 농식품 혁신 체계에 기여하고 있는 영역에 도움을 주는 데 실패하고 있다. 농부들의 종속이나 예속의 성격은 변화했을 수 있지만, 그들의 지위를 향상시키기 위한 실질적인 메커니즘은 자리를 잡지 못하고 있는 것 같다. 데이터 수집, 기술 개발, 그리고 농업생산 관리에 대한 공공기관들의 참여가 약화되면서 중요한 의사결정을 하는 사람을 누가 감시하고 교육시킬 것인가라는 중요한 물음이 제기된다. 농부와 공공기관들이 정보관리 기능을 상업적 부문에 위탁하는 추세가 가중되면, 환경 관리와 천연자원 보존에 관한 책무는 담보되기 어려울 것이다.

분석 : 집단 학습구조 재조직의 함의

조정이 이루어지는 제도적 기반이라는 측면에서, 이러한 준거 연결망의 상업적, 전유적 성격은 과거의 국소화된, 비공식적이고 공적으로 촉진된 집단 구조와의 결별을 뜻한다. 정보 전달의 수직적-방향성(즉, 구매자-공급자)은 지역 농부들 사이의 수평적 커뮤니케이션을 강조했던 과거와는 판이하게 다르다. 지역의 전문가 집단, 즉 지식을 포함해서 다양한 자원들의 공동출자에 몰두하는 비슷한 활동을 했던, 얼마간 공식적으로 한정된, 농부들의 집단은 두드러지게 사회경제적 중요성을 잃고 있다. 그리고, 기능의 측면에서, 사적이고 기업적인 지식 구조는 농부들의 전문지식을 개발하고, 유지하고, 발전시키는 데 기여하지 않는다. 실제로, 이들 상업적 준거 연결망 구조는 농식품 체계의 비농업 부문들에서 새로운 가능성과 학습 능력 증가를 보증하는 역할을 하고 있다.

이러한 데이터-공동출자data-pooling 연결망은, 관리 절차를 포함해서, 기술 표준의 개선을 돕지만, 전문 노동자들이 생산 과정에서 새로운 문제해결 절차를 개발하고 판단하는 능력에는 기여하지 않는다. 그 결과, 지식집약적이고 혁신에 의해 추동되는 농식품 분야에서, 하나의 계층으로서의 농부의 역동성과 힘은 더욱 약화될 것으로 예상된다.[15] 덧붙여서, 시스템 재설계를 통해 생태적 농식품 생산 능력을 높이기 위해 지식생산을 추구하는 동기와 메커니즘은 없는 것으로 보인다. 폐기물 극소화 – 투입물 사용의 최적화 – 는 이러한 접근을 통해 효율적으로 달성될 수 있지만, 이러한 학습 과정들을 통해 급진적인 혁신이 나타날 가능성은 없는 것 같다. 이 장의 첫 번째 절에서 생태적 근대화라는 주제와 함께 다루었던 제도적 변화는 미국 농업이라는 구체적인 맥락에서는 분명히 나타나지 않는다.

지식과 권력의 관계를 고찰하면서, 새비지와 로버트슨은 적절한 의사결정자가 지식을 가졌을 때 분산 생산체계의 성과가 향상된다고 지적했다 (1997). 성과를 높이는 제휴관계를 얻는 데에는 두 가지 방법이 있다. "하나는 결정권을 가진 사람들에게 지식을 주는 것이고, 다른 하나는 지식을 가진 사람에게 결정권을 주는 것이다"(Jensen and Meckling 1992:253, 다음

---

15. 여기에서 새로운 기능을 습득한다는 주장이 가능할 수 있다. 준거 연결망의 재조직화로 인해 생물자원 관리자로서의 농부의 전문 능력이 침식될 수 있다. 그러나 대규모 농장의 경우, (생산까지 포함하는) 기술책임의 외부위탁이 보다 큰 사업 전략의 일부가 될 수 있으며, 그 속에서 "농부"는 천연자원 관리자가 아니라, 분화되고 전문적인 농업 관련 산업 경영자로 규정된다.

문헌에서 인용. Savage and Robertson 1997 : 157). 계속해서 그들은 재산권과 노하우의 조직 간 이전이 가능한 한, 지식은 그것을 가장 잘 다룰 수 있고 이용을 극대화할 수 있는 조직에 축적될 것이라고 주장한다. 따라서, 기능주의자들의 (비정치적인) 논조로 이야기하자면, 산업조직과 생산의 사회적 관계라는 널리 확산된 패턴들은 노하우의 분산을 반영하는 것이다. 농장과 단절된 기업의 이해관계가 준거 연결망과 지식 생산 장치들에 대해 점차 높은 통제력을 행사하고 있기 때문에, 우리는 그들의 힘이 농부와 주 정부보다 커지는 사태를 상상할 수 있다.

준거 연결망이 농부와 구매자 및 공급자의 상업적 관계 속으로 더 긴밀하게 통합되어 들어가는 양상은 농식품 체계의 재구조화, 그리고 특히 상품 연쇄의 수직적 조정이라는 일반적인 패턴을 반영한다(Heffernan 1999). 새비지와 로버트슨(1997)이 주장하듯이, 우리는 시장의 힘과 비농업 농업 관련 산업의 지식-생성 능력이 병행해서 집중되는 현상을 관찰하고 있다. 더 많은 경험적 증거가 필요하지만, 지금까지 관찰된 준거 연결망의 재구조화를 감안할 때 앞으로 농부의 전문지식과 그들의 능력 개발을 예견하기 힘들다고 말할 수 있다. 경작지와 농장 수준의 관리에서 이루어지는 의사결정에 대한 정보 제공이 새로운 준거 연결망의 중요한 결과물이다. 여기에서 강조점은 후원 기업의 투입을 어떻게 효율적으로 이용할 것인지, 그리고 하류 부문 구매자들이 요구하는 품질을 어떻게 달성할 것인지 여부이다. 그리고 연결망의 중심에서 활동하는 행위자의 상업적 목표가 다른 목표들보다 우선한다.

동역학적 관점을 채택하고, 기술과 제도의 공共진화를 연구하려고 노력할 때, 우리는 "지식이 힘이다"라는 말이 부분적으로만 옳다는 것을 알게 된다. 시간이 흐르면서 지식은 중요한 가치를 잃을 수 있기 때문에 ─ 생산환경이 불안정하고(가령, 해충의 역학과 저항성, 식이 패턴, 그리고 환경 규제 등의 변화에 따라) 급격한 혁신(생명공학)이 이루어질 가능성이 있는 농업 분야에서는 특히 그러하다 ─ 권력과 역동성의 기반을 이루는 것은 지식을 생산하고 흡수할 수 있는 (즉, 학습할 수 있는) 능력이다.

준거 연결망은 두 가지 필수적인 관리 기능을 향상시킨다. 그것은 단기적인 투입 할당의 효율성과 장기적인 동태적 조정(적응력) 기능이다. 그러나 이러한 준거는 아주 좁은 기술적 스펙트럼 내에서만 유용하다. 그 경험의 폭을 넘어서면 확실하게 추론을 뒷받침할 수 없다. 준거는 경영을 정량적으로 (점진적으로) 개선하는 데 도움을 줄 수 있지만 정성적定性的인 측면에서는 기능하지 못한다. 그 자체로, 기술적 적용이나 구축중인 기술적 절차는 상당 시간 동안 그 중심적 특성을 지속할 것이다. 이런 의미에서, 기업의 준거 연결망에 대한 통제는 기술의 사회적 구성론SCOT에서 종결, 또는 안정화를 가리키는 말인 고정화lock-in의 가능성을 제기한다. 여기에서 고정화는 생산 도구와 기법, 그리고 생산체계 안에서의 권위 배분 모두에 해당된다. 준거 연결망을 통제하는 기업들의 상대적인 힘은, 그들이 다른 행위자들보다 더 빨리 학습하면서 (그리고 학습하는 법을 학습하면서), 점차 증대되고, 그 정도는 가속될 것이다. 따라서 준거 연결망은 급진적인 혁신을 촉발시키는 방아쇠가 아니라, 기존의 기술체제 내에서 연속적인 향상을 이룰 수 있는 자원으로 보아야 한다.

준거 연결망의 상업화로 농업 개발에 대한 공공기관의 투자에 대한 전통적인 의미 부여와 정당화는 한층 더 침식된다. 이 대목에서, 사기업이 준거 연결망을 조정하는 역할을 기꺼이 떠맡고 있는 오늘날의 상황에서, 공공 부문의 역할은 무엇이고, 농부와 공적 영역 사이의 사회적 계약은 무엇에 기반을 두어야 하는가라는 물음이 제기된다. 또한 상업화는 공공 기관들의 데이터 접근을 까다롭게 하고, 공공 연구자들이 생산에서 야기된 생태적 문제를 다루기 위해 연구에 참여할 수 있는 능력을 손상시킬 가능성이 있다. 준거 연결망의 상업화로 데이터의 내화가 수반되면서, 공적 부문이 체계 재설계 ─ 급진적 혁신 ─ 를 추구할 수 있는 능력은 약화되었다. 이러한 구조에서, 공공재-유형의 지식을 생산하는 메커니즘은 불확실한 상황에 처해 있다.

결론 : 제도적 잡종성

준거 연결망의 거버넌스, 기능, 그리고 형태가 변화하고 있으며, 이러한 변화가 점차 농부들의 역할의 종속화를 함축한다는 주장을 펴려면, 조건이 요구된다. 나는 지난 시기에 농업의 준거 연결망이 비상업적이었고, 엄격하게 공공재 생산을 지향했으며, 오직 농부의 전문적 자율성을 강화시키는 방향으로만 기여했다는 확실한 역사적 증거를 제시하지 않았다(그리 멀지 않은 시기에 대한 논의는 다음 문헌을 보라. Marcus 1985). 이처럼 순수하고 집단적인 조직 형태를 찾아내기는, 불가능하지는 않더라도 힘들 것이다. 농업 과학에는 항상 사적인 투자가 이루어졌고, 농업연구와 교육에 개입했던 공공기관의 결과물에는 언제나 사적인 이익이 연루되어 있었다. 농무부/무상토지불하대학 체계의 재원과 법률적 기반에는 공적 이해관계와 상업적 이해관계, 그리고 그 기능의 양식들이 뚜렷이 뒤섞여 있다는 것을 보여 준다(National Research Council 1995).

오늘날과 마찬가지로, 앞선 시기의 농업지식 체계의 조직 구조도 잡종적이었다. 그 구조는 사적 동기의 사리 추구, 다양한 규모의 공동체들에서 이루어지는 집단 활동, 그리고 공공재를 생산하기 위한 공적 활동 등이 뒤섞인 혼합물에 의해 유지되는 혼성체였다. 이러한 잡종성은 정당화, 합법성의 원천들, 그리고 조정을 위한 자원들의 다양성을 시사하며, 이 다양성이 조직의 세기, 적응력, 그리고 궁극적으로는, 오랫동안 버틸 수 있는 지속력의 기반이다. 잡종성이라는 틀을 채택하면, 준거 연결망의 조직에서 어떤 분명한 역사적 파열도 찾아낼 수 없다. 그러나 이러한 잡종들의 혼성체, 그리고 제도의 조정 양식은 시간, 장소, 그리고 프로젝트에 따라 변화한다.

따라서 오늘날의 준거 연결망을 제기하고, 과거의 구조들과 비교하기 위해서, 나는 **공적**public, **사적**private이라는 식의 딱지 붙이기가 낳는 물화物化 효과를 피하고자 한다. 또한 나는 혁신 체계 안에서 그 연결망의 기능을 지나치게 협애하게 상술하는 것도 피하고 싶다. 사적, 집단적, 그리고 공적 생산 양식에는 상당한 다양성이 있으며, 그 사이에서 상호보완이 이루어질 가능성이 있기 때문이다. 예를 들어, 질소 비료가 옥수수 농장에 어떤 영향을 주는지에 대한 정보가, 이론상, 농부의 생산 효율성, 지역 시장에서 옥수수 부문의 다른 사료용 곡물에 대한 경쟁력, 비료를 판매하기 위한 암모니아 제조업자의 노력, 그 지역의 수질, 그리고 소비자의 영양 상태에 이익으로 작용할 수 있다. 준거 연결망의 상업적 재구조화가 이러한 상보성의 제거를 시사하는 것은 아니지만, 지식생산 장치의 기능은 그 조직적·제도적 조성이 변화함에 따라 함께 변화한다.

농부들이 발전시키고, 개선하고, 확산시켰던 역사적 기여를 인정하면, 우리는 혁신 체계와 오늘날의 변화 패턴들이 가지는 중요한 구조적 특성들을 찾아낼 수 있다. 이 장에서 주장했듯이, 농장-수준 행위자들이 지식 창조에 참여하는 메커니즘은 크게 변화하고 있어서 국소적 행위자들이 전문지식과 혁신 체계 안에서 차지하는 지위(즉, 공공장 public sphere)를 침식하고 있다. 이러한 변화는 생산이 초래하는 생태적, 사회적 비용을 줄이기 위한 혁신 노력을 어떻게 지원할 것인가라는 어려운 물음을 제기한다. 이러한 도전에 대응하기 위해서, 이 장은 농식품 혁신 체계 안에 존재하는 연결의 요소들을 지목했다. 앞으로 풀어야 할 과제는 지식 생산에 대한 상업적 투자 동기, 농부들의 전문적 능력, 그리고 공공기관 참여의 적정 수준을 유지하기 위해서 기존의 집단 구조들을 찾아내고 보완하는 것이다. 분명한 것은 조정된 개입을 뒷받침하는 노동 분업을 식별하고 향상하려는 시도에서 그 밖의 고찰이 더 이루어져야 한다는 것이다. 지식 체계의 보다 넓은 행위자들과 보다 넓은 객체들을 끌어들임으로써, 다양성이 유지되고 사회 체계의 경제적, 사회적, 그리고 생태적 요구들이 발전할 수 있을 것이다.

5장

혈관형성방지 연구와 과학 장의 동역학

과학사회학의 역사적, 제도적 관점들

데이비드 J. 헤스

1958년에 하버드 의대 학생 유다 폴크먼은 MIT 공학자와 공동으로, 이식가능한 심장박동 조절장치를 개발했다. 당시 하버드 의대는 특허를 원하지 않았기 때문에 두 연구자는 그 결과를 논문으로 출간해서 기업들이 마음대로 상업화할 수 있도록 공유시켰다(Cooke 2001 : 37, Folkman and Watkins 1957). 그 사이에 폴크먼이 혈관형성방지를 기반으로 암에 대한 이론(즉, 종양이 혈관의 성장을 필요로 한다는 착상)을 개발했고, 그는 새로운 수준의 대학-기업 협력연구의 선구자로 기여했다. 1998년에 그의 연구에 대한 학자, 생명공학회사, 제약회사, 그리고 주요 언론의 관심이 점차 높아지기 시작했다. 한편, 1957년에 〈컬럼비아 장로교 의학센터〉의 젊은 조교수 존 프루덴이 소의 연골조직이 쥐의 상처 치유를 촉진하고 염증을 감소시킨다는 사실을 발견했다(Prudden, Nishikara, and Baker 1957). 그가 연골-기반 암 치료법을 개발하는 수십 년 동안, 그의 접근방법은 주류 의학계에서 아무런 관심도 받지 못했다. 연골 연구, 그리고 그와 연관된 천연 치료제의 개발이 지연되었던 사례와 비교했을 때, 혈관형성방지 약품의 개발 과정은 과학지식사회학을 통해 변화하는 규제정책, 상업화, 그리고 사회운동 같은 제도적 요인들을 검토하는 이론적 틀을 고찰할 기회를 준다.

이론적 배경

과학기술학에서 국가, 시장, 그리고 사회운동 같은 제도적 요인들에 대한 관심이 새롭게 부활한 까닭은 무엇인가? 『끝없는 전선의 정치학』*Politics on the Endless Frontier*에서 클라인맨은 그 주제가 과학기술 정책에 대한 민주적 참여를 둘러싼 갈등을 포함한다고 주장한다. 미국에서 이 문제는 최소한 2차 세계대전 이후에 출현했던 국가의 연구비 지원 체제에까지 거슬러 올라간다. 전직 MIT 총장이자 2차 세계대전 기간 동안 과학연구개발국 Office of Scientific Research and Development 국장을 지냈던 버니버 부시가 과학자 공동체에 상당한 자율성을 주어야 한다고 주장한 반면, 뉴딜 정책을 지지했던 상원의원 할리 킬고어는 농부, 노동조합, 그리고 대중의 대표를 참여시키는 연구비 지원 모델을 지지했다. 결국 부시 모델이 승리를 거두었고, 과학 제도는 "예외주의"exceptionalism 정책, 즉 높은 수준의 자율성을 허용하는 것이 사회적으로 유익하다는 관점 속에 은폐되었다.

자율성 가정은 과학자들뿐 아니라 과학사회학자와 과학철학자들에 의해서도 옹호되었다(Daniels 1967; Mulkay 1976; Fuller 2000). 과학학이 자율성 가정을 받아들인 것은 여러 연구 전통에서 분명하게 나타난다. 과학을 자기 규제 체계로 묘사한 머튼(1973)과 패러다임 변화를 과학 장에 고유한 인식적 관계에 의해 지배되는 것으로 설명했던 쿤도 거기에 포함된다. 이후 등장한, 실험실, 담론, 연결망, 그리고 논쟁 같은 미시사회학microsociol-ogy을 강조했던 과학지식사회학도(예를 들어, Knorr-Cetina and Mulkay 1983) 어느 정도까지는 이러한 자율성 가정을 계속한다고 볼 수 있다(Hess

2001a:39,42). 이러한 연구가 과학자와 그들의 연결망, 그리고 연관 미시사회학적 분석 단위들을 강조하는 경향이 있지만, 그들은 과학지식의 형성 과정에서 국가, 기업, 그리고 사회운동의 인과적 형성 역할을 흘끗이나마 들여다 볼 수 있는 시야를 열어 주었다. 제도적 요인에 대한 관심은 과학기술학 STS의 다른 전통, 특히 맑스주의 문헌(예를 들어, Bernal 1969; Hessen 1971)과 1970년대 후반의 이해관계 분석(MacKenzie and Barnes 1979)을 비롯해서 머튼의 베버주의적 연구(예를 들어 Merton 1970)에서도 나타난다. 마찬가지로, 1980년대와 1990년대의 인류학자와 페미니스트 진영의 연구도 사회 문제, 문화와 권력, 그리고 일반인 집단과 사회운동 같은 거시사회학적 분석 범주들에 관심을 기울였다(Hess 2001b). 그들의 연구는, 여러 가지 중요한 측면에서, 과학지식사회학에서 나타난 구조와 외부 제도들에 대한 관심의 복원과 유사했다(Kleinman 2003).

이 장은 실험실 연구 이후 문헌들의 두 가지 흐름에 기초해서, 보다 깊이 역사화된 과학지식사회학의 가치를 주장하면서 국가, 시장, 그리고 사회운동 같은 제도적 요인들에 새롭게 관심을 촉구하려 한다. 머튼주의나 구성주의 연구 전통은 근대성의 역사사회학에 대한 관심을 강조하지 않았지만, 이 문제들은 규제정책과 전문성, 상업화와 사유화, 시민사회, 사회운동, 대중의 과학이해, 그리고 과학의 대중참여 같은 새로운 연구와 비슷해 보이는 경우가 많다(Misa, Brey, and Feenberg 2003). 이러한 새로운 문제 영역들은 다양한 항목들(예를 들어, 후기 자본주의, 후기 근대성, 성찰적 근대화, 그리고 세계화)로 틀지어지는 오늘날의 역사적 변화와 관련된다. 나는 근대성이 일회적 사건이 아니라, 20세기의 지난 수십 년 동안 특정 형태를 취해 왔지만, 그 형태가 대체로 최소한 16세기 이래 장기적 역사 발전의 연속인, 진행중인 과정으로 개념화될 필요가 있다고 생각한다. 그 결과, 20세기 초반과 중반에 수립된 근대성에 대한 사회이론들은, 수정이 필요하지만, 계속 가치가 있다.

이 장은 오늘날 과학의 역사적 발전에서 나타나는 구체적인 경향들을 활동의 장field으로 가정한다. 그 용어는 부르드외(Bourdieu 2001)에게서 빌어온 것이지만, 다음과 같은 4가지 과정들을 기반으로 좀더 역사사회학적 관점에 토대를 두고 있다.

1. **규모의 확장.** 실험실 과학에서 연구의 비용과 규모는 연구비를 지원하는 공공기관의 능력을 넘어섰다. 규모가 커지면서, 사적 부문의 새로운 편제가 필요해졌고, 중앙 통제와 지역 자율성 사이에서 계속되는 협상이 일어났다. 부시/킬고어 논쟁은 과학 장scientific fields의 상대적 자율성을 둘러싼 지속적인 협상의 한 예에 불과하며, 오늘날까지도 상업화와 대학을 둘러싼 논쟁이 계속 이어지고 있다.

2. **제도의 분화.** 과학 장에서 인간과 조직 행위자들은 점차 역할과 조직적 목표의 조정과 제휴를 둘러싸고 다른 활동 장의 그것들과 갈등에 직면하게 된다. 예를 들어, 과학자와 대학은 교육, 연구, 자금 조달, 경영, 정책수립, 시민권, 공동체 개발, 그리고 기업가주의 등에서 자신들이 수행하는 역할을 협상하면서 점점 더 복잡한 목표들을 발전시키게 된다. 증대된 복잡성을 협상하기 위해 새로운 경계 역할들boundary roles과 조직들이 출현하고, 이것들이 다시 더 많은 행동의 장들을 분화시킨다(Frickel 2004; Guston 2001; Moore 1996).

3. **가치의 보편화.** 과학 장의 문화는 경합하는 연구 연결망들 사이에서 점점 더 공식화된 방법론과 갈등해소 방법을 발전시킨다는 의미에서 점차 보편적이 되어 간다. 임상의학 같은 응용적 장에서, 규제정책은 실험실에서 이루어진 발견을 임상적 응용으로 번역하도록 명령하는 표준을 통해 보편주의를 규약화한다. 사실과 인공물 양자의 수용을 결정하는 방법과 표준의 공식화는 지식 생산 수단에 대한 접근을 둘러싸고 갈등을 일으키고, 지식생산의 우선권에 대한 전문가와 일반인의 입장 사이에서 충돌을 빚는다.

4. **물질세계의 비자연화.** 연구기술과 연구로 생성되는 기술/산물은 모두 시

간이 흐르면서 한층 종합되고 살아 있는 실체로부터 멀어지는 경향이 있다. 과학 장에서 연구 혁신은 부분적으로 특정 방법을 이용한 연구 노력의 수확체감 문제에 의해 추동되며, 그것은 새로운 연구방법과 기술을 발견하려는 노력으로 귀결한다(Rescher 1978). 특허법과 연구 상업화도 발명, 혁신, 그리고 종합을 더욱 강조한다. 그러나 기술혁신은 새로운 위해, 부작용, 그리고 위험을 발생시키며(Beck 1992), 그 결과 신기술과 그 사회적, 환경적 함축 사이에서 지속적인 협상을 낳는다. 시민사회 단체들이 제기하는 안전과 환경에 대한 우려는 이윤추구를 목적으로 한 혁신과 사회적, 환경적 개선을 지향하는 혁신 사이에서 지속적인 협상을 낳는다.

사례연구 : 배경

여기에서 제시하는 경험연구는 미국의 암 연구와 치료의 두 분야에 대한 비교 연구이다. 하나는 성공한 사례이고, 다른 하나는 실패한 사례이다. 이 사례연구는 왜 과학지식사회학이 상업화, 새로운 규제, 그리고 시민사회의 참여 같은 역사적 변화를 설명해야 하는지 잘 보여 준다. 예를 들어, 두 연구 프로그램은 의학 연구의 상업화라는 빠른 변화의 맥락에서 개발되었다. 대학의 특허와 면허 출원을 촉진했던 1980년의 〈베이돌 법〉은 일반적으로 미국의 연구기반 대학의 상업화에서 분수령을 이루는 중요한 사건으로 간주되지만, 여기에서 제시하는 사례에서 나타나는 일부 협력관계는 〈베이돌 법〉보다 시기적으로 앞서며 대학 상업화가 훨씬 장기간에 걸쳐 진행된 과정이었음을 시사한다. 특허약품의 상업적 호소력은 과학연구의 한 방향, 즉 약품기반 혈관형성방지 연구에서는 과학계과 의학계의 엘리트들의 격렬한 반대를 이겨내기가 상대적으로 수월했지만, 연골기반 연구라는 다른 경로는 충분한 연구비를 지원받지 못했고, 아직도 논쟁에 휩싸여 있다.

국가의 규제기능이라는 관점에서, 또 하나의 분수령은 1938년에 제정된 〈식품, 약품 및 화장품 법안〉의 1962년 〈케파우버-해리스 개정안〉Kefauver-Harris Amendment이다. 탈리도마이드[1] 사태로 안전에 대한 우려가 비등하면서 그에 대한 대응으로 등장한 이 개정안은 약품 승인 과정에서 더 높은 안전 기준과 새로운 효능 기준을 수립했지만, 신약이 시장에 출시되기까지 들어가는 비용을 증가시켰다. 1960년대 말엽까지, 약품을 개발해서 시장에 내놓기까지 들어가는 연구개발 비용은 무려 8억 달러에 이르는 것으로 추정되었다. 일부 연구는, 세금을 뺀 연구 비용은 정작 그 액수의 10분의 1에 불과하다고 지적했지만 말이다(Young and Surrusco 2001). 그렇지만 가장 적게 잡아도, 식품-기반 상품과 관련된 지적재산권의 불확실성과 대비해서, 자본을 소유한 사적 부문의 기업들이 약품-기반 특허의 재정적 안정성 쪽으로 기울어지도록 동기를 부여하기에 충분한 투자액이다. 그러나 식품/약품 차이에도 변화가 있었다. 1994년의 〈건강보조식품 및 교육법〉Dietary Supplement, Health, and Education Act, DSHEA 하에서, 미국의 규제체계는 식품과 약품 사이에서 새롭게 출현한 범주 ─ 영양보충제 또는 건강기능식품 nutraceutical ─ 의 문제를 해결하기 위해 애썼고, 제조업자들이 질병 치료와 관련된 주장을 하지 못하도록 금하면서 의사 처방 없이 판매할 수 있도록 허용했다.

역사적 변화의 세 번째 영역은 시민사회단체의 발전이었다. 혈관형성방지 약품과 연골-기반 상품 양자의 호소력 뒤에는 화학요법과 방사선요법의 치료 체제therapeutic regime의 변화를 요구해 온 환자들이 주도해 온 개혁운동이 있다. 이 운동은 1960년대 이전에 이미 존재했지만, 1970년대에 레이어트릴[2]의 사용 금지에 항의하는 대규모 사회운동으로 통합되었으며 1980년

---

1. [옮긴이] 탈리도마이드(thalidomide) : 1953년 서독에서 제조되어 1957년부터 1960년대 초까지 임산부들의 입덧 완화제로 사용되었으며 기형아 출산 등 부작용의 위험성이 드러나서 판매가 중지되었다.
2. [옮긴이] 레이어트릴(laetrile) : 살구씨와 사과씨 등에 함유된 아미그달린, 즉 비타민 B17로

대 중엽에는 폭넓은 암치료 대체 요법 운동으로 다양화되었다(Hess 2003).
환자들이 전통적인 암치료제의 높은 독성과 낮은 효능에 좌절한 많은 의사
들의 편에 섰다면, 독점 약품을 개발하고, 건강에 대한 과장된 주장을 제기
하며, 속기 쉬운 암 환자들을 희생물로 삼아 이익을 취한 기회주의자들의
역사도 있다. 그 결과, 환자 운동 지도자들은 환자들을 효능이 없는 산물로
인도하지나 않을지 노심초사하며, 때로는 상어의 연골과 관련된 치료법을
포함해서 과장된 주장에 제동을 걸기도 한다.

규제정책, 지적재산권 체제, 그리고 사회운동의 변화는, 이 글에서는 관
심을 촉구하는 정도에 그칠 수밖에 없는, 그 밖의 숱한 역사적 변화들과 교
차한다. 예를 들어, 의학의 전문성 자체가 건강관리 단체[3]와 환자옹호운동
같은 대항 세력의 성장에 따라 자율성을 상실하고 있다. 그 자율성 약화의
결과로 기존 암치료를 보완하거나 대체하는 요법이 늘어났다. 마찬가지로 연
구방법에도 변화가 닥쳤다. 그 변화란 (점차 평가 기준으로 임상시험에 강조
점을 두는) 약품 개발을 선호하면서 동시에 보완요법과 대체요법에 대한 증
거-기반 (역사적 대조군과 비교하는 회고적 방법과 데이터베이스 개발을 통
한) 의학적 주장이 제기될 공간을 허용하는 것이었다.

여기에서 소개하는 사례연구들은 일차 문헌과 이차 문헌에 기초하고 있
으며, 십년이 넘는 민속지적 관찰, 반구조화된 인터뷰, 그리고 미국과 다른
나라들의 문헌 연구를 포함하는 보다 폭넓은 연구의 일부이다. 이 사례연구
방법은 과학기술학 분야에서 폭넓게 사용되며, 여기에서는 이론적 틀에서

만든 천연 제암제(制癌劑). 동양의학에서는 오래전부터 살구씨의 효능이 알려졌고, 서양에
서는 에른스트 크렙스(Ernst T. Krebs) 박사를 비롯한 일부 학자들이 효능을 주장했지만,
주류 학계에서는 독성 등 부작용을 이유로 받아들이지 않았다.
3. [옮긴이] 건강관리 단체(health maintenance organization, HMO) : 정해진 보험료를 내고
미리 계약한 조건 안에서 진료를 받는 미국의 대표적인 민간 건강보험 방식으로, 회원(가입
자)은 원칙적으로 HMO가 지정하는 의사와 기관에서만, 그리고 일정한 진료체계를 거쳐서
만 진료를 받을 수 있다.

벗어나지 않는 두 가지 방식으로 변형되었다. 첫째, 규제, 사적 부문, 그리고 사회운동 같은 요인들을 포함하는 비자율적인 분석을 돕기 위해서 성공과 실패라는 밀접하게 연관되지만 전도된 "쌍둥이" 사례를 사용했다(우드하우스가 채택한 비슷한 비교분석 전략은 5장을 보라). 둘째, 이 사례들의 역사적 범주는 단기적이라기보다 장기적(즉, 수십 년)이다. 시간적으로 더 긴 관점이 보다 깊은 역사적 분석을 용이하게 만들 것이다.

연구분야와 산업의 형성

혈관형성angiogenesis은 과학에서 전혀 새로운 영역이 아니다. 1787년에 외과 의사였던 존 헌터가 혈관의 형성을 기술하기 위해 이 용어를 처음 사용했고, 이미 1907년에 연구자들이 종양 혈관신생을 관찰했다(Angiogenesis Foundation 2003; Goldman 1907). 1941년에 의학 연구자들이 기니피그의 눈에 이식한 종양이 자라면서 혈관신생vascularization이 나타나고, 혈관이 새로 생겨나지 않으면 종양도 커지지 않는다는 것을 관찰했다(Greene 1941). 몇 년 후, 암 연구자들은 혈관이 종양을 향해 성장한다는 가설을 발표했다(Algire and Chalkley 1945). 1960년대에 유다 폴크먼과 동료들은 이식된 동물의 종양에서 같은 과정을 관찰했고, 이 젊은 외과의는 미국에서 이 연구분야가 수립되는 데 핵심적인 역할을 수행해 나갔다. 그의 역할 때문에, 이 절은 그의 연구가 차지하는 위치가 암 연구분야에서, 그리고 심지어 암치료 분야에서까지 어떻게 변화했는지에 초점을 맞출 것이다.

외과 의사였기 때문에, 폴크먼은 종양 연구분야에 문외한으로 입문했다. 그러나 그는 뛰어난 의대생이었고 하버드 의대에서 단시일에 외과 교수로 두각을 나타냈으며 보스턴 아동병원 외과 과장이 된 명성 덕분에, 폭넓은 의학 분야에서 신뢰를 쌓았다. 그러나 혈관형성 억제제를 처음 연구했던 수십 년 동안, 의학계에서 그가 누렸던 지위는 외과 의사로서의 연구업적 덕분이었다. 그의 실험실 연구는 자발적인 활동으로 묵인되었고, 혈관형성과

암에 대한 그의 최초 논문들은, 최고 권위의 학술지에 실린 경우(예를 들어, Folkman 1971)조차, 대부분 무시되었다, 회의적인 과학자들은 종양을 향해 혈관이 형성되는 것은 염증 때문이라고 주장했고, 임상의들은 실제 응용이 아직 멀었다고 생각해서 무관심으로 일관했다(Cooke 2001 : 100). 보스턴대학의 저명한 종양학자 시드니 파버가 〈미국암협회〉American Cacer Society, ACS의 홍보 담당자를 설득해서 연례 언론 세미나에서 폴크먼을 주역으로 부각하게 했고, 그 결과 언론의 관심을 받았지만 암 연구자들 사이에서 고립을 가속시키는 결과를 낳았을 뿐이었다(116~119).

1960년대와 1970년대에 미국의 암 연구는 처음에 바이러스 종양학을 추구했다가 나중에 종양형성 유전자 연구로 전환했던 연결망에 의해 지배되었다(Chubin 1984; Fujimura 1996). 그 외의 소수 연구자들이 혈관형성 문제를 연구하는 정도였다(예를 들어, Greenblatt and Shubik 1968). 혈관형성이라는 새로운 연구분야는 규모도 작았고, 당시 새롭게 출현한 암 연구의 분자적 틀에 비하면 주변적이었다. 1970년대에도 혈관형성 연구분야는 연간 약 3편의 논문이 발간되는 데 그쳤다(Birmingham 2002). 이처럼 주변적이었던 연구분야에 변화를 일으킨 하나의 요인은 종양의 혈관신생 문제가 내피세포 성장 문제와 관련된다는 발견이었다. 그 결과, 종양 혈관형성에 대한 연구는 다른 연구분야 – 그보다 큰 연구분야 – 와 연결될 수 있었고, 폴크먼의 연구는 "혈관 클럽"이라 불린, 내피세포의 성장인자들을 분리시키려고 시도하던 연결망의 일부가 되었다(Cooke 2001 : 131). 1974년에 폴크먼의 실험실과 또 다른 실험실은 배양기에서 내피세포를 성공적으로 배양했다고 보고했다(Gimbrone et al. 1973; Jaffe et al. 1973). 이 성공을 토대로, 폴크먼은 국립암협회로부터 많은 연구비를 얻으려고 했지만, 심사자들은 먼저 그가 생화학자들과 팀을 조직할 것을 요구했다(Cooke 2001 : 134).

이 대목까지는, 대체로 더 포괄적인 연구분야 속에서 "도전자" 연구 프로그램이 차지하는 위치라는 한정된 관점에서 이야기를 펼칠 수 있었다. 그러나 이제부터 새로운 행위자가 무대에 등장한다. 연구비를 얻게 되면서 폴크먼의 새로운 동반자가 된 생화학 교수 버트 밸리는 폴크먼이 분리할 수 있게 된 종양 혈관형성 인자를 만들기 위해서 연구 규모를 훨씬 키울 필요가 있다고 주장했다. 밸리는 〈몬산토〉에 자문을 해주고 있었기 때문에, 이후 새로운 대학-의대 제휴 형태로 이어질 협력관계를 촉진할 수 있었다(Cooke 2001 : 136~148). 〈하버드 몬산토 협정〉은 기술이전과 사적 부문 협력관계의 역사에서 고전적인 사례가 되었다. 이 협정으로, 폴크먼과 밸리의 실험실은 12년 이상의 기간 동안 2천 2백만 달러를 받았고, 두 사람의 실험실에서 나오는 산물의 특허 출원 권리를 〈몬산토〉에게 주는 대가로 자신들의 연구를 논문으로 출간할 수 있는 권리를 얻었다(Culliton 1977). 이 협정은 하버드의 지적재산권 정책에 큰 변화를 수반했고, 다른 의과대학들에게 새로운 정책 모형을 제공했다(Cooke 2001 : 145~187). 〈베이돌 법〉 이전이었기 때문에, 하버드는 특허를 출원하려 하지 않았고, 대학에는 특허 대리인도 없었다.

미국 생의학 연구 상업화에 대한 역사적 중요성 이외에도, 〈몬산토 협정〉은 연구비 기반을 제공함으로써 폴크먼의 연구 프로그램이 제도화를 향해 한걸음을 더 내딛게 했다. 그러나, 안정적인 연구비 기반을 확보한 것은 전체 그림의 일부에 불과했다. 또한 폴크먼과 그의 동료들은 과학자 사회에서 인정을 얻을 필요가 있었으며, 이 과정에는 더 많은 시간이 필요했다. 실제로, 하버드 대학 내부와 과학연구자 공동체 전체로부터 〈몬산토 협정〉에 대한 거센 반발이 일어났다. 그 후 폴크먼이 국립보건원에 제출한 연구비 신청이 기각되었고, 그의 연구팀은 돈키호테 취급을 받았다. 한 학술대회에서 그가 연단에 오르자 1백 명의 학자들이 자리를 박차고 방을 나갔고, 그는 박사후 연구원들로부터 주위에서 그의 실험실에 가지 말라는 조언을 받았다는 이야기를 듣기도 했다(Cooke 2001 : 145~187). 『사이언스』에 실린 회의적인 논문은 폴크먼의 연구에 대한 외부 위원회의 부정적인 평가를 이끌었다. 게다가 엎친 데 덮친 격으로, 아동병원 경영자들은 그에게 외과의와 연구 중 하나를 선택하라고 요구했고, 결국 그는 1978년에 외과 과장직에서 물러나는 중대 결정을 내렸다(Cooke 2001 : 198).

전문가 사회의 역풍에도 불구하고, 실험실은 느린 속도로 성공적인 업적을 축적해 가고 있었다. 1976년에, 당시 폴크먼의 실험실에서 박사후 연구원으로 일하던 화학공학자 로버트 랭어가, 소의 연골에서 시작해서 상어에 이르기까지, 많은 양의 연골 조직을 조사한 끝에 혈관형성을 막는 물질을 분리하는 데 성공했다(Langer et al. 1976). 1979년에는 실험실의 한 미생물학자가 연골조직에서 특수한 종류의 내피 세포를 추출해서 배양액 속에서 성장시키는 데 성공했다(Folkman et al. 1979). 이 업적은 전세계에서 인정을 받았고, 폴크먼의 실험실은 연구자들에게 이 기법을 훈련시키기 시작했다(Cooke 2001 : 194). 이후, 폴크먼과 밸리의 실험실은 혈관형성 성장인자를 분리했다(Shing et al. 1984; Fett et al. 1985). 그 결과, 1980년대 중엽이 되자 혈관형성 연구는 성장인자 연구의 신생 분야의 한 부분이 되었고, 산업계로부터 큰 관심을 끌게 되었다. 〈제넨테크〉의 한 연구자는 자신들이 찾아낸 관내피 성장인자가 폴크먼의 실험실에서 분리한 종양 혈관형성 인자와 동일한 것이라는 사실을 발견했다(Leung et al. 1989). 〈몬산토〉는 농생명공학에 집중하기로 결정하면서 더 이상 하버드와의 협정을 갱신하지 않았지만, 폴크먼은 곧 이 시장에 진출을 희망하던 일본 기업 〈타케다 화학산업〉Takeda Chemical Industries으로부터 매년 1백만 달러의 연구비를 지원받았다(Cooke 2001 : 209~217). 기업들로부터 연구비 지원을 얻는 능력은, 암 연구의 지배적인 일부 가설에 도전을 제기하고 세포독소 화학요법에 의존하지 않는 치료적 접근으로 통하는 문을 열고 있던, 실험실을 유지하는 데 결정적이었다.

임상 적용이 이루어지면서, 이 연구의 지위는 또 다른 수준의 변화를 겪게 되었다. 1989년에 알파인터페론이 임상적으로 사용된 최초의 혈관형성방지 인자가 되었고, 1992년에 〈타케다〉의 TNP-470이 임상시험에 들어간 최초의 혈관형성방지 약품이 되었다(Folkman 1996 : 150). 그 후 혈관형성 연구는 빠른 속도로 다른 실험실로 확산되었고, 백혈병과 혈관형성 연구는 새로운 성장 분야가 되었다(Cooke 2001:236~237). 박사후 연구원들은 과거에 거들떠보지도 않던 실험실에서 자리를 얻으려고 치열한 경쟁을 벌였다(245). 그러나 이 시점에도, 국립암협회는 폴크먼의 실험실에서 제출한 연구비 지원 요청을 기각했고, 여전히 주요 제약기업들은 신속한 임상 적용이 가능한 연구에만 관심을 기울였다. 따라서 1992년에 폴크먼은 생명공학 창업 회사인 〈엔트레메드〉로부터 지원을 받는 협정을 맺었다(248~250). 이 협력관계로 쥐과 동물에서 전이를 막는 혈관형성 억제물질인 안지오스타틴angiostatin이 개발되었다(O'Reilly et al. 1994). 1996년에 7개의 혈관형성 억제 약품이 임상시험에 들어갔다(Folkman 1996:154). 이 분야가 약품 개발로 이행하면서, 연구분야의 규모는 연간 수백 편의 논문이 출간되는 정도로 성장했다(Cooke 2001:260).

1998년 5월, 『뉴욕타임즈』 기자 지나 콜라타는 전면기사에서 이 분야의 활발한 진전과정을 보도해서 전세계적인 반향을 일으켰다. 그녀는 노벨상 수상자 프랜시스 크릭이 했던 "유다가 2년 이내에 암을 치료할 것이다"라는 말을 인용했다. 크릭은 인용된 발언을 부인했지만, 이 논쟁적인 이야기는 국제 언론들로부터 열화와 같은 관심을 촉발했고, 〈엔트레메드〉사의 주가는 치솟았다. 또한 그 기사는, 그중 한 약품이 재연 시도에서 얼마간의 어려움에 직면했을 때, 혈관형성 연구의 비판적인 후속 보도를 할 수 있는 무대장치를 마련해 두었다(예를 들어, King 1998). 〈엔트레메드〉사도 〈타케다〉와 협정을 맺었던 〈애보트〉로부터 당한 소송을 비롯해서 몇 가지 난관을 겪었다. 한편, 다른 기업들은 임상시험을 시작했고, 탈리도마이드 같은 과거에 발매된 약품들이 혈관형성 방지 효과로 다시 등장하기도 했다.

21세기 처음 10년 동안 혈관형성과 혈관형성 억제 연구는 주류 분야가 되었다. 폴크먼이 2002년에 한 인터뷰에서 지적했듯이, 혈관형성 연구분야는 주당 논문 40편이 발간되는 정도로 성장했다. 이것은 연간 2천 편이 넘는 숫자이다(Birmingham 2002). 암, 심장혈관 질환, 관절염, 당뇨병, 황반변성처럼 과거에는 서로 무관했던 질병들이 이제는 혈관형성이라는 공통의 끈으로 연결되었다. 일부 경우에는 혈관형성을 촉진하기 위해 설계된 약품 산업이 출현했고, 다른 경우에는 암처럼 혈관형성을 억제하기 위한 산업이 탄생했다. 〈혈관형성 재단〉Angiogenesis Foundation에 따르면 1999년까지 혈관형성과 혈관형성 억제의 양 분야에서 모두 암, 황반변성, 당뇨성 망막변성, 건선, 관상동맥질환, 뇌졸중, 그리고 상처 치료 등을 위해 임상시험이 진행중인 약품들이 "거대한 파도"처럼 밀려 왔다. 2002년까지 전세계의 3백 개 기업들이 혈관형성 연구에 뛰어들었고, 71개의 약품, 1만 명의 환자, 그리고 40억 달러의 연구비를 포괄했다(Angiogenesis Foundation 2002).

혈관형성 연구의 주도권 장악을 패러다임 변화나 과학혁명, 또는 하나의 연결망이 성장해서 다른 연결망을 지배하는 틀로 기술하고 싶은 유혹을 느낄 법하다. 그러나 이러한 분석틀은 이행 과정의 복잡성을 얼마간 놓치고 있다. 오늘날까지도, 기초 연구의 분자적 접근방식과 임상 적용의 화학요법 접근방식이 암 연구분야에서 지배적 지위를 유지하고 있다. 오늘날에는 전통적인 항암 화학요법 치료제가 낮은 용량으로도 혈관형성 억제 효과를 나타낸다는 사실이 인정되고 있지만, 혈관형성 억제 약품의 임상시험은 전통적인 암 화학요법 필수품 일습에 더해지는 부가물 정도로 간주하는 경향이 있었다. 비슷한 과정이 혈관형성 억제 특성 검사가 이루어지고 있는 단일클론 항체[4]에서도 나타나고 있다. 혈관형성 억제제를 기존의 연구 프로그램과 약제를 대체하는 것으로 보는 대신, 다양화되고 있는 치료 분야로 통합되는 과정으로 항체 개발을 기술하고 있다는 것이 좀더 정확한 표현이다. 혈관형성 연구와 약제는 기존의 연구틀과 연구 프로그램을 대체하기보다는 그 속

---

4. [옮긴이] 단일클론 항체(monoclonal antibody) : 생체의 특정 종류 세포나 항원(抗原)에만 특이하게 반응하는 순수하고 활성(活性)이 높은 항체를 뜻한다.

으로 편입되고 있었던 셈이었다.

식품, 연골, 그리고 혈관형성

혈관형성 연구와 대조적으로, 암치료를 위한 연골 연구의 경우는 내가 "수행되지 않은 과학"undone science(Hess 2001a; Woodhouse et al. 2002)이라고 불렀던 사례에 해당한다. 미국에서 연골-기반 암치료법 분야는 존 F. 프루덴에 의해 개발되었다. 그의 경력은 몇 가지 측면에서 폴크먼과 유사했지만, 결과는 그에게 훨씬 못 미쳤다. 프루덴은 폴크먼보다 조금 앞선 1945년에 하버드 의대를 졸업했고, 컬럼비아대학에서 의학으로 박사학위를 받았다(Moss 1993).[5] 군복무를 마친 후, 그는 컬럼비아 장로 병원에서 외과의로 재직했고, 1960년대 말에서 1970년대 초까지 컬럼비아대학의 임상외과 조교수를 지냈다. 1950년대에 그는 상처에 연골조직을 넣으면 치유가 촉진된다는 사실을 발견했다(Prudden, Nishikara, and Baker 1957). 그는 리소자임이라는 효소에 대한 연구로 명성을 쌓았지만, 연골의 치유 잠재력에 대한 관심은 계속되었고 얼마 지나지 않아 식품의약청으로부터 소의 연골로 암 환자를 치료하는 신약 연구 허가를 얻어냈다. 1972년에 그는 소의 연골을 피하주사로 환자에게 주입하는 처치를 시작했지만, 외과 교수라는 지위로 인해 연구가 제약을 받았다. 결국 프루덴은 다른 병원들과의 협력 연구를 위해 컬럼비아대학의 교수직을 사임했다. 1985년에 그는 31명의 환자들을 대상으로 한 실험 결과를 발표하면서 그 약이 매우 안전해서 독성 한도에 도달하지 않을 정도였다고 결론지었다. 더구나, 모두 전통적인 치료법으로 실패했던 말기 환자들로 이루어진 소집단에 상시 치료를 적용한 결과, 61%의 완전 관해[6]를 이

---

5. 이 절의 나머지 부분의 서지 정보는 1993년 랄프 모스가 존 프루덴과 했던 인터뷰를(Moss 1993) 기반으로 한 것이다.

6. [옮긴이] 완전 관해(complete response) : 암치료 후 종양이 완전히 사라져서 CT나 MRI 등 검사에서 발견되지 않는 경우를 뜻하며, 부분적으로 사라진 경우는 부분 관해(partial re-

루었다고 주장했다(Prudden 1985). 1993년의 인터뷰에서, 프루덴은 신장에서 발생하며 매우 치명적인 종류의 암인 신세포암종에 대한 후속 연구에서 연골 약품이 25%의 완전 관해나 부분 관해를 달성했다고 주장했다(Moss 1993). 그는 암 연구자와 임상의들이 실패하는 원인을 그들이 천연 치료제를 싫어하기 때문이라고 지적했다. 그는 1998년에 세상을 떠났는데, 그 시점에는 아직 소의 연골이 암치료의 주류가 되지 못했다.

프루덴의 연구가 빛을 잃은 것은 혈관형성 억제 약품에 대한 관심 증가뿐 아니라 상어 연골에 대한 관심 증가 때문이기도 했다. 상어 연골의 효능을 주장했던 핵심 인물인 I. 윌리엄 레인은 의학 학위가 없었고 대학 교수도 아니었지만, 상어 연골을 영양보조제로 사용할 수 있는 중요한 자격증을 획득했다. 그는 코넬 대학에서 영양학 석사 학위, 러트거스 대학에서 농생화학과 영양학으로 박사학위를 취득했으며 〈W. R. 그레이스 사〉 해양자원과의 부책임자를 지내기도 했다.[7] 그 후, 1970년대에 자문 관련 일을 하는 동안 그는 상어잡이에 관심을 가졌다. 그는 사업 동료에게서 소의 연골에 대한 이야기를 들었고, 1981년에 프루덴을 만나서 자신의 요통 치료를 위해 연골 알약을 복용했다. 그 약이 자신의 요통뿐 아니라 동료의 아내가 앓던 심한 관절염에까지 효과가 있다는 사실을 알게 되자 레인은 연골의 치료 잠재력에 큰 관심을 가지게 되었다. 몇 달 후, 그는 폴크먼과 함께 일하던 화학공학자 랭어를 만났고, 연골의 치료가능성에 대해 한층 더 확신을 굳히게 되었다. 레인의 설득으로, 브뤼셀에 있는 〈줄 보르데 연구소〉는 독성 연구를 비롯해서 쥐와 관절염을 앓는 사람을 대상으로 용량 반응 실험을 수행했다. 레인에 따르면, 실험 결과는 모두 확실했지만, 그들은 일부러 결과를 발표하지 않았다. 그리고 레인은 국립보건원의 관심을 끌 수 없었다. 국립보건원 대표는 레인

---

sponse)라고 한다.
7. 이 절의 서지사항은 다음 문헌을 토대로 한 것이다. Lane and Comac 1993.

에게 자신들이 천연물질 연구를 원하지 않는다고 말했다. 미국에서 좌절을 겪은 그는 멕시코, 파나마, 코스타리카, 그리고 쿠바에서 협력자를 찾으려 애 썼다. 1992년에 레인은 『상어는 암에 걸리지 않는다』 *Sharks Don't Get Cancer*라는 책을 냈고, 1993년에 CBS 시사프로그램 〈60분〉 60 Minutes은 레인이 18명의 환자 중에서 40%가 크게 향상되었다고 주장한 쿠바 사례를 다루었다.

1990년대 중반에 연골 약품은 의사 처방 없이 판매되는 대표적인 건강 보조제 중 하나였고, 상어 연골이 소의 연골을 대체했다. 당시 미국에서 이 루어진 상어 연골의 소매 판매는 연간 5~6천만 달러에 달했고, 레인은 한 인 터뷰에서 2만 5천명이 상어 연골제품을 사용하고 있다고 밝혔다(Flint and Lerner 1996). 〈건강보조식품 및 교육법〉의 규제 하에서는, 제조업자가 화학 적 조성과 기능만을 주장하는 경우(즉, 관절과 뼈의 건강을 증진한다는 식), 연골 제품은 처방 없이 건강보조식품으로 상점에서 판매가 가능했다. 반면 제조사가 질병에 대한 주장을 할 경우(즉, 성공적으로 암을 치료할 수 있다 는 식), 보조식품은 약품으로 분류되고 임상시험을 통해 많은 비용이 들어 가는 승인과정을 거쳐야 한다. 다시 말해서, 그렇게 될 경우 그 상품의 법률 적 지위를 결정하는 것은 더 이상 "천연성"이 아니라 그와 결부된 건강 주장 이 되는 것이다.

〈건강보조식품 및 교육법〉 규제가 처방전이 필요 없는 시판 보조제가 불법 치료 용도로 쓰일 수 있는 허점을 가지고 있었지만, 레인은 정식 경로 를 택해서 1994년에 식품의약청으로부터 연구신약[8] 승인을 얻었다(Lane and Comac 1996). 당시 그는 식품의약청이 협조적이었다고 기술했다. 그러 나 1990년대 말엽에 이 기관은 상어 연골이 승인되지 않은 방식으로 사용되 고 있다고 믿게 되었다. 1999년 식품의약청은 〈레인 랩스 USA〉 Lane Labs USA

---

8. [옮긴이] 연구신약(investigational new drug) : 신약개발 과정에서 신약의 전 단계로 임상시 험용으로만 승인된 의약품을 뜻한다.

를 상대로 임상시험을 받지 않을 경우 상품 판매를 제한할 것을 요구하는 소송을 제기했다(Angiogenesis Foundation 1999). 연방거래위원회도 암치료와 연관된 주장을 하고 있던 여러 업체의 상어연골 제품의 판매를 중단하기 위해 개입했다. 〈레인 랩스〉의 경우, 2000년에 이루어진 화해 결정은 회사측이 상어 연골제품에 대한 3상[9] 연구 기금을 제공할 것을 지시했다(Health Supplement Retailer 2000). 2003년 말에 필자가 미국 웹사이트에서 검색한 연골 제품 내용에 따르면, 제품 효력에 대한 주장은 건강 구조와 기능이라는 법률이 허용한 범주로 국한되어 있었다.

규제와 입증 문제 이외에, 1990년대에 상어와 소의 연골에 대한 주장은 자체적인 논쟁에 휘말렸다. 상어와 소의 연골의 차이도 쟁점 중 하나였다. 하나의 논쟁은 효과가 일어나는 메커니즘에 대한 것이었다. 프루덴은 치료효과가 점액다당류(탄수화물)를 거치는 면역체계 활성과 연관된다고 주장했지만, 레인은 혈관형성 억제인자(단백질)를 거쳐 활성화가 나타난다고 믿었다. 환경보호론자들도 상어 연골 산업의 성장에 따른 상어 남획에 대한 우려의 수위를 높였다. 레인은 아시아의 상어 지느러미 수요와 지속가능하지 않은 어획 관행이 남획의 더 큰 원인이며 두 가지 모두 정부의 규제가 필요하다고 응수했지만(Lane and Comac 1996:70~72), 소의 연골에 대해서는 비슷한 문제제기가 일어나지 않았다. 내가 아는 한, "광우병"에 대한 점증하는 우려는 상어/소 논쟁에 아직 개입되지 않았다. 이 주제는 현재 진행중인 갈등에 대해 또 하나의 장을 덧붙일 수 있을 것이다.

주사가 아니라 경구나 직장을 통해 투여했을 때 연골 제품이 흡수되는 문제를 둘러싸고 좀더 일반적인 논쟁이 벌어졌다. 경구 복용이 아니라 주사

---

9. [옮긴이] 사람을 대상으로 한 임상시험의 3번째 단계이다. 1상은 건강한 사람을 대상으로 안전성과 인체내 작용을 시험하고, 2상부터 약물의 치료 대상이 되는 환자들을 대상으로 임상시험이 시작된다. 3상은 임상시험에서 가장 중요한 단계로 실질적인 약의 효능 및 안전성을 시험하며, 규모면에서도 가장 커서 신약개발 승인을 얻기 위한 가장 중요한 단계이다.

를 이용했던 폴크먼은 연골 속에 들어 있는 약리활성 물질이 장에서 잘 흡수되지 않기 때문에 암 환자가 경구로 치료 효과를 얻으려면 매일같이 수백 파운드에 달하는 연골을 먹어야 한다고 주장했다(Beardsley 1993). 이 쟁점에 대한 한 독립적인 논평은 장내 흡수가 가능하다는 것을 시사했지만, 그 논평도 높은 용량의 연골이 필요하며 연골의 경구 복용으로 칼슘 과잉의 위험 가능성이 있다는 점에 대해 우려를 표명했다(Flint and Lerner 1996).

연골 연구는 보완 및 대체의학complementary and alternative medicine, CAM 암치료 운동 지도자들이 낙관론에서 신중론이나 심지어 비관론으로 입장을 바꾸면서 한층 더 약화되었다. 랄프 모스(Ralph Moss 1991, 1993), 로스 펠턴(Pelton and Overholser 1994), 그리고 그 밖의 보완 및 대체의학 지도자들(예를 들어, Williams 1993)의 최초 보고서들은 낙관적이었지만, 1990년대 말엽에 훨씬 회의적인 입장으로 바뀌었다. 환자지원단체인 〈커먼윌〉Commonweal 대표이자 보완 및 대체의학 암치료 운동 내에서 온건한 입장에 속하는 마이클 러너는 문제의 치료법이 아직 입증되지 않았다고 결론지었다(Flint and Lerner 1996). 환자-지향 암 정보-제공 서비스의 설립자인 패트릭 맥그레이디 2세는 내게 1990년대 말에 그가 소와 상어 연골 제품 모두에 극히 회의적이었다고 말했다(Hess 1999 : 35). 마찬가지로, 1994년에 상어 연골을 비교적 긍정적으로 평가했고, 보완 및 대체의학 암치료법의 주요 저서를 발간했던 로스 펠턴은 내게 자신이 5년 후에 역시 혈관형성 억제 특성이 있는 발효간장 제품을 더 선호하게 되었다고 털어놓았다(151). 〈60분〉에 쿠바 관련 보도가 나왔을 때 자문을 해 주었던 기자이자 보완 및 대체의학 암치료 분야의 뛰어난 학자인 로버트 휴스턴은 벨기에 데이터에 대한 레인의 분석이 근본적으로 옳다고 인정했지만, 상어 연골이 사람에게 큰 효과가 있는지에 대해서는 여전히 확신하지 못했다(141). 여러 가지 측면에서 미국 보완 및 대체의학 암치료 운동의 "대부"에 해당하는 랄프 모스는 1991년 논문에 덧붙인 평에서 "배심원들이 아직도 평결을 내리지 않았다"(Moss 1991)고 말했고, 1997년에 자신이 그 제품에 대해 "신중한 어조"로 이야기하고 있다고 자평했다(Moss 1998).[10] 요약하자면, 미국, 멕시코, 그리고 그 밖의 나라들에 연골 제품을 계속 사용하고 임상적으로 어느 정도 효험이 있었다고 주장하는 임상의들이 있지만, 1990년대 말엽에 미국의 여러 환자옹호 단체 지도자들은 치료효과에 대한 주장에 신중한 편이었다. 그렇지만 그들은 혈관형성 억제 기능을 가지는 천연제품의 평가를 위한 공공의 지원이 늘어나야 할 필요성을 계속 피력하고 있다.

보완 및 대체의학 환자옹호 단체 지도자들의 지원을 받지 못하는 상황은 직관에 반(反)하는 것처럼 보일지 모른다. 그들이 모든 대체 암치료제를 무비판적으로 환영할 것으로 예상할 수도 있다. 그러나 오늘날 환자단체 지도자들은 대부분 교육수준이 높고, 방법론적으로나 정치적으로 매우 노련하다. 상당수가 사회과학과 인문학 박사학위를 가지고 있어서, 어떻게 연구를 하고 그 방법론과 정치를 통합시켜야 하는지 충분히 이해하고 있다. 그들은 종양학자와 제약회사뿐 아니라 보완 및 대체의학 임상의나 혁신가들로부터도 지나치게 과장된 주장이 나올 수 있다는 것을 알고 있다. 특히 그들은 천연물질이기 때문에 제품이 안전하고 효능이 있다고 주장하는 일부 보완 및 대체의학 옹호자들에 대해 비판적이다. 오히려, 그들은 어떤 제품의 "자연성"naturalness과 무관하게, 유독한 부작용을 줄이고 효능을 높일 수 있는 실리적인 분기점에 관심을 기울이는 경향이 있다. 만약 새로운 종류의 약이, 혈관형성 억제제의 역사적 발전단계에서 현재 수준처럼, 부작용이 거의 없고 효능을 얻을 가능성이 높다면, 보완 및 대체의학 옹호자들은 아직 해결되지 않은 숱한 논쟁으로 궁지에 빠진 천연제품보다는 독성이 없는 약품을 선

---

10. 그러나 2004년에 혈관형성 억제제 아바스틴이 승인을 받은 후, 모스는 아바스틴-화학요법 프로토콜의 높은 비용, 낮은 효능, 그리고 부작용에 대해서도 비판했으며, 혈관형성 억제 기능을 가지는 저비용 천연산물의 평가를 위해 더 많은 기금이 지원되어야 한다는 주장을 계속 제기했다(Moss 2004).

호하는 쪽으로 결론을 내릴 수 있다. 게다가 환자단체 지도자들은 환자들에게, 주식 투자 초심자들이 좋아하는 한 회사 주식에만 쏠리듯이, 단일 치료법에(그것이 실험적인 약이든 또는 새로운 식품보조제든 간에) 매달리지말 것을 경고하곤 한다. 환자단체 지도자들은 믿을 만한 의사의 지도로 외과, 영양, 면역, 그리고 심신 치유 등 다양화되고 개인에게 꼭 맞는 치료 포트폴리오를 만들 것을 권유한다. 물론 화학요법이나 방사능 치료 효과 같은 구체적인 쟁점들에서는 견해가 일치하지 않을 수 있지만, 환자단체들은 일반적으로 보완 및 대체의학 암치료 요법들을 평가하는 데 더 많은 연구비 지원이 필요하다는 데 동의하며 기적 같은 치유력을 가진 마법의 탄환에 대해서는 한결같이 회의적이다.

과거에는 연방정부가 레이어트릴 같은 논쟁적인 물질의 임상시험에 연구비를 지원하도록 압력을 가하기 위해 환자단체들의 대규모 동원이 필요했다. 1990년대 중엽이 되면서, 통합 과정이 충분히 진행되었고(Hess 2003), 연골-기반 연구에도 얼마간의 연방 기금이 지원되었다. 2003년에 국립보완대체의학센터(2003)가 자신들이 지원한 두 개의 연골 임상시험을 등록했고, 국립암연구소(National Cancer Institute 2003b)도 제니스테인genistein, 즉 혈관형성 억제 특성을 가진, 간장에서 발견된 바이오플라보노이드 물질에 대해 두 차례의 임상실험을 지원했다. 마찬가지로, 디티올 화합물(마늘에서 발견)과 비타민 A 유사체처럼, 혈관형성 억제 특성이 있는 다른 식품 성분들에 대해서도 조사가 이루어지고 있다(Boik 1996 : 29~30). 한정된 정부 기금이나 자체 수입이 있는 건강보조제 회사나 임상의들로부터의 지원 가능성 문제에도 불구하고, 연골 연구의 진전 속도는 혈관형성 억제 약품과 비교해서 달팽이처럼 느렸다. 국립암연구소의 목록에 따르면(2003a), 1970년대부터 2003년 사이에 연골 상품에 대해서 모두 8차례의 임상시험과 한 차례의 환자군 연구case series가 이루어졌다. 그중에서 3차례는 소의 연골, 4차례는 상어 연골, 그리고 두 차례는 네오바스타트Neovastat라는 정제된 연골-기반 약품을 대상으로 이루어졌다. 그렇지만 3상 수준까지 시험이 이루어진 경우는 하나도 없었다. 그 이유는 무엇일까?

그동안 보완 및 대체의학 운동 지도자들은 식품기반이나 그 밖의 "천연" 상품들이 임상연구에서 고아 신세를 면치 못한 까닭이 사적 부문의 기업들이 특허를 낼 수 없는 상품에 자본을 투자하기 꺼리기 때문이라고 자주 지적해 왔다. 특허가능성이 신약을 시장에 출시하는 데 들어가는 엄청난 사적 부문 투자의 선결조건이기 때문에, "천연성" 또는 식품과 동물성 산물에 가까운 보조제와, 약품으로서의 산물의 지위 사이의 관계는 간접적이다. 지적재산권이 식품 및 식품보조제와 결부되는 다양한 방식 때문에 이러한 차이가 점차 모호해지고 있는 것이 사실이다. 예를 들어, 새롭게 출현하는 건강기능식품nutraceutical 산업은 상표를 통해 식품 보조제에 대한 지적재산권을 얻을 수 있다. 그것은 식품의 정제된 형태를 얻는 데 특허를 출원하는 것과 마찬가지이다. 나아가, 천연 물질을 치료 용도로 이용하는 데에도 특허를 취득할 수 있다. 실제로 1991년에 레인은 20그램 용량의 연골을 사용한 혈관형성 억제제에 대해 특허를 얻었고, 프루덴은 암치료에 사용되는 모든 종류의 연골에 대해 더 포괄적인 특허를 취득했다(Flint and Lerner 1996). 그러나 상표나 공정특허는 상대적으로 약한 형태의 지적재산권이며, 프루덴과 레인이 얻은 특허 권리가 약한 이유는 그 특허가 물질 자체에 대한 것이 아니라 사용이나 작용 메커니즘을 대상으로 하기 때문이다. 레인의 특허는 특정 용량에 한정되기 때문에 특히 취약하다(Flint and Lerner 1996). 따라서, 식품에서 유래한 산물을 약으로 개발하는 노력에 대한 투자는 무임승차자를 낳을 수 있는 위험을 감수해야 한다. 다시 말해서, 비슷한 산물로 시장에 진입한 무임승차자가 시장을 선도하기 위해 많은 비용을 들인 회사를 희생시키며 이익을 취할 수 있다. 공공부문이 비용을 치르기 위해 개입하지 않는 한, 이 연구분야는 극히 느린 속도로 개발이 진행되거나, 질병치료라는 법적 지위를 갖지 못한 보조식품으로 그 산물을 시장에 출시해서 부정 사용이 두드러질 경우 규제당국이 개입할 위험을 감수할 수밖에 없을 것이다. 혈관형성 산업과 보조를 맞추려면, 혈관형성 억제 기능을 가지는 것으로 알려진 천연 상품에 대한 공공투자가, 수십억 달러까지는 아니더라도, 수억 달러 수준으로 이루어져야 할 것이다.

결론

21세기의 처음 10년 동안, 혈관형성 억제 약품들은 주류 연구자와 임상의뿐 아니라 환자와 일부 환자 단체들로부터 날로 뜨거운 관심을 받고 있지만, 연골-기반 연구는 아직도 여러 가지 논쟁에 휘말려 있다. 논쟁의 여지가 있지만, 이 상황은 암 환자의 관점에서 볼 때 최선은 아니었다. 다시 말해서, 연골이나 제니스테인 같은 식품-기반 혈관형성 산물에 더 많은 공적 자금을 투입했다면 공공기금의 현명한 사용이 되었을 것이다. 성공을 거두었다면, 특히 건강보험이나 제약회사의 약품이 주는 의료 보장의 혜택을 받지 못하는 전세계의 많은 인구들이 식품-기반 약품을 훨씬 싸고 손쉽게 이용할 수 있었을 것이다. 설령 성공하지 못했더라도, 이러한 상품을 이용했던 많은 사람들이 훌륭한 비판적 정보를 제공해서 비효율적인 상품들을 시장에서 몰아낼 수 있었을 것이다.

국립암연구소와 국립보완대체의학센터가 일부 관련 연구를 지원했지만, 보완 및 대체의학 옹호자들과 의회의 일부 지지자들은 그 정도의 지원은 전체 건강 관련 연구비 지출에 비해 지나치게 적고, 이러한 상품을 이용하고 있거나 그로부터 도움을 받을 수 있는 환자들의 엄청난 숫자에 비해 터무니없이 적다고 주장했다. 그 결과, 약품-기반 연구를 선호하는 공적 부문과 사적 부문의 자원들이 합류하면서 약품-기반 연구분야의 빠른 변화가 일어나고 있는 반면, 식품-기반 치료제의 연구분야는 진전이 매우 느린 상황이다. 여러 가지 측면에서 1990년대에 혈관형성 연구와 혈관형성 억제 약품의 가치를 둘러싼 합의점이 변화한 반면, 연골이나 대두 제품 같은 식품-기반 상품의 치료 가치를 둘러싸고 비슷한 변화가 일어나려면 수십 년이 걸릴 수 있다.

두 가지 연구분야와 연관 치료법들에 대한 신뢰 수준과 연구비 지원 규모가 극명한 차이를 빚고 있는 현재 상황을 이해하려면, 기업의 우선순위, 규제정책, 그리고 사회운동 정치 등에 수반되는 지식의 사회학이 필요하다. 그렇지만 내가 하려는 주장은 시장, 국가, 그리고 사회운동을 다시 과학 변화 연구에 불러들이자는 차원을 넘어서는 것이다. 내 주장의 핵심은 과학과 기술의 장들이 그 자체로 변화를 겪고 있는 방식들에 역사사회학적 물음을 제기하는 것이다. 처음에 개괄했던 4가지 과정들로 돌아가면, 이제 몇 가지 정교화가 가능할 것이다.

분명, 제도적 구조의 규모 증가라는 문제가 뚜렷하다. 내가 이전에 연구했던, 당시 지배적이지는 않았던 암 연구에 대한 생물학적 접근방식(박테리아 병인론을 연구한 연구자와 박테리아 백신을 채택했던 임상의사들의 연결망에 대한 연구, Hess 1997)에서, 동물-기반 연구와 백신 개발 비용은 20세기 중엽까지 상대적으로 적었다. 그 비용은 비상근으로 연구에 참여하는 임상의와 미생물학자들에 의해 줄일 수 있었다. 그것은 폴크먼이 경력 초기 단계에서 했던 연구 방식과 흡사했다. 반면, 혈관형성 억제 연구 프로그램이 발전했듯이, 이 분야도 곧 생화학자, 분자생물학자, 그리고 미생물학자들의 공동 연구를 필요로 하는 연관 문제 영역들의 복잡한 연쇄로 성장해 나갔다. 혈관형성 억제 인자의 정화에는 엄청나게 많은 비용이 들어갔고, 규모를 확장해야 하는 필요성이 〈몬산토〉와의 제휴관계로 이끌었다. 게다가, 최초의 박테리아 백신과 혈청이 시험을 받았을 때, 이러한 연구가 법률적으로 승인받은 약품으로 번역되는 과정은 지난 수십 년 동안 상대적으로 열려 있고 규제가 없었던 임상시험 환경과 극단적인 대조를 이루었다. 초기 단계에서, 생의학 분야의 잠재적 과학 또는 치료 "혁명"은 낮은 수준의 기술을 요하는 실험실, 약간의 실험용 쥐, 백신이나 혈청, 그리고 소규모 시험을 위한 임상 환경을 요구하는 정도였다. 치료제를 개발하고, 그것을 임상 환경으로 가져오는 데 필요했던 연결망의 비용과 규모는 더 작았다. 연골과 관련된 연구와 치료 프로그램들에는 신약 개발에서 볼 수 있는 수준의 자본 유입이 없었고, 그 결과 연골-기반 보조 상품 판매로 자체 출자를 하거나 빈약한 정부 재정 자원에 의존해야만 했다. 〈케파우버-해리스 수정법안〉으로 규제환경이 더 엄격해지기 전인 50년 전까지는 자체 출자 전략이 작동할 수 있었지만, 20세기 말이 되자 암치료제들이 치열한 경쟁을 벌이는 상황에서 성공을 거두기 위해 필요한 프로젝트의 규모와 연구비 사이에서 괴리가 나타났다.

두 번째 중요한 역사적 변화에는 제도와 그 역할의 지속적인 분화가 포함된다. 폴크먼 같은 과학자는 의과대학 교수자, 실험실 관리자, 연구 과학자, 임상의, 공식 대변인, 자금 조달책, 그리고 사적 부문의 기업들과 계약을 맺는 당사자라는 여러 가지 역할들 사이의 갈등을 절묘하게 처리했다. 어떤 대목에서, 그 역할들은 그리 유쾌하지 않은 방식으로 물의를 일으켰다. 그가 언론의 주목을 받거나 사적 부문과 계약을 맺은 다음에 일어났던 "역화"逆火 (Jansen and Martin 2003)가 그런 예이다. 한번은 그가 언론과의 관계를 풀기 위해 홍보 전문가를 고용하기까지 했다(Cooke 2001). 과학자들이 맡아야 하는 날로 복잡해지는 역할들은 과거 분리되었던 조직적 장들의 틈새에서 나타난 새로운 조직들의 병행 성장을 수반했다. 의대 기술이전국(대학과 사적 부문 사이), 지원 재단(연구자, 임상의, 환자, 그리고 기증자들 사이), 그리고 생명공학 창업회사(연구자, 투자자, 그리고 제약회사 사이)가 그런 예이다. 역할 특화에 대한 요구의 정식화와 합쳐져서, 역할들 사이에서 상충과 협상이 일어나면서 실질적이거나 외견상의 이해상충과 그에 따른 신뢰 위기가 야기되고 있다. 그러나 신뢰 위기는 폴크먼보다는 레인 쪽이 더 컸다. 그 차이를 개인적 성실성이라는 심리적 문제로 돌리려는 시도보다는, 사회학적 관점이 어떻게 한 과학자가 확신을 가지고 연구 프로그램을 지속시키고 그 성공을 위해 싸울 수 있었던 반면 똑같은 확신을 가진 기업가는 건강 주장에 대한 규칙 같은 쟁점들에서 법률적인 제약에 봉착할 수밖에 없었는지를 더 잘 설명할 수 있을 것이다. 새로운 치료법과 연결된 연구 프로그램의 수용을 위한 싸움은 연구자와 기업가 사이의 역할 분리가 유지 가능한지 여부에 달려 있다. 그러나 상업화 과정으로 인해, 특히 소규모의 천연 산물 옹호자들에게, 이러한 역할 분리는 점차 유지되기 어려워지고 있다.

세 번째 변화는 생의학 연구와 그 임상 적용의 문화에서 일어나고 있다. 연구 측면에서, 성장인자와 유전자 발현의 분자적 수준에서 인과적 경로의 메커니즘과 그 이해에 대한 우려가 점증하고 있다. 식품, 허브, 연골, 그리고 그 밖의 자연적인 산물에서 나타나는 치료 인자들의 블랙박스화는 메커니즘 규명에 초점을 두는 연구 문화에서 혐오의 대상이다. 왜 그처럼 메커니즘에 초점을 맞추는지 이유를 밝히는 것은 이 연구의 범위를 벗어나지만, 약품-기반 연구 우선성이 이러한 우려를 낳는다는 가설은 연구할 만한 가치가 있을 것이다. 따라서, 메커니즘이 확실히 이해되지 않는 경우, 식품-기반 연구의 경험주의는 기존의 연구 공동체들로부터 지속적인 저항을 받는다. (이 주제에 대해서는 과학적 모멘텀의 다양한 유형을 다룬 6장을 참조하라.) 임상 측면에서, 임상 승인을 위해 요구되는 장애물들이 점차 정식화되고 있다. 이론상으로는 미국에서 신약 승인을 얻기 위해 요구되는 3상의 임상시험이 공평한 경연장이지만, 현실에서는 미국의 형사재판 체계와 비슷한 사이비-보편주의pseudo-universalism일 뿐이다. 보완 및 대체의학-지향 암 학술회의에서 언젠가 들었듯이, 무작위 임상시험이 연구의 "황금 기준"이라는 말이 잘 지어진 까닭은 실제로 금을 가진 자가 기준을 정했기 때문이다. 땜질 식으로 치료법을 찾아냈던 임상의들의 과거 모형은 그들을 환자와 대면시켰지만, 오늘날의 환자군 연구는 최소한 미국과 그 밖의 부유한 나라들에서는 배제되었다(멕시코에서는 사정이 덜한 편이며, 따라서 멕시코는 미국에서 배척된 수많은 암치료법들의 산실이 되고 있다).

기술계와 자연계의 측면에서, 암치료 분야의 특징은 점차 전통적인 요법의 실패를 인정하고 독성이 적은 암치료법을 위한 움직임이 출현하고 있는 것이다. 랄프 모스(1992)는 보완 및 대체의학 암치료법에 대한 설문조사에서 "독성"을 중심 문항으로 넣을 정도였다. 방사선 요법과 화학요법의 부작용에 대한 우려, 그리고 보완 및 대체의학이 바람직한 수준에서 암을 완화하거나 재발을 방지할 수 없다는 점에 대한 우려가 암 환자와 일부 임상의들 사이에서 이러한 치료법을 거부하거나, 최소한 전통적인 치료법의 독성을 완화시키는 영양중재nutritional therapy 11를 모색하는 일반적인 움직임에 힘을 실어주고 있다(Hess 1999). 그러나 이러한 암치료법의 "독성완화"greening 추세는 탈자연화denaturalization 과정을 수반한다. 다시 말해서, 나쁜 부작용을 수반하는 과거의 고용량 화학요법은 천연물질이나 영양중재에 의해서라기보다는, 혈관형성 억제 약품 같은, 독성이 덜한 생물학적 치료법의 새로운 파도에 의해 대체되고 있다. 전통적인 화학요법이 계속 사용되는 경우에도, 독성을 줄이기 위해 투여 방식이 수정되고 있다. 즉, 회복기 이후에 단기적인 투여 대신 저용량을 오랜 기간에 걸쳐 천천히 투여하는 방식을 강조하는 추세이다. 실제로, 혈관형성 억제 연구는 이런 방식으로 사용된 화학요법이 혈관형성 방지의 특성을 가질 수 있다고 주장한다.

　　이 장을 비롯해서 이 책의 다른 장들에서 제기된 이론적 틀은 과학, 기술, 사회에 대한 연구가 상업화, 규제 정책, 그리고 시민사회의 참여 같은 요인들뿐 아니라 최근의 과학기술 발전의 특징을 이루는 역사적 변화 패턴들에 더 많은 관심을 기울일 것을 촉구한다. 이 새로운 이론적 틀은 사회과학자와 역사가들에게 과학, 기술, 그리고 사회에서 일어나는 변화를 이해할 수 있는 유용한 렌즈를 제공할 것이며, 정치적·기술적 변화를 위해 전략적 노력을 기울이고 있는 과학, 산업, 그리고 사회 개혁 운동에도 유용할 것이다.

---

11. [옮긴이] 영양진단과 보충을 통해 독성이나 건강상 문제를 완화하거나 치료하려는 접근방식.

6장

나노과학, 녹색화학,
과학의 특권적 지위

에드워드 J. 우드하우스

이 장에서는 두 첨단과학의 사례를 비교한다. 우선, 나노과학은 고전적인 인기 연구분야이다. 과학자들은 이러한 틈새가 열리자마자 돌진한다. 학술대회나 전문 출판물들은 최신의 결과들로 활기가 넘친다. 권위자들은 환경, 세계의 기아, 의료 분야에 이득이 될 거라는 눈부신 예측을 한다. 공무원들은 납세자의 돈을 관대하게 조금씩 나눠준다. 신중한 예측이 필요하다는 조언의 목소리가 일어나기도 한다.[1] 두 번째 사례인 "녹색화학"은 전체 이야기부터 매우 상이하다. 녹색화학은 분자와 화학생산공정이 [인간과 환경에] 보다 해롭지 않도록 재설계하는 것을 목표로 하고 있다. 녹색화학은 [과학적인 측면에서] 연구가 가능했던 때보다 거의 100년이 지나서야 [본격적으로] 시작되었다. 학술대회는 거의 없고 재정지원은 인색하다. 대중들의 관심도 미

---

1. 나노기술에 대한 의사결정을 다룬 이전의 분석은 Daniel Sarewitz and Edward Wood-house, "Small is Powerful," in Alan Lightman, Daniel Sarewitz, and Christina Dresser, eds., *Living with the Genie : Essays on Technology and the Quest for Human Mastery* (Washington, DC : Island Press, 2003), 63-83.

약하며 참여자들에게는 큰 명성이 돌아가지 않는다.[2] 현대 과학의 내부, 그리고 주변에 작동하는 영향력의 관계를 보여 주는 이러한 상이한 사례들로부터 무엇을 배울 수 있는가?

이 장의 첫 번째 부분에서는 나노과학기술 연구개발과 이러한 활동을 추동하는 과학자 공동체 내부와 외부의 사회적 힘에 대해서 서술한다. 2절에서는 녹색화학에서 무엇이 일어났고 무엇이 일어나지 않았는지를 설명하고, 지체를 유발한 요인을 추적하며, 녹색화학이 주류 화학계의 의제가 될수 있었던 최근의 급속한 변화에 대해서 논의한다. 이후에는 이 두 사례가 과학자들을 기업계의 동맹과 권력체계의 참여자로 보는 우리들의 이해에 어떤 함의를 갖고 있는지를 분석한다. 내 분석은 지식사회학의 이해관계 접근법 전통에 다시 활력을 불어넣으려는 의도를 갖고 있다. 이 장의 제목에서 드러나듯 나는 과학기술자들이 정치-경제적 엘리트들의 노리개라고 보는 게 아니라 그들이 현대 사회에서 구조적으로 특권화된 지위를 누리기 위해서 이러한 연관을 활용한다고 주장한다. 공공에 미치는 영향이 심대한 사안에 대해서 상당한 재량권을 행사하거나 과학에 대한 재정지원이나 기술혁신의 최우선 수혜자가 되는 게 대표적이다.

나는 사회적 힘들이 나노과학기술이라는 주거노트[3]와 녹색화학이라는 굼벵이를 형성해 왔다는 구성주의적 가정에서 출발하여 이러한 사회적 힘들이 무엇이었는지를 탐구하려고 한다. 그러나 여기에서 나는 과학기술에 대한 구성주의적 전통을 넘어서 실질적이고 절차적인 측면에서 대안적인 가능성들을 명확하게 하려는 재구성주의적 전통으로 나아가려고 한다.[4] 나는

2. 녹색화학에 대한 또 다른 연구로는 Edward J. Woodhouse and Steve Breyman, "Green Chemistry as Social Movement?" *Science, Technology, & Human Values*, 30 (2005) : 199-222.

3. [옮긴이] 주거노트(juggernaut) : 산스크리트어로 세계의 신이라는 뜻. 모든 것을 파괴하고 때로는 자신까지 파괴하는 폭주하는 탈 것을 상징.

4. Edward Woodhouse, Steve Breyman, David Hess, and Brian Martin,"Science Studies

과학연구와 기술적 실천을 보다 공정하고, 현명하며, 민주적이고 또는 "보다 나은" 방향으로 나아가게 하려는 사람들에게는 여기에서 다루는 두 사례를 동시에 고려함으로써 교훈을 얻을 수 있다고 생각한다. 어떤 측면에서 테크노사이언스가 수십억 명의 사람들의 일상생활을 재형성하는 입법의 형태를 구성한다면 과학자와 기술자들이 이러한 입법행위를 더 많이 책임질 수 있도록 하는 절차를 발전시켜야 할 때가 아니겠는가?[5]

나노과학기술

나노과학기술은 나노미터, 즉 10억분의 1미터 단위로 측정되는 요소를 갖고 "원자 수준의 정확성으로 복잡하고 실용적인 장치를 만들어 내는 기예 및 과학"이다.[6] 이 분야는 연구자들이 공통의 실체적인 지식을 추구하지 않는다는 면에서 전형적인 과학은 아니다. "작다"는 것이 서로를 통일시켜 주는 속성이기 때문에 어떤 분야라기보다는 하나의 접근방식으로서 나노미터 수준에서의 연구개발 활동을 나노과학기술이라고 명명하는 편이 적절하다. 실제로 개인적으로 만나보면 어떤 과학자들은 "나노"는 연구활동의 일관성 있는 집합이라기보다는 연구비를 더 많이 수주하는 것을 정당화하는 꼬리표 역할을 하고 있다고 말하기도 한다.

---

and Activism : Possibilities and Problems for Reconstructivist Agendas," *Social Studies of Science* 32 (2002) : 297-319.

5. 입법으로서 기술을 보는 관점에 대해서는 다음을 보라. Langdon Winner, *Autonomous Technology : Technics-out-of-control as a Theme in Political Thought* (Cambridge, MA : MIT Press, 1977) [랭던 워너, 『자율적 테크놀로지와 정치철학』, 강정인 옮김, 아카넷, 2000].

6. B. C. Crandall, ed., *Nanotechnology : Molecular Speculations on Global Abundance* (Cambridge, MA : MIT Press, 1996), 1.

일반적으로 노벨상 수상자인 리처드 파인만은 1959년 캘리포니아공대에서 했던 "바닥에는 풍부한 공간이 있다"There's Plenty of Room at the Bottom라는 연설에서7 비방사성 물질의 경우 원자 수준의 조작이 가능하다는 데에 관심을 주목시켰던 인물로 받아들여진다. 의심할 나위 없이 파인만은 발전하기 시작한 나노과학의 적어도 몇몇 분야에서 영감의 원천을 제공했다. MIT의 대학원생이었던 K. 에릭 드렉슬러의 『창조의 엔진 : 나노기술시대의 도래』8에서 최초로 제기되었던 극적인 개념에서 비롯된 나노기술에 대한 우려와 과장에 비하면 실제로 현실에서 수행되는 연구들은 대개 비교적 평범하게 보인다. 비기술 분야의 독자를 위해서 쓰인 1986년의 이 책에서는 원자 하나하나를 정확하게 설계자가 원하는 곳에 위치지음으로써 유용한 사물들을 처음부터 쌓아올리는 제조기술에 대해서 묘사했다. 그는 이런 기술을 미리 형성되어 있는 거대한 원재료를 다소 거칠게 결합하고 틀에 찍어내며 잘라내는 등의 작업을 통해 제품으로 만드는 현대의 생산공정과 대비시켰다. 지금의 접근방식은 [드렉슬러가 제시했던] "분자제조"molecular manufacturing보다 더 많은 에너지를 활용하면서도 분자제조에서는 나오지 않는 폐기물도 엄청나게 만들고 있다.

게다가 분자제조는 조그만 기계를 만드는 소규모 공장을 건설하는 조그만 공장을 만들어 낼 수 있어서 개념적으로는 자립적일 수 있다. 그러나 이런 기술들이 설계자의 통제를 벗어날 수 있기 때문에 드렉슬러는 초기부터 특별한 통제가 필요하다고 경고했다. "조립장치9에 기반한 복제기는 가장

---

7. 이 강연은 Richard P. Feynman, *The Pleasure of Finding Things Out and the Meaning of It All* (New York : Perseus, 2002), 117-140에 재수록되어 있다.

8. K. Eric Drexler, *Engines of Creation* (Garden City, NY : Anchor Press/Doubleday, 1986) [에릭 드렉슬러, 『창조의 엔진』, 조현욱 옮김, 김영사, 2011].

9. [옮긴이] 분자들을 하나씩 쌓아올려서 원하는 구조를 만들어 내는 분자제조를 가능하게 하는 장치. 장치라는 비유를 들고 있지만 실제로는 분자들을 원하는 대로 쌓을 수 있는 메커니즘이나 조건을 말한다.

발전된 유기체를 능가할 수 있다.…… 잡식성의 거친 박테리아는 실제 박테리아보다 우월하다. 바람에 떠다니는 꽃가루처럼 확산될 수 있고, 신속하게 복제가능하며, 며칠 사이에 생태계를 먼지로 만들어 버릴 수도 있다."[10] 이런 경고는 빌 조이가 2000년에 『와이어드』 Wired에 썼던 「왜 미래는 우리를 필요로 하지 않는가」를 통해 보다 넓은 독자들에게 읽혔다. 이 글에서는 자기복제하면서 급속도로 수가 늘어나는 "나노로봇"이, 지구를 통제할 수 없는 "회색구름"gray goo으로 만들어 버린 세계를 묘사했다.[11] 마이클 크라이튼은 2002년 『먹이』라는 소설에서 지적 능력을 갖고 있으면서 파괴적이고 저지할 수 없는, 떼 지어 다니는 나노로봇을 그려냄으로써 보다 과학소설스러운 방식으로 이러한 위험을 경고했다.[12] 물론 크라이튼은 무시될 수도 있지만 그가 〈선마이크로시스템즈〉에서 수석과학자로 일하면서 담당했던 역할이나 세계 정보하부구조의 건축가로서의 지위를 고려하면 빌 조이를 러다이트[13]라고 하기에는 쉽지 않다. 그럼에도 불구하고 연구자들이나 기술자들은 마치 그가 병원체나 되는 것처럼 취급하면서, 그의 영향력을 억제하기 위해서 항체처럼 응집해서 반대의견을 내놓았다.

한층 일상적이지만 잠재적으로는 변혁적일 수 있는 나노과학의 가능성으로는, 소형화에 기여하고 원자 수준에서 정보를 저장하는 새로운 방식을 제공함으로써 고속컴퓨팅 – "양자" 컴퓨팅 – 을 지향하는 현재의 경향을 가속화하기 위한 작업들이 있다.[14] 단일한 분자에서 마이크로칩 같은 기능을

---

10. Drexler, *Engines*, 171-172.

11. Bill Joy, "Why the Future Doesn't Need Us," *Wired* (April 2000) : 37-51 [빌 조이, 「미래에 왜 우리는 필요 없는 존재가 될 것인가」, 『녹색평론』 제55호, 2000].

12. Michael Crichton, *Prey : A Novel* (New York : HarperCollins, 2002) [마이클 크라이튼, 『먹이』 1·2, 김진준 옮김, 김영사, 2004].

13. [옮긴이] 러다이트(luddite)는 노동력을 절감하는 방직기계에 반대했던 방직공들을 말한다. 현재는 일반적으로 기계문명에 반대하는 사람들을 지칭할 때 사용한다.

14. Jacob West, "The Quantum Computer : An Introduction," April 28, 2000 (last updated May 30, 2000), www.cs.caltech.edu/~westside/quantum-intro.html (accessed November

얻어내기 위한 노력도 있다. 현재의 기계들보다 연산능력은 수천 배나 되지만 조그맣고 저렴해서 제2차 컴퓨터 혁명을 이끄는 컴퓨터가 개발될 수도 있다.[15] 신新물질로는 탄소나노튜브 등 매우 강하면서 가벼운 소재들이 있다. 〈나노믹스〉사는 다가오는 "수소경제" 시대에 대비하고 있다. 이 회사는 "자동차 및 휴대용 전자장치에 사용되는 고체수소를 저장할 수 있는 나노구조물질"을 개발하고 있다.[16]

유기분자나 녹색식물의 광합성을 흉내낼 수 있는 유기분자와 초거대분자복합체[17]를 설계하고 합성하는 등, 합성해 낸 개체에서 생물학적 기능을 복제하려는 시도도 있다. 이는 태양에너지를 활용하는 방법으로 지금까지 태양에너지라는 용어가 의미했던 것보다 훨씬 근본적이다.[18] 나노입자가 시장에 나오면서 (예를 들어, 썬크림에 들어가는 티타늄산화물) 나노입자가 보건 및 환경에 미칠 수 있는 우려가 환경단체, 기업, 정부규제기구 등에서 구체적으로 논쟁이 일어나는 최초의 영역이 되었지만, 대부분의 연구는 아직 상업화 이전 단계이다.[19]

새로운 혁신이 대두되는 초기에 일반적으로 나타나는 과장광고들이 실질적인 투자와 연구의 궤적을 따라 나타나고 있다. "당신이 삼킬 수 있는 매우 특별한 기계, 먼지보다도 작은 보안시스템, 집합지성을 갖고 있는 가전제

17, 2004)를 보라.

15. Columbia University Center for Electron Transport in Molecular Nanostructures, www.cise.columbia.edu/hsec (accessed June 9, 2005).

16. NanoInvestorNews, Company Profiles, Nanomix Inc., www.nanoinvestornews.com/modules.php?name=Company_Profiles&op=viewprofile&company=nanomix (accessed June 9, 2005).

17. [옮긴이] 비-공유결합으로 결합된 분자들의 집합으로 주로 생물체에서 발견되는 단백질 등 모든 분자들이 이 범주로 분류된다.

18. 예를 들어 아리조나주립대학교의 나노분자생물학 프로그램을 살펴보라. http://photoscience.la.asu.edu/bionano/index5.htm (accessed June 8, 2005).

19. Swiss Reinsurance Company, Royal Society and Royal Academy of Engineering.

품과 자동차를 상상해 보라. 국방, 안전, 보건 분야에 던지는 함의는 놀랄 정도이다."[20] 대체로 재미없는 정부보고서마저 [나노기술의] 진흥을 위한 열정으로 가득하며[21] 어떤 대학교의 웹사이트에는 다음과 같은 말이 있다.

> 우리 세계는 오류와 한계 투성이다. 녹이 스는 금속, 부러지는 플라스틱, 속도 향상이 없는 반도체……나노기술은 이들 모두를, 말 그대로 근본적인 소재의 구성요소들을 근본적으로 다시 만들어냄으로써 향상시킬 수 있다. 나노기술은 지구에서 가장 흥미진진한 연구영역이며 이번 세기의 진보를 이끌고 나갈 것이다.[22]

또 다른 연구개발 경로는 생명공학에 적용된 나노기술, 짧게 말하면 나노-바이오이다. 평범한 사례로는 실제 뼈를 보다 잘 모방할 수 있도록 하기 위해 인공관절에 나노미터 수준의 범퍼를 입혀서 몸이, 이식된 뼈를 쉽게 수용할 수 있도록 하는 것이다. 몇몇 사람들에 따르면 제약 관련 제조기술은 점차 나노 수준의 기술에 의지하고 있다. 보다 일반적으로 어떤 옹호단체의 표현에 따르면 "나노기술의 최근의 발전은 바이오센서, 의료장치, 진단, 높은 효율의 스크리닝 및 약물전달 분야를 변화시키고 있다 — 이것은 단지 시작에 불과하다!"[23]

지금은 일상적이 되었지만 나노기술을 생명공학과 결합시킴으로써 생

---

20. Newt Gingrich, "We Must Fund the Scientific Revolution," *Washington Post,* October 18, 1999, A19.

21. M. C. Roco and W. S. Bainbridge, *Societal Implications of Nanoscience and Nanotechnology* (Arlington, VA : National Science Foundation, 2001); 다음 링크에서도 열람할 수 있다. www.wtec.org/loyola/nano/NSET.Societal.Implications/nanosi.pdf (accessed June 7, 2005).

22. Rensselaer Polytechnic Institute Nanotechnology Center, "Material Whirled," www.rpi.edu/change/ajayen.html (accessed May 13, 2005).

23. NanoBio Convergence, www.nanobioconvergence.org/ (accessed June 9, 2005).

물과 무생물 사이의 경계를 흐리는 일은 잠재적으로 심대한 결과를 초래할 수 있다. 예를 들어 신경계에 이식하는 물체는 기계가 갖고 있는 지능을 생물학적으로 활용할 수 있게 하고 작은 기계가 [체내에] 살면서 — 이 단어가 맞는 표현이라면 — 신체 내에서 센서로 기능하거나 질병 초기단계에 치료조치를 할 수 있다. 이러한 사례로는 "매우 작은 양의 생화학적 위해를 검출"할 수 있는 센서를 개발하거나 "수천 가지 질병을 진단할 수 있는 피하주사침" 정도 크기의 장치가 있다.[24] 이런 혁신들은 비용을 증가시키고 의료부자와 의료빈자 사이의 간극을 확대시킬 것이며 건강한 생활방식을 의료서비스로 대체하려는 경향이 대두되는 현상은 계속될 것이다.

정부 공무원들은 나노기술을 열광적으로 받아들이고 있다. 1992년 일본 통상산업성은 10년간 1조 8천 5백만 달러나 되는 최초의 나노기술연구 프로그램을 시작했다. 이 계획은 미국의 클린턴 행정부가 국가나노기술계획 National Nanotechnology Initiative이라는 이름으로 추진했던 다양한 프로그램과 활동들을 공식화했던 〈21세기 나노기술 연구개발법〉21st Century Nanotechnology Research and Development Act에 의해 매년 9조 달러를 미국 정부가 민간부문의 나노과학기술 연구에 대해 지원하면서 다소 왜소해졌다. 이와 더불어 유럽과 일본의 연구비도 급속히 늘어났다.

닉슨 행정부 당시, 소위 암과의 전쟁 때와 마찬가지로 연구자들은 나노기술이라는 악대차bandwagon에 타기 위해서 자신들의 작업을 다시 포장했다. 많은 사람들은 자신의 연구분야가 나노과학에 포함되기 시작하면서 자신의 연구주제를 실제로 수정하고 있고, 새로운 대학원생이나 박사후연구원들은 축적된 지적 자본의 손실을 줄이면서 새로운 인기 연구분야로 진입할 수 있었다. 이런 행동들이 연구비가 이미 있는 영역에 대한 단순한 반응인가,

---

24. News.NanoApex, "Northwestern University Receives $11.2 Million for Nanotechnology Research Center," September 19, 2001, http://news.nanoapex.com/modules.php?name=News&file=article&sid=854 (accessed June 7, 2005).

그 이상의 무엇이 있는가?

우리는 이런 문제들을 잘 분류해 낼 좋은 방법론을 결여하고 있으며 참
여관찰이나 인터뷰도 초기 단계에 불과하다. 그러나 나는 나노과학자 근처
에 있는 어느 누구도 이들 사이에 팽배한 순수한 열정을 증명할 수 있다고
생각한다. 나노과학기술만 다루는 학술회의가 이미 넘쳐나고 있으며 화학
자, 물리학자, 다른 분야의 과학자들로 구성된 대규모 국제회의들에서 "나
노"에 대한 주제와 방법을 다루는 논문들이 점차 늘어나고 있다. 예를 들
면, 2004년 4월 캘리포니아 주 어바인에서 열린 〈생명공학 및 의학장치 분
야의 나노기술의 성장기회〉Nanotechnology Growth Opportunities for Biotech and
Medical Device Sectors, 2004년 6월 뉴욕주 로체스터에서 열린 〈제2회 마이크
로채널 및 미니채널 국제회의〉Second International Conference of Microchannels and
Minichannels, 2004년 10월 파리에서 열린 〈유럽 마이크로-시스템 및 나노-시
스템 학술대회〉European Micro and Nano Systems Conference 등이 있다.

나노기술 분야에서 대학, 기업, 정부는 지난 세대의 삼중나선 경향을
이어가면서 밀접한 관계를 이루고 있다. 앞서 언급했던 학술대회들은 명
시적으로 상업적인 주제들을 다루고 있으며 나노기술과 관련된 사업기회
를 중점적으로 다루는 수십 건의 행사가 있다. 국립항공우주국NASA의 에
임스Ames 연구소에 포함되어 있으며, 기업으로부터 부분적인 지원을 받는
NanoSIG[25]는 나노기술의 상업적 개발을 가속화하는 데 초점을 맞추고 있
다. 이 조직의 분과 중 하나인 〈나노바이오포럼〉은 "생명공학과 나노기술의
경계면"에서 활동하고 있으며, 단백체학proteomics, 유전체학genomics, 세포체
학cellomics에서 나노입자 같은 주제에 대한 토론을 후원하고 있다. 그리고 [컨
설팅기업인] 실리콘밸리조직Silicon Valley Organization은 어떻게 나노바이오 관

---

25. [옮긴이] SIG는 Special Interest Group의 약자이다. NanoSIG는 2000~2004년까지 있었던
    나노기술기업들의 교류모임이다.

련 기업을 설립할 수 있고, 정부지원 자금을 받을 수 있으며 지방정부의 관련 기구들과 협력할 수 있는지에 대한 자문을 제공한다.[26]

〈아이비엠〉IBM과 〈제록스〉는 점점 늘어나는 나노기술 분야의 연구개발 활동에 참여하는 대표적인 대기업이며, 실리콘밸리의 폭발적인 성공을 모방하려고 하는 벤처기업들은 제품들을 시장에 출시하려고 노력하고 있다. 예를 들어 〈카본나노테크놀로지 사〉Carbon Nanotechnologies, Inc.는 자신들이 "현재까지 알려진 가장 뻣뻣하고, 튼튼하며, 강인한 섬유인 단일벽탄소나노튜브의 세계적인 생산자"라고 주장하고 있다. 가장 발전된 제품인 "벅키플러스 불소화처리된 단일벽탄소나노튜브"BuckyPlus Flourinated Single-wall Carbon Nanotubes는 2004년에 금보다 몇 배 비싼 그램당 9백 달러에 판매되고 있다.[27] 이와 더불어 2005년에 적어도 전세계적으로 1천여 개 이상의 기업들이 나노기술 관련 사업을 하고 있다고 주장하고 있었다.

요약하면, 나노과학기술 분야의 연구개발은 몇 가지 매력적이고, 유용하거나 또는 큰 재앙이 될 수도 있는 급진적인 혁신들과, 무수히 많은, 소규모의, 상대적으로 유용하고 해롭지 않은 경로들이 결합되어서 구성되어 있다. 기업의 중역들과 선출직 공무원들의 관심은 매우 높지만, 그들은 자신들이 과학기술자들에 의존하고 있다는 점을 간과하는 오류를 범할 수 있다. 이 책의 2장에서 클라인맨과 밸러스가 말했듯이, 과학자들은 "새로 부상하는 지식체제regime의 여러 양상들을 수정하고, 중재하고, 경합하게" 할 수 있는 일련의 행위들을 조직할 수 있다. 남은 지면에서 이 주제를 다시 다루게 될 것이다.

26. NanoBio Forum, www.nanosig.org/nanobio.htm (accessed November20, 2003).
27. Carbon Nanotechnologies Incorporated, http://cnanotech.com/ (accessed October 7, 2004).

갈색화학과 녹색화학

20세기의 화학자, 화학공학자, 화학기업의 중역들은 화학물질에 대한 인간의 경험을 실질적으로 변화시킨 근본적인 결정을 내렸다. 대부분의 교육받은 사람들은 DDT[28], PCB[29], 화학폐기물처리 등 이러한 몇몇 결정의 주요 사실에 대해서 알고 있다. 그러나 화학물질의 사회적 구성 배후에 있는 심오한 이야기에 대해서 이해하는 사람은 아직까지도 거의 없다. 거의 모든 사람들이 생각하는 것보다 기술은 상당히 유연했고malleability, 우리가 아는 것처럼 지금 우리가 사용하는 화학물질로 이루어진 사회가 화학과 화학산업이 택할 수 있었던 유일한 경로는 아니었다.[30]

[화학산업이 내렸던] 이런 선택들 중의 하나는, 기름성분이 많은 식물성 재료 대신 석유에서 유래한 원료에 의존하는 화학물질을 사용한다는 점이다. 지방 화학과 탄수화물 화학에 대한 연구는 오랜 역사를 갖고 있고 이 주제만 다루는 몇몇 학술지도 있다.[31] 그러나 화학자들은 대체로 처음에는 콜타르[32]에서 유래한 물질에 관심을 가졌고 이후에는 관심이 천연가스로 옮겨갔다.

---

28. [옮긴이] Dichloro-Diphenyl-Trichloroethane의 약자로 널리 알려졌던 살충제다. 2차 세계대전 당시에는 놀라운 효과로 유명했지만 1962년 레이첼 카슨이 『침묵의 봄』(Silent Spring)에서 DDT가 인간에게 암을 유발하거나 자연의 동식물을 위협할 수 있다는 점을 고발하면서 사회적인 논란이 되었다. 1972년 미국은 DDT의 사용을 전면 중단시켰다.
29. [옮긴이] 폴리염화바이페닐(Polycholorinated biphenyl) : 불연성이고 열 및 전기절연성이 높아서 냉각제나 단열재로 활용되었으나 1970년대 이후 독성이 알려지면서 사용이 중단되었다.
30. 보다 상세하고 다른 측면에서의 개념적 접근에 대해서는 E. J. Woodhouse, "Change of State? The Greening of Chemistry," in Synthetic Planet : Chemicals, Politics and the Hazards of Modern Life, ed. Monica J. Casper, ed., pp. 177-193 (New York : Routledge, 2003)을 보라.
31. 예를 들어 The Journal of Carbohydrate Chemistry나 The Journal of Lipid Research를 보라.
32. [옮긴이] 콜타르 : 석탄을 건류할 때에 얻어지는 검은 색의 끈적한 액체.

두 번째 선택은 습식화학[33]이었다. 지금 이루어지는 화학반응의 대부분은 용액 상태에서 이루어지고 화학물질을 용액으로 만들기 위해서는 용매가 필요하다. 건조합성이라는 소수파의 전통이 있지만 지난 세기에는 거의 관심을 받지 못했다. 결과적으로 용매는 화학산업에서 매우 중요한 역할을 했고 벤젠이나 톨루엔 같은 여러 용매들은 매우 독성이 높았다.

　제3의 선택은 두 가지 이상의 화학물질이 결합해서 만들어 낸 결과물이 다음 단계에서 다른 화학물질과 상호작용하는 식의 화학양론적인stoi-chiometric 절차를 강조하는 것이다. 어떤 경우에는 30단계의 "합성경로"synthesis pathway를 거친 이후에야 최종산물이 얻어진다. 이 과정의 매 단계에서 최종적으로 원하는 산물로 나아가는 다음 단계에서는 직접적으로 사용되지 않는 부산물들이 발생한다. 부산물로 발생하는 어떤 화학물질들은 다른 곳에 사용되기도 하지만 어떤 경우는 단지 폐기물, 그것도 유해폐기물에 불과하다. 예를 들어 포름알데히드와 시아나이드는 진통제인 이부프렌[34]의 생산과정에서 발생하는 부산물의 하나이다. 1970년대 중반 이래 화학기업들은 이러한 폐기물들을 요람에서 무덤까지 추적하기 위해 문서작업, 수송, 소각, 심정주입법[35], 그리고 여타 처리방법에 대해 상당한 비용을 지불해 왔다. 1970년대 이전에 유해폐기물은 〈후커화학〉의 러브커낼[36]이나, 매사추세

---

33. [옮긴이] 습식화학(wet chemistry) : 액체 상태의 화학물질을 활용해서 반응을 일으키는 접근방식.
34. [옮긴이] 이부프렌(ibuprofen) : 타이레놀의 약리성분인 아세트아미노펜과 더불어 진통제로 쓰이는 비스테로이드 항염증제.
35. [옮긴이] 심정주입법(deep well injection) : 액체폐기물처리기술의 하나로 지하 깊은 곳에 우물을 파서 폐수를 처리하는 방법.
36. [옮긴이] 1892년 미국의 윌리엄 러브가 나이아가라 폭포에서 대서양까지 운하를 건설하려고 했으나 중도에 포기했다. 1942~1953년 동안 미국의 〈후커화학〉은 건설이 중단된 운하에 유독성 화학폐기물을 버리고 매립했지만, 1970년대부터 매립지 인근 지역에서 지역주민 및 환경에 대한 피해가 속출했다. 1977년의 조사에서는 지하수가 화학물질에 오염되었다는 결론을 내렸지만, 화학물질과 사람들의 피해가 즉각적으로 인정되지 않았고 학부모들의 청원운동을 통해 피해사실이 인정되었다.

츠 주 우번 같은 곳에서는 상수도원으로 흘러들어가는 등 보다 주먹구구로 다뤄졌다.[37] 예측치는 차이가 있지만 갈색화학이 수백만 톤의 유해폐기물을 만들어 냈다는 것은 명백하다.

20세기 화학산업의 두드러진 네 번째 특징은 최초의 합성에서부터 시제품생산 pilot plant을 거쳐서, 실제의 완전한 규모의 생산까지의 성장과정이 매우 급속해서 10년이 채 걸리지 않는다는 사실이다. 이로 인해 메가톤 규모의 살충제, 플라스틱, 마감재, 수많은 화학공정과 산물들이 발생했지만 이러한 유기합성화학물질을 생태계와 인간 환경에 배출하기를 주저했던 이들은 거의 없다. 이런 결정에 연관되었던 사람들도 충분한 지식이 없었기 때문이었다고 생각하고 있다. 그러나 경고신호가 초기부터 누적되어 온 것이라는 점을 고려하면, 이들이 알지 못했다고 생각하는 것은 선택적인 인식, 지각, 회상에 의지했기 때문이다. 예를 들어 과수원 주인들이 유실수에 농약을 뿌려 수많은 벌들이 죽었는데, 농약을 뿌리기 전에 꽃이 질 때까지 기다려야 한다는 것을 그들이 배우기 전까지는 이런 일이 계속되었다.[38] 달걀의 껍질이 얇아지고 미묘한 신호들이 관찰되기까지는 오랜 시간이 소요되었다. 사실 조기경보나 새로 유행하는 발명품에 대해 오랜 불신을 갖고 있던 농부들이 충분히 있었기 때문에 화학자들이나 경고를 해야 하는 위치에 있는 사람들이 이를 발견할 수도 있었다. 대신 기업의 화학자들과 그들의 상사들, 소비자들은 점진적인 규모확대를 통해서 차근차근 학습을 하는 저비용의 경로를 건너뛰었다.

레이첼 카슨의 설득력 있는 비판과 환경운동의 출현에 이어서 화학과

---

37. Craig E. Colton and Peter N. Skinner, *The Road to Love Canal : Managing Industrial Waste before EPA* (Austin : University of Texas Press, 1995); Lois Marie Gibbs, *Love Canal : The Story Continues* (Gabriola Island, BC, Canada : New Society, 1998); Jonathan Harr, *A Civil Action* (New York : Random House, 1995).

38. James Whorton, *Before Silent Spring : Pesticides and Public Health in Pre-DDT America* (Princeton, NJ : Princeton University Press, 1975).

화학산업의 모든 것들이 변화하기 시작했다.……음, 사실은 그렇지 않았다. 실제로 일련의 환경 관련 법안들이 통과된 이후에도 전세계의 10만 명 이상의 화학 분야 연구자들이 갈색화학 패러다임 내에서 화학물질의 구매자들 및 조달업자들과 계속 협력하고 있다. 유기합성화학산업이 [이제] 두 번째 세기에 있음에도 불구하고 수만 종류의 화학물질이 상업적으로 유통되고 있고 나쁜 경험으로부터 학습할 수 있는 상당한 기회가 있었지만, 세계에서 가장 똑똑하고 훈련받은 전문가들은 보다 나은 방식이 있는지에 대해서 근본적으로 재고하지 않은 채, 동료 인간들과 생태계를 여전히 중독시키고 있다. 보다 이상한 일은, 환경단체들은 정부가 대기와 물로 배출되는 독성물질의 양을 감축시키도록 설득하는 데에 많은 노력을 했지만, 대부분의 환경운동가들은 독성물질이 만들어지는 첫 단계의 기본적인 동학을 변화시키는 것이 의미 있다는 사실을 아직 인식하지 못하고 있다는 사실이다.

몇 가지 예외들로는, 잔류량이 적은 살충제, 페인트와 코팅에 사용하는 휘발성유기화합물의 감축, 몇몇 나라에서 전개되고 있는, 매우 해로운 화학물질들을 점진적으로 사용하지 않기 위한 노력을 들 수 있다. 그러나 갈색화학의 기초는 여전히 화학 분야의 실천에서나 인간의 사고에서 도전받지 않은 채 유지되고 있다. 이유는 매우 간단하다. 거의 모든 사람들이 현실적인 대안이 없다고 생각하고 있기 때문이다. 화학을 활용한 보다 나은 생활과 과거처럼 동굴에서 사는 생활 사이의 선택에 직면한 포스트모던 시대의 사람들은 화학회사의 무관심한 중역들에 대해서는 비판의 목소리를 높이지만 플라스틱, 크롬도금, 가죽의자, 휘발유첨가제, 정원이나 잔디밭에 사용하는 화학물질, 살충제로 키운 저렴한 식료품, 염소처리하거나 다른 화학물질을 활용해서 생산한 물질들 없이 살 수 있다는 생각을 심각하게 하는 사람은 거의 없다.

화학물질은 단지 화학물질일 따름이다라고 가정하는 게 오류일 수 있다는 걸 알고 있지만, 할 수 있는 게 많지는 않다. [그러나] 인지적, 제도적, 경제적인 관성을 넘어서 매우 느리지만 조금씩 녹색화학 패러다임이 출현하고 있다.

- ·생명체에서는 잘 배출되고 생태계 내에서는 자연적으로 분해가 잘 되는 새로운 분자를 설계한다.
- ·탄수화물(설탕/녹말/셀룰로오스)이나 올레산 성분(지방질) 원료로부터 화학물질을 만들어 낸다.
- ·용매를 사용하지 않거나 독성이 약한 용매를 사용하는 소규모 공정에서 촉매 – 대체로 생물학적 촉매 – 를 활용한다.
- ·부산물로 유해폐기물이 생성되지 않거나 약간만 생성되도록 한다.
- ·처음부터 새로운 화학물질은 조금만 생산해서 꼼꼼한 독성학 및 기타 검사를 실시한다.
- ·초기 결과가 좋더라도 상당히 점진적으로 규모를 키워나가고 실행을 통한 학습 learning by doing을 이어간다.

화학연구자 공동체는 뒤늦게야 두 번째 공식에 대한 실험을 시작했다. "지속가능한 화학" 또는 "온화한 설계"라고 불리는 이러한 활동의 조직적 핵심에는 주요 대학이 아니라 미국 환경보호청EPA의 〈독성예방 및 독성물질과〉의 소규모 프로그램이 있었다. 이 부서에서는 1994년 이래로, 이미 존재하는 문제를 고치거나 정화하는 데 집중하기보다는, 문제가 발생하기 이전에 분자 수준에서 화학물질 생산공정이나 제품을 재설계해서 이러한 제품이나 공정들의 위험성이 근본적으로 줄어들 수 있게 하여, 문제가 발생하지 않도록 예방하는 것을 강조했다.

20세기 화학을 다루는 역사학자들은 거의 없고, [있다 하더라도] 그들의 작업은 의료화학이나 1차 세계대전("화학자들의 전쟁") 동안의 업적을 다루는 것이 대부분이다. 내가 알기로는 녹색화학의 기원이나 녹색화학을 가로

막았던 장애물에 대한 연구는 전혀 없다. 결과적으로 우리는 연구노트, 기업 내부의 메모, 기타 문헌자료에 기반한 연구를 알고 있지 못하다. 그럼에도 불구하고 1990년대의 몇몇 작은 시내물들이 모여서 "녹색화학"이라고 명명할 수 있을 정도의 일관성을 가진 흐름을 만들어 냈다.

여기에 기여한 흐름의 하나로는 초임계유체supercritical fluids, SCFs에 대한 연구가 있다.[39] 100년 전에 어떤 물질들은 "임계온도와 임계압력 이상에서는 액체도 아니고 기체도 아니면서 두 가지가 모두 섞여 있는 상태가 존재하고 특이하면서도 매우 유용한 용매로서의 속성을 갖고 있다"는 게 알려졌다.[40] 예를 들어 초임계상태의 이산화탄소scCO2는 가격은 매우 저렴하지만 불연성이며 유독하지도 않으면서 매우 낮은 점성을 갖고 있다. 초임계상태에서, 커피에서 카페인을 제거하는 과정은 1960년대에 시작되었지만 1990년대 중반에서야 화학자들은 일상적인 산업적 화학물질의 화학합성에서 초임계유체의 속성을 활용하기 시작했다. 기업들은 종종 돈을 아낄 수 있었다. 통상적인 용매를 활용한 공정에서는 화학물질에 의해 오염이 되지만 (페인트 신너를 생각해 보자) 초임계상태의 이산화탄소는 압력이 낮아지면 온도를 낮춰서 수거할 수 있기 때문에 반복적으로 재활용할 수 있다. 유사한 이유 때문에 이것은 전문적인 드라이크리닝 과정, 공업용 탈지공정, [반도체 등의] 미세한 전자산업의 생산설비에서 널리 활용되는 위험한 용매인 퍼크로에틸렌에 대한 대안으로 생각되고 있다.

초임계유체를 활용하기까지 시간이 지연되었던 이유에 대해서 서로 다른 견해들이 존재한다. 어떤 이는 장비의 복잡성을 얘기하기도 하지만 제곱인치당 4천 파운드의 압력과 화씨 수백 도의 온도는 기업환경에서는 흔한

39. C. A. Eckert, B. L. Knutson, and P. G. Debendetti, "Supercritical Fluids as Solvents for Chemical and Materials Processing," Nature 383 (1996) : 313.
40. David Bradley, "Critical Chemistry," *Reactive Reports Chemistry WebMagazine*, no. 4, February 2000, www.reactivereports.com/4/4_1.html (accessed September 22, 2004).

조건이다. 어떤 이들은 정비의 어려움과 장비의 가격을 주된 원인으로 간주했다. 여전히 어떤 이들은 고압시스템을 다룰 때의 안전을 보장하기 어렵다는 점을 지적하고 있다. 이런 주장들도 나름의 정당성을 갖고 있지만 전주기에 소요되는 비용과 석유 기반 용매가 유발하는 환경-사회적 비용을 고려할 때, 기업 내외부의 수많은 화학자들이 수십 년 동안 초임계상태의 이산화탄소나 기타 초임계유체의 잠재적인 장점에 대해서 적절한 관심을 갖지 않았다는 점이 분명해 보인다. 클라인맨과 밸러스가 2장에서 지적한 것처럼 "깊숙이 참호화되어 있는 규범과 실천들이……" 특정한 분야를 "바꾸어 보려는 행위자들의 노력을 제약한다."

초임계유체에 대한 연구를 하는 영국의 교수는 이런 현상은 새로운 기술이 대두될 때에 찾아오는 변덕스러운 유행이라고 설명할 수 있다고 본다. 그는 초임계유체의 잠재력에 대한 관심이 주기적으로 반복되었다고 말했다. 전형적인 상황이라면 열광적인 사람들이 제안하고 당대의 지식수준을 훨씬 넘어서는 공상적인 기획을 시도하려고 할 때에는 그 잠재력이 과대포장된다. 반면, 이런 시도들이 실패할 때는 초임계유체는 쓸모가 없다는 해석이 자리잡고 관심은 또 다른 주목받는 주제로 돌려진다. 한 가지 분명한 대안은 근본적인 질문이 해결되지 않더라도 인내심을 갖고 꾸준하게, 상대적으로 단순한 제조 공정 등에서 비교적 평이한 초임계유체 기술을 활용한 평범한 화학공정 및 여타 공학적인 혁신 등을 통해 탐구하는 것이다. 예를 들어 어떤 기업가는 초임계유체를 활용해서 석탄발전에서 얻어진 부유 분진들로부터 건설용 자재를 만들고 있다. 이는 최첨단 분야의 연구자들은 관심을 갖지 않는 낮은 수준의 응용이다.

그럼에도 불구하고 학술대회나 전문가들의 연결망에서는, 상대적으로 일상적인 업무에서 매년 수백만 톤이 활용되는 벤젠이나 톨루엔 같은 독성용매를, 초임계유체로 대체하는 것을 확산시키려는 생각이 퍼져가고 있다. 환경의식이 있는 화학자들과 엔지니어들은 이미 명백한 보건 및 환경 위험 때문에 용매에 대해서 우려하고 있다. 예를 들어 도료산업에서는 라텍스와 수성페인트에 사용되는 기술에 기반해서 페인트, 신너, 광택제, 기타 도료에 포함된 휘발성유기화학물질을 상당히 감축시켰다. 초임계유체에서의 새로운 자극과 더불어 이러한 다른 용매를 찾으려는 노력의 합류는 1990년대 후반에 작은 붐을 이루었다. 매사추세츠주립대학의 워크샵에서는 20년 내에 모든 용매와 환경에 악역향을 주는 산성 용액에 기반을 둔 촉매를, 고체나 물을 기초로 한 대체재나 기타 녹색 대안으로 대체할 수 있다는 예측이 발표되었다. 비록 이 계획은 동료심사를 거치지는 않았지만 신뢰할 만한 기초를 갖고 있다.[41] 여러 접근방법들 중 용매를 대체하려는 시도는, 건조화학[42]으로의 전환을 촉발시켰다. 건조화학은 반응을 일으키기 전에 화학물질을 용해시키는 과정을 생략한다. 그런데 이 과정은 통상적인 갈색화학에서는 실험의 출발점에 있는 매우 어려운 단계이다. 용해를 시킬 필요가 없다면 용매도 필요 없기 때문이다.

또 다른 녹색화학의 선조로는 1973년에 "원자경제"atom economy라는 개념을 제기했던 스탠퍼드대학교 화학과의 배리 트로스트를 들 수 있다. 만족스러운 비용으로 유용한 제품을 만들었는지로 화학공정의 성공 여부를 판단하는 주류적 기준과 달리 트로스트는 유용한 제품에 들어 있는 원자의 개수와 [생산과정에] 투입되는 원자의 개수의 비율이 높은, 그래서 이상적인 경우에는 폐기물이 발생하지 않는 쪽이 효율적이라는 고상한 주장을 했다. 처음부터 이런 개념은 이상주의적이었지만 생물촉매와 여타 화학공정들이 점차 정확하게 이러한 결과를 추구하는 방향으로 연구되고 있다.[43] 트로스

---

41. "The Role of Polymer Research in Green Chemistry and Engineering : Workshop Report," University of Massachusetts, June 11-12, 1998, www.umass.edu/tei/neti/neti_pdf/Green%20Chemistry%20of%20Polymers.pdf (accessed November 10, 2004).

42. [옮긴이] 건조화학(dry chemistry)은 습식화학과 대조되는 표현이다.

43. Barry M. Trost, "The Atom Economy : A Search for Synthetic Efficiency," *Science* 254 (December 6, 1991) : 1471-1477.

트가 기여한 부분은 내가 생각하건대, 초임계상태 같은 구체적인 방법이나 용매를 대체하자는 목표가 아니라, 녹색화학자가 되려는 사람들이 지배적인 접근방식 – 현재는 복잡하고 비효율적이며 우아하지도 않고 어쨌거나 낡은 것으로 생각된다 – 에 대항하는 대항서사를 구성하는 데 활용할 수 있는 비전을 제시했다는 데에 있다.[44]

네 번째 요인은 화석연료를 활용하는 것이 아니라 대안적인 화학 재료를 끈질기게 추구했던 소수 이탈자들의 작업이다. 이러한 연구자들은 당시에는 상황을 바꿀 만한 연구비도 없었고 사회적 지위를 가진 것도 아니었지만 학생들을 교육하고 해당 분야의 교과서에서나 화학자들 주변의 의식적인 그룹에서 짧게나마 인용이 되는 활동을 통해 자신들의 열정을 이어가고 있다. 이들의 연구는 탄수화물 화학(셀룰로오스나 기타 식물성 재료를 활용)과 지방 화학 oleic chemistry(역시 대체로 식물에서 연원한 기름기 많은 성분의 재료를 활용)이라는 두 가지의 키워드를 갖고 진행된다. 이런 연구들이 통상적인 유기화학과 어떻게 다른지에 대해서 잘 보여 주는 일화는 일반적인 식품가게에서 필요한 연구재료를 구하는 게 실질적으로 가능하다는 점이다! 이런 소수자 전통은 지난 세기 후반의 반복적인 에너지 위기 동안 새롭게 활력을 얻었고, 2002년 〈카길 다우〉[45]가 옥수수로부터 플라스틱을 만들어 낼 수 있는 폴리아스파틱 산을 제조하는 상업용 공장을 세계 최초로 문을 연 것은 정당성을 입증하고 있다.

녹색화학의 이러한 원천들이 보다 빨리, 그리고 보다 강력하게 모이지 못했던 이유는 무엇인가? 하나의 대답은 갈색화학의 공식들이 기술적으로

---

44. 공공정책의 형성과정에서 대항내러티브의 역할에 대해서는 다음 책을 참고하라. Emery Roe, *Narrative Policy Analysis : Theory and Practice* (Durham, NC : Duke University Press, 1994); and Nancy Fraser, *Justice Interruptus* (New York : Routledge, 1998).

45. [옮긴이] 〈카길 다우〉는 1997년 생분해성 플라스틱을 상용화하기 위해 〈카길〉과 〈다우케미컬〉이 50대 50의 지분으로 설립했으며 2005년 〈카길〉이 〈다우케미컬〉이 보유한 〈카길 다우〉의 지분을 모두 인수했음.

너무나 달콤하고 경제적으로 너무나 매력적이었으며 제도적으로 너무나 편리했다는 점이다. 당시 화학자들이 염소 분자를 탄소나 수소와 결합해서 DDT, PCB, 디엘드린, PVC 같은 염화탄화수소 물질을 만들어 낼 때에 활용했던 화석연료기반 재료들은 풍부했고, 신뢰할 만했으며 저렴했다. 이러한 새로운 제품들은 기업의 중역들이 제거하고 싶어 했던 — 기업들이 주로 생산하는 기본적인 공업용 화학물질의 하나를 생산해 내는 염소알칼리공정에서 만들어지는 — 잉여 염소를 활용할 수 있다는 미덕이 있었다.[46] 이와 동시에, 또는 약간 늦게, 살충제와 다른 유기화학물질에 대한 "수요"가 증대되었다.

녹색화학의 출현이 늦어진 이유는 시장환경 때문이기도 하다. 지질학 같은 다른 과학에 비해 화학은 기업에게 사로잡혀 왔다. 기업의 "필요"는 물리학 교과과정보다 화학 교과과정을 더 많이 변화시켰다. 비록 생명공학의 대두가 상황을 바꾸기는 했지만, 〈미국화학회〉는 생물학자들이 의료계와 긴밀한 관계를 형성했던 것보다 화학산업과 더욱 긴밀하다. 친환경의 압박에 직면해서도 화학공학 교과과정에는 상대적으로 거의 변화가 없었던 이유에 대해서, 내가 인터뷰했던 학과장 한 명은 짐짓 시간을 끌며 "교과과정에 여유가 없습니다"라는 진부한 오래된 말을 했다. 보스턴에 있는 매사추세츠주립대학의 녹색화학자인 존 워너는 또 하나의 후진성의 지표로 미국에서 박사학위를 수여하는 화학과의 대략 절반 정도가 여전히 외국어 시험을 논문제출자격시험의 요건으로 하고 있지만 독성학에 대한 시험을 요구하는 곳은 하나도 없다는 점을 들었다.[47]

게다가 화학공학기사 시험의 경우를 보더라도 화학공학기사가 되기 위해서 환경에 대한 이해를 필수적으로 요구하는지를 따져보면, 1980년에

---

46. Joe Thornton, *Pandora's Poison : Chlorine, Health, and a New Environmental Strategy* (Cambridge, MA : MIT Press), 2000.

47. Northwest Toxics Coalition, "Green Chemistry : A Workshop," video, Portland, Oregon, April 21-22, 2000.

서 2000년 사이에는 거의 변화한 바가 없다. 미국에서 화학공학기사 시험은 〈미국 화학공학회〉에서 주관하는데, 최신 지식을 알고 있는 젊은 실력자들 대신 은퇴한 화학공학자들에게 시험 출제를 맡기고 있다. 여기에 아이러니가 있다. 신뢰할 만한 예측치에 따르면 녹색 공정은 생산에 필요한 조건을 간소화하고 환경기준치를 준수하기 위한 조정작업을 줄임으로써 새로운 고분자 물질을 생산하는 시간을 절반으로 줄일 수 있다.[48] 그렇다면 기업이 진정으로 필요한 것은 대학의 연구자들이 이 방향으로 나아가는 것이라고 말할 수도 있다. 그러나 기업에 사로잡힌 관계 때문에 대학으로부터 리더십이 발휘되지 못하고 있다. 이런 점은 오웬-스미스가 3장에서 "이중적 잡종" 대학이라는 분석을 했던 맥락에서 다시 생각해 볼 만하다.

보다 일반적으로 말해서 유럽연합, 일본, 미국의 정부 공무원들은 녹색화학이 어떻게 전통적인 환경규제를 변화시키는 데 이용될 수 있는지를 잘 모르고 있다. 환경보호청의 가장 높은 자리에 있는 사람들도 최첨단 과학에 대해서는 잘 모르고 – 그들이 제대로 아는 과학이 있을지 모르겠다 – 환경과학자들 사이에서도 백악관에 대해서는 그리 평판이 높지 않다. 유럽의 몇몇 국가들은 두 가지 측면 모두에서 보다 낫다. 가장 위험한 화학물질을 퇴출시키는 스웨덴 화학물질감시단 Chemical Inspectorate의 계획은 가장 선진적이라는 평가를 받고 있다. 그러나 이런 움직임은 녹색화학이 기술적으로나 경제적으로나 모든 염소화합물을 거의 제거할 수 있다고 주장하는 일련의 녹색화학의 선구자들의 과감한 주장을 고려하면 소심한 계획이다.[49] 1990년대 중반을 제외하면, 갈색화학에서 사용되는 화학물질을 시장에서 퇴출시킬 수 있는가에 대한 대중적인 논쟁이 거의 없다는 사실을 인식하기 위해서 사회과학자들이 기술적인 논쟁에서 어느 한 편을 들어야 할 필요는 없었다.[50]

---

48. University of Massachusetts, " Role of Polymer Research."

49. Thornton, *Pandora's Poison*.

50. Jeff Howard, "Toward Intelligent, Democratic Steering of Chemical Technologies : Eval-

주요 환경 관련 이해집단들조차 화학박사를 고용하고 있지 않다. 이로 인해 이런 단체들은 토양보존, 희귀종보전 등 분명히 가치 있는 쟁점들에 대해서 관심을 갖고 있었지만 화학이 잠재적으로 변화 가능하다는 사실에는 관심을 두지 못했다. 이로 인해 온화한 설계라는 비전 하에 근원에서부터 독성물질의 문제를 공격하지 못했다.

한편, 녹색화학은 매년 열리는 〈고든 녹색화학 컨퍼런스〉 같은 행사로 잘 알 수 있듯 연구자 사회 내에서 제도화되기 시작했다. 〈경제협력개발기구〉OECD는 〈국제 순수 및 응용 화학 연합〉International Union for Pure and Applied Chemistry과, 〈미국화학회〉American Chemical Society나, 관련 학회의 학술대회 등에서 녹색화학에 대한 분과가 열리는 것처럼 정기적으로 지속가능한 화학에 대한 워크샵을 조직한다. 『화학 및 화학공학 뉴스』Chemical and Engineering News [51]는 녹색화학에 대한 기사를 특집으로 다루기 시작했다. 클린턴-고어 행정부의 "정부의 재발명" 계획은 1995년부터 '대통령 녹색화학 챌린지'를 통해 연구비를 지원하고 있으며 2005년 국립공학원National Academy of Engineering은 환경보호청의 연구개발국과 함께 "당면한 환경문제에 대한 지속가능한 해결책에 대한 연구, 개발, 설계"를 하는 대학생 50개팀을 지원하는 프로그램을 시작했다.[52] 〈미국화학회〉의 녹색화학 계획은 전세계에 수십여 개의 자매조직이 있으며 〈미국화학회〉의 직원과 자원봉사자들은 화학교과서와 대학 이전의 교과과정에 녹색화학이 포함될 수 있도록 개정하는 데

---

uating Industrial Chlorine Chemistry as Environmental Trial and Error," PhD diss., Department of Science and Technology Studies, Rensselaer Polytechnic Institute, December 2004.

51. [옮긴이] 〈미국화학회〉가 발행하는 대중화학 잡지.

52. U.S. Environmental Protection Agency, "P3 Award: A National Student Design Competition for Sustainability Focusing on People, Prosperity, and the Planet," press release, December 15, 2003, http://es.epa.gov/ncer/p3/designs_sustain_rfp.html (accessed December 16, 2004).

에 상당한 노력을 기울이고 있다. 영국의 〈왕립화학회〉는 『녹색화학』*Green Chemistry*이라는 학술지를 발간하기 시작했다.[53] 미국하원의 과학상임위원회는 이 주제에 대해서 청문회를 개최해서 부시 행정부의 반대에도 불구하고 하원을 무난하게 통과했던 2004년의 〈녹색화학 연구개발법〉의 산파노릇을 했다. 그러나 이 법은 상원을 통과하지 못했다.

정부, 기업, 과학

어떤 분야는 무시되고, 어떤 분야는 매력적이라고 느껴지는 원인은 무엇인가? 왜 초임계유체와 용매를 대체하려는 움직임이 이렇게 지연되었는가? 왜 산업용 화학물질에 대해서도 의료화학의 원칙을 적용하려는 운동은 전혀 없었는가? 나노바이오, 나노컴퓨팅 등 나노기술의 여러 다른 측면들이 있지만 가장 중요한 잠재력이 있을 것 같은 분자제조는 왜 거의 지원을 받지 못하고 있는 것일까? 지금 내가 원하는 만큼 좋은 대답을 할 수 없는 이유는 시간이 지나야만 지금의 사건들에 대한 관점이 생기기 때문이라는 점과 더불어 사회과학 및 역사학적 연구가 별로 없기 때문이다. 그러나 이런 이야기들 중에는 놓치기 어려운 것들이 있다.

나노기술의 상업적 가능성을 가장 높게 보는 사람들은 정부 공무원들인 것 같다. 그들은 "과학기반 기술의 힘에 대해서 거의 종교적인 신념을 갖고 있다.……다른 나라들에 대한 과학기술적 우위만이 이 나라를 경제적으로 풍요롭게 할 수 있을 거라 믿는" 모습을 보여 준다.[54] 〈21세기 나노기술 연

53. Michael C. Cann and Marc E. Connelly, *Real-World Cases in Green Chemistry* (Washington, DC : American Chemical Society, 2000).
54. David Dickson, *The New Politics of Science* (Chicago : University of Chicago Press, 1984), 3.

구개발법〉은 미국이 상업적 측면에서 나노기술 분야의 "경쟁력"을 유지하기 위해 필요한 일이 무엇이고 이러한 일들의 우선순위에 대해서 보고할 것을 의무화하고 있다. 어림잡아 생각하건대, 나는 정치경제 분야의 엘리트들의 이해관계를 지원하는 대규모 테크노사이언스적 프로젝트들이 다른 프로젝트보다 먼저 채택될 것이라고 믿는다. 헤스가 5장에서 말한 것처럼 "두 연구 분야가……근본적으로 상이한 수준의 신뢰와 연구비를 가져왔던 것을 이해하기 위해서는 산업적 우선순위, 규제정책, 사회운동의 정치에 관심을 둔 지식사회학적 해석이 필요하다(지금까지는 그러한 해석이 결여되어 있었다)." 선출직 공무원들의 세심한 관심은 기업부문이 시장중심사회라고 알려진 곳에서 누리는 특권적 지위55 때문이다. 시장중심사회는 "기업중심"사회라고 보는 것도 당연하다.

기업의 중역들은 고용을 창출하고, 공장 건물과 장비들을 선택하고, 어떤 신제품을 개발하고 판매할 것인가를 비롯한 주요한 경제적 결정을 내리는 구조적인 위치에 있다는 이유 때문에 다른 사회적 이해관계와는 다른 역할을 차지하고 있다. 과학과 기업부문 사이의 직간접적인 여러 지원, 방해, 다른 상호주의적 연관들이 이러한 과정에서 발생한다. 때로는 "사적 부문"이라고 잘못 불리기도 하지만 기업부문은 거의 모든 사람들에게 매우 중요하다는 의미에서 공적인 여러 일들을 수행한다. 공무원들과 기업의 중역이나 로비스트들이 전혀 상호작용하지 않았더라도 기업부문은 핵심적인 공공의 선택에 영향력을 행사한다는 의미에서 매우 정치적이다. 그러나 회사의 중역들은 공무원들에게 영향력을 미칠 수 있는, 비견할 수 없는 금전적 자원, 조직, 전문성, 연결망을 갖고 있다는 점에서 두 번째 의미로 특권적 지위를 누

---

55. [옮긴이] 찰스 린드블롬은 민주주의 사회에서 기업의 특권적 지위는 민주주의 원칙에 위배될 수 있기 때문에 이를 제어하는 것이 중요하다고 보고 있다. 필자는 이 분석을 연장해서 민주주의 사회에서 과학이 갖는 특권적 지위를 문제삼고 있다. 국내에 번역된 린드블롬의 저작으로는 『시장체제』(후마니타스, 2009)와 『정치와 시장』(인간사랑, 1989) 등이 있다.

리고 있다.[56]

정치경제적 권력체계에서 기업부문과 정부의 관계는 과학의 새로운 정치사회학을 이해하려고 할 때에 중요하다. 하지만 헤스가 암에 대한 연구와 치료에 대한 이야기가 표준적인 이해관계적 시각만으로 다루려고 할 때보다 복잡하다고 했던 말은 나노과학과 녹색화학의 경우에도 마찬가지로 적용된다. 공무원들이 나노에 돈을 퍼부을 의지가 있는 이유는 대니얼 새러위츠가 분석한 과학의 다섯 가지 신화가 여전히 전세계 국회 대회의장과 정부 청사의 복도에 존재하기 때문이라고 볼 수 있다. 이런 신화들은 "무한한 편익이라는 신화 : 더 많은 과학기술이 더 많은 공익을 나을 것이다", "책임성의 신화 : 동료심사, 결과의 재연가능성, 과학연구의 질에 대한 다른 통제는 연구체제의 주요한 윤리적 책임성을 체화하고 있다", "끝없는 프론티어의 신화 : 과학의 프론티어에서 생산되는 새로운 지식은 사회에서의 도덕적, 실천적 결과로부터 자율적이다" 등이다.[57]

지난 수십 년 동안 이루어진 대학과 기업의 관계 변화에 대한 분석은, 이 책도 일부 다루고 있지만, 삼중나선을 말하거나 새로운 유형의 지적재산권을 제기하는 등 다양하게 전개되었다.[58] 그러나 이런 정교한 분석에 내재하는 매우 분명하고도 단순한 사실이 있다. 화학자들은 [현재] 사회의 어떤 다른 집단보다 기업을 위해, 그리고 기업과 함께 일하고 있으며, 나노과학기술자들도 조만간 같은 행보를 보일 것이다. 이런 사실만으로도 대학[의 과학]과 기업의 관계를 보여주는 데에는 충분하다. 지난 세기에 화학이 보여 줬던

56. Charles E. Lindblom, *Politics and Markets : The World's Political-Economic Systems* (New York : Basic, 1977) [찰스 린블럼, 『정치와 시장』, 주성수 옮김, 인간사랑, 1989].

57. Daniel Sarewitz, *Frontiers of Illusion : Science, Technology, and the Politics of Progress* (Philadelphia : Temple University Press, 1996), 10-11.

58. Henry Etzkowitz and Loet Leydesdorf, eds., *Universities and the Global Knowledge Economy : A Triple Helix of University-Industry-Government Relations* (New York : Thomson Learning, 1997).

위대한 성공과 심각한 실패는 과학과 기업의 밀접한 관계에서 근원을 추적할 수 있으며 나노기술에 대해서도 동일한 설명이 가능하다. 다른 과학 분야보다 화학을 전공한 사람들은 기업에 취직하는 비율이 더 높다. 많은 사람들의 임금과 경력이 말 그대로 상급자의 선의善意에 좌우된다. 대학의 연구자들조차 교과과정을 자신들이 생각하는 기업의 "필요"에 맞게 변화시키고 자문을 통해 부수입을 얻으며 기업으로부터 연구비를 따내려고 한다. 뿐만 아니라 국립과학재단이나 다른 정부의 프로그램에서는 경제적인 성과를 명시적으로 장점으로 내세우고 있다.[59]

과학과 권력에 대한 균형 잡힌 이해를 위해서는, 기업이나 정부 고위직들의 생각을 이해해야 한다. 그들은 과학자들이 자신들에게 이윤을 안겨 주거나 자신들을 불편하게 하지 않을 때, 아니면 자신들의 바람과 비슷할 때 고용할 것이다. 때로는 이런 일은 매우 노골적으로 드러나기도 한다. "상대적으로 소규모의 생각이 맞는 엘리트들이……상업적, 군사적 위협에 대한 효율적인 대응책이 필요하다며 중요한 과학기술적 선택을 내리는 자신들의 권력을 정당화한다."[60] 나노과학을 지지하는 투표를 했던 국회의원들은 마음속에 이미 나노기술에 대한 국제경쟁을 염두에 두고 있었으며, 녹색화학에 대한 투자를 주저했던 데에는 전세계 화학산업의 과잉설비용량과 공장 및 장비에 대한 상당한 매몰비용, 미국 화학산업의 쇠퇴(주원료인 천연가스의 미국 내 가격이 다른 국가의 경쟁기업보다 비싼 것도 원인의 일부이다)와도 부분적인 관련이 있다. 이와 반대로 갈색화학이 기업부문에는 매우 유용하다는 데에는 의심의 여지가 없고, 화학물질을 시장에 내놓은 이들이 인간의 건강과 생태계에 미칠 장기적인 효과에 대해서 걱정해야 할 유인은 거의 없다.

59. U.S. House of Representatives, *The Societal Implications of Nanotechnology*, Hearing before the Committee on Science, 108th Cong., 1st sess., April 9, 2003, serial no. 108-113.
60. Dickson, *New Politics of Science*, 314.

환경의식이 높아진 것을 생각하면 20세기의 카우보이 경제[61]는 더 이상 가능할 것 같지 않지만 나노 수준의 정확성을 활용한 생산을 하거나 나노과학을 활용한 신제품의 가능성을 타진하는 기업들은 단기 또는 중기 이윤을 목표로 하다보면 장기적인 문제를 야기할 수도 있다는 것을 알게 될 것이다. 예를 들어 먹을 수 있는 작은 센서로 건강 상의 문제를 진단할 수 있게 되면서 의료비용이 증대되고 의사와 환자들이 과거에는 개입할 수 없는 영역을 침범할 수 있게 되면서 의사로부터 비롯되는 질병의 비율이 높아지지만, 이것이 새로운 센서를 만들어 내는 기업의 이윤에 영향을 주는 것은 아니다. 나노기술에 의한 감시가 지금보다 사생활을 보호하지 못한다면 문제를 체감하는 사람은 관련된 기업의 중역이 아니라 다른 사람들일 것이다. 따라서 새로 등장하는 기술적 잠재력은 장기적인 시각이나 보다 넓게 볼 때에는 자신들이 해결할 수 있는 것보다 큰 문제를 야기하겠지만 기업이나 정부에는 유용할 수 있다.

과학의 특권적 지위

과학에 대한 널리 공유된 신화는 과학의 특권적 지위의 기초가 된다. 이러한 과학의 지위는 첨단 분야의 연구자들에게는 상당한 자율성을 부여하고 있으며 사회과학자들에게는 과학 및 사회권력을 세심하게 이해할 필요를 제기하고 있다. 물론 과학이 기업만큼 일상생활에 직접적으로 중요한 것은 아니다. 그리고 기업 중역들이 제시할 수 있는 금전적인 유인책을 과학자들이 갖고 있지는 않다. 그렇지만 [과학은] 기업의 특권적 지위와 흥미롭고도

---

61. [옮긴이] 카우보이 경제 : 1966년 경제학자 케네스 불딩이 『다가오는 우주선 지구의 경제학』(*The Economics of the Coming Spaceship Earth*)에서 자원이 무한하다는 가정을 갖고 있던 지난 시기의 경제학을 지칭할 때에 사용한 표현.

중요한 유사점을 가진다. 대중들의 편안한 삶이 이른바 "건전한" 기업부문에 달려 있는 것처럼, 기술문명은, 대다수 대중들의 능력 이상의 사안들에 대해서 탐구하고 미래 세대의 기술전문가들을 교육하며 과학지식과 기술혁신이 접하는 곳에서 역할을 하는 과학자, 공학자, 기타 기술전문가들에 달려 있다. 과학자들이 기업부문과 연계되면서 그들은 일정한 특권을 얻게 된다.

과학자들이 기업 및 정부와 맺는 관계는 일상생활의 사회적 구성에 미치는 영향을 두드러지게 확대시키지만, 과학자들이 이러한 관계에서 단지 종 노릇만 한다는 가정은 심각한 오류이다. 여러 과학기술 연구자들은 자신들에게 떠맡겨진 연구를 하기보다는 스스로 연구를 고안하고 그것에 착수한다. 녹색화학 관련 연구를 하지 않겠다고 선택한 사람은 소비자도, 노동자도, 기업중역도, 공무원도 아니다. 어느 누구도 분자들이 어떻게 조합되어야 하는지에 대해서는 짐작하지 못하고 있다. 만약 누군가가 선택했다면, 그것은 화학자이다. 여러 많은 역사학자, 사회학자, 철학자 그리고 여러 학자들이 그들의 "선택"을 해부하지만, 나는 "선택하기"가 갈색화학이나 다른 복잡한 기술궤적을 낳았던 사회기술적 과정을 묘사하는 데 최선의 용어인지는 의문이다.

나노기술도 마찬가지이다. "바닥에는 충분한 공간이 있다"라고 아이젠하워가 1961년 이임사에서 말했는가? 아니다, 물론 아니다. 비방사성 물질에서 원자 수준의 조작이 미래에는 가능할 수 있다고 처음 제안한 것은 노벨상 수상자인 물리학자 리처드 파인만이었다.[62] 이런 토론에 참여하는 사람들은 ─ 거의 아무도 잘 이해하지 못하는 ─ 새로운 연구프로그램을 지지하는

---

62. Richard P. Feynman, "There's Plenty of Room at the Bottom : An Invitation to Enter a New Field of Physics," 1959년 12월 29일 파사데나(Pasadena)에서 열린 〈미국물리학회〉(American Physical Society) 연차 학술대회에서 발표된 글. *Engineering and Science* (February 1960)에 수록되었다. 다음 링크에서도 열람 가능하다. www.zyvex.com/nano-tech/feynman.html (accessed December 5, 2004).

198 1부 과학의 상업화

투표를 하거나 새로운 연구프로그램의 장점을 알리려고 했던 대중적인 인사들을 제외하면 모두 훈련받은 과학자나 공학자들이었다. 앞서 언급했다시피 국립과학재단 등에서 나노기술 분야를 이끌었던 주류의 사람들은 분자 수준의 자기조립과 연관된 보다 급진적인 혁신이 갖고 있는 잠재력은 무시했다. 결과적으로 〈21세기 나노기술 연구개발법〉의 최종검토안 semifinal draft에 의거해 2005년 국립연구위원회가 분자 수준에서 재료 및 소자 devices를 제조할 수 있는 자기조립의 기술적 가능성과 자기조립할 수 있는 나노 수준 장치의 "책임 있는 발전"을 보장할 수 있는 표준과 전략의 필요성을 평가했다. 그러나 법안의 최종안에서는 이 내용이 실질적으로 약화되었고 〈포사이트 연구소〉의 크리스틴 피터슨은 "뿌리깊은 이해관계" entrenched interest로 인해 해당 부분이 삭제되었다고 비난했다. 피터슨은 "슬픈 일입니다. 의학, 환경, 국가안보에 상당한 이득이 돌아갈 수 있었는데, 정치에 의해서 지연되고 있네요"라고 말했다.[63] 그녀가 언급한 정치는 대체로 테크노사이언스 공동체 내부에서 이루어진다.

노벨상 수상자인 리처드 스몰리는 분자제조와 관련된 희망과 문제점 모두를 부정한다. "내 조언은 자기복제 나노로봇에 대해서 걱정하지 말라는 것입니다. …… 그것은 현재 현실화되어 있지 않으며 미래에도 그러할 것입니다."[64] 탄소나노튜브를 만들어 냈고 미국 나노기술계획에서 중요한 역할을 했던 스몰리는 [분자제조에] 필수적인 화학지식이 결코 가능하지 않을 거라고 말했다. 『화학 및 공학 뉴스』의 커버스토리를 비롯해서 여러 유명한 매체에

---

63. 피터슨의 언급은 "Signed, Sealed, Delivered : Nano Is President's Prefix of the Day," *Small Times,* December 3, 2003, www.smalltimes.com/document_display.cfm?document_id=7035 (accessed March 29, 2004)에서 인용했다. 다음도 참고하라. Christine L. Peterson, "Nanotechnology : From Feynman to the Grand Challenge of Molecular Manufacturing," *IEEE Technology and Society Magazine* 23 (Winter 2004) : 9-15.

64. 다음에서 인용했다. Robert F. Service, "Is Nanotechnology Dangerous?" *Science* 290 (24 November 2000) : 1526-1527 (인용문은 1527쪽).

실린 그의 입장은 원자나 분자를 충분할 정도로 정확하게 옮겨놓을 수 있는 방법은 없다는 것이다. 〈포사이트 연구소〉의 주요한 인물인 에릭 드렉슬러는 일련의 공개편지를 통해서 조목조목 반박했다.[65] 이 연구소는 주도적인 인물인 에릭 드렉슬러가 생각하는 미래의 나노기술에 대해 인류가 대비할 수 있도록 하기 위해 설립되었다.

나노과학공동체 내에 있는 사람들은 드렉슬러의 관점을 폐기하는 스몰리 편을 드는 경향이 있다. 미국 나노기술의 황제czar라 할 수 있는 미하일 로코는 농업생명공학이 유럽에서 직면했던 것 같은 저항이 야기될까봐 [나노기술의] 보다 급진적인 잠재력을 평가절하했을 수도 있다. 최종적으로 의회는 나노기술에 대해서 승인한 36억 달러의 예산에서 5%를 윤리적, 법적, 사회적 쟁점에 할애하라는 요구조건을 무산시켰지만 2003년 하원 과학위원회에서는 유전자조작생물GMO 같은 나쁜 결과를 피하기 위해 나노기술 관련 법안에 대한 의견청취를 위한 의무조항을 포함시켰다.[66] 미국 상무부의 기술담당차관은 국립과학재단의 후원으로 2003년 12월에 열렸던 나노기술의 사회적 영향에 대한 심포지엄을 분명히 지적했다. 보다 일반적으로 정부연구비와 기업의 이해관계는 부분적으로는 강렬하고 광범위한 관심을 받는 유전자조작생물이나 핵발전 같은 쟁점들이 아니라 나노기술의 역량을 일상적이고 따분한 과학기술로 여기는 대중들의 침묵에 좌우된다.

그러나 〈그린피스〉도 나노기술 문제를 공론화하려는 보고서에서 상당히 온건한 입장을 취한 것처럼, 왜 그렇게 많은 사람들이 분자제조를 쉽게

65. 드렉슬러와 스몰리의 논쟁은 다음 지면에서 이루어졌다. "Point-Counterpoint : Nanotechnology : Drexler and Smalley Make the Case for and against 'Molecular Assemblers,' *Chemical and Engineering News* 81, no. 48 (December 1, 2003) : 37-42.

66. 21st Century Nanotechnology Research and Development Act, Public Law 108-153, December 3, 2003. 법안이 통과되었을 당시의 논평은 다음을 보라. Small Times, "Signed, Sealed, Delivered," December 3, 2003, www.smalltimes.com/document_display.cfm?document_id=7035 (accessed June 10, 2005).

무시하는지에 대해서는 분명한 이유가 없다.[67] 유전자조작생물 문제를 대중적인 의제로 만드는 데 크게 기여했던 비정부기구[NGO]인 〈ETC 그룹〉은 특정한 나노기술 분야의 연구 및 확산을 일시적으로 중단할 것을 제안했지만 탄소나노튜브 같은, 인간이 삼킬 수 있는 나노입자가 갖는 보건 및 환경상의 영향에 대해서 보다 관심을 갖고 있다.[68] 현재까지 〈ETC 그룹〉의 제안에 동의하는 이들은 그리 많지 않다. 국립과학재단 내부에서 로코와 그의 동료들은 국가나노기술계획이 후원하는 대중행사에는 분자제조에 대한 논쟁을 아예 다루지도 못하게 하는 방식으로 이런 입장에 대응하고 있다. 발표자들뿐만 아니라 이런 회의에서 질문하는 청중들도 신뢰를 받으려면 분자제조에 대한 논의를 해서는 안 된다는 무언의 메시지를 받고 있는 셈이다. 내가 참여자들이나 다른 사람들에게 어떻게 메시지를 전달 받느냐고 물었더니, 그들의 대답은 그리 분명하지 않았다. 모두가 그것을 이야기하지 않아야 하는 것을 "단지 알고 있었다."[69]

의사결정이론가로서 나는 어떤 과학기술자가 옳은지에 대해서 전문적인 견해를 갖고 있지 않다. 나는 반反드렉슬러 진영의 주장이 시간이 지나면서 과거 주장의 부족한 점들을 고쳐나가면서 조금씩 변화했음을 발견했다. 스몰리, 화이트헤드, 로코가 사용했던 단언이나 대담한 언어들은 다른 영역에서의 정치를 생각나게 했다. 그들이 어떤 주장을 시작할 때 "미끄러운 손

67. Alexander Huw Arnall, *Future Technologies, Today's Choices : Nanotechnology, Artificial Intelligence and Robotics; A Technical, Political and Institutional Map of Emerging Technologies* (London : Greenpeace Environmental Trust, July 2003).

68. ETC Group, "Size Matters! The Case for a Global Moratorium," April 2003, www.etc-group.org/document/GT_TroubledWater_April1.pdf (accessed May 12, 2003); "Toxic Warning Shows Nanoparticles Cause Brain Damage in Aquatic Species and Highlights Need for a Moratorium on the Release of New Nanomaterials," April 1, 2004, www.etc-group.org/documents/Occ.Paper_Nanosafety.pdf (accessed April 2, 2004).

69. 보다 심화된 논의를 보려면, 나노기술의 사회적 측면에 대한 심포지엄을 참고하라. *IEEE Technology and Society Magazine* 23 (Winter 2004).

가락"slippery fingers 70 같은 비유는 방정식보다 큰 역할을 한다. 미래주의적인 잠재력에 대한 논쟁은 피할 수 없는 것일 수도 있지만 우리는 여전히 대서양 횡단 비행에서부터 심장수술 open-heart surgery에 이르기까지 기술혁신이 이룰 수 없는 것에 대한 여러 과거의 논의들과 기분 나쁜 공명이 있다는 점을 인정해야 한다. 그러므로 좋건 나쁘건 간에 분자제조의 가능성을 묵살하는 것은 너무 섣부른 일일 수 있다.

과학공동체의 내부 전투에서 승리하는 사람이 누구이건 간에 과학자들이 나노과학과 갈색/녹색화학 사례에서 폭넓은 사회적 권력을 행사하고 있다면 이러한 영향력의 본질은 무엇인가? 나는 실험실에서의 일상적인 개인간 관계나 하위분과 내부에서 영향력을 둘러싼 전투를 말하는 게 아니라 새로운 지식을 개발하고 적용함으로써 행사되는, 세계를 형성하는 영향력, 또는 새로운 지식을 개발하고 적용하는 데 실패한 사례들을 말하고 있다.71

일반적으로 이런 류의 영향력은 A가 선택하는 것을 B가 수행할 때에 A는 B에 대해 권력을 갖고 있다라는 형식을 취하지 않는다. 이런 공식화는 복잡한 사회적 상황에서 영향력 관계를 이해하기에는 너무 단순하다. 과학자들의 유기화학에 대한 연구로부터 어느 정도 기인한, 나노과학자들의 현재의 열정에서 유래할 수도 있는 "의도하지 않은 연속적인 결과"에 대해서 다

---

70. [옮긴이] 스몰리는 드렉슬러의 분자제조를 비판하면서 "뚱뚱한 손가락"(fat fingers)과 "끈끈한 손가락"(sticky fingers)이라는 두 가지 문제점을 지적했다. 뚱뚱한 손가락은 원자들을 하나씩 쌓아올리기에는 드렉슬러가 말하는 어셈블러(assembler)라는 장치가 원자에 비해서는 너무 커서 원자를 빽빽하게 쌓아올리는 것이 어려울 것이라는 비판이고, 끈끈한 손가락은 어셈블러에서 원자를 떼어내기가 쉽지 않다는 지적이다. 이 글에서 미끄러운 손가락 (slippery fingers)은 스몰리-드렉슬러 논쟁을 염두에 둔 것이지만, 표현은 다소 잘못된 것으로 보인다.

71. 세계를 형성하는 영향력으로서 과학에 대해서 분석하고 있지만 화학이나 나노과학 같은 문제적인 과학적 활동에 대해서는 다루지 못하고 있는 책으로는 다음을 보라. Gili S. Drori et al., eds., *Science in the Modern World Polity : Institutionalization and Globalization* (Palo Alto, CA : Stanford University Press, 2003).

룰 때에 특히 의심쩍다.[72] 사회과학자들이 과학의 영향력에 대해서 연구할 때에는 과학적 실천이 마치 마법사의 도제나 도자기 가게에 있는 황소처럼, 상황을 아주 엉망으로 만들 수도 있다는 시각에서 접근할 필요가 있다. 이런 사고방식은 과학적 실천이 해롭지는 않더라도, 소수의 연구자들을 제외하면 어느 누구에게도 이롭지도 않다는 사실과 더불어 과학지식이 마술같은, 유용한 결과를 낼 수도 있음을 인정하는 여유도 가지고 있어야 한다.

현재 수행되는 과학의 불가피성, 옳음, 자연스러움 등에 대해서 특정한 가정들을 유보해서, 우리가 전체를 새롭게 다시 볼 수 있을 만큼 멀리 떨어져 보자. 20세기의 화학자들과 화학공학자들이 세계가 이전에는 경험하지 못했던 수만 가지의 새로운 물질들을 합성하고, 어떤 시각에서 보면 독성이 있거나 심지어는 화학무기로 볼 수도 있는 수십만 톤의 물질들을 생산하고 확산시키는 데에 기여했던 자신들의 유쾌한 방식들을 계속하도록 [사회가] 그들을 말 없이 내버려 두었다면 그것도 이상한 일이라는 말은 어떠한가? 지금 우리가 과거를 생각해 볼 수 있다는 장점을 활용해 보면, 녹색화학의 잠재력을 [다른 사람보다 더 잘 알고 있는] 화학자들이 더욱, 그리고 훨씬 빨리 실현시키려고 하지 않았다는 사실은 이상하지 않은가?

현재 존재하는 나노과학기술의 위험은 내분비계 교란, 환경성암, 멸종, 합성유기화합물의 다른 영향들에 필적할 수도 있고 그렇지 않을 수도 있다. 그러나 나노연구자들이 과거에는 없었던 간과할 수 없는 위협을 분주하게 만들어 내고 있다는 사실을 놓치기는 어렵다. 빌 맥키번이 나노기술뿐 아니라 인간생명공학과 관련된 기술을 보면서 지적한 것처럼 "이번 세기에 인류가 직면하고 있는 중요한 질문은 이번 세기가 끝날 때까지 우리가 여전히 인간일 것인가"이다.[73] 지금까지 나노과학자들은 지난 세기의 갈색화학자들만

---

72. Richard Sclove, *Democracy and Technology* (New York : Guilford Press, 1995).
73. Lightman et al., *Living with the Genie*의 뒷표지에 쓰여진 글이다. 이 주제에 대해서 길게 다룬 책은 Bill McKibben, *Enough : Staying Human in an Engineered Age* (New

큼이나 외적인 제약으로부터 자유로운 것처럼 보인다. 새로운 과학의 정치사회학에서는 과학자들이 과학을 추구하는 것이 자명하다는 가정에서 벗어나면 특별한 무언가 — 어른들이 집에 없을 때 성냥을 갖고 노는 어린이들과 다르지 않다 — 가 진행되고 있다는 것이 명백해진다. 다만 이 경우에는 누가 어른들인가가 명백하지 않다.

그러나 이러한 이야기에서 권력은 어디에 있는가? 권력을 갖고 있지 않은 어린이가 부모의 총을 구해서 학교에서 발사할 수 있는 것처럼 과학자들은 단어 그대로의 일반적인 의미에서는 권력을 갖고 있지 않지만, 집단적으로는 매우 실질적인 영향력을 행사한다. 과학기술자들에 의해서 야기되는 위험에 대한 통상적인 생각은 의도하지 않은 결과, 특히 2차 및 3차적 결과에 대한 것이다. 오래 전부터 사회과학자들은 이런 결과들이 사회생활 어디에나 있는 사실이라고 가정해 왔다. 지배적 관점은 이러한 곤란함을 인정했지만 단지 안타까운 일로만 생각해 왔다. 이러한 접근법은 그럴싸하지만 흥미롭고 중요한 질문을 답하지 않고 뛰어넘은 것이다 : 의도하지 않은 결과를 둘러싼 권력관계의 본질은 무엇인가? 누가 결정을 내린다고 이해되는가?

이런 질문에 대한 암묵적인 대답은 '아무도 아니다'라는 게 정상적이다. 여러 벡터의 합력으로 이런 결과가 나왔다는 것이다. 그러나 랭던 위너가 말하듯이 의도하지 않은 결과는 의도하지 않은 것은 아니었다.[74] 설령 '하던 대로 해서' 의도하지 않은 결과가 나왔더라도 적어도 누군가는 하던 대로 하도록 결정한다. 이런 의도하지 않은 결과들은 부정적일 수도 있고 부정적인 결과를 초래할 수도 있다. 이런 선택에 참여했던 사람이라면 타인에 대한 권위를 행사했다고 말할 수 있다. 왜냐하면 결과적으로는 예견하지 못한 결과로 인해 고통받는 (또는 이득을 본) 사람들은 이런 일이 발생하도록 했던 애초

York : Times Books, 2003)이다.

74. Winner, *Autonomous Technology*.

의 결정을 내린 사람들이 아니었다면 없었을 것이기 때문이다.

의도하지 않은 결과에 대해 영향력을 행사하는 과학자들 및 여타의 사람들이 합법적인 정치-경제적 질서 내에서 활동했다거나 이러한 일을 하는 데 필요한 동의를 확보했다고 주장할 수도 있다. 현대의 법제도 하에서는 옳은 얘기이다. 그러나 달리 볼 때, 이런 주장은 말도 안 된다. 미래의 희생자나 수혜자 들 상당수는 아직 태어나지도 않았고 연구개발 활동R&D을 제품화하는 국가에 살지 않고 있으며, 전체 상황을 잘 알지도 못하고, 테크노사이언스에 제한을 두지 말자는 사람들에 비해서는 수적으로 소수이다. 그리고 완전히 안전한 과학활동을 선호하거나, 과거에 의미 있는 동의를 했다고 하기 어려운 상황이다. 이 글에서 나는 도덕적 비난이나 철학적 논의를 하려는 게 아니다. 의도하지 않은 결과가 초래될 것을 알면서도 새로운 테크노사이언스적 잠재력을 중단하지 않고 지속시키자는 결정이 내려지도록 하는 데에 엄청난 권위가 행사되고 있다는 점을 지적하려고 한다. 과학의 정치사회학자들은 대부분의 과학기술자들과 그들의 협력자, 심지어는 그들에 대한 반대세력들처럼 이러한 권위의 행사에 대해서 가정하는 것이 아니라 이해해야 한다.[75]

영향력이 있는 사람들과 그렇지 않은 사람들 모두 해당 쟁점에 대해서 특정한 방식으로 생각하게 만드는 통치의 멘탈리티governing mentality를 형성하고 의제를 구성하는 것은 이와 긴밀하게 연관된 권력의 행사방식이다.[76]

---

75. 이 쟁점에 대해 매우 다르게 접근하는 것으로는 다음을 보라. Steve Fuller, *The Governance of Science: Ideology and the Future of the Open Society* (Buckingham, UK: Open University Press, 2000).

76. Roger W. Elder and Charles D. Cobb, *Participation in American Politics: The Dynamics of Agenda-Building,* 2nd ed. (Baltimore: Johns Hopkins University Press, 1983). 통치의 멘탈리티에 대해서는 다음을 보라. Nancy D. Campbell, *Using Women: Gender, Drug Policy, and Social Justice* (New York: Routledge, 2000).

논쟁을 이끌어내기보다는 비결정[77]을 이끌어 내는 것은 권력이 작동하는 가장 중요한 방식의 하나이다. 스티븐 룩스가 이름 붙였지만 그리 주목받지 못했던 권력의 "세 번째 얼굴"에 대한 문헌을 되짚어 보면 테크노사이언스가 인간의 사고를 형성하고 부분적으로는 인간의 사고에 기반하고 있는 의제를 형성하는 데 뛰어나다는 게 사실이다.[78] 따라서 염소에 대한 화학은 환경 문제에 대한 의제를 설정하는 데에 기여한다. 허드슨강의 PCB는 폴리염화바이페닐이고, DDT, 디엘드린, 알드린은 염화된 살충제이며 오존층을 파괴하는 CFC는 염화불화탄소이다. 산업계에서는 이 화학물질을 생산하고 구매하기 때문에 화학자들이 혼자서 행동하는 것은 아니지만 의제를 설정하는 잠재력을 만들어 낸다는 점은 분명하다.

이러한 과정을 통해서 그들은, 의도하지 않은 결과는 기술혁신의 정상적인 부분 – 진보의 댓가라고 명명되는 것의 일부 – 이라는 것을 인류에게 (그리고 미래의 화학자들에게) 우연하게 알려줬다. 새로운 능력이 개발되면서 많은 사람들은 이전 단계 – 유기염소화합물이 발명되기 이전 또는 나노 수준의 물질 조작 이전 단계 – 로 "돌아가는 것"은 생각할 수 없는 일이라고 여기게 되었다. 보다 엄밀하게 말할 때, 20세기에는 갈색화학 및 화학공학의 잠재력이 기술적으로는 매우 달콤하게 여겨졌고 농업에서 "해충과 싸우는 데에도" 유용했기 때문에 수백만 톤의 화학물질을 생태계에 도입하기 전에 안전이 입증되어야 한다고 요구하는 것은 생각조차 못했다. 이러한 류의 상상불가능함을 만들어 내는 것이 테크노사이언스 권력의 가장 미묘하면서도 강력한 형태라는 주장도 가능하다.

---

77. [옮긴이] 비결정(nondecision) : 어떤 쟁점이 의제화되지 않아서 논쟁도 되지 않은 상태에서 특정한 방향으로 의사결정이 내려지는 상황. 경험적인 연구방법론으로는 이러한 상황을 파악해 내기 어렵다는 지적을 통해 1970년대 중반 미국정치학계에서 권력에 대한 방법론적 논쟁이 펼쳐지기도 했다.

78. Steven Lukes, *Power : A Radical View* (London : Macmillan, 1974) [스티븐 룩스, 『3차원적 권력론』, 서규환 옮김, 나남, 1992].

과학기술자들이 자신들의 특권화된 지위를 유지하면서 이런 일들을 지속할 수 있는 이유 중 하나는 대부분의 사람들이 보기에는 과학자들이 상당한 정당성을 갖고 있고 신뢰할 만하게 보이기 때문이다. 영화 속에서 과학자들은 종종 사회성이 취약하고 일반인들 대부분의 일상생활로부터는 동떨어진 사물에 사로잡혀 있는 것처럼 보인다. 하지만 〈쥐라기공원〉에서 공룡을 복제한 사람 같은 이탈자들을 제외하면 과학자들은 일반적으로는 악의가 없거나 수용가능한 규범 내에서 행동하는 것처럼 묘사된다. 역사적으로 과학자들이 자신들이 수행하는 연구를 할 "권리"의 원천을 정확하게 설명하라는 압박은 받을 수 있지만, 터스키기 매독실험[79] 같은 일탈적인 상황을 제외하면 과학자들이 연구를 할 수 있는 권리를 갖고 있다는 데 의문을 제기하는 사람은 없다. 이와 비슷하게 많은 사람들은 전문가들이 법정이나 다른 공공장소에서 다른 전문가들의 증언에 반대할 때에 의구심을 느끼거나 초조해지기도 하지만, 이런 갈등이 부재하다면 우리들 대부분은 테크노사이언스 전문가들이 전문영역 내에서 자신이 하고 있는 일이 무엇인지 상당히 잘 파악하고 있다는 가정을 하게 된다.

　　이런 가정은 겉보기에는 의미 있고 그리 해롭지도 않지만, 다시 생각해 보면 우울한 함의가 드러난다. 대학에서 자신들의 정상적인 일을 처리하고 있는 화학 및 나노기술 연구자들은 외부인들에 의해 세세한 내용까지 의문을 제기받지는 않기 때문에 자신들의 연구 및 교육에 대해서 (자신들의 하위분야의 다른 구성원들에게는 어느 정도 예외이지만) 그리 책임감을 갖지

---

79. [옮긴이] 터스키기 매독실험 : 1932~1972년까지 앨라배마 주 터스키기 지역에 거주하는 4백여 명의 저소득층, 문맹 아프리카계 미국인을 대상으로 매독이 자연적으로 어떻게 확산되는가를 관찰한 연구. 이 실험에서 연구자들은 피실험자에게 병명을 가르쳐주지도 않았으며 적절한 자료도 제공하지 않았다. 이 사실이 알려진 이후, 벨몬트 보고서로 정리가 되었으며 미국에서는 인간을 대상으로 한 연구에 대한 윤리지침과 제도들이 만들어졌다. 가장 유명한 것으로는, 기관윤리위원회(instutitional review board)와 충분한 정보에 근거한 동의(informed consent)가 있다.

는 않는다. 이는 부당한 외부의 영향력으로부터 – 연구비를 주는 조직은 제외하고 – 자신들을 보호하는 데에 기여하지만 적절한 외부의 영향력으로부터 그들을 보호할 수도 있다. 이런 영향력 관계를 묘사하기 위해 어떤 동사를 사용할 수 있을까? 과학자들이 권위를 장악해 왔거나 위임받았던가? 그들이 결과를 강제로 만들어 내거나 궤적을 제안했는가? 그들이 결정했거나 협상했는가? 내 개인적인 생각으로는 영향력에 대한 서로 다른 동사들이 서로 다른 시기의 테크노사이언스적 선택과 결과의 다양한 측면에 적용되며, 영향력 관계는 형언할 수 없을 정도로 복잡하다. [우리가] 명확하게 말할 수 있는 것은 몇몇 과학기술자들은 자신들의 행위에 대해서 상당한 자유를 갖고 있고, 이러한 행위들은 상호작용하여 과학 외부의 세계에 상당한 영향력을 미치는 결과를 만들어 내며 기술문명은 영향력을 미치는 사람들이 책임을 갖도록 하는 담론적, 제도적 자원 모두를 결핍하고 있다는 것이다.

토론

과학지식을 빚어내는 사람들이 상당한 영향력을 행사하는 건 분명하지만, 나노기술과 녹색화학 사례에서는 갈등이 명백하게 존재하는 경우, 개인으로서나 분별가능한 집단으로서나 과학자들이 다른 엘리트들에게 이길 수 있는 권력을 갖고 있다는 증거는 거의 없다. 물론 군대, 기업, 정부의 엘리트들은 과학기술자들에게 상당한 것을 주곤 한다. 어떤 일을 하려는 흐름이 분명할 때, 실제로 그 일을 수행하는 것은 연구자들인 경우가 보통이다. 연구자들은 새로운 정부규제를 피하거나 맞서기 위한 자원을 갖고 있지 않고, 대학들은 기업과 정부의 기부금 없이는 운영될 수 없기 때문이다. 고용인으로서 과학자와 엔지니어들은 단지 상사의 지시를 따르기만 하기 때문에 정부나 기업의 지원을 원한다.

과학자들에게 돌려질 수도 있는 통상적인 의미에서의 권력을 축소하는 이유는 이들도 자신들이 살고 있는 사회의 문화적 가정의 피조물이기 때문이다. 그들은 자신들의 문화의 인지적 희생자이기 때문에 지금과 같은 방식으로 생각하고 행동한다. 과학자들은 화학의 대안적 역할에 대해서 다시 생각해 보거나, 급속한 연구개발과 규모의 확대[80]가 흔히 문제를 야기한다는 사실을 인식하거나 과학의 특권적 지위가 명백하게 민주주의에 반한다는 사실을 다시 생각해 볼 수 있는 계기가 별로 없었다.[81] 대중매체가 분자의 재구조화보다는 전통적인 멸종위기의 종이나 화학물질 누출 같은 문제에 초점을 맞춘다면, 과학기술자들은 **증후군에 대한 관심**에 의해 지배되어 배후의 인과관계에 대해서는 생각하지 못하게 되는 사람들 중 하나가 되고 말 것이다. 새로 출현하거나 깜짝 놀랄 만한 투기적인 능력이 기술적 미래에 대한 이야기를 지배하고 있다면 신중한 대중들의 생각은 사회에서 기형적인 것으로 받아들여질 뿐이며 과학기술자들의 사고도 마찬가지로 성장이 억제된다.

예를 들어 이런 글에 대해 말하자면 내가 알기로는 어떠한 대중매체나 대중과학매체 비슷한 것에서도 나노과학과 녹색화학 사이의 명백한 유사성에 대해서 지적하지 않았다. 양자 모두 원자와 분자를 재정렬해서 (몇몇) 인류의 목적에 보다 잘 부합하도록 하기 위한 노력이다. 화학자들이 스스로 알아낼 수 있어야만 하지만 대체로 그들은 표준적인 절차와 인지적 스키마[82]에 따라 행동하는 평범한 사람들에 불과하다. 화학에 대해서 모르는 저널리스트 같이 기술문명에서 살고 있는 다른 사람들도 화학자들이 이러한 틀을 깨고 나오는 데 그리 도움을 주지는 않는다.

---

80. [옮긴이] 예를 들면 상업적 생산.
81. 규모증대에 대해서는 다음을 보라. Joseph G. Morone and Edward J. Woodhouse, *The Demise of Nuclear Energy? Lessons for Democratic Control of Technology* (New Haven, CT : Yale University Press, 1989).
82. [옮긴이] 인지적 스키마 : 심리학적 용어로 과거의 반응 및 경험에 의해 형성된 반응체계를 말한다.

이런 상황은 부부가 경영하는 [소규모] 드라이클리닝 업체들이 주로 사용하는 유해용매인 퍼크로에틸렌을, 초임계이산화탄소로 교체할 때에 세제혜택을 주자는 논의를 하던 의회상임위원회에, 환경단체가 개입하지 못했던 2001년의 사례가 잘 보여 준다. 반면, 〈다우케미컬〉은 전통적인 (즉, 갈색) 드라이클리닝 업체들이 적극적으로 편지를 [관계당국에] 쓰는 운동을 전개했으며 화학물질의 녹색화를 위한 세제혜택안이 위원회에서 고사枯死하도록 만들었다. 상대적으로 이빨 빠진 2004년의 〈녹색화학 연구개발법안〉도 마찬가지로 주류 단체들로부터는 온건한 동의를 얻었지만 환경운동가들로부터 실질적인 도움이 없었기 때문에 하원을 통과한 다음에 상원에서 시간이 지나서 폐기되었다. 보다 일반적으로는, 청정산업생산에 중점을 두고 있는 일부 단체를 예외로 하면 주요 환경 비정부기구들조차 녹색화학산업을 위해 압력을 행사하기보다는 갈색화학의 다양한 사용방식에 대해서 반대하는 데 사로잡혀 있었다.

화학자들이 비화학자들로부터 배울 필요가 있다고 말하는 건 다소 이상하지만 사실이다. 대학원에 다닌 적이 없는 〈쇼 카페트〉의 부사장은 최근 의회 공청회에서 "나는 화학자와 화학공학자에게 당신들은 환경친화적인 공정으로 카페트를 만들 수 있다고 말하는 게 직업인 사람입니다. 왜냐하면 그들이 회사에 들어올 때에는 여기에 대해서는 아무것도 배우지 않는 대학에서 오기 때문이죠"라고 이러한 사실을 지적했다.[83] 대부분의 화학 연구개발 인력들이 지난 세기를 일하고 있는 상황에서는 이런 주장은 발견할 수 없다. 이와 마찬가지로 나노연구자들로 가득 찬 상황에서 이런 자극을 주는 사람은 없다.

그럼에도 불구하고 과학기술자들이 녹색화학을 적극적으로 추구하지

83. U.S. House of Representatives, Committee on Science, Hearing H.R.3970, Green Chemistry Research and Development Act of 2004, 108th Cong., 2nd sess., March 17, 2004, serial no. 108.47 (Washington, DC: U.S. GPO), 2004.

못하고 나노기술로 잘못 이끌려 달려가는 것이, 잠재적으로 영향을 받는 사람들의 압도적 다수의 동의나 인지 없이 일어나고 있다는 사실은 거듭 얘기할 만하다. 개인이나 조직들이 누군가를 위해서, 또는 누군가에게 반대해서 숙의를 전개하고 있지만, 누구도 이런 현실에 대해서 문제라고 생각하지는 않는다. 아니, 다시 말하자면, 과학자들이 이런 말이 진실이라는 것을 알리려는 노력이 거의 없다. 과학자들은 이런 현실이 자신들의 이해관계에 부합하기 때문에, 그리고 다른 방식으로 행동하는 법을 배우지 않았기 때문에 — 지금까지의 사회질서는 그들에게 가르치지 않았다 — 동의 없이 계속 진행하는 데 만족하고 있는 셈이다. 녹색화학을 주도하고 있는 카네기멜론대학교의 테리 콜린스는 화학윤리가 교과과정의 중심이 되어야 한다고 주장한다. 나는 그것만으로 충분한지에 대해서 의문이다. 왜냐하면 사업 중심의 유인체계가 윤리를 한쪽으로 치워버리는 데 강력한 동인을 갖고 있기 때문일 뿐만 아니라, 상당히 오랫동안 유지되어 온 엘리트 중심적 전통이, 새로 출현하는 테크노사이언스에 대해서 정직하게 사고하는 모든 사람들의 능력을 손상시켰기 때문이다. 우리는 "사적" 사업이 돈이 되기만 하면 무엇이라도 판매할 수 있는 권리가 있다는 사실을 인정하고, 과학연구를 주기적인 재협상이 필요한 사회적 활동이라기보다는 표현의 자유와 동등하다고 받아들이며, 의도하지 않은 결과는 제어되어야 하는 게 아니라 안타까운 현실로 받아들이도록 배우고 있다. 이러한 가정이나 신화는 정당성을 얻고 과학기술자들과 그들의 동맹자에게 능력을 부여하는 방식으로 정렬되어 있으며 과학기술자들이 다른 사람들처럼 생각하고 행동하는 능력을 손상시킨다.[84]

---

84. 이러한 손상에 대한 일반적인 논의는 다음을 보라. Charles E. Lindblom, *Inquiry and Change: The Troubled Attempt to Understand and Shape Society* (New Haven, CT: Yale University Press, 1990). 테크노사이언스에 특화된 신화에 대한 분석에 대해서는 다음을 참고하라. Sarewitz, *Frontiers of Illusion: Science, Technology, and the Politics of Progress* (Philadelphia: Temple University Press, 1996).

위에서 얻은 통찰을 보다 구체적으로 녹색화학의 봉쇄와 나노과학의 가속화에 적용해 보면 우리는 기술, 경제, 인지적 추진력의 조합이라는 견지에서 생각함으로써 대칭을 유지할 수 있다. 갈색화학자, 그와 동맹하는 산업계, 화학물질의 소비자들은 전면에 나설 수 있지만 녹색화학이 갈색화학에 의해 주변화되었다고 말함으로써 문제를 탈개인화시키는 것이 보다 정확할 것이다. 말 그대로 갈색화학의 공식으로 가득 차 있는 교과서들은 녹색화학의 아이디어들이 교과과정이나 실험실에서 자리를 잡기 어렵게 하고 있다. 사회적인 복잡성을 고려할 때, 기업의 엔지니어들은 갈색화학을 훈련받았고 이러한 기업들은 갈색화학 공장 및 장비에 대해 상당한 매몰비용을 갖고 있으며, 과거와 같은 방향으로 계속 진행하겠다는 가정은 대안의 가능성뿐만 아니라 대안이 갖고 있는 장점까지 이해하기 어렵게 한다. 게다가 정부의 규제절차와 법률은 설계부터 온화한benign 화학물질의 재구성을 적극적이면서도 실질적으로 추구하기는커녕 갈색화학물질의 위해를 제한하는 데 부정적이다. 사회적으로도 이와 유사한 과정이 나노과학의 떠오르는 잠재력에 대한 합리적인 거버넌스를 방해할 우려가 있다.

내가 지금까지 관계를 지적해 왔던 구조적인 위치, 조용한 대중, 사고습관의 결합은 제3세대 페미니스트와 사회생활에 대한 최근의 관찰자들이 제기하는, 권력에 대한 보다 복합적인 해석의 일반적인 정신과 부합한다.[85] 또한 이 책의 다른 필자들이 말하는 다차원적인 이야기, 특히 헤스의 5장과 잘 부합한다. 어떤 의미에서는 다른 영역에 쉽게 적용할 수 있는 흑백논리로부터 멀리 떨어진 이야기이다. 요약했지만 단순하지는 않은 갈색/녹색화학과 나노기술에 대한 압축된 이야기는 이러한 흐름에 있다. 일부 기술전문가들은 새로운 능력에 대해서 간파해 내면 이를 개발하기 시작한다. 정치경제적

---

85. 예를 들어 다음을 보라. Nancy Fraser, *Justice Interruptus,* and Nancy D. Campbell, *Using Women : Gender, Drug Policy, and Social Justice* (New York : Routledge, 2000).

엘리트들은 이러한 능력들이 자신들의 목적에 부합할 거라고 생각해서 추가적인 재정지원을 가능하게 해 준다. 다른 과학기술자들은 새로운 자금을 얻기 위해서라도 새로운 분야에 뛰어든다. 관련 과학자 사회들은 개인과 조직이 대응방식을 경험으로부터 배우는 속도에 비해서 기업과 정부가 새로운 능력의 규모를 키우는 속도를 너무나 빠르게 발전시켰다. 저널리스트, 이해단체, 정부의 규제당국, 대중들이, 너무 늦지않게 목표가 정확한 보호수단을 제도화할 수 있는 새로운 능력에 대해서 충분히 신속하게 학습할 수 있는 방법은 없다. 그리고 사실상 그들 중 다수는 "개입하려는" 의지가 없다.

몇몇 과학기술자들은 "주인-대리인 이론"이라고 칭하는 용어로 이런 불확실한 관계를 묘사하려고 시도해 왔다.[86] 자금을 지원하는 주인들(예를 들어 정부공무원)은 기회주의와 과학자-대리인들의 태만을 예방하기 위해서 필요한 지식이나 자원을 결여하고 있기 때문에, 연구자와 비용을 지불하는 사람들 사이를 매개하는 경계작용을 하는 매개연구기관이나 연구프로그램 같은 특별 통제장치들이 설치될 필요가 있다.[87] 나노과학과 녹색화학 사례는 [주인-대리인 이론에서] 추정된 "주인"이 과학이라는 기획을 어떤 의미에서건 통제하고 있다는 주장에 대해서 의문을 제기한다.[88] 보다 중요하게는 나는 어떤 의미에서는 일반 대중의 대리인으로 간주되는 정부공무원을 정상적인 상황에서 주인으로 봐야 하는지에 대해서 확신이 들지 않는다. 정부공무원들은 녹색화학 같은 가치 있는 연구개발 활동을 촉진시킬 능력이 없는 의

---

86. "주인-대리인 이론"은 비난을 많이 받기도 했지만 예측능력이 있는 합리적 선택이론의 한 유형이다. 주인-대리인 이론을 보다 일반적인 사회선택이라는 맥락에서 바라보려면 다음을 보라. James S. Coleman, *Foundations of Social Theory* (Cambridge, MA : Harvard University Press, 1990).

87. David H. Guston, "Principal-Agent Theory and the Structure of Science Policy," *Science and Public Policy* 23 (August 1996) : 229-240.

88. 유럽의 연구프로그램에 대한 분석에 기반해서 주인-대리인 이론에 대해서 회의적인 시각을 보이는 연구도 있다. Elizabeth Shove, "Principals, Agents and Research Programmes," *Science and Public Policy* 30 (October 2003) : 371-381.

심쩍은 테크노사이언스 프로젝트에 대해서 상당한 투자를 하려는 의지가 있다는 것이 입증되었다.

주인-대리인 이론과 관련이 있건 없건 간에 녹색화학과 나노기술 사례는 어떤 결정이 과학자들에게 적절하게 맡겨질 수 있고, 어떤 결정이 기업과 시장에게 맡겨지는지, 어떤 사안을 언론, 공익단체, 독립연구자, 정부공무원, 대중들의 폭넓은 검토와 숙의에 돌려야 하는지를 성찰해 볼 기회를 제공하고 있다. 어떻게 하면 조기에 충분할 정도로 면밀한 검토를 가능하게 할 것인가, 어떻게 해야 그리고 어떤 제도적 메커니즘이 있어야 충분한 정보를 제공할 수 있고 사려 깊은 검토가 가능할 것인가? 과학적 이해 또는 이러한 이해의 결핍이 유기합성화학의 경우, 일상생활에 얼마나 심대한 영향을 주었는지, 그리고 나노과학의 경우에도 앞으로 어떠할지를 고려하면, 사회사상가들이 기술문명의 "구성"에 대해서 보다 냉정하게 생각할 필요가 있어 보인다. 과학지식과 기술적 노하우는 단순한 도구가 아니라 사회구조와 행위를 구축하고 재구축하는 데에 실질적으로 기여한다.[89] 테크노사이언스에 대한 결정이 적어도 정부가 하는 것만큼 심대하게 일상생활을 변형시키기 때문에 과학의 새로운 정치사회학이라면 이 책의 몇몇 필자들이 이미 그렇게 하고 있는 것처럼 민족국가의 의사결정을 강조하는 것을 피해야만 할 것이다. 우리는 — 아마도 더 주요하게는 — 사람들이 시간, 돈, 관심을 소비하는 방식을 근본적으로 변화시킬 수 있는 혁신들을 만들어 내는 연구개발 체제 내에 체화된 권위관계를 감시하기만 해서는 안 된다. 랭던 위너가 말했듯이, "혁신은 여러 세대에 걸쳐 지속되는 공공질서의 구조를 형성하는 입법활동이나 정치적인 기초와 유사"하기 때문에 기술은 실질적으로 입법의 한 형태이다.[90]

우리의 건조환경과 자연환경이 플라스틱과 다른 화학제품에 의해서 형

---

89. Sclove, *Democracy and Technology*.
90. Langdon Winner, *The Whale and the Reactor: The Search for Limits in an Age of High Technology* (Chicago: University of Chicago Press, 1986), 29.

성될 수 있도록 "결정"하는 데서 기업의 중역들과 함께 화학자와 화학공학자들은 제1의 "정책결정자"라고 주장할 수 있다.[91] 이런 종류의 의사결정 또는 비의사결정은 나노제조 및 기타 새로운 나노과학의 미래를 형성하고 있다. 미래에는 전문가들이 (정부뿐만 아니라) 비정부기구의 정책결정에서 보다 도움이 되는 방식으로 참여하도록 하기 위해서는 전문성이 맺고 있는 사회관계를 적잖이 변형해야 할 것이다.[92]

지금, 과학자들은 적어도 부분적으로는 정당하지 않은 − 충분히 다양한 사람들이 참여하는 협상을 하지 않았고, 많은 사람들이 이해했다면 변호하기 어려웠을 목표가 설정되었으며, 불확실성이 높은 상황에서 사려 깊게 행동하기 위해 필수적인 요소들에 대해서 충분히 고려하지 않은 채 형성된 − 의제에 따라 일하고 있다. 과학자, 정치-경제적 엘리트, 체계적인 세력[구조수준의 영향력]이 얼마나 많은 권력을 갖고 있는가를 말하기란 세력, 벡터, 분파들이 분석하기에는 너무 복잡하게 서로 영향을 주고받기 때문에 불가능하다. (권력이, 권력을 가진 사람이나 조직들로부터 분리가능하다고 볼 수 있을 때의 이야기이다.) 우리가 확신을 갖고 말할 수 있는 것은 데이비드 딕슨이 20년 전에 말했듯이, 과학은 "우리가 자연세계를 잠재적으로 유용하게 이해할 수 있도록 도와주는 강력한 도구이지만, 동시에 인간에 대한 착취의 씨앗을 담고 있다. 후자의 희생자가 되지 않으면서 전자를 활용하는 것이 중요한 과제이다. …… 제대로 민주적인 과학정책은 현재의 부와 권력의 분배에 직접적으

91. Frank N. Laird, "Technocracy Revisited : Knowledge, Power, and the Crisis of Energy Decision Making," *Industrial Crisis Quarterly* 4 (1990) : 49-61; Frank N. Laird, "Participatory Analysis, Democracy, and Technological Decision Making," *Science, Technology, & Human Values* 18 (1993) : 341-361.

92. Dean Nieusma, "Social Relations of Expertise : The Case of the Sri Lankan Renewable Energy Sector," PhD diss., Rensselaer Polytechnic Institute, Department of Science and Technology Studies, 2004.

로 도전하는 정치프로그램을 통해서만 얻어질 수 있다."[93]

　내가 보기에는 갈색/녹색화학과 나노과학 사례는 최근의 구성주의적 전통을 통합함으로써 과학과 권력에 대한 기존의 이해관계 중심의 이해방식을 다시 새롭게 하는 기회를 제공하는 것 같다. 재구성주의적 이해는, 과학실험실과 현장에 있는 미시적이고 국지적인 실재들이 처해 있는 맥락들의 뉘앙스를 이해하면서도 엘리트들의 전유하는 지식을 축소시키고 보다 정당한 공공의 목적으로 기술적인 능력을 변화시키는 데에 기여할 수 있을 것이다.[94]

93. Dickson, *New Politics of Science*, 336.
94. 재구성주의에 대해서는 다음을 보라. Woodhouse et al., "Science Studies and Activism," and E. J. Woodhouse, "(Re)Constructing Technological Society by Taking Social Construction Even More Seriously," *Social Epistemology* 19 (April-September 2005): 1-17.

2부

과학과 사회운동

7장

관습이 논쟁적인 것으로 변할 때

유전독성학에서 과학운동 조직하기

스콧 프리켈

미국 환경주의의 정치사에서 1969년은 그 중심이 되는 제도적 확대와 개혁이 일어났던 해로 기록된다. 연방정부는 합성 환경 화학물질이 생명체와 생태에 미치는 영향에 대처하는 일련의 널리 알려진 정책 조치들을 시작했다. 그중에서 으뜸가는 것은 〈국가환경정책법〉National Environmental Policy Act, NEPA으로, 미국 환경보호청Environmental Protection Agency, EPA과 〈환경의 질 위원회〉Council on Environmental Quality의 설립을 규정하고 1970년대 초에 법률로 통과된 주요 환경 법안들에 대한 제도적 초석을 놓았다.[1] 1969년에 있었던 다른 연방 차원의 중요한 발전들로는 장기간에 걸친 화학물질 노출이 건강과 경제에 미치는 영향을 다룬 주요 보고서들(가령 Food and Drug

---

1. 〈국가환경정책법〉은 1969년 12월 24일에 의회에서 통과됐고, 1970년 1월 1일에 닉슨 대통령이 서명해 법률로서 효력을 발휘하게 됐다. 〈국가환경정책법〉에 이어 의회가 환경보호 조치에 나선 것으로는 〈대기오염방지법〉(Clean Air Act, 1970), 〈자원회복법〉(Resource Recovery Act, 1970), 〈수질오염방지법〉(Water Pollution Control Act, 1972), 〈연방 살충제·살균제·쥐약법 개정조항〉(Federal Insecticide, Fungicide, and Rodenticide Act Amendments, 1972) 등이 있다. Andrews(1999)와 Gottlieb(1993:124-128)을 보라.

Administration Advisory Committee on Protocols for Safety Evaluation 1970; U.S. Department of Health, Education, and Welfare 1969)이 출간되고 국립환경보건과학원National Institute of Environmental Health Science, NIEHS이 설립되어 "환경적 요인들이 단독으로 혹은 한데 합쳐져 사람의 건강에 미치는 영향"에 관한 기초연구를 이끌게 된 것 등을 들 수 있다(Research Triangle Institute 1965).

연방정부의 입법 조치들에 대중의 주목이 쏠려 있는 동안, 그 바깥에서는 소수의 유전학자들이 우려를 품고 있었다. 그들은 정부의 규제 및 연구 계획에 합성화학물질이 인구집단에 장기적으로 미칠 수 있는 해로운 유전적 결과가 빠져 있다고 생각했다. 이 과학자들은 자신들의 우려를 공식적으로 제기하고자 했고, 〈환경성 돌연변이 유발원 학회〉라는 이름의 새로운 전문직 단체를 결성했다. 이 학회는 "인간의 환경 속에 있는 돌연변이 유발원, 그중에서 특히 공중보건에 관련이 있을 수 있는 것들에 대한 관심과 연구를 촉진하는" 것을 목표로 삼았다.[2] 국가가 후원한 1969년의 조치들에 비해 그리 두드러지진 않았지만, 유전학자들이나 다른 생물학 연구자들 사이에서의 반응은 아주 반향이 크지는 않았다 하더라도 대체로 긍정적이었다. 1년이 채 못 되어 〈환경성 돌연변이 유발원 학회〉의 회원 수는 5백 명에 육박했고, 『EMS 소식지』EMS Newsletter의 첫 호가 발간되었으며, 워싱턴 D.C.에서 열린 첫 번째 EMS 학술대회에 268명이 참석했다. 참석자들은 대부분 과학자들이었지만, 정부 관리, 일반시민, 기자들도 몇 명 끼어 있었다. 1972년이 되자 〈환경성 돌연변이 유발원 학회〉들이 일본JEMS과 유럽EEMS에 설립되었고, 〈유럽 환경성 돌연변이 유발원 학회〉의 국가별 지부가 이탈리아, 서독, 체코슬로바키아에 생겨났다(Wassom 1989). 1976년에 의회가 "모든 신규 화학

---

2. 돌연변이 유발원은 유전적 변화를 유발하는 외인성의 화학물질, 방사능, 바이러스 등을 말한다. Minutes, Meeting of the Ad Hoc Committee of the Environmental Mutagen Society, January 8, 1969; News Release, March 1, 1969, both in EMS Archives(EMSA).

물질의 검사와 제조 이전 단계의 환경보호청 고지를 의무화한" 〈독성물질규제법〉Toxic Substances Control Act, TSCA을 통과시켰을 때, 〈환경성 돌연변이 유발원 학회〉는 유전독성학genetic toxicology이라 불리는 폭넓은 학제적 과학의 조직적 중핵으로 이미 부상해 있었다(Andrews 1999:243).[3] 당시 유전독성학은 오늘날과 마찬가지로 유전적으로 해로운 "환경성 돌연변이 유발원"을 찾아내고, 그러한 화학물질이 실험실 모델에 미치는 구체적인 영향을 기술하며, 그것이 인구집단에 미칠 수 있는 잠재적 위험을 평가하는 데 일차적으로 초점을 맞추었다(Preston and Hoffman 2001; 아울러 Shostak 2003도 보라).

유전독성학에 대해 잘 알고 있는 독자들은 별로 없을 터이고, 〈환경성 돌연변이 유발원 학회〉에 대해 들어 본 독자는 그보다 더 적겠지만, 이 사례는 과학에서의 경계설정과 운동을 연구하는 학자들에게 흥미롭게 다가갈 것이다. 이 학회는 이들 각각에 대해 직관에 반하는 예시를 제공하기 때문이다. 과학에서의 경계설정에 대한 대부분의 연구들은 과학과 "정치" 사이에 분명하고 명시적인 구분선을 유지하려는 과학자들의 노력에 초점을 맞추며, 이 때 "정치"는 흔히 특정한 정부 정책이나 명백하게 사회적인 가치를 반영하는 좀더 일반적인 어떤 활동이라는 측면에서 이해된다(가령 Gieryn 1999; Jasanoff 1987; Kleinman and Kinchy 2003). 마찬가지로, 과학운동에 대한 대부분의 연구는 그러한 선을 가로지를 때의 위험을 보여 준다. 과학적 아이디어를 대중화하는 사람들은 매체를 통한 명성 획득을 동료들의 존중과 맞바꾸며, "반대 입장의 전문직 종사자들"은 활동가들의 대의를 펀들면서 엄청난 직업적, 경제적 위험을 무릅쓴다(Brown, Kroll-Smith, and Gunter

---

3. 〈독성물질규제법〉은 환경보호청 청장에게 "화학물질과 그 혼합물의 발암 효과, 돌연변이 유발 효과, 기형 유발 효과, 생태적 효과에 대한 신속하고 신뢰할 수 있고 경제적인 검사 기법을 개발하는 것을 목표로 하는" 연구 프로그램뿐 아니라, 화학물질 검사와 인구집단 모니터링 기법의 "기초적인 과학적 기반"을 확립하는 연구에도 자금을 대고 발전시킬 권한을 부여했다(Toxic Substances Control Act of 1976).

2000 : 19; B. Allen 2003; Goodell 1977; Moore and Hala 2002). 두 영역에 대한 연구는 모두 통상적 과학과 논쟁적 정치가 서로 쉽게 뒤섞이지 않음을 보여 준다.

이 장에서 나는 〈환경성 돌연변이 유발원 학회〉가 유전독성학을 확립하려 노력하는 과정에서 성공적인 경계설정과 과학운동이 서로를 배제하지 않았음을 보여 주는 증거를 제시하려 한다. 대신 제도화가 두 가지 모두를 포괄했다.

조직, 경계, 논쟁적 과학

과학기반 조직에서 운동과 경계설정에 관한 최근의 연구는 〈환경성 돌연변이 유발원 학회〉 사례와 비교해 볼 수 있는 좀더 폭넓은 조망을 제공해 준다. 급진과학 단체인 〈민중을 위한 과학〉Science for the People, SftP을 다룬 무어와 할라의 연구(Moore and Hala 2002; 아울러 Moore 1996도 보라), 그리고 〈미국생태학회〉Ecological Society of America, ESA를 다룬 킨치와 클라인맨의 연구(Kinchy and Kleinman 2003)는 하나의 단체를 분석 대상으로 삼고 있다는 것 외에도 본 연구와의 흥미로운 비교를 가능케 하는 몇 가지 특징들을 공유하고 있다.[4] 〈민중을 위한 과학〉과 〈환경성 돌연변이 유발원 학회〉는 모두 베트남 전쟁에 대한 사회적, 정치적 반대와 생태계의 건강에 대한 우려가 커

---

4. 조직의 행위자들이 과학과 정치 사이에 명시적으로 그어놓은 경계를 탐구하는 이러한 연구들은 데이비드 거스턴이 정의한 "경계조직"(boundary organization)과는 구분된다. 거스턴에 따르면 경계조직은 의사소통을 원활하게 하고 과학정책 내지 환경정책의 합리적 정식화를 돕기 위해 동일한 경계를 내면화하는 데 중요한 역할을 한다(Guston 2000, 2001). 내가 여기서 발전시킨 것처럼, 〈환경성 돌연변이 유발원 학회〉는 이러한 조직적 기능들 사이의 어딘가에 자리잡고 있다. 나는 주로 전자의 문헌을 강조하는데, 나의 주된 초점이 과학과 정책이 아닌 과학과 운동에 있기 때문이다.

지던 1969년에 설립되었다. 그러나 이 단체들은 제각기 직면한 도전에 매우 다른 방식으로 대응했다. 〈미국생태학회〉는 유전학자들이 〈환경성 돌연변이 유발원 학회〉를 설립했을 당시 이미 설립된 지 50년이 넘었지만, 다른 점에서는 두 단체가 매우 유사했다. 두 단체는 모두 전문 과학 학회였고, 환경연구 및 정책에 관여하는 학제적 과학 분야를 대변했으며, 역사적으로 스스로를 환경주의와 관련지어 정의하기 위해 애써 왔다.

무어와 할라(Moore and Hala 2002)는 제도적 변화를 이해하고자 했다. 그들은 과학자들이 "급진"과학이라는 집단 정체성을 형성하는 과정을 연구하면서 "조직들은 언제, 어떻게 관습에 도전하는가?"라는 질문을 던졌다(318). 그들은 활동가 물리학자들이 〈미국물리학회〉American Physical Society를 통해 미국의 동남아시아 정책에 반대하는 움직임을 만들어 내려 하다가 퇴짜를 맞은 후, 〈민중을 위한 과학〉을 결성하고 논쟁적인 집단 행동을 통해 급진적 정체성을 발전시키는 과정을 그려냈다. 이 사례에서 과학운동은 세 가지 측면에서 급진적이었다. 첫째, 급진과학운동은 제도적 과학과 그것이 국가권력과 맺고 있는 관계에 대한 비판적이고 성찰적인 분석에 기반을 두고 있었다. 활동가들은 "과학자들의 정치적 가치가 과학적 주장의 가치를 판단하는 데 있어 반드시 고려되어야 한다"고 주장했다(325). 둘째, 급진과학운동은 실제 수행 속에서 공공연하게 논쟁적인 행동을 통해 정의되었다. 〈민중을 위한 과학〉 회원들은 민권 직접행동의 선례를 본받아 연사에게 야유를 퍼붓고, 게릴라식으로 상연되는 풍자극을 연출하고, 과학계의 동료들을 공개적으로 비난함으로써 과학 회의를 혼란에 빠뜨렸다. 셋째, 급진과학운동은 조직적 혁신을 수반했다. 〈민중을 위한 과학〉은 분권화돼 있고 자율적인 풀뿌리 조직 모델을 제공함으로써 예나 지금이나 중앙집중적이고 위계적이며 위로부터 통치되고 있는 통상적인 전문 과학 협회와는 분명한 차이를 보였다. 논쟁적 담론, 실제 수행 속에서의 극적 연출, 혁신적 조직을 통해 〈민중을 위한 과학〉은 주류 과학과 좌파 정치를 구별하는 새로운 경계를 만들어 내는 데 일익을 담당했고, 이후 다른 정치화된 과학 단체들은 이를 모방해 왔다.

킨치와 클라인맨(Kinchy and Kleinman 2003)의 관심은 앞서와 반대 방향에서 제도적 정체[停滯]를 설명하는 쪽에 맞추어져 있다. 그들은 〈미국생태학회〉에 대한 분석을 통해 그들이 전문 과학 학회의 특징이라고 주장했던 제도적 보수성에 대한 설명을 발전시킨다. 특히 2차 세계대전 후에 〈미국생태학회〉는 "생태학과 환경정치 사이의 경계를 확립하기 위해" 노력해 왔다고 그들은 지적한다. "생태학은 가치중립적이고 객관적인 과학인 반면 환경주의는 정치적 입장이라는 것이 〈미국생태학회〉의 주장이었다"(9). 이 저자들은 서로 다른 몇몇 논쟁 일화들을 증거로 삼아서, 전문직업적 신용 주장으로 사회적 유용성 주장을 보완해 균형을 맞추는 것과 관련된 투쟁을 탐구했다. 킨치와 클라인맨은 과학에서의 경계가 맥락적이며 사회적으로 구성된 성격을 갖는다는 것을 인식하고 있다(Gieryn 1999). 그들은 이에 근거해 〈미국생태학회〉 회원과 임원들 사이에 벌어진 대부분의 경계 투쟁은 이 단체가 "생태학과 환경주의를 구별하는 데 힘을 쏟는" 것으로 유사하게 끝을 맺었다고 주장한다(Kinchy and Kleinman 2003:9). 전문직 내에서 정치 개혁을 위한 잠재적 동력을 찾으려 하는 사람들에게, 킨치(Kinchy 2002:25)가 비교연구에서 내리고 있는 결론은 비관적이다. "신용이 가치를 옹호하는 것에 대한 거부와 계속 연결돼 있는 한, 전문 과학 단체들은 사회 변화를 촉진하지 못하는 중립성의 기준에 순응하게 된다."

아래에서 제시할 사례연구는 이러한 선행 연구들에서 제시된 과학운동의 제도적, 이데올로기적 제약에 관한 논증을 한편으로 확인하면서 다른 한편으로 더 확장시킨다. 킨치와 클라인맨은 왜 전문 과학 단체들이 과학운동을 키워내지 못하는지를 이해하고자 하고, 무어와 할라는 활동가 과학자들이 어떻게 자신들의 전문직 내부에 있는 제도적 제약에 대처해 왔는지를 이해하고자 한다면, 나는 통상적 실천들이 어떤 조건 하에서 논쟁적인 것으로 변하는지, 또 그처럼 정치화된 실천이 지식의 구성에 어떤 영향을 미치는지에 관심을 갖고 있다(유사한 일단의 개념적 관심사들에 대해 이와는 다른 접근법을 취하는 글로는 8장 참조).

아래에서 내가 제시할 분석은 다음과 같이 요약할 수 있다. 학제적 유전독성학을 구축하는 과정에서 과학운동과 경계설정은 대체로 〈환경성 돌연변이 유발원 학회〉 내에서 이 단체를 통해 수행된 서로 뒤얽힌 과정이었다는 것이다. "환경성 돌연변이 유발"이라는 자명하지 않은 문제에 당장이라도 체계적인 관심을 기울여야 한다는 점을 후원자, 과학 행정가, 다양한 분야의 배경을 가진 생물학자들에게 납득시키기 위해서는 조직화된 운동과 신뢰할 만한 과학의 권위가 모두 필요했다. 이 둘을 모두 성취하려면 객관적 과학과 환경적 가치 사이의 대중적으로 잘 알려진 경계를 강화시키되 과학 내부의 인식론적 경계와 분과 간 경계는 느슨하게 만들어 사람, 돈, 실천, 아이디어가 흐를 수 있게 하는 2단계 전략이 있어야 했다. 〈환경성 돌연변이 유발원 학회〉는 대중적 환경주의와 눈에 띄게 거리를 둠으로써, 점점 넓어지고 있는 자체 영향권 내에서 선명성은 덜하지만 여전히 효과적인 과학운동의 변형태를 키워나갈 수 있었다. 이처럼 조율된 노력이 낳은 주요 결과인 유전독성학은 정치화된 과학의 제도적 정당화를 나타냈다.

유전독성학을 만들어 내려는 과학자들의 노력이 논쟁적 정치로 합당하게 이해될 수 있다면 그것은 어떤 의미에서일까? 지식 생산이 학문분과에 기반을 두고 있는 상황에서 학제적 지식을 옹호하는 것은 예나 지금이나 정치적 행동이다. 1970년을 전후해서 〈환경성 돌연변이 유발원 학회〉를 통해 작업하던 과학 활동가들은 돌연변이 유발 연구와 그에 수반된 공중보건 상의 함의에 대한 학제적 접근을 옹호했다. 생물학이 빠른 속도로 "경성"hard 실험과학으로서 지위를 높이고 있던 시점에서 말이다. 이러한 의미에서 그들이 지식 생산에 대한 응용연구와 기초연구의 접근법을 한데 합쳐 공공에 봉사하는 유전학을 발전시키도록 요청한 것은 이중으로 논쟁적이었다. 그들은 유전학자들에게 환경보건 연구에 관여할 것을 촉구하면서, 동시에 돌연변이 유발성의 문제에 대한 배타적 발언권은 포기하라고 요구하고 있었다.

이 장의 중심 주제와 좀더 관련이 큰 것은, 유전독성학을 정당화하려는 과학자들의 노력이 규율 권력의 재분배를 가져왔다는 사실이다. 미셸 푸코(Foucault 1980)는 지식에 규율을 부여하는 것이 일차적으로 억압적이며 그 목표는 궁극적으로 사회적 통제에 있다고 했다. 그러나 크리스토퍼 셀러스(Sellers 1997 : 233)가 지적했듯이, 규율은 기존의 권력구조를 불안정하게 만들 수도 있다. 그의 연구는 1960년 이전까지 산업위생학자들이 산업 현장 내에서 "과학적 응시"scientific gaze를 어떻게 제도화했는지를 보여 준다. 그 덕분에 연구자들은 노동자들의 몸에서 직업병의 가시적 징후를 검사할 수 있었고 산업체와 정부는 노동자들의 건강에 대해 더 많은 책임을 지고 있었다(228). 이와 마찬가지로 유전독성학자들은 과학적 응시를 몸속으로 더 깊이 유전자 수준까지 확장시키려 애썼다. 아울러 그들은 제도적 관심의 범위를 공장 노동자들뿐 아니라 소비자, 지역사회, 자연환경까지 포함하도록 더욱 확장시켰다. 이를 위해 그들은 "일상적" 화학물질들의 유전적 효과에 관한 실험을 하고, 유전적 위험을 평가하는 새로운 방법을 개발하고, 독성학자들에게 유전학의 방법을 훈련시키고, 새로운 조직을 만들고, 대중교육과 지원 활동을 벌였다. 이러한 통상적 활동은 논쟁적 함의를 담고 있었다. 이는 돌연변이 유발 원인에 대해 새로운 문화적, 기술적 의미를 부여했고, 유전학의 실험 연구를 공중보건이나 환경 지식으로부터 분리시키는 제도적 장벽에 구멍을 뚫었다. 환경정치에 대해 그들이 취한 위장 접근법은 과학운동이 과학 실천에서 일시적인 것이 아님을 시사해 준다. 오히려 이는 지식 생산 시스템에서 정치와 실천은 서로가 서로를 구성한다는 과학학자들의 주장을 뒷받침해 주고 있다.

역사적 맥락

돌연변이 유발 화학물질이 유전학자들의 실험실에 처음 연구 도구로 모습을 드러낸 것은 1940년대의 일이었다(Beale 1993). 강력한 화학물질은 살아 있는 생명체에 특정한 유형의 돌연변이를 유발하는 값싸고 효율적이고 쉽게 이용가능한 수단이었고, 이것을 이용하는 것은 유전학 실험에서 표준적인 관행이 되었다(Auerbach 1963). 이후 30여 년 동안 연구자들은 알려져 있는 유전적으로 위험한 화합물의 목록을 점차 늘려 갔고, 화학물질이 유발하는 유전자 돌연변이에 대한 과학자들의 이해는 더욱 깊어졌다(Auerbach 1962; Drake and Koch 1976). 그러나 1966년까지도 유전독성학이나 환경성 돌연변이 유발이라는 용어는 전문적 생명과학 담론의 일부가 아니었다. 이는 유전학자들이 돌연변이 유발 화학물질과 공중보건을 연결짓는 데 필요한 지식을 결여하고 있었기 때문이 아니었다(Lederberg 1997). 그보다는 돌연변이 유발 화학물질에 대한 연구의 조직이 고도로 분산되어 있었고 실험실들을 가로지르는 연구 연결망이 거의 존재하지 않았기 때문이었다. 만약 그런 연결망이 존재했다면 돌연변이 유발 화학물질이 공중보건을 위험에 빠뜨릴 수 있다는 증거가 쌓여가는 데 대한 우려를 계속해서 만들어 내는 메커니즘으로 기능할 수 있었을지 모른다(de Serres and Shelby 1981). 그 결과 돌연변이 연구는 개별 과학자들이 속한 학문분과와 지역 기구의 관심사를 반영했고, 우려를 품은 소수의 과학자들이 연구 및 정책 영역에서 이에 대한 인식을 높이기 위한 시도를 간헐적으로 펼쳤지만 그때마다 폭넓게 관심을 끄는 데 실패했다(Epstein 1974; Legator 1970; Wassom 1989).

그러나 그로부터 10년이 채 못 되어 돌연변이 유발 화학물질은 실험유전학의 연구 도구에서 전지구적인 영향을 미칠 수 있는 환경문제로 탈바꿈했다. 〈환경성 돌연변이 유발원 학회〉가 그러한 변화에서 중심적인 역할을 하긴 했지만, 좀더 폭넓게 여러 영역에 걸친 세 가지 압력이 새로운 환경 보건과학으로 유전독성학이 자리를 굳히는 데 영향을 미쳤다. 첫째, 1967년부터 의회가 연방 연구개발 예산을 삭감하기 시작하면서 연방정부 지원 연구의 황금기에 대한 과학자들의 인식이 갑작스럽게 종말을 고했고, 연구 자금을 둘러싼 과학자들 간의 경쟁이 커졌다(Geiger 1993 : 198; Dickson 1988; Pauly 2000). 둘째, 새롭게 등장한 환경운동이 정부 관리들에게 환경 관련 법률을 제정하고(의회가 1971년에 제정한 〈독성물질규제법〉이 한 예이다) 환경 연구 및 규제를 위한 하부구조를 확충하도록 압력을 가했다. 1969년에 설립된 국립환경보건과학원, 1969년에 설립된 환경보호청, 1971년에 설립된 국립독성연구센터National Center for Toxicological Research 등이 여기에 속한다. 셋째, 분자생물학과 건강 및 질병의 "생의료화"가 승리를 거두기까지는 아직 10년 이상이 더 걸릴 터였지만(Clarke et al. 2003), 거대생물학의 새로운 시대가 시작되면서 유전학 분야는 상승세를 타고 있었다. 유전학의 전문직 지위가 올라가면서 유전독성학의 가장 열렬한 지지자들의 지위 역시 올라갔다. 그들 중 많은 수는 대학이나 정부 연구소에서 탁월한 연구 이력을 갖고 있고 미국 생명과학의 주류에서 확고하게 다져진 경력을 쌓은 중견 유전학자였다(표 1을 보라).

이와 같은 전반적 압력들은 유전독성학의 주창자들에게 운 좋은 방식으로 함께 작용했다. 환경 지식에 대한 대중의 요구가 커지면서 환경보건 연구는 점차 줄어들고 있던 예산에서 매력적인 일부분을 차지할 수 있었고, 유전독성학 옹호자들이 새롭게 얻은 지위는 자신들의 새로운 프로젝트에 지원을 얻어내는 데 일정한 경쟁상의 이점을 제공해 주었다. 유전학자들은 〈환경성 돌연변이 유발원 학회〉 같은 조직을 통해 집단적으로 행동함으로써 과학자들과 정부 관리들의 관심사를 연결시키고 필요한 재정적, 조직적, 제도적 자원들을 포착할 새로운 기회를 더욱 효과적으로 활용할 수 있었다.

존재론적 딜레마에 대한 조직적 해법

〈환경성 돌연변이 유발원 학회〉는 생명과학자들 사이에서 점점 커져 가고 있던 우려에 대응해 생겨났다. 인간의 환경 속에 존재하는 그 수가 얼마나 많은지 알 수 없는 화학물질들은 표준적인 독성학 검사에서 음성 판정을 받았기 때문에 "안전한" 것으로 간주되고 있다. 그러나 이는 유전물질에 미세한 변화를 유발할 수 있으며, 그럼으로써 지속적이고 회복불가능한 부정적 결과를 야기할 수 있다는 것이 생명과학자들의 생각이었다. 한 과학자가 열거한 바에 따르면

> 이처럼 인간이 만들어 낸 새로운 화학물질들은 어디에나 존재한다. 2~3천 종이 식품첨가물로, 30종이 방부제로, 28종이 산화방지제로, 44종이 격리제로, 85종이 계면활성제로, 31종이 안정제로, 24종이 표백제로, 60종이 완충제(산이나 알칼리)로, 35종이 색소로, 9종이 특수 감미료로, 116종이 영양 보충제로, 1,077종이 조미료로, 158종이 기타 잡다한 용도로 사용된다. 수천 가지 다른 화합물들이 약, 마약, 항생제, 화장품, 피임약, 살충제 내지 산업 화학물질로 쓰이고 있다.[5]

위스콘신대학의 인구유전학자 제임스 F. 크로우는 "화합물들이 현재 사용되는 농도에서는 인간에 대한 돌연변이 유발을 입증하기 어려울 수 있지만, 장기간에 걸쳐 인구 전체에 유발되는 해로운 돌연변이의 전체 수는 상당히 클 수 있다"고 경고했다(Crow 1968:113). 잠재적인 공중보건상의 위기는 모순에 입각해 있다. 개인에게 가장 적은 유전자 손상을 일으키는 화합물이

---

5. Frederick J. de Serres, "Detecting Harmful Genetic Effects of Environmental Chemical Pollutants," mimeographed lecture (n.d.), MS-1261, Box 3, Folder 15, Radiation Research Society Archives(RSSA).

이름	연령	소속기관	직위	분야
A. 홀랜더 (회장)	72	오크리지국립연구소, 생물학부	선임연구자문위원	생화학
M. 메셀슨 (부회장)	46	하버드대, 생물학	교수	분자생물학
M. S. 리게이터 (재무이사)	44	식품의약청	세포생물학부장	생화학, 세균학
S. S. 엡스틴 (사무총장)	43	아동암연구재단 (보스턴)	발암 및 독성학 연구실장	병리학, 미생물학
E. 프리스 (전직 회장)	44	국립신경질환뇌졸중연구소	분자생물학 연구실장	생물학
J. F. 크로우 (전직 부회장)	54	위스콘신대, 유전학 및 의료유전학	석좌교수	유전학

〈표 1〉〈환경성 돌연변이 유발원 학회〉임원, 1970년 8월 **(출전 : *American Men and Women of Science*, 1971, vols. 1-6 [Physical and Biological Sciences], 12th ed. New York : R. R. Bowker.)**

인구집단에 대한 장기적 영향의 측면에서 보면 가장 해를 끼칠 가능성이 높기 때문이다(Legator 1970; Neel 1970). 반대로 살아 있는 개인들에게 가장 위협적인 유전자 손상(가령 흔히 발암성과 연관되는 체세포 돌연변이)은 진화적 시각에서는 가장 문제가 덜 된다. 이러한 척도에서는 인구집단이 아닌 개인들만이 체세포 질병에 의해 위협을 받기 때문이다. 하버드대학의 생물학자 매튜 메셀슨의 말을 빌리면(Meselson 1971 : ix), "그 본질상 이러한 [미세한] 유전자 손상은 세대간에 누적될 수 있는 반면, 비유전적 독물은 제아무리 위험한 것이라 하더라도 개인의 생애를 넘어 체내에 축적될 수 없다." 그러나 닉슨 대통령이 선포한 암과의 전쟁이라는 맥락에서, 또 세계 최초로 지구의 날Earth Day 행사가 열린 직후의 시점에서, 이처럼 목전에 닥친 "유전적 비상사태"에 대한 사회적 해법으로 학제적 유전독성학을 내세우는 〈환경성 돌연변이 유발원 학회〉 회원들의 주장은 즉각적인 정치적 내지 과학적 뒷받침을 얻지 못했다(Crow 1968 : 114). 암에 의한 사망, 물고기의 떼죽음, 도시의 스모그와는 달리, 환경성 돌연변이 유발은 눈에 잘 띄지도 않았고 그리 두드러져 보이지도 않았다. 이것이 환경보건 문제로서 갖는 존재론적 지위는 여전히 의문스러웠다.

환경성 돌연변이 유발을 정치적 쟁점으로 살려 놓을 수 있었던 것은 〈환경성 돌연변이 유발원 학회〉임원들이 높은 수준의 신용을 쌓은 덕분이었다. 그들은 단체 회원과 후원자들, 그리고 산업체, 정부, 대학, 일반대중 사이에 존재하는 유전독성학 정보의 소비자들에게 신용을 쌓았다. 학제적 연구 공동체, 안정된 자금 기반, 유전독성학 정보와 실천에 대한 시장 — 이는 모두 상호 관련된 목표였다 — 을 구축하는 과정에서, 〈환경성 돌연변이 유발원 학회〉가 하나의 조직으로서 이처럼 다양한 행위자들의 종종 경쟁하는 이해관계를 어떤 식으로든 넘어서는 것이 중요해졌다. 전문 과학 학회로서 〈환경성 돌연변이 유발원 학회〉의 최선의 이해관계는 불편부당하게 보이는 데 있다.

반면 새로운 학제적 분야를 만들어 내 사람들을 끌어들이겠다는 조직의 실질적 목표의 성공 여부는 노골적으로 정치적인 수사에 크게 의지했다 (상세한 분석은 Frickel 2004a를 보라). 1970년대 초에 발표된 수많은 논문과 대중 강연들에서, 〈환경성 돌연변이 유발원 학회〉회원들은 연방정부가 돌연변이 유발 화학물질 연구에 대한 지원에 소극적인 데 문제를 제기했고 (Lederberg 1969) 환경 화학물질이 유전자에 미치는 영향을 거의 무시하고 있는 화학물질 규제정책을 비판했다(가령 Malling 1970). 화학회사와 제약회사들 역시 "독성학 문제에 대한 제한적 접근법, 즉 협소한 문제를 협소하게 정의하고 협소하게 제시해 종종 협소하게 답변하는 것"을 추구함으로써 문제에 기여하고 있었다. 화학적 효과에 관한 연구를 구획화해 환경보건 문제의 환경, 소비자, 직업 차원을 다루는 별개의 연방 및 주 정부기구 산하로 쪼갠 것 역시, 돌연변이에 관한 기초연구를 하지 않는 사람들도 돌연변이 유발성 검사를 충분히 수행할 수 있게 하는 훈련 프로그램의 발전을 저해했다. "정부기구들이 제각기 어딘가 다른 부처에서 그 일을 해야 한다고 [생각했기]" 때문이다(Hollaender 1973:232). "규제, 진흥, 연구의 역할이 상충하면서" 국립연구소(냉전 정치로 인해 연구 임무가 방사생물학[6] 연구로 엄격하게 제한

---

6. [옮긴이] 방사생물학(radiation biology): 방사선이 생명체에 미치는 영향을 연구하는 학문

되지 않았다면 집중 연구 프로그램을 위한 이상적인 장소였을 것이다)와 대학(학과 구조 때문에 학제적 대화가 가로막혔고, 특유의 형태로 집중된 자원을 효율적이고 창의적으로 활용하는 것도 어려웠다)에서의 환경 연구도 제약을 받았다(Lederberg 1969). 마지막으로 〈환경성 돌연변이 유발원 학회〉 과학자들은 기초와 응용연구의 과도한 구분이 기초연구는 "조금씩 단편적으로" 수행되어야 한다는 믿음을 강화시킴으로써 이러한 모든 기관들에서 환경지식 생산을 제약하고 있다고 주장했다. 돌연변이 유발성 검사라는 규제 연구 directed research가 과거에도 기초 유전학 지식을 산출해 왔고 앞으로도 계속 그럴 가능성이 높은데도 말이다(Meselson 1971).7

결국 서로 다른 연구 맥락에 위치한 과학자들은 서로 다른 관료적, 이데올로기적 경계의 질서에 의해 서로 다른 방식으로 제약을 받고 있는 듯 보였고, 이에 대한 전반적 해법은 새로운 학제적 조직을 만드는 것이었다. 〈환경성 돌연변이 유발원 학회〉 회장 알렉산더 홀랜더는 돌연변이 유발성에 관한 워크샵에서 청중들에게 "이는 협동적 노력이 되어야 한다"라고 말했다(Hollaender 1973 : 232). "산업체, 의료 전문직, 정부연구소, 연구소와 대학에 있는 연구자들 모두가 힘을 합쳐야 한다. 그렇지 않으면 우리는 아무런 성과도 거둘 수 없다." 〈환경성 돌연변이 유발원 학회〉 사무총장 샘 엡스틴은 "복잡한 다분야적 문제에 단순한 단일 분야 접근법을 취해 도움이 못 되었거나 심지어 해가 되었던 문제 사례들이 상당히 많았다"고 언급하면서 "이상적으로는 대학들이 새로운 학제적, 간학과적 단위 내지 센터를 만들어서 환경, 소비자,

분야. 1896년 뢴트겐의 X선 발견 이후 처음 시작되었고, 2차 세계대전 말 히로시마와 나가사키 원자폭탄 투하 이후 핵무기의 방사선이 인체에 미치는 영향에 대한 냉전적 관심 하에서 폭발적으로 성장했다.

7. Samuel S. Epstein, "The Role of the University in Relation to Consumer, Occupational and Environmental Problems," transcript of talk given at Case Western University, January 15, 1971, MS-1261, Box 3, Folder 15, RSSA; 인용은 5쪽과 8쪽. Alexander Hollaender, "Thoughts on Pollution," March 11, 1970, MS-1261, Box 3, Folder 16, RRSA.

직업 연구를 전담하게 하거나 일차적 책임을 지게 해야 한다"고 주장했다.[8] 그 동안 〈환경성 돌연변이 유발원 학회〉는 "서로 떨어져 있는 다양한 분야들 사이에서 커뮤니케이션 통로를 제공하는 핵심적 기능"으로 일익을 담당할 것이었다(Lederberg 1969).

유전독성학을 위한 학제적 연구 하부구조를 만들어 내고 화학물질의 유전적 위험을 정치적으로 부각시키는 이중의 과업을 안게 된 〈환경성 돌연 변이 유발원 학회〉는 과학적 임무와 정치적 임무 중 어느 쪽도 해치지 않으면서 양쪽 모두에 관여했다. 이어지는 절들에서는 〈환경성 돌연변이 유발원 학회〉가 어떻게 회원들과 단체 차원의 유전독성학 프로젝트를 환경주의와 연관된 외부의 이데올로기 정치로부터 분리시켰는지, 그리고 어떻게 그러한 신용을 이용해 자체 조직 영역 내에서 다른 종류의 환경정치를 보호하고 통제했는지를 보여 줄 것이다.

새로운 과학의 대중적 외양

인간 환경 속에 흩뿌려져 있는 유전적 위험에 우려를 품은 과학자들이 자신의 연구 속에서 이 문제에 대처하기 위해 반드시 〈환경성 돌연변이 유발원 학회〉에 가입해야 하는 것은 아니었다. 그럼에도 많은 과학자들이 가입했고, 1976년이 되자 이 학회의 회원 수는 1천 명을 넘어섰다. 이 단체의 처음 5년 동안 회원 수가 급격하게 늘어난 것은 이 연구가 어느 정도 정당성을 갖게 되었음을 반영하고 있다. 그러나 이러한 정당성은 환경성 돌연변이 유발원이 공중보건에 제기하는 위협의 성격에서 전적으로 유래한 것이 아니었다. 단체의 신용도 중요했고, 그러한 신용은 저절로 주어지는 것이 아니라 획득해야 하는 어떤 것이었다. 유전독성학을 확립하기 위한 과학자들의 운동은 〈환경성 돌연변이 유발원 학회〉가 과학적 중립성의 정신을 담고 있는 단

---

8. Epstein, "Role of University," p. 11.

체라는 인식을 널리 퍼뜨리는 데 부분적으로 그 성패가 달려 있었다. 회원과 재정 후원을 끌어들이기 위해 〈환경성 돌연변이 유발원 학회〉는 스스로를 객관적 지식의 생산, 합리화, 확산에 최우선적으로 봉사하는 학회로 내세우려 애썼다. 〈환경성 돌연변이 유발원 학회〉는 공식 성명이나 일상적 활동 속에서 유전독성학의 데이터와 정보로부터 환경정치를 배제했다.

이러한 노력은 1969년 〈환경성 돌연변이 유발원 학회〉가 국세청에 비과세 지위를 신청할 때 함께 제출한 "활동 내역서"에 잘 나타나 있다. 내역서에는 이렇게 적고 있다. "대부분의 학자 조직들이 그러하듯, 〈환경성 돌연변이 유발원 학회〉는 과학 학술대회, 심포지움, 학술지, 소식지 등을 통해 유사한 직업적 관심을 가진 과학자들이 여러 세대에 걸쳐 서로간에, 또 대중과 의사소통을 해 온 전통적인 포럼을 제공할 것이다. 실험 데이터와 새로운 이론을 공유하고, 식견을 갖춘 동료들의 검토와 비판적 논평을 받게 할 것이다." 비과세 지위는 〈환경성 돌연변이 유발원 학회〉가 합법적으로 추구할 수 있는 정치 활동의 유형에 분명한 제약을 가했다. 한 변호사는 〈환경성 돌연변이 유발원 학회〉 사무총장 새뮤얼 엡스틴에게 "특정 법령의 채택 내지 기각을 위한 심의 기간에는 대중적 캠페인에 어떤 식으로든 참여하는 데 신중을 기하라"고 주의를 주었다. 이러한 법률적 제약은 주된 – 아마도 유일한 – 공식적 이해관심이 과학 지식의 "검토와 비판적 논평"에 있는 단체로서의 신용을 강화시켜 주었다.[9]

그러한 기반 위에서, 가령 환경단체와 공식적 관계를 맺는 것은 강력하

9. EMS report to IRS (draft, no date), MS-1261, Box 3, Folder 9, "EMS Legal Correspondence (1969)," RRSA. 〈환경성 돌연변이 유발원 학회〉의 변호사들이 새뮤얼 엡스틴에게 설명한 것처럼, 당시의 조세법은 비과세 지위를 가진 단체들이 "활동의 '상당부분'을 법령 제정에 영향력을 미치는 데 할애하지" 못하게 규정하고 있었다. 그러나 "어떤 단체가 활동의 대단치 않은 일부로 법령의 채택 내지 기각을 지지한다는 이유만으로' [비과세 지위의] 자격을 잃지는 않을 것이다." Blinkoff to Epstein, October 2, 1969, MS 1261, Box 3, Folder 9, "EMS legal correspondence (1969)," RRSA. 1969년에 비영리단체의 비과세 지위가 변경된 것이 이 시기의 좌익 정치운동에 어떻게 찬물을 끼얹었는지에 관해서는 Jenkins (1987)를 보라.

게 억제되었다. 〈천연자원 보호 위원회〉National Resources Defense Council에서 환경성 돌연변이 유발에 관해 정보를 요청하는 서한을 보내오자, 〈환경성 돌연변이 유발원 학회〉 집행위원회는 학회가 "정보원으로서의 역할은 기꺼 이 하겠지만 어떤 행동 프로그램을 개발하는 데는 관여하지 않을 것"이라는 결정을 내렸다. 5년 후 〈환경성 돌연변이 유발원 학회〉 회장인 홀랜더는 〈미 래를 위한 자원〉Resources for the Future이라는 단체로부터 "화학독성학"에 관 한 정보 요청이 잦은 것에 불만을 토로했다. 그 사이 기간 동안 〈환경성 돌연 변이 유발원 학회〉가 환경단체와 (공식적이건 그렇지 않건) 관계를 맺었다는 증거는 거의 찾아볼 수 없다.[10]

그와는 반대 방향으로 치우친 정치적, 경제적 이해관계를 가진 것으 로 간주될 수 있는 단체들도 비슷하게 퇴짜를 맞았다. 〈분석화학자협 회〉Association of Analytical Chemists를 끌어들여 돌연변이 유발성 검사의 타당 성과 재연가능성 연구에 대한 검토를 맡기자는 제안은 이 단체가 "이 사안 에 대해 특별한 전문성을 갖고 있지 않다"는 이유로 부결되었다. 유전독성학 데이터의 생산에 직접적인 경제적 이해관계를 갖고 있는 회사들과의 관계에 서도 동일한 태도가 나타났다. 〈환경성 돌연변이 유발원 학회〉 산하 방법위 원회Committee on Methods가 작성한 보고서에서는 "〈환경성 돌연변이 유발원 학회〉가 어떤 실험 방법 내지 검사 방법에 대해 인증하거나 보증을 제공하 는 입장에 서는 것을 피해야 한다. 〈환경성 돌연변이 유발원 학회〉는 요청하 는 사람 누구에게나 개인적 전문성을 기꺼이 제공할 의향이 있는 과학자들 의 모임으로서만 역할을 해야 한다"는 입장을 견지했다. 방법위원회는 가능 한 법률적 곤경이나 이해충돌 공격을 피할 수 있는 수단으로 이러한 입장을 옹호했다. 만약 그러한 결과가 빚어졌다면 〈환경성 돌연변이 유발원 학회〉가

10. Minutes, EMS Council meeting, July 27, 1971, Malling Papers, EMSA; Hollaender to So-
bels, April 29, 1976, MS-1261, Box 3, Folder 13, RRSA. 개별 〈환경성 돌연변이 유발원 학
회〉 임원이나 위원회 구성원들은 환경단체에 가입할 수 있었고 실제로도 그렇게 했다.

취하던 조직적 중립성의 외양을 위협했을 것이고 이데올로기적 순수성에 대한 인식을 제도화시키려는 〈환경성 돌연변이 유발원 학회〉 지도부의 노력을 약화시켰을 것이다. 이 학회는 대중과 직접 관계를 맺었지만, 대체로 〈환경성 돌연변이 유발원 정보센터〉Environmental Mutagen Information Center, EMIC를 통해 추구된 주의 깊게 조율된 전략을 통해서 그런 활동을 펼쳤다.[11]

공공에 봉사하는 과학

　〈환경성 돌연변이 유발원 정보센터〉는 1970년 9월에 공식 활동을 시작했다. 〈오크리지 국립연구소〉Oak Ridge National Laboratory의 생물학부에 사무실을 둔 〈환경성 돌연변이 유발원 정보센터〉는 돌연변이 유발성 데이터의 정보 교환소 역할을 했다. 〈환경성 돌연변이 유발원 정보센터〉는 전문 인력을 몇 명 고용해 돌연변이 유발 화학물질에 관해 발표된 문헌들을 수집하고, 그러한 논문들에 제시된 데이터를 압축해 균일한 표 형태로 요약하고, 그러한 정보로부터 컴퓨터 데이터베이스를 구축해 세분화된 검색에 필요한 몇 가지 표준 색인 코드를 통해 접속할 수 있게 했다(Malling 1971; Malling and Wassom 1969).

　〈환경성 돌연변이 유발원 정보센터〉의 다른 주 업무는 수집된 돌연변이 유발성 정보를 확산시키는 것이었다. 여기에 주로 쓰인 메커니즘은 〈환경성 돌연변이 유발원 정보센터〉가 제작해 배포한 연간 문헌 통람이었다. 이는 주로 전세계에 있는 다양한 〈환경성 돌연변이 유발원 학회〉 학회의 회원들에게 발송되었다. 아울러 〈환경성 돌연변이 유발원 정보센터〉 직원들은 『EMS 소식지』에 간혹 "관심 목록" － 중요한 화합물 아종亞種들에 대한 짧은 참고문헌 목록 － 을 실었다. 〈환경성 돌연변이 유발원 정보센터〉 직원들이 특정한 데

---

11. 인용구는 Minutes, EMS Council meeting, October 17, 1972, Malling Papers; and Zeiger to Drake, 5 November 1976, both in EMSA에서 가져왔다.

이터 요청에 응하는 일은 훨씬 더 자주 있었다. 한 보고서는 "요청하는 사람이 있으면 누구에게든" 요청에 응했다고 썼다. 〈환경성 돌연변이 유발원 학회〉 문서고에 있는 이 문서를 비롯한 여러 문서들은 과학자들뿐 아니라 "일반대중에게도 고도로 기술적인 데이터를 알려주는 것"이 〈환경성 돌연변이 유발원 정보센터〉의 중점 관심사이자 명시적 임무였음을 분명하게 보여 준다. 예컨대 1970년에 쓴 편지에서, 〈환경성 돌연변이 유발원 정보센터〉 소장 하인리히 몰링은 자신이 "하루에 한 번꼴"로 돌연변이 유발성에 관한 문의에 답해 왔다고 썼다. 1971년 한 해 동안 〈환경성 돌연변이 유발원 정보센터〉 직원들은 222건의 개별 정보 요청을 받았다고 보고했다. 이 보고서는 "연구에 관여하는 사람들이 보내온 요청의 비율이 가장 높지만, 그 외에도 다양한 곳에서 요청을 해 왔다"고 썼다. "시 당국, 고등학교 학생, 프리랜스 작가", 가끔은 국회의원으로부터도 요청이 들어왔다.[12]

가용 자원이 한정된 상황이었음을 감안하면, 고등학교 학생이나 시민 단체의 요청이 돌연변이 연구 분야에서 활동하고 있는 과학자들의 요청과 동일한 수준의 관심을 받지 못했을 거라고 가정해도 무방할 것이다. 그러나 역사적 기록을 살펴보면 적어도 원칙적으로는 〈환경성 돌연변이 유발원 정보센터〉 — 더 나아가 〈환경성 돌연변이 유발원 학회〉 — 가 유전독성학 정보의 공평한 전달자로서 공익에 봉사하는 데 진력했음을 분명히 알 수 있다. 그러한 공평무사함은 경제적 문제에도 적용되었다. 〈환경성 돌연변이 유발원 학회〉 집행위원회가 빠듯한 예산 문제를 해결하기 위해 돌연변이 유발 화학물질에 관한 데이터를 산업체나 외국 연구자에게 제공할 때 비용을 청구하는

---

12. EMIC Annual Report to EMS Council, March 22, 1971, John Wassom personal files; Minutes, EMS Council meeting, March 26, 1972, Malling Papers, EMSA; "Answers to SEQUIP questionnaire," March 27, 1970, John Wassom, personal files; Malling to Peters, June 4, 1970, Malling Papers, EMSA; EMIC Annual Report to EMS Council, March 22, 1971, John Wassom personal files.

방안을 여러 차례 논의했지만, 그런 정책은 한번도 현실화되지 않았다.[13]

공평무사함의 제도화

초기 형성기에 〈환경성 돌연변이 유발원 학회〉 집행위원회는 [회원의] 품행, 과학적 검토, 공공에 대한 봉사를 규정한 정책을 제정했다. 이러한 정책은 과학 연구 조직으로서의 〈환경성 돌연변이 유발원 학회〉와 다양한 부류의 정치 – 환경 시위에서부터 특정한 검사 프로토콜의 보증에 이르기까지 – 사이의 엄격한 분할에 의지했고 또 이를 강화시켰다. 우리가 이미 본 것처럼, 이 단체의 공공연한 경계작업boundary work은 당파적 집단과 관계를 맺지 않는데 반영됐고 〈환경성 돌연변이 유발원 정보센터〉의 사회봉사 기능 속에 가장 명시적으로 구현되었다. 전체적으로 보면 이러한 전략들은 유전독성학 지식의 생산자와 소비자 사이에 뚜렷하고 누구나 볼 수 있는 경계를 설정하려는 명시적 시도를 나타냈다.

유전독성학의 대중적 인상을 깨끗하게 유지했던 것은 부분적으로 조직적 필요가 낳은 전략이었다. 1970년에 〈환경성 돌연변이 유발원 학회〉는 과학자들과 정책결정자들 사이에서 환경성 돌연변이 유발원의 의심되는 위험에 대한 인식을 끌어올리려 애쓰던 사실상 유일한 조직이었다. 그러나 어떤 문제에 대한 공격을 조직하려면 연구, 데이터 수집, 지리적으로 서로 떨어진 실험실들 간의 정보 교환을 조율해야 했고, 이를 위해서는 돈이 필요했다.

당시에 유전독성학은 안정된 자금원을 거의 확보하지 못하고 있었다. 1970년 가을에 몰링이 유럽에 있는 동료에게 말했던 것처럼, "미국에서의 자금 상황은 매우 **빡빡합니다**. 유해 오염물질의 돌연변이 유발성을 검사할 수 있는 자금이 사실상 존재하지 않아요." 당시 자금의 많은 부분은 기초연구

---

13. Minutes, EMIC Register meeting, March 25, 1970; Minutes, EMS Council meeting, March 26, 1972, Malling Papers, EMSA; Minutes, EMIC Program Committee, December 18, 1970, John Wassom personal files.

에 대한 지원 비율이 전반적으로 줄어들고 있던 시기에 연방정부의 품목별 예산의 형태로 나오고 있었다. 처음에는 〈환경성 돌연변이 유발원 정보센터〉에 들어가는 돈과 그 외의 〈환경성 돌연변이 유발원 학회〉 프로젝트에 대한 지원을 쉽게 얻을 수 없었고 재지원이 선뜻 결정되지도 않았다. 수많은 연방기구, 다양한 화학 및 제약회사, 민간재단, 국립연구소, 너댓 개의 국립보건원 산하기구들이 〈환경성 돌연변이 유발원 학회〉의 학술회의와 워크샵을 후원하고 〈환경성 돌연변이 유발원 정보센터〉에서 수행하는 작업을 뒷받침하기 위해 대체로 연 단위로 소액의 자금을 기부했다. 예를 들어 회계연도 1971년에 〈환경성 돌연변이 유발원 정보센터〉는 총 4만 달러의 예산을 지원받았는데, 국립환경보건과학원, 식품의약청, 국립과학재단, 〈원자에너지위원회〉AEC가 각각 1만 달러씩 기부를 했다. 그러나 그러한 총액은 필요한 액수보다 적었고, 이후의 예산 부족으로 〈환경성 돌연변이 유발원 정보센터〉는 어쩔 수 없이 데이터 수집 노력 중 상당수를 일시적으로 줄이면서 〈환경성 돌연변이 유발원 학회〉 임원들을 통해 〈환경성 돌연변이 유발원 정보센터〉가 계속 굴러갈 수 있도록 추가적인 "비상" 자금을 확보하려 안간힘을 썼다. 〈환경성 돌연변이 유발원 정보센터〉의 후원자들이 이종적으로 구성된 것, 그리고 이로 인해 유전독성학 연구개발의 기초가 되는 경제적 기반이 불안정해진 것을 감안하면, 〈환경성 돌연변이 유발원 학회〉가 수행한 경계작업은 희소한 자원에 계속 접근할 수 있게 보증하는 수단이었다고 할 수 있다.[14]

이 전략은 성공을 거두었다. 2년 동안 대단히 불확실한 예산 상황이 이어진 후, 1972년이 되자 식품의약청과 국립환경보건과학원이 〈환경성 돌연

---

14. Malling to Sobels, October 1, 1970, EMSA; Minutes, EMS Council meeting, September 18-19, 1970, Malling Papers, EMSA. 비상 자금에 관해서는 Hollaender to Ruckelshaus, January 4, 1971; Kissman to Davis, January 11, 1971; Memo, Malling to EMIC staff, February 11, 1971, all in John Wassom personal files를 보라.

변이 유발원 정보센터〉를 지원하기 위해 할당한 자금이 크게 증가했다. 이와 같은 지원을 통해 이러한 연방기구들은 〈환경성 돌연변이 유발원 학회〉와 〈환경성 돌연변이 유발원 정보센터〉의 정당성을 확인해 주었고 유전독성학 연구의 중요성에 대한 공개 보증을 제공했다. 1977년이 되면 〈환경성 돌연변이 유발원 정보센터〉가 국립환경보건과학원이라는 기관 하나를 통해 매년 얻는 연방 자금만도 거의 다섯 배로 늘어 19만 달러에 달했다(National Institute of Environmental Health Sciences 1977 : 331).[15]

조직의 공평무사함은 여러 특정한 실천적 목적에 봉사했다. 이는 〈환경성 돌연변이 유발원 학회〉의 비과세 지위를 확고하게 하는 데 일조해 신생조직의 경제적 부담을 덜어 주었다. 비록 이것이 정치적 로비와 당파적 보증에 제약을 둠으로써 과학/정치의 경계를 강화시키긴 했지만 말이다. 환경보건에 기여하는 "훌륭한" 과학이라는 수사적 구성물 역시 환경보호청 청장 윌리엄 러스켈스하우스와 민주당 상원의원 에드먼드 머스키, 에이브러햄 리비코프의 후원을 끌어들였다.[16] 역으로 바로 그러한 중립성의 정신 덕분에 제약 및 화학회사들에게는 〈환경성 돌연변이 유발원 학회〉가 환경주의에 치우쳤다고 공격하면서 유전독성학의 발전에 자금을 지원하고 참여할 책임을 회피할 수 있는 여지가 거의 남지 않았다.

---

15. 1972년의 〈환경성 돌연변이 유발원 학회〉 자금 사정에 관해서는 Minutes, EMS Council meeting, March 26, 1972, Malling Papers, EMSA를 보라. 1972년에 유전독성학은 국립환경보건과학원 내에서 강한 제도적 동맹군을 얻었다. 이 해에 이전에 오크리지에서 일했고 미래에 〈환경성 돌연변이 유발원 학회〉 회장이 되는 유전학자 프레드릭 J. 드 세레스가 책임을 맡은 돌연변이 유발 부서(Mutagenesis Branch)가 만들어졌다. 1974년이 되자 드 세레스는 자신의 실험실 명칭을 환경성 돌연변이 유발 부서(Environmental Mutagenesis Branch)로 바꾸었고, 이 부서는 그의 지도력 하에서 유전독성학 연구의 촉진, 자금지원, 실행을 위한 중요한 장소로 점차 발전해 나갔다(Frickel 2004b : 59-62를 보라).

16. 러스켈스하우스와 머스키는 모두 공중보건 과학자들 앞에서 유전독성학을 옹호했고, 리비코프는 〈환경성 돌연변이 유발원 학회〉 회원들을 초빙해 정책 자문을 구했다. William D. Ruckelshaus, "An Address to the American Society of Toxicology"(등사판 복사물), March 9, 1971, RRSA, MS1261, Box 3, Folder 15; U.S. Senate 1971; Muskie 1969을 보라.

논쟁적 과학의 제도화

〈환경성 돌연변이 유발원 학회〉는 명백한 정치적 내지 경제적 이해관계를 가진 집단들로부터 엄격하게 거리를 유지함으로써, 자신들이 추진하는 연구가 사회적으로 적절함과 동시에 사회적 편향에 의해 오염되지 않았다는 서로 경합하는 주장들 사이에서 균형을 잡는 조직적 전략을 취했다(Klein-man and Solovey 1995). 아울러 〈환경성 돌연변이 유발원 학회〉는 그러한 경계를 단속함으로써 다시 그 자체의 영향력과 자율성뿐 아니라 단체를 전반적으로 아우르는 프로젝트인 유전독성학의 정당성도 강화시켰다. 그러한 영향력 범위 내에서 환경지식의 정치는 다른 형태를 취했다. 이 절에서는 내가 "위원회 운동", "교육 운동", "연구 운동"이라고 부르는 세 가지 구체적인 사례들을 그려낼 것이다.

겉모습만 보면 이러한 집단적 행동 양식들은 전적으로 일상적인 것처럼 보이며, 어떤 의미에서는 실제로 그러했다. 과학자들은 다른 사람들의 작업을 비판적으로 검토하고, 학생들을 가르치고, 지식을 생산하는 것을 본분으로 하고 있다. 그러나 내용적으로 환경적 가치가 주입되면서 위원회 활동, 교과과정 개발, 지식 생산은 정치화되었고 표준적인 유전학 실천들과 차별성을 갖게 되었다. 위원회는 의심되는 화학물질의 유전적 위험에 관한 데이터를 검토, 수집, 배포했고, 워크샵과 심포지움에는 비유전학자들을 특별히 염두에 둔 훈련 과정을 포함시켰으며, 생물학 연구자들에게는 정책지향적 연구에 좀더 관여하도록 독려했고, 실험 모델은 더 많은 화학물질의 돌연변이 유발성을 좀더 효율적으로 해석할 수 있도록 재설계했다. 이 사례에서는 다분히 통상적인 조직이 통상적인 실천을 통해 정치화된 연구를 촉진했고, 그 과정에서 학문 분과에 기반을 둔 지식이 지배하는 영역에서 신뢰할 수 있는 학제적 연구를 만들어 냈다. 이처럼 "위장한" 운동이 과학의 정치사회학에 주는 몇 가지 함의에 대해서는 마지막 절에서 다룰 것이다.

위원회 운동

위원회와 소위원회들은 종종 공식적 지위가 불분명했고 오랫동안 지속되지도 못했지만, 유전독성학을 구축하는 막후 작업에서 많은 역할을 했다. 그중 일부는 대다수의 전문 학회들에 공통된 것이었다. 가령 계획위원회, 회원관리 위원회, 소식지 발간을 책임지는 위원회, "대중과의 접점"을 담당하는 위원회 등이 그런 것들이었다. 반면 다른 위원회들은 〈환경성 돌연변이 유발원 학회〉에 특유한 몇 가지 목표들을 반영하고 있었다. 학회 지도부의 첫 공식 회의 의사록을 보면 (나중에 〈환경성 돌연변이 유발원 정보센터〉가된) 화학물질 등록소 설립을 위한 위원회와 돌연변이 유발성 검사 방법에 관한 단행본 발간을 담당한 위원회의 구성에 관한 논의가 나온다.[17] 이러한 위원회들은 모든 과학 학회가 갖춰야 할 기본 요건을 충족시키는 전략이나 특정한 조직적 목표를 달성하는 전략을 담고 있다. 그런 점에서 이러한 위원회들은 전적으로 통상적인 것이었다.

그러나 다른 〈환경성 돌연변이 유발원 학회〉 위원회들은 그 자체의 조직적 생존 내지 정체성보다 훨씬 더 폭넓은 함의를 담고 있을 뿐 아니라 유전독성학 연구와 화학물질 규제정책의 방향에 상당히 명시적이고 직접적인 함의를 가진 과업을 담당했다. 〈환경성 돌연변이 유발원 학회〉 집행위원회는 여러 개의 위원회들을 설립해, 의심되거나 이미 알려져 있는 환경성 돌연변이 유발원 내지 유발원 종류들을 비판적으로 검토하는 작업을 맡겼다. 초기 몇 년간의 사례만 보더라도 카페인, 시클라메이트, 수은, 히칸톤, 니트로사민 등의 돌연변이 유발성을 연구하는 위원회들이 있었고, 돌연변이 유발성 검사를 위한 표준 프로토콜의 권고안을 만들기 위해 조직된 위원회도 있었다. 1970년에는 "방법위원회"가 만들어져 "권고된 방법론을 비판적으로 평가하고 아울러 앞으로의 연구와 방법 개발을 권고하고 평가하는" 임무를 맡

---

17. Minutes, EMS, February 8, 1969, Folder : "EMIC Archives," EMSA.

았다. "세포유전학위원회"는 좀더 구체성을 띤 또 다른 방법위원회로 이듬해 설립되었고, 시험관 내에서 인간 세포를 검사해서 염색체 이상을 찾아내는 방법과 관련해 비슷한 역할을 담당했다. 후자는 인간의 유전적 위험과 하등 생물에 의존한 생물검정bioassay에서의 돌연변이 유발성 판정 사이의 상관관계에 관한 의문에 구체적으로 대응해 만들어졌다. 또 다른 위원회들은 좀더 노골적으로 정치색을 띠었다. 1972년에 만들어진 한 위원회는 "[〈딜레이니 수정조항〉Delaney Amendment을] 돌연변이 유발원과 기형 발생원까지 확대하는" 임무를 맡았고, 1975년에 만들어진 또 다른 위원회는 노동자들을 화학물질에서 보호하는 문제를 조사했다.[18]

〈환경성 돌연변이 유발원 학회〉 내에서 만들어진 이러한 위원회들은 대단히 구체적인 과업을 달성하기 위한 것이었고, 그것이 완수되면 대체로 해산했다. 그런 점에서 이는 대규모 전문 학회에서 흔히 볼 수 있는 세부전공별 분과나 관심에 따른 집단보다는 사회운동 단체에 흔한 부류의 "활동위원회"를 더 닮았다. 특히 자문위원회들은 중요한 경계 질서유지 기능을 했다. 〈환경성 돌연변이 유발원 학회〉가 후원하는 자문위원회들은 전문가와 비전문가 사이의 분할을 강화함으로써 ─ 이는 돌연변이 연구의 방향을 환경보건과 관련된 쟁점과 질문들로 전환하고 정책결정자들의 관심을 화학물질에 의한 자극의 유전적 기반으로 돌려놓는 과정에서도 그러했다 ─ 화학물질의 생산 및 유통

18. 돌연변이 유발원 검토 위원회들에 관해서는 Minutes, EMS, February 8, 1969, Folder: "EMIC Archives," EMSA를 보라. 시클라메이트는 1969년에 식품의약청이 사용을 금지한 인공감미료였다. 히칸톤은 열대질환인 주혈흡충병과 싸우기 위해 쓰인 약이었고, 니트로사민은 식품 방부제에 쓰였다. 방법위원회들에 관해서는 Minutes, EMS Council meeting, September 18-19, 1970, Malling Papers, EMSA; Nichols to Sparrow, October 2, 1971, MS-1261, Box 4, Folder 12; Nichols to Mooreland, October 2, 1971, MS-982, Folder: "Environmental Mutagen Society," RRSA를 보라. 〈딜레이니 수정조항〉 위원회에 관해서는 Minutes, EMS Council meeting, October 17, 1972, Malling Papers, EMSA를 보라. 이는 1958년에 〈식품의약법〉(Food and Drug Act)을 수정한 조항으로, 발암성 검사에서 양성 판정을 받은 식품첨가물의 사용을 금지했다. Chu to de Serres, October 24, 1975, MS-1261, Box 1, Folder 18, RRSA.

을 규제하기 위해 제안된 법령을 둘러싼 논쟁을 형성하는 데 기여했다.

"17인 위원회"의 보고서가 꼭 그러했다. 그 명칭이 말해 주는 것처럼, 이는 〈환경성 돌연변이 유발원 학회〉 집행위원회가 위촉한 17명으로 구성된 과학 검토 기구였다. 이 기구는 돌연변이 유발원 탐지와 인구 모니터링에 관한 연구를 검토하고, 이러한 검사 및 모니터링 시스템에서 얻은 데이터에 내포된 위험 잠재성을 평가하며, 앞으로의 연구와 화학물질 규제정책의 방향을 권고하는 임무를 맡고 있었다. 위원회의 최종보고서는 1975년에 「환경성 돌연변이 유발의 위험」이라는 제목으로 『사이언스』에 발표되었다(Drake et al. 1975). 이는 사실상 연구의 필요성과 화학물질의 유전적 위험을 관리하는 규제기관의 책임을 역설하는 〈환경성 돌연변이 유발원 학회〉의 정책 문서였다. 보고서는 "잠재적 돌연변이 유발원이 인구집단 전체에 유전적 손상을 유발하기 이전에 이를 파악해 내는 것이 극히 중요"(504)하다고 주장했다. 보고서는 그러한 목표를 달성하기 위해 연방 규제기구들이 "다른 독성학 문제들을 다루는 것과 동일한 방식으로" 돌연변이 유발성 평가를 수행할 것과 "포괄적 규제 시스템"을 발전시킬 것을 촉구했다. 이 때 검사의 책임은 화학물질 제조업체들이 져야 하며, 위험-편익 평가는 "유전학과 독성학 전문가······ 경제학자······ 산업안전 평가 인력······ 일반대중의 대표로 구성된"(510) 위원회가 결정해야 한다. 그러나 환경성 돌연변이를 유발하는 자극에서 인간을 보호하기 위해서는 환경성 돌연변이 유발원을 탐지하는 새로운 방법을 개발하고 검증하는 것과 그러한 검사를 설계, 수행, 해석할 훈련된 노동력을 양성하는 것이 모두 필요했다.[19]

---

19. 이러한 과업을 담당하는 위원회들이 함께 만들어졌다는 것은 그리 놀라운 일이 아니다. 1972년에 〈환경성 돌연변이 유발원 학회〉 산하에 "현장 과학자 수준을 겨냥"해 "정규적이고 지속적인 기반 위에서 훈련 워크샵을" 계획하는 소위원회가 만들어졌다. 이 소위원회는 "기법 외에 해석의 문제에도 관심을 갖고" 있었다. Minutes, EMS Council meeting, March 28, 1972, Malling Papers, EMSA.

교육 운동

1969년경에는 대학의 과학 교육 및 연구에서 유전독성학과 잘 맞는 기존 자리가 거의 없었다. 돌연변이와 돌연변이 유발에 대한 연구가 대다수의 유전학 교과과정(대학원뿐 아니라 학부에서도)에 일부로 자리잡고 있긴 했지만, 돌연변이 유발원 검사의 최신 성과를 접할 수 있었던 것은 환경성 돌연변이 유발 연구에 직접 관여하는 과학자들과 함께 일하던 학생들뿐이었다(Straney and Mertens 1969).[20] 뿐만 아니라 유전학 분야의 박사학위 후보자들은 독성학이나 약학을 전공한 경우를 빼면 그러한 분야들에서 거의 훈련을 받지 않았다. 반대로 유전학의 전문 연구는 독성학 박사과정 대학원 학생들이 흔히 접할 수 있는 것이 아니었다. 당시 독성학은 여전히 의학전문대학원의 약학과와 제도적으로 매우 긴밀하게 엮여 있는 신생 분야였고(Hays 1986), 생명과학 전반을 다루는 필수과목을 이수할 때를 빼면 유전학에서 언급될 일이 없을 터였다.

그 결과 유전독성학을 추진하던 과학자들은 환경성 돌연변이 유발의 기초를 이루는 유전학 원리와 유전독성학의 검사 방법에 훈련을 받은 사람들이 크게 부족한 현실에 즉각 직면하게 되었다. 〈환경성 돌연변이 유발원학회〉의 재무이사였던 마빈 리게이터는 다급한 어조로 "돌연변이 유발원인에 대한 검사법이 현재 존재하며 그러한 검사에 대한 수요가 늘어나고 있음에도 불구하고, 훈련된 인력이 절대적으로 부족하다"고 썼다. "산업체, 정부 기구, 대학들이 돌연변이 유발성 검사를 위해 제안된 방법들 중 일부나 그 모두에 정통한 훈련된 생물학자들을 찾고 있다. 이 분야에서는 개인들이 공

---

20. 유전학 관련 학과와 대학원 수준의 유전학 교과과정에 대한 대표적인 데이터를 추적하기란 쉽지 않다. 그러나 1960년대와 1970년대 초에 출간된 대학원 수준의 교과서들을 보면, 돌연변이 유발이 유전학 강의 내용의 기본적 구성요소이긴 했지만 돌연변이 유발 화학물질에 장기간 노출되었을 때 환경이나 공중보건에 미칠 수 있는 영향은 그렇지 못했다는 주장을 뒷받침하는 증거를 찾을 수 있다.

식 교육을 받을 수 있는 센터가 존재하지 않는다."[21]

유전독성학의 훈련은 다양한 메커니즘을 통해 다방면으로 발전했고, 대부분 〈환경성 돌연변이 유발원 학회〉와 연관된 사람들이 직접 관여했다. 결정적으로 중요했던 훈련 메커니즘 중 하나는 박사후 연구원이었다. 1975년에 국립환경보건과학원의 환경성 돌연변이 유발 부서가 발간한 연차보고서에서는 이렇게 쓰고 있다. "미국과 해외를 막론하고 환경성 돌연변이 유발 분야에서 연구를 하는 과학자들이 크게 부족한 현상은 실무를 담당한 과학자들이 박사과정과 박사후 단계 모두에서 훈련 프로그램을 발전시키는 데 유인을 제공했다"(National Institute of Environmental Health Sciences 1975a : 155).[22]

그 사이 기간 동안 〈환경성 돌연변이 유발원 학회〉는 돌연변이 유발성 검사 방법, 생물검정 설계, 검사의 기초를 이루는 유전학 원리에 관한 속성 강좌를 제공하는 데 핵심적인 역할을 했다. 1971년 여름에 브라운대학에서 3일간 개최된 "돌연변이 유발성 워크샵"은 유전학자, 독성학자, 의학 연구자들에게 현존하는 검사 및 평가 방법을 소개해 주기 위해 여러 차례 조직된 소규모 훈련 과정 중 첫 번째였다. 역시 〈환경성 돌연변이 유발원 학회〉가 후원한 비슷한 워크샵이 스위스의 취리히에서도 열렸다. 1972년에 〈환경성 돌연변이 유발원 학회〉 집행위원회는 "화학적으로 유발된 돌연변이의 탐지 절차에 관한 종합 워크샵"을 개최하자는 결의안을 통과시켰다. 리게이터는 자신이 제출한 제안서에서 한 달 동안 진행될 워크샵에 대한 지원금을 요청했

---

21. Marvin Legator, "Workshop at Brown University for Testing and Evaluating Chemicals for Mutagenicity," (n.d.), p. 3, MS-1261, Box 3, Folder 2, RRSA.

22. 1977년에 국립환경보건과학원은 환경독성학, 환경병리학, 환경역학과 생물통계학, 환경성 돌연변이 유발 분야의 기관 외 훈련 프로그램을 설립했다. 그중에서 가장 규모가 작았던 환경성 돌연변이 유발 프로그램에는 국립환경보건과학원의 훈련 지원금을 받는 대학과 의학전문대학원에서 환경독성학에 주어진 몇몇 기관 지원금 중 "얼마 안 되는 액수"와 두 개의 박사후 연구원직이 포함돼 있었다(National Institute of Environmental Health Sciences 1977 : 13).

다. 워크샵에는 "이 분야의 원리들에 대한 실용적 지식을 갖춘 생물학자를 양성하는 일련의 강의와 집중적인 실험실 교육"이 포함될 것이었다. 리게이터는 자신이 구상한 강좌를 오전의 강의, 오후의 실험실, 저녁의 실습 과정으로 조직했고, 세포유전학 슬라이드 해독, 통계적 데이터 해석, 돌연변이 유발성 검사와 표준적인 독성학 검사 프로그램의 통합 같은 주제들이 다뤄질 예정이었다. 제안된 9인 조직위원회에는 〈환경성 돌연변이 유발원 학회〉 회원 일곱 명이 포함돼 있었다. 이 워크샵에 대한 자금지원은 결국 이뤄지지 않았지만, 그보다 소규모인 1주일간의 워크샵은 이탈리아, 캐나다, 영국, 인도, 미국에서 상당히 정기적으로 계속 진행되었다. 1976년이 되면 〈환경성 돌연변이 유발원 학회〉가 후원하는 워크샵에서 외국인 참가자들도 볼 수 있게 되었는데, 이는 아르헨티나, 브라질, 이집트, 일본, 멕시코에서 유전독성학 훈련을 촉진하려는 〈환경성 돌연변이 유발원 학회〉의 노력이 반영된 결과였다.[23]

연구 운동

역사적으로 유전자의 구조와 기능에 관한 질문들에 관심을 가진 유전학자들은 그 생리 기능과 행동이 그러한 연구 관심에 부합하는 연구대상 생명체(가령 박테리아, 이스트, 곰팡이, 단순한 식물, 곤충 같은)에 이끌렸다(G. Allen 1975; Drake 1970). 그러나 유전의 메커니즘을 연구하는 데 적합한 일단의 도구들이 반드시 인간이 돌연변이 유발 화학물질에 노출되었을 때의

---

23. Program, "Workshop on Mutagenicity," July 26-28, 1971, Brown University; Program, "International Workshop on Mutagenicity Testing of Drugs and Other Chemicals," October 2-5, 1972, University of Zurich, both in MS-1261, Box 3, Folder 2, RRSA; Marvin Legator, "Workshop at Brown University for Testing and Evaluating Chemicals for Mutagenicity," (no date), p. 3, MS-1261, Box 3, Folder 2, RRSA; Hollaender to Garin, May 11, 1976, MS-1261, Box 3, Folder 13, RRSA; 유전독성학 훈련을 받을 사람을 외국에서 모집한 것에 관해서는 Hollaender to Legator, March 23, 1976; Hollaender to Brown, February 23, 1976; Hollaender to Tazima, April 28, 1976, all in MS-1261, Box 3, Folder 13, RRSA를 보라.

유전적 위험을 현실적으로 평가할 수 있는 최선의 도구는 아니다. 포유동물보다 하등한 생명체를 대상으로 한 돌연변이 유발성 생물검정은 신속하고 민감하고 비용이 적게 들지만, 이를 인간에게 외삽한 결과는 신뢰성이 떨어진다. "환경 속에 있는 일부 오염물질들은 그 자체로는 돌연변이도, 암도 유발하지 않지만, 포유동물의 신진대사를 거치면서 반응성이 매우 크고 유전적으로 활성인 대사 산물로 변환될 수 있기" 때문이다. "미생물은 포유동물이 가진 독성화-비독성화 메커니즘 중 일부만을 갖고 있을 뿐이다"(Malling 1977 : 263). 과학자들은 인간에 대해 일반화를 해도 무리가 없는 실험 결과를 얻어내는 데 관심이 있었고, 그 결과 포유동물의 대사 과정을 고려에 넣어 좀더 많은 비용과 시간이 소요되는 돌연변이 유발성 생물검정을 선호하게 되었다. 속도와 민감성을 한편으로, 인간에 대한 일반화 가능성을 다른 한편으로 해서 이 둘에 대한 요구사항을 최적화한 검사 시스템을 서둘러 개발하는 과정에서 대단히 경쟁적인 검사 개발 경제가 출현했고, 〈환경성 돌연변이 유발원 학회〉 회원들은 이처럼 경쟁하는 시스템들 사이에서 설계하고 판정을 내리게 되었다.

두 가지 생물검정 설계가 가장 치열한 경쟁 영역을 규정했다. 하나는 인간과 흡사한 대사를 통합시킨 시험관 내 박테리아 시스템을 만들어 내려 했다. 이는 대사 활성화를 거친 미생물 생물검정으로, 에임스 검사[24]가 그중 가장 잘 알려져 있었다(Ames et al. 1973). 다른 하나는 박테리아의 표지를 통합한 생체 내 포유동물 시스템을 만들어 내려 했다. 이는 "숙주매개" 생물검정으로, 박테리아 배양물을 살아 있는 동물에 외과적으로 이식한 후, 동물에 화학물질 처리를 하고 죽여서 박테리아 배양물에서 돌연변이 유발성

---

24. [옮긴이] 에임스 검사(Ames test) : 화학물질의 돌연변이성을 검사하는 데 가장 흔히 쓰이는 방법으로 특정한 자연적 변이를 가진 살모넬라균에 화학물질을 가해 돌연변이가 나타나는 정도를 측정한다. 1970년대 초 미국 버클리 소재 캘리포니아대학의 브루스 에임스 연구팀이 개발했다.

여부를 조사하는 것이었다(Legator and Malling 1971). 활동의 소용돌이에서 중심에 위치한 이 두 가지 일반적 전략 외에, 과학자들은 다양한 돌연변이 유발 결과에 대해 화합물을 검사하는 수많은 다른 시스템, 기법, 방법들을 설계하고 추진했다. 1970년부터 1986년까지 10권으로 된 총서 『돌연변이 유발 화학물질 : 탐지의 원리와 방법』*Chemical Mutagens : Principles and Methods for Their Detection*에 발표된 111편의 논문들은 그 시기 동안 개발된 200가지 이상의 검사 시스템 중 절반에도 못 미치는 것을 담고 있다(Hollaender and de Serres 1971-1986). 이러한 검사 시스템들 ─ 그중 일부는 지금도 사용되고 있지만, 많은 수는 낡은 것이 되어 버렸다 ─ 은 연구 운동이 물질적으로 체현된 결과이다.

이 사례에서는 환경적 가치가 통상의 과학 연구에 주입되어 30년 동안 돌연변이 연구를 이끌어 온 지식 생산의 논리에 중요한 전환을 일으켰다. 과학자들이 한때 소수의 대단히 강력한 돌연변이 유발 화학물질들에 초점을 맞추었다면 ─ 이는 그러한 물질들의 행동 방식이나 돌연변이 효과가 유전자 수준의 현상에 대한 통찰을 제공해 주었기 때문이었다 ─ 이제 스스로를 유전독성학자로 칭하는 과학자들은 점차 폭넓은 스펙트럼에 걸친 잠재적 돌연변이 유발 화학물질과 그에 수반된 환경적 위험에 초점을 맞추었다. 실험 설계에서는 한때 이론적으로 흥미로운 몇몇 돌연변이 유발 화학물질을 강조했다면, 인간의 유전병의 빈도 증가를 막겠다는 〈환경성 돌연변이 유발원 학회〉의 사명감이 빚어낸 유전독성학의 활동 목표는 최대한 많은 돌연변이 유발 화학물질을 신속하게 파악해 내는 것을 강조하게 되었다.

과학운동은 무엇이며 어디에 존재하는가?

〈환경성 돌연변이 유발원 학회〉는 환경 탐구의 새로운 질서를 제도화하는 활동에서 중심적인 행위자였다. 이 장에서 나는 1969년에서 1976년 사이에 유전독성학이 부상한 것은 이 학회가 환경과학과 환경정치 사이의 선명한 경계를 유지하면서, 동시에 자체적인 조직 영역 내에서는 – 학회 임원과 위원회 구성원들이 공공에 봉사하는 새로운 유전학의 토대를 놓으면서 – 동일한 경계를 전복시키는 일을 잘 해낸 데 부분적으로 원인을 돌릴 수 있다고 주장했다.

이 연구는 과학기반 조직들 내에서의 경계설정과 운동의 정치를 다룬 이전 연구의 성과들을 뒷받침하는 추가적인 증거를 제공한다. 무어와 할라 (Moore and Hala 2002), 킨치(Kinchy 2002), 킨치와 클라인맨(Kinchy and Kleinman 2003) 등의 연구와 마찬가지로, 유전독성학을 만드는 과정에서 〈환경성 돌연변이 유발원 학회〉가 했던 역할은 (1) 과학에서 운동과 경계설정이 서로 뒤얽힌 과정이고, (2) 조직들은 과학자들의 집단 행동을 조율하는 데서 중심적인 역할을 수행하며, (3) 과학자 조직은 신용 유지를 위해 과학과 정치 사이의 명시적 경계를 공들여 만들어 낸다는 것을 다시 한번 확인해 주었다. 이 중 마지막 세 번째는 조직의 정체성이 급진정치에 기반하건 보수적인 정치적 중립성의 교의에 기반하건 간에 성립하는 것으로 보인다.

또한 〈환경성 돌연변이 유발원 학회〉 사례는 두 가지 중요한 측면에서 선행 연구들과 차이를 보인다. 〈미국생태학회〉 임원들의 경계작업이 학제적 분야를 "환경주의"에서 보호하기 위해 수행된 것이었다면, 〈환경성 돌연변이 유발원 학회〉는 아울러 간학문적 교류와 정치화된 과학 모두를 정당화하기 위한 수단으로 그 경계를 내부에서 전복시켰다.[25] 뿐만 아니라 활동가 지

---

25. 이러한 차이는 두 가지 이유 중 하나로 인해 사실이 아닐 수도 있다. 킨치와 클라인맨의 연구(Kinchy and Kleinman 2003)는 발표되지 않은 〈미국생태학회〉의 내부 문건을 살펴보지 않았고, 따라서 〈환경성 돌연변이 유발원 학회〉 문서들에서 분명하게 드러나는 내부화된 경계 투쟁이 〈미국생태학회〉 내에서도 일어났는지 여부가 확실치 않다. 아니면, 우리가 보고 있는 것이 실은 연령 효과일 수도 있다. 제도적 동형화(institutional isomorphism) 명제에 따르면, 좀더 오래되고 지위가 확고한 전문 학회는 정치에 관해 대외적, 대내적으로 일

향적인 〈민중을 위한 과학〉이 단체의 목표를 "급진과학"으로 상정하면서 과학/정치 경계를 재확인했던 것과 달리, 〈환경성 돌연변이 유발원 학회〉는 대체로 통상적인 수단을 통해 단체의 정치적, 제도적 목표를 달성했다. 이러한 과정들은 어느 정도 상호의존적이었다. 유전독성학을 정의했던, 구멍이 숭숭 뚫리고 통제하기 어려운 경계를 안정화시키기 위해서는 신뢰할 만한 과학의 권위가 필요했고, 마찬가지로 환경성 돌연변이 유발에 대해 다학문적 공격을 가하기 위해서는 자명하지 않은 문제를 정치 토론을 위해 눈에 띄는 쟁점으로 만드는 신뢰할 만한 정치 캠페인이 필요했다.

언뜻 보면 유전독성학을 확립하는 데 기여한 과학운동은 1920년대와 1930년대의 사회주의 운동(Kuznick 1987; McGucken 1984), 1960년대와 1970년대의 학생운동(Moore 2008), 1980년대의 반핵운동(10장 참조), 오늘날의 공동체기반 연구 운동(11장 참조)에서 파생된 좀더 익숙한 사례들과 비교할 때 전적으로 일상적인 것처럼 보인다. 그러나 겉모습만 보고 판단을 내려서는 곤란하다. 이 논문은 논쟁적 목표를 추구하는 통상적 행동이 중대한 사회정치적 변화를 만들어 낼 수 있음을 보여 준다. 이제 무엇을 과학운동으로 간주해야 하고 그것을 어디에서 찾아야 하는지에 관해 좀더 폭넓고 체계적인 사고를 촉진하려는 취지에서 세 가지 관찰을 제기하는 것으로 글을 마무리 지을까 한다.

첫째, 정치적, 문화적 격동의 시기를 배경으로 두고 있긴 하지만, 유전독성학을 만들어 낸 과학운동은 베트남 전쟁이나 지구의 날 시위로 정치화된 학생들이 아니라 경험 많은 전문 과학자들에 의해 주도되었다. 대개 유전학자들이 많았지만 몇몇 생화학자, 독성학자, 약학자들도 힘을 합쳤고, 이들 모두는 명성과 경력이 탄탄하게 확립된 사람들이었다. 우리는 사회운동 연

___

관된 입장을 취하는 경향을 띨 수 있다. 반면 과학의 목소리로서 신용을 획득하려 하면서 동시에 단체와 분야의 정체성을 형성하는 과정에 있는 신생 조직은 덜 일관된 모습을 보일 수 있다.

구를 통해 운동에는 위험이 따른다는 사실을 알고 있다. 따라서 운동에 관여하는 그러한 과학자들은 전문직 내부로부터의 반대를 견딜 수 있는 구조적 지위를 가장 잘 갖춘 사람일 가능성이 높다. 과학에서 비교 우위는 논쟁의 격랑을 가장 잘 견뎌낼 수 있는 지위에 오른 사람들에게 돌아갈 공산이 크다. 종신재직권, 확고한 명성, 경제적 안정, 정치에 할애할 시간을 갖춘 나이 든 연구자들 말이다.

둘째, 몇몇 주목할 만한 예외를 빼면, 〈환경성 돌연변이 유발원 학회〉를 설립한 과학자들은 급진정치에 동조하지 않았다. 그들은 노조를 조직하거나 노동자들과 함께 행진하지 않았고, 동남아시아에서의 전쟁에 모두가 반대하지도 않았다. 그들 중 대다수는 스스로를 국내의 환경주의자들이 조장하는 "불합리한" 관점이라는 것에 경도된 활동가로 여기지 않았을 것이다. 대신 이러한 과학자들은 좀더 에두른 형태의 환경운동에 관여하고 있었다. 실험실과 강단에서 화학물질 오염의 의도하지 않은 결과를 공격하는 운동이 그것이다.[26] 과학자 활동가들은 자신들의 정치를 거리로 들고 나가는 대신, 그들이 하는 일에 특유한 구조적 조건들과 관련된 전략, 전술, 집단적 행동 방식을 고안해 냈다. 그들의 운동은 연구와 과학정책을 약화시키거나 새로 만드는 것이 아니라 그것의 방향을 재설정하는 것을 추구했다. 그러한 목적을 위해 그들의 조직적 홍보 노력의 대부분은 과학자 공동체와 연결망 내부에 초점이 맞춰져 있었고, 종종 그것이 결정적으로 중요한 의미를 갖는 그들 자신의 실험실과 강의실 내부가 그 대상이 되었다.

마지막으로, 만약 개인들이 유전독성학을 만들어 내는 데서 중요한 역할을 했다면, 조직과 집단행동은 그러한 개별 행동을 효과적인 것으로 만들어 주었다. 우리는 과학운동이 어떻게 조직되는지에 관해 아는 것이 별로 없지만, 최근 축적된 사례연구 증거는 항의 연결망과 유사한 어떤 것이 과학자

---

26. "에두른 운동"(oblique activism)이라는 용어를 제안해 준 리스 클레멘스에게 감사를 전한다.

들 사이에서 출현하는 일이 과학 활동가나 과학학 연구자들의 일반적 가정보다 훨씬 더 널리 퍼져 있음을 시사하고 있다(Frickel 2004c). 만약 실험실과 강의실이 과학운동의 핵심 장소라면, 지금까지의 연구가 대부분의 활동을 놓쳤다는 데는 거의 의문의 여지가 없다. 유전독성학(Frickel 2004b)과 녹색화학(6장 참조; Woodhouse and Breyman 2005)의 역사는 대체로 대중적 가시권 아래에서 조직되는 조용한 과학운동이, 지식을 생산하고 인증하는 제도 내에서 믿을 수 없을 정도로 심오한 변화를 일으킬 수 있고 가끔은 실제로도 일으킨다는 사실을 말해 주고 있다.

8장

변화하는 생태

농업에서의 과학과 환경정치

크리스토퍼 R. 헨케

변화를 일으키려면 무엇이 필요한가? 응용과학은 그 정의상 세상에 있는 사물들을 변화시키려는 의도를 담은 활동이다. 그러나 과학은 사회 변화를 일으키는 데 적합한 실천 양식인가? 이는 농업과학에 긴급하게 제기되는 질문이다. 농업과학은 지난 한 세기 동안 식량이 생산되는 방식에서 근본적 변화를 일으키는 데 기여했지만, 이와 동시에 농업 생산과 연관된 환경문제를 야기하는 데도 중요한 역할을 한 연구 분야이다. 기계화된 농장 장비, 합성 농약과 비료, 집약 생산 관행은 그 어느 때보다도 적은 수의 농부들이 그 어느 때보다도 많은 식량을 생산할 수 있게 해 주었다. 그러나 바로 그 기법과 기술들은 숱한 환경문제들로 이어졌고, 특히 수원지의 농약과 질산염 오염과 관련된 문제가 가장 심각했다(National Research Council 1989 : chapter 1). 그 결과 오늘날 농업과학자들은 묘한 위치에 처하게 되었다. 그들은 자신들이 구축해 특히 효율적이고 합리적이라고 선전했던 시스템을 재정비하는 한편으로 그것의 환경적 영향을 경감해야 하는 도전에 직면하게 되었다.

이 장은 농업에서 변화의 정치를 탐색하고, 농업과학자들이 환경 변화의 동인으로 활동할 수 있게 하면서 동시에 농업과학자들을 제약하기도 하는 요소들을 따져 본다. 나는 산업적 이해세력과 밀접한 관계 하에 작업하는 과학자들이 사회 질서와 변화 사이에서 균형을 잡는 방식을 이해하고자 한다. 과학자들이 구조 내에서 작업하면서 동시에 그것을 변화시키는 것은 가능한 일인가? 사회이론가들은 이 물음에 대해 엇갈린 견해를 내놓고 있다. 아마 이러한 이론가들 중 가장 잘 알려진 인물은 울리히 벡일 것이다. 그가 제시한 "위험사회" 명제는 환경문제에 대처하는 과학자들의 능력에 대해 매우 비관적인 관점을 갖고 있다(Beck 1992; Beck, Giddens, and Lash 1994). 벡은 과학기술이 산업적 근대성의 핵심에 위치하면서 애초에 환경적 위험을 만들어 낸 데 책임이 있는 제도라고 주장한다. 게다가 더 불길한 것은, 과학기술이 종종 "산업 내에서 점차 제도화되어" 자본의 이해관계에 기대고 있는 일종의 '대항과학'으로 활용되고 있다는 것이다(Beck 1992 : 32; Van Loon 2002; 아울러 Rycroft 1991; Luke 1999; Fischer 2000도 보라). 벡의 위험사회 명제와는 달리, 생태적 근대화 이론은 과학기술을 "녹색" 근대성을 만들어 내는 노력의 중심에 위치시키며, 과학자들과 그 외 전문가들이 규제 국가 regulatory state의 거대한 변화와 힘을 합쳐 환경 변화의 선봉장이 될 거라고 가정한다(Spaargaren and Mol 1992; Mol and Spaargaren 1993; Hajer 1995; Mol 1996).[1]

그러나 환경문제에 대처하는 과학기술의 능력에 대한 이러한 관심에도 불구하고, 환경갈등에서 전문가의 역할을 다룬 경험 연구는 극히 적었다.[2] 현실 속에서 과학자는 환경문제를 어떻게 다루는가? 그간 위험사회 이론과 생태적 근대화 이론 사이에 다리를 놓으려는 이론적 시도는 있었지만(Cohen 1997), 나는 과학자들이 환경 변화의 동인으로 활동하는 것을 촉진

---

1. 여기서는 생태적 근대화 이론에 관해 가장 관련성이 큰 영어 저술들을 인용했지만, 이 이론을 처음 발전시킨 것은 독일의 사회학자 요셉 후버이다.
2. 최근의 몇몇 예외로는 Tesh(2000)와 이 책의 7장을 참조하라.

하거나 제약하는 실제 요인들을 경험적으로 탐구하는 것이 필요하다고 주장하고 싶다. 전반적으로 과학은 근대성과 환경을 둘러싼 이론적 논쟁에서 제도적 암흑상자로 간주되어 왔다. 이러한 저자들 중 많은 수는 특정한 환경갈등 내에서 과학의 위치를 비판적으로 탐구하는 대신, 과학적 실천에 대해 과도하게 단순화된 관점을 가정해 왔다(Wynne 1996).

이 장에서 나의 목표는 암흑상자를 열어 환경갈등에서 과학자들의 역할을 탐구하는 것이다. 이를 위해 나는 캘리포니아 주에서 일군의 농업과학자들과 농업 실천의 환경적 지속가능성을 향상시키려는 그들의 시도에 대해 내가 수행한 민속지 현장연구에 의존할 것이다. 나는 농업과학자들이 농업과 연관된 환경문제를 경감하기 위해 일하는 과정에서 사회 변화의 동인으로서 역할을 할 수 있지만, 그들이 이렇게 기울이는 노력은 사회물질적 요소들의 이종적 "생태"ecology에 의해 엄격하게 제한을 받는다고 주장하고 싶다(Star and Griesemer 1989; Star 1995; Henke 2000a). 이러한 생태는 행위자와 제도 사이의 권력관계를 정의함으로써 그들 간의 관계를 구조화하고, 잠재적 변화가 일어날 수 있는 맥락을 제공한다. 농업과학자들은 이러한 맥락을 전략적으로 활용하며, 농업의 좀더 큰 제도적 생태 내의 요소들을 조작해 환경문제에 대한 인식을 틀짓는다. 이러한 전략은 사회 변화를 일으키는 근본적으로 보수적인 기법이지만, 과학자들이 "지역으로 가서"go local 농장 기반 오염에 가장 크게 기여하는 행위자들 중 일부와 밀접한 관계를 발전시킬 수 있게 해 주는 것이기도 하다.

이런 주장을 펼치는 과정에서 나는 캘리포니아대학의 협동지도Cooperative Extension "농업 고문"들에 대한 민속지 현장연구에서 얻은 데이터에 의존하고 있다. 그들은 대학 시스템에 고용된 농업과학자들이지만 주 전체에 흩어져 특정한 카운티에 주재하고 있다.[3] 이 고문들은 지역의 농장에 있는 의

---

3. 많은 주들에서 협동지도에 고용된 사람들은 "카운티 담당관"(county agent)이라고 불린다.

뢰인들에게 카운티의 농업 실천을 향상시키는 방법 – 농업을 좀더 환경친화적으로 만들 수 있는 방법을 포함해서 – 에 관한 자문을 해 주는 임무를 맡고 있다. 실제로 나와 함께 일했던 농업 고문들(아래 좀더 자세하게 설명한다)은 연구 노력 중 많은 부분을 농산업farm industry에 대한 좀더 환경친화적인 대안을 연구하고 촉진하는 데 쏟고 있었다. 결과적으로 고문들은 환경갈등을 놓고 과학자들과 농업 관계자들이 맺는 관계를 들여다 볼 수 있는 창을 제공해 준다. 이어지는 절에서 나는 농업 고문들의 활동을 이해하기 위해 내가 활용한 생태학적 틀을 좀더 상세하게 그려내면서 농업과 농업 자문의 역사와 정치에 관해 추가로 맥락을 제시할 것이다.

농업과 농업 자문의 사회물질적 생태

현대 미국에서 농업 환경문제의 역사는 농업과학자들과 재배자들 간의 관계 – 특히 농업 생산을 증가시키기 위한 그들의 협력 – 의 역사이기도 하다. 대략 150여 년에 걸친 전문 농학 연구의 역사 동안, 과학자들은 주된 목표로 농업 산출의 증대에 초점을 맞춰 왔다. 이러한 목표는 합리화된 농업 실천에 근거한 농경 시스템과 기계화된 장비, 합성 농약 및 비료 같은 기술의 활용으로 이어졌다. 이와 동시에 현재 미국 농업에 남아 있는 재배자들은 대체로 이러한 시스템을 지지하고 수용해 온 사람들이다.[4] 이러한 맥락을 감안하면 농업과학자들과 농산업은 서로 "친밀한" 관계 이상임을 알 수 있다. 그

이 장 전체에서 나는 캘리포니아 주에서 사용하는 "농업 고문"(farm advisor)이라는 용어를 사용할 것이다. 덧붙여서 나는 "재배자"(grower)라는 용어를 쓰기로 했는데, 이는 캘리포니아 주에서 일반적으로 농부를 지칭하는 용어로 쓰인다.

4. 21세기에 접어든 시점에서 농업에 종사하는 미국인의 비율은 2%를 밑돈다. 이는 20세기 초엽에 미국인의 40%가 농업에 종사했던 것에서 크게 줄어든 비율이다(USDA, NASS 2004).

들은 동전의 양면 같은 존재이며, 현대 미국 농업이라는 거대한 인조 환경을 만들어 낸 협력자들이다(Busch and Lacy 1983; Marcus 1985; Kloppenburg 1988; Kloppenburg and Buttel 1987).

그러나 이처럼 긴밀한 협력에도 불구하고 재배자-과학자 관계에서 갈등이 없었던 것은 아니었다. 협동지도의 역사를 좀더 구체적으로 살펴보면 농업 실천을 변화시키려는 시도에는 항상 긴장이 내재돼 있었다. 협동지도는 1914년 미국 농무부USDA를 통해 국가적 프로그램으로 출범했다. 대부분의 주에 있는 토지양허대학 시스템에 소속된 농업 고문들은 농무부, 토지양허대학, 그리고 고문이 주재하는 해당 카운티가 "협동해" 자금을 배정함으로써 지원을 받는다. 협동지도는 미국 농업의 생산성을 향상시키려는 의도로 시작되었다. "대학을 사람들에게" 가져다 주어 현대 농업과학의 성과들을 전국에 있는 농장들에 응용할 수 있게 하자는 것이었다. 이러한 의도에도 불구하고 협동지도는 종종 지역 주민들로부터 엇갈린 반응을 얻곤 했고, 특히 프로그램이 생겨난 직후의 수십 년 동안 그러했다(Scott 1970; Danbom 1979, 1995; Rasmussen 1989; Fitzgerald 1990; Kline 2000). 그 결과 농업 고문역은 그 지위가 다소 애매한 전문직으로 남아 있고, 재배자의 관심과 전문가의 조언이 항상 깔끔하게 맞아떨어지는 것은 아니다. 식품 가공을 규제하고 식료품의 미국 내외 이동을 감시하는 농무부의 사찰 기구들과는 달리, 농업 고문들은 규제력을 갖고 있지 않다. 그들은 다만 조언을 제공할 뿐이다. 지역의 농업 공동체를 돕는 임무를 맡고 있지만 농업 실천의 방향을 정할 수 있는 실질적 권한은 부여받지 못한 고문들은 공식적 권위와 권력관계에 의존하지 않으면서 새로운 기법과 기술에 대한 동의를 이끌어낼 수 있는 방법을 찾아야 한다.

나는 현장연구를 수행하면서 캘리포니아 주의 살리나스 계곡에 주재하고 있는 일군의 농업 고문들과 함께 일했다(그림 1을 보라).[5] 많은 사람들에게

5. 살리나스 계곡의 농업 고문들에 대한 연구를 시작한 것은 내가 살리나스로 이사해서 매일

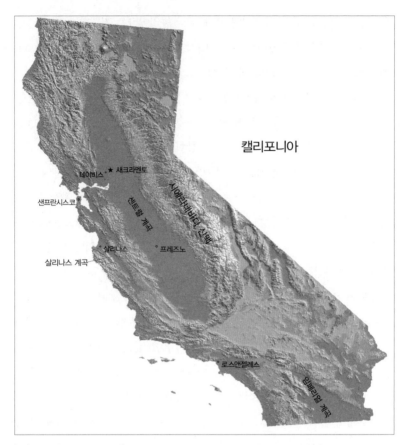

〈그림 1〉 캘리포니아 주 지형도

같이 고문들과 함께 일하기 시작한 1997년이었다. 나는 대략 1년간에 걸쳐 농업 자문의 과정에 대한 참여관찰, 인터뷰, 역사적 연구 프로그램을 수행했고, 1999년 봄과 2003년에 두 차례에 걸쳐 다시 후속 연구를 진행했다. 나는 고문, 전직 고문, 재배자, 전직 재배자, 그 외계곡 내에서 농업과 관련된 다른 사람들과 도합 70건의 인터뷰를 했고, 정보원을 구할 때는 "눈덩이" 표집 방법을 썼다. 인터뷰는 내가 직접 했고, 인터뷰 대상자의 동의를 얻어 거의 모든 인터뷰를 녹음했다. 인터뷰는 부분 구조화 방식으로 내가 사전에 준비해 둔 느슨한 질문 목록을 따르되 대화 과정에서 새로운 화제가 튀어나올 여지는 열어 두었다. 각각의 인터뷰가 끝나고 나면 녹취해서 컴퓨터 파일로 저장해 두었다. 나는 현장에서 기록한 노트와 인터뷰 녹취록을 모두 디지털 텍스트로 만든 후, 에스노그래프(Ethnograph) 질적 데이터 소프트웨어를 써서 데이터를 코드화하고 분석할 수 있었다.

상품	미국 생산량 중 캘리포니아 비중(%)	가치 총액 (1천 달러)	캘리포니아 내 생산 1위 카운티	캘리포니아 생산량 중 해당 카운티 비중(%)
아티초크	99	62,899	몬트레이	71.4
브로콜리	92	502,875	몬트레이	53.1
꽃양배추	87	196,696	몬트레이	56.4
셀러리	93	207,515	벤투라*	49.6
상추(모든 종류)	70	1,114,295	몬트레이	52.6
시금치(신선)	80	86,640	몬트레이	69.5

〈표 1〉 캘리포니아가 미국에서 으뜸가는 생산지인 채소 작물(1998). 생산 비중, 가치 총액, 캘리포니아 내 생산량 1위 카운티를 표시함. (출전 : California Agricultural Statistics Service, "California Agricultural Statistics," www.nass.usda.gov/ca/bul/agstat/indexcas.htm [2003년 6월 20일 접속]; "Summary of County Agricultural Commissioners' Reports," www.nass.usda.gov/ca/bul/gross/indexacv.htm [2003년 6월 20일 접속])

*몬트레이는 셀러리 생산량에서 2위이며, 캘리포니아 총 생산량의 33%를 차지하고 있다.

존 스타인벡의 고향이자 그가 쓴 수많은 소설의 배경으로 알려져 있는 살리나스 계곡은 세계에서 가장 생산적인 채소 재배 지역 중 하나이기도 하다. 이 계곡의 농지는 20만 에이커밖에 안 되지만, 몇몇 채소 작물의 경우 미국 전체 생산량의 대부분이 이곳에서 생산된다. 종합해 보면 살리나스 계곡의 대부분을 차지하는 몬트레이 카운티에는 연간 20억 달러를 벌어들이는 농산업이 자리잡고 있으며, 그것의 4분의 1 가량(약 5억 달러)은 양상추 생산에서 나온다. 표 1은 몬트레이 카운티가 캘리포니아 주와 미국 전체에서 채소 작물의 으뜸가는 생산지로서 갖는 중요성을 잘 보여 준다.

　　내가 살리나스 계곡의 채소 생산을 농"산업"이라고 부른 것은 다분히 의도적인 것이다. 생산 관행의 집약성과 재배자들의 높은 자본투자 수준을 강조하기 위해서다. 살리나스 계곡의 농업을 지배하는 주요 회사들 중 다수는 가족 사업체이지만, 그들은 우리가 흔히 쓰는 의미에서의 "가족농"은 아니다. 대다수의 농산업 회사들은 다른 중대형 기업들이 그렇듯이 복잡한 노동분업에 근거해 있다. 가장 수익성이 높은 작물의 재배자들은 종종 자체적으로

"상품위원회"commodity board를 만든다. 이는 산업에 자체 세금을 매기고 마케팅과 연구를 위한 돈을 모금하는 일을 한다. 예를 들어 상추 위원회Lettuce Board는 살리나스 시에 사무실을 두고 회원사들이 생산하는 상추 한 상자당 소정의 액수를 모금하고 있다. 상추 위원회는 경쟁기반 연구지원 프로그램을 통해 이 자금을 대학과 민간의 연구자들에게 배분한다.

연구에 쓰이는 이 돈에는 캘리포니아대학의 농업과학자들 – 농업 고문들도 포함해서 – 에 대한 적지 않은 지원금이 포함돼 있다. 살리나스 계곡의 농업 고문들의 경우, 그들의 연구 자금은 대부분 다양한 상품위원회와 다른 산업체 자금원으로부터 나왔다. 캘리포니아대학이 그들의 봉급을 지불하고 카운티에서 그들이 쓰는 시설에 드는 비용을 대긴 하지만, 고문들의 연구비 대부분을 대는 것은 농산업이다. 전체적으로 보면 농업 고문들은 캘리포니아 주에 고용된 과학자들이지만, 그들은 종종 대학 시스템의 다른 부분에 속한 다른 캘리포니아대학 연구자들보다 농산업에 있는 사람들과 훨씬 더 많은 접촉을 갖고 긴밀한 연관을 유지한다. 이 때문에 농업 고문들은 과학자들이 환경문제에 관해 연구할 때, 특히 그들이 산업적 이해관계를 가진 공동체를 이해하려 애쓰면서 그 속에서 일하며 변화를 촉진하려 할 때 어떤 종류의 긴장이 나타나는지를 논의할 수 있는 아주 훌륭한 사례가 된다.

그렇다면 남는 문제는 다음과 같다. 그들은 어떻게 그런 일을 해 내는가? 나는 선행 연구를 통해 농업과 농업과학에 대한 "생태학적" 개념을 발전시켰고, 이를 통해 농업 고문들이 어떻게 "야외시험"field trial이라고 불리는 특정 장소에 국한된 형태의 실험을 활용해 새로운 관행을 둘러싼 동의를 얻어내어 그것의 가치를 입증하는지 이해하고자 했다(Henke 2000a).[6] 고문들

---

6. 이러한 생태학적 접근은 라투르 등이 옹호한 행위자 연결망 접근법(Latour 1987, 1988, 1993; Callon 1986; Law 1987, 2002)을 변형한 것으로, 스타와 그리스머가 처음으로 발전시켰다(Star and Griesemer 1989). 이러한 접근법은 생태학을 사회물질적 연결망에 대한 은유로 활용함으로써, 행위자 연결망 이론이 초점을 맞추는 연결망 및 역할부여(enrollment)

은 야외시험을 활용해 지역의 농업 생태의 특정한 성격을 설명한다. 지역의 농업 생태에는 토지, 식물, 노동, 기술, 관행 등 대단히 이종적인 일군의 요소들이 포함돼 있다. 성공적인 야외시험은 농업 생태의 이러한 요소들을 통합해 변화를 일으키는 데 활용한다. 이러한 변화는 흔히 전체 시스템의 한 부분에서만 일어난다. 재배자들에게 새로운 관행 내지 기술의 이점을 설득하기 위해 고문들은 농업 공동체를 사회물질적 생태로 "볼" 필요가 있고, 변화를 일으키려면 자신들의 연구를 이러한 연결망 속에 전략적으로 위치시켜야 한다.

농업에서의 환경문제는 이러한 과정을 더욱 복잡하게 만들며 농업 생태를 구성하는 요소들에 대한 확대된 감각 — 과학자, 농산업, 규제 국가 사이에 새롭게 나타나고 있는 제도화된 관계를 포함해서 — 을 요구한다. 이러한 관계는 그 자체로 일종의 진행중인 협상된 질서이며, 20세기 말과 21세기 초의 농장 자문에 관한 이야기는 많은 부분이 농업과 환경문제를 둘러싼 정치의 전환에 관한 이야기이다. 고문들이 새로운 농경 방법을 장려할 때는 중간 내지 거시사회학적 수준의 정치적, 경제적 요인들이 항상 중요했지만(Henke 2000a : 492-493), 농업 실천을 규제하는 국가의 역할이 커지면서 고문들은 농업 생태를 보는 방식을 더욱 확대해 지역적 실천과 국가 권력 사이의 연관관계를 작업에서 염두에 두어야 했다.[7] 환경문제는 그 성격상 시스템적이며

작업과 과학자 공동체의 "사회세계"(social worlds) 문화이론에서 볼 수 있는 제도와 경계에 대한 관심을 뒤섞는다(Gieryn 1983, 1999; Clarke and Fujimura 1992; Pickering 1992; Star 1995). 행위자 연결망 이론과 비교했을 때 이러한 틀이 갖는 주된 이점은 사물을 다양한 행위자들 간의 협상이 일어나는 장소로 주목한다는 데 있다. 다시 말해 생태학적 접근은 합의 형성의 과정을 루이 파스퇴르 같은 "위인"의 노력이라는 측면에서 다루지 않고(Latour 1988), 대신 복수의 행위자와 공동체 사이에서 "협상된 질서"가 만들어지는 것에 주목한다(Fine 1984; Henke 2000b).

7. 이 책의 7장과 4장에 실린 스콧 프리켈과 스티븐 울프의 논문들도 환경정치와 변화 사이의 이러한 연관관계를 다루고 있다. 특히 프리켈의 논문은 여기서 내가 다룬 사례와 아마도 가장 가까울 법한 사례를 설명하고 있다. 그 사례에서는 1970년대 초에 돌연변이가 유발화학물질 노출의 영향에 우려를 표했던 유전학자들이 과학과 환경운동의 경계를 흐려 놓으려는 시도를 했다. 여기에 더해 내가 여기서 발전시킨 생태학적 접근은 환경지리학자들이

종종 작고 점진적인 변화와 관련된 손쉬운 해법을 허락하지 않는다. 뿐만 아니라 "문제"의 존재론과 관련해 종종 의견차이가 있을 수 있다. 재배자들은 환경문제를 지역의 농업 생태와는 별개인 "정치적" 문제로 여길 수 있기 때문이다. 이러한 맥락에서 고문들은 계속해서 새로운 기법의 시연을 통해 변화를 촉진하지만, 아울러 이러한 작업을 규제 국가의 개입이라는 "위협"에 맞서는 것으로 틀짓기도 한다. 이어지는 절에서는 이러한 문제 정의의 과정을 좀 더 상세하게 설명할 것이다.

농업에서 "환경문제"의 정의

지금까지 나는 "환경문제"라는 범주를 다분히 아무런 문제도 없는 것처럼 사용해 왔다. 이 용어를 좀더 분명하게 정의하면 재배자들과 농업과학자들 모두가 환경문제의 의미를 어떻게 이해하는지 확인하는 데 도움이 될 것이다. 모든 사회문제가 그렇듯, 농업에서의 환경문제는 다양한 일단의 이해관계들을 통해 정의된다. 이 얘기에는 과학자와 재배자들이 주요 행위자로 등장하지만, 정부 규제기구, 환경 활동가 단체, 공동체 조직 등도 포함된다. 이러한 집단들은 번갈아 "공공의 장"public arena에서 특정한 쟁점을 제기하고 강하게 비판하면서 하나의 문제(내지 비문제)로서 그것의 정의를 형성한다. 따라서 환경문제는 이러한 집단들뿐 아니라 아마도 광범한 대중으로부터도 주목을 끄는 일종의 생애를 따른다(Hilgartner and Bosk 1988).

공공의 장에서 환경문제를 정의하는 이러한 투쟁은 항상 논쟁의 핵심에 놓여 있는 특정한 국지적 실천들과 다시 연관돼 있다. 특정한 농경방식이

활용하는 "정치생태학" 틀과도 유사점이 있다. 지면상의 제약 때문에 이러한 연결고리에 대해 길게 설명할 수는 없지만, 정치생태학 역시 장소에 대한 연구를 제도 및 정치에 대한 분석과 통합하려는 시도를 하고 있다.

오염이나 다른 형태의 환경 악화로 이어지는가? 만약 그렇다면 적절한 규제 대응이 이뤄지고 있는가? 문제 정의, 농업 생태의 세부 요소, 규제 활동이 서로 연관돼 있다는 사실 때문에 재배자들은 환경문제에 대한 정의에 매우 강한 관심을 갖게 된다. 농업은 복잡한 사회물질적 시스템이기 때문에, 그것과 연관된 어떤 종류의 문제도 환경문제로 간주될 수 있다. 그러나 농산업의 경우 그들이 환경적 사안을 문제로 인식하는 것은 병충해와 관련된 문제를 인식하는 것과 종종 다른 형태를 띤다. 만약 해충이 재배자의 작물을 먹어치우고 있다면, 이는 수확량을 떨어뜨릴 수 있는 즉각적 위협이 된다. 그러나 환경문제가 항상 이처럼 명백한 것은 아니다. 문제가 애초에 존재하는지 여부를 놓고서도 종종 갈등이 빚어지며, 최선의 해법이 무엇인지는 훨씬 더 불분명하다. 물론 농업에서 환경적 사안은 농업 생산과 직접 연관돼 있다. 문제가 결과라면 생산은 그 원인이기 때문이다. 그러나 몬트레이 카운티에서 농업과 연관된 주요 환경문제는 생산에 직접 영향을 주지 않는 것처럼 보인다. 대신 농산업이 보기에 진정 위협적인 존재는 정부 규제 증가, 특정한 화학적 통제수단의 상실, 부정적 평판이 몰고 오는 위협이다. 이러한 측면에서 재배자들에게 문제는 사실 환경이 아니라 환경주의이다. 따라서 환경문제에 대한 농산업의 대응은 종종 실제로 문제에 대처하는 것만큼이나 농업에 대한 긍정적 이미지를 자아내고 잠재적 규제를 모면하는 데 맞춰져 있다.

이는 꼭 재배자들이 환경적 사안에 대해 항상 냉담하다는 뜻은 아니며, 생산 관행에 대한 통제권을 유지하고 자신들의 산업이 처한 더 큰 사회물질적 생태를 보존하려는 그들의 노력을 반영한 것일 뿐이다. 이러한 입장을 인식하는 것은 환경적 사안과 관련해 농업과학자들과 농산업 사이의 애매한 관계를 이해하는 데 핵심적이다. 내가 인터뷰한 많은 재배자들은 노골적으로 환경문제를 정치 문제로 간주했고, 농산업의 관행에 대한 달갑지 않은 ― 그들이 보기에는 그럴 필요도 없는 ― 개입의 원천으로 주 정부를 지목했다. 예를 들어 한 재배자[8]는 캘리포니아 주 위원회에 출석해 증언하면서 농산업에서 농약 사용을 허가해 줄 것을 요청한 얘기를 들려주었다.

헨케: 생산과 꼭 연관이 없는 어떤 다른 문제와 연루된 적이 있나요? 가령 정치적 사안이나 그 비슷한 문제와요?

재배자: 글쎄요, 조금은 그랬어요. 내가 처음 농약 문제에 부딪쳤을 때, 우리는 새크라멘토로 가서 우리가 [농약 사용 허가를] 필요로 하는 이유에 관해 증언하곤 했습니다.…… 그 일을 두세 번 하고 나서, 우리 앞에 앉아 있던 사람들 중 한 사람과 얘기할 기회를 우연히 잡았죠. 위원회라고 불러야 할지, 하여간 [우리 요청을] 평가하는 사람들이었어요. 증언을 한 후에 우연히 그 사람과 마주쳤기에 내가 말했죠. "거기선 어떻게 됐나요? 당신이 거기 패널로 앉아 있었잖아요. 어떻게 결과가 나왔는지 궁금하네요. 주 정부에서 우리한테 아무것도 물어 보지 않을 거라면, 대체 우리는 왜 부른 건가요?" [웃음]. 이 사람은 자격을 갖춘 전문가였는데, 이런 식으로 얘길 하더군요. "이봐요, 당신이 여기 도착하기 전에 그 사람들은 이미 마음을 정하고 있었어요." 그런 게 [바로] 정치죠, [하지만] 그 이후에는 [다시] 증언하러 가지 않았어요.

헨케: 시간낭비처럼 느껴져서요?

재배자: 글쎄요, 내겐 시간낭비였죠. 왜냐하면…… [주 정부가] 자기네 사람들을 써서 자기 식대로 결정을 내리니까요. 하지만 법에 따르면 그들은 청문회를 열어야 해요. 난 그들이 때로는 그저 법적 요건을 [충족시키기 위해] 청문회를 연다고 생각해요.

---

8. 인터뷰 대상자들은 모두 익명으로 처리했다. 재배자들의 경우에는 '재배자'라는 포괄적인 명칭으로 썼고, 고문이나 그 외 연구자들의 경우에는 그들의 직책이나 전문분야를 가리키는 명칭을 썼다.

다른 재배자와 가진 또 다른 인터뷰에서도 캘리포니아대학 시스템 그 자체가 환경 변화의 정치와 과도하게 연루돼 있음이 암시되었다. 이어지는 인터뷰 발췌문에서 이 재배자는 비관행 농업에 대한 호사가적 관심을 가진 도시의 정치인들이 농산업보다는 캘리포니아대학과 더 친밀한 관계를 맺고 있다고 불만을 털어놓고 있다.

> 재배자:[캘리포니아대학은] 샌프란시스코의 공동주택 옥상에서 지속가능한 유기농업을 하고 싶어 하는 샌프란시스코의 멍청이 얘기는 귀기울여 들을 겁니다. [그 멍청이가] 그걸 얻어내지 못하면 반대표를 던질 테니까요. 그래서 그 일을 하는 데 정치적 시간을 투입하고 농업 지도 시간도 투입하죠. 표밭이 바로 거기 있으니까요. 나는 그게 문제의 원인이라고 봐요. 난 버클리나 데이비스라는 신성한 전당에 있는 누군가가 "엿이나 먹어 ─ 우리는 그런 일 안해 ─ 꺼져"하고 말할 수 있어야 한다고 생각해요. 하지만 그들은 절대로 그러지 않죠.

이러한 각각의 사례들에서 재배자들은 주 정부 관계자들을 농산업의 생태에 대한 이해가 아닌, 정치적 편의성에 근거해 결정을 내리는 "정치적" 행위자로 그려내었다. 나는 이러한 불만이 종종 ─ 농업 생산의 지역적 조건에 대한 지식이 있는 ─ 농산업 "내부"의 행위자들과 그런 지식이 없는 "외부"의 행위자들을 구분하는 식으로 표출되는 것을 들을 수 있었다. 전형적으로 재배자들은 정부 규제기관들을 잘해봐야 의도는 좋지만 순진한 외부자로, 최악의 경우에는 (앞서 재배자의 인용문에서 드러난 것처럼) 조작에 열중하는 광신자로 그려냈다. 내부자들은 이러한 외부자들이 농업 생산의 지역적 조건에 대한 온전한 이해를 갖추지 못하고 있다고 주장했다. 정치가 어떻게 관행과 연관되는지 이해하지도 못하면서 농업 생태를 변화시키려고 규제기관 행세를 한다는 것이었다. 그 결과 주 정부의 규제 해법들은 정보나 관련 지식에 근거하지 않고, 충분한 정보가 없는 상태에서 위로부터 전달된 정치적 동기에 입각한 결정에 기반을 두고 있다고 재배자들은 주장했다.

환경문제를 틀짓는 이러한 방식은 그 자체로 이러한 문제들 중 일부에 대한 해법을 연구하고 있는 캘리포니아대학 연구자들 – 특히 농업 고문들 – 에게 문제를 야기한다. 고문들은 캘리포니아대학 협동지도 프로그램에 고용되어 농업 생산의 특정 영역을 향상시킬 책임을 맡고 있고, 환경문제는 그들의 노력에서 중요한 일부분을 차지한다. 그러나 이와 동시에 그들은 주 정부에 고용돼 있음에도 불구하고 규제 국가의 "공식적" 일부분이 아니다. 재배자들의 태도는 이러한 상황을 더욱 복잡하게 만든다. 고문들은 환경문제 연구를 함으로써 농산업의 "이해관계"에 부합하도록 행동하고 있다고 느낄지 모르지만, 재배자들은 환경문제에 관한 고문들의 연구를 환경운동이나 규제 국가에서 볼 수 있는 일종의 정치적 의제와 혼동할 위험이 있다. 현실 속에서 이는 고문들의 연구가 새로운 관행에 영향을 주는 핵심 정보를 제공하는 "중립적" 과학으로 인식되거나, 아니면 "지도력"에 기반을 둔 일종의 온건한 환경정치 – 농산업의 이익을 위해 변화의 위험을 감수하도록 이끌려는 시도 – 로 인식되어야 함을 의미한다.

이러한 역학관계가 작용한 결과, 고문들은 과학과 환경정치에 대한 냉소적 관점에 부합하는 방식으로 행동할 거라고 예상해 볼 수 있다. (벡의 관점에서 볼 수 있는 것처럼) 근본적으로 농산업의 부속물 구실을 하면서 그것의 단기적 이해관계를 뒷받침하는 연구를 할 거라고 말이다. 고문들이 지역의 농산업과 구조적, 재정적 연결고리들을 갖고 있긴 하지만, 그들의 "내부자" 지위가 자동적으로 부여되는 것은 아니다. 한편으로 살리나스 계곡 지역에서 그들의 위치는 그들이 내부자 지위를 확보하는 데 도움이 되지만, 다른 한편으로 환경적 관심사 및 운동과의 강한 연관성은 그들을 외부자로 낙인찍기에 가장 용이한 방법 중 하나이다. 전반적으로 볼 때, 경계가 이처럼 극명하게 그려진 상황에서 가장 손쉬운 선택은 이 경계에서 "안전한" 쪽으로 자리매김하는 것이 될 가능성이 높고, 고문들이 농산업과 맺고 있는 친밀한 관계를 (그리고 그들이 캠퍼스에 기반을 둔 다른 캘리포니아대학 연구자들과 상대적으로 접촉을 별로 하지 않는다는 사실을) 염두에 두면 특히 그렇다.

그러나 농업 고문들에 대한 연구 과정에서, 나는 그들의 작업(과 그들이 그것에 대해 말하는 방식)이 이보다 더 복잡하다는 사실을 알게 되었다. 한편으로, 고문들은 환경문제에 관해 연구하고 새롭고 "환경친화적인" 생산 기법들을 시험해 재배자 의뢰인들에게 장려하면서 많은 시간을 보낸다. 다른한편으로, 그들은 이러한 사안에 대한 연구가 그 자체로 농산업의 장기적 이해관계에 부합하는 것이라고 주장함으로써 환경문제에 대한 관심을 누그러뜨리려 애썼다. 앞서 인용한 재배자들과 마찬가지로, 그들은 종종 자신들의 접근법을 규제 국가의 방법과 대비시킴으로써 이러한 주장을 정당화했다. 고문들이 농산업과의 협력과 환경적 사안에 대한 관심 사이에서 어떻게 균형을 잡는지 더 잘 이해하기 위해, 나는 인터뷰 과정에서 그들에게 자신을 "환경주의자"라고 생각하는지 물어 보았다. 나는 이 용어에 종종 따라붙는 급진적 함의를 감안할 때, 그들이 이를 스스로에게 적용하는 데 다소 불편함을 느낄 거라고 예상했다.[9] 그러나 실제로는 그렇지 않았다. 모든 고문들은 자신들의 환경주의적 감수성을 표출하면서 다른 고려사항들과 균형을 잡으려 애쓰는 모습이었다. 이 점을 보여 주는 인터뷰 발췌문 두 개를 보자.

---

9. 이런 식의 질문을 활용한 것은 부분적으로 힙합 예술가들에 대한 로즈의 연구(Rose 1994)에서 영향을 받았다. 로즈는 많은 여성 랩 가수들이 스스로를 "페미니스트"라고 부르기 주저한다는 사실을 발견했다. 그들의 음악에 종종 젠더 정치나 관계에 관한 공동의 페미니스트 관심사들을 반영한 가사들이 담겨 있는데도 말이다(Rose 1994: chapter 5). 이런 식으로 유도심문을 하면 고문들의 응답을 편향시킬 위험이 있지만, 이 사례에서는 이러한 위험이 극히 적다고 믿는다. 이유는 두 가지다. 첫째, 인터뷰 당시 나는 고문들과 적어도 6개월 이상 같이 일하던 참이었고, 그때쯤에는 고문들이 나를 편안하게 여기고 있었기 때문에 내게 강한 인상을 줄 필요를 느끼지 못했을 것이다. 둘째, 아마도 가장 중요한 점으로, 고문들은 환경문제에 관한 연구를 하는 데 많은 시간을 보내고 있다. 그들은 아무것도 없는 곳에서 환경적 정체성을 이끌어낸 것이 아니다.

헨케: 자신이 환경주의자라고 생각하시나요……?

포도재배 고문: 나는 그게 자신이 하고 있는 일에 대해 우려하는 거라고 생각합니다. 만약 그런 사람을 환경주의자라고 부르고 싶다면 그럴 수도 있겠죠. 내 생각에 많은 사람들은 환경주의자라는 용어의 잠재적 의미에 대해 서로 다른 관점을 갖고 있을 거 같아요.

헨케: 저기 어딘가에서 나무에 쇠사슬로 몸을 묶고 있는 사람들은 어떨까요?

포도재배 고문: 나는 사람들이 농약을 뿌리지 못하게 분무 장비에 쇠사슬로 몸을 묶고 있지는 않아요 [헨케 웃음]. 많은 사람들은 환경주의자들을 그런 식으로 상상해 왔죠. 정신나간 사람들 무리 정도로 말예요. 하지만 만약 환경주의자를 지금 일어나고 있는 일들에 대해 우려하는 사람으로 정의한다면, 나는 거기 속하는 것 같아요. 수많은 단어들이 그런 식이죠. 수많은 다른 사람들에게 다른 것을 의미하는 거죠 [웃음].

＊　　　＊　　　＊

헨케: 그럼 자신이 환경주의자라고 생각하시나요?

식물병리학 고문: 그렇다고 생각합니다. 비록 그것이 정치계에서는 부담스러운 용어이긴 하지만요. 나는 진정한 과학적 의미에서의 환경주의자는 아닙니다. 나는 식물병리학자이고, 내게 과학계에서의 환경주의자는 연구에서 좀더 시스템지향적인 사람입니다. 하지만 만약 환경을 내세우고 옹호하는 사람이라는 정치적 용어를 말하는 거라면, 분명 나는 그러한 우려들을 공유하고 있고 넓은 의미에서 나 자신을 그러한 범주에 넣을 겁니다. 같은 이유에서 나는 사실 활동가가 아닙니다. 나는 그러한 사안들과 관련해 정치적으로나 활동적으로 너무 깊게 관여하지 않는 편을 선택했으니까요.

두 사례 모두에서 고문들은 스스로를 환경주의자로 인식했지만, 지나치게 "정치적"인 용어의 정의는 피하는 신중함을 보였다. 그들 각각은 자신의 환경적 양심을 하나의 의제로 틀지으면서도, 항의나 다른 형태의 공적 진술로 넘어가지는 않았다. 고문들의 핵심 전략은 농업이 환경에 미치는 영향에 관한 자신들의 우려를 일종의 균형 잡힌 "우려"로 표현하는 것이었다. 사안을 구성하는 각각의 측면에 민감하면서도 그중 어느 쪽에도 완전히 매몰되지 않는 식으로 말이다. 위에서 자신의 정체성을 환경주의자로 규정한 포도재배 고문과의 동일한 인터뷰 내용에서 뽑은 아래 발췌문은 이러한 우려의 감각을 좀더 파고들고 있다.

> 포도재배 고문: 맞아요, [환경적 사안은] 큰 걱정거리죠. 나는 우리가 끌려들어간다고 생각해요. 때로는 다소 정치적인 문제가 될 수도 있죠. 하지만 끌려들어갈 때는 일종의 편향되지 않은 원천으로 끌려들어가는 거예요. 얼마 전에 [이 카운티에서는] 산비탈[에서의 농경]에 관한 우려가 있었어요. [나는] 재배자들과……[카운티의] 계획 부서에서 연락을 받았죠. 그래서 관여하게 됐고, 그걸 정치적 행동이라고 부를 수도 있을 거 같군요. 하지만 관여하게 된 이유는 내가 가진 지식 때문이예요. 내가 저기 나가서 어느 한쪽 편을 밀어주려 하기 때문이 아니고요. 나는 우리들 대부분이 그러한 정치적 유형의 사안에서 대체로 중립을 지켜야 한다고 생각해요.

두 고문이 모두 항의나 다른 급진적 조치들로 인식한 것을 배제하는 입장을 취하고 있음에도 불구하고, 그들이 지닌 우려 감각은 대응의 한 형태로 표출되었다. 그들이 환경문제에 대한 이러한 반응을 꼭 "운동"으로 특징지은 것은 아니지만, 고문들이 자신들이 품고 있는 우려의 범위, 적절한 일단의 가능한 대응들, 그리고 이러한 가능성들을 농산업에 "설득하는" 방법을 놓고 숙고했음은 분명하다. 요약하자면, 고문들은 이러한 과정을 흔히 "지도력"이라는 틀로 이해했다. 미묘하지만 적극적인 방식으로 농산업을 좀더 환경적으로 지속가능한 실천으로 이끄는 것이다. 또 다른 인터뷰 발췌문에서는 곤충학

전공의 고문이 환경문제에 관한 지도력에 대해 자신의 견해를 밝혔다.

> 헹케 : 환경주의, 환경운동, 주 정부의 환경 규제가 당신의 직업에 어떻게 영
> 향을 미쳐 왔다고 느끼시는지 전반적으로 말씀해 주실 수 있을까요?
> 곤충학 고문 : 정말 훌륭한 논점이군요. 지금은 지도자가 되느냐 아니면 그
> 저 따라가는 사람이 되느냐 하는 상황이니까요. 환경적 사안의 중요성과 이
> 것이 앞으로 농업을 하는 방식을 바꿔 놓을 거라는 점을 받아들이지 않는
> 다면, 그저 따라가는 사람이 될 뿐이고 결국에는 뒤쳐지게 될 거라고 생각
> 합니다. 지금쯤은 변화가 일어나고 있음을 깨달아야 하고 재배자들이 그것
> 에 대처할 수 있도록 도와야 합니다. 그리고 그러한 사안들을 재배자들에
> 게 제시하는 방법을 찾아야 합니다. 이것은 좋건 싫건 그들이 대처해야 하
> 는 뭔가라는 걸 깨닫도록 해줘야 하는 거죠. ……[재배자들]에게 그저 "당신
> 들이 하는 일은 틀렸어요"라고 말하는 대신, 이런 일을 하는 이유는 이것이
> 미래의 방향이며 중요한 것이라고 느끼기 때문이라고 설명한다면, 이 일을
> 대단히 신중하게 해 낼 수 있다고 생각합니다. …… 내 생각에 농업 고문들
> 은 [환경적 사안에 대응해야 하고, 사후적 대응에 국한되지 말고 사전에 미
> 리 행동에 나서야 합니다.

이 발췌문에서 고문은 자신의 지도력을 환경적인 것과 정치적인 것 모두로
그려내고 있다. 그는 암암리에 주 정부의 역할과 환경 규제를 캘리포니아 농
업의 "미래의 방향"으로 제시한다. 이와 동시에 그는 농업 생태에서 그 자신
의 위치 때문에 이 작업을 "대단히 신중하게" 해내야 한다는 점을 시인한다.
그는 규제기관이 아니라 고문이기 때문이다. 이러한 의미에서, 그는 환경적
변화를 임박한 현실로 제시함으로써 이것이 최선의 길임을 설득하려 했다.
그러한 현실 속에서 자신이 지도력을 발휘할 수 있고, 농산업을 인도해 격동
하는 정치적 변화의 시기를 통과할 수 있다는 것이다.

위에서 제시한 각각의 진술에서 고문들은 환경문제에 대한 대응이라는 자신들의 이해관계와 농산업의 이해관계 사이에서 균형을 잡으려 애쓰고 있다. 이 말은 각 집단의 이해관계를 깔끔하게 정리할 수 있다는 뜻은 아니다. 심지어 가령 재배자들 사이에도 환경문제의 정의와 적절한 대응에 관한 합의가 존재하지 않을 수도 있다. 그러나 환경문제에 대한 전반적 정의와 적절한 해법 마련을 위해서는 지역적 실천과 온건한 정치가 통합된 더 큰 농업 생태에 대한 이해가 요구된다. 뿐만 아니라 균형 잡힌 "우려"를 함양하려는 고문들의 시도는 그 자체로 복잡한 일단의 이해관계들이 빚어낸 결과이다. 아마 그중에서 가장 중요한 것은 농산업과의 지역적 연관과 그에 대한 영향력을 유지하는 것일 터이다. 요컨대 이러한 복잡성은 농업과학자들이 농업과 연관된 환경문제를 개념화하고 이에 대응하는 방식을 보는 지나치게 단순화된 관점에 문제를 제기한다. 다음 절에서 나는 구체적 사례 하나를 좀 더 깊이 다뤄볼 것이다.

"설득의 어려움": 지하수의 질산염 오염 문제

1998년에 미국 환경보호청은 미국에서 수질오염에 가장 크게 기여하는 비점nonpoint 오염원[10]으로 농업을 지목했고(U.S. EPA 1998), 이에 따라 많은 환경단체와 주 규제기구들은 농약과 비료로 인한 오염을 "문제"로 파악하게 됐다. 내가 연구에 착수할 당시, 이 문제는 살리나스 계곡에서도 부각되고 있었다. 살리나스 계곡에서는 채소 작물을 재배하는 데 쓰이는 대부분의 토지에서 매우 집약적인 농업이 이뤄져 매년 이모작 내지 삼모작을 한다. 이러한 수준의 생산은 합성 비료와 농약에 크게 의존하는데, 이 제품들과 관련된 환경적 영향으로 인해 농산업에 부정적 시선이 쏠리게 되었다. 이 절에서

---

10. "비점" 오염원(물을 댄 채소밭에서 흘러나오는 오염수 같은)은 오염물질이 좀더 폭넓게 분포하고 있다는 점에서 점 오염원(강으로 직접 폐수를 흘려보내는 파이프 같은)과 다르다.

내가 설명할 사례는 살리나스 계곡에서 비료 사용을 줄이려는 농업 고문들의 시도를 중심으로 하고 있다. 조사 결과 이 지역 전역의 우물에서 채취한 지하수가 안전하지 못한 수준까지 질산염으로 오염되었음이 밝혀졌다. 질산염은 합성 비료의 주요 성분이다. 식수를 통해 높은 수준의 질산염을 섭취할 경우 특히 영유아나 노인층에서 호흡곤란을 일으킬 수 있다. 이에 따라 계곡 전역에 있는 우물들이 식수 부적합 판정을 받았고, 내가 주로 연구를 진행한 1997~1998년에는 질산염 오염 문제가 지역 언론에서 상당한 주목을 받고 있었다. 계곡에서 가장 가난한 몇몇 지역에 거주하는 주민들이 대체로 오염에 의해 가장 크게 영향을 받았고, 카운티에서는 그들이 먹을 식수를 트럭으로 반입했다. 지역 공동체 단체들은 새로 더 깊은 우물을 굴착할 것을 카운티에 청원하고 나섰고, 이 문제는 이후 『샌프란시스코 크로니클』*San Francisco Chronicle*에 보도되어 농산업에 몸담은 많은 사람들을 당황하게 만들었다(McCabe 1998a, 1998b). 문제의 심각성과 언론보도 때문에 모종의 규제가 임박한 듯했고, 채소 산업은 오염의 가장 유력한 원천 중 하나로 보였다.[11]

어떻게 보면 캘리포니아의 채소 산업은 비료산업과 함께 성장했다고 할 수 있다. 이러한 성장은 특히 합성 비료가 널리 쓰이게 된 1930년대와 1940년대에 시작되었다. 당시 협동지도 농업 고문들은 이러한 신기술을 가장 열렬히 옹호하는 사람들에 속해 있었다. 그들은 농장에 기반을 둔 시범 경작을 통해 재배자들이 에이커당 적은 비용(작물의 잠재적 판매 가격과 비교했을 때)을 들여 수확량과 잠재적 수익을 큰 폭으로 향상시킬 수 있음을 보여 주었다. 살리나스 계곡의 채소 재배자들이 재배하는 작물은 생산비가 매우 많

---

11. 내가 이 사건들을 기술하면서 과거 시제를 쓰고 있긴 하지만, 이 장을 집필한 2005년 가을에도 여기서 설명한 상황은 대부분 그대로이다. 살리나스 계곡 전역의 많은 우물에서 지하수의 질산염 오염이 여전히 만연해 있고, 많은 우물들은 아직도 식수 부적합 판정을 받고 있다.

이 들었지만 상품 가격이 적당하기만 하면 높은 수익을 올려줄 수 있었기 때문에 합성 비료의 활용은 산업 전체에 즉각 받아들여졌다. 뿐만 아니라 재배자들이 비료 사용에 경험이 더 많이 쌓이면서, 그들은 비료를 과잉투여하는 것이 채소 작물에 해를 입히지 않으며, 대신 투입 비용을 약간 증가시켜 수확량을 극대화할 수 있는 일종의 "작물 보험"으로 기능할 수 있음을 알게 되었다. 이에 따라 채소 작물을 한 번 재배할 때마다 비료를 종종 여러 번씩 주는 것이 채소 산업 전반에 걸쳐 빠른 속도로 표준 관행이 되었다. 아울러 이러한 관행은 비료산업에도 제도화되었다. 그들은 재배자들에게 비료 살포 서비스를 제공했고, 재배철 전반에 걸쳐 일정한 시간 간격을 두어 재배자의 작물에 비료를 뿌려 주었다. 그러나 이러한 관행은 식물의 뿌리로 흡수되지 않은 질소나 기타 영양물질들이 결국 농지 아래에 있는 지하수면으로 스며들어간다는 점에서 환경에 악영향을 미쳤다.

이 문제에 대한 해법은 믿을 수 없을 정도로 간단해 보였다. 재배자들이 작물에 비료를 덜 쓰도록 하면 계곡의 수원으로 스며들어가는 질산염의 양도 줄어들 것이다. 사실 1990년대 말에 질산염 문제 해결을 위해 애쓰던 연구자 팀이 취한 접근법도 이것이었다. 연구자 팀은 살리나스 계곡의 농장 고문 한 명, 캘리포니아대학 지도 전문가 한 명, 그리고 카운티의 행정기구들에서 일하는 다른 연구자 몇 명으로 구성되었다. 그들은 부분적으로 캘리포니아 주의 〈비료산업연합〉이 제공한 연구비 지원을 받고 있었다. 연구자 팀은 "속성 검사" 토양 표본추출 시스템을 개발했고, 재배자들이 이것으로 토양을 검사해 어떤 특정 시기에 비료를 줄 필요가 있는지에 대해 더 나은 판단을 내리도록 하는 방안을 추진했다. 명칭을 통해 알 수 있듯이, 속성 검사 시스템은 토양 내에 이미 존재하는 질산염의 수준을 상대적으로 저렴하고 간단하게 점검하는 방법이다. 이에 따라 재배자들은 필요 여부와 무관하게 일정한 시간 간격을 두고 비료를 주는 프로그램을 따르는 대신, 식물의 생리적 필요에 의해 요구될 때만 비료를 줄 수 있게 된다. 이런 식으로 속성 검사는 비료산업이 판촉하는 시비施肥 일정에 대한 대안으로 기능할 새로운 "관리" 형태로 고안되었다.

연구자들은 계곡 전역과 캘리포니아의 다른 상추 재배 지역에 있는 여러 농장에서 속성 검사 시스템에 대한 야외시험을 실시했고, 동일한 수확량을 유지하면서 비료 사용을 효과적으로 줄이는 방식으로 시스템을 활용할 수 있음을 알아냈다. 그러나 야외시험에서 얻은 유망한 결과와 비료에 드는 비용을 다소 절감할 수 있는 가능성에도 불구하고, 연구팀은 재배자들이 자기 농지에 속성 검사 시스템을 도입하도록 설득하는 데 애를 먹었고, 결국 이를 받아들인 재배자들은 거의 없었다. 속성 검사는 일종의 작물 보험으로 비료를 과잉투여하는 상추 재배자들의 표준 관행과 충돌했고, 연구팀은 위험이 완전히 제거되었다는 것을 보증할 수 없었다. 아래 재배자가 설명하듯이 농산업 내의 많은 사람들은 새로운 접근법에 계속 회의적이었다. 속성 검사법을 활용한 야외시험이 처음에 성공적인 결과를 보여 주었는데도 말이다.

헨케:[어떤] 문제들에서는 협동지도 프로그램이 상당히 도움이 될 수 있는 것 같습니다. [협동지도가] 도움이 되는지 그렇지 않은지 항상 분명하지 않은 다른 부류의 일들도 있나요?
재배자:내 생각엔 몇몇 사례들에서 그런 일이 있었어요. 몬트레이 카운티에는 질산염 문제가 있고, 주 정부가 그 문제에 칼을 뽑아들고 있죠. 하지만 바로잡고 해결해야 하는 문제예요. 협동지도 프로그램은 아마도 그런 유형의 문제를 해결하는 데는 유능하지 못한 것 같아요. 이건 흑백논리식의 상황이 아니거든요. 이건 매우 장기적인 문제예요. 2년 전에 한 일이 지금 하고 있는 일에 아직도 영향을 미치는지도 몰라요. 그리고 결과가 어떻게 나타날지에 대해서도 매우 미묘한 문제죠. 그래서 그들이 다른 사안들에 비해 형편없는 대응을 하는지도 모르죠. [캘리포니아대학 전문가의] 데이터를 보면 [토양을] 검사해서…… 일부 사례에서는 투여하는 질소의 양을 50%나 줄일

수 있다고 해요. …… 그 사람은 이 실험을 두세 번 했고, 농산업은 이를 받아들이지 않았어요. 40달러어치 비료 주는 거 한 번 건너뛰고 저 바깥에 있는 모든 걸 잃어버릴 가능성을 감수할 사람은 아무도 없거든요. 사람들은 확실하게 하기 위해 충분히 주거나 너무 많이 주는 쪽을 택할 거예요. 그리고 이론적으로 그런 걸 설득하기는 어렵죠. …… 누구나 알고 있고 당신도 알 거예요. 이번에는 그랬다고 해도 다음 번에는 어떻게 될까? 40달러 아끼려 하다가 2천 5백 달러어치 작물을 날려 버려도 보상을 받지는 못해요. 협동지도가 효과를 거두지 못한 것이 그들의 잘못은 아니예요 ─ 연구는 훌륭했고 결과는 입증됐어요. 하지만 이건 미묘한 문제이고, 협동지도가 그 일을 잘 하기란 굉장히 어려워요.

이 재배자는 속성 검사의 결과가 "미묘하다"고 설명했다. 무엇이 그걸 미묘한 것으로 만든 것일까? 이 재배자를 포함한 많은 사람들에게 있어 속성 검사는 제도화된 산업 관행(보험으로 비료를 과잉투여하는 것)과 규제기구들이 착수한 좀더 급격한 변화의 위협 사이에 위치한 변화의 "경계선"edge에 해당했다. 미묘함은 분명하고 손쉬운 결정을 내리지 않고 이러한 경계선에 놓이게 된 불편한 느낌에서 유래했다. 혹자는 이 재배자와 그 외 사람들이 단지 변화의 위험과 이득에 관한 경제적 계산에 반응하고 있었을 뿐이라고 주장할 것이며, 이 재배자가 속성 검사를 사용해서 절약되는 비용과 그보다 더 큰 작물의 잠재적 판매 가격을 직접 비교 언급한 것은 사실이다. 그러나 이러한 결정은 대단히 맥락의존적인 것이다. 속성 검사를 날림으로 만든 현상유지 조치로 정의할지 아니면 좀더 급진적인 변화로 정의할지는 농산업 전체의 좀더 큰 생태 ─ 특히 규제의 측면에서 재배자가 느끼는 위험 감각 ─ 에 의해 형성된다. 어떤 의미에서 보면 이 재배자는 이미 질산염 문제의 현실에 관해 생각하고 있었고, 심지어 주 정부가 "칼을 뽑아들고 있다"고 말하면서 점증하는 규제의 위협을 암시하고 있었다. 뿐만 아니라 비료산업 스스로도 비료 사용에 대한 주 정부의 규제를 우려해 속성 검사 시스템의 연구개발 비용 중 많은 부분을 지원했다. 요컨대 "미묘함"은 변화하는 농업 생태에 관해 이 재배자가 품은 우려를 가리키고 있었다고 할 수 있다. 여기서 변화의 위험과 규제의 위험은 제도화된 시비 관행과 환경 변화의 정치 사이에서 불확실한 균형을 이루었다.

연구팀 구성원들은 속성 검사가 이러한 변화의 경계선에 있음을 이해하고 있었고, 사실 이는 그들이 시스템의 도입을 주장한 논거이기도 했다. 그들은 속성 검사가 재배자의 관행을 설명해 주면서 동시에 규제기관들에게 호소력을 갖는 변화를 일으켜 규제 조치를 미연에 방지할 수도 있는 균형 잡힌 접근법이라고 주장했다. 속성 검사 팀에서 작업했던 주 전문가와의 인터뷰에서 발췌한 아래 인용문은 이 팀이 성취하려 애썼던 균형뿐 아니라 선택의 맥락의존성도 잘 보여 준다.

캘리포니아대학 전문가: 농부가 [속성 검사 방법을 써서] 비료 사용에 변화를 주는 것은 내가 그들에게 변화를 통해 생산량을 늘릴 수 있다고 말할 때에 비하면 설득력이 떨어집니다. 나는 그들에게 [질소비료] 사용을 모니터하면 에이커당 50달러를 아낄 수 있다는 얘길 하고 있어요. 에이커당 대략 2천 달러 이상의 돈이 들어갔고 수확하면 그보다 더 많은 돈을 벌 수 있는 작물에 대해서요. 이건 그들에게 수확량을 15% 증가시킬 수 있는 새로운 관개 방법이 있다고 말하는 것과는 크게 달라요. 그렇게 말하면 그들이 정말 주목하게 만들 수 있겠죠. 반면에 캘리포니아 주 환경보호청이 [농산업을] 집단소송 건으로 법원에 끌어들이거나, 물 사용에 세금을 부과하기 시작하거나, 질산염 문제를 다루는 모종의 다른 징벌적 방법을 쓰기 시작하면, 나는 갑자기 그들의 가장 좋은 친구가 될 겁니다.

이 발췌문에 인용된 전문가는 좀더 급진적인 주 정부의 규제 조치가 비료 사용 절감에 대한 재배자들의 태도를 바꿀 가능성을 지적했고, 아울러 질산염 문제에 관해 재배자들에게 얘기할 때 이 점을 활용했다. 내가 참석한 한 회의에서 이 전문가는 임박한 주 정부 규제의 가능성을 명시적으로 제기했다. 주 정부가 강제하기 전에 재배자들이 자신들의 비료 사용에 대한 관리를 시작해야 한다는 암묵적 논리였다. 이런 식으로 이 전문가는 앞 절에서 재배자들을 "신중하게" 변화로 인도할 필요성을 언급한 고문의 주장을 반향했다. 이 전문가는 주 정부가 비료 사용을 규제하기로 결정하면 자신이 농산업의 가장 좋은 친구가 될 가능성이 있다고 했지만, 아울러 자신이 이미 농산업의 최선의 이익을 위해 일하고 있다는 점도 암시했다.

역설적인 것은, 이 전문가와 프로젝트에서 일하던 농업 고문이 재배자들의 관행을 바꾸는 데 규제가 가장 빠른 방법이라는 점에 모두 동의했음에도 불구하고, 주 정부가 환경과 농산업의 필요 사이에서 효과적으로 균형을 잡는 프로그램을 실행에 옮길 능력에 대해서는 두 사람 모두 그다지 확신하지 못했다는 점이다. 규제기관의 의도와 그들이 농업의 더 큰 생태를 잘못 이해할 가능성에 대해 재배자들이 경계심을 표현한 것과 꼭 마찬가지로, 연구자들 역시 유사한 우려를 표명했다.

> 토양 및 수질 전문가: 주 정부가 조만간 개입할 겁니다. 계곡 남부의 지하수 절반 가까이가 마시기에 안전하지 않게 됐으니까요. 문제는 작물에 비료를 그만 주기만 하면 되는 게 아니라는 거죠. 만약 먹을 음식이 없다면 물이 아무리 깨끗해 봐야 소용이 없습니다.

＊　　＊　　＊

> 헨케: [속성 검사 시스템이 초기에 거둔 성공에 대해] 규제기구들의 반응은 어떤가요? 그들은 분명히 앉아서 "우리가 옳았어"라고 말하고 있을 텐데요.
> 캘리포니아대학 전문가: 그들은 결과를 보고 흥분했어요. 하지만 나는 그들과 함께 일하면서 그들이 농업 생산의 현실을 볼 수 있도록 하려고 애써

왔습니다. 이 기구들은 대부분 생물학이나 화학 쪽에서 훈련을 받았고 농산업에 대해서는 전혀 경험도 감각도 없는 사람들이 실무를 맡고 있어요. 그들은 재배자들이 어떻게 생계를 유지하면서 일을 하는지 이해할 필요가 있습니다. 재배자들은 러다이트도 아니고 [의도적으로] 오염을 시키는 사람들도 아니에요. 그들은 최소한의 수익만을 거두고 있고, 이미 수많은 규제와 서류 작업을 감당해야 하는 처지입니다.

두 연구팀의 구성원들은 재배자들이 속성 검사를 받아들이기를 꺼리는 것과는 별개로, 비료를 전면 금지하는 것은 비현실적이라고 암시했다. 다시 한 번 연구자들은 자신들의 역할을 변화－하지만 균형 잡힌 변화－를 이끄는 지도자로 그려냈다. 여기에 더해 그들은 농산업과 규제 국가 모두가 농업 생태의 온전한 "현실"을 볼 수 있게 함으로써 지도력을 발휘한다고 말했다. 내가 인용했던 재배자가 변화의 "미묘한" 경계선이라고 부른 것에 직면해 있었다면, 연구팀은 이러한 경계선 그 자체를 유리하게 활용해 속성 검사 방법을 합당하면서도 균형 잡힌 변화의 방식으로 그 의미를 재협상하기를 희망했다. 이러한 과정은 좌절을 안겨줄 수 있다. 환경 변화에 관한 협상의 현 단계에서 속성 검사는 농산업과 규제기관 그 어느 쪽의 궁극적 이상도 만족시키지 못했다.

2003년에 내가 살리나스 계곡의 농업 고문들과 후속 인터뷰를 진행하기 위해 다시 그곳을 찾았을 때에도 상황은 거의 바뀐 것이 없었다. 지하수의 질산염 오염은 계곡 내에서 여전히 유효한 문제였지만, 수질과 농업에 관한 다른 문제들이 전면에 부각되면서 질산염 문제의 중요성과 긴급성은 떨어졌다.[12] 내가 연구를 시작한 초창기에는 규제기구와 농산업 모두 질산염

---

12. 이러한 문제들 중 가장 중요한 것은 몬트레이만(灣) 해안을 따라 지하수원에 바닷물이 침투한 것과 관련돼 있다. 이 문제는 수십 년 전부터 존재했지만, 작물 관개를 위해 지하수를 점점 더 많이 퍼올리면서 1990년대 말과 2000년대 초에 바닷물이 빠른 속도로 내륙 깊이

오염 문제에서 비롯된 법정 소송과 부정적 평판에 대해 우려하고 있었지만, 이제 새로 제기된 이러한 사안들이 재배자들과 규제기관들의 우려의 초점이 되었다. 그 결과 재배자들은 여전히 속성 검사 시스템에 거의 관심을 보이지 않았고, 몬트레이 카운티 수자원국이 2001년에 재배자들을 대상으로 시행한 설문조사에서도 속성 검사가 비료 사용을 규제하는 관리 도구로 거의 쓰이지 않고 있음을 알 수 있었다. 응답자의 78%는 그들이 토양 내 잔류 질소의 양을 평가하기 위해 모종의 검사 방법을 사용한다고 주장했지만, 속성 검사 방법을 사용한다고 답한 사람은 응답자의 3%에 불과했다. 이는 대다수의 재배자들이 속성 검사의 주창자들이 제안했던 지속적 "관리" 접근법 대신, 좀더 시간이 많이 걸리는 실험실 기반 검사를 — 아마도 재배철마다 한 번씩만 — 활용하고 있음을 시사했다. 뿐만 아니라 재배자들의 절반 이상은 민간 컨설턴트에게 비료 사용에 관해 자문을 구한다고 답했고, 여기에는 다름 아닌 비료 상인들이 제공하는 컨설팅에 의존한다고 답한 50%의 재배자들도 포함되어 있었다(Monterey County Water Resources Agency 2002).

엎친 데 덮친 격으로 살리나스 계곡에서 토양과 수질 문제를 전문으로 했던 농장 고문은 사임했고, 이 문제를 연구하도록 새로운 농장 고문이 고용되어 있었다. 새로운 농장 고문은 비료 사용을 줄이는 방법으로 속성 검사를 활용하는 데 거의 희망을 품고 있지 않았다. 그는 재배자들이 "이에 대해 불편해 하며" 그들이 소중한 작물에 사용하는 정교한 시스템들에 비해 속성 검사는 "수준이 낮은 기술"이라고 느낀다고 주장했다. 이렇게 보면, 속성 검사 시스템은 적어도 두 가지 측면에서 변화의 경계선으로서 실패했다고 할 수 있다. 첫째, 속성 검사는 재배자들에게 있어 너무 단순하고 잠재적으로 신뢰성이 낮아 보였다. 재배자들이 거두는 수익은 비료가 계곡의 용

침투했고 살리나스 시 바로 외곽에 있는 매우 귀중한 농지에 거의 도달했다. 여기에 더해 연방정부가 지정한 해양 보호구역인 몬트레이만으로 농약과 비료가 흘러들어가는 것에 대한 우려도 커지고 있었다.

수 공급에 새어 들어가 생기는 결과보다 작물의 외관과 규모에 더 크게 의존하고 있었다. 둘째는 첫째 측면과 아주 밀접하게 연관되어 있는데, 속성 검사는 더 이상 정치적으로 "최첨단"을 나타내는 것이 아니었다. 지하수 오염을 우려하던 고문과 그 외 다른 사람들은 속성 검사를 ─ 작물 보험으로 기능하는 ─ 비료 과잉투여와 주 정부의 좀더 급진적인 규제 사이의 균형점으로 내세우는 것이 어렵다는 사실을 깨달았다. 결국 재배자들이 직면했던 "미묘한" 선택은 지역 환경문제의 정의에서 일어난 변화를 통해 제거되었고, 현상태의 유지가 손쉬운 선택지가 되었다.

결론

채소 재배자들 사이에서 비료 사용을 줄이는 속성 검사 시스템이 일견 실패를 맛보았음에도 불구하고, 이 사례는 환경 변화에 관한 재배자들의 선택에 영향을 주는 제도화된 관행, 환경정치, 주 정부 규제의 복잡한 생태를 보여 준다. 이처럼 뒤엉킨 이해관계에 개입하고자 하는 과학자는 행위자들과 관계를 맺으면서 환경 변화의 특정 수단에 대한 동의를 얻어낼 필요가 있다. 그러나 이러한 유형의 관여에는 어떤 형태의 환경정치가 수반되는가? 과학자들은 농산업이 환경에 미치는 영향을 "녹색으로 세탁하는" 모종의 방법을 찾아냄으로써 현재의 관행과 병행가능한 진로를 발전시키는가(Athanasiou 1996; Austin 2002)? 아니면 그 대신 좀더 급진적인 변화를 밀어붙이면서 급격한 전환을 꾀하는가? 일부 사례들에서는 이러한 양 극단 중 하나가 분명히 나타날 것이다. 그러나 과학자들이 다양한 맥락에서 여러 가지 대응을 할 수 있다는 사실은 "과학"과 "과학자" 같은 폭넓은 용어들의 통상적 사용에 문제가 있음을 말해 준다.

내가 제시한 사례는 응용 임무를 띠고 있는 과학자인 농업 고문들이 실은 이러한 전략들 중 어느 쪽도 취하지 않음을 보여 주었다. 대신 그들은 종종 이러한 두 가지 가능성 사이에 위치한 좀더 보수적인 노선을 취하려 애쓴다. 지역에 뿌리내린 관행의 안정성과 변화 — 특히 "외부"로부터 다가오는 변화 — 의 위협 사이의 경계에 놓인 일종의 경계선 입장을 만들어 내는 식으로 말이다. 이러한 입장이 점하는 위치(가령 속성 검사의 활용)는 종종 질서와 변화가 균형을 잡을 수 있도록 선택된다. 변화를 선택지 중 하나로 열어 두지만 반드시 필수조건이 되지는 않게 하는 것이다. 이 때 협동지도 농업 고문들이 재배자 의뢰인과 맺는 유형의 관계는 환경 변화를 일으킬 수 있는 그들의 능력에 관해 서로 연관된 두 가지 결론을 제시한다. 첫째, 경계선 입장을 만들어 내는 것은 고문들이 처한 "위치"에 결정적으로 의존한다. 그들이 자문을 제공하는 지역 재배자들의 공동체에 녹아들어 있다면 외부자들은 갖고 있지 않고 쉽게 얻을 수도 없는 특별한 가입 자격을 얻게 된다. 고문들은 이러한 공간에 위치하면서 지역의 농업 공동체와 그들의 생산 시스템에 익숙해져 있기 때문에 연결망을 만들고 농산업이나 규제기관들이 쉽게 볼 수 없는 새로운 기법을 고안해 낼 잠재력을 갖고 있다. 그들은 "지역으로 갔"고 다른 사람들은 할 수 없는 방식으로 농산업의 생태를 "볼" 수 있다. 그러나 이러한 위치는 그들의 아킬레스건이기도 하다. 지역에 몸담는 것은 특별한 접근권과 특별한 압박을 모두 받게 됨을 의미하며, 여기에는 변화를 피하고자 하는 재배자들의 욕구에 부합하는 손쉬운 길을 택하는 유혹도 포함된다. 앞서 인용문에서 볼 수 있었던 것처럼, 고문들이 "환경주의자"로서의 정체성과 규제기관에 대한 불신을 드러내면서 보인 경계심은 분명 그들이 처한 매우 국지적인 영향의 범위에 적어도 어느 정도 기반을 두고 있다. 이와 동시에 고문들은 수질오염에 가장 크게 기여하는 사업자들 중 일부와 긴밀한 연관을 맺으면서 그들에게 환경 변화의 조건을 만들어 낼 전례 없는 기회를 제공한다. 만약 고문들이 미국에서 농산물의 대부분을 생산하는 농산업 재배자들의 관행에 상대적으로 약소한 변화라도 만들어 낼 수 있다면, 그들의 작업은 전체적으로 더 큰 영향을 미칠 수도 있다.

둘째, 질서와 변화 사이의 "경계선"에서 작업하는 고문들의 능력은 변화를 설득력 있어 보이게 만드는 모종의 "당근" 내지 "채찍"의 존재에 결정적으로 의존한다. 이러한 유인은 대체로 주 정부의 규제를 통해서 나온다. 이렇게 보면, 과학기반 환경운동과 규제 증가를 결부시키는 생태적 근대화 이론은 변화를 이끌어낼 수 있는 실천적 청사진처럼 보인다. 그러나 내가 제시한 사례는 이러한 접근법이 직면할 수 있는 난점을 보여 준다. 본질적으로 농업 고문들은 임박한 규제라는 "외부의" 위협을 지적하고 속성 검사 같은 잠재적 대응의 "시범을 보이는" 능력을 제외하면 규제의 권한이 없는 "정책결정자"이다. 고문들에게 규제의 권한을 부여하면 아마도 단기적 변화를 이끌어내는 능력은 높여 줄지 모르지만, 이는 재배자들의 눈에 그들이 지역의 "내부자"로서 가졌던 지위를 즉각 앗아갈 것이다. 이와 동시에 그들이 특정 공동체 내에서 점하는 위치는 환경과 농산업의 필요를 모두 충족시키는 해법을 발전시키는 데 전례 없는 통찰을 제공한다. 우리가 처한 가장 긴급한 환경문제들 중 많은 것들이 "전지구적 위험"(Beck 1996)이긴 하지만, 그것의 뿌리는 종종 좀더 지역적인 행위자 공동체의 특정한 실천과 문화에 기반을 두고 있다. 결국 효과적인 환경정책을 만들어 내려면 지역적인 것과 전지구적인 것의 연결이 요구될 것이다(Gould, Schnaiberg, and Weinberg 1996). 규제기구들 스스로가 이러한 가교 역할을 할 수 있다는 생각이 꼭 불합리한 것은 아니지만, 그들은 고문들이 지역의 재배자 의뢰인과 형성할 수 있었던 것과 동일한 유형의 연결망을 만드는 데 어려움을 겪을 것이다. 다시 한번 고문들의 독특한 지위에는 그 나름의 위험이 따르지만, 이러한 변화 방식을 추구하는 데는 노동분업이 올바른 전략처럼 보인다. 속성 검사 같은 사례에서는 재배자들 중 다수가 이를 받아들이도록 만들려면 그것의 개발, 시험, 촉진에서 규제기구들로부터의 외부적 압박이 요구되었다. 만약 이 선택을 재배자들에게 덜 "미묘한" 것으로 만들어 그들이 속성 검사를 좀더 폭넓은 규모로 받아들이게 압박을 가하겠다는 정치적 의지를 찾을 수 있다면, 이는 성공적인 해법이 될 가능성이 높다. 이렇게 보면 속성 검사 사례는 생태적 근대화가 성공을 거두기 위해 국지적 지식과 정치적 영향력의 통합이 좀더 잘 이뤄질 필요가 있음을 말해 준다.

내가 이 글에서 묘사한 것과 같은 환경갈등에서 이러한 유형의 통합 작업을 이뤄내는 것은 어려울 수 있다. 설사 일견 "같은 편에 있는" 행위자들─고문과 재배자처럼─의 연합 사이에도 공개 진술과 제안의 배후에 있는 유형의 이해관계를 가리는 숨은 갈등이 있을 수 있다. 지하수의 질산염 오염 같은 환경문제를 둘러싼 복잡한 정치를 감안하면 정책결정자들은 누구의 말을 귀담아 들어야 하는지에 관해 의심을 품을 수 있지만, 여기에는 유망한 후보가 있다. 그들은 내 말을 귀담아 들어야 한다. 환경 정책결정에서 지역적인 것과 전지구적인 것을 통합할 필요성은 국지적 지식을 획득하고 이를 좀더 큰 정치경제 권력의 연결망에 연결시키는 수단으로서 민속지학의 가치를 말해 준다(Burawoy 1991). 현장 연구자가 자신이 연구하는 사례에 대해 강한 주장을 할 만한 권위를 갖고 있는지에 대해 비판자들이 문제를 제기한 것은 정당하지만(Clifford and Marcus 1986; Clifford 1988), 나는 내가 가진 데이터의 포괄성과 대칭성에 확신을 갖고 있다(Bloor 1991). 나는 많은 이해당사자들과 얘기를 나눴고, 그들의 의견과 이해관계, 그들의 행동에 가해지는 제약, 그리고 변화의 가능성을 이해하고 있다. 농업 고문들을 연구하며 보낸 시간 덕분에 나는 농업 고문들처럼 "지역으로 갈" 수 있게 되었을 뿐 아니라, 실천과 정치 사이의 연관관계를 들여다보고 농업의 생태를 이해할 수 있게 되었다.

만약 우리가 환경문제의 해결을 위해 과학, 산업, 국가 사이의 관계 맺음이 필요하다는 사실을 깨닫는다면, 민속지학자가 그러한 관계맺음의 일부가 되지 못할 이유가 뭐가 있겠는가? 이러한 유형의 응용 영향력을 발휘하기 위한 조건을 창출하는 것은 민속지학자에게 숙제로 남아 있다.

9장

체화된 보건운동

"과학화된" 세상에 맞서다

레이첼 모렐로-프로쉬·스티븐 자베스토스키·필 브라운
레베카 개셔 앨트먼·사브리나 매코믹·브라이언 메이어

역사적으로 보건사회운동 health social movements, HSMs은 미국에서 중요한 정치세력이었다. 이 운동은 보건에 대한 접근권과 의료 서비스의 질이라는 문제를 중심에 두었다. 이전까지의 연구는 보건사회운동의 개별 사례들에 초점을 맞춰 왔는데, 우리는 다른 지면에서 보건사회운동을, 사회 변화를 촉진하는 데 결정적인 역할을 해 온 하나의 집단으로 한데 묶어서 다룬 바 있다(Brown, Zavestoski, McCormick, Mayer, et al. 2004). 학자들은 보건 문제를 다루는 개별 사회운동에 관해 저술 활동을 해 왔고, 여기에는 직업안전 및 보건, 여성보건운동, 에이즈 운동, 환경정의 조직화 같은 영역들이 포함되었다. 보건의료 시스템의 변화에 좀더 넓게 초점을 맞춘 다른 학자들은 이러한 운동들이 의학사(Porter 1997)와 보건정책(Light 2000)에서 갖는 중요성을 지적했다. 그러나 이처럼 중요한 일단의 연구성과에도 불구하고, 학자들은 다양한 보건사회운동을 낳은 힘들을 탐구하지 않았고 이러한 운동들이 취하는 상이한 전략적, 전술적, 정치적 접근을 비교 분석하지도 않았다. 대체로 학자들은 수많은 보건사회운동의 발전을 한데 묶어서 탐구하지 않았고 그것이 전체적으로 공중보건, 의학연구, 보건의료 서비스에 미친 영향을 살펴보지도 않았다. 우리는 보건사회운동을 한데 뭉뚱그려 그것의 기원과 영향을 살펴보는 것이 분석적 이점을 갖는다고 믿는다. 이 독특한 사회운동 집단이 사회정책을 형성하기 위해 어떻게 나름의 담론과 회원모집 전략을 발전시켜 왔는가를 부각시키는 것은 사회운동 이론에 중요한 함의를 갖는다(Brown, Zavestoski, McCormick, Mayer, et al. 2004). 우리는 보건사회운동을 의료정책, 공중보건정책 및 정치, 신념체계, 연구, 실천에 대한 집합적 도전으로 정의하며, 여기에는 다양한 공식·비공식 조직, 지지자, 협력 연결망, 매체가 포함되어 있다. 사회운동의 한 부류로서 보건사회운동은 보건문제를 중심으로 조직돼 있고, 보건의료 서비스에 대한 접근권 내지 서비스 제공, 질병, 질환 경험, 장애, 논쟁적 질환, 그리고 인종, 민족, 젠더, 계급, 섹슈얼리티에 따른 건강 불평등과 불공평을 다룬다.

이 장에서 우리는 "체화된 보건운동"embodied health movements, EHMs으로 알려진 새로운 유형의 보건운동에 특히 초점을 맞출 것이다. 이 운동의 독특한 전략과 특성은 보건운동에 대한 이전의 연구에서 중점적으로 다뤄지지 못했다. 먼저 우리는 지난 10년간 이처럼 새로운 부류의 운동이 부상하게 된 것을 설명해 주는 맥락적, 시기적 요인들을 탐구할 것이다. 이어 우리는 체화된 보건운동을 보건과 관련된 다른 운동들에 비해 독특한 것으로 만드는 특성들을 탐구할 것이다. 마지막으로 우리는 체화된 보건운동이 과학 연구, 의료 실천, 그리고 과학지식 생산과 정책결정 전반의 민주화에 미친 영향을 탐색할 것이다.

과학과 기술관료적 의사결정은 미국의 사회정책 및 규제의 형성 과정에서 점차 지배적인 힘이 되어 왔다. 정책결정에서 "더 나은 과학"을 향한 지칠 줄 모르는 추구는 지배적 정치 시스템과 사회경제 시스템을 뒷받침하는 데 쓰이는 중요하고 강력한 도구가 되었다. 이러한 의사결정의 "과학화"를 통해 산업체들은 새로운 기술과 산업 생산의 비용, 편익, 잠재적 위험에 관한 논쟁에 대해 상당한 통제력을 행사하고 있다. 그들은 과학 전문가를 동원해 정책결정을 둘러싼 싸움이 과학적이고 "객관적"이며 그것이 전개되는 사회적 환경으로부터 사실상 분리된 영역에 머무르게 한다(Beck 1992). 이러한 과정이 빚어내는 결과는 세 갈래로 나타난다. 첫째, 데이터의 불확실성이나 연구 수행의 실현불가능성 때문에 과학적 답변을 내놓는 것이 거의 불가능한 질문들이 과학에 제기된다. 둘째, 이 과정은 정치적, 도덕적 질문들(다시 말해 "과학을 넘어서는" 쟁점들)을 과학의 용어로 부당하게 틀지음으로써 의사결정에 대한 대중참여를 제한하고 그것이 "전문가"의 권한이 되도록 만든다(Weinberg 1972). 셋째, 의사결정의 과학화는 과학적 분석이 용이하지 않을 수 있는 질문들의 중요성을 탈정당화한다. 이 모든 과정들은 대중을 중요한 정책 논쟁에서 배제할 수 있고, 과학지식의 생산 그 자체에 참여하는 대중의 역량을 감소시킬 수 있다. 제니 리어던은 이 책의 13장에서 〈인간 게놈 다양성 프로젝트〉에 참여한 과학자들과 토착 공동체들 사이의 갈등 분석을 통해 이를 훌륭하게 보여 주는 사례를 제시하고 있다. 마지막으로 "건전한 과학"sound science을 향한 지속적인 추구는 궁극적으로 "(과잉)분석을 통한 규제의 마비"를 몰고옴으로써 정책결정을 늦추고 약화시킬 수 있다.

우리가 "체화된 보건운동"이라고 부르는 활동은 이러한 경향에 대항하는 노력을 기울이면서, 의료과학과 공중보건을 중요한 도구로 활용해 자원을 결집시키고 연구를 수행하며 스스로의 힘으로 과학지식을 생산해 왔다. 최근까지도 대부분의 보건사회운동은 보건의료에 대한 접근권을 확장하고 보건의료 서비스의 질을 향상시키는 데 초점을 맞춰 왔다. 보건사회운동에서 가장 최근에 등장한 성과인 체화된 보건운동은 질환에 대한 개인적 이해와 경험에 크게 초점을 맞추지만, 종종 이전의 운동들이 추구했던 접근권 문제도 일부 다룬다. 에이즈/HIV 운동은 체화된 보건운동에서 두드러지는 이러한 독특한 특성을 잘 보여 준다(Epstein 1996).

체화된 보건운동의 등장은 몇 가지 요인들에 의해 촉발되었다. 사회경제적으로 매개되는 고질적 보건 문제를 해결하는 데 있어 의료과학이 한계에 부딪쳤다는 대중의 인식이 커졌고, 생명윤리 쟁점과 과학지식 생산의 딜레마가 부각되었으며, 궁극적으로는 사회정책 및 규제에서 민주적 참여를 강화하려는 집합적 동력이 생겨났다. 체화된 보건운동은 지식생산의 민주화를 위해 과학을 활용함으로써 효과적인 정책 옹호 활동을 펼치고 정치경제의 측면들에 도전하며 질병의 원인과 예방 전략에 관한 전통적 가정 및 탐구 방향을 변화시킨다. 우리는 환경 유방암 운동과 천식 문제를 다루는 환경정의 활동가들에 대한 사례연구에 기반해 체화된 보건운동의 세 가지 주요 초점 내지 전략을 논의한다. 아울러 우리는 그들이 어떻게 이러한 "과학화" 과정에 대응했는지도 살펴볼 것이다. 그들은 자신들의 체화된 질병 경험을 기술관료적 의사결정에 대한 대항권위로 내세우고 과학지식 생산 그 자체에 직접 관여함으로써 이를 이뤄낼 수 있었다.

보건사회운동의 정치와 그것이 사회정책에 미친 영향

이 장에서는 체화된 보건운동에 초점을 맞추지만, 이처럼 독특한 투쟁이 등장하게 된 좀더 폭넓은 맥락을 이해하는 것도 중요하다. 보건사회운동, 그중에서도 특히 체화된 보건운동은 주로 세 가지 방식으로 우리 사회에 영향을 미친다. 첫째, 보건의료 서비스, 사회정책, 규제의 측면에서 보건의료와 공중보건 시스템에 변화를 일으킨다. 둘째, 혁신적 가설, 새로운 연구 방법론, 자금지원 우선순위 변화를 촉진함으로써 의료과학에 변화를 일으킨다. 활동가들은 병원 폐쇄, 빈민들에 대한 의료 서비스 축소, 보험회사와 관리의료기구[1]가 부과하는 제약 등에 반대하는 싸움을 벌여 왔다(Waitzkin

---

1. [옮긴이] 관리의료기구(managed care organization): 미국에서 가입자에게 미리 정해진 방

2001). 자가의료와 대체의료 활동가들은 자신의 건강 문제에 적극적으로 대처하는 일반인들의 능력에 대한 보건 전문직 종사자들의 인식을 넓혀 왔다(Goldstein 1999). 장애인 권리 활동가들은 공공시설에 대한 접근권 증대와 고용 차별로부터의 보호 등을 포함해 공공정책에서 중대한 개선을 이뤄냈다(Shapiro 1993). 독성폐기물 활동가들은 화학물질, 방사능, 그 외 다른 위해들이 건강에 미치는 악영향이 전국적으로 주목받게 함으로써 슈퍼펀드[2] 프로그램 및 그와 관련된 알 권리 법률들의 발전에 영향을 미쳤다(Szasz 1994). 환경보건에 주로 관심을 갖고 있는 환경정의 활동가들은 신체적 건강과 사회경제적, 정치적 환경 사이의 연관관계를 폭로했고, 건강 개선과 질병 예방을 위해서는 다양한 사회 부문들(주택, 교통, 토지활용 계획, 경제발전 등)에 대한 주목과 개혁이 필요함을 보여 주었다(Bullard 1994; Shepard et al. 2002). 직업보건 및 안전운동은 수많은 작업장들에 존재하는 폭넓은 인체공학, 방사능, 화학물질, 스트레스 위해들에 의료계와 정부가 주목하게 만들었다. 이는 광범한 규제 도입과 함께 직업안전보건청Occupational Safety and Health Administration과 국립직업안전보건연구소National Institute of Occupational Safety and Health의 설립으로 이어졌다(Rosner and Markowitz 1987). 의사들은 자신들이 주도하는 조직을 결성해서 보건의료 서비스를 충분히 받지 못한 사람들에 대한 서비스 제공을 압박하고 전국적 보건 계획을 추진하며 핵무기 경쟁에 반대하는 활동을 펼쳤다(McCally 2002).

셋째, 보건사회운동은 의학 연구와 정책결정을 담당하는 기관들을 민주화하도록 압력을 가함으로써 시민사회에 변화를 일으킨다. 특히 보건사회운동은 공중보건과 질병 예방을 증진하는 진보적 접근법을 추진함으로

식으로 보험과 의료서비스를 제공하는 일종의 사보험사
2. [옮긴이] 슈퍼펀드(Superfund) : 미국에서 1980년에 제정된 〈포괄적 환경대응보상책임법〉(CERCLA)을 흔히 일컫는 표현으로, 유해물질로 오염된 지역의 정화를 명령할 수 있는 권한을 연방정부에 부여했다.

써 보건 서비스를 확대하고 개선하는 데 일조했고 사회적 거버넌스에 대한 민주적 참여를 촉진했다. 예를 들어 여성보건 활동가들은 여성에 대한 의학적 개념과 치료를 크게 바꿔 놓았고, 재생산 권리를 확대했으며, 수많은 영역들에서 자금지원과 서비스를 확대했고, 여성들에게 주로 영향을 미치는 질병들(가령 유방암)에 대한 치료 프로토콜을 바꾸었으며, 의학 연구의 수행 방식에 대한 공동체의 관리 감독을 늘리도록 압력을 넣었다(Ruzek 1978; Ruzek, Olesen, and Clarke 1997; Morgen 2002). 마찬가지로 에이즈 활동가들은 치료법 연구에 대한 자금지원 확대를 얻어냈고, 대안적 치료 접근법에 대해 의학계의 인정을 얻어내려 싸웠으며, 임상시험의 수행 방식에서 중대한 변화를 이끌어냈다(Epstein 1996). 정신병 환자 권리 활동가들은 한때 죄수들보다도 더 열악했던 환자들의 시민권이 보호받을 수 있게 함으로써 정신병에 대한 보건의료 서비스를 근본적으로 변화시켰다. 이러한 권리들은 환자가 더 나은 치료를 요구할 권리와 치료를 거부할 권리를 포함하는 방향으로 더욱 확대되었다(Brown 1984). 많은 보건사회운동은 보건 부문과 다른 사회부문들(가령 환경) 간에 전략적인 부문 간 연계를 빚어냄으로써 이러한 정치적 승리를 거둘 수 있었다. 그 덕분에 그들은 비효율적인 정책을 제거하고, 오염 통제에서 오염 예방이라는 틀로 이동해 산업 생산에 대한 좀더 엄격한 규제를 추진할 수 있었다(Morello-Frosch 2002).

과학화와 권위 구조에 대한 체화된 보건운동의 도전

체화된 보건운동은 과학지식의 생산과 전파를 재형성하고 민주화하려는 전략을 통해 보건사회운동의 독특한 분파로 등장했다. 이는 시민사회 내에서 어떤 일이 일어났기에 체화된 보건운동의 등장과 빠른 확산이 촉진되었는가 하는 질문을 제기한다.

앞서 언급한 대로, 정책결정의 과학화가 점차 진전됨에 따라 점점 더 많은 사회경제적, 정치적 현상들에서 과학적 분석과 기술적 접근을 통한 해결이 추구되고 있다. 사회 전체의 합리화가 계속 진행되면서 대다수의 사회적 쟁점에서 대중의 지식보다 객관적인 과학적 전문성의 역할이 더 커지게 되었다. 그러나 얄궂게도, 공공적 결정에 도움을 주기 위한 더 나은 과학의 추구는 종종 정책 과정의 정치화를 감추기 위한 은밀한 시도로 나타난다(Weiss 2004). 이는 최근 전지구적 기후변화와 그것이 생태 및 인간 건강에 미치는 영향의 문제에 대해 과학적 합의가 점차 확대되고 있음에도 미국 정부가 시종일관 반대하는 데서도 잘 볼 수 있다(Gelbspan 1997).

사회 속에서 과학이 핵심적인 역할을 한다는 널리 퍼진 사고방식은 대중이 스스로를 과학 연구의 실제적 내지 잠재적 대상으로 간주하는 일이 얼마나 자주 있는가에서도 볼 수 있다(Epstein 1996). 아울러 이는 대중이 개인적 용도로 과학 정보를 습득하고 공유하며 궁극적으로는 데이터를 정책 변화를 촉진하는 지렛대로 삼는 수많은 방법들을 증가시키는 결과를 가져왔다. 사람들은 자조 모임과 지원 단체에서 건강에 대한 관심사를 개인 간에 더 많이 공유함으로써 광범한 지식을 획득한다. 또한 대중매체(주로 인쇄물)에 의한 과학지식의 대규모 전파를 통해서나, 인터넷을 통해 의학 데이터베이스, 연구 결과물, 의학계의 연구 과제에 대한 정규 보도에 접근함으로써 정보를 얻을 수도 있다. 그러나 이러한 과정에서 대중은 현대 의학이 오늘날 지속되고 있는 가장 도전적인 보건 문제들에 효과적으로 대처하는 데 있어 노정한 한계를 점차 깨닫게 되었다. 실제로 의료기술의 진보는 의료 과실의 위험 증가나 약물 치료에 대한 미생물 저항성 증가뿐 아니라 건강을 오히려 악화시킬 수 있는 의원성醫源性 합병증 증가와 나란히 진행되었다(Garrett 1994). 이로 인해 전통적인 의학 치료법과 대체의료(예컨대 침술, 명상, 신체 활동 등)의 병행이 점차 인기를 누리게 된 것은 그리 놀라운 일이 아니다. 결국 의료과학에 대한 대중의 전폭적인 신뢰는 질병 치료와 건강을 위한 다른 방법들을 활용하면서 약화되었다고 할 수 있다.

공중보건 연구는 현대의학의 진보가 그 자체만으로 다양한 인구집단들의 건강 상태를 향상시키는 가장 큰 차이를 만들어 낸 것은 아님을 계속해서 우리에게 상기시켜 준다(McKeown 1976). 개인적 위험 요인들을 통해 어떻게 질병을 예측할 수 있는지를 강조하는 생의학 연구가 규제 과정에서 가장 많은 주목을 받고 있지만, 상당수의 연구들은 인구집단의 건강 상태가 인종, 계급, 소득분포, 지리, 그 외 다른 환경적 요인들 같은 구조적 특징들에 의해 대체로 결정된다는 사실을 보여 주었다(Krieger et al. 1993; Berkman and Kawachi 2000). 이는 현재 새로운 인구집단에 영향을 미치고 있는 만성질병들의 이환율^{罹患率} 증가(예컨대 아동에게 나타나는 당뇨병과 비만)에서 잘 나타나고 있으며, 이전까지 대중과 의료 당국이 근절되었거나 적어도 통제되고 있다고 믿었던 전염병들이 다시 등장하고 있는 것도 마찬가지이다.

마지막으로 의료과학의 윤리적 문제들에 관한 논쟁이 대중의 주목을 끌어 왔다. 다양한 질병들에 대한 유전자검사의 등장은 고용주들이 그런 정보를 이용해 작업장에서 차별을 하거나 특정 노동자들을 보험 적용에서 배제하는 것을 정당화할지 모른다는 정당한 우려를 제기했다(Schulte et al 1995; Schulte et al. 1997). 윤리적 우려는 제약회사들이 연구를 후원하면서 나타난 이해충돌이 폭로되고 민간기업들이 대학 연구의 방향을 정하는 데 더 큰 영향력을 발휘하게 되면서 더욱 높아졌다(Krimsky 2003). 과학연구의 진실성에 관한 대중의 신뢰는 기업과 연방기구들이 동료심사 과정을 훼손하거나 기업의 경제적 이해관계와 충돌하는 연구결과의 배포를 억압한 것이 폭로되면서 시험대에 올랐다(Ong and Glantz 2001; Rosenstock and Lee 2002; Greer and Steinzor 2002).

여기에 더해 최근 인간 생의학 연구에서 널리 보도된 일련의 부정적 사건들이 터지면서 인간 피험자를 연구 자원자로 활용하는 것이 어떤 윤리적 함의를 갖는지에 대한 관심이 커졌고, 명성이 높은 몇몇 연구기관들에 연구

참여자를 적절하게 보호하지 못하는 제도적 문화가 존재함을 암시했다. 그 중 가장 큰 주목을 끌었던 사례는 1999년 펜실베니아대학에서 유전자치료 임상시험에 참여한 18세 환자가 사망한 사건과 2001년 존스홉킨스대학에서 천식 연구에 참여한 24세의 건강한 지원자가 사망한 사건이었다(Steinbrook 2002). 홉킨스 사례에서 연구자와 대학 측에 가해진 비판 중 하나는, 지원자가 실험을 수행하는 연구소의 직원이었기 때문에 고용주나 동료들에 의해 실험에 참여하도록 은밀하게 부당한 압력을 받았을지도 모른다는 점이었다("Laxity in the Labs" 2001). 이러한 윤리적 우려들은 과학은 본질적으로 객관적인 활동이라는 핵심 주장에도 불구하고 의학 연구에서 객관성이라는 얇은 장막이 얼마나 쉽게 깨질 수 있는지를 부각시킨다. 대중이 보기에 이러한 문제들은 과학, 사회, 제도적 문화 사이의 논쟁적 접점을 강조하며, 이는 궁극적으로 지배적 정치경제와 그것이 대중의 건강에 미치는 악영향에 대한 비판의 길을 열어 준다.

건강에 대한 우려가 사회 전체에 너무나도 널리 퍼져 있기 때문에, 사람들은 건강이라는 렌즈를 통해 수많은 불만들에 초점을 맞출 가능성이 높다. 예를 들어 경제 불황기 동안 실업률이 높아지면 사람들은 자연스럽게 더 폭넓고 개선된 건강보험을 요구할 것이며 아울러 보험에 들지 못한 사람들까지 포괄하도록 가입 대상의 확대를 요구할 것이다. 마찬가지로 환경 악화가 점차 눈에 띄는 산업사회에서 정부가 수십 년에 걸친 환경 규제와 보호를 축소시키려 하는 경우, 대중은 건강과 사회경제적, 정치적, 제도적 관심사를 손쉽게 연결시키고, 산업 생산에 대한 규제 증대와 환경정책 형성 과정에서 공동체 참여의 강화를 주장하게 될 것이다.

이러한 민주화 투쟁 중 일부는 보건사회운동의 성장에 매개를 제공한 사회적 경향에 기인한 것이고, 다른 일부는 보건사회운동 그 자체의 성취에 기인한 것이다. 핵심은 현재 점점 더 많은 사람들이 자신에게 보건 정책에 영향을 미칠 권리와 권위가 있다고 믿고 있다는 것이다. 여기에는 접근권의 문제, 의료의 질, 임상에서의 관계, 연구에 대한 연방정부 지원 등이 포함된다. 그러한 압력 중 일부는 개인적 수준에서 일어나지만, 가장 효과적인 형태는 보건사회운동의 집단적 노력에서 나온다.

체화된 보건운동에 대한 이해

질환에 대한 개인적 이해와 경험의 측면에서 체화된 보건운동은 세 가지 특징을 공유한다. 첫째, 체화된 보건운동은 생물학적 몸을 사회운동에 중요한 방식으로 도입하며, 몸과 체화된 질환 경험을 의료와 과학에 도전하는 대항권위로 활용한다. 이는 두 번째 특징으로 이어진다. 일반적으로 체화된 보건운동은 기존의 의료와 과학 지식 및 실천에 대한 도전을 내포한다는 것이다. 셋째, 체화된 보건운동은 종종 치료, 예방, 연구, 자금 확대 등을 추구하는 과정에서 활동가들과 과학자, 보건 전문직 종사자들 간의 협력을 포함한다.

사실 많은 보건사회운동은 이러한 특징들 중 한 가지를 갖고 있으며, 두 가지를 가진 것도 있다. 그러나 세 가지 특징을 모두 가진 것은 체화된 보건운동뿐이다. 이 절에서는 이러한 독특한 특징들에 대해 설명하고, 어떻게 체화된 보건운동이 보건사회운동에서 특이한 부류에 속하는가 하는 주장을 좀더 펼칠 것이다. 체화된 보건운동은 이 세 가지 특징들을 동시에 갖고 있다는 점에서 독특하긴 하지만, 그럼에도 결집력을 얻기 위해 집단적 정체성의 출현에 의존하는 측면에서는 다른 사회운동들과 상당히 흡사하다. 질환을 앓는 사람들은 종종 자신들의 건강 문제를 개별화된 것으로 간주하는 기존의 보건 제도들과 관계를 맺는다. 이러한 제도들 ― 과학과 의료 ― 이 개인들이 겪는 질환 경험에 부합하는 질병 설명을 제공해 주지 못하거나, 과학과 의료가 개인들이 수용하기를 거부하는 질병 설명을 제공할 때, 사람들은 분개하는 환자로서의 정체성을 받아들일 수 있다. 그러한 정체성은 어떤 사람의 몸속에서 일어나는 생물학적 질병의 과정에서 우선적으로 출현한다. 그러나 여기서 한 발 더 나아가 사람들은 자신들의 질병 경험을 사회경제적, 정치적 맥락 속에서 보기 시작하며, 자신들의 경험을 한데 모아 공통의 행동으로 나아가기 시작한다.

다른 사회운동들, 그중에서도 정체성 기반 운동들의 경우 역시 몸과 관련이 있지만, 이들은 보통 특정한 귀속 정체성 − 일군의 사람들로 하여금 사회적 낙인과 차별의 렌즈를 통해 자신의 몸을 경험하게 하는 − 에서 유래하는 운동들이다. 여성운동이나 레즈비언 및 게이 인권운동이 여기에 해당한다. 체화된 보건운동의 경우 질병 정체성은 몸속에서 일어나는 과정에서 유래한다. 이러한 정체성은 질병의 사회적 구성과 생물학적 질병 과정에 대한 개인의 질환 경험 사이의 접점을 나타낸다. 이로써 사람들의 체화된 경험과 결합된 몸은 사회운동 단체들이 의료과학에 대한 비판의 근거로 삼을 수 있는 대항권위가 된다.

이처럼 체화된 경험이 몰고 오는 또 다른 결과는 일단 운동이 출범하면 그것에 열려 있는 선택지가 제약된다는 점에 있다. 환자들은 그것의 비판 대상, 이 경우에는 과학과 의료 지식을 생산하고 적용하는 시스템 내부에서 활동하거나 그것에 맞서 활동할 수 있다. 그들은 증상의 경중에 따라 시스템에서 아예 나가 버릴 수 있는 자유가 제약된다. 일부 환자들이 보완대체요법을 찾긴 하지만 많은 다른 환자들은 즉각적인 치료를 필요로 하거나 추구하고 있으며, 그들이 자신들의 건강상의 필요를 충족시켜 주지 못하고 있다고 보는 시스템 내에서 해법을 찾아야만 한다. 가장 중요한 점은 질병에 걸린 사람들이 질병의 과정, 개인적인 질환 경험, 그것이 대인관계에 미치는 영향, 사회적 파급효과 등과 함께 살아가는 독특한 경험을 한다는 것이다. 동일한 경험을 일부 공유하는 그들의 친구와 가족들 역시 그들과 함께 집단 행동에 참여할 수 있다. 이러한 개인적 경험은 질병 내지 증상을 가진 사람들에게 다른 사람들은 얻을 수 없는 생생한 시각을 제공해 준다. 아울러 이는 공공

영역과 과학계에서 운동 단체에 도덕적 정당성을 부여한다.

기존의 의료와 과학 지식 및 실천에 도전하는 것은 체화된 보건운동의 두 번째 독특한 특징이다. 이는 그러한 운동이 시스템 내부에서 활동하는 경우와 그 바깥에서 시스템에 도전하는 경우 모두에 해당된다. 결국 체화된 보건운동의 목표가 질병의 사회적 구성을 실제 질병의 과정과 좀더 부합하게 만드는 것이라면, 그리고 질병의 과정이 과학적 탐구를 통해 이해된다면, 체화된 보건운동은 과학지식의 생산 및 실천에서의 변화와 떼려야 뗄 수 없는 연관을 갖게 된다. 체화된 보건운동은 인간의 몸을 포함한 유일한 운동이 아니며, 마찬가지로 과학과 과학지식 및 실천에 맞서는 유일한 운동도 아니다. 예컨대 환경단체는 종종 대안적 행동 경로를 위해 나름의 과학적 증거에 의존하는 방식으로 위험관리 전략, 멸종위기종 선정, 지구온난화, 자원 활용에 대한 과학적 정당화에 도전한다. 아울러 많은 환경 논쟁은 자연에, 또 서로 대립하는 이해관계들이 그것에 부여하는 가치에 높은 우선순위를 부여할 수 있다. 이러한 사례들에서 일부 환경단체들은 과학적 논증을 포기할 수 있고, 대신 가령 심리적 내지 영적 이유로 열린 공간을 보호하거나 미래세대가 향유할 수 있도록 자원을 보존하려는 대중의 욕구에 호소할 수 있다. 그러나 체화된 보건운동을 다른 운동들과 구분시켜 주는 것은 체화된 보건운동이 과학에 도전한다는 그 자체가 아니라 어떻게 그렇게 하는가에 있다. 체화된 보건운동 활동가들은 종종 자신의 몸과 질환 경험에 대한 내밀하고 직접적인 지식에 근거해 과학을 판단한다.

뿐만 아니라 많은 체화된 보건운동 활동가들은 과학에 도전하는 일과 과학과 협력하는 일을 동시에 해내야 한다. 그들은 사람들의 정의감과 공유된 가치에 호소할 수 있지만, 그럼에도 불구하고 그들이 좀더 효과적인 치료를 받고 효과적인 예방 전략을 밝혀내려 한다면 과학적 이해와 계속된 혁신에 크게 의존할 수밖에 없다. 예를 들어 에이즈에 대해 알려진 바가 거의 없었을 때, 활동가들은 의학계와 정부가 신약 프로토콜 승인을 빨리 하도록 재촉하기 위해 과학 활동에 관여해야 했다(Epstein 1996). 심지어 이미 잘 이해돼 있고 치료가능한 질병에 초점을 맞추는 체화된 보건운동도 과학에 의존한다. 그들은 더 많은 연구를 위해 압력을 가할 필요는 없지만, 예방을 위한 공공정책을 요구하기 위해서는 보통 인과관계의 과학적 증거를 지적해야 한다. 예를 들어 천식 활동가들은 도심에서 교통 계획의 개선을 요구하는 한편으로 양질의 주택을 적정가에 공급할 방법을 찾고 있는데, 이런 활동을 하는 이유는 실외와 실내의 공기 질과 천식 발작의 관련성을 보여 주는 견고한 과학적 증거의 뒷받침을 받고 있기 때문이다(Brown, Mayer, et al. 2003).

체화된 보건운동의 과학 의존성은 세 번째 특징으로 이어진다. 치료, 예방, 연구, 자금 확대 등을 추구하는 과정에서 활동가들과 과학자, 보건 전문직 종사자들 간의 협력이 그것이다. 체화된 보건운동의 일반인 활동가들은 종종 과학적 논의 테이블에 자리를 얻어 자신들의 개인적 질환 경험이 연구 설계를 형성하는 데 기여할 수 있게 하려고 애쓴다. 이는 엡스틴(Epstein 1996)이 에이즈 활동가에 관한 자신의 사례연구에서 지적한 바 있다. 설사 활동가들이 연구 활동에 직접 참여하지 못하는 경우에도, 그들은 종종 운동의 성공이 과학의 진전 내지는 과학적 과정의 변화라는 측면에서 정의될 것임을 인식하고 있다. 과학을 둘러싼 논쟁에서는 질병 단체가 의료계와 과학계의 동맹군에 의지하는 모습이 부분적으로 나타난다. 이러한 동맹군들은 연구비 증액을 위한 압력 행사를 돕고 지원 단체 운영과 보험 적용 확대를 가능하게 해 줄 자금을 모금하는 데 일조한다. 과학자들이 그러한 요구를 뒷받침하는 증언을 많이 할수록 환자들과 활동가들의 주장은 더욱 강력해진다. 이러한 지적은 과학이 체화된 보건운동에서 떼려야 뗄 수 없는 일부분이며, 따라서 체화된 보건운동이 과학과 맺는 관계는 다른 운동과 근본적으로 다르다는 것을 말해 준다. 그에 못지않게 중요한 것은 체화된 보건운동 조직의 역량이 커지면서 그들이 종종 일반인-전문가 협력 모델에서 벗어나 사실상 스스로의 힘으로 과학 연구를 설계하고 수행하는 쪽으로 나아간다는 사실이다. 그 결과 일반인 활동가와 전문가 사이의 경계선은 흐려진다 (Tesh 2000). 환경 유방암 원인에 관한 연구를 수행하는 공동체기반 단체인 〈침묵의 봄 연구소〉Silent Spring Institute의 과학적 작업은 그 정점을 잘 보여 주며 아래에서 좀더 자세하게 논의될 것이다.

체화된 보건운동은 이질적 요소들로 구성된 운동 집단이다. 그들은 현 체제에 제기하는 도전에서, 지배적 정치경제에 도전하는 전략과 전술의 선택에서, 과학에 대한 직접적 참여에서 차이를 보인다. 우리는 환경 유방암 운동과 천식 문제를 다루는 환경정의 활동가들에 대한 사례연구 자료에 의거해, 몇몇 체화된 보건운동이 어떻게 몸을 대항권위의 중심에 놓고 과학에 관여하며 좀더 넓게는 과학에 도전하는지를 살펴볼 것이다.

사례연구 : 체화된 보건운동의 특징 탐구

사례연구 자료는 우리가 세 가지 질병 내지 증상과 그것에 관여하는 사회운동들을 연구하고 있는 좀더 폭넓은 프로젝트로부터 가져왔다. 천식(이 문제에 관여하는 환경정의 단체에 특히 초점을 맞춰서), 유방암(환경 유방암 운동에 특히 초점을 맞춰서), 걸프전 질환이 그것이다. 현재 진행중인 이 프로젝트와 관련된 데이터, 방법, 발견의 세부사항들은 다른 지면에서 찾아볼 수 있다(Brown, Zavestoski, McCormick, Mandelbaum, et al. 2001; Brown, Zavestoski, Mayer, et al. 2002; Brown, Zavestoski, McCormick, Mayer, et al. 2004; McCormick, Brown, and Zavestoski 2003). 여기서는 특히 천식 (Brown, Mayer, et al. 2003)과 환경 유방암 운동(McCormick, Brown, and Zavestoski 2003)에 관한 연구를 살펴보기로 한다.

사례연구 소개

유방암 운동과 환경 유방암 운동

1990년대 초부터 에이즈 활동가들의 전술과 환경운동, 여성운동, 유방암 운동 일반의 전술을 결합시킨 유방암 운동의 새로운 하위집단이 등장했다(Klawiter 1999). 우리는 이러한 새로운 하위집단에 환경 유방암 운동environmental breast cancer movement, EBCM이라는 이름을 붙였다(McCormick, Brown, and Zavestoski 2003). 이 활동가들은 유방암의 원인에 대한 증거 부족과 환경 오염물질과의 잠재적 연관성을 보며 운동의 원동력을 얻었다. 이 중 후자가 발견된 것은 여성들이 미국 전역에 있는 몇몇 지역들 ─ 뉴욕 주 롱아일랜드, 샌프란시스코만 지역, 매사추세츠 주 ─ 에서 유방암 환자들이 평균보다 높은 비율로 발생하는 것을 알아차린 결과였다. 유방암과 기타 질환들에 대한 연구는 (생활방식과 식사 같은) 개인의 행동과 관련된 위험 요인들을 분석하는 데 많은 연구비를 투입했지만, 이러한 방향의 탐구에서 얻어진 결과는 애매모호했다. 연구에 대대적인 투자를 했음에도 불구하고 이환율은 증가하는 것처럼 보였고 사망률도 거의 변하지 않았다(Ries et al. 2002). 유방암에서 얻어진 이처럼 실망스러운 결과는 "암과의 전쟁"이 질병의 원인을 이해하고 발생률을 낮추는 데 있어 유망한 결과를 내놓지 못했다는 우려를 제기했다. 상황이 이렇게 전개되자 앞선 세 지역의 운동가들은 질병의 진정한 예방으로 가는 가능한 경로를 밝혀내기 위해 유방암의 환경적 원인을 연구하는 새로운 접근법을 추진하기 시작했다. 이러한 노력은 다음 네 가지를 목표로 하는 성공적인 전국 수준의 운동으로 발전했다. 1) 유방암의 잠재적인 환경적 원인에 대한 대중의 인식을 넓힌다, 2) 유방암의 환경적 원인에 대한 연구를 늘린다, 3) 유방암의 환경적 원인을 예방할 수 있는 정책을 만든다, 4) 연구에 대한 활동가들의 참여를 늘린다.

〈침묵의 봄 연구소〉SSI는 이러한 활동이 어떻게 과학 영역에 침투하는지를 보여 주는 귀중한 사례이다. 〈침묵의 봄 연구소〉는 〈매사추세츠 유방암 연대〉Massachusetts Breast Cancer Coalition, MBCC가 유방암에서의 환경적 요인을 연구하기 위해 설립한 연구조직으로, 유방암에 걸린 여성들을 과학적 과정에서의 피험자로서뿐 아니라 과학지식의 공동 생산자로 참여시키는 것을 추구하고 있다.

천식 운동과 환경정의

미국에서는 천식 유병률이 크게 높아져 의료 및 공중보건 전문직 종사자들은 입을 모아 이를 새로운 역병이라고 부르고 있다. 천식은 다른 집단들에 비해 저소득 소수인종 인구에 더 큰 영향을 미친다. 오늘날 많은 소수인종 사람들은 천식을 주된 건강 문제 중 하나로 보고하고 있다. 도시의 수많은 저소득 유색인종 공동체들에서는 유병률이 전국 평균보다 훨씬 더 높다 (U.S. EPA 2003). 환자 수가 늘어남에 따라 의료 및 공중보건 전문직과 기관들은 치료 및 예방 노력을 확대했고, 환경 및 공동체 활동가들은 천식을 자신들의 운동 의제에서 중요한 일부로 만들었으며, 언론보도도 증가했다.

환경정의 조직으로 자처하는 몇몇 활동가 집단들은 천식을 운동 의제의 중심으로 삼았다. 이러한 활동가 집단 중 많은 수는 대학의 연구소, 의료인, 공중보건 전문직 종사자, 더 나아가 지역과 주 정부의 공중보건 당국과 연대를 맺었다. 천식은 많은 사람들에게 "정치화된 질환 경험"이 되었다. 공동체기반 환경정의 조직들은 천식 환자들에게 그들의 천식 경험과 건강 악화의 사회적 결정요인들을 어떻게 직접 연관시킬 수 있는지 보여 주고 있다. 이러한 집단들은 천식을 공동체의 복지라는 좀더 큰 맥락에서 바라보며, 환경 위험과 위해가 인종과 계급에 따라 불평등하게 배분되는 것과 그들이 공동체 내에서 천식이 늘어나는 원인이라고 믿고 있는 환경적 요인들을 줄여나가는 것을 강조한다. 이러한 집단들은 천식 문제를 다루면서 천식에 대한 전반적 교육과 지역의 오염원을 줄이는 정치적 행동을 결합시킨다.

환경정의 활동가들은 간▓부문적 접근법을 취하면서 건강 문제를 구역 발전, 경제적 기회, 주택 정책, 계획 및 지대 설정 활동, 교통에 대한 접근성, 위생, 사회적 서비스, 교육 등과 연관시킨다. 이러한 방식으로 그들은 건강에 영향을 미치는 사회경제적, 환경적 요인들을 완화하는 데 초점을 맞춘 개입 전략들을 촉진한다. 이러한 시각은 공동체의 환경 개입이 (천식을 포함한) 심각한 호흡기 질병의 위험을 감소시킬 수 있음을 시사하는 연구에 의해 뒷받침되고 있다(LeRoux, Toutain, and Le Luyer 2002).

여기서 우리는 천식 문제에서 활동하고 있는 두 개의 환경정의 조직들에 초점을 맞출 것이다. 보스턴의 록스베리-도체스터 지역에 기반을 둔 〈공동체와 환경을 위한 대안〉Alternatives for Community and Environment, ACE과 뉴욕 시에 기반을 둔 〈웨스트할렘 환경행동〉West Harlem Environmental Action, WE ACT이 그것이다. 〈공동체와 환경을 위한 대안〉은 1993년에 환경정의 조직으로 출범했고, 가장 먼저 벌인 활동 중 하나는 도체스터에 아스팔트 공장이 허가를 받지 못하게 막는 운동에서 성공을 거둔 것이었다. 처음에 이 단체는 도시 내 공터 같은 문제에 초점을 맞출 예정이었고, 천식 문제를 다룰 계획은 없었다. 그러나 1년 동안 공동체 사람들과 대화를 나눈 결과 주민들이 천식 문제를 가장 높은 우선순위로 꼽고 있음을 알게 되었다. 〈공동체와 환경을 위한 대안〉은 천식 문제를 다루려면 보건 교육뿐 아니라 주택, 교통, 공동체 투자 유형, 의료 접근성, 오염원, 위생 등의 문제도 다뤄야 한다고 믿고 있다. 활동가 중 한 사람이 말했듯이, "우리가 하는 모든 활동은 천식에 관한 겁니다."

이와 유사하게 〈웨스트할렘 환경행동〉은 노스리버 하수처리장North River Sewage Treatment Plant의 부실 관리와 맨해턴 북부의 6번가 버스 차고지 건설이 공동체에 미치는 환경적 위협에 대응해 1988년에 설립됐다. 〈웨스트할렘 환경행동〉은 이내 환경정의 조직으로 발전했고, 맨해턴 북부에서 다수를 점하고 있는 흑인 공동체와 남미계 공동체에서 환경 보호와 공중보건을 향상시키는 것을 목표로 삼게 됐다. 그들은 대기오염, 납중독, 살충제, 지속불가능한 발전을 포함해 폭넓은 환경적 위협들을 파악해 냈다. 〈웨스트할렘 환경행동〉은 계속 성장하고 영역을 넓혀서 웨스트할렘을 넘어 맨해튼 북부의 다른 공동체들로 활동 범위를 확대했다.

체화된 보건운동의 특징 탐색

체화된 보건운동의 세 가지 주요 특징 - 1) 몸과 생생한 질환 경험의 중심성, 2) 기존의 의료/과학 지식 및 실천에 대한 도전, 3) 연구 진행에서 과학자 및 보건 전문직 종사자들과의 협력 - 을 이용해, 우리는 이러한 요소들이 어떻게 환경 유방암 운동과 환경정의 천식 활동가들의 조직 및 권익옹호 활동에 통합되는지 살펴볼 것이다.

몸과 생생한 질환 경험의 중심성

체화된 보건운동 활동가들은 생의학 모델의 한계를 이해하고 있다. 생의학 모델은 질병에 대해 몸을 차지한 별개의 실체로 간주하며, 몸은 그것을 차지한 사람과 분리된 별개의 실체로 본다(Freund, McGuire, and Podhurst 2003). 의료 전문직 종사자들은 일차적으로 물리적 질병 과정에 초점을 맞추지만, 천식이나 유방암에 걸린 활동가들은 자신의 질환과 그에 따른 모든 사회적 함의들을 체화하고 있다. 실제로 어떤 질병이든 그것에 걸린 개인들은 흔히 그 질병에 대한 의학적 이해와는 다른 신체적 질환 경험을 갖는다. 이는 의료사회학자들이 오래 전에 내린 건강과 질환 사이의 고전적 구분이다. 천식과 유방암의 사례에서는 인종, 계급, 젠더, 그리고 이러한 요인들이 상호작용하는 사회적 맥락이 질병 경험 그 자체를 형성한다.

부분적으로 이전 시기의 여성보건운동에서 나온 유방암 운동의 중심교의 중 하나는, 여성이라는 존재에 깊숙이 뿌리를 두고 있는 유방암의 질환 경험을 가부장적인 의료 전문직이 부적절하게 이해하고 있다는 것이다. 몸은 유방암 운동에서 중심적인 위치를 점하고 있다. 이는 의료 전문가들이 응시하는 객체화된 실체이면서, 사회적으로 구성된 바로 그 몸의 의미가 유방암에 걸린 여성의 경험을 형성한다는 점에서 그렇다. 몸의 객체화는 생체 검사를 위해 여성을 마취시킨 후에, 아직 마취 상태에 있을 때 사전 동의도 받지 않고 악성 종양이 있는 부위를 크게 도려내는 유방 절제술을 시행하곤 했던 과거의 관행에서 가장 잘 볼 수 있다. 1983년에 주류 유방암 운동은 충분한 정보에 근거한 동의informed consent를 법제화하는 데 성공을 거두었다. 이로써 여성들은 자신이 선호하는 치료법을 선택할 권리를 갖게 되었다.

환경 유방암 운동은 정치화된 집단적 질환 정체성을 구축함에 있어 두 가지 방식으로 몸에 의지한다. 첫째, 이는 여성의 몸에 대한 의료적 객체화를 비판하며, 여성의 유방을 여성의 몸과 그것이 위치한 유해 환경으로부터 독립된 연구 대상으로 간주하는 것을 반대한다. 한 활동가의 표현을 빌리면, 환경과 유방암의 관계는 여성 건강의 "파수꾼"이며 "사람들에게 재생산은 더 폭넓은 세상의 맥락 속에서 일어난다는 사실을 상기시켜 준다." 이러한 비판은 한 과학자에 의해서도 포착되었다. 그는 연구자들이 "유방에서 일어나는 생물학적 과정을, 그런 유방을 갖게 된 여성이 걸어다니고 있는 세상과의 관계 속에서 생각해야" 한다고 주장했다. "몸에서 분리된 유방이 어딘가에 걸려 있는 것처럼 생각하지 않도록 말이다."

둘째, 환경 유방암 운동은 유방암의 신체적 경험과 사람들을 수많은 환경적 부담에 노출시키는 사회 구조를 연관시키지만, 지배적인 사회 및 의료 구조는 예방보다 치료를 강조한다. 환경 유방암 활동가들은 치료 연구의 중요성을 인정하면서도 예방이 주류 운동의 주된 우선순위가 되어야 한다고 주장한다. 예방에 초점을 맞추면 유방암 연구자들은 현대 소비사회를 살아가는 여성들의 삶에서 유방암에 대한 감수성을 높이는 뭔가가 있는가 하는 어려운 질문을 던지도록 압박을 받을 것이다. 예를 들어 환경 유방암 활동가들은 호르몬 대체요법에서 (유방암의 원인으로 의심받고 있는) 에스트로겐을 처방하는 것이 현명한 일인지 오랫동안 의문을 제기해 왔다. 〈침묵의 봄 연구소〉에 속한 연구자들은 여성들이 매일 고질적으로 노출되는 화학물질들을 조사하고 있다. 이를 포함한 여러 전략들을 통해 환경 유방암 활동가들은 개인의 질환 경험을 정치화된 집단적 질환 정체성으로 변형시키며, 이로써 정책의 초점을 단지 개인들의 건강이 아닌 인구집단 내지 공동체의 건강을 증진시키는 쪽으로 옮겨 놓는다(Rose 1985).

〈공동체와 환경을 위한 대안〉이나 〈웨스트할렘 환경행동〉 같은 조직에 있는 환경정의 활동가들은 비슷한 전략들을 구사하고, 단체 차원에서 천식을 사회정의 문제로 틀지으며, 그럼으로써 질환의 개인적 경험을 천식의 근저에 있는 사회경제적 원인들을 찾아내 제거하는 것을 목표로 하는 집단적 정체성으로 변형시킨다. 사람들이 천식을 대기오염과 빈민 구역의 생활 조건 모두와 관련된 것으로 볼 때, 그들은 천식의 서사敍事를 다른 만성 질환들에서 일어나는 서사 재구성과는 다른 방식으로 재구성하게 된다. 개인의 책임을 강조하거나 천식을 어떤 사람의 일, 가족, 관계, 학교 생활의 탓으로 돌리는 대신, 이러한 서사들은 주거 기준, 교통 접근성, 구역 발전, 수입, 정부 규제 집행에서의 불평등을 통한 천식의 사회적 생산을 강조한다. 가난한 유색인종 공동체는 그처럼 정치화된 질환 경험을 받아들이면서, 천식 문제를 활용해 사회적 불평등이 건강의 핵심적인 결정요인임을 강조해 왔다.

과학에 대한 도전

과학지식의 생산과 전파를 재형성하려는 노력을 기울이면서, 환경 유방암 운동과 환경정의 활동가들은 현실에 존재하는 과학적 불확실성을 활용해 규제와 정책의 교착 상태를 깨뜨리고 사회적 행동을 촉진해 왔다. 예를 들어 유방암의 환경적 원인에 대한 연구들에서는 상충되는 결과들이 얻어졌지만, 환경 유방암 운동은 이러한 상황을 활용해 산업 생산에 대한 좀더 엄격한 규제를 촉진해 왔다. 환경 유방암 활동가들은 일부 과학자와 규제기관들이 더 나은 데이터와 인과관계의 명백한 증명을 끝도 없이 추구하는 과정에서 공중보건의 기본 원칙 ─ 질병 예방의 중요성 ─ 을 망각했다는 주장을 효과적으로 전개했다. 그 결과 활동가 조직화는 환경 규제에서 예방 원칙precaution-ary principle을 실행에 옮기도록 압력을 가해 왔다. 실천적으로 이는 불확실하지만 환경 내지 인간의 건강에 부정적인 영향을 시사하는 증거가 있을 때, 미래의 해악을 방지하기 위해 규제 행동이 필요하다는 의미를 담고 있다. 예방원칙의 시각은 환경 및 공중보건 정책결정의 동원을 추구한다. 그렇지 않고실행이 과학적 확실성에 지나치게 의존하게 되면 정책결정이 마비되어 버릴수 있다. 아울러 예방 원칙은 위해 평가, 감시, 데이터 생성 활동의 부담을 잠재적으로 해로운 활동 내지 화학적 생산의 수행을 제안한 이들에게로 이전시키는 것을 추구한다(Raffensperger and Tickner 1999). 이러한 방식으로 활동가들은 생활방식과 유전적 위험 요인들에 대한 전통적 탐구뿐 아니라 유방암의 가능한 환경적 병인病因을 좀더 체계적으로 탐구하는 연구를 추진한다.

환경 유방암 운동 단체들은 주류 유방암 과학과 예방 전략을 뒷받침하는 가정들에 도전해 왔다. 예를 들어 그들은 병인 연구에 스며들어 있는 유전자 결정론을 비판해 왔다. BRCA-1 유전자 돌연변이의 발견은 언론의 주목을 집중시켰다. 유전적 위험 요인들은 모든 유방암 발병 사례에서 5~10%를 설명해 줄 뿐이라는 사실이 이후 인정되었는데도 말이다(Davis and Bra-dlow 1995). 활동가들은 게놈이 지난 30년 동안 유방암 발생률의 극적인 증가를 설명해 줄 만큼 빠르게 진화한 것은 아니라는 사실을 올바르게 지적했다. 1964년에 여성이 평생 동안 유방암에 걸릴 위험은 20분의 1이었는데, 지금은 7분의 1이다. 아울러 활동가들은 생활방식과 행동 변수를 강조하며 고령출산이나 식사처럼 여성들에게 통제권이 거의 없는 위험 요인들을 은근히 여성들의 탓으로 돌리는 전통적 연구에 도전해 왔다. 특히 가난한 유색인종 공동체에서 신선한 과일과 채소가 있는 슈퍼마켓은 종종 드물고 멀리 떨어져 있으며, 공동체 구성원들이 그런 식품을 구할 수 있는 지역까지 갈 수 있는 교통수단 역시 드물다. 마찬가지로 개인들은 식품이 불건강한 방식으로 처리되고 가공되었는지 여부에 대해 거의 통제권이 없다. 환경 유방암 운동가들은 정부나 〈미국암협회〉American Cancer Society, 국립암연구소 같은 비영리기구들이 유방조영술을 유방암 예방의 효과적인 수단으로 선전하는 잘못된 메시지를 퍼뜨리고 있다고 비판해 왔다. 활동가들은 일단 유방조영술을 통해 종양이 감지되면 예방은 분명히 실패한 것이 되는 명백한 모순을 폭로했다. 이 활동가들은 과학자 공동체가 유방암의 가능한 환경적 연관성을 철저하게 조사하도록 압력을 넣었다. 가령 환경 속 어디에나 퍼져 있는 내분비저해 화학물질 등이 이에 해당한다(Davis 2002; Rudel et al. 2003).

이와 유사하게, 천식에 대한 환경정의 활동가들의 작업은 과학자들과 규제기관들이 공동체의 오염물질 노출에서 인종적 불공평을 야기하는 ─ 그럼으로써 천식을 악화시키거나 유발하는 ─ 구조적 문제들에 더 잘 대처하도록 압력을 넣었다. 역학 연구는 대기오염과 천식을 연관짓는 증거가 다분히 애매모호하다는 사실을 밝혀냈다. 그러나 수많은 증거들은 현재 아이들에게서 나타나는 천식 증상이 오존이나 미세먼지 같은 대기오염에 노출되면 악화될 수 있음을 보여 주고 있다(Gilliland, Berhane, et al. 2001; Gent et al. 2003; Fauroux et al. 2000; Mortimer et al. 2002). 교통량 연구 역시 인근 주민들의 호흡기 건강에 악영향을 미침을 시사한다(Brauer et al. 2002; Künzli et al. 2000). 디젤 배기가스에 노출돼 호흡기 알레르기가 생길 위험은 강한 유전적 요소를 갖고 있다. 연구자들은 미국 인구 중 최대 50%가 유전적 감수성으로 인해 디젤 대기오염과 관련된 건강 문제를 경험할 위험이 있다고 추정한다(Gilliland, Li, et al. 2004). 마지막으로 최근의 한 연구는 야외에서의 오존 노출이 야외 스포츠 활동에 참가하는 아이들에게 천식을 유발할 가능성이 있음을 시사함으로써 과학자 공동체를 놀라게 했다. 이 연구는 오존 농도가 높은 지역에서 장시간 야외 활동을 하는 아이들이 천식에 걸릴 가능성이 더 높음을 보여 주었다(McConnell et al. 2002). 이러한 영향들은 국가 기준보다 훨씬 낮은 오존 농도에서 관찰되었다.

이러한 과학적 증거와 함께 아동 천식에 관한 공동체의 우려가 높아지면서 활동가들은 천식의 핵심 요인으로 대기오염에 폭넓게 초점을 맞추게 됐다. 그들은 천식의 원인에 대해 더 많은 연구를 추진했고, 동시에 대기 질을 향상시키는 교통 정책을 지지함으로써 예방을 위한 노력을 기울였다. 예를 들어 〈공동체와 환경을 위한 대안〉이 디젤 버스를 공동체 환경보건의 문제로 파악한 이후부터 그들은 대기오염 규제에 협소하게 초점을 맞추기보다는 교통 문제를 좀더 폭넓게 제기해 왔다. 〈공동체와 환경을 위한 대안〉은 "교통체계 인종주의"transit racism를 공격하면서 보스턴에서 매일 버스를 이용하는 대략 36만 6천 명의 탑승객이 차별을 받고 있다고 주장했다. 일명 "빅 딕"Big Dig으로 불리는 도시관통 고속도로 프로젝트에 120억 달러가 넘는 연방정부와 주 정부의 자금이 투입되고 있는 데 반해, 매사추세츠만 교통국Massachusetts Bay Transit Authority, MBTA은 신형 청정 버스를 구입하고 버스 대합실을 짓는 데 1억 5백만 달러를 쓰는 것은 거부했다는 것이었다. 매연을 많이 내뿜는 버스와 높은 천식 유병률을 연결지음으로써 〈공동체와 환경을 위한 대안〉은 교통 지출의 우선순위 문제를 교통, 정의, 인종주의의 문제로 틀짓는 데 성공을 거두었다. 2000년에 〈공동체와 환경을 위한 대안〉이 주도해 만들어진 〈대중교통 탑승자 연합〉Transit Riders' Union은 매사추세츠만 교통국로부터 버스 간 무료 환승을 얻어냈다. 이전까지 버스를 갈아타야 하는 수많은 도심 주민들은 무료 환승이 가능한 지하철보다 더 많은 운임을 내야 했다. 〈공동체와 환경을 위한 대안〉의 교육과 권한강화 노력에서 핵심적인 요소는 이 단체가 시작한 〈록스베리 환경 권한강화 프로젝트〉Roxbury Environmental Empowerment Project, REEP에 반영돼 있다. 이 프로젝트는 지역 학교에서 수업을 하고, 환경정의 학술회의를 주관하며, 자체 인턴 프로그램을 통해 고등학교 학생들을 훈련시켜 학교에서 환경보건 문제를 가르치게 한다.

이와 마찬가지로 〈웨스트할렘 환경행동〉도 디젤 배기가스를 자신들의 공동체가 겪고 있는 과중한 천식 부담의 배후에 있는 주요 요인으로 지목했다. 〈웨스트할렘 환경행동〉은 버스 대합실 유인물 비치, 케이블 텔레비전 공익광고 방영, 우편물 발송 같은 홍보 캠페인을 활용함으로써 대단히 많은 공동체 주민과 공무원들에게 디젤 버스가 천식 발작을 유발할 수 있다는 사실을 알렸다. 그들의 노력은 〈웨스트할렘 환경행동〉과 천식을 줄이기 위한 이 단체의 활동에 대한 대중적 인지도를 높여 주었지만, 언론 캠페인은 디젤 버스에 대한 뉴욕 시 교통국New York Metropolitan Transit Authority, MTA의 정책에서 변화를 이끌어내지 못했다. 이에 따라 〈웨스트할렘 환경행동〉은 2000년 11월에 연방 교통부와 함께 뉴욕 시 교통국에 대한 소송을 제기했다. 그들은 뉴욕 시 교통국이 소수인종 구역에 훨씬 더 많은 디젤 버스 정류장과 주차장을 배치함으로써 인종주의적이고 차별적인 정책을 추진하고 있다고 주장했다.

환경정의 단체들이 천식에 대한 과학적 접근에 제기한 도전은 보건정책에서의 구체적 결과로 이어졌고, 특히 건강 추적, 대학-공동체 협력, 대기 질 규제 강화의 측면에서 변화가 두드러졌다. (〈퓨환경보건위원회〉Pew Environmental Health Commission가 명칭을 바꾼) 〈미국보건트러스트〉Trust for America's Health는 미국이 국가적 건강 추적 시스템을 필요로 하는 주된 이유 중 하나로 천식을 꼽았고, 이러한 접근법에 대해 과학계와 정부에서 많은 지원을 끌어냈다. 그중에는 최근 의회에서 환경보건 추적 법안이 통과된 것과 질병통제센터가 관장하는 그러한 노력을 위해 자금지원을 얻어낸 것이 포함된다. 연방기구들이 후원하는 혁신적 대학-공동체 협력 역시 근래 들어 발전해 왔다. 협력관계의 주된 초점은 천식에 맞춰졌는데, 그 이유는 연구자들과 공동작업을 할 수 있는 강력한 공동체 조직들이 존재했기 때문이다. 마지막으로 환경정의 운동의 힘이 커지고, 환경보건 연구자들이 굳건한 기반을 이루고,

공중보건이 건강의 사회적 차이를 제거하는 데 초점을 맞추면서, 대기 질 향상을 위한 좀더 효과적인 규제 전략 및 정책을 촉진할 수 있게 되었다.

과학에 대한 참여와 수행

환경 유방암 활동가들과 환경정의 활동가들은 도전적인 환경보건의 문제에 답하기 위해, 과학 연구에서 일반인 협력을 촉진하고 제도화하는 혁신적 전략을 개척해 왔다. 예를 들어 환경 유방암 운동 단체들은 정부가 더 많은 유방암 연구를 하도록 압력을 가하고 자기 나름의 과학 연구를 추진하는 데 있어 대단히 효과적인 모습을 보였다. 〈침묵의 봄 연구소〉는 과학 수행과 관련해 이 운동이 거둔 주된 성취를 대변한다. 〈침묵의 봄 연구소〉는 환경보건을 위한 폭넓은 사회운동의 일부로서 자의식을 가진 과학 조직이다. 〈매사추세츠 유방암 연대〉는 운동과 과학을 융합시키고 일반인-전문직 협력을 키우는 임무를 띤 연구소로 〈침묵의 봄 연구소〉를 설립했다. 활동가와 일반인들의 의견제시는 〈침묵의 봄 연구소〉의 제도적 구조에 녹아들어 있다. 〈침묵의 봄 연구소〉는 연구 과정의 모든 수준에서 의견제시 채널을 구조화함으로써 일반인 참여가 과학자들의 지식에 의해 무색해지지 않도록 했다. 이러한 환경은 새로운 사고를 촉진한다. 활동가들이 지배적인 과학 연구의 패러다임이나 방법론에 의해 제약을 받지 않는 해법을 만들어 내기 때문이다. 〈침묵의 봄 연구소〉는 또한 가설, 데이터, 분석을 일반인들에게 공개하는 것을 그 임무의 일환으로 포함하고 있다.

1993년에 롱아일랜드의 활동가들은 다른 저명한 과학자들의 후원을 얻어 유방암 문제에 관한 학술회의를 개최했다. 이 자리에는 질병통제센터, 환경보호청, 국립암연구소가 주요 발표자로 참석했다. 그 결과 국립암연구소를 통해 〈롱아일랜드 유방암 연구 프로젝트〉Long Island Breast Cancer Study Project를 계획하고 지원하는 법안이 통과될 수 있었다. 의회는 유방암의 가능한 환경적 원인에 대한 연구에 연방자금 3천 2백만 달러를 배정했다. 1992년에

〈유방암 행동〉Breast Cancer Action과 〈유방암 기금〉Breast Cancer Fund은 〈전미 유방암 단체연합〉National Alliance of Breast Cancer Organizations과 힘을 합쳐 〈캘리포니아 유방암 연구 프로그램〉California Breast Cancer Research Program의 지원을 받는 연구 제안에 대한 일반인 참여를 추진했다. 이는 국방부의 유방암 연구 프로그램에서 높은 평가를 받은 시민참여에 모델을 제공했고, 환경적 요인에 관한 몇몇 프로젝트가 그 속에 포함돼 있었다.

아울러 환경정의 활동가들은 환경보건 연구에 관한 연방 자금지원 프로그램을 형성하는 데 중심적인 역할을 했다. 이 과정에서 그들은 사회정의라는 관심사에 초점을 맞춘 새로운 연구 프로그램을 개발하는 자문위원회에 참여하고, 환경보건과 정의 문제에 관한 과학 연구를 지원하는 자금 배정을 검토하는 과정에서 역할을 했다. 그럼에도 불구하고, 환경정의 단체들은 많은 자원을 투입하는 역학 연구에 참여하는 것의 위험을 경계하고 있기도 하다. 이러한 연구에 대해서는 공동체가 아무런 통제력을 행사할 수 없고, 그런 연구에서 애매모호한 결과가 나올 수도 있기 때문이다. 예를 들어 〈공동체와 환경을 위한 대안〉은 과학적 증거와 타당성이 필요함을 이해하고 있고, 대기오염과 천식 사이의 연관을 확립하는 것의 장기적 중요성을 인식하고 있다. 그러나 이 단체는 환경정의라는 틀을 활용하고 있기 때문에 과학을 공동체 건강 개선의 일차적 수단으로 여기고 있지는 않다. 과학을 선별적으로 활용하되 과학이 공동체 주민들의 권한을 강화시키는 역할을 해야 한다고 주장하는 〈공동체와 환경을 위한 대안〉의 결정은 이 단체의 천식 관련 활동에서 중심을 이룬다.

하버드 공중보건대학원과 보스턴대학 공중보건대학원에 있는 몇몇 연구자들의 지원은 〈공동체와 환경을 위한 대안〉이 나름의 방식으로 과학의 도움을 얻을 수 있는 기회를 제공하고 있다. 〈공동체와 환경을 위한 대안〉의 대기순찰AirBeat 프로젝트는 지역의 대기 질을 감시하고 대기 질과 병원 내원 사이의 관계를 분석한다. 〈공동체와 환경을 위한 대안〉은 연구자들과 정부

기구들을 동원해 록스베리에 있는 사무실에 모니터를 설치했다. 공동체 구성원들은 또한 이러한 연구의 계획과 실행에 직접 관여하는데, 〈록스베리 환경 권한강화 프로젝트〉 학생들이 공동체 병원들에서 수집된 데이터 유형의 확인에 관여하는 것은 이를 잘 보여 준다. 어떤 단계에서는 〈공동체와 환경을 위한 대안〉이 정량적 결과를 얻어내는 데서 과학자들과 협력한다. 그들은 이런 결과가 대기오염과 천식에 대한 더 나은 이해로 이어질 것을 희망하고 있다. 이 연구의 결과는 대기 중 미세먼지의 농도에 관한 공저 논문으로 나왔고 주요 환경보건 학술지에 발표되었다. 그러나 대기순찰은 다른 방식으로도 유용하다. 〈공동체와 환경을 위한 대안〉은 정부기구와 과학자들이 과정에 참여하는 것에서 정당성을 끌어내고 있다. 가령 대기 감시 결과가 발표되는 기자회견장에 하버드 과학자들과 당시 환경보호청의 1지역 본부장이던 존 드빌러스가 모습을 보인 것은 정당성을 높이는 데 도움이 되었다.

〈웨스트할렘 환경행동〉은 대학에 기반을 둔 과학자들과 함께 일하는 데 있어 〈공동체와 환경을 위한 대안〉보다 훨씬 더 적극적이었다. 그들은 연방정부가 자금을 댄 대학-공동체 연구 협력 — 여기에는 대중에 대한 봉사와 권익옹호 활동도 포함되어 있었다 — 에서 컬럼비아대 공중보건대학원과 파트너를 이뤘다. 그들은 여러 편의 학술지 논문을 발표했고, 2002년에는 권위 있는 『환경보건 시각』*Environmental Health Perspectives*지에서 "공동체, 연구, 환경정의"를 주제로 만든 별쇄호(여기에는 〈공동체와 환경을 위한 대안〉의 실무자들이 쓴 논문도 실렸다)의 편집을 맡았다. 〈웨스트할렘 환경행동〉은 2002년에 "인간유전학, 환경, 유색인종 공동체:윤리적, 사회적 함의"라는 주제의 학술회의를 열었다. 이 학술회의는 국립환경보건과학원, 컬럼비아대 공중보건대학원 소재 국립환경보건과학원 환경보건센터Center for Environmental Health, 그리고 할렘보건증진센터Harlem Health Promotion Center가 공동으로 후원했다. 학술회의는 미국 전역에서 온 공동체 활동가, 정책결정자, 과학자들을 한데 모아 그들이 서로를 교육하고 인간유전학이 유색인종 공동체와 사람들에게 미칠 중대한 윤리적, 법적, 사회적 함의를 다룰 수 있게 했다. 〈공동체와 환경을 위한 대안〉과 〈웨스트할렘 환경행동〉은 모두 자신들이 과학자 동맹군들에게 압박을 가해, 문제를 정의하고 연구와 개입을 설계하는 과정에서 좀더 공동체 지향성을 유지하도록 만들고 있다고 믿는다.

결론

보건사회운동에 대한 연구는 보건의료 시스템을 변화시키고, 사람들의 질환 경험을 바꿔 놓고, 다양한 공동체에서 건강과 질병의 좀더 폭넓은 사회적 결정요인들을 다루는 것을 목표로 하는 혁신적이고 강력한 형태의 정치적 행동에 대해 통찰을 제공한다. 이 글에서 우리는 보건사회운동의 최근 형태 중 하나인 체화된 보건운동이 어떻게 건강의 사회경제적 동인動因들을 투쟁에서 명시적이고 중심적인 것으로 만듦으로써 사람들이 정치화된 질환 경험을 발전시키도록 돕는지를 보였다. 이런 식으로 체화된 보건운동은 국가적, 제도적, 문화적 권위에 도전해서, 사회정책에서 대중참여를 늘리고 규제를 강화하고 의료과학과 공중보건 연구에서 과학지식의 생산과 전파를 민주화하려 한다.

체화된 보건운동은 자신들의 목표 달성을 위해 일련의 전략들을 활용하며 투쟁의 무대를 이전시키는 방식에서도 기민함을 보인다. 체화된 보건운동의 간間부문적 성격은 환경운동처럼 다른 부문을 대상으로 삼는 운동들과 전략적 제휴를 만들어 냄으로써 과학과 정책 영역에 영향을 미치는 능력을 강화시켜 준다. 마지막으로 체화된 보건운동은 폭넓은 전술들을 활용한다. 법률 영역에 관여하고, 공중보건 연구를 형성하며, 의료과학에 대한 새로운 접근법을 촉진하고, 사회구조적 변화와 진정한 질병 예방의 필요성을 부각시키는 창의적인 매체 전술을 구사하며, 산업 생산을 감시하고 규제하는 공공의 힘을 강화하기 위한 정책적 노력을 기울인다.

아마 체화된 보건운동의 가장 강력한 참여 지점은 과학을 민주화하고 지식생산에 대한 대중참여를 강화하려는 그들의 노력일 것이다. 환경정의 운동과 유방암 운동은 모두 자금을 모금하는 데 앞장섰고, 사회적 맥락과 경제적 불공평이 어떻게 공중보건에 영향을 주는지 좀더 목적의식적으로 다루는 새로운 과학 연구 경로를 지원하도록 연방 연구비의 방향을 돌려놓는 데 기여했다(Morello-Frosch et al. 2002). 예를 들어 환경정의 활동가들은 국립환경보건과학원의 환경정의 관련 연구지원 프로그램을 형성하는 데서 중심적인 역할을 해 왔다. 그들은 독성유전체학 연구와 관련된 윤리적 쟁점들을 탐구하는 자문위원회에 참여했고, 환경보건과 정의의 문제에 관한 과학 연구와 공중보건 커뮤니케이션을 지원하는 데 자원이 어떻게 배정되는지를 검토하는 과정에서 역할을 했다. 마찬가지로, 환경 유방암 운동은 유방암에 관한 과학 연구를 진전시키는 일반인-전문직 협력을 이뤄냈고, 이러한 노력들은 국방부의 유방암 연구 프로그램, 국립환경보건과학원 유방암연구 우수센터Centers of Excellence on Breast Cancer Research 프로그램, 그리고 연구비 배정을 결정하는 데 유방암 활동가들의 참여를 보장하는 몇몇 주 프로그램에서 제도화되었다(McCormick, Brown, and Zavestoski 2003). 이러한 의료 과학과 공중보건의 제도적 변화는 지식생산의 민주화를 추구하는 활동가들의 노력을 지지하는 새로운 일군의 과학자들을 양성하는 데 기여했다. 그들은 연방 지원기구의 프로그램 담당관으로, 또 체화된 보건운동 단체들과 협력해 질병의 치료와 예방에서 계속되고 있는 도전에 맞서는 연구자로 역할을 하고 있다.

이러한 긍정적 발전들에도 불구하고, 체화된 보건운동이 과학지식 생산에 주는 이득에는 위험 내지 잠재적 모순이 따른다. 과학적 노력에 대한 참여가 비록 중요하긴 하지만, 이 과정은 그런 노력을 기울이지 않았다면 정치적 조직화와 공동체 조직화로 향할 수도 있었을 에너지와 활동가들의 시간을 잡아먹을 수 있다. 과학 활동에 대한 참여는 운동 단체들 사이에 불화를 가져올 수 있으며, 특히 대학의 연구자들과 협력 하에 활동하는 단체들이 다른 단체들보다 훨씬 더 많은 자원과 제도적 접근권을 얻기 시작할 때 그렇다. 따라서 활동가들이 과학을 수중에 넣기 시작하면 그들은 이전에 비판했던 바로 그 논쟁적 사안과 모순들 중 일부와 직접 맞서야 한다는 사실을 염두에 두는 것이 중요하다. 예를 들어 일부 보건운동 단체들은 자신들의 연구를 후원하기 위해 기업의 자금을 받아도 되는지를 놓고 중대한 의견 차이를 보이고 있다. 이 문제는 단체들이 대형 제약회사로부터 자금을 받을지 여부를 놓고 논쟁을 벌여 온 환경 유방암 운동에서 특히 첨예하게 나타났다. 일부 활동가들은 그러한 기업 자금을 받게 되면 이해충돌 문제를 실제로 일으키거나, 그런 것으로 인식될 수 있으며, 신뢰할 수 있는 방식으로 과학 정보 – 특히 신약 프로토콜을 위한 임상시험에 관한 데이터 – 를 분석하고 전파하는 단체의 신용을 깎아먹을 수 있다고 주장했다. 다른 단체들은 윤리적 난제를 해결해야 한다. 가령 인간의 모유에 계속 나타나는 오염물질의 존재를 분석하기 위해 과학자들과 공동 작업을 하는 아메리카 원주민 집단들이 좋은 예이다. 이러한 연구를 수행하는 과정에서 활동가들은 단지 공동체의 개별 구성원들뿐 아니라 공동체의 요구를 염두에 두고 충분한 정보에 근거한 동의 절차를 발전시키는 것을 추구해 왔다. 그들은 개별적, 집단적 연구 결과를 공동체에 보고하는 적절한 방식을 놓고 협상을 벌여야 한다(Schell and Tarbell 1998). 이러한 도전에도 불구하고, 체화된 보건운동은 자신들의 체화된 질환 경험을 활용해 사회운동이 과학지식 생산에 효과적으로 관여할 수 있는 새로운 경로를 만들어 내는 데 성공했다. 결국 체화된 보건운동은 미국에서 건강과 질병의 불평등한 분포의 원인이 되는 사회경제적·정치적 조건을 변화시키는 방식으로, 사회정책과 규제를 민주화하고 재형성하는 것을 목표로 하는 비판적 대항권위로서 역할을 하고 있다.

10장

대안과학의 전략들

브라이언 마틴

스미스 교수가 학생들에게 : 이번 학기에 우리는 과학의 문화적 모순들을 살펴보았습니다. 해방자로서의 과학과 억압자로서의 과학이라는 모순된 대중적 이미지, 자율적인 과학 연구와 사회적으로 결정된 과학 연구라는 모순된 시각, 공식적 방법으로서의 과학 실천과 국지적인 장인적 활동으로서의 과학 실천이라는 모순된 개념화 등이 이번 학기의 강의 내용이었습니다. 강의를 마무리 지으면서 나는 지금껏 다루지 않았던 대안과학의 전망에 대해 언급하고자 합니다. 과학철학자인 니콜라스 맥스웰은 현존하는 과학이 그가 "지식의 철학"philosophy of knowledge이라고 부른 것을 따르고 있다고 말한 바 있습니다. 지식은 우리가 도달해야 할 목표이며, 이는 그 지식이 어떻게 사용될 것인지에 대한 판단이 없이도 그러하다는 생각입니다. 바꿔 말해 지식은 그 자체로 선이며, 실로 거의 최우선적인 선이라는 것이지요. 이에 대해 맥스웰(Maxwell 1984, 1992)은 그가 "지혜의 철학"philosophy of wisdom이라고 불렀던 대안을 지지했습니다. 이러한 전망에서 과학은 기아, 불평등, 환경파괴, 전쟁, 억압 등과 같이 인류가 당면한 긴급한 문제들을 해결하려는 지향을 갖게 됩니다. 맥스웰은 수많은 과학 연구가 군대와 기업의 자금지원에 의해 움직이고 있고, 세계에서 가장 재능 있는 과학자와 엔지니어들 중 일부가 좀더 정교한 집속탄을 설계하거나 접시를 반짝반짝 깨끗하게 닦는 세제를 만드는 데 노력을 바치고 있는 현실을 지적합니다. 여기서 우리는 또 다른 모순을 보게 됩니다. 객관적 지식 창출을 위해 설계된 시스템인 과학이 실제로는 주로 기득권층에게 유용한 지식을 생산하는 결과를 낳고 있는 모순이 그것입니다.

그러나 대안과학의 전망도 존재합니다. 적정기술 appropriate technology 운동은 효율적인 난로나 관개 펌프처럼 가난한 나라들에서 가난한 사람들을 위해 설계되고 지역에서 생산과 수리가 가능한 기술을 만들어 내려 애써 왔습니다(Darrow and Saxenian 1986). 대안보건 운동은 건강에 대한 비의료적 접근법, 가령 영양공급에 의한 암의 예방과 치료법 같은 연구를 지원해 왔습니다(Johnston 2003). 이러한 사례들은 기술이나 응용 쪽에 치우쳐 있지만, 이번 학기에 이미 보았던 것처럼 과학 연구와 기술 개발은 때로 테크노사이언스 technoscience이라고 불리는 과정 속에서 서로에게 자양분이 되고 서로를 구성하는 데 실제로 도움을 줍니다. 여기서 강조하고 싶은 바는 실제 수행되는 연구가 수행될 수 있었던 연구의 일부에 불과하며, 힘센 이해집단들은 연구의 의제와 결과에 영향을 줄 수 있다는 점입니다. 이번 수업에서 우리는 현존하는 대로의 과학을 공부했지만, "수행되지 않은 과학"이라 부를 만한 숨은 주제도 공부해 볼 수 있습니다(Woodhouse et al. 2002). 맥스웰의 지혜의 철학 중 많은 부분은 이 범주에 들어갈 것입니다.

현존하는 연구는 대안의 어렴풋한 아이디어를 보여 주고 있습니다. 살충제에 관한 연구가 훨씬 많긴 하지만 해충의 생물학적 방제에 관한 연구도 있습니다. 경쟁 시장에 관한 연구보다는 훨씬 적지만, 협동 기업에 관한 연구도 있습니다. 그러나 일부 분야에서는 어떤 대안이 연구되고 있는지조차 모르고 있을 수도 있습니다. 그만큼 통상적인 의제의 지배력이 강하다는 뜻이겠지요.

힘센 집단들은 자신들의 이해관계에 봉사하는 결과물을 얻기 위한 과학 연구에 엄청난 돈을 퍼붓고 있습니다. 그러나 그들이 많은 돈을 투자하는 이유는 과학이 객관적 지식의 원천으로서 갖는 평판 때문이기도 합니다. 이처럼 과학이 지닌 객관성의 이미지가 바로 그 객관성에 대한 가장 큰 위협의 원천이 된다는 것은 과학의 중심 모순 중 하나입니다. 대안과학은 그러한 모순을 체화한 결과입니다.

크리스 [잠시 후]: 제가 잠시 말씀을 드려도 될까요, 스미스 교수님?

교수: 물론이죠.

크리스: 교수님의 수업 '과학의 새로운 문화적 모순'을 정말 재미있게 들었습니다. 수업을 통해 요즘 과학을 둘러싼 사건들의 복잡성과 그러한 복잡성을 탐구하는 데 이론이 어떻게 쓰일 수 있는가에 대해 훌륭한 이해를 얻을 수 있었습니다…….

교수: 고맙군—.

크리스: 하지만 질문하고 싶은 것이 하나 있습니다. 아마 제가 지역 단체인 〈과학 정의〉에 참여하고 있는 걸 알고 계실 겁니다. 요즘 저희는 내년 계획을 세우려고 하는 중인데요, 과학을 참여적이고 평등한 방향으로 바꿔 놓는 데 도움을 줄 운동에 관해 고민하고 있습니다. 제가 궁금한 것은, 수업 시간에 공부한 이론가들이 여기에 대해 무슨 얘기를 해 줄 수 있을까 하는 겁니다.

교수: 글쎄요, 그들은 행동의 맥락을 형성하는 구조적 요인들의 역할을 지적했지요. 정부와 기업들이 언론의 프레이밍을 통해 의제를 설정하는 방식에 관한 통찰력 있는 연구도 있습니다. 그건 분명 과학과 연관이…….

크리스: 하지만 그건 우리가 맞서 싸워야 하는 대상을 더 많이 보여 주는 것인데요. 우리가 뭔가를 바꿔 내기 위해 어떻게 행동해야 하는가에 관한 통

찰은 없을까요?

교수 : 사회운동에 관한 문헌들을 살펴보았나요? 자원동원, 정치 과정 이론, 논쟁의 동역학 같은? 핵심적인 문헌 일부는 독서목록에 들어 있어요.

크리스 : 예, 맨 먼저 찾아본 것이 그거였습니다. 하지만 제가 핵심적인 아이디어를 동료들에게 설명하니까 우리가 하려는 일과 무슨 관련이 있는지 모르겠다고 하더군요. 경험이 많은 동료들이 보기에는 모든 게 너무 추상적이거나 너무 뻔한 내용이었어요.

교수 [잠시 생각하다가] : 이 문제를 좀더 생각해 보면서 몇 가지를 찾아봤으면 좋겠군요. 학생에게 나중에 다시 연락하지요.

크리스 : 고맙습니다.

이 대화는 가상으로 꾸며본 것이지만, 현실적인 문제를 지적하고 있다. 과학에 대한 학술적 분석은 다른 대부분의 학술 연구와 마찬가지로 활동가들에게 직접 해 줄 수 있는 얘기가 거의 없다는 것이다. 지난 반 세기 동안 과학에 대한 분석은 점점 더 정교해졌고, 사회적으로 구성된 지식생산의 본질, 정부, 기업, 전문직 구조의 역할, 그리고 세계화, 규제, 시민운동이 미치는 영향 등을 포함한 복잡성과 모순에 주목해 왔다.

이러한 분석은 많은 강점을 지니고 있다. 이는 과학을 진리이면서 중립적인 그 무엇으로, 또 진보의 필연적인 원천으로 그려내는, 언론과 대중적 담화에서 흔히 볼 수 있는 단순화된 이해를 그 뿌리에서부터 뒤흔들어 놓는다. 이는 과학의 모든 차원들에서 사회적 요인이 하는 역할을 지적함으로써 과학지식, 과학의 실천, 과학의 제도에 대한 대안적 개념으로 통하는 문을 열어준다. 또 이는 많은 사례연구들을 통해 과학에서 권력과 지식이 서로 얽히는 모습을 보여 준다.

그러나 인상적으로 진화해 온 이 학술적 성과는 한계도 지니고 있다. 적어도 그 아이디어들을 행동의 근거로 이용하고자 하는 이들의 관점에서 보면 그렇다. 학술 연구는 종종 이해하기 어렵고 상당한 정도의 훈련과 전문성을 요구한다. 대다수 학술논문의 청중은 대체로 다른 학자들이다. 신참자는 주어진 분야를 이해하는 데 어려움을 겪을 수 있다. 뿐만 아니라 많은 분석들은 실천과의 관련성이라는 측면에서 볼 때 영감을 별로 던져주지 못한다. 결국 그건 분석이지 일단의 성공 사례 모음이나 입문자용 안내서가 아니니까.

학자들과 교사들은 기술결정론의 실체를 폭로하는 데 많은 노력을 기울여 왔지만(Smith and Marx 1994; Winner 1977), 이는 관련된 이론적 쟁점들에 대한 고민 없이 곧장 기술 발전에 대한 문제제기에 나서는 활동가들에게는 대체로 불필요한 것이다. 기술의 사회적 형성을 보여 주는 정교한 분석도 많이 이뤄졌다(MacKenzie and Wajcman 1999; Sørensen and Williams 2002). 그러나 이는 저 바깥 세상으로 나가 실제로 기술의 형성에 일익을 담당하려는 이들에게는 거의 지침이 되어주지 못한다. 권력과 지식에 관한 미셸 푸코의 아이디어는 널리 인용되었지만, 1960년대 이후 페미니스트들과 다른 활동가들은 종종 푸코나 다른 이론가들을 전혀 알지 못하면서도 "개인적인 것이 정치적"이라는 구호에서 압축적으로 표현된 권력과 지식의 쟁점들을 토론하고 직접 겪어 왔다. 솔직히 이렇게 말하고 싶은 유혹이 든다. 학자들은 사회의식에서 나타난 변화를 인식했을 때 사회운동을 이런 변화의 선구자로 인정하지 않고, 동일한 지향을 난해한 이론으로 가장 잘 포착한 학자들을 대신 인용한다고 말이다.

지난 수십 년 동안 나는 인터뷰나 비공식적인 대화를 통해 수많은 활동가들과 이론과 전략에 관한 얘기를 나눴고, 그들 중 학술 저작을 꼼꼼히 읽는 데 시간을 투자하는 사람은 매우 적다는 사실을 이내 알 수 있었다. 많은 활동가들은 당면한 운동 과제에 완전히 몰두해 직접적인 연관이 있는 자료들만 들여다본다. 복잡성과 단서조항들에 관한 논의를 담은, 전문용어로 점철된 논문들은 그들을 위한 것이 아니다. 물론 지적인 작업에 의해 크게 영향을 받은 활동가들도 일부 존재한다. 잘 알려진 페미니스트 저작을 읽고 영감을 얻은 여성들이 그런 예가 될 것이다. 또 활동가 집단에 참여하는 학자-활동가들 — 특히 학생과 대학교수 — 도 있다.

많은 운동들은 단기적인 것으로, 회의나 집회를 조직하거나 정보를 유통시키거나 재정을 조달하거나 내부적 의견차이를 해소하는 것 같은 즉각적이고 실천적인 목표를 가지고 움직인다. 할 일은 너무 많고 일을 할 시간이나 인력은 너무 적다. 대안적 전망을 발전시키고 장기적인 계획을 수립하는 것은 종종 의제에 오르지 못한다.

그렇다면 활동가들이 유용한 자료를 찾아 학술 문헌들을 섭렵하는 것은 시간과 노력을 들여볼 만한 일일까? 활동가들이 어떻게 하면 매일매일의 운동을 좀더 효과적으로 할 수 있는가에 대해 해 줄 얘기가 많은 학자들은 거의 없다. 공장과 사무실을 좀더 효율적으로 만드는 방법에 관해서는 많은 연구가 이뤄졌고, 심지어 노동자들에게 노동을 좀더 만족스러운 것으로 만드는 방법에 대한 연구도 제법 있지만, 활동가 집단에 초점을 맞춘 연구는 거의 없다. 그리고 활동가들이 지적 자원으로부터 가장 큰 도움을 얻을 수 있는 영역 — 대안과 전략 — 은 학자들이 거의 주목하지 않는 영역이다.

수평적 사고lateral thinking의 개념으로 가장 잘 알려진 에드워드 드 보노는 수많은 다른 사고의 도구들도 개발했다(de Bono 1992). 그중에는 사고를 여섯 가지 범주로 나누는 "여섯 색깔 사고 모자"six thinking hats라는 것이 있다. 이에 따르면 흰색 모자는 정보를, 검은색 모자는 비판적 분석을, 빨간색 모자는 감정적 반응을, 녹색 모자는 창의적 아이디어를, 노란색 모자는 낙관적 태도를, 파란색 모자는 사고의 관리를 각각 다룬다(de Bono 1986). 대다수의 학술 연구가 흰색과 검은색 모자, 즉 정보와 비판적 분석에 관한 것이라는 사실은 금방 알 수 있다. 나는 수많은 세미나에서 새로운 아이디어를 발표해 보았는데, 가장 흔한 반응은 더 많은 정보 요청(흰색 모자)과 비판적 논평(검은색 모자)이다. 누군가가 그 기회를 이용해 좀더 과감한 아이디어를 제시하는 경우(녹색 모자)는 매우 드물다. 여기서 내가 내린 결론은 학자들이 비판에서 안전성을 추구한다는 것이다. 다른 사람의 연구를 비판적으로 분석하는 것은 역공의 위험을 최소화하는 반면, 새로운 아이디어를 제시하는 것은 거의 필연적으로 한계를 지닐 수밖에 없어 다른 이들의 비판에 스스로를 노출시키게 된다. 만약 그 다른 이들이 논문의 심사위원이라면, 당신의 논문은 출간되지 못할 수도 있다. 결국 검은 모자 문화는 스스로를 재생산한다.

드 보노(de Bono 1995)는 진리를 얻는 방법으로서의 비판(검은 모자 접근법)은 증거와 논증의 약한 부분을 도려내어 견고한 지적 내용물의 핵심을 드러낼 때 효과를 발휘한다고 지적했다. 이는 쿤의 정상과학과 유사한 "정상 사회과학"normal social science에서는 잘 작동할지 모르지만, 다른 대안적 구성물이 존재할 때 – 특히 지식이 의도적으로 창출될 때 – 앞으로 나아가는 방법은 아니다. 이 지점에서 비판이 다른 모든 지적 도구들보다 더 높은 지위로 부상하게 된 배경에는 탈현대주의가 갖는 해체deconstruction에 대한 집착이 작용했다는 점을 언급해 둘 필요가 있겠다.

이 글에서 나의 계획은 드 보노의 녹색 모자와 노란색 모자의 정신에 따라 모델과 전략을 찾는 것이다. 나는 먼저 대안과학의 전망을 보여 주는 표본을 골라낸 후, 이러한 대안들을 지향하는 선별된 전략들을 살펴볼 것이다. 그리고 이 과정에서 사람들이 할 수 있는 상이한 역할들을 탐구할 것이며, 마지막으로 국방기술에 대한 사례연구를 통해 이러한 아이디어가 실제로 어떻게 적용될 수 있는지 보여 주려 한다.

이 분야에서 가장 헌신적인 몇몇 비판적 사상가들과 함께한 자리에서 이러한 사안들을 논하는 것에는 일정한 긴장이 따른다. 나의 의도는 학술 연구를 비판하는 데 있는 것이 아니다. 결국 나 자신도 그런 연구를 많이 했으니 말이다. 이 글의 의도는 학자들과 활동가들이 모두 탐구할 수 있는 모종의 영역에 대해 주의를 환기시키는 데 있다. 앞서 많은 학술 저작들이 제한적인 접근가능성만을 갖는다고 지적했던 나 자신의 논평과 궤를 같이해, 이 글은 평이하고 명료하게 써나가려 한다. 이 글의 독자들이 글의 주장을 더 날카롭게 다듬는 데 도움을 줄 것을 알기 때문이다. 검은색 모자도 나름의 기능이 있는 것이다! 나는 독자들이 읽기 어려운 논문 요약문의 저자가 좀 더 읽기 쉬운 요약문의 저자보다 연구 능력이 더 뛰어나다고 생각한다 — 설사 두 요약문의 내용이 동일한 경우에도 — 는 점을 시사하는 연구(Armstrong 1980)를 알고 있다. 그러나 나는 이러한 다소의 불이익을 감수하더라도 글을 명료하게 쓰는 것을 목표로 할 것이다.

대안과학의 전망들

대안과학에 대해 말하는 것은 유토피아적으로 보일지 모른다. 현재의 과학 제도들이 너무나 굳건하게 뿌리를 내리고 있어 바꾸기가 어렵기 때문이다. 여기서 과학은 역동적이며 외부로부터의 압력에 반응을 보인다는 점을 기억해 두면 유용하다. 자금의 유입은 연구 방향의 변화로 이어질 수 있고 실제로도 그런 일이 생긴다. 현재의 시스템에는 정부, 기업, 전문직이 과학에 미치는 지배적 영향력이 굳건하게 뿌리를 내리고 있다. 이는 민중을 위한 과학을 한낱 희망사항으로 보이게 만든다.

그러나 좀더 자세히 살펴보면 상당수의 과학 연구는 "민중을 위한" 것으로 해석될 수 있다. 많은 연구는 직간접적으로 실용적 응용에 의해 추동되며, 많은 응용들은 직물, 칫솔, CD, 절연재, 자전거의 경우처럼 대체로 유익하거나 무해하다. 그러한 제품들과 연관되어 있는 운동학 이론이나 광학 같은 일반적 과학 중 많은 것은 문제의 원천이 아닌 듯 보인다. 문제가 좀더 분명하게 "정치적"으로 바뀌는 것은 군사무기, 유전자변형 작물, 감시장치 같은 경우처럼 응용을 둘러싼 논쟁이 있을 경우다. 그러한 기술에 의해 추동되거나 그 일부로 통합된 과학 역시 마찬가지다.

대안과학에는 많은 가능한 전망들이 있기 때문에, 대안과학들이라고 부르는 것이 좀더 정확할지도 모르겠다. 가능성에 대한 예시를 위해 여기서는 네 가지 사례를 들겠다.

1. **민중을 위한 과학(합리적 판본).** 버널(Bernal 1939)은 사회에 봉사하는 과학의 모습을 그렸다. 이 전망에서는 계몽된 합리적 정부가 사회에 가장 큰 이득을 줄 수 있는 분야로 과학 연구의 방향을 이끌게 된다. 이는 사회주의 모델이라고 부를 수 있다. 만약 "사회주의"라는 개념을 독재체제와의 연관성에서 떼어내, 정부가 진정으로 민중의 필요에 봉사하며 동시에 과학을 자신들의 목적에 맞게 형성하려 하는 특수 이해집단들 ― 기업, 교회, 전문직 ― 을 그 아래 둘 수 있는 정체政體를 의미하는 용어로 사용할 수 있다면 말이다.

이는 철저하게 기술관료적인 전망이다. 관리자와 전문가들이 많은 권력을 가지며, 이는 전적으로 국민의 이익을 위해 사용될 것으로 가정된다. 합리적 정부는 이윤과 통제를 위한 연구를 추구하는 대신 가장 폭넓은 의미에서의 인간 복지에 우선순위를 둘 것이다. 예를 들어 제조 기술은 실용적인 제품들을 안전하고 의욕을 주는 노동 조건에서 생산하도록 개발될 것이다. 교통 시스템은 비용, 접근의 공평성, 안전성, 환경적 영향, 편의성을 균형 있게 고려해 개발될 것이다.

2. **민중을 위한 과학(다원주의 판본).** 이 전망에서 과학자들은 시민들로부터의 감독과 압력에 따라 사회적으로 적절한 연구개발을 수행한다. 연구 의제는 기업과 정부의 명령과 사고방식에 지배되는 대신, 진정한 사회적 필요와 연결된 개인이나 집단이 표현하는 폭넓은 사회적 우선순위에 의해 형성된다. 사회의 복지는 상층으로부터의 합리적 평가를 통해서가 아니라 기층 grassroots으로부터의 다양한 공식적·비공식적 영향의 통로에 의해 확보된다. 그런 통로에는 과학자들과의 직접 접촉, 자문기구와 자금지원기구에 대

한 시민참여, 과학자의 훈련과정에 대한 시민의 의견개진, 대중매체와 대안 매체를 통해 진행되는 사회적·과학적 우선순위에 관한 공공논쟁에서의 폭넓은 참여, 공식적인 연구 계획과 평가의 과정에 대한 시민참여 등이 포함된다. 그 결과는 과학의 사회적 형성에 대한 대대적 시민참여로 나타나지만, 여기서 어떤 하나의 목소리가 공공논쟁을 지배하는 것은 보증되지 않는다. 따라서 과학은 다수의 목소리에 반응을 보이게 되어 다양성과 유연성이 나타난다.

3. **민중에 의한 과학.** 이 전망에서는 연구가 전문 과학자에 의해 수행되지 않고, 시민들 자신이 과학자가 된다. 많은 시민들은 생애의 일정 기간 동안 연구 활동에 참여하게 될 것이다. 〈민중을 위한 과학〉[1]은 문화대혁명기 중국의 과학에 대한 유토피아적 묘사에서, 농부와 노동자들이 연구 문제를 정하고 해법을 제안하는 데 어떻게 관여했고 과학자들이 어떻게 일반인들이 가진 문제를 지향하게 되었는지를 그려냈다(Science for the People 1974). 중국 과학의 이러한 이미지가 비현실적인 것이라는 데는 의문의 여지가 없지만, 그럼에도 이는 스스로 관리하는 과학, 즉 전문 과학자들이 수행하는 민중을 위한 과학이 아닌, 민중에 의한 과학의 전망을 제시해 주었다. 민중에 의한 과학은 대중참여를 기대할 수 있도록, 또 그것이 더 쉬워지도록 하기 위한 교육과 과학적 방법의 근본적 재구조화를 함축한다. 이는 인터넷의 이용가능성이 확대되면서 정보 검색이 민주화된 방식에서 유추해 볼 수 있다.

4. **시민이 만들어 낸 세상에서 형성된 과학.** 만약 과학이 그 속에서 개발과 응용이 이뤄지는 사회에 의해 형성된다면(MacKenzie and Wajcman 1999), 지금과 다른 세상은 다른 과학으로 이어질 가능성이 높다(Martin 1998). 노

---

1. [옮긴이] 여기서의 〈민중을 위한 과학〉은 고유명사로, 1970년대부터 1980년대 초까지 주로 활동했던 미국의 급진과학운동 단체의 이름이다.

동자와 지역공동체가 무엇을 어떻게 생산할지 직접 결정하는 세상, 지적 산물이 소유의 대상이 되기보다는 자유롭게 공유되는 세상, 혹은 에너지 시스템이 지역적으로 생산되고 관리되는 지역의 재생가능 에너지원 중심으로 건설된 세상에서는 과학의 우선순위가 크게 달라질 것이다. 이러한 대안과학의 전망에서 핵심은 사회가 조직된 방식에 있다. 여기서 조직의 형태는 지역 수준에서의 광범한 참여를 통해 "시민이 만들어 낸" 것으로 간주된다.

이러한 전망들 각각이 오늘날의 과학과 극적으로 다르긴 하지만, 현존하는 과학에서도 각각의 전망에 해당하는 요소들을 찾아볼 수 있다. 민중에 봉사하는 목표를 가진 합리적 계획을 중심에 둔 전망 1의 양상들은 일부 대학 연구, 일부 정부 연구, 심지어 일부 기업 연구에서도 볼 수 있다. 에너지 효율, 영양공급을 통한 질병 예방, 인간중심적 생산, 장애인 보조를 위한 연구 등이 그런 사례에 속한다. 사회적으로 적절한 연구의 목록은 얼마든지 더 만들어볼 수 있을 것이다. 연구에서의 합리성과 이타주의는 서로 양립가능하다.

연구에 다수의 영향력이 작용한 결과물로서의 민중을 위한 과학에 해당하는 전망 2가 가장 두드러진 곳은 서로 경쟁하는 집단들이 연구 의제에 영향을 미치려 노력하는 논쟁적 정책 영역이다(Primack and von Hippel 1974). 정책들이 도전을 받고 논쟁의 대상이 되면, 이는 어떤 단일한 영향력이 연구에 대해 주도권을 쥐고 있지 않다는 신호이다. 기후변화에 대한 논쟁은 이 분야에서 막대한 양의 연구로 이어졌고, 그 결과는 다시 진행중인 논쟁에 투입되었다. 에이즈 연구는 에이즈 활동가들에 의해 촉진되고 부분적으로 형성되어 왔다(Epstein 1996). 과학에 대해 시민들이 좀더 일상적으로 의견을 개진하는 다양한 수단들도 존재한다. 네덜란드와 그 외 국가들에 있는 과학상점(Farkas 1999), 덴마크기술위원회와 그 외 지역들에서 쓰이는 합의회의(Fixdal 1997), 무작위 선발된 시민들로 구성된 정책배심원(Carson and Martin 2002) 등이 그런 사례들이다.

민중에 의한 과학을 보여 주는 전망 3은 아마추어들이 중요한 역할을 하는 천문학 같은 몇몇 주류 과학 분야들에서 찾아볼 수 있다(Ferris 2003). 이는 또 시민집단이 지역의 환경문제와 같이 자신들의 삶과 직접 관련된 프로젝트를 수행하는 공동체 연구에서도 볼 수 있다(Murphy, Scammell, and Sclove 1997; Ui 1977). 민중에 의한 과학은 종종 과학으로 간주되는 것의 유일한 소유자가 되는 데 이해관계를 지닌 전문 과학자들의 경계작업에 의해 그 존재 자체가 부정되기도 한다(Gieryn 1995).

시민이 형성한 세상에 의해 형성된 과학을 가리키는 전망 4는 대중의 노력이 연구 의제를 변화시킨 곳이라면 어디서든 찾아볼 수 있다. 직업보건과 안전을 위한 운동은 연구의 우선순위 변화로 이어졌다. 이러한 운동 대부분이 연구 의제가 아닌 당면한 쟁점에 초점을 맞추었는데도 말이다. 그에 못지않게 중요한 것은 연구가 줄어든 분야이다. 핵발전 반대 운동의 성공은 핵 관련 연구의 감소에 기여했고, 초음속 여객기를 좌절시킨 운동은 관련된 많은 연구의 중단으로 이어졌다.

전략들

네 개의 전망들 각각은 대안과학을 만들어 내기 위한 폭넓은 전략들과 연결될 수 있다. 많은 가능한 전략들 중에서 나는 네 가지만 생각해 보려 한다. 이 전략들은 각각 전망 1~4와 분명하게 연결되어 있지만, 어느 하나의 전망을 추구하는 데 한정된 것은 아니다.

전략 1은 국가 주도하의 과학의 변형이다. 이는 전통적인 사회주의적 접근법으로, 혁명을 일으키거나 좀더 점진적인 방식으로 사회주의 정당이 선거에서 승리해 국가에 대한 통제권을 손에 넣은 후 사회주의 사회를 가져올 정책을 실행하는 것이다. 이 전략은 두 가지 형태 모두에서 실패했다는 인식이 일반적이다. 대부분의 사회주의 국가들은 몰락했고, 선거를 통해 정권을 잡은 대다수의 사회주의 정당들은 자본주의에 적응해 버렸다(Boggs 1986). 하지만 좌익 정당을 지지하고 그 속에서 진보적 정책들을 추진하는 데 많은 시민들의 노력이 투자되고 있음을 감안할 때 이 전략은 여전히 중요하다.

상층으로부터 자본가들이 주도하는, 다른 과학의 변형도 생각해 볼 수 있다. 공익에 높은 우선순위를 두는 경영자들이 기업을 장악해 식민화하는 아이디어이다. 그러한 전략을 상상이라도 해본 활동가는 극히 적으며 그런 전략의 실현을 위해 노력을 전개하는 사람은 그보다 더 적다. 대기업들은 그 구조에 있어 권위주의적이며 시민이나 노동자들의 의견개진을 위한 공식 창구가 거의 없다. 이는 대의제 정부 시스템이 최소한 참여의 외양이라도 갖추려 하는 것과 대조된다. 만약 전략 1을 상의하달식의 과학 변형으로 재정의한다면, 자본가 주도의 변형은 전략 1C, 국가 주도의 변형은 전략 1S, 전문직 주도의 변형은 전략 1P로 이름 붙일 수 있다. 전략 1C를 너무 쉽게 기각해 버려서는 안 된다. 기업부문에도 자본주의를 좀더 인간적인 시스템으로 변형시키는 것을 추구하는 몇몇 선각자들이 있기 때문이다(Soros 2002; Turnbull 1975).

전략 1은 개인에 의해 채택되거나 개인에게 있어 무의식적인 행동의 길잡이 역할을 할 수 있다. 가령 기업이나 정부를 위해 일하면서 어떤 외부의 단체와 연결되어 있지도 않고 사회운동과 명시적인 친화성을 갖고 있지도 않은 과학자의 경우를 생각해 보자. 그런 과학자는 연구 프로젝트를 선택하거나 연구의 평가를 수행할 때, 과학은 공익에 봉사해야 한다는 믿음에 비추어 결정을 내리는 선택을 할 수 있다. 예를 들어 생명공학자는 더 적은 살충제를 필요로 하는 유전자변형 작물을 연구하겠다고 결심할 수 있고, 무기 연구자는 장기적인 환경적 영향을 감소시키는 설계를 연구할 수 있으며, 자동차 엔지니어는 운전자의 피로를 줄여 주는 방법을 찾아나설 수 있다. 마찬가지로 그런 과학자들은 다른 이들의 연구를 평가할 때도 권력을 가진 특권 집단이 아니라 "민중" 내지 도움을 가장 필요로 하는 사람들에게 더 나은 선택지에 우선순위를 부여할 수 있다. (아울러 이 책의 6장도 참조하라.)

조직 내부의 과학자들은 그런 선택을 하면서 자신들에게 주목이 쏠리게 하지 않아도 된다. 연구자들이 동원할 수 있는 해석적 유연성 때문에 그런 선택은 인간에 대한 고려라는 측면에서 주장을 할 필요 없이 효율성, 비용, 단순성 같은 합리적 근거로도 정당화가 가능하다. 만약 어떤 조직에서 명시적으로 사회의 복지를 적절한 기준으로 받아들인다면 공익에 봉사하는 선택을 정당화하기는 훨씬 쉬워진다.

이 모든 일은 사회운동이나 권력에 봉사하는 과학에 대한 대안을 설파하는 이들과 분리된 상태에서 일어날 수 있다. 관련 운동이 존재하는 경우라면 과학자들은 자신들이 하는 일의 어두운 측면을 알게 될 가능성이 좀더 높다. 생명공학자들은 토착민들로부터의 유전자원 착취를 깨달을 수 있고, 군사 연구자들은 무기와 전쟁이 미치는 파괴적 효과를 인식할 수 있으며, 자동차 엔지니어들은 자동차 보급이 환경과 인명에 미치는 피해를 알게 될 수 있다. 과학자들은 그처럼 피해를 주는 영역에서 빠져나와 대안적 접근으로 옮기는 길을 선택할 수 있다. 종종 그런 선택이 개인의 경력에 큰 손실을 입힌다고 하더라도 말이다. 만약 충분히 많은 과학자들이 변화를 추구하고 충분히 많은 정책결정자와 연구 관리자들이 변화를 수용하거나 촉진할 의향이 있다면, 이는 전망 2와도 양립가능할 것이다. 즉, 연구 의제가 폭넓은 사회적 우선순위들에 반응하는 것이다.

전략 2는 압력단체에 의한 과학의 변형이다. 여기에는 가령 유전자변형 작물 연구에 반대하는 운동이나 가난한 나라에 흔한 질병들을 치료하는 값싼 의약품 개발을 촉구하는 운동 등이 포함된다. 페미니스트, 환경운동가,

지역 단체, 그 외 많은 사람들이 일익을 담당할 수 있다. 이 전략이 성공하려면 연구를 공익적 방향으로 끌고갈 만큼 충분히 많은 압력단체가 기층에 존재해야 한다. 이 때 "공익"은 압력단체들 간의 차이로 인해 다면적이고 변화가능한 대상이 될 수 있다. 오늘날 시민운동은 많은 국가들에서 일상적인 것이 되었지만, 그럼에도 과학 연구의 우선순위에 대해 시민들이 직접 압력을 행사하는 일은 상대적으로 드물다. 전략 2는 이런 압력의 대대적인 확장을 의미한다.

이 전략의 한계는 압력단체들이 도움을 가장 필요로 하는 사람들을 균형 있게 대변하는 경우가 드물다는 데 있다. 권력계층은 영향력 있는 압력단체를 갖고 있는 반면, 취약계층은 이를 거의 혹은 전혀 갖지 못하는 것이 현실이다. 스포츠에 비유해 보자면, 압력단체 팀들은 공정한 경기장에서 경쟁하는 것이 아니며, 일부 팀들은 아예 경기를 뛰지도 않는다. 이를 다시 다르게 표현해 보면 다원주의 정치는 제도적으로 편향된 정체 속에서 작동한다고 말할 수 있다.

전략 3은 참여적 과학의 대안을 생활에서 실천하는 것이다. 상층으로부터 변화를 꾀하거나 상층에 있는 사람들에게 압력을 가해 변화를 일으키려 하는 대신, 이 접근법은 직접적인 방식을 취한다. 곧장 민중에 의한 과학 수행을 시작하는 것이다. 이에 해당하는 사례로는 천문학이나 식물학 같은 몇몇 분야들에서 아마추어 과학자들의 활동을 들 수 있다. 공동체 연구 운동은 전략 3에 가장 가깝다. 시민들이 때로 뜻을 같이하는 과학자들과 협력해, 환경정의 문제에 대한 대응에서 보듯 자신들의 관심사와 직접 관련된 프로젝트를 수행하는 것이다. (때로 이러한 시도는 전문 과학자들에게 영향을 미친다. 가령 환자들이 특정 질병에 대해 의료계의 정설과는 다른 개념을 내세울 때 그렇다[Kroll-Smith and Floyd 1997]. 이는 전략 2와 3의 혼합이다.)

이러한 시도들은 여러 가지 목적을 충족시킨다. 참여자들에게 과학 연구의 과정과 과학의 정치에 대한 통찰을 주는 강력한 학습 경험을 제공하며, 전문직 종사자가 아닌 사람도 지식에 유용한 기여를 할 수 있음을 보여주는 과시 효과도 갖는다. 원칙적으로 이는 과학의 점진적 탈전문직화의 기반이 될 수 있다. 이 전략의 한계는 시민들의 과학에서 볼 수 있는 소규모 시도들이 너무나 쉽게 주변화된다는 것이다. 전문직 종사자들은 자신들의 분야에서 활동하는 아마추어를 무시하거나 묵인하거나 깎아내리는 등의 태도를 취할 수 있지만, 그 어느 경우에도 중요한 특권을 양보하지는 않는다. 매우 성공한 시민 연구라 하더라도 수십억 달러가 들어가는 전문 연구 사업에는 거의 영향을 못 미치는 것이 보통이다. 한 가지 두드러진 예외로는 공동작업에 대한 자발적 기여 위에 세워진 오픈소스open source 운동이 있다. 오픈소스 소프트웨어는 단시간 내에 독점 소프트웨어에 대한 중대한 도전이 되었고(Moody 2002), 일각에서는 오픈소스 모델을 대안적 생산방식으로 보기도 한다.

전략 4는 과학이 수행되는 조건을 변형시키는 사회 변화를 위한 풀뿌리 역량의 강화에 해당한다. 이는 전망 4를 실제 과정으로 전환시킨 것이다. 여기에는 개인적 관계, 노동조건, 생산되는 제품, 에너지 시스템, 그 외 일군의 다른 영역들에서 중대한 변화를 일으키는 매우 다양한 사회운동들이 포함된다. 이와 같은 변화들은 필연적으로 과학의 내용과 실천에 영향을 미칠 것이다.

평화운동은 대다수의 핵무기 시험을 종식시키는 데 결정적인 역할을 했고, 이는 다시 시험과 관련된 핵무기 연구의 감소로 이어졌다. 환경운동은 전세계에서 자신들이 품은 우려를 의제에 올려 놓았고, 많은 분야들의 연구에 폭넓게 걸치는 파급효과를 낳았다. 이런 과정은 훨씬 더 멀리까지 뻗어나갈 수 있다. 만약 평화운동이 핵무기 폐지에 성공을 거두었다면 특정한 형태의 핵 관련 지식은 약화될 수도 있었을 것이다(MacKenzie and Spinaldi

1995). 만약 환경운동이 가령 산업형 농업을 유기농으로 대체하거나 자동차 중심의 교통 시스템을 보행자, 자전거 이용자, 공공 교통수단에 대한 도시계획으로 대체하는 식으로 실질적인 제도 개혁을 이뤄낼 수 있었다면 연구 의제는 좀더 극적으로 변화했을 것이다.

좀더 협동적이고 평등주의적인 대인관계로의 이전 – 일부 페미니스트나 그 외 다른 사람들이 추구하는 목표 – 은 과학의 에토스를 바꿔 놓을 것이고, 소수의 엘리트 과학자들이 연구의 방향에 대해 터무니없이 큰 영향력을 행사하는 연구의 위계를 침식할 것이다(Blissett 1972; Elias, Martins, and Whitley 1982).

이 전략의 한계는 과학에서의 변화를 이차적인 결과물로 좌천시키는 데 있다. 다른 영역에서의 변화가 먼저고 그런 연후에야 과학에서의 변화를 기대할 수 있다는 것이다. 이는 문제가 되지 않을 수도 있다. 과학이 현재의 사회 구도에서 중요한 물질적·이데올로기적 역할을 하고 있다는 점만 뺀다면 말이다. 변화의 과정에 도움을 주기 위해서는 대안사회를 지향하는 연구 개발이 지금 당장 필요하다.

이 네 가지 전략들은 전혀 새로운 것이 아니며, 과거에 잘 다져진 정치적 경로들을 요약한 것에 가깝다. 전략 1은 사회주의와 사회민주주의가 흔히 취하는 경로이다. 전략 2는 아래로부터 개혁을 일으키는 잘 알려진 접근법이다. 대안을 직접 생활에서 실천하는 전략 3은 무정부주의자, 직접행동주의자, 간디주의자, 그 외 다른 이들의 철학을 반영하고 있다. 때로 이는 "사전형상화"prefiguration라고 불리기도 한다. 현재 실천되고 있는 대안은 사람들이 희망하는 미래를 모델로 하면서 그것이 가능함을 보여 주고 있기 때문이다.

전략 4는 "혁명 이후"라고 부를 수 있다. 전통적인 맑스주의의 분석과 실천에서는 계급모순이 가장 높은 우선순위를 차지했고 다른 쟁점들은 자본주의의 전복이 이뤄진 이후로 미뤄졌다. 이에 대해 페미니스트들은 가부장제는 자본주의적 지배에 종속된 것이 아니라고 주장하며 반대했고, 다른 이들 역시 맑스주의에서 전제하는 억압의 위계에 이의를 제기하고 나섰다. 전략 4를 과학에 적용하면 과학에서의 변화는 다른 곳에서의 변화가 일어날 때까지 내버려 둘 수 있다고 가정하는 것이 된다.

과학에서의 변화를 위한 네 가지 전략을 사회 변화를 위한 좀더 폭넓은 전략들과 연결시키는 것은 새로운 이해를 가능케 하는 측면이 있지만, 여기에는 위험도 따른다. 많은 사람들은 사회주의, 개혁주의, 무정부주의, 혁명 이후주의 등으로 분류되거나 심지어 그것과 연관되는 것 자체를 불편하게 생각하거나 불쾌하게 여길 수 있다. 이러한 꼬리표는 서로 다른 형태의 행동을 그 자체로 평가하는 것을 방해하는 온갖 종류의 함의를 갖는다. 앞서 언급한 것처럼 과학자와 비과학자들은 서로 다른 다양한 방식으로 작업을 할 수 있는데, 반감을 자아낼 수 있는 꼬리표를 여기 갖다 붙이는 것은 생산적이지 못한 결과를 초래할 수 있다.

그러나 다른 한편으로, 대안과학의 전략들과 사회 변화를 위한 좀더 폭넓은 전략들 간의 연결을 지적하는 것은 유사한 강점과 약점에 주목하게 한다는 점에서 가치가 있다. 만약 당 지도부가 자본주의 시스템의 포로가 되어 버리는 것이 사회민주주의 전략의 약점이라면, 국가 주도의 과학 변형 전략에서도 이와 유사한 약점을 찾아볼 필요가 있다. 그러나 사회민주주의가 자본주의적 사회관계를 대체하는 애초의 기대를 충족시키지 못했다는 이유로 이러한 과학 전략을 송두리째 부정하는 것은 현명하지 못한 판단이다.

각각의 전략은 대안과학을 만드는 데 기여하려는 개인들에게 하나의 길잡이로 쓰일 수 있다. 과학자들은 공익에 대한 자기 나름의 판단에 근거하거나 대중운동에 반응해서 직접 행동에 나설 수 있다. 시민들은 과학자와 과학 정책결정자들에게 압력을 가할 수 있다. 그들은 스스로의 힘으로 공동체 연구 프로젝트를 추진하거나 여기에 힘을 보탤 수 있다. 그리고 그들은 연구 의제를 형성할 수 있는 사회 변화를 일으킬 능력을 갖춘 사회운동에 참여할 수 있다.

여기서 나는 이러한 전략들을 특정한 응용을 통해 평가해 볼 필요가 있다고 생각한다. 전문용어를 써서 표현하자면, 전략들은 이론적 결론이 아닌 "실천적 성취"이다. 무슨 일을 해야 할지 모색중인 사람들은 이러한 전망과 모델 전략들을 살펴봄으로써 아이디어를 얻을 수 있다.

이것이 어떻게 적용되는지 보기 위해 아래에서는 국방기술을 사례연구로 제시하려 한다. 이는 일종의 응용 분야로, 좀더 기초적인 연구와도 연결되어 있다. 응용 분야를 선택한 이유는 이곳에서 사회운동이 좀더 활발하고, 따라서 각각의 모델과 전략들도 잠재적 연관성을 가질 것이기 때문이다. 위상기하학이나 핵합성nucleosynthesis을 활동 목표로 삼는 활동가들은 현장에 드물지 않은가. 내가 가진 목표는 사례연구를 통해 대안과학 일반에 적용할 수 있는 다소의 통찰을 끌어내는 것이다. 기후변화나 생명공학처럼 논쟁이 되고 있는 다른 분야의 사례들 역시 마찬가지로 적용이 가능할 것이다.

국방기술

전세계 과학자와 엔지니어들 중 상당수는 군산복합체에서 일하며, 해당 연구는 해양학, 제어공학, 집단심리학 등 자연과학과 사회과학의 거의 전 분야를 아우른다(Mendelsohn, Smith, and Weingart 1988; Smith 1985). 따라서 군사 연구개발은 전망과 전략들을 평가해 볼 수 있는 좋은 영역이 된다. 이는 과학기술이 정해진 목표 — 이 경우에는 국방 — 에 비추어 평가되는 응용 분야 연구개발의 전형적인 사례에 해당한다. 그러나 다른 한편으로 군사 연구개발은 국가의 명령에 의해 추동된다는 점에서 전형에서 다소 벗어나 있다. 여기서는 시장 요인에 의해 추동되는 연구개발 분야들에 비해서 비용은 문제가 덜 되기 때문이다.

대안과학의 전망을 탐구함에 있어 즉각적으로 제기되는 문제가 있다. 국방기술의 미래를 놓고 서로 경쟁하는 전망들이 있다는 것이다. 그중 하나는 더욱 향상된 기술에 의해 힘을 통한 평화를 성취하는 것이다. 이와는 다른 전망으로 민간인 피해자를 최소화하도록 무기를 설계하는 길이 있으며, 또 다른 전망으로 방어를 위해서는 쉽게 쓸 수 있지만 공격에는 쓰기 어려운 무기를 설계하는 방법도 있다. 그리고 또 다른 전망에는 무기 자체를 아예 철폐하는 길도 있다. 이 글에서의 내 목적에 비춰 볼 때, 여기서는 논의의 종점이 아닌 방향만을 지시하는 것으로 충분해 보인다. 즉, 인도주의적인 대안 국방과학은 사상자를 감소시키고, 환경에 미치는 피해를 줄이며, (공격이 아닌) 방어를 더 지향하고, 안보를 달성하고 분쟁을 해소하는 비군사적 수단들에 대한 지향을 강화해야 한다는 것이다. 이는 대안과학의 네 가지 전망들, 그리고 연관된 전략들 각각을 평가하는 충분한 틀을 제공한다.

전망 1은 정책결정자와 과학자들이 합리적 근거에서 민중을 위해 수행하는 과학이다. 새로운 무기 시스템의 생산을 위해 엄청난 규모의 연구개발 노력이 지속되고 있음을 감안하면, 이는 버림받은 희망처럼 보인다. 강대국 군대들이 전쟁을 수행하는 더욱 강력하고 효과적인 수단의 개발을 추구하고 있다는 것은 잘 알려진 사실이다. 일단 그런 수단이 개발되면 다른 나라의 군대들도 이러한 무기를 개발하거나 획득하기 위해 그 뒤를 따른다. 그러나 군사적 개발의 전반적인 내부동학이 전망 1과 정면 충돌하는 것처럼 보임에도 불구하고, 이 전망에 해당하는 요소들은 작동하고 있다. 많은 정부 지도자들은 군사적 경쟁에 반대하는 의미 있는 입장들을 취해 왔다. 예를 들어 상당수의 정부들은 자발적으로 핵무기 개발을 억제하고 군비통제 조약들을 지지해 왔다.

전략 1, 즉 국가가 주도하는 군사 관련 과학의 변형은 개별 국가들에서 다소 성공 가능성이 있지만, 좀더 넓은 범위에서 군사 연구개발의 방향을 수정하는 데는 충분치 못했다. 1989년 냉전의 종식과 2년 후 소련의 몰락과 함께 "평화 배당금"peace dividend, 즉 군사비 지출을 민간 용도의 우선순위들로 돌리는 것을 놓고 많은 논의가 있었다. 그러나 현실에서 전지구적 군사비 지출은 큰 변화 없이 지속되었다. 이는 군사비 지출이 외부로부터의 위협에 대한 합리적 검토에 의해서가 아니라 군 내부적으로 추동되고 있음을 시사한다.

주요 산업 국가들 중에서는 오직 3개 나라만이 국민들을 무장시키는 대안적인 경로를 택했다. 스웨덴, 스위스, 유고슬라비아가 그런 나라들이다 (Roberts 1976). 그러나 이는 군사 연구개발의 중대한 변형으로 이어지지 못한 듯 보인다. 유고슬라비아의 실험은 엄청난 재난을 야기한 전쟁 발발로 끝을 맺었다. 좀더 급진적인 대안은 군대 자체를 철폐하는 것이다. 소규모 국가들 중 군대를 보유하고 있지 않은 나라는 10여 개 나라가 있는데, 그중에서는 코스타리카가 가장 잘 알려져 있다(Aas and Høivik 1986). 스위스에서는 자국 군대를 폐지하자는 국민투표에서 유권자의 3분의 1이 찬성표를 던졌다. 그러나 군대가 없는 나라들은 전지구적인 군사 관련 연구개발에 미미한 영향을 미칠 뿐이다. 이 중 어느 나라도 비군사적 국방 연구 프로그램을 개척한 사례가 없다.

과학자와 엔지니어들은 군사 연구개발에서 대체로 침묵하는 행위자들이다. 많은 개인들이 군사 연구에 참여하는 것을 거부하고 있는데도, 군대는 자신들의 연구 용역에 응하는 적절한 인물들을 충분히 확보하는 데 거의 어려움을 겪지 않는 것 같다(Beyerchen 1977; Haberer 1969).

요약하자면, 국방 영역에서 국가가 주도하는 전략은 전지구적 군사 연구개발을 억제하는 데 실패했고, 대안적인 국방 모델을 뒷받침하는 역할도 거의 하지 못했다고 할 수 있다.

전망 2는 시민들의 의견개진에 반응하는 국방 연구개발을 가리킨다. 군사비 지출 증가를 요구하는 시민단체도 일부 있긴 하지만, 여기서 내가 초점을 맞추는 것은 그 반대 방향으로 활동하는 단체들이다. 이에 대해서는 크고 작은 수많은 시민운동을 예로 들 수 있다. 가장 두드러진 것은 반핵운동이다. 1950년대 말과 1960년대 초에, 그리고 1980년대에 다시 한번 전세계적으로 핵무기에 반대하는 대대적 운동이 전개되었고, 그 외의 시기에도 몇몇 중요한 활동들이 있었다. 또한 생화학무기, 우주무기, 대인무기 등을 집중적으로 반대하는 운동도 전개되어 왔다. 이러한 운동들의 효과성에 대한 공식 평가는 거의 없었지만, 특정 유형의 무기 시스템 내지 그 배치를 중단시키거나 억제하는 데 중요한 역할을 했다고 결론 내려도 무리는 없을 것이다. 그러나 운동의 성공이 지속되지 못하는 경우도 있다. 1972년 많은 과학자들의 노력을 포함한 평화운동의 압력에 부분적으로 힘입어 〈탄도탄 요격미사일ABM 조약〉이 체결되었다. 그러나 2001년 12월에 미국 정부는 조약에서 소리 소문 없이 탈퇴하고 말았다.

압력단체들은 국방 연구개발의 의제를 바꾸는 데서는 별로 성공을 거두지 못했다. 그간 "평화 전환", "경제 전환" 등으로 불리는 운동이 전개되어 왔다. 이는 가령 군사용 차량 생산 시설을 민간 차량 생산으로 전환하는 것처럼 군사적 생산 시설을 인간의 필요를 위한 생산으로 전환하는 것을 의미한다(Cassidy and Bischak 1993; Melman 1988). 전환 활동가들은 강력한 주장을 펼쳤고 때로 직접행동을 동원하기도 했지만, 상대적으로 거의 영향을 미치지 못한 것 같다. 일부 전환 노력들은 군사 연구에 초점을 맞추었고, 지역에 따라 성공을 거두기도 했지만 전반적으로 보면 상대적으로 작은 영향만을 미친 것으로 보인다(Reppy 1998; Schweizer 1996).

압력단체 전략은 시민들 사이에 잠재적으로 널리 퍼져 있는 전쟁에 대한 반감을 운동의 자원으로 끌어들일 수 있는 이점을 갖고 있다. 평화운동의 규모와 범위는 고무적이다(Carter 1992). 대규모 집회, 밤샘 감시, 파업, 보이콧, 봉쇄 등 다양한 수단들이 동원되고 있으며, 정보 수집, 논거 구축, 논문 집필, 다큐멘터리 제작 등의 지적 작업에 의한 지원도 받고 있다. 인과관계를 정확히 추적하기는 어렵지만, 전쟁에 반대하는 시민들의 노력이 1945

년 이후 핵무기 사용을 억제하고 소비에트 진영의 몰락을 통해 냉전을 대체로 평화적으로 종식시키는 데 일익을 담당했다는 주장에는 일리가 있다(Cortright 1993; Summy and Salla 1995).

그러나 다른 한편으로 평화운동은 들쭉날쭉한 역사를 갖고 있다. 상대적으로 조용했던 시기에 비하면 대규모 동원의 시기는 흔치 않았다. 예를 들어 반핵운동은 1980년대 초에 정점에 도달한 후 1990년대에는 급격하게 쇠퇴했다. 이 시기에 핵무기의 수가 대체로 변하지 않은 채 유지되었는데도 말이다. 전반적으로 볼 때, 평화운동은 군산복합체가 지닌 관성을 가로막는 데 실패했다. 압력단체 정치를 보여 주는 전략 2는 군사 연구개발의 의제에 제한적인 영향만을 미친 듯 보인다.

전망 3은 민중에 의한 과학이다. 국방기술이라는 맥락에서 이 말이 의미할 수 있는 바는 무엇일까? 자율관리에 따른 노동자 팀이 무기를 설계하거나 이를 생산하는 공장을 운영하는 것을 생각해 볼 수 있지만, 이는 폭력에서 해방된 사회의 전망과는 거리가 멀다.

군사기술에 대한 대안을 보여준 가장 유명한 노동자들의 시도는 〈루카스항공〉 노동자들의 계획이다(Wainwright and Elliott 1982). 1970년대에 영국의 주요 군수업체 중 하나였던 〈루카스항공〉의 노동자들은 대량해고 사태를 우려해서 자신들의 숙련을 이용해 비군사적 제품들을 생산하는 대안적 계획을 제시했다. 이 과정에서 그들은 철도-도로 겸용차량이나 인공 신장의 시제품을 개발하기도 했다. 〈루카스항공 연합노조 위원회〉는 처음에 전문가들로부터 아이디어를 얻으려 했으나 거의 답신을 받지 못하자 대신 노동자들에게 눈을 돌려 풍부한 아이디어를 얻었다. 노동자들은 창의성 넘치는 혁신가였을 뿐 아니라 공동체 정신도 갖고 있어 단지 노동자들 자신의 이해관계만이 아니라 인간의 필요에 봉사하는 데 높은 우선순위를 두었다. 이러한 경험은 "민중에 의한 기술"이 가장 폭넓은 인간적 관심사에 봉사하는 기술이기도 하다는 고무적인 인식을 심어 주었다.

루카스 노동자들의 일차적인 전략은 자신들의 대안을 경영진에 제안하는 것이었다. 이는 전략 2와 궤를 같이 한다. 그러나 경영진은 노동자들의 시도를 방해하기 위해 온갖 노력을 기울였고 수익 전망이 밝은 프로젝트를 거부하기도 했다. 경영진의 통제권 유지가 폭넓은 인간의 복지는 말할 것도 없고, 회사의 번창보다도 더 중요하게 간주되었다는 해석을 할 수밖에 없는 대목이다. 노동자들의 시제품 개발은 대안을 직접 생활에서 실천하는 전략 3의 예로 생각할 수 있다. 이 시도는 많은 나라들에서 상상력을 사로잡았다.

　　루카스 노동자들의 시도가 그토록 많은 주목을 받았던 한 가지 이유는 그것이 매우 보기 드문 사건이었기 때문이다. 민중에 의한 과학의 다른 형태 역시 마찬가지이다. 대부분의 평화 전환 노력은 압력단체 접근법을 취해 왔고, 노동자들의 직접행동은 드물었다. 대다수의 군수 노동자들은 대안적 제품의 생산을 추진함으로써 자신들의 일자리와 임금을 위험에 빠뜨리는 것을 꺼린다. 그런 시도에 앞장서는 것은 보복으로 이어질 수 있기 때문이다.

　　평화 전환에는 또 다른 한계도 있다. 군사 시스템에 대한 완전한 대안을 제공하지 못한다는 것이다. 군사적 위협이 낮은 시기에는 일부 군수 생산을 민간 용도로 전환하는 것이 합리적인 듯 보이지만 모든 군수 생산이 전환되는 것은 아니다. 따라서 완전히 다른 대안들을 생각해 볼 필요가 있다. 그런 대안 중 하나는 비폭력 방어이다. 이는 집회, 보이콧, 파업, 연좌농성, 대안적 제도 등을 포함해 비폭력 행동의 조직화된 방법을 통한 공동체의 방어를 뜻하는 말이다. 얼른 보면 이는 비현실적인 것처럼 들리지만, 실제로 대중의 비폭력 행동이 억압적 체제에 대한 저항에서 효과적일 수 있음을 보여 주는 역사적 사례들이 다수 존재한다. 1978~1979년의 이란 혁명, 1986년 필리핀의 마르코스 독재 전복, 1989년의 동유럽 공산주의 체제 붕괴, 남아공의 인종 차별 정책 종식, 1998년 인도네시아의 수하르토 독재 지배의 종식이 여기 속한다. 그러한 사례들에 의해 고무된 이론가들은 적절한 준비가 갖추어질 경우 비폭력 행동은 방어 시스템의 기반을 이룰 수 있다고 제안했다. 이는 사회적 방어, 민간인 기반 방어, 시민저항에 의한 방어 등의 이름으로 불리기도 한다(Burrowes 1996; Randle 1994).

과학기술은 비폭력 방어 시스템에서 중요한 역할을 할 수 있다. 예를 들어 전화나 이메일 같은 탈중앙집중적 통신 방법들은 침략에 맞서는 이들에게 특히 유용한 반면, 대중매체는 대체로 침략자들에게 더 큰 가치를 갖는다. 군사 쿠데타가 일어날 때 일차적인 목표는 텔레비전 방송국이다. 태양열 집열기나 풍력 발전기 같은 탈중앙집중적 에너지원은 침략자나 테러리스트에게 취약한 대규모 발전소나 대형 댐에 비해 사회를 비폭력적으로 방어하는 데 좀더 적합하다. 농업, 물, 생산, 주택 등 다양한 시스템을 훑어 보면 비폭력 방어에 적합한 과학기술을 위한 폭넓은 의제를 도출해내는 것이 가능하다(Martin 1997, 2001).

실제로 이러한 많은 영역들에서 노력이 있었다. 예를 들어 에너지 효율과 재생가능 에너지원에 관한 연구개발이 많이 이뤄지고 있다. 이러한 노력은 비폭력 방어와의 연관성이 아닌 다른 관심사들, 가령 환경파괴를 줄이고 제3세계의 발전을 증진하는 등의 목표에 의해 촉진되었다. 이 과정에서 비폭력 방어를 위한 기술과 흔히 적정기술이라 불리는 것 사이에 강한 정합성이 있음이 드러났다. 적정기술 — 사람들의 필요를 지향하며 종종 사용자들이 이를 직접 통제하고 적용할 수 있도록 설계된 기술 — 은 민중에 의한 과학의 전망에 가까이 있다(Boyle, Harper, and *Undercurrents* 1976; Illich 1973). 풀뿌리집단에 의한 대안기술의 촉진은 대안을 생활에서 실천하는 전략 3과 부합한다. 그럼에도 불구하고 지금까지 이 접근법은 비폭력 방어를 뒷받침하는 수단으로 사용된 바가 없다. 실상 비폭력 방어는 대다수의 평화운동에서조차도 여전히 의제에서 벗어나 있다.

전망 4는 시민들이 만들어 낸 세상에 의해 형성된 과학이다. 국방기술에 적용되었을 때 이는 국방정책이 참여적 과정 속에서 시민들에 의해 결정될 것이고 국방과 관련된 과학기술은 이러한 정책을 반영할 것임을 의미한다. 이것이 실천에서 의미하는 바는 어떤 정책이 선택될 것인가에 달려 있다. 이 물음에 단일한 해답이 있는 것은 아니지만, 몇 가지 가능성들을 탐구해 볼 수는 있다.

한 가지 분명한 가능성은 민간인들을 대상으로 대규모 살상과 파괴를 자행할 수 있거나 반대자들을 억압하기 위해 설계된 기술을 폐기하는 것이다. 여기에는 기화 폭탄fuel-air explosive부터 지뢰, 엄지 수갑thumb cuff에 이르는 모든 것들이 포함된다. 그러한 기술의 폐기는 연구개발의 우선순위를 이전시킬 것이다. 예를 들어 미사일 연구는 줄어드는 반면 소규모 태양에너지에 관한 연구는 영향을 받지 않을 것이다. 또 다른 정책의 가능성은 민간 목적으로 설계된 기술들에 더 큰 강조점을 두는 것이다. 가령 어떻게 하면 병사들의 생존을 유지하면서 계속 싸울 수 있게 만들까보다는 어떻게 하면 민간 직업에 종사하는 사람들을 계속 건강하게 할 수 있을까를 연구하는 것이 여기 해당한다.

좀더 넓게 보면 시민들이 만들어 낸 세상은 지금과는 다른 정치와 경제 시스템을 갖게 될 것이다. 그 어느 시스템도 침략적이거나 압제적이지 않다는 전제조건 하에 다양한 시스템의 공존이 이뤄질 수도 있다. 예를 들어 어떤 지역공동체는 자체적인 통화 시스템을 도입하고 지적재산권 법률을 지역의 혁신과 창조성을 촉진하는 대안적 시스템으로 대체할 수 있다. 그 결과는 오늘날의 연구가 처한 경제적·정치적 조건으로부터 상당히 벗어남으로써, 현재의 우선순위나 방법과는 크게 달라진 방향으로 연구가 추진될 수 있다. 이는 전망 3의 민중에 의한 과학의 요소들을 포함할 수 있다.

전망 4는 어떻게 달성될 수 있을까? 원칙적으로는 국가 주도의 전략들이 시민이 만들어 낸 세상을 탄생시키는 데 도움을 줄 수 있지만, 실제에 있어 이런 접근법은 국방에서 다른 방향으로 이어지지 못했다. 사회주의 정부들은 국가사회주의와 사회민주주의를 막론하고 다른 정부들과 동일한 국방의 경로, 즉 군사력과 무기 시스템이라는 통상의 형태를 대체로 따랐다. 일부 사회주의 지향의 해방투쟁은 게릴라전 양식의 무기와 투쟁 방법을 도입했다. 그러나 일단 성공을 거두고 나면 그들은 대체로 통상의 군사적 모델로 옮겨 갔다.

압력단체 접근법은 시민이 만들어 낸 세상으로 향하는 움직임에 일조할 수 있다. 그러나 국방 영역에서 대부분의 운동은 (군사적) 방어의 필요성에 관한 기본 가정에 의문을 제기하지 않으며, 오늘날 군사 시스템의 근간을 이루는 국가, 대규모 산업체, 관료제의 존재 필요성에 대해서는 말할 것도 없다. 지뢰를 금지하는 것만으로는 군사적 내부동학이 변하지 않는다.

민중에 의한 과학을 포함하는 역량강화 전략은 시민이 만들어 낸 세상으로 향하는 데 있어 더 큰 잠재력을 가진 듯 보인다. 페미니스트 운동은 개인 간의 수준에서 사람들의 사고와 행동을 변화시키는 것 – 역량강화 접근법 – 을 통해 많은 성과들을 얻었다. 페미니스트 국가나 정책결정에 대한 압력단체의 영향을 통한 성과는 이에 못 미쳤다. 그런 전략의 요소들이 모두 일정한 역할을 하긴 했지만 말이다. 그러나 군사 시스템은 변화에 저항하는 힘이 특히 강한 것 같다. 이전에 비해 서구의 군대에서 여성의 숫자는 조금 늘었지만 국방이라는 지상명령이나 군사 연구개발에서의 중대한 변화는 찾아볼 수 없다. 페미니즘은 평화운동에는 훨씬 더 큰 영향을 미쳤고, 성차별적이지 않은 행동과 평등주의적인 집단 내부동학을 촉진하는 데 기여했다(Brock-Utne 1985; Gnanadason, Kanyoro, and McSpadden 1996).

평화운동 바깥의 시민운동은 이미 국방 관련 연구 의제에 상당한 영향을 미쳤다고 주장할 수 있다. 핵발전에 반대하는 전세계적 운동은 핵발전이 에너지 시스템에서 필수불가결한 요소가 되는 것을 막는 데 대체로 성공을 거둬 왔다(Falk 1982; Rüdig 1990). (비용 상승이 핵발전 쇠퇴의 직접 원인으로 작용한 미국에서는 시민들의 반대가 안전성에 대한 높은 기준을 강제해 비용에 중대한 영향을 미친 핵심 요인이었다. 대다수의 다른 국가들에서 핵발전은 국영이어서 비용 고려에 의해 직접 영향을 받지 않았다.) 시민들의 우려 중 많은 부분이 원자로 사고와 반감기가 긴 핵폐기물의 처분에 맞춰져 있긴 하지만, 이는 핵무기 확산과도 강하게 연결되어 있다. 뿐만 아니라 많은 운동가들은 "플루토늄 경제"에서 범죄나 테러 행위의 위험에 대처하기 위해 정부의 억압이 필수적인 것이 되어버릴 핵의 미래에 반대해서 운동에 참여했다(Patterson 1977). 바꿔 말해 대참사의 가능성이 있고 비용도 많이 드는 에너지 시스템에 대한 의존과 권위주의 정치가 서로 연관되어 있다는 것이다. 플루토늄 경제는 핵을 지향하는 연구개발과 함께 정치적 통제를 위한 기술을 불러올 것이다.

시민운동은 이러한 디스토피아적 미래가 오지 못하게 막았고, 이 과정에서 네 가지 전략 모두의 요소들이 역할을 했다. 역량 강화에 기반한 풀뿌리 활동은 많은 운동의 토대가 되었다. 대안을 생활에서 실천하는 것의 한 측면인 에너지 대안의 개발은 핵발전이 꼭 필요한 것은 아님을 보여 주었다는 점에서 중요했다. 압력단체 정치도 중요했고, 일부 국가의 정부들은 핵발전에 반대하는 입장을 취했다. 그 결과 플루토늄 경제를 막을 수 있었고, 국방 연구를 포함한 현재의 연구 의제에도 영향을 미쳤다.

너무나 많은 사회운동들이 뭔가에 반대하는 데서 영감을 얻어 왔기 때문에, 그들이 거둔 성취는 만약 그들이 없었다면 세상은 어떻게 되었을까를 생각해 보면 더 잘 인식할 수 있다. 이는 국방과 관련해서도 잘 들어맞는다. 평화운동이 없었다면 군사기술은 현재보다 훨씬 많은 영역들에서 지배적인 역할을 하고 있었을 가능성이 높다. 우주무기, 생물무기, 정치적 통제의 기술, 교육의 군사적 모델 등 목록은 끝이 없다. 비관론자들은 우리가 군대가 지배하는 세상에서 살고 있다고 말할지 모르지만, 전쟁을 위한 총동원이 이뤄졌던 시기와 비교해 보면 오늘날의 세계 중 많은 부분에서는 민간의 우선순위가 중심적인 역할을 하고 있다.

결론

나는 민중을 위한 과학과 민중에 의한 과학의 개념을 둘러싸고 만들어진 대안과학의 네 가지 전망을 설명하는 것으로 글을 시작했고, 이어 이러한 전망들로 향하는 네 가지 전략들을 기술했다. 간단한 요약에서는 이러한 전망과 전략들이 충분히 논리적인 것처럼 보였지만, 국방기술이라는 구체적인 사례를 다루면서 도전적인 과제들이 제기되었다. 이 사례를 통해 몇 가지 통찰을 끌어낼 수 있다.

· 대안과학의 전망을 발전시키려면 먼저 대안사회의 전망을 가져야 한다. 이는 쉽지 않은 문제일 수 있다. 국방기술의 사례에서 핵심 쟁점은 국방의 전망을 선택하는 것이다. 이는 통상의 군사적 방어, 비공격적 방어, 사회정의의 촉진을 통한 안보, 비폭력 방어 중 어느 것도 될 수 있다. 대안과학에 관해 사고할 때의 위험은 대안사회에 관해 창의적으로 사고하지 못하는 데 있다.

· 대안과학을 어떻게 성취할 것인가에 관한 전략적 사고가 매우 부족하다. 대다수의 사회운동은 단기적 지평 위에서 당장의 쟁점들에 의해 추동된다. 몇 년, 더 나아가 몇십 년을 내다보며 사고하는 것은 드문 일이다(Schutt 2001). 그 대신 통상적인 운동의 초점은 새로운 개발을 중단시키거나 다음번 시위 내지 집회를 조직하는 것에 맞춰져 있다. 단기적 사고는 개혁을 목표로 하는 압력단체 접근법과 가장 잘 들어맞는다. 이는 상당히 유용할 수 있지만, 더 폭넓은 변화는 요행수에 맡기는 결과를 초래한다.

장기적인 전략적 사고가 중앙으로부터의 계획과 꼭 연결되어야 하는 것은 아니며, 참여적 접근법과 연관될 수도 있다. 전략적 사고의 핵심은 장기적 목표의 성취를 위해 지금 당장 무슨 일을 해야 하는지를 파악하는 데 있다. 이런 식의 사고는 어떤 집단에 의해서도 쓰일 수 있으며, 개인이 이용할 수도 있다.

· 대안과학에 대한 간접적 접근법 - 사회를 변화시켜 과학을 바꾸는 - 은 상당히 효과적일 수 있음에도 그간 간과되어 왔다. 과학은 자율성의 이데올로기를 둘러싸고 고도로 전문직화되어 있기 때문에 시민들이 연구를 직접 감독하는 것은 과학자들에게 위협으로 비칠 수 있으며, 민중에 의한 과학이란 거의 자기모순적인 용어처럼 들릴지 모른다. 반면, 사회운동은 대다수의 과학자들에게 즉각적인 위험을 가하지 않고 연구 의제를 간접적으로 변화시킬 수 있다.

대안과학에 대한 간접적 접근법을 강조하는 것 - 바꿔 말해 사회를 변화시켜 과학을 바꾸는 것 - 은 과학을 "힘든 과제", 즉 상대적으로 좀처럼 변화하지 않는 사회의 일부로 다루는 것을 의미한다. 이는 옳은 판단일 수도 있고 그렇지 않을 수도 있다. 이에 대한 답을 얻기 위해서는 민중에 의한 과학에서 더 많은 실험이 이뤄질 필요가 있다.

대안과학의 전망과 전략을 살펴보면서 내가 주로 초점을 맞춘 것은 활동가들에게 줄 수 있는 함의였다. 사회운동은 지금-이곳의 상황을 벗어나서는 존재할 수 없지만, 그럼에도 목표와 방법을 명확하게 표현함으로써 도움을 얻을 수 있다. 활동가들은 자신들이 무엇에 맞서 싸우는지는 대체로 잘 알고 있지만, 자신들이 어디로 향해 가고 있는지에 대해 잘 다듬어진 상을 갖고 있는 경우는 그리 많지 않다. 전형적인 비판적 분석의 양식을 따르는 학술 연구는 이와 동일한 불균형을 그대로 재연한다.

연구에 관해 성찰하면서 얻을 수 있는 함의는 학술 연구가 전망과 전략에 기여할 수 있는 가능성이 폭넓게 열려 있다는 것이다. 물론 이 영역에서는 미래학 같은 분야의 학술 연구가 일부 존재한다. 그러나 그것이 학술지 안에 머물러 있다면 학계 바깥에 많은 영향을 미치기는 어렵다. 활동가들에게 쓸모가 있으려면 연구는 내용뿐 아니라 방법에서도 달라질 필요가 있다. 이를 잘 보여 주는 유력한 후보는 지식을 발전시킴과 동시에 사회 변화를 일으키는 것을 목표로 삼는 참여행동연구participatory action research이다(Whyte 1991).

스미스 교수는 크리스의 논평에 대해 숙고했다. 몇 달 뒤 〈과학 정의〉의 회합에서 다음과 같은 토론이 이뤄졌다.

크리스: 안녕하세요, 여러분. 스미스 교수님을 소개하겠습니다. 지난 해 제가 들었던 수업의 선생님이셨어요.

교수: 저를 스테프라고 부르세요.

크리스: 좋습니다. 아마도 우리에게 이 단체에 관한 선생님의 생각을 말씀하시고 싶으실 테죠?

스테프: 사실 난 여러분의 활동과 계획에 관해 들었으면 합니다.

크리스: 그럼요, 원하신다면요. 어차피 우리가 세운 계획을 검토해야 하니까요. 누가 얘길 시작할까요?

[장시간에 걸친 토론이 이어진다.]

크리스: 스테프, 이 모든 얘기를 다 들으셨는데요, 해주실 말씀이 있으신가요?

스테프: 여러분이 거둔 성공과 실패에 관해 들으면서 많은 걸 배웠습니다. 내년을 대비한 수많은 가능성들에 대해 얘기를 했지요. 여러분은 향후 5년 혹은 10년 동안의 목표에 대해 생각해 본 적이 있나요?

[잠시 아무도 대답하지 않는다.]

크리스: 그렇지 않은 것 같네요. 선생님께서는 어떻게 생각하시나요?

스테프: 여러분은 이 단체에서 여러분이 가진 강점과 약점, 그리고 여러분이 무엇에 맞서 싸우고 있는지에 대해 아주 잘 다듬어진 이해를 갖고 있습니다. 여러분이 지닌 장기적 목표를 염두에 두고 어떤 운동이 가장 높은 우선순위를 가져야 하는지를 역으로 결정해 나간다면 도움이 될 겁니다.

크리스 [주저하며]: 일리가 있는 말씀 같네요. 우리가 너무 추상적인 이론 작업으로 빠져들지만 않는다면요. 현재의 쟁점은 정말 중요하고 긴급한 문제라서 운동의 동력을 잃지 않았으면 합니다.

스테프: 음, 아마도 여러분 중 두세 명이 나와 같이 작업을 해서 단체에 제출할 약간의 아이디어를 발전시킬 수 있을 겁니다. 나는 내 동료들 한두 명에게 도움을 청할 수 있을 거 같네요. 하지만 그 작업이 의미가 있으려면 여러분 중 누군가가 참여를 해야 합니다.

크리스: 제가 기꺼이 자원하겠습니다. 다른 사람 있나요?…….

회합 장소를 떠나면서 크리스는 이렇게 생각했다. "스테프가 너무 학술적으로 나올지 모른다고 걱정했는데, 잘 된 거 같군." 스테프는 이렇게 생각했다. "이건 정말 색다른 일인걸! 이 활동가들과 얘기를 해 보도록 동료들을 설득할 수 있어야 할 텐데."

11장

사람들이 힘을 불어넣다

참여과학에서 과학의 권위

켈리 무어

　지난 30년 동안 비과학자들이 과학의 설계, 생산, 사용에 관여하는 일이 좀더 잦아졌다. 전문 과학자들이 여전히 과학지식의 대부분을 만들어 내는 것은 틀림없는 사실이다. 그러나 과학지식 생산과 과학정책 결정에서 비과학자 참여의 유형과 수준이 올라간 것도 분명하다. 과학자와 아마추어들이 연합해 생태계 복원에서 조류 개체수 조사까지 다양한 프로젝트를 같이 하고 있고, 질병의 위험에 처해 있거나 질병을 경험하고 있는 개인들은 직접 행동을 통해 자신들이 중요하다고 여기는 문제와 방법들을 연구에 포함시키도록 요구하고 있다. 이제 과학자들의 연결망이 종종 환경보호청이나 국립환경보건과학원 같은 정부기구들의 후원을 받아 정례적으로 시민들과 공동 작업을 하면서 연구를 설계하고 수행하기도 한다. 시민들은 테크노사이언스 사안에 관한 마을회의(Sclove 1997), 합의회의(Guston 1999; Fischer 2000), 정부가 후원하는 "참여설계" 프로그램(Laird 1993; Futrell 2003), 공청회, 설문조사, 시민검토회의(Fiorino 1990) 등에서 과학정책 결정에 참여한다.[1] 다양한 형태의 과학자-시민 상호작용에 대한 탐구가 **참여과학** participatory science이라는 틀 내에서 이뤄졌고, 이와 함께 복수의 이해당사자들에게 유용한 지식을 발전시키고 민주적 실천을 과학까지 확장할 것으로 기대되는 방법들에 대한 엄청난 열정이 종종 나타났다.

이 장에서 나는 참여과학의 또 다른 특징에 눈을 돌리려 한다. 참여과학이 공공 논쟁에서 과학의 정치적 권위에 미치는 영향이 그것이다. 여기서 권위는 권력과 영향력을 장악하는 능력을 의미한다. 과학적 권위의 원천에는 전통적으로 다음과 같은 생각이 포함돼 있었다. 과학이 궁극적으로 모든 사람들을 이롭게 한다는 것("진보"), 과학에서 유능함을 갖추려면 여러 해에 걸친 전문화된 훈련이 필요하다는 것, 과학은 공통의 방법론적·이론적 기반에 근거한 통일된 사회적 활동이라는 것, 과학지식은 오랜 기간 동안 과학자들의 면밀한 검토를 거쳐 궁극적으로 객관적이며, 정치적, 도덕적, 사회적 영향으로부터 독립돼 있다는 것 등이다. 참여과학은 이러한 생각들을 뒷받침하기도 하고 이에 도전하기도 하지만, 일관된 방식으로 그렇게 하는 것은 아니다. 그 이유는 참여과학이 서로 다른 집단들이 매우 다른 이유로 주도하는 대단히 다양한 실천들을 지칭하기 때문이다. "참여"라는 수식어는 평등과 균형의 이미지, 선의에 입각한 당사자들이 상호 합의에 도달하는 조화로운 프로젝트를 떠올리게 한다. 그러한 이미지는 대체로 참여과학을 주도하는 것이 구체적인 목적을 가진 특정 개인 내지 집단이라는 사실을 보기 어렵게 한다. 주도자들은 의제와 논쟁의 조건을 정하고, 자원, 언어, 가능한 논의 및 판결 장소를 정의한다. 주도자들에 대한 좀더 상세한 탐구를 통해 왜 참여과학이 과학의 정치적 권위를 약화시키기도 하고 강화시키기도 하는지를

---

1. 과학정책 및 연구에 대한 제도화된 시민참여가 갖는 이점과 단점을 좀더 이론적으로 논의한 문헌은 Latour 2004, Callon 1999, Ezrahi 1990, Kleinman 2000, Woodhouse 1991, Woodhouse and Nieumsa 2001, Rip 2003, Irwin 1995, Kitcher 2003을 보라.

알 수 있을 것이다.[2]

보건, 조류학, 생태복원 등의 주제들에 관한 참여과학을 다룬 여러 연구들과 이에 대한 나 자신의 연구에 근거해, 나는 세 가지 유형의 참여과학 — **활동가들**이 주도하는 것, **전문 과학자들**이 주도하는 것, **아마추어들**이 주도하는 것 — 을 비교할 것이다. 이러한 유형들은 지식이 어떻게 생성되고 활용되는가, 어떤 분야들에게 가장 흔히 발견되는가, 전문직 행위자와 비전문직 행위자 사이의 관계는 어떠한가, 각각의 유형이 과학의 권위에 제기하는 특정한 도전은 어떤 것인가에 따라 구분된다. 이러한 유형들은 지금까지의 경험에 비추어 유추한 것에 불과하다. 현실 속에서는 물론 아마추어, 활동가, 전문 과학자들이 프로젝트를 공동으로 시작할 수 있으며, 이후에도 계속 협력 관계를 유지할 수 있다. 이는 9장에서 모렐로-프로쉬와 그녀의 공저자들이 지적한 바와 같다. 단일 주도자에 근거한 참여과학을 탐구하는 것은 다른 환경에서 탐구해 볼 수 있는 이론적 아이디어를 구축하는 데서 그 분석적 가치를 찾을 수 있다.

미국에서 참여과학의 기원

미국에서 참여연구는 세 가지 제도적 변화에 의해 촉진되어 왔다. 1960년대와 1970년대 초에 학생운동과 베트남 전쟁 반대운동의 결과로 과학의 권위를 이루는 몇몇 특징들이 약화된 것, 1970년대에 새로운 종류의 지식기

---

2. 분석적 목적을 위해 나는 미국에 기반을 둔 참여과학만을 고려할 것이다. 미국은 시민들에게 복수의 접근 지점을 제공하는 분권화된 정치 시스템을 갖고 있고 (접근이 성공으로 번역되는 것은 분명 아니지만), 다른 나라들과 비교할 때 과학자들이 국가에 의해 덜 통제받고 있기 때문에, 미국의 사례를 탐구해 보면 지식생산에서 과학자와 비과학자들 사이의 대단히 다양한 상호작용을 볼 수 있을 것이다. 그러나 분권화로 인해 참여과학 프로젝트와 프로그램들이 얼마나 널리 퍼져 있는지를 파악하는 것은 매우 어렵다.

반 보건사회운동이 발전한 것(9장 참조), 규제 국가가 성장한 것이 바로 그것이다.

1960년대와 1970년대의 사회운동은 여러 가지 방식으로 참여과학의 부상을 형성했다. 학생운동과 반전운동에 참여했던 젊은 활동가들과 일부 지식인들은 권위 일반에 대해 매우 비판적이었다. 그들은 전문가나 다른 지도자들이 미국 사회에 무엇이 최선인지를 알고 있다는 생각에 도전했고, 공식적인 정치적 의사결정과 그 외 다른 종류의 공공적 의사결정에 넓은 범위에 걸친 사람들을 참여시키고자 했다. 활동가들은 권위를 가진 거의 모든 사람들 – 종교 지도자에서 예술가, 전문직 종사자까지 – 이 하는 일을 면밀하게 들여다보았다. 활동가들의 비판적 시선을 받은 사람들 중에는 과학자들도 있었다. 활동가들은 공공선에 봉사한다는 과학자들의 주장이 화학산업과 무기산업에 종사하고, 국방부에 관여하며, 정치적 결정을 감추기 위해 객관성의 관념을 활용하는 모습과 모순된다고 주장했다(Moore 2008). 과학자들은 사회운동 활동가들의 공격 대상이 되었을 뿐 아니라, 과학자들 중에도 그런 활동가들이 나타났다(Moore and Hala 2002; Hoffman 1989; Frickel 2004). 이 과학자들은 과학이 좀더 폭넓은 인간의 필요에 호응해야 한다는 데 뜻을 같이했다. 이러한 조건 하에서 전문 과학자가 아닌 사람들은 과학이 쓰이는 용도에 도전할 권리를 주장하기 시작했고, 일부 과학자들은 공통의 관심 주제에 관해 공동체 집단들과 공동 작업을 하는 방법을 찾기 시작했다.

일부 다른 과학자들에게는 이러한 동기에 더해, 연구 대상인 사람들의 협력을 얻고 농업과 보건 사안에 경험이 있는 비전문가들로부터 배우는 것이 더 나은 과학지식으로 이어질 수 있다는 사실도 중요했다. 전문 과학자가 아닌 사람들의 참여에서 실질적 이득을 얻고자 하는 과학자들의 연결망이 발전하는 데 영향을 미친 요인 중 하나는 1960년대 초 아프리카, 아시아, 남아메리카의 신생 독립국 내지 개발도상국들의 농업 프로그램이었다(Hall 1993; Fals Borda 1987; Masters 1995). 이러한 국가들의 생존에는 농업 생산성이 결정적으로 중요했기 때문에, 그들은 소출을 늘리고 해충을 방제할 수 있는 저렴하면서 믿을 만한 방법을 찾아 나섰다. 농부들은 정부에서 나온 공무원들과 지식을 공유했고, 그들은 다시 모범사례를 다른 농부들에게 전파할 수 있었다. 아울러 공무원들은 농부들이 자신의 작물을 가지고 농업 실험을 하거나 새로운 관행을 시험해 보도록 장려했다. 이러한 국가들을 방문한 사람들이나 이러한 국가들에 있는 과학자들을 알던 사람들은 전문직 연결망이나 개인적 연결망을 통해 이러한 관행에 대해 배웠고, 이를 미국으로 가지고 들어왔다(Hall 1993 : xiii). 개혁가, 학자, 학교들(가령 하이랜더 지역학교Highlander Folk School 같은)로 구성된 이러한 정치적 연결망은 "행동연구"action research를 촉진했다. 이는 지식 형태와 그것의 해방적 잠재력에 관한 위르겐 하버마스의 사상을 둘러싼 논쟁에서 나온 것이었다(Habermas 1984-1987). 행동연구에 관여했던 많은 사람들에게 있어 목표는 기술의 생산을 사회 정의의 도구로 간주하는 것이었다. 그리하여 행동 연구의 두드러진 특징 중 하나는 참여의 과정이 해방적 의도를 담고 있다는 것이 되었다. 자신이 지닌 기술과 아이디어를 활용해 스스로의 삶을 더 낫게 만드는 보통 사람들의 힘을 입증하고 몸소 보여 준다는 의미에서 그렇다(Park, Brydon-Miller, Hall, and Jackson 1993). 정치에서 이러한 유형의 연구와 가장 흡사한 것은 참여민주주의이다. 이는 곧 대표자나 대리인을 지명하기보다 이해당사자들이 의사결정에 동등한 자격으로 참여할 수 있도록 허용하는 것이다(Polletta 2003).

1960년대의 운동과 국제적 수준에서 참여 및 행동연구의 발전은 1970년대 미국과 해외에서 전개된 공동체기반 보건운동에 의해 보완되었다. 미국에서는 여성과 흑인들이 이러한 새로운 도전에 앞장섰고, 의사들이 자신들의 질병과 상해를 다루고 틀짓는 방식이 잘못되었고 부당하다고 주장했다. 그들은 직접행동(Hoffman 1989)과 출판물(가령 『우리 몸, 우리 자신』 Our Bodies, Ourselves[Boston Women's Health Book Collective 1973] 같은)을 활용하기 시작했고, 대학의 보건 센터들이 피임과 낙태에 관한 정보를 제공하도록 압박을 가했다(Morgen 2002). 다른 운동 단체들은 정신건강에 대해 과학적으로 처방된 치료법을 거부했고(Crossley 1998; Brown 1984), 장애와 동성애를 의학적 문제로 범주화하는 것을 반대했다(D'Emilio 1988; Shapiro 1993). 1970년대와 1980년대에는 보건기반 운동이 성장을 거듭했고, 환경오염이 건강에 미치는 영향을 중심으로 조직된 환경정의 운동도 크게 성장했다(Szasz 1994). 교육수준의 향상도 운동단체들이 과학자들과 의학 연구자들의 주장에 도전할 수 있는 능력을 높이는 데 기여했다.

이러한 사회운동들의 발전과 동시에, 산업 생산에 대한 규제가 늘어나면서 새로운 법률이 제정되었다. 이는 비과학자들이 특정한 종류의 사회기술적 정책결정에 참여할 수 있게 해 주었다. 20세기 전반기에는 대다수의 산업 규제가 운송이나 판매 같은 유통 문제와 관련돼 있었지만, 1960년대를 거치면서 생산에 대한 규제가 늘어났다. 환경 입법은 그러한 규제의 가장 중요한 형태 중 하나였고, 자격증이 없는 전문가들이 사회기술적 사안에 관한 논쟁에 관여할 수 있는 무대를 마련해 주었다. 1969년에 닉슨 대통령은 행정부 산하에 신설된 〈환경의 질 위원회〉Council on Environmental Quality에 참여할 권한이 공식적으로 명시된 〈환경의 질 시민위원회〉Citizen's Committee for Environmental Quality를 설립했다. 이 법은 또한 환경보호청이 "주州, 카운티, 시, 단체, 개인에게 환경의 질을 복원, 유지, 강화하는 데 유용한 조언과 정보를 제공하도록" 명시했다(NEPA 1969 : sec. 102g). 그에 못지않게 중요한 것으로, 이 법은 경제, 건강, 그 외의 이해관계를 가진 사람들을 포함하는 다양한 유권자들이 법률의 보호를 받아야 한다고 명시함으로써 법률 소송의 문을 열어 놓았다. 환경보호청은 주 차원에서 제정된 수많은 환경보호법들의 선례를 따랐고, 그럼으로써 시민참여에 대해, 또 환경에 미친 (아울러 환경에 의한) 해악에 관한 시민들의 주장에 정당성을 제공해 주었다(Dunlap and Mertig 1991; Hays 2000; Rome 2003). 환경 규제에 뒤이어 약품과 의학적 요법에 대한 규제도 늘어났고, 이전까지 의학의 범위 바깥에 있는 것으로 간주되었던 영역들에서 전문직이 부상했다. 여기에도 종종 대중이 과학 정보에 접근하고 이러한 정보에 근거해 소송을 제기하는 것을 가능하게 만들어준 규칙들이 포함돼 있었다.

이와 관련해 참여과학의 부상에 기여한 변화는 연구윤리를 규칙과 법률로 제도화한 것이었다. 과거에 전문 과학자들의 인간 피험자 활용은 인간을 객체로 간주하고, 그들의 개인적 권리는 거의 모든 과학 연구에서 나오는 것으로 상정된 더 큰 공공선보다 덜 중요하다고 보는 생각에 입각해 있었다. 18세기부터 20세기 초까지 과학자들은 연구 피험자에게 가해지는 해악과 잠재적 이득을 따져 보는 비공식적 노력을 했지만, 이러한 종류의 논쟁이 규칙으로 제도화된 것은 20세기 후반에 가서였다(Halpern 2004). 이러한 규칙의 발전에 가장 크게 영향을 미친 요인 중 하나는 2차 세계대전 때 활동한 〈연합국 의학전쟁범죄 과학위원회〉inter-Allied Scientific Commission on Medical War Crimes였다(Weindling 2001). 이 위원회는 나치가 전쟁포로들에게 수행한 잔인하고 치명적인 실험을 조사하기 위해 만들어졌다. 이후 미국 병사들을 의도적으로 방사능에 노출시킨 실험, 터스키기 매독 실험의 비극, 플루토늄 실험, 푸에르토리코 여성들을 대상으로 한 피임약 실험, 그 외 인간 피험자들에게 해악이 가해진 연구들이 밝혀지면서, 과학자, 정치인, 일반인들은 충분한 정보에 근거한 동의informed consent의 절차를 발전시켰다(Faden and Beauchert 1986; Welsome 1999). 충분한 정보에 근거한 동의라는 관념은 20세기 과학에서 가장 극적인 변화 중 하나였다. 인간을 살아 있지 않은 사물과 동등한 객체의 범주에서 제외하면서 개인들은 과학자들과 그들을 고용한 이들에 대해 더 많은 법적·도덕적 주장을 할 수 있게 되었다.

마지막으로 비영리조직과 정부기구들이 참여연구의 창출에서 더 많은 역할을 해 왔다. 1992년에 총 178개국이 〈의제 21〉Agenda 21을 채택했는데, 이는 새로 설립된 〈유엔 지속가능발전위원회〉United Nations Commission on Sustainable

Development의 감독 하에 환경적 감수성을 갖춘 지속가능한 발전을 달성하기 위한 포괄적 행동 계획이다(United Nations 2004). 〈의제 21〉의 핵심 구성요소 중 하나는 지역적, 국가적, 국제적 공동체기반 연구를 위한 자금지원과 계획이다. 지난 10년 동안 이 기구는 전세계적으로 수백 건의 공동체기반 환경 연구 프로젝트를 후원했고, 그중 대부분은 유사한 연구 프로젝트가 계속 진행될 수 있도록 돕는 역량 배양의 요소를 포함하고 있었다. 또한 학자이자 참여연구 실천가인 메레디스 밍클러에 따르면, 미국에서는 많은 공중보건 연구 지원에서 참여연구가 필수적인 일부분으로 자리를 잡았다. 자선기관들과 정부 지원기구들이 "많은 저소득 유색인종 공동체에서 좀더 전통적인 연구 및 개입 노력이 종종 보잘것없고 실망스러운 결과를 얻어내는 데 낙담했기" 때문이다(Minkler, Blackwell, Thompson, and Tamir 2003:1210). 오늘날 〈아스펜 재단〉Aspen Institute과 〈W. K. 켈로그 재단〉W. K. Kellogg Foundation을 비롯한 몇몇 재단들과 국립보건원, 환경보호청의 후원을 받고 있는 참여연구는 정당하고 재정지원을 할 만한 연구 방법으로 인정받고 있다.

결국 대체로 볼 때, 참여연구의 기원은 실천적 문제를 해결할 수 있는 지식을 얻으려는 과학자들과 시민들의 요구, 그리고 모든 종류의 활동에서 집단적 참여를 해방과 인간적 성취의 원천으로 보는 정치이론에서 찾아볼 수 있다. 실제에 있어서는 이러한 목표들이 항상 달성되는 것은 아닌데, 그 이유는 아래에서 탐구해 볼 것이다.

누구를 위한 진보인가? 활동가 주도 참여과학

활동가기반 참여과학은 흔히 특정한 당면 문제에 대해 우려하고 있는 사람들이 주도한다. 그들은 이러한 문제를 둘러싼 대결적 정치 과정에서 활용할 수 있는 정보를 모으려 애쓴다. 여기에는 독성물질 반대/환경오염 반대 운동(Brown 1992; Bullard 1994; Lichterman 1996; Allen 2003)과 보건 사회운동 단체들(9장 참조)이 포함된다. 그들은 오염이나 독성의 원천을 막으려 하거나, 과학자들이 새로운 문제를 탐구하거나 새로운 연구와 실행 방법을 활용하도록 압력을 가한다(Brown, Kroll-Smith, and Gunter 2000). 필 브라운이 대중역학 popular epidemiology에 대해 설명한 바에 따르면, 이는 "일반인들이 어떤 질병의 역학을 이해하기 위해 과학 데이터와 그 외 정보를 모으고 아울러 다른 전문가들의 지식을 방향짓고 정리하는 과정"이다(Brown 1992 : 269). 이러한 유형의 참여과학에서 과학자들은 대체로 공동체의 투쟁을 지원해 줄 것을 요청받는다. 이를 위해 과학자들은 과학 정보와 정당성을 제공하거나 공동체의 조력을 얻어 정보를 수집하고 분석하는 등의 활동을 한다.

그러나 "조력"의 의미는 크게 편차를 보인다. 때때로 공동체기반 과학은 훌륭하게 작동하지만, 공동체 구성원들을 연구에 참여시키고자 하는 과학자들과 그 외 다른 사람들이 여러 가지 문제에 부딪치는 경우도 있다. 사람들이 공동체에 부여하는 의미, 그리고 그들이 참여에 대해 갖는 기대와 욕구는 서로 다를 수 있다. 이러한 유형의 참여과학에서 핵심적인 특징 중 하나는 공동체가 과학자들에 의해 먼저 피험자로 선택되는 것이 아니라, 과학자들이 공동체에 의해 초빙된다는 것이다. 이는 심지어 그들이 과거에 연구 피험자였던 경우에도 마찬가지이다. 리어던(13장 참조)은 참여과학의 문제 중 하나가 과학자들과 연구 피험자들이 피험자를 동일한 방식으로 보지 않는 데 있다고 주장한다. 둘째로 과학자와 공동체 구성원들은 **공동체**의 의미에 대해 서로 다른 생각을 가질 수 있다(Lichterman 1996). 과학자들은 모든 참여자들의 상호 이해관계에 근거를 둔 집단 내에서 작업하는 것을 편안하게 받아들일지 모르지만, 공동체 구성원들은 참여의 다른 기반들 - 가령 다른 구성원들과의 오랜 제휴의 역사 - 을 강조할지도 모른다.

필 브라운과 협력자들이 연구한 〈웨스트할렘 환경행동〉West Harlem Environmental Action, WE ACT은 성공적인 과학자-운동 협력의 훌륭한 사례를 제시하고 있다(Brown 1997; Brown and Ferguson 1995; 9장 참조). 1986년에 뉴욕 시는 할렘 서쪽 끝에 있는 허드슨강 옆에 하수처리장을 건설했다. 하수처리장이 가동을 시작한 이후 주민들이 건강 문제를 호소하는 일이 잦아지자, 이 지역 여성들은 이 문제에 주목을 끌기 위해 조직을 만들었다. 그들은 공동체 보건과 하수처리장 사이의 관계에 대해 아무런 과학적 데이터도 갖고 있지 못했고, 이에 따라 하수처리장이 그들과 가족에게 미치는 영향에 관해 자신들이 지닌 국지적이고 종종 개인적인 지식에 의존했다(Brown and Ferguson 1995). 처음에는 시와 주 정부기구들은 주민들의 항의를 무시했지만, 〈웨스트할렘 환경행동〉은 이내 할렘 출신의 시와 주 의회 의원들로부터 지원을 얻어내었다. 의원들은 시위에 참여하는 한편으로 시와 주 정부기구가 〈웨스트할렘 환경행동〉의 항의에 응대하도록 압력을 가했다. 이 사건이 주목받게 된 것은 분명 〈웨스트할렘 환경행동〉의 설립자 중 한 사람인 페기 셰퍼드가 뉴욕 시 의회 의원이었다는 사실 덕분이었다. 〈웨스트할렘 환경행동〉은 정치 지도자들의 도움으로 모금을 해서 (오랜 환경 활동가 배리 카머너가 운영하는) 퀸스칼리지의 〈자연생물학시스템센터〉Center for Natural and Biological Systems에 하수처리장에서 나오는 오염물질에 관한 연구 용역을 줄 수 있었다. 연구 결과 도시의 다른 지역에 비해 많은 종류의 오염물질들이 증가했음이 밝혀졌다. 〈웨스트할렘 환경행동〉은 이러한 연구 결과에 근거해 〈천연자원 보호위원회〉Natural Resources Defense Council와 공동으로 뉴욕 시와 뉴욕 주에 성공적으로 소송을 제기했고, 명성이 높은 법률회사인 〈폴, 와이스, 리프킨드, 와튼 앤 개리슨〉Paul, Weiss, Rifkind, Wharton and Garrison의 무료 변호를 받을 수 있었다(WE ACT 2005).

소송에서 얻어낸 1백만 달러의 합의금은 할렘에서 환경정의 프로그램의 더 큰 하부구조를 만드는 데 쓰였고, 그중에는 컬럼비아대 공중보건대학원과의 여러 차례에 걸친 협력 관계도 포함되었다. 이는 맨해턴 북부의 오염물질과 연관된 건강 문제를 조사하기 위한 것이었는데, 워싱턴 하이츠에 있는 대형 버스터미널에서 나오는 배기가스 문제도 그중 하나였다. 그리고 코넬대 도시지역계획학과와 힘을 합쳐 공동체들이 보건 및 환경 데이터에 손쉽게 접근할 수 있도록 사용하기 편한 GIS-지도 시스템을 개발하기도 했다(www.weact.org).

〈웨스트할렘 환경행동〉이 안정화된 단체로 변화한 사례에서 볼 수 있는 활동가 주도 연구의 일상화는 HIV와 에이즈에 대한 연구와 치료법 결정에 게이 남성들이 참여한 사례나, 수많은 아메리카 원주민 보호구역에서 인디언 환경보건 센터가 설립된 사례에서도 찾아볼 수 있다. 이러한 프로그램들의 제도화는 비과학자들의 경험과 증거를 문제 해결과 일반적인 과학지식 창출에서 좀더 중요한 것으로 만들었다.

그러나 엡스틴(Epstein, 1996)을 비롯한 많은 사람들이 지적했듯이, 과학의 논의 테이블에 한 자리를 얻는 것은 비과학자들이 한때 그들의 구체적인 정치적·도덕적 주장 덕분에 가질 수 있었던 영향력을 잃게 됨을 의미할 수도 있다. 도덕적 압력은 과학자들이 사람들을 돕겠다는 목표를 표방한 것과 그들이 활동가들의 필요에 답할 능력이나 의사가 없는 것 사이의 모순을 활동가들이 폭로할 때 생겨난다. 행진이나 농성 같은 대중 시위는 이러한 모순에 시선을 끄는 가장 흔한 방법 중 하나이며, 언론 캠페인이나 문제의 과학자들에 대한 자금지원을 관장하는 기관에 대한 로비 역시 마찬가지이다. 활동가 주도 참여연구가 훌륭하게 작동할 때는 이러한 전술이 필요하지 않지만, 그렇지 못한 경우에는 도덕적 압력이 활동가들이 활용할 수 있는 영향력 행사의 한 형태가 된다.

활동가들은 자기 나름의 연구를 발전시킴으로써 영향력을 얻을 수도 있다. 이러한 전략은 문제의 단체가 그런 작업을 수행할 수 있는 조직 기술과 자원, 그리고 신용을 갖고 있을 때 가장 잘 작동한다. 이는 활동가 주도 연구가 과학자들이 관심을 가진 문제 내지 퍼즐을 풀어냈을 때, 그리고 활동가들이 상대적으로 지위가 높은 집단에 속해 있을 때 특히 효과적일 수 있다.

이처럼 활동가들은 다양한 방식으로 영향력을 획득할 수 있다. 그러나 이 말은 모든 활동가 주도 참여연구가 과학자들과 활동가들 사이의 공공연한 다툼의 장이 될 거라는 의미는 아니다. 〈웨스트할렘 환경행동〉이나 여타 단체들의 사례는 그러한 협력이 참여한 모든 이들에게 유익한 것이 될 수 있음을 분명하게 보여 준다. 내가 주장하고 싶은 것은, 활동가들이 보유한 힘이 부분적으로는 과학이 지닌 정당성의 주된 원천 중 하나—과학이 궁극적으로 모든 사람들에게 봉사한다는 생각—에 이의를 제기하는 그들의 능력에 기반을 두고 있다는 것이다. 물론 과학이 언제나 이득을 준다고 믿는 사람은 거의 없지만, 활동가 주도 연구가 해낸 일은 사회구조적 관계가 어떤 집단에게는 과학에서 나오는 이득을 더 많이 가져다준다는 사실을 중심에 내세웠다는 데 있다. 둘째, 활동가 주도 과학은 새로운 질문을 제기하고 새로운 증거를 제공함으로써 과학자들이 지식생산을 독점해야 한다는 생각을 약화시킨다. 과학자들이 가진 전문화된 종류의 지식은 모든 사람들에게 중요성을 갖는 질문들에 답하는 데 불충분한지도 모른다. 일부 과학사회학자들에게 이는 익숙한 논증일 것이다.

그러나 그보다 덜 분명한 사실도 있다. 우리가 이러한 참여자들을 묘사하기 위해 사용하는 용어들은 그들이 어떻게 정치적 도구로 활용되는 과학의 권위에 도전하는지를 우리가 인지하고 있음에도 불구하고, 자유주의 정치의 획일적 잣대가 이러한 도전자들을 손쉽게 받아들이지 못하고 있음을 말해 준다. "일반인-전문가", "시민-과학자", "시민-참여자", "공동체기반 일반인 연구자" 같은 용어들은 이 사람들이 정확히 어떤 기여를 해야 하는가와 과학 정치에서 그들의 역할을 어떻게 이해해야 하는가를 둘러싼 불편함을 보여 준다. 참여연구에 관여하는 과학자들을 지칭할 때는 그처럼 공들여 만든 일단의 용어들을 쓰지 않는다. 이는 그들의 참여가 사람들에 대한 봉사자로서의 과학자 상과 매끈하게 부합하는 것으로 이해되고 있거나, 그들이 참여의 경험에 의해 변화되거나 다른 방식으로 도전을 받지 않음을 우리가 당연하게 여기고 있음을 암시한다. 참여연구에 관여하는 과학자들을 묘사하는 좀더 공들여 만든 용어가 있다면("활동가 과학자"는 과학자들이 참여하면서 내세우는 다양한 이유들을 포착해 내지 못한다), 과학자들의 전문직 역할과 정치적 역할을 변화시키는 참여과학의 힘을 좀더 구체적으로 그려낼 수 있을 것이다.

전문직 주도 참여과학

두 번째 유형의 참여연구는 전문 연구자들이 주도하는 것이다. 1980년대 이후 법률적 강제의 결과로 (가정된) 수혜자들을 연구의 설계, 실행, 응용 과정에 포함시키는 일이 늘어났다. 지면상의 이유 때문에 여기서는 환경운동이라는 한 가지 영역에 초점을 맞추도록 하겠다. 레이건과 아버지 부시 행정부 시절에는 환경과 관련된 과학지식 창출에 시민들이 참여할 수 있는 방법을 포함한 법률이 거의 통과되지 않았다. 클린턴 행정부는 환경정의 단체들의 주장에서 부분적으로 자극을 받아(Topper 2004), 자금을 지원하고 시민참여를 의무화하는 방식으로 그러한 참여를 장려하는 일련의 법률과 행정 명령을 제정했다. 1992년에 환경보호청은 환경정의 문제 ─ 특히 아메리카 원주민 공동체들이 직면한 ─ 를 다루는 일련의 공동체기반 프로그램들을 발족시켰다. 1993년에는 환경보호청 내에 환경정의국Office of Environmental Justice 이 설립되었다. 환경정의국은 시민집단들이 환경 문제에 관해 법률적 주장을 제기하는 것을 돕고 그들이 그러한 주장을 할 때 필요로 할 증거 수집에 도움을 주는 방법을 찾는 임무를 맡았다. 1994년 2월에 클린턴 대통령은 연방기구들이 소수집단과 저소득층의 환경정의 문제를 다루도록 지시한 행정 명령 〈12898호〉에 서명함으로써 그러한 권한을 더 확장했다. 이 명령은 연방기구들이 자체 프로그램, 정책, 활동이 인간 및 환경에 미친 부정적 영향을 "적절하게" 파악해 다루도록 지시했다(Hays 2000 : 78). 현재 환경보호청은 연구의 설계, 실행, 활용 과정에서 공동체들을 참여시키도록 설계된 여러 프로그램들을 후원하고 있다.

환경보호청은 소수집단이나 빈민집단들이 이득을 볼 가능성이 낮은 활동들을 허용하는 — 가령 회사들이 기존의 하부구조를 개조할 경우 대기오염방지 규제를 반드시 따르지 않아도 되게 하는 것처럼 — 규칙 개정을 하기도 했지만, 이와 동시에 환경보호청과 대학에 있는 과학자와 여타 전문직 종사자들을 보건 및 환경 위해로부터 고통받고 있는 (혹은 고통받고 있을지 모를) 공동체 사람들과 연결시켜 주는 상대적으로 혁신적인 프로젝트를 후원하기도 했다. 예를 들어 환경보호청은 대체로 대학과 공동체 집단 사이에 이뤄진 환경정의 협력관계에 소규모 자금을 지원했다. 지원금은 501(c)(3)[3] 집단에 주어져야 했는데, 이는 사실상 지원금 신청서를 작성할 능력이나 안정된 비영리기구 지위를 갖고 있지 못한 집단(가장 가난한 집단일 가능성이 높다)을 배제해 버렸다. 그러한 지원금은 주로 대학-환경정의 단체 협력관계에 제공되었는데, 이는 전문직과 비전문직이 전문직에서 후원하는 참여연구를 통해 연결되는 가장 흔한 방식 중 하나였다(EPA, Community Assistance Program 2003).

대학과 지역 단체의 협력을 보여 주는 훌륭한 사례가 디킨슨대학의 수질연구 감시연합Alliance for Aquatic Research Monitoring, ALL-ARM 프로그램이다. 1986년에 지역의 수질 연구를 위해 설립된 이 프로그램은 1996년에 관심 대상을 넓혀 해당 지역의 수질 감시를 원하는 지역 단체들과 협력 작업을 시작했다. 프로그램 소장의 지도를 받는 학생들로 구성된 기술지원팀Technology Support Team이 지역 단체의 요청에 따라 수질 샘플을 수집하고 분석하는 프로젝트의 조율을 도왔다. 학생들은 실험실 연구를 담당하고, 지역 단체들은 감시 장소를 선정하고 일상적 감시를 맡는 식으로 역할 분담이 이뤄졌다(www.

---

3. [옮긴이] 501(c)(3) : 미국 내국세법 501조 c항에서 규정한 비과세 비영리단체 중에서 세 번째 유형, 즉 종교, 교육, 자선, 과학, 문학, 공공안전 시험, 아마추어 스포츠, 아동학대 및 동물 학대 방지 분야에서 활동하는 단체를 가리킨다.

dickinson.edu/storg/allarm). 미국 전역에는 디킨슨 같은 소규모 대학, 대규모 주립대학, 엘리트 대학 등을 통틀어 그러한 프로젝트가 수백 개나 존재한다. 〈웨스트할렘 환경행동〉 같은 제도화된 사례에서와 마찬가지로, 이러한 프로젝트들에서는 데이터를 생산하는 연구 프로젝트와 상호 이득이 되는 실천적 행동에서 전문직-비전문직 교류가 일상적으로 이뤄지고 있다.

그러나 그러한 협력이 일상적으로 성공을 거두고 있다고 본다면 잘못일 것이다. 전문직 주도 참여연구 활동은 전문직 종사자들 스스로가 돕고 있다고 생각하는 바로 그 사람들의 신뢰를 궁극적으로 약화시키는 권력관계를 재생산할 위험을 항시 안고 있다. 예를 들어 현재 환경보호청이 진행하고 있는 시범 연구들은 앞으로 공동체기반 연구 프로젝트를 조직하기 위한 모범사례(와 최악의 사례)를 배울 수 있는 방법으로 고안된 것이다. 이 연구들에서 환경보호청은 기술 팀을 활용해 데이터의 수집, 정리, 분석을 돕고, 쉽게 이해할 수 있는 형태로 데이터를 제공하고 있다. 그러나 이러한 프로젝트들은 그리 성공적이지 못한 것으로 드러났다. 참여자들이 너무나 자주 청중으로 취급받았고, 아울러 연구 결과가 참여자들이 기대했던 것과 달랐을 뿐 아니라 해법은 제시하지 않고 문제만 확인하는 데 그쳐 실망을 자아냈다. 잠재적 수혜자들에 대해 프로젝트에 관해 설명해 주고 정기적으로 의견을 듣기도 했지만, 연구 수행 그 자체에 그들을 참여시키지는 않았다. 환경보호청은 이러한 대의명분을 포기하지 않고 계속해서 협력관계에 자금을 지원하면서, 가난한 소수집단 지역들에서 환경오염 문제를 해결하려면 어떻게 조직하고 행동해야 하는지를 더 많이 알고 싶어 하는 공동체 조직가들이 활용할 수 있도록 지침서를 개발하고 있다(EPA, Interagency Working Group 2004). 비전문직 종사자들을 연구의 설계와 실행에 참여시키지 않고 그 대신 공동체의 동의만 얻으면 참여연구가 가능하다고 전제함으로써, 그러한 프로젝트들은 1950년대와 1960년대의 핵무기 금지 운동에서 활동한 과학자들이 널리 퍼뜨린 초기 "정보제공 모델"information model의 맥을 잇고 있다. 정보제공 모델에서 시민들은 과학자들이 연구해 온 위험이나 약속에 관해 전해 듣게 된다. 과학자들은 비전문직 종사자들이 "정보"를 활용해 자기 자신이나 다른 사람들의 행동을 평가하고, 주어진 정보에 비추어 좀더 합리적이고 온당한 방식으로 행동을 바꿔나갈 거라는 기대를 품었지만, 이는 잘 들어맞지 않는 것으로 드러났다(Moore 1996).

전문직이 주도하는 참여과학은 어떻게 보면 과학의 권위에 아무런 영향을 미치지 못하는 것으로 해석될 수 있다. 결국 과학자들은 어려움에 처한 사람들을 도움으로써 공공선에 봉사하고 있고, 전문직 내에서 자신들의 승진에 활용할 수 있고 다른 과학자들이 활용하도록 유포할 수 있는 "훌륭한 과학"을 여전히 만들어 내고 있지 않은가? 그러나 비과학자들의 참여는 중요한 질문을 제기한다. 왜 모든 과학이 비과학자 이해당사자들을 참여시키지 않는가? 마틴(10장 참조)의 용어로 표현하면 이는 "시민이 형성한 세상에서 만들어진 과학"이 될 것이다. 제한된 몇몇 분야들에서 어떤 종류든 참여가 존재한다는 사실은 다른 분야들에서 그런 참여가 존재하지 않는다는 사실에 주의를 환기시킨다. 보건이나 환경 같은 주제들은 이해가 쉬운 반면 물리학, 화학, 그 외 다른 물리과학은 너무 추상적이어서 대부분의 사람들이 이해할 수 없기 때문이라고 주장하는 것은 통하지 않을 것이다. 왜냐하면 우리는 2차 세계대전 이후 과학자들과 시민단체들이 시작한 대중교육 캠페인에서 시민들이 핵무기의 위험을 상당히 잘 이해했다는 사실을 알고 있기 때문이다(Smith 1965). 내가 보기에 몇몇 분야들에는 참여과학이 존재하지만 다른 분야들에는 존재하지 않는다는 - 아울러 전문직 주도 참여과학에 수많은 실패 사례들이 존재한다는 - 사실은 다음과 같은 점을 시사하고 있다. 과학의 권위가 모든 사람들의 이해관계에 봉사하는 과학의 능력에 입각한 경우에는 그렇지 않은 경우보다 기초가 더 불안하다는 것이다.

참여과학에서의 아마추어

참여과학을 주도하는 세 번째 집단은 과학자 참여자들에 비해 상대적으로 주목을 받지 못했다. 아마추어들은 전문직 자격을 갖춘 과학자가 아니고 과학자들이 의존하는 지식과 숙련 기반을 결여하고 있기 때문에, 종종 활동가들과는 매우 다른 방식으로 연구 과정을 시작하며 변화를 만들어 내기 위해 다른 자원과 권력 형태에 의존한다. 아마추어들은 오랫동안 조류학과 천문학에 기여해 왔고 최근에는 생태학 연구에서 점차 중요한 역할을 하고 있으며, 앞으로는 특히 생태과학 분야에서 더 중요한 역할을 할 가능성이 높다(Ainley 1979/1980; Gross 2003; Ferris 2002). 그들의 과학 연구 참여는 결과에 대한 관심이 아니라 과정에 대한 직업적 이해관계에 근거하고 있다.

나는 아마추어 과학을 두 가지 유형으로 구분했다. 하나는 내가 "주변부 아마추어"marginal amateur 과학이라고 부르는 것으로, 콜린스와 에반스(Collins and Evans 2002)가 제시한 "주변부 전문가"marginal experts라는 개념에서 아이디어를 빌려왔다. 그들은 존경받는 지식 체계의 일부가 아닌 지식을 가진 사람들을 가리켜 이런 표현을 썼다. 주변부 아마추어 과학 중 일부는 종교적 기반을 갖고 있다. 이러한 접근은 일견 모순처럼 보이지만, 창조론자들은 과학적 방법을 써서 인류의 기원이나 지구의 기원에 관한 과학적 주장을 약화시킴으로써 종교적 교의를 과학과 일치하게 만들려고 애쓴다. 창조과학에는 과학 분야에서 공인된 전문가가 아닌 사람들도 참여하고 있다. 생명의 형성과 발달에서 신의 역할을 연구하면서 과학적 방법의 요소들을 활용해 주류의 과학적 질문과 다소 흡사한 질문들을 탐구하는 사람들이 몸담고 있는 믿을 만하고 널리 받아들여진 과학 분야는 존재하지 않는다.

진화 이론에 반대하는 창조론자들의 노력은 1925년의 스콥스 재판에서 시작되었다. 그러나 1958년까지 창조론자들은 이 주제에 관해 상대적으로 침묵을 지켰다. 그 이유는 부분적으로 공립학교들이 진화 이론을 명백하고 엄밀한 방식으로 가르치지 않았고 이를 기독교의 해석에 대한 도전으로 분명하게 그려내지 않았기 때문이다(Binder 2002:43). 1968년의 에퍼슨 대 아칸소Epperson vs. Arkansas 재판은 어떤 주써도 과학 교과과정에 진화를 포함시키는 것을 금지할 수 없다고 판결했다(Binder 2002:44). 이 판결은 창조론을 믿는 사람들을 자극해 창조론을 학교 교과과정에 다시 집어넣기 위한 조직적 활동을 시작하게 했다. 1980년대에 공화당은 근본주의 기독교인들이 유권자로서 또 정치적 의제 설정자로서 조직하는 것을 돕기 시작했다. 새롭게 발견한 자신들의 정치적 힘에 고무된 그들은 창조과학을 확대하는 한편으로 공립학교에서 진화를 사실이 아닌 "이론"으로 가르치게 만드는 노력에 착수했다. 여기서 이론은 증거에 의해 지지되거나 증거를 활용해 잠재적으로 검증가능한 일단의 예측적 명제로 보는 실증주의적 이해가 아니라, 직접적 감각경험을 통해 얻어진 지식이라는 스코틀랜드 상식실재론의 개념을 의미한다. 또 하나의 중요한 차이점은 창조과학자들이 어떤 주제에 대해 견해차이가 존재하는 것은 곧 그것이 사실이 아님을 의미한다고 결론 내린다는 것이다. 이에 따르면 사람들은 어떤 것이 사실이기 때문에 그것에 대해 동의한다. 반면 과학의 사회적 연구를 하는 학자들은 사람들이 어떤 것에 동의하기 때문에 그것이 사실이 된다고 주장한다.

진화론 반대자들은 "젊은 지구" 주창자, 진화론 반대자, 지적 설계 옹호자 등의 다양한 명칭으로 불린다(〈창조연구소〉Institute for Creation Research의 홈페이지 www.icr.org 참조). 이러한 이론들의 으뜸가는 옹호자들 중 일부는 화학이나 수학 학위를 갖고 있다(하지만 생물학 학위는 드물다). 그들이 활용하는 수법 중 하나는 과학에서, 그중에서도 특히 어떤 분야의 주변부에 위치한 사람들에게서 흔히 볼 수 있는 것이다. 그들은 과학자 공동체의 모든 구성원들이 특정 분야와 관련된 모든 발견들에 동의한다는 관념에 의문을 제기하는 증거의 단편들을 찾는다. 창조과학자들은 과학적 논증을 조금씩 분해해 나감으로써 진화 이론의 토대를 허물겠다는 희망을 품고 있다. 예를 들어 2003년 〈미국지구물리학회〉American Geophysical Union 학술대회의 포스터 발표에서, 예전에 〈샌디아 연구소〉Sandia Laboratories에서 일했던 물리학자 러셀 험프리스는 암석 속에 여전히 남아 있는 헬륨의 양에 근거해 특정한 종류의 화강암의 나이에 도전하는 논문을 발표했다. 그는 자신의 발견이 지구의 나이가 6천 년이라는 사실과 부합한다고 주장했다(Humphreys 2003). 특정한 과학 분야에서 학위를 갖고 있고 자신의 전문성을 창조론의 영역으로 확장하는 길을 택한 과학자들이 만들어 낸 그런 논문들은 수천 편이나 존재한다. 쉰들러(Schindler 2003)에 따르면 비창조과학자들은 창조과학자들 중 상당수를 "나쁜 길로 빠진" 과학자로 보고 있다. 그들은 다른 연구를 할 때와 동일한 기준을 창조과학 연구에서 활용하지 않기 때문이다. 일부 창조과학자들은 창조과학이 아닌 분야에서 여전히 신용을 유지하고 있지만, 주류 과학에서 아무런 지위도 갖지 못한 주제의 연구자로서는 그렇지 못하다.

창조과학자들이 쓰는 두 번째 전략은 기존의 과학 이론을 기반으로 해서 자신들의 주장과 이미 확립된 아이디어를 연결시키는 것이다. 예를 들어 볼링그린대학의 심리학 조교수인 한 필자는 알베르트 센트-디외르디의 신트로피syntropy 개념(우주에는 엔트로피를 향하는 경향 외에 질서와 고등 생명체의 조립으로 향하는 경향도 존재한다는 관념)을 끌어들였고, 낮은 수준의 복잡성에서 생명이 없는 사물은 조합을 멈추는 것처럼 보이는 반면 생명체는 점점 더 복잡해질 수 있는 이유에 대한 센트-디외르디의 관심도 받아들였다. 이 심리학자는 센트-디외르디가 제기한 문제가 초자연적인 생명의 기원을 가정하면 쉽게 이해될 수 있다고 주장했다(Bergmann 1977). 이러한 논증에 내포된 논리에는 물론 결함이 있다. 생명체와 생명이 없는 사물의 복잡성에서 차이가 생기는 온갖 종류의 이유들을 가정해 볼 수 있고, 그중 어느 것도 초자연적인 것과는 관계가 없다. 이러한 주장이 과학적인 것으로 간주되려면 증거의 뒷받침을 받거나 기존 지식과 부합하는 정교한 이론의 뒷받침을 받아야 할 것이다. 아마추어들은 기존의 과학 이론에 의지해 주장을 뒷받침하려 하거나 과학적 견해차이를 증거의 완전한 결핍과 등치하는 식으로 과학의 수많은 도구들을 활용하고 있지만, 다른 과학자들이 보기에 창조과학이 과학으로 인정받기 위해 필요한 증거나 논리를 제시하지는 못하고 있다. 뿐만 아니라 창조과학자들 중에서 귀무가설[4]에서 출발하는 사람은 거의 없으며, 부정적 증거를 추구하거나 받아들이지도 않는다. 과학 연구에서 성공을 거두기 위한 필수 조건이 자신의 아이디어를 동료들이 받아들이게 하는 거라면, 인류의 기원을 이해하려는 노력에서 진화와 50억 년의 지구 나이에 대한 대안을 발전시킨 사람들은 분명 성공을 거두지 못했다. 진화론 반대자들이 다른 과학자들을 자신들의 주장에 끌어들일 수 있다 하더라도, 절대 다수의 과학자들은 거기 동참하지 않는다. 외계생명에 관한 논쟁에서도 비슷한 역학관계가 나타난다. 외계생명 신봉자들이 관찰과 이론화라는 과학적 방법을 활용하고 있음에도 불구하고, 가까운 행성에 있을지 모를 극미의 생명 형태를 논외로 하면 경험적 증거에 입각해 외계생명의 존재를 확신하는 과학자는 거의 없다.

아마추어 참여과학의 두 번째 주된 유형은 미국에서 오랜 역사를 가지고 있으며, 전문직 과학자들과의 관계에서 매우 다른 모습을 보인다. 진화론 반대자들이나 외계생명 탐색가들 같은 "주변부" 아마추어들은 지질학자, 천문학자, 생물학자들 사이에서 거의 신용을 얻지 못하지만, 다른 아마추어들은 과학지식의 발전에서 중요한 역할을 하고 있다. 내가 "직업적" 아마추어 과학이라고 부르는 활동에서는 과학지식이 지식 생산을 위해 보수를 지불받지도 않고 그들의 생계나 건강이 그러한 지식에 좌우되지도 않는 사람들에 의해 생산된다. 때로 이러한 지식은 학계에 있는 연구자들의 존중을 받고 활용되기도 한다. 예를 들어 조류 관찰자들은 전문직 과학자들을 도와

---

4. [옮긴이] 귀무가설(null hypothesis) : 어떤 현상들 사이의 연관이나 영향이 없다고 가정하는 기본 가설.

조류의 종과 아종을 찾아내고 새들이 자주 찾는 지역을 보존하는 데 기여한 오랜 역사를 갖고 있다. 〈미국탐조협회〉American Birding Association가 작성한 목록에 따르면 현재 시점에서 자원활동에 참여할 수 있는 "탐조가들의 기회"가 적어도 650건 이상 존재한다(American Birding Association 2004). 활동의 대부분은 조류 서식지를 복원하고 새들의 행동과 이주를 모니터링하는 일이 중심이 된다. 탐조가들은 하루나 한 주 혹은 한 철 동안 도움을 줄 수 있으며, 미국이나 캐나다에서, 혹은 국제적으로 활동에 참여할 수 있다. 〈미국탐조협회〉가 "시민과학자"로 칭하는 이들은 데이터를 수집해 전자적 수단이나 서류를 통해 과학자들에게 전달하며, 과학자들은 이를 자신들의 목적에 맞게 활용한다.

과학적 조류 연구에서 아마추어들을 믿을 만한 데이터 수집가로 활용할 수 있다는 생각을 캐나다와 미국에서 널리 퍼뜨린 것은 캐나다의 사설 조류 전망대에서 일하던 야생생물학자 에리카 던이었다. 1976년에 그녀의 남편인 영국 태생의 생물학자가 조사에서 비과학자의 참여를 고려해 보라고 던에게 제안했다. 이는 1932년에 〈영국 조류협회〉British Trust for Ornithology가 확립한, 자원봉사자들이 체계적으로 수집된 데이터를 과학자들에게 제공하는 모델에 근거한 것이었다. 던은 데이터 수집과 분석을 조직하는 일에 착수했다. 그녀가 사람들을 조직화하고 데이터를 정리한 방법은 성공을 거두었고, 이내 다른 수많은 조류협회들과 캐나다와 미국의 연구기관들로 퍼져나갔다. 던의 혁신은 아마추어를 참여시킨 것이 아니라 이를 다양한 환경에서 활용할 수 있도록 데이터 수집과 분석을 체계화한 데 있었다(Dunn 2004; Ainley 1978). 오늘날 그녀의 방법은 수많은 정부, 대학, 민간 환경에서 쓰이고 있다.

직업적 연구자 참여의 또 다른 사례는 자연 서식지 복원 분야에서 찾아볼 수 있다. 한때 주로 전문직의 영역이었던 천연 지역 복원 프로젝트는 오늘날 아마추어들도 끌어들이고 있다. 1987년에 설립된 〈생태복원협회〉Society for Ecological Restoration, SER는 전세계적으로 가장 두각을 나타내고 있는 복원 단체로 37개국에 회원을 거느리고 있다. 이 협회는 단순한 전문직 단체가 아니며 과학자, 아마추어, 자원봉사자, 정책결정자, 토착 부족 등이 적극적인 회원 활동을 한다(Higgs 2003). 이 협회는 과학자와 아마추어 사이의 협동을 장려하고 있고, 아마추어들은 연차 총회와 〈생태복원협회〉가 후원하는 프로젝트에 과학자들과 동일한 방식으로 참여한다(SER 1988-2004). 그들은 점점 더 많은 장소에서 자신들만의 프로젝트를 수행하고 있다(Gobster and Hull 2000). 그로스(Gross 2003)는 "공공적 실험"이라는 용어를 써서 건강한 생물계를 복원하고 만들어 내려는 아마추어들의 이러한 새로운 노력을 지칭하고 있다. 아마추어들은 종종 공공자금의 지원을 받는 복원 프로젝트를 통해 그러한 프로젝트에 참여하게 되는데, 이 때 복원에 필요한 노동력은 공동체 구성원들의 힘으로 충당한다. 집단 작업으로 조직된 활동을 통해 수십 명의 사람들이 "잡초"(적절한 경계 바깥에 있는 것으로 간주되는 모든 종류의 식물)를 뽑고, 풀과 나무를 심고, 불을 놓는 등의 다양한 활동을 할 수 있다(Moore 2004). 예를 들어 샌프란시스코에서는 최근 군용 부지에서 해제된 프레지디오Presidio 지역이 현재 휴양과 교육 공간으로 탈바꿈하고 있다. 아마추어들은 구체적인 프로젝트 계획을 발전시키고, 자원봉사자들을 감독하고, 동식물상相의 전개에 관한 데이터를 수집하고, 보고서를 작성하는 등 중요한 지도적 역할을 하고 있다(Holloran 2000). 어떤 복원 프로젝트에서는 아마추어들이 스스로의 힘으로 프로젝트를 시작한 후 그들의 프로젝트에 상호 이해관계를 가진 과학자들과는 나중에서야 접촉한다(Gobster and Hull 2000).

직업적 아마추어들은 복원 프로젝트에서 어떻게 하면 되고 어떻게 하면 안 되는지에 관한 정보의 원천이다. 일리노이와 캘리포니아 주의 복원 프로젝트에 관한 연구에서 그로스(Gross 2003)는 "자원봉사자들의 지식이 종종 좀더 학문적 지향을 가진 과학에 보탬이 될 수 있고 심지어 대단히 근본적인 차원에서 이를 대체할 수도 있다"고 썼다(151). 그는 아마추어들―그중 일부는 과학자들의 감독을 받는 자원봉사자로 활동을 시작했다―이 혼자 힘으로 일하는 과정에서 토양, 숲, 풀의 역동적 관계에 대해 독립적으로 유용한 아이디어를 찾아낸다는 사실을 발견했다. 복원 활동에 30년의 경험을 가진 한 아마추어는 앞으로 참여가 더 늘어날 거라고 예측했다. "나는 과학을 사랑하고 탐구를 사랑해서 과학을 하는 시민과학자들이……과학이 작동하는 방식을 바꿔 놓을 거라고 생각해요. 그들은 표준적인 과학에 관심이 커질 것이고 거기에 중요한 기여를 할 겁니다. 그들은 그걸 가지고는 결코 연구비를 따낼 수 없을 색다른 아이디어들을 갖고 있을 겁니다"(Gross 2003 : 152에서 재인용).

아마추어 과학이 과학의 권위에 던지는 함의는 사용되는 목표와 방법에 따라 분석되어야 한다. 직업적 과학에서 아마추어들은 전문직의 훈련과 감독을 결여하고 있음에도 불구하고 지식 생산의 발전에 기여할 수 있다. 그 이유는 바로 그들이 자금지원과 엄격한 질문 정식화의 제약에 얽매여 있지 않으며, 종종 잘 계획된 연구의 규칙에 제약받지 않고 여러 방향을 동시에 탐색할 시간적 여유가 있기 때문이다. 이 과정에서 그들은 객관성에 엄격하게 초점을 맞추고 조심스럽게 연구 계획을 짜는 것이 유용한 지식 생산을 위한 이상적 경로라는 사고방식에 도전한다. 아마추어들은 흔히 자신의 연구 대상에 대해 대단한 애착 내지 애정을 표현한다. 이는 연구 대상으로부터 다소나마 "거리"를 두도록 규범적으로 요구받는 과학자들이 적어도 의식적으로는 해서는 안 되는 일이다.

그러나 창조론자들 같은 주변부 과학자들은 과학의 권위에 이와는 다른 일단의 도전을 제기한다. 그들은 대체로 지식 기반에 기여하지는 못하지만, 과학의 도구들 중 일부를 활용해 과학 연구에서 정당하게 간주되는 것의 가장자리에 위치한 주제들을 탐구하고 있다. 만약 그러한 활동이 과학자들의 권위에 아무런 영향을 미치지 못한다면 그들은 이러한 활동을 무시할 것이다. 그러나 실은 그렇지 않았다. 관리들뿐 아니라 과학자들 역시 창조론자들을 비판하는 데 시간을 할애했는데, 그 이유는 그들이 과학에서 어떤 것이 이론과 증거를 이루는지에 문제를 제기했기 때문이다. 물론 창조론자들이 완전히 성공을 거둔 것은 아니었다. 과학자들이 자연을 이해하는 주된 방식으로 상식실재론을 받아들이지 않았기 때문이다. 그러나 주변부 전문가들은 1950년대의 핵실험 논쟁에서 처음으로 공공적 사안이 된 과학의 중요한 특징 하나를 드러내 보였다. 전문가들 간의 견해차이가 그것이다. 만약 과학이 공통의 실천과 이론들에 기반을 둔 일관된 전체라고 한다면, 논쟁이 어떻게 일어날 수 있으며 비과학자인 우리들은 그것을 어떻게 이해해야 하는가? 적어도 내가 탐구한 유형의 주변부 과학은 과학이 어느 정도로 일관된 전체를 이루는지에 대해 의문을 제기하며, 이에 따라 비과학자들이 — 성공적이든 그렇지 못하든 간에 — 논쟁에 개입하는 것을 가능하게 만들어 주고 있다.

참여과학의 여러 유형들의 만남과 참여과학의 미래

종합해 보면, 세 가지 유형의 참여연구는 몇 가지 요인들이 합쳐져 생겨났다. 자신들의 필요와 관심사를 과학 담론과 실천에 반영하고자 하는 비전문직 종사자들의 욕구, 자신들의 연구를 사회정의라는 관심사를 위해 활용하려는 전문직 과학자들의 동기, 그리고 인간은 단지 과학 연구의 객체에 불과하다는 생각의 정당성을 앗아간 법률적 변화가 그것이다. 가장 일반적인 차원에서 보면, 1970년대 이후 권위자들에 대한 존경심이 떨어지면서 전문가가 가장 잘 아는 것이 아닐 수 있다는 가능성을 열어 주지 않았다면 비전문직 종사자들이 과학 연구 프로젝트에 참여하는 것은 상상하기 어려웠을 것이다.

미국 정치 시스템의 구조는 사람들, 활동, 주제, 실천들의 상이한 조합들이 한데 뭉치는 것을 가능하게 해 주었다. 대다수의 다른 민주주의 국가들과 비교해 볼 때, 미국은 복수의 접근 지점을 허용하고 이해집단의 참여를 장려하는 분권화된 정부를 갖고 있고, 지역의 사회운동과 주 단위의 실험으로부터 정책과 실천을 발전시켜 온 역사를 갖고 있다(Amenta 1998; Skrentny 1996; Clemens 1997). 뿐만 아니라 전문직들은 국가로부터 상대적으로 독립해 활동하면서 협회를 통해 자율 통치를 함으로써, 전문직 종사자들이 직접적인 정부 감독 없이 새로운 종류의 활동에 관여할 수 있었다. 이러한 구조는 다양한 유형의 참여 활동이 꽃을 피울 수 있게 해 주었다. 좀더 중앙집중적이고 위계적인 국민국가나 인민주의 정치 전통이 눈에 덜 띄는 국가에서는 이러한 활동이 훨씬 적을 거라고 예상해 볼 수 있다.

논쟁적 과학과 아마추어 참여과학은 전문직이 과학지식의 유일한 원천이자 체계화 및 증거 기준의 원천인지에 대해 의문을 제기한다. 아마추어 과학은 ─ 어느 정도는 활동가 주도 참여과학도 ─ 무엇이 체계적 증거와 통제된 실험으로 간주되는가 하는 질문을 던진다. 특히 복원 생태학에서의 공공적 실험은 에이즈 활동가들의 "순수하지 않은 피험자"impure subject에 대한 요청과 크게 닮았다(Epstein 1996). 양자 모두 전문 연구자들의 절차와 요구를 존중하기보다 실용적 이득을 추구하기 때문이다. 논쟁적 과학과 전문직 주도 과학은 모두 과학의 실천이 어떻게 사람들에게 해를 끼칠 수 있는지에 주목하고 비전문직 종사자들이 과학을 좀더 유용한 목표로 이끌면서 할 수 있는 역할에 관심을 기울임으로써 진보로서의 과학이라는 관념을 비판적으로 조명한다.

이상화된 유형들을 살펴보면 분석 지점들에 주목할 수 있지만, 이는 실제 참여과학의 복잡성을 제대로 담아내지 못한다. 미국에서 참여연구의 대부분은 아마추어와 활동가들의 독립적인 작업이 아닌 전문직과 비전문직의 협동에 의존한다. 이 글에서는 주도자가 누군지에 따라 유형들을 범주화했지만, 제도주의 이론이 잘 보여준 바와 같이 결정이 이뤄지는 지점이 항상 분명한 것은 아니다. 실천과 아이디어들은 고도로 합리적이고 단선적인 응용 과정이 아닌, 집단들 간의 상호작용에서 나타날 가능성이 높다(3장 참조). 미국에서 더 많이 제도화되고 있는 것은 대학과 지역 단체들 간의 협동이다. 일부는 이미 진행중인 것도 있고, 일부는 사회기술적 문제를 푸는 데 도움을 얻고 싶어 공동체의 아이디어와 실천을 연구의 설계, 실행, 적용에 통합시킨 단기 연구를 원하는 지역 단체들이 주도하는 것도 있다.

이러한 두 가지 활동이 일상화되는 것은 그런 활동에 기꺼이 참여하려는 과학자들의 의욕과 비전문직 종사자들이 영향을 미칠 수 있는 정치적 공간의 존재 여부에 달려 있다. 비록 상업화 경향이 만연해 있긴 하지만, 대학은 여전히 과학자들이 참여연구 프로젝트를 위한 자금과 지원을 얻을 수 있는 공간으로 남아 있으며 특히 학생들과 자금을 끌어들일 수 있다는 점에서 그렇다. 직접 해 보는 과학교육에 대한 요구가 커지고 재단과 정부기구들로부터 비용효율적이고 실용적인 문제해결 연구을 위한 자금지원이 늘어나고 있음을 감안하면, 대학-공동체 참여 프로젝트는 성장할 가능성이 크다. 1970년대에 많은 전문직 과학단체들은 자신들의 과학 분야가 대중과 좀더 많은 연관을 가질 수 있도록 전담 분과를 만들었다(Moore 1996). 많은 분과들이 대중에 대한 정보제공을 주로 하긴 했지만, 참여연구에 관여하는 과학자들의 연결망도 여럿 만들어졌다. 마지막으로 지난 10년 동안 전자적 수단을 통해 과학 정보를 훨씬 쉽게 접할 수 있게 되었다. 미국에서 교육 수준이 꾸준히 올라가고 있음을 감안하면, 우리는 더 많은 비전문직 종사자들이 이렇게 접할 수 있는 아이디어들을 활용해 전문직의 전문성에 맞서고, 연구 피험자를 단순히 정보를 담는 그릇으로 간주함으로써 그들의 참여를 주변화하고 싶어 할지 모르는 전문직 과학자들의 노력에 저항할 것으로 예상해 볼 수 있다.

참여연구가 지속되려면 비전문직 종사자의 참여가 정당화되고 법률적으로 가능한 것이 되어야 한다. 참여연구는 물리과학에서는 보기 드물고 오직 소수의 생물과학 분야들에서만 나타나고 있는데, 이는 참여연구의 정당성이 잘 확립되지 못했음을 시사한다. 과학 연구에 대한 정부 자금지원의 경향은 이를 좀더 정당한 것으로 만들어줄 수 있다. 왜냐하면 나노기술을 포함해 점점 더 많은 주제들에서 프로젝트와 응용의 발전에 대한 대중참여가 필수적인 것으로 자리잡고 있기 때문이다. 물론 이것이 반드시 그런 연구가 비전문직 종사자들의 더 많은 참여를 허용하는 쪽으로 가까워지고 있음을 시사하는 것은 아니지만 — 다시 한번 참여가 비전문직 종사자들에 대한 정보제공을 의미하는 것으로 드러날 수도 있다 — 더 많은 과학자들이 비전문직 종사자들을 포함시키는 방법을 찾도록 고무할 가능성을 열어 주고 있는 것은 분명하다.

12장

미국 생의료연구에서 차이에 대한 새로운 정치학의 제도화[1]

과학, 국가, 사회의 구분을 가로질러 생각하기

스티븐 엡스틴

이 글에서는 최근 미국 생의료 분야의 지식생산과 약품 개발에서의 개혁의 물결에 대해서 묘사한다. 이러한 개혁은 우리 모두가 받는 의료서비스에까지도 영향을 미치고, 연구자들이 임상연구를 설계하는 방식에도 영향을 미친다. 다소 추상적으로 말해서 이런 개혁은 인종과 성차의 정치학이 작동되는 방식뿐만 아니라 시민권, 정체성, 차이 같은 사안들이 미국에서 이해되는 방식에도 영향을 미친다. 이런 함의를 고려하면 이러한 변화가 무엇인지를 상세하게 보여 주고, 기원을 설명하고, 의미를 평가하며, 어떤 파장을 불러일으키고 있는지를 탐구하는 작업은 의미가 있겠지만, 그것이 여기에서 내가 다루고자 하는 의제는 아니다(Epstein 2003a, 2003b, 2004b, 2004c를 보라). 대신 여기에서 나는 하나의 사례에 대한 간략한 스케치를 통해 개혁연합[2]을

---

1. [옮긴이] 이 글에서 '소수인종과 소수민족'은 racial and ethnic minority의 번역어이다. 이 책에서는 minority를 문맥에 따라 '소수' 혹은 '마이너리티'로 번역했다. 이 장에서 '소수'는 단지 비율의 문제가 아니라 사회정치적 개념으로, 미국적 맥락에서는 흑인, 히스패닉 등이 포함된다.
2. [옮긴이] 이 장에서 '개혁연합'이란 특정한 단체가 아니라 사회운동의 연대, 사회단체들의 연

묘사하고 변화의 경로를 추적할 것이다. 이러한 특정한 사례에 기반해서 보다 폭넓게 적용가능한 잠재력을 가진 일련의 개념적인 논점들을 추출해 내는 게 나의 목표이다. 특히 나는 **범주의 정치학**과 내가 말하는 **생명정치학** 패러다임의 제도화에서 범주의 정치학의 역할에 대해서 초점을 맞출 것이다.

여기에서 내가 발전시키는 개념들은 정치사회학, 과학기술학, 사회이론에서의 분석이 융합할 수 있는 가능성을 보여 주고 있다는 면에서 하이브리드적 속성을 갖고 있다.[3] 나는 이러한 분과 간 융합이 과학, 국가, 사회 관계의 연관을 이해하는 데에 유용하다는 것을 제안하려고 한다(이 글에서는 제안하는 것 정도에 그친다). 내 경험연구의 사례가 "국가", "의료과학", "사회운동"이라는 지평 내에 위치지어져 있고, 이러한 이론체theoretical entity 사이의 경계를 분명하게 하려는 시도가 오류임을 입증하고 있기 때문에 과학, 국가, 사회 관계의 연관을 이해하려는 시도에 특히 잘 맞는다고 할 수 있다.[4]

대를 의미한다.

3. 국가의 정책결정에 대한 나의 접근법은 국가 (및 비국가) 행위자와 조직에 대한 신제도주의적 분석(Weir, Orloff, and Skocpol 1988; Burstein 1991; Weir 1992; Dobbin 1994; Skocpol 1995; Skrentny 1996; Moore 1999; Skrentny 2002), 푸코의 통치성 연구(Burchell, Gordon and Miller 1991; Mitchell 1999; Rose 2001), 부르디외의 국가와 상징폭력에 대한 작업(Bourdieu 1985, 1998)에서 가지고 왔다.
내 목표는 이러한 문헌들을 근대국가의 조직(Omi and Winant 1986; Connell 1990; Duster 1990; Brown 1992; Luker 1998; Goldberg 2002)과 과학의 작동(Wailoo 1997; Schiebinger 1999; Tapper 1999; Shim 2000; Montoya 2001; Braun 2002; Briggs and Mantini-Briggs 2003; Duster 2003; Oudshoorn 2003; Kahn 2004; Reardon 2004) 모두에서 젠더, 인종, 섹슈얼리티가 중심적인 역할을 했음을 밝히는 점증하는 학술적 작업과 더불어, 생명의료에 대한 지식, 실천, 기술들에 대한 최근의 작업(Conrad and Gabe 1999; Keating and Cambrisio 2000; Lock, Young, and Cambrisio 2000; Mol 2002; Petersen and Button 2002; Clarke et. al. 2003; Franklin and Lock 2003; Timmermans and Berg 2003)과 함께 다루는 것이다.

4. 이 연구에서의 자료는 보스턴, 뉴헤이븐, 뉴욕, 볼티모어, 워싱턴, 아틀란타, 앤아버, 시카고, 덴버, 볼더, 샌프란시스코, 로스앤젤레스, 샌디에이고에서의 72건의 반구조화된 대면인터뷰이다. 인터뷰 대상은 과거와 현재 국립보건원, 식품의약청, 보건복지부 등의 공무원, 임상연구자, 약학…… 생명통계학자, 의학저널 편집자, 제약회사의 과학자, 여성보건 활동가 및 지지자, 사회과학자 등을 포함한다. 추가적인 1차 자료는 국립보건원, 식품의약청, 질병통제

새로운 생의학적 포함의 정치학

1980년대 중반 이래 개혁을 주장하던 다양한 사람들은 인간의 건강에 대한 전문가들의 지식이 위험할 정도로 결함이 많다고 주장해 왔다. 이런 비판에 따르면, 생의료연구는 "표준적인 인간"을 가정하고 있고 인간들 사이의 변이에 대해서 적절한 주의를 기울이지 않았다. 이러한 비판을 전개하는 사람들(미국의 보건의료 운동 활동가, 임상의, 과학자, 정치가들[5])은 일반적으로 생의료적 차이에 주목하지 못하는 수많은 장본인들에 대해 주목해 왔지만, 이러한 지지자들이 변화를 이끌어 낸 정도를 보면 주로 국가를 목표로 하고 있었다. 개혁가들은 자신들의 관심을 미국 보건복지부와 특히 두 개의 관련 기구, 즉 세계에서 가장 큰 생의료지원기구인 국립보건원과 새로운 상업적 치료방식을 허가하는 문지기 역할을 하는 식품의약청에 맞추고 있었다.

이러한 연방기구들은 내외부의 압력 속에서, 생의료연구는 사람들의 서로 다른 면모, 특히 성과 젠더, 인종과 종족, 나이 등에 대해 민감할 수 있는 관행을 포함해야 한다는 새로운 합의를 추인해 왔다.[6] 연방정부의 자금을 지원받는 연구자들과 자신들의 제품이 규제당국의 심사를 통과하기를 원하는 제약회사들은 여성, 소수인종 및 소수민족, 노인들을 여러 형태의 임상

센터, 보건복지부, 미국의회 등의 문서와 보고서들, 보건 관련 운동단체에서 보관하고 있는 문서자료, 제약회사 및 제약회사들의 협회에서 발행한 문헌, 의학, 과학, 대중건강 저널에 실린 논문, 서신, 편집자의 글, 뉴스 등, 대중매체에 실린 기사, 서신, 편집자의 글, 보고서 등이다.

5. 이 글에서 나의 관심은 미국으로 제한된다. 캐나다를 제외하고는 연구에서의 포함과 관련해서 정책을 공식화한 다른 나라에 대해서는 정보를 갖고 있지 않다. 국가 간 비교와 보다 지구적인 관점은 이 글의 분석을 심화시킬 뿐만 아니라 내가 이 글에서 권장하려고 했던 이론들 사이의 연결과도 일관성이 있다.

6. 이 장에서 사용한 범주에 대한 용어들은 일상적으로도 사용되는 표현이기 때문에 때로는 모호함을 만들어 내지만 내가 연구한 행위자들이 [실제로] 사용하는 용어들이다. 생의료가 나이, 성별, 인종 같은 범주에 의존하는 양상에 대한 역사는 Hanson 1997을 참고하라.

1986	국립보건원이 여성의 포함을 권고하는 정책을 도입
1987	국립보건원이 마이너리티의 포함을 권고하는 정책을 도입
1988	식품의약청이 신약심사를 신청할 때에 인구집단의 차이(성별, 나이, 인종/종족)에 대한 분석을 요구하는 가이드라인 발표
1989	식품의약청, 임상시험에서 노인 환자를 포함시킬 것을 요구하는 가이드라인 발표
1993	식품의약청, 여성을 포함시키는 것을 제한하는 1977년의 조항을 해제 의회, 여성과 마이너리티의 포함 및 연방정부가 지원하는 연구에서 하위집단의 차이에 대한 연구를 의무화하는 〈국립보건원 활성화법〉(NIH Revitalization Act) 통과
1994	국립보건원, 〈국립보건원 활성화법〉을 집행하기 위한 가이드라인 발표
1995	식품의약청, 모든 신약심사 신청에서 인구학적 자료(나이, 인종, 성별) 제출을 요구
1997	의회, 소아과에 해당하는 인구집단에게 인가된 약을 시험하는 제약회사에게 특허의 배타성을 연장해 주는 〈식품의약청 근대화법〉 통과 식품의약청, 노인들이 사용하는 약품에 표시제를 실시하는 최종규정 발표
1998	식품의약청, 인구학적 하위집단에 따라 자료들을 표로 나타낼 것을 요구하는 최종규정 발표 국립보건원, 임상연구에서 어린이의 포함과 관련된 정책발표
2000	식품의약청, 식품의약청이 인구학적 집단들에 대한 자료를 제공하지 못한 신약신청에 대해서는 "임상중지"(clinical hold)를 부과할 수 있는 권한을 갖는 최종규정 발표
2003	의회, 식품의약청이 소아과에 해당하는 인구집단들에게 신약을 시험할 것을 요구할 수 있는 권한을 갖도록 하는 〈소아과연구평등법〉(Pediatric Research Equity Act) 통과

〈표 1〉 "포함-그리고-차이" 패러다임 : 가이드라인, 규칙, 법령 (일부 수록)

연구에서 연구대상으로 포함시키는 데 동참하고 있다. 예를 들어, 연구결과가 연구대상의 범주적 정체성과 무관하게 동등하게 잘 적용되는지를 측정하거나, 백인 중년 남성 같은 특정한 집단에서 얻어진 연구결과가 다른 인구집단에까지 일반화되는가라는 가설을 탐구하는 것 등(표 1 참고)이 대표적이다. 생의료연구에 보다 많은 여성들이 포함inclusion되는7 변화에도 불구하고(Auerbach and Figert 1995; Naarrigan et. al. 1997; Weisman 1998; Baird 1999; Eckenwiler 1999; Weisman 2000; Corrigan 2002) 사회과학자들은 미

---

7. [옮긴이] 엡스틴은 이 글에서 포함(inclusion)이라는 용어로 마이너리티들이 임상시험 같은 생의료 연구과정에 포함되어야 하는 대상으로 고려되고, 참여하는 과정을 묘사한다. 필자는 같은 제목의 단행본을 출판하기도 했다(Epstein 2007).

국에서 생의료연구의 구체적인 실천이 다중적인 사회적 범주를 횡단하면서, 정체성을 중심으로, 그리고 보다 다양한 수준을 반영하는 방식으로 재정의 되고 있다는 데에 대해서는 거의 언급하지 않았다.[8]

이러한 변화는 어떻게 가속화되었는가? 개혁을 주창했던 사람들은 일련의 서로 연관된 주장을 했다. 다시 말해 사회운동 문헌으로부터 유용한 개념을 활용하면, 그들은 일련의 집단행동 프레임을 공공영역으로 가져왔다 (Snow et al. 1986; Benford and Snow 2000). 작업장과 고등교육에서의 차별 철폐를 추진했던 사람들처럼 개혁을 주창했던 사람들은 여성, 유색인종 및 다른 집단들이, 과거의 보건연구 영역에서 수적으로 과소대표되었다는 사실을 보여 주려고 했다. 그들은 "취약인구"를 연구에서 배제함으로써 위험으로부터 멀어지게 하려는 시도들이 이러한 집단들에 대한 부적절한 연구로 귀결되고 마는 그릇된 보호라며 불만을 토로했다. 그들은 백인 남성에 대한 연구가 강조되는 것을 사회에서의 지배적인 집단의 경험을 해당 집단의 특수한 경험이 아니라 보편적인 경험, 규범, 표준으로 간주하는 오도된 보편주의의 사례라고 간주했다. 그들은 건강 관련 지표에서의 차이에 대해 주목할 것을 요구하면서 연구에서 보다 다양한 집단을 대표하면 불평등을 완화하는 데 기여할 거라고 제안했다. 결론적으로 그들은 과소대표는 집단 간 의학적 차이 때문에 중요하다고 주장했다. 백인 중년남성에 대한 연구결과만으로는 [충분히] 일반화될 수 없다고 간주했기 때문에 여성, 유색인종, 어린이, 노인들을 연구대상으로 포함시키는 일이 특히 중요했다.

개혁을 주창했던 사람들이 본질적으로 요구했던 것은 연구대상이 되는 모집단의 인구학 이상이었다. 그들이 추구했던 것은 완전한 시민권이었다. 생의료적 포함은 단지 신체의 숫자를 헤아리는 문제가 아니라, "누구를 숫자

---

8. 보건복지부가 특정한 사회적 정체성에 주목하기 시작하면서 이를 반대했던 사람들의 면밀한 논의를 끌어냈다. 예를 들어 사텔(2000)은 "정치적 올바름"(political correctness)이 의학에 침범했다는 반대자들의 논의를 비판했다.

에 포함시킬 것인가"라는 포괄적인 지표이기도 했다. 그러므로 생의료연구는 사회정의가 추구되어야 하는 영역의 하나로 간주되기 시작했고 과학적 방법론에 대한 질문은 어떤 집단이 자신이 갖고 있는 것들을 사회 전체에 표현하는 방식인 문화적 시민권에 대한 질문과 섞여 들어갔다. 이는 매우 중요한 주장들이었고 이런 일이 없었더라면 연구방법론의 구체적인 내용에 대해서 그리 관심을 갖지 않았을 많은 사람들에게까지 공감을 불러일으켰다. 나의 사례연구는 과학기술 일반, 그리고 구체적으로는 생의료가 시민권과 대중들의 정체성의 근대적 구성에 핵심이 되어가고 있는 양상에 대한 풍부하면서도 점차 확대되어 가는 논의와 함께한다(Akrich 1992; Rabinow 1996; Rose 2001; Petersen and Bunton 2002; Petryna 2002; Rabeharisoa and Callon 2002; Briggs and Mantini-Briggs 2003; Heath, Rapp, and Taussig 2004). 이 연구는 생명과학이 매우 철저하게 우리들의 신체와 자아를 재형성하면서 우리들이 국가와 시민사회와 맺고 있는 관계 역시 재정의하고 있다고 주장할 것이다.

그러면 누가 개혁을 주장했는가? 생의료관행에 대한 광범위한 비판은 "정책기업가"policy entrepreneurs(Kingdon 1984; Oliver and Paul-Shaheen 1997; Weisman 1998), 정치인, 특정 쟁점에 대한 운동단체advocacy group, 이해집단, 사회운동을 비롯해서 다양한 개인 및 집단들에 의해 추동되었다. 대체로 "여성보건"이 가장 두드러졌는데, 이는 그리 놀랄 일도 아니다. 하나의 부류로서의 여성은 이러한 논쟁에서 제기되는 최대의 사회범주였고 미국 전체 인구의 절반 이상에게 만족스러운 수준의 관심을 기울이지 못하는 생의료라 특히 문제라고 여겨졌다. 이와 더불어 1970년대, 1980년대의 페미니스트 운동은 이 영역에서의 사회변화를 위한 새로운 가능성을 창출하는 데에 기여했다. 실제로 페미니즘 내에 존재하는 상이한 정치적 "노선"은 어떤 것들이라도 여성건강에 대한 연구와 관련해서 직접적으로나 간접적으로나 서로

다른 효과를 가져왔다.[9]

이러한 운동의 보다 왼쪽에 있는 급진주의 페미니스트와 사회주의 페미니스트 들은 가부장주의적 관행과 가정에 대해서 철저한 비판을 제기했다. 페미니스트 여성보건운동 진영의 활동가들은 이러한 비판을 특히 의료계와 의료서비스산업 내의 성차별주의를 부각시키는 데 활용했다. 주류 의료계에 대한 깊숙한 회의懷疑, 의료계의 특징적인 여러 관행들에 대한 비판, 여성들의 개인적 자율성과 자신들의 신체 통제권에 대한 강한 강조는 페미니스트 여성보건운동의 유산이었다. 이러한 민감성은 점점 생의료연구의 정치학에 대해 관심을 갖게 된 여성들에게 직접적인 영향을 주었을 뿐만 아니라 HIV/AIDS나 유방암과 관련된 조직에 연관된 여러 활동가들과 자신들의 의학적 상태에 대한 관심 때문에 연구의 정치학이나 연구관행에 대해서 관심을 갖게된 활동가들에 의해서 흡수되었기 때문에 중요했다.

여성운동에서 보다 온건한 진영에 있는 자유주의 페미니스트들은 미국 사회의 모든 영역에서 여성들을 주류화시키려는 노력을 전개했다. 이들의 노력은 내가 여기에서 묘사하는 발전을 이루는 결과를 거두었다. 주류화 프로젝트의 상대적인 성공 때문에 여성들은, 적어도 제한된 숫자이지만, 정부, 의료계, 과학연구 분야 등에서 높은 지위에 올랐다. 그리고 이런 여성들 중 페미니즘적 이상에 영향을 받은 일부는 자신들의 지위를 특히 생의료 분야의 개혁을 위한 영향력을 행사하는 데에 이끌렸다.

여성들이 이러한 비판을 제시하기 시작하면서 다른 사람들도 자신들이 차지할 수 있었던 가능성의 공간을 활짝 열었다. 예를 들어 소수인종과 소수민족들은 자신들도 연구모집단에서 과소대표되었으며 근대의학의 혜택을 누리고 있지 못하다는 주장을 동일하게 전개할 수 있었다. 이러한 주장을 했

---

9. 아래 이어지는 논의는 1970년대와 그 이후의 급진주의 페미니즘, 사회주의 페미니즘, 자유주의 페미니즘 간의 차이에 대해서 일반적으로 수용되는 이해로부터 빌어 왔다. 예를 들어 Echols 1989를 보라.

던 사람들은 유색인종 여성의 이해관계를 대변했던 여성보건운동 내의 단체로부터뿐만 아니라 마이너리티 공동체 내의 보건운동의 전통으로부터 힘을 얻을 수 있었다. 아울러 의료전문직에 진입하려는 운동이 최근 거두었던 성공은 정치조직에 진입하는 것처럼 의미가 있었다. 예를 들어 아프리카계 미국인 의사들의 대표조직인 〈전국의사협회〉[10]의 회원이 1969년 5천 명에서 1977년에는 2만 2천 명으로 늘어났다(Watson 1999 : 154).

연방의회의 여성의원 및 보좌관들(특히 〈여성문제 의원모임〉), 국립보건원 같은 기관에 있는 여성 "내부자", 여성보건문제에 우호적인 과학자와 보건의료전문가, AIDS나 유방암 같은 질병이 여성에게 미치는 영향에 관심을 갖고 있는 활동가, 1990년대 초반 만들어진 〈여성 보건연구 진흥학회〉Society for the Advancement of Women's Health Research, SAWHR 같은 전문화된 여성보건 옹호단체 등 개혁을 지지했던 핵심행위자들의 다수는 직간접적으로 여성보건 운동을 대표했다. 그러나 1990년대를 거치면서 〈미국소아과학회〉American Academy of Pediatrics, 노인병전문의, 마이너리티들의 보건문제에 관심이 있는 정치인들(〈흑인 의원모임〉의 구성원들도 포함된다), 소수인종 및 소수민족 환자들을 주로 진료하는 의사들, 시장을 다각화하거나 틈새시장을 개척하는 데 관심을 갖고 있는 제약회사 같은 행위자들도 이러한 비판을 확대하는 데 중요한 역할을 했다.

이 사례가 과학학과 정치사회학에 던지는 함의를 생각해 보자면, 이러한 개혁의 흐름을 현실화시켰던 이러한 행위자 집합의 속성을 검토하는 편이 유용할 것이다. 암묵적 연합이라고 불릴 수 있는 조합에 대해서 검토해 보면 사회학적 분석에서 흔하게 볼 수 있는 개념적 대립쌍들의 사용을 비판적으로 성찰하게 된다. 이는 어떻게 국가 "외부"로부터의 도전자가 들어와

---

10. [옮긴이] 〈전국의사협회〉(National Medical Association) : 모든 의사들을 포괄하는 공식기구인 〈미국의사협회〉(American Medical Association)와 다른 조직이다.

서 현 상황을 전복해서 국가의 작동을 변형시켰는가에 대한 단순한 이야기가 아니다. 개혁연합은 정상적으로 인지되어 오던 전문가와 일반인, 과학과 정치, 권력자와 권리를 박탈당한 사람의 구분뿐만 아니라 국가와 사회 사이의 구분을 넘쳐흐른다. 그렇다고 이 운동이 단지 기존 제도를 공격하는 데에만 치중했던 것은 아니었다. 그보다는 "사회운동들은 다른 영역에서와 마찬가지로 양면적인 역할을 한다. 그들은 실제로 존재하는 것들에 체현되어 있는 기존의 신념, 규범, 가치들을 탈제도화시키고 새로운 신념, 규범, 가치들을 실제로 보여 주는 새로운 유형을 만들어 낸다"(Rao, Morril, and Zald 2000 : 238).

이 사례에서 가장 중요한 기여는 "제도화된 정치와 비제도화된 정치 사이의 흐릿하고 상호교류가 가능한 경계"를 보여 주고 있고(Goldstone 2003) "사회운동이 정부 외부에 존재하는 구분되는 실체entities라고 가정"하는 것의 위험을 강조하고 있다는 점이라고 생각할 수 있다(Skentny 2002 : 5, Jenness 1999도 보라). 유사한 사례인 담배규제운동에 대한 분석에서 마크 울프슨이 보여 준 것처럼 사회운동 연구자들은 국가를 단지 운동의 "목표", "후원자" 또는 "조력자", 활동을 위한 "기회"를 제공하거나 앗아가는 주체로 간주하는 경향이 있다. 그러나 많은 경우에 "국가의 분파가 다른 분파의 정책을 변화시키기 위한 노력에서 [담배규제]운동과 종종 연대한다." 그가 "상호침투"inter-penetration라고 이름 붙인 이러한 사례에서는 "운동이 어디에서 끝나고 국가가 어디에서 시작하는지를 알기가 어렵다"(Wolfson 2001 : 7, 144~145).[11]

---

11. "상호침투"하는 운동의 또 다른 사례로는 AIDS치료 운동에 대한 나의 분석(Epstein 1996)이 있다. 과학기술과 관련된 질문을 채택한 상호침투한 운동에 대한 분석은 우리에게 보다 큰 이론적, 경험적 프로젝트의 방향을 제시해 준다. 한편으로 연구자들은 국가와 사회의 상호구성을 이해하기 위한 모델과 "국가"에 대한 물화되고 전체론적인 관념을 배격하는 모델을 제안해 왔다(Abrams 1998; Barkey and Parikh 1991; Mitchell 1999; Steinmetz 1999). 다른 한편, 과학기술학의 주요 프로젝트들은 국가와 과학의 상호구성을 이론화하고 과학기술의 발전과 근대국가형성의 역사적 결합을 묘사하고 있다(Shapin and Schaffer 1985; Latour 1987; Hacking 1990; Jasanoff 1990; Mukerji 1994; Porter 1995; Carroll 1998; Des-

"범주정렬작업"

이러한 개혁의 성공적인 실현은 보장된 것이 아니다. 사실, 포함을 위한 운동은 다양한 전선에서 저항에 직면했다. 과학적 자율성의 수호자들은 연구의 정치화에 반대했고 의학실험을 수행하는 최선의 방법에 대한 결정은 과학자들에게 맡겨져야지, 정책결정자들이 결정할 문제가 아니라고 주장했다. 보수주의자들은 "차별철폐", "할당제요구", "정치적 올바름"이 의학연구에 침범했다고 개탄했다. 윤리학자와 보건의료운동가들은 어린이 같은 특정한 집단이 대규모의 의학실험에 노출될 위험에 대해 우려를 표명했다. 게다가 많은 의료보편주의의 옹호자들은 생물학적 차이는 인간의 근본적인 유사성에 비해 의학적으로 그리 의미 있는 연관을 갖지 않는다고 주장했다. 이 문제에 대해서 직접적으로 말하면 사람은 사람이라는 것이다. 반대하고 비판하는 사람들 중에는 소규모지만 매우 영향력이 있는 임상시험방법론에 밝은 통계학자 집단뿐만 아니라 정치인, 제약회사 대표, 국립보건원의 지원을 받은 연구자, 보건복지부 고위공무원, 보수주의적 문필가 및 평론가들도 있었다.

이러한 노력에 회의적이고 때로는 적대적이었던 사람들을 극복하고 개혁이 성공한 이유를 어떻게 설명할 것인가? 여기에서 나는 이 문제에 대해서 깊이 다루지는 않지만 여기에 대한 대답 중에서 한 가지 중요한 설명, 즉 개혁가들이 분류classification의 정치학에 성공적으로 개입했다는 설명에 주목하려고 한다. 물론 분류는 과학기술학, 정치사회학, 사회이론이 교차하는 핵심적인 영역이다. 한편으로 분류는, 사람들을 구분하는 작업을 포함하여 묘사와 일반화라는 과학적 실천에서 중요한 위치를 차지하고 있다(Dupré 1993 : 17~84; Bowker and Star 1999). 다른 한편, 폴 스타가 주목했듯이 공식

---

rosières 1998). 상호침투한 테크노사이언스 운동의 사례연구들은 과학, 사회, 국가들 사이의 지속적으로 변화하는 관계, 그리고 이들 사이의 경계의 재정의를 이해하기 위해 이러한 문헌들을 함께 고려하는 방식을 모색할 것을 요구하고 있다.

분류는 "경제, 사회, 국가의 구조를 서로 엮어주고" 모든 종류의 행위에 대해서 유인誘因을 제공한다(Starr 1992 : 154, 160). 근대의 공식적인 민주주의 정치체에서 정부는 어떤 범주가 정당한지를 결정하는 작업을 하는 일이 빈번했으며 어떤 범주에 속하는지에 따라 혜택을 제공함으로써 정치적 기회구조를 재형성하기도 한다(160~161; Espiritu 1992; Nagel 1995; Porter 1995도 참고하라).

피에르 부르디외는 이를 보다 강조해서 사회범주의 체계를 "특히, 정치투쟁의 판돈"이라고 했다(Bourdieu 1985 : 729). 그는 "우리가 자연스럽게 사회세계의 모든 사물에 대해서 부여하는 사고의 범주를…… 생산하고 강요하며" "비전과 분할의 일반원칙을 [부여]"하는 근대국가의 엄청난 권력을 강조했다(Bourdieu 1998; 35, 45). 그러나 어떤 국가도 분류하는 권력을 완전히 독점하지 못한다. 로저스 브루베이커와 프레데릭 쿠퍼가 말했듯이, "사회운동에 대한 문헌들은…… 운동지도자들이 어떻게 공식적인 정체성에 도전하고 대안적인 정체성을 제안했는지에 대해서 풍부한 증거를 갖고 있다"(Brubaker and Cooper 2000 : 16). 실제로 근대의 정체성-중심 사회운동들에 대한 연구들은, 자기-명명self-naming과 자기-분류self-classifying가 이러한 운동들이 가장 일관되게 견지하고 있는 문제의식이라는 점을 보여 준다(Melucci 1989). 그러므로 폭넓은 행위자와 제도들이 인간의 범주화 프로젝트에 참여하는 셈이다.

학술적으로는 분류하는 행위자가 자신들이 선호하는 분류 방침을 정당하게 만들고 그것을 여러 사회영역들에서 제도화하기 위해서 다른 행위자들과 경합하는 방식에 초점이 맞추어졌다. 누구의 범주가 지배적이 될 것인가? 어떤 범주가 자신이 유래한 세계를 넘어설 수 있을 것인가? 공식적인 범주는 범주체계와 일상생활의 정체성이 서로 부합하지 않는다고 느끼는 사람들로부터 어느 때에 저항을 야기하는가(Bowker and Star 1999 : 197~210)? 부르디외는 특히 모든 당사자들이 "그들이 제도화된 분류법들에 대해서 소유하고 있는 모든 권력"을 투쟁과정에서 상징자본으로 채택하는 "정당한 **명명법의 독점**"을 추구한다고 가정했다. 뿐만 아니라 부르디외는 이러한 투쟁에서 국가가 승리하도록 되어 있다고 주장했다(Bourdieu 1985:35~63).

하지만 이 글에서 다루는 사례가 보여 주는 대안적인 가능성에 대해서 생각하는 것은 중요하다. 개인들은 자신들이 선호하는 분류 방침을 정당한 것으로 강요하기 위해서 상징자본을 사용하고, 타인들의 분류를 대체하는 게 아니라 내가 말하는 "범주정렬작업" – 서로 다른 분류들이 이미 대략적으로 중첩되어 있거나 정렬이 될 수 있도록 하는 방침을 만드는 작업 – 을 수행하는 것일 수 있다(Epstein 2004c). 이런 상황에서 범주적 용어(흑인, 남성, 또는 어린이)는 수전 리 스타와 제임스 그리스머가 "경계사물"boundary objects – "그것을 활용하는 여러 당사자들의 국지적 필요와 제약조건들에 부합하도록 변형될 만큼 유연하지만 여러 상황에서도 공통된 정체성을 유지할 만큼 견고한" 사물 – 이라고 부른 것처럼 작동할 수 있다(Star and Griesmer 1989:93).[12] 국가와 생의료기구 모두가 지정한 집단들이 동원된 집단정체성, 즉 미셸 라몽과 비락 몰냐르의 "집단분류의 현상학"phenomenology of group classification – 보통의 개인들이 "자기자신을 다른 사람과 동등하거나 유사하다고 생각하는지, 그리고 차이와 유사성을 '수행'perform하는 방식" – 과도 일맥상통한다(Lamont and Molnár 2002:187). 이러한 경우에 관료적이고 과학적인 분류는 기능적으로 서로 동등하고 일상생활의 범주에 부합하는 것으로 다뤄진다.

"표준적 인간"에 저항하는 개혁연합은 국가와 사회의 서로 다른 영역을 서로 연결하는 다리를 만들기 위해서 이러한 영역들에서 널리 사용되고 있는

---

12. 범주정렬은 제프 보커와 스타가 "융합(convergence)" – "정보인공물과 사회세계가 서로서로 조응하고 함께할 수 있도록 하는 이중적 작용" – 이라고 부른 현상의 하위유형으로 간주되는 게 유용할 수도 있다(Bowker and Star 1999:49, 82)[보커와 스타가 말하는 사회세계(social world)는 사회세계 접근법에서의 어법을 따르고 있다. – 옮긴이]. 내가 강조하는 정렬은 노동의 정렬이 과학적 활동의 중요한 구성요소라는 조안 후지무라의 분석(Fujimura 1987)을 기반으로 하고 있다.

권위 있는 사회적 범주의 양식들을 성공적으로 겹쳐 놓는 범주정렬[13]에 의해 강화되었다. 다시 말해 개혁가들은 정체성 정치학의 동원범주, 의학연구의 생물학적 범주, 국가관료기구의 사회적 범주들이 모두 하나의 동일한 범주체계라는 게 자명한 듯이 행동했다. 예를 들어 "과학", "사회", "국가" 영역을 가로지르는 인종이나 종족을 기술하는 단일한 용어를 통해, 지지자들은 소수자들의 건강을 개선하려는 정치적 열망을 인종적, 종족적인 하위인구의 차이를 묘사하려는 생의료연구자들의 이해관심과 부합하게 하려는 관념을 확고하게 했다. 그리고 이런 목표를 성취하기 위한 노력은 미국인구센서스U.S. census에서 정의된 인종 및 종족의 범주를 사용해서 관리되고 감독될 수 있을 거라고 믿게 되었다. 인종과 종족에 대한 범주적 용어들은 이렇게 다양한 사회세계를 가로지르면서 함께 이어내는 경계사물로 작동했다.[14]

이러한 성취가 당연한 일로 간주되어서는 안 된다. 최근 제니퍼 리어던[15]은 실패한 과학적 시도인 〈인간 게놈 다양성 프로젝트〉―포함과 차이에 대해서 관심을 갖고 있었다는 점에서 이 장에서 다뤄진 사례와 유사하다―에 대한 분석에서 다양한 인간 유전체를 포함의 방식으로 수집하려는 유전학자들의 바람이 스스로를 대표하려는 토착민 단체의 바람과 부딪혔을 때에 어떻게 실패했는지를 보여 줬다(Reardon 2001, 2004, 이 책에 수록된 글). 이 사례에서는 범주들이 사회세계들을 가로지르는 데에 실패했다. 이와 대조적으로 내가 분석하려는 사례에서 개혁가들은 지속적으로 범주정렬을 가능하게 하려는 방식으로 자신들의 논리를 틀지었다. 예를 들어 지지자들은 임상실험에서의 과소대표는 정의와 평등이라는 이유(모든 사람들이 생의료로부터 "동등한 시간"을 할애받을 자격이 있다는 생각)에서뿐만 아니라 집단 간

---

13. "표준적 인간"의 정치학에 대해서는 Epstein 2004a를 보라.
14. 범주정렬과 Espeland and Stevens (1998)가 묘사한 통약화(commensuration)의 사회정치적 실천 사이에는 중요한 친화성이 있다.
15. [옮긴이] 이 책 13장을 집필한 제니 리어던을 말한다.

의 의학적 차이 – 일반적으로는 생물학적 용어로 이해되는 차이 – 때문에 해롭다는 주장을 특히 강조했다. 여기에서 지지자들은 자신들을 최신 의학지식을 대변하고 있는 사람들인 것처럼 위치지었다. 예를 들어 여러 약품의 대사작용을 하는 "시토크롬 P450" 효소[16]의 유전적 변종이 성, 인종, 및 종족에 따라 불균등하게 분포하고 있다는 것을 분석한 여러 연구들이 있고 연구자들도 이러한 차이는 이 약품의 표준적인 복용방식이 집단에 따라 서로 다른 효과를 낼 수 있다는 논의를 발표했다. 연구자들은 혈압강하제의 효과가 미국 내의 인종집단에 따라 상당한 차이를 보이고 있다는 사실을 인지하고 있고 아프리카계 미국인 환자들은 베타수용제 차단제[17]보다 이뇨제[18]에 잘 반응한다는 생각은 의학계 내에 자리잡은 교훈이 되었다.

과학적 주장과 정치-윤리적인 주장이 결합될 수 있다는 가능성은 사회운동연구자들이 "프레임연결"frame bridging – "특정한 쟁점이나 문제에 대해서 이데올로기적으로 일치하지만, 연결되지 않던 두 개 이상의 프레임들의 연결" – 이라고 부르는 현상을 실현할 수 있는 데 기여한다(Snow et al. 1986:67). 이러한 규범적이고 기술적인 관심들의 연결, 그리고 내가 범주정렬이라고 부르는 과학적 범주와 사회정치적 범주의 관련된 융합은 다양한 행위자들의 이해관계를 합치시키고 구체적인 해결방안에 대한 합의를 촉진했다.

성공적인 범주정렬 작업은 시간이 지난 다음에 생각하면 눈에 띄지 않는다. 정치적 분류와 과학적 분류의 중첩은 자연스럽고 필수불가결하다. 그러나 불평등에 관한 주장이 보건연구 영역에 설득력 있게 도입되기 위해서는 사회계급과 지역을 비롯해서 여러 근거가 필요하다. 마찬가지로 인구집단

---

16. [옮긴이] 시토크롬 P450 효소:지용성물질을 수용성으로 변화시켜 체내에 흡수를 용이하게 하는 효소.
17. [옮긴이] 베타수용제는 심장에 주로 작용해서 심장의 수축과 이완을 조절한다. 베타수용제가 차단되면 심장의 수축력이 약화되어 혈압이 떨어지기 때문에 고혈압치료제로 사용된다.
18. [옮긴이] 이뇨제를 통해 수분과 염분의 배출을 촉진시키면 혈압이 떨어지는 효과가 있어서 고혈압치료제로 처방되기도 한다.

내에서의 생물학적 또는 유전학적 차이의 산포를 재현하는 데에도 여러 방식이 있다. 따라서 이런 경우에 의학적 범주와 정치적 범주는 정렬되도록 미리 결정되어 있는 것이 아니다. 오히려 제안되었던 새로운 포함정책을 옹호했던 사람들은 범주정렬의 논리를 교란시키거나 논박하기 위한 노력을 기울였다.

이 사례에서 범주정렬의 성공을 이해하기 위해서는 정부 공무원의 작업에 관심을 기울여야만 한다. 보건복지부 및 관련기관의 보건의료공무원은 범주를 나타내는 용어들을 목록 specification에 포함시킴으로써 범주정렬을 결속시키는 데 결정적인 역할을 했다. 특히 생의료적 차이에 대한 연구와 연구에서의 포함의 정도에 대한 요구사항에서 정해진 표준 범주의 집합을 결정하는 데에 기여했다. 다른 범주가 제기되는 일도 있었지만 "남성", "여성", 연령대의 구분, 공식적인 인종 및 종족들은 대체로 인정되었다. 이런 목록들은 권력을 갖고 있다. 여기에서의 범주화 기획이 "노동계급" 같은 정체성을 포함과 차이에 대한 새로운 관심을 반영한 규정에 포함시키지 않았다는 점은 주목할 만한다.

이러한 분류기획을 채택하고 적용하는 보건복지부의 관행은 정치사회학자들이 "정책유산"policy legacies(Weir, Orloff, and Skocpol 1988; Skrenny 2002)이라고 부르고 문화사회학자와 사회운동 연구자들이 "전위"轉位, transposition(Sewell 1992 : 17 n.9)이라고 부르는 현상에 의해서 형성되었다. 공무원들은 포함 및 차별철폐 이슈를 다루는 다른 정부기관들, 즉 외부로부터 표준과 분류방식을 도입했다. 예를 들어 내가 앞서 지적한 것처럼 보건복지부 관련 기관들은 센서스에서의 범주를 통해서 보건 상에서의 인종 및 종족의 문제에 대해서 접근해 들어가는데, 이는 예산관리국[19]이 공개한 자료이다. 행정부 내의 다른 곳에서 이미 채택된 범주들을 채택하는 것만으로도 보건복지부는 정치적, 과학적 분류 사이의 정확한 상응이라는 문제를 요령

---

19. [옮긴이] 예산관리국(Office of Management and Budget)은 백악관 내의 기구이다.

있게 처리할 수 있었다(다시 말해, 그들은 자신의 범주정렬작업에 대한 [불필요한] 관심을 야기시키지 않을 수 있었다).

공공연하게 "과학적" 주장과 "정치적" 주장을 연결지으려고 했던 개혁가들은 정체성 기반 사회운동의 자기추천 관행, 생의료과학의 분할관행, 국가의 계수計數 및 이름 붙이기 관행 등 세 영역에서 분류프로젝트를 정렬하도록 요구하는 방식으로 자신들의 주장을 틀지웠다. 이런 정렬의 기초 위에서 포함을 옹호했던 사람들은 사회운동의 정체성 이름표, 생의료적 용어, 국가공인범주들이 마치 하나의 동일한 분류집합인 것처럼 행동할 수 있었다. 즉, 정치적으로 민감하게 다뤄지는 범주들이 동시에 과학적으로 의미 있는 범주였다. 이는 정치적 해결방법과 생의료적 치료법이 단일한 개혁프로젝트를 통해 동시에 추진될 수 있다는 가정에서 기인한 것이었다.

"생명정치학 패러다임"

1986년에서 지금까지 의료연구를 지배하는 새로운 기대로 인해 차이를 측정하고 연구에서의 포함을 요구하거나 장려하는 일련의 연방법률, 정책, 가이드라인으로 성문화되었다(앞의 표 1을 참고). 이러한 개혁의 움직임은 [외부의] 의회에서 지시받거나 보건복지부 내부의 움직임에서 비롯되었는지와 무관하게 관료제 내에 부서가 신설되는 것으로 추적할 수 있다(표 2). 예를 들어 여성보건을 담당하는 부서가 1994년까지 보건복지부 보건담당차관 산하기구, 국립보건원, 식품의약청, 질병통제센터 내에 만들어졌다.

"현장의" 생의료연구자들은 국립보건원에 임상연구에 대한 연구비 지원을 요청할 때에 새로운 포함 의무조항에 직면하기 쉽다. 표준연구비지원양식인 "PHS 398"에는 연구자들이 연구에 포함시키려는 대상들을 성별/젠더, 종족, 인종에 따라 입력해야 하는 표가 있다. 연구자들이 여성과 남성을 모두 포함시키려고 하지 않거나 다양한 인종 및 종족집단을 연구에 넣지 않으려면 연구비 지원양식에 배제 근거를 직접 설명해야만 한다(U.S. Public Health Service 2004). 국립보건원에 접수되는 모든 지원서는 성/젠더, 인종, 종족, 나이에 따른 포함이 수용가능한지 아닌지를(표 3) 심사패널에서 표시한다. 만약 수용불가능하다면 제안서에서 포함 문제가 만족스럽게 해결될 때까지 "지원에 장애 있음"bar-to-funding으로 표시된다(Hayunga and Pinn 1996). 어떤 제안서에 지원이 이루어지면 연구책임자는 실제 연구의 인구분포가 제안된 포함계획과 부합하는지를 보여 주는 연구대상의 확보에 대한 정기 보고서를 제출해야 한다. 의회에 대한 보고의무를 지키기 위해 국립보건원은 연구대상의 전체적인 인구분포에 대한 데이터베이스를 유지하고 있다. "신약지원서"를 식품의약청에 제출하는 제약회사들도 그리 상세하지는 않지만 유사한 보고의무를 가진다.

이렇게 포함과 차이를 새롭게 강조하는 정책은 범주들의 집합 이상을 포괄하고 있다. 이는 표준운영절차의 하부구조에 의해 뒷받침되고 있고 규정들에 의해 성문화되어 있으며 새로운 관료조직에 의해서 집행, 감독되고 있다. 내가 지금까지 서술한 개혁의 흐름에 대응하기 위해서 발전해 온 제도적 구조를 가장 잘 개념화할 수 있는 방식은 무엇인가? 어떤 테크노사이언스 연구자들이 "악대차"bandwagon라고 한 것(Fujimura 1988), 또는 "플랫폼"이라고 한 현상(Keating and Cambrisio 2000)과도 친화성이 있지만 나는 피터 홀이 토마스 쿤의 개념을 변형시킨 "정책패러다임"policy paradigm이라는 개념에 끌린다. 홀에 따르면 정책패러다임은 "정책의 목표와 이러한 목표를 달성하기 위해 사용될 수 있는 도구의 종류뿐만 아니라 이러한 도구들이 해결하려고 하는 문제의 본질 그 자체를 적시하는 아이디어와 표준의 구조frame-work이다. 이 구조는 게슈탈트[20]처럼, 정책결정자들이 자신들의 작업에 대해

---

20. [옮긴이] 게슈탈트(Gestalt) : 독일어로 형태, 형상이라는 뜻으로, 형태 심리학의 중추 개념이

1985	보건복지부 마이너리티보건국 설치
1988	질병통제본부 마이너리티보건국 설치 (부국장[Associate Director]급)
1990	국립보건원 여성보건연구국 설치 국립보건원 마이너리티보건연구국 설치
1991	보건복지부 여성보건국 설치
1994	질병통제센터 여성보건국 설치 식품의약청 여성보건국 설치
2000	의회, 국립보건원 마이너리티연구국을 국가마이너리티보건 및 건강불평등센터로 전환하는 법안 통과 보건복지부 남성보건국 설치에 대한 법안 제출 보건복지부 보건담당차관이 보건복지부 산하의 범기구위원회를 구성해서 레즈비언 및 게이 보건국 설치에 대해서 검토하도록 지시
2001	의료서비스연구 및 품질청이 우선순위 인구연구국(Office of Priority Populations Research) 설치

〈표 2〉 "포함-차이"패러다임 : 실/국 (일부 목록)

의사소통할 때 사용하는 어법 자체에 체화되어 있고, 너무나 당연하게 받아들여지고 있고 대체로는 숙고의 대상이 되기에는 너무 어렵다는 이유 때문에 영향력이 있다"(Hall 1993 : 279).[21]

푸코(1980)가 "생명정치학" – 새로운 유형의 생물학 지식이 새로운 거버넌스와 관리administration의 양식을 구성하는 – 이라고 말한 정치가 작동하는 근대 세계에서, 정책패러다임을 정책에 대한 홀의 이해를 넘어서 확장시키는 것은

다. 형태 심리학자들은 심리 현상은 요소의 가산적 총화로는 설명할 수 없고 전체성을 갖는 동시에 구조화되어 있다고 주장하면서 그러한 성질을 게슈탈트라 하였다. 따라서 게슈탈트 심리학자들은 인간의 인지나 사고를 총체적으로 인식해야 하며, 동일한 사물이나 개념도 다른 맥락에서는 서로 다른 의미를 가질 수 있다는 점을 강조한다.

21. 쿤의 패러다임은 여러 해 동안 다양한 비판을 받았고 이 글에서 내가 그 개념을 완전히 되살리려는 것은 아니다. 예를 들어 "플랫폼"이라는 개념을 제안하면서 키팅과 캄브리시오는 패러다임은 행위자들이 이해(understanding)를 공유하고 있다는 가정을 한다는 이유로 쿤의 용어를 폐기했다(Keating and Cambrisio 2000 : 47). 앞에서 인용한 홀이 명시적으로 말한 것처럼 의식적으로 공유된 이해를 가정하지 않고 패러다임에 관해서 말하는 것은 전적으로 가능하다.

젠더코드	마이너리티코드	어린이코드
첫글자=G	첫글자=M	첫글자=C
둘째글자 1=양성 모두 2=여성에게만 3=남성에게만 4=성별정보 없음	둘째글자 1=마이너리티와 비-마이너리티 2=마이너리티만 3=비-마이너리티만 4=마이너리티의 대표에 대한 정보 없음	둘째글자 1=어린이와 어른 2=어린이만 3=어린이는 포함되지 않음 4=어린이의 대표에 대한 정보 없음
셋째글자 A=과학적으로 수용가능 U=과학적으로 수용불가능	셋째글자 A=과학적으로 수용가능 U=과학적으로 수용불가능	셋째글자 A=과학적으로 수용가능 U=과학적으로 수용불가능

〈표 3〉 "학술검토그룹의 심사자들을 위한 포함코드 요약" (1998년 10월 수정) (출전: "국립보건원 어린이포함정책에 대한 검토 및 코드부여" [국립보건원 외부연구지원국, 1999년 3월 26일])

비고: 예)
G1A=양성 모두, 과학적으로 수용가능
M3U=비-마이너리티에 대해서만, 과학적으로 수용불가능
C2A=어린이에 대해서만, 과학적으로 수용가능

당연해 보인다. 나는 우리가 생명과학과 국가의 정책결정 사이의 경계를 가로지르면서 동시에 양자 모두에서 목표, 방법, 절차들을 지정하는 "생명정치학 패러다임"에 대해서 논하는 것이 유용하다고 믿는다. 현재 사례연구의 핵심에 있는 특정한 생명정치학 패러다임의 특징을 말하기 위해서 나는 "포함-차이 패러다임"이라는 용어를 사용한다. 이 이름은 과거에는 임상연구에서 과소대표되었다고 일반적으로 여겨지는 다양한 집단의 구성원들을 포함시키며, 이들 집단들 사이의 치료효과나 생물학적인 질병의 예후의 차이를 측정하려는 실질적인 두 가지 목표를 반영하고 있다.

패러다임이라는 언어를 채택함으로써 나는 이러한 체제에 내재할 수 있는 상당한 수준의 관성을 강조하려고 한다. 제프 보커와 스타(1999:14)가 표준과 제도적인 하부구조에 대한 연구에서 이미 관찰했던 것처럼 성공한 표준은 "상당한 관성"을 가지기 때문에 이를 변화시키거나 무시하는 일은 어

렵고 시간과 비용이 많이 소요될 수 있다. 이와 유사하게 정치학자 존 킹던은 "어떤 원칙을 수립하게 되면 사람들이 새로운 일처리 방식에 익숙해지고 새로운 정책이 표준업무절차에 체화되기 때문에 매우 중요하다. 이러한 관성은 점차 확고해지고 기존 체제를 이러한 새로운 방향에서 돌려놓기란 점점 어려워진다"(Kingdon 1984 : 201). 여러 정치사회학자들도 "정책유산"policy legacies, "정책피드백" 등의 용어를 통해 정책결정의 "경로의존성"과 "특정한 시점에서의 결정이 정책을 특정한 궤도를 따라가게 함으로써 미래의 가능성을 어떻게 제약할 수 있는지"를 묘사했다(Weir 1992 : 9; 이 외에도 Skocpol and Amenta 1986; Weir, Orloff, and Skocpol 1988; Burstein 1991; Dobbin 1994; Skrentny 2002을 참고하라).

이와 동시에 이러한 관성은 정책의 확장과 이동을 허용함으로써 이러한 정책들을 안정화시키는 효과를 갖는다. "영역 확장"domain expansion에 대한 연구자들은 성공했던 정책이 하나의 정책영역에서 다른 영역으로 이동해 가거나, 차별철폐정책(Skrentny 2002)이나 혐오범죄 방지법(Jenness 1995)이 시간이 지나감에 따라 점점 더 많은 사회집단과 범주들로 확장되어 가는 과정을 보여 주었다. 이러한 정책의 표준화, 이동, 전위transposition의 경향은 사회문제들이 하나의 영역에서 다른 영역으로 확산되어 가는 현상(Hilgartner and Bosk 1988 : 72)이나, 어떤 사회운동에서 다른 사회운동으로 집단행동의 프레임과 전술이 확산되어 가는 현상(Meyer and Whittier 1994 : 277; McAdam 1995 : 219; Benford and Snow 2000 : 627~628)과 연관되어 있다. 내가 수행했던 사례연구에서 좋은 예로는 성적취향이라는 속성을 포함-차이 패러다임의 구조에 포함시키려고 했던, 레즈비언 및 게이 보건운동가들이 클린턴 행정부 말기에 부분적으로 성공했던 노력이 있다(Epstein 2003b에서 상세하게 서술하고 있다).

포함-차이 패러다임은 생명과학에 새로운 정치적 의미를 불어넣는다. 이 패러다임은 두 가지 서로 다른 과학과 통치의 관심 – 생물학적 차이의 의미와 사회에서 종속적인 지위의 집단이라는 의미 - 에 대해 질문을 제기하고 대답하는 특수한 방식을 통해 양자를 서로 연결시키고 있다. 가장 중요한 것으로는, 이 패러다임이 인간됨을 표준화하고 인간집단들을 분류하는 새로운 방식을 주장하고 있다는 점이다. 어떤 사람들은 포함-차이 패러다임을 생의료가 (좋건 나쁘건 간에) 정치화되는 모습의 하나로 보기도 하지만 이것은 그 반대편의, 다시 말해 현재 통치라는 행위가 "생의료화되는" 증거로도 받아들여져야 한다. 따라서 의료연구는 일련의 정치문제들 - 사회정의의 본질, 시민권의 한계, 사회적 수준 및 생물학적 수준에서의 평등의 의미 등 - 이 해결될 수 있는 영역으로 점차 인식되고 있다.

최종메모 : 선택적 친화성과 근대성

이 논문은 단일 사례를 확장해서 사용했고 복잡한 이론적 논쟁들을 개략적으로만 다루고 있기 때문에 앞으로는 보다 만족스러운 분석을 할 수 있다는 약속에 지나지 않을 수도 있다. 그럼에도 불구하고 내가 이 글에서 개략적으로 보여 준 개념적 장치들이 보다 넓은 사례들에서 유익하게 활용될 수 있다고 믿는다. 근대 민주주의 국가들이 행사하는 개선된 분류적 실천, 정체성 기반 사회운동의 자기-명명실천, 생명과학의 새로운 구분 기술들 사이의 선택적 친화성을 상정하는 것은 설득력이 있다. 그렇다면 제도변화, 분류의 정치학, 새로운 생명정치학적 질서의 출현 사이의 관계는 매우 중요한 의미를 갖는다. 이러한 연구를 위해서는 간극들을 연결하는, 새로운 학제적 접근법이 필요할 뿐만 아니라 여러 분야들 중에서 그동안 인정받지 못했던 과학기술학, 정치사회학, 사회이론들 사이의 친화성을 기반으로 해야 한다.

13장

참여적 주체를 만들어 내기

유전체 시대의 과학, 인종, 민주주의

제니 리어던

1993년 4월, 분자인류학자로 차기 〈인간 게놈 다양성 프로젝트〉[1]의 북미지역위원회 위원장인 케네스 와이스는 미국 의회에 보내는 편지에서 다음과 같이 설명했다.

국립보건원은 우리나라의 모든 국민들이 연구 및 임상기관의 혜택을 받도록 하기 위해서 모든 연구비 지원프로그램에서 **차별철폐정책**affirmative action을 의무화한다. 그런데 유의미한 다양성에 대한 고려를 명시적으로 **배제**하면서 인간의 유전자를 연구[인간게놈프로젝트]하는 데에 상당한 돈을 투입한다는 말인가?(Weiss 1993 : 44; 강조는 필자)

와이스는 〈인간 게놈 다양성 프로젝트〉는 두 가지 방식으로 〈인간 게놈

---

1. [옮긴이] 필자의 표기에 따라 〈인간 게놈 다양성 프로젝트〉와 〈다양성 프로젝트〉를 함께 사용한다.

프로젝트)[2]의 배타적인 "유럽중심적" 경향을 교정할 수 있다고 주장했다 (Bowcock and Cavalli-Sforza 1991; Human Genome Organization 1993). 첫째, 다양한 과학자들이 DNA를 수집하는 인구집단을 다양화할 것이다. "코카시안"[3] 이외에도 토착민들과 미국의 "주요 인종집단들"로부터 표본을 채취할 것이다(Weiss 1993 : 44).[4] 둘째, 표본을 구하는 과정에서 다양한 인구집단들을 프로젝트의 설계와 규제과정에 포함시키는 등의 활동을 통해 "파트너십"을 형성하려 할 것이다. 요약하자면 〈인간 게놈 다양성 프로젝트〉의 조직자들은 모든 인종과 소수민족집단들을 주체와 대상으로 참가시키는, 진정한 의미에서의 "차별철폐" 프로젝트에 대한 비전을 갖고 있었다.

어떤 관점에서 이 일화는 민주주의의 성공을 보여 주는 이야기로 간주될 수도 있고 미국 과학자들이 시민사회와 맺는 관계가 변화하고 있음을 보여 주는 사례일 수도 있다. 과학과 시민사회 사이를 가로지르는 벽을 유지하기보다는 다양한 인구집단을 포괄하고 "파트너" 관계를 맺고자 했던 〈다양성 프로젝트〉 조직가들의 노력은 과학자와 일반인 간의 권력관계를 평준화하고 참여와 포함 inclusion이라는 민주적 가치에 기초한 연구를 만들어 내려는 긍정적인 발걸음을 대표할 수도 있다. 그러나 〈다양성 프로젝트〉에 대한 이야기는 이런 희망적인 내러티브를 곤란하게 만든다. 여러 잠재적인 연구대

---

2. [옮긴이] 이 글에서 genome은 유전체로 번역한다. 그러나 일반적인 어법을 따라 Human Genome Project는 〈인간 게놈 프로젝트〉로, 그리고 이의 영향을 받은 Human Genome Diversity Project는 〈인간 게놈 다양성 프로젝트〉로 번역했다.

3. [옮긴이] 코카시안(Caucasian) : 유럽, 북아메리카, 아프리카 대륙 동북부, 남아시아, 서아시아, 중앙아시아에 거주하는 사람들을 일컫는 표현으로 피부색과 무관하다. 그러나 미국에서 코카시안은 주로 백인을 지칭하는 표현으로 사용되고 있다.

4. 〈인간 게놈 다양성 프로젝트〉의 조직가 모두가 인간종의 "다양성"이 미국에서의 인종 및 소수민족집단들에 의해 대표될 거라는 데에 동의한 것은 아니었고, 그렇다고 여러 인종들로부터 표본을 채취하겠다는 〈다양성 프로젝트〉의 비전에 반대한 것도 아니다. 이 장의 뒷부분에서 나는 이러한 불일치의 중요성에 대해서 논의를 전개한다. 나의 책(Reardon 2005)을 참고할 수도 있다.

상[5]들은 다양한 연구대상들의 참여를 증진하려는 조직가들의 노력을 수용하기보다는 이에 저항했고 이 장에서는 그 이유를 보여 주려고 한다. 이를 통해서 과학을 "민주화"하려는 최선의 노력에서조차 문제가 되는 주체의 구성과 권력의 작동에 대한 근본적인 질문을 부각시킴으로써 참여와 과학에 대한 논쟁의 틀을 다시 구성하려고 한다.

돌이켜보면, 과학자, 정책결정자, 연구자들은 모두 이러한 후속 질문들에 대해서 대체로 간과하고 있었다. 그 대신, 그들의 논의에서 참여 – 과거에는 잘못해서 지식생산과정으로부터 배제되어 있었던 연구대상들을 연구과정에 포함시키도록 고안된 과정들 – 는 선험적으로 좋은 것으로 그려졌다(Sclove 1995; Kitcher 2001). [이 글에 앞에서 소개되었던] 와이스의 선언에서 지식생산과정으로부터 배제되어 있었던 대상들은 "주요 소수민족집단들"이었다. 과학철학자인 필립 키처가 제창했던 민주주의적 가치에 부합하는 과학인 "질서정연한 과학"well-ordered science에서 이러한 대상들은 "여성, 어린이, 소수집단의 구성원, 개발도상국 사람들"이다(Kitcher 2001 : 117~135). 와이스, 키처 그리고 다른 과학자들이나 과학연구자들이 일차적인 관심을 가졌던 것이 바로 이러한 대상들의 배제였다.

이 장에서 나는 연구대상을 포함시키는 것이 칭찬할 만한 일이지만 사회정의를 위해 헌신하는 사람들은 주체형성 시점 – 예를 들어 "아프리카계 미국인" 같은 "주요 소수민족집단"의 구성원이 누구이고, 누가 이러한 연구대상의 이해관계를 정당하게 정의하고 대변할 수 있는지를 정의하는 단계 – 보다 한걸음 앞에서 자신의 비판을 전개함으로써 더 많은 것을 얻을 수 있다고 주장한다. 권력이론가인 미셸 푸코와 그의 이론으로부터 영감을 받은 정치이론가들이

---

5. [옮긴이] 이 글에서 필자는 인간을 대상으로 하는 연구에서의 연구대상(research subject)이 어떠한 주체화 과정을 겪게 되는지에 대해서 관심을 갖고 있다. 여기에서는 문맥에 따라 subject를 주체와 대상으로 각각 번역했지만 필자는 연구대상이 되는 과정이 특정한 주체가 되는 과정이라는 관점에서 논지를 전개하고 있어서 표현에 주목해야 한다.

능숙하게 보여 주었던 것처럼 어떤 사회에서 행동하고 참여할 수 있는 개인으로서 누군가를 형성하는 것(다시 말해 주체성subjectivity)을, 주체화(또는 다른 것another에 의한 통제)의 제도적인 유형과 연결시키는 것이 자유주의의 특징적 권력형식이다(Foucault 1977; Butler 1992; Cruikshank 1999 : 21). 결과적으로 이러한 사회이론가들은 참여가 순수한 행동이 아니라는 사실을 보여 주고 있다. 이제 참여는 다른 사람을 배제시키면서 어떤 가치와 이해관계를 표현하는 제도화된 통치의 실천이 된다.[6]

이는 연구자와 잠재적인 연구대상이 동일한 문화적 가치와 사회에서의 구조적 지위를 공유하지 않는 〈다양성 프로젝트〉 같은 사례에서 특히 명백하게 드러난다. 돌아보면 연구과정에서 일반인들의 참여에 대한 대부분의 문헌들은 유방암, 에이즈 등 환자집단의 활동에 관심을 가져왔다(Epstein 1996; Klawiter 2000). 환자집단의 활동가들은 대체로 백인이고 중상계층의 교육받은 계층들로, 역시 압도적으로 백인 중상계층이며 좋은 교육을 받은 연구자들과 가치와 이해관계를 공유할 가능성이 높았다(Epstein 1991; Klawiter 2000). 이런 사례에서 과학을 "민주화"하기 위한 노력과 특정한 가치와 이해관계를 표출하는 방식들을 구분하기는 쉽지 않다. 그러나 환경보건이나 인간의 유전적 다양성연구에서는 연구에 참여하도록 요청받는 사람들 — 환경오염의 대상이거나 잠재적인 연구대상 — 이 사회-경제적으로 불리한 인종 및 소수민족집단이라서 이런 설명을 적용할 수 없다. 이렇게 연구자와 연구대상이 권력구조 내에서 다른 지위를 차지하고 있는 상황에서는 참여적 주체를 만들어 내기 위한 노력이 특정하게 제도화된 권력형식을 표출하는 방식들을 놓쳐서는 안 된다.

연구대상들과 "파트너십"을 만들어 내려고 했던 〈다양성 프로젝트〉 조

---

6. 정치이론가인 바바라 크루이크섕크(1999 : 18)는 "민주적 관계는 권력관계이며 그렇게 끊임없이 재창조된다. 이러한 인식은 민주주의 이론이 민주주의의 주체를 미리 가정할 수 없으며 끝없이 이러한 주체의 구성에 대해서 탐구해야 한다는 것을 요구하고 있다"고 설명한다.

직가들의 노력은 모범적인 사례이다. 차별철폐의 논리에 의해서 인도된 과거의 여러 시도들처럼 과거에는 배제되었던 집단들을 지배적인 사회에 의해 승인된 제도(이 경우에는 유전학) 내에 포함시키려는 〈다양성 프로젝트〉의 노력은, 프로젝트가 포함시키려고 했던 많은 사람들에게 다음과 같은 질문들을 촉발시켰다 : 포함은 누구의 이해관계에 복무하는가? 유전학연구의 설계와 실행에 참여하는 활동이 〈다양성 프로젝트〉가 표본으로 갖고 싶어 하는, 권력에서 소외된 집단의 이해관계를 증진시키는가, 아니면 "재현의 전시장"을 창조함으로써 단지 해당 프로젝트를 정당화하는 데에 기여하는가(Amit-Talai and Knowles 1996)?

이 글에서 나는 참여의 물질적 실재와 참여의 효과에 대한 이러한 질문들이 분명하게 시야에 들어오는 회의를 핵심적인 연구현장으로 보고 회의의 조직과 실행에 주목한다. 나는 〈다양성 프로젝트〉 조직가들이 좋은 의도에서 시작한 노력들에도 불구하고, 그들이 "파트너십"에 대해 갖고 있던 관념에 체화되어 잠재하고 있던 개념적, 물질적 구조들이, 〈다양성 프로젝트〉의 연구의제가 형성되고 인간의 유전적 다양성 연구에 대한 규칙이 만들어지는 회의장소에서 미국의 토착민들과 소수인종들을 배제시키는 역할을 했음을 보여 줄 것이다. 실제로 이 책에서 스티븐 울프가 농업식품 혁신과정에 농부들을 적극적인 참여자로 결합시키는 것의 효과에 대해서 묘사한 것처럼, 적극적이고 참여적인 주체들(또는 "파트너들")을 창조해 내려는 〈다양성 프로젝트〉 조직가들의 노력은 권한부여와는 거리가 멀었다. 오히려 연구대상들의 권리를 자기결정self-determination으로 과소평가하고 연구대상들이 갖고 있는 속성들을 낮게 평가하는 방식으로 연구대상/주체를 정의함으로써 참여적 주체를 만들어 내려는 노력은 이러한 주체들을 더욱 심각하게 대상화하는 조건을 창출해냈다. 나는 이처럼 곤란하고 모순적인 상황에 어떻게 접근해야 할 것인가에 대해서 다소 무난한 제안을 하면서 이 글을 결론지으려고 한다.

참여의 담론들

　시작될 때부터 연구대상의 참여라는 쟁점은 〈다양성 프로젝트〉 조직가들의 관심을 끌었다. 이유가 어떻든 간에 사람들이 참여하기를 거부하면 이 프로젝트는 진전될 수 없었기 때문에 참여는 그들의 목표의 기초에 있었다는 게 분명했다. 그러나 이러한 참여가 무엇을 의미하고 어떻게 참여를 추구할 것인가에 대한 이해는 시간에 따라 달라졌다. 이러한 변화와 더불어 가치, 이해관계, 권력관계의 특정한 집합과 참여에 대한 생각 사이의 관계가 분명해졌다.

　처음에는 도구적인 목표가 연구자들의 결정을 이끌었다: 그들은 최대한 많은 ― 가장 "정보가 풍부한 유전적 기록"을 갖고 있을 것이라고 생각되는 ― "고립된 인구집단"에게 접근할 수 있기를 원했다(Cavalli-Sforza et. al. 1991 : 490). 이러한 사람들과 접촉하기 위해서 조직가들은 처음에는 이러한 인구집단들의 직접참여보다는 "이미 보다 고립된 집단들에 접근할 수 있었던 인류학자, 의학연구자, 지역과학자들"의 직접참여를 추진했다(Roberts 1991 : 1617). 프로젝트가 점차 진화하는 이 단계에서 제안자들은 인구집단들과 직접 상호작용할 것이라는 예상을 하지 못했다. 오히려 이미 필요한 "업무관계"를 갖고 있던 사람들이 "추천인구집단"으로부터 DNA 수집을 도와줄 수 있을 것이라는 기대를 했던 것이 최선이었다(1617). 그러므로 조직가들이 실제 인구집단이 아니라 이러한 전문가들을 참여시키는 데 대부분의 노력을 기울였던 것은 놀랄 일이 아니다.[7] 어떻게 "추천인구집단"들의 참여를

---

7. 이와 더불어 카발리-스포르자는 "지역노동자"들이 〈다양성 프로젝트〉가 설립한 지역수집 센터에서 등록해서 일할 수 있기를 바랐다. 1994년 〈유네스코〉의 특별회의에서 그는 "전세계 모든 지역에서의 지역 수준 참여가 필수적입니다. 프로젝트의 성공은 전적으로 국제적인 협력과 협조에 의존하고 있습니다"라고 연설했다(Cavalli-Sforza 1994). 표본들은 하루나 이틀 내에 세포주로 변환되어야 했는데, 프로젝트 조직가들이 표본수집을 제안했던 외딴 곳들에서는 운송하는 데에만 하루나 이틀이 소요되었다. 따라서 카발리-스포르자는 이런

증진시킬 수 있을 것인가를 알아내기 위해 투여되는 사고는 기초 보건서비스를 제공했던 과거의 사례들에서 비롯되었다. 『사이언스』는 "이미 [마리-클레어] 킹은 자기 그룹에서는 그 인구집단들에게 의료용품 등을 보상으로 제공할 것을 생각하고 있다고 말했습니다"라고 보도했다(Roberts 1991 : 1617).

그러나 1992년과 1993년 초반, 〈다양성 프로젝트〉가 생물학적인 인종주의를 재점화시켜서 토착민들의 반발을 악화시킬 것이라는 체질인류학자들의 주장이 잇따르면서 누가 어떻게 포함되어야만 하는지에 대한 조직가들의 생각은 변화하기 시작했다.[8] 특히, 어떤 사람들은 인종주의와 포함의 정치학이라는 보다 넓은 쟁점들을 제기해야 할 필요성에 대해서 인지하기 시작했다. 그들은 프로젝트를 처음 제안했던 사람들이 모두 백인 유럽인이거나 미국인이라는 점을 인정했고 그들이 〈다양성 프로젝트〉가 "식민주의자"들에 의해 조직된 프로젝트로 비춰지지 않기를 원한다면 지도부의 구성도 변화해야만 한다는 것도 받아들였다(인터뷰 A4).[9]

1993년 가을, 프로젝트를 위해서는 비백인-비서구의 지원과 지도력을 만들어 내야 한다는 새로운 목표 때문에 후원자들은 국제기획회의를 조직했다. 〈다양성 프로젝트 북미지역위원회〉의 위원 중 한 명이 다음과 같이 설명했다.

> 우리는 워싱턴 회의[10]에서, 세계 수준의 회의가 필요하고 개발도상국으로부터 사람들이 초대되어서 이러한 프로젝트의 지속을 위해 필요한 사항에 대해서 그들이 발언해야 한다고 결정했습니다. 바로 이것이 사르디냐 회의

작업이 지역적으로 이루어질 수 있기를 원했다.

8. 이러한 주장에 대한 상세한 내용은 Reardon 2005를 참고하라.

9. 이 쟁점이 단지 프로젝트의 "외양"에 대한 것뿐만이 아니라 프로젝트의 물질적 구조에 대한 것일 수도 있다는 데 대해서 조직가들은 당시에 인정하지 않았다.

10. [옮긴이] 국립보건원 본부가 있는 워싱턴 근교 베테스타에서 열렸던 〈인간 게놈 프로젝트의 윤리적, 법적, 사회적 연구에 대한 회의〉를 말한다.

의 목적입니다. 표본수집의 가능성이 높은 일본, 아프리카, 인도에서 사람들을 초청해서 …… 〈다양성 프로젝트〉가 전세계를 위해서 작동할 수 있는 어떤 구조를 만드는 데 그들을 참여시켜야 합니다(인터뷰 B).

인간의 유전적 다양성연구에 관심이 있는 전세계의 과학자들이 모였던 이 국제회의는 이탈리아의 사르디냐섬에서 일곱 달 이후에 열렸다.[11] 이 회의를 만들어 냈던 참여에 대한 새로운 이해는 이 프로젝트를 - 미국의 참여정책, 가장 두드러진 것으로는 차별철폐 정책에 의해 형성된 기존의 참여담론이 아닌 - 또 다른 참여담론을 따라 "정렬"하려는 노력의 시작을 표시했다.[12]

앞서 지적한 것처럼 참여적인 "차별철폐" 시도를 하려는 조직가들의 노력은 다양한 외양을 띄었다. 조직가들은 프로젝트에 포함되는 대상의 유형을 확대하는 것뿐만 아니라 ("코카시아 인종의 DNA" 이외에도 토착민, 인종, 소수민족들의 DNA 등) 〈다양성 프로젝트〉 연구의 설계, 실행, 규제에서도 프로젝트에서 표본수집의 대상으로 삼고 있는 인구집단의 포함을 증진시키려고 했다. 이 글에서 나는 이러한 이후의 노력들에 대해 관심을 갖고 있다. 특히, 연구대상을 연구의 모든 과정에서 참여자로서 연구자와 함께하는 주체로 변형시키려는 노력에 관심을 갖고 있다.

파트너십의 역사적, 정치적 맥락

연구대상과의 "파트너십"을 형성하겠다는, 〈다양성 프로젝트〉의 제안서에 담겨 있는 열망은 1993년 11월 〈웨너-그렌 재단〉Wenner-Gren Foundation에

---

11. 국제포럼 및 지역위원회에 대한 제안이 사르디냐 회의에서 나왔다(Cavalli-Sforza 1994 : 4).
12. 내가 이 글에서 정렬이라는 표현을 사용한 것은 이 책에 수록된 스티븐 엡스틴의 글에서 그가 논의한 "범주적 정렬"이라는 의미이다.

서 개최한 〈다양성 프로젝트〉에 대한 회의에서 생물학적 인류학자인 마이클 블래키의 발표로부터 제기되었다.[13] 이 회의에서 블래키는 〈흑인 묘지 프로젝트〉African Burial Ground Project, ABGP에서 "대중참여"를 촉진했던 자신의 경험을 공유했다. 블래키는, 1991년 새로운 빌딩을 건설하기 위해 기초공사를 하다가 "재발견된", 식민지 시대의 뉴욕시에서 흑인들이 주로 매장되던 흑인묘지를 분석하는 〈흑인 묘지 프로젝트〉의 학술책임자였다. 〈흑인 묘지 프로젝트〉에 참여하는 사람들은 대중참여의 한 가지 방식으로 관심 있는 모든 사람들에게 연구설계에 대한 130페이지의 문서를 관심 있는 모든 사람들에게 배포했고 피드백을 받기 위해 다운타운 맨하탄과 할렘에서 공청회를 개최했다. 이 공청회는 〈흑인 묘지 프로젝트〉가 "후손들 또는 문화적으로 관련된 공동체"가 관심을 갖고 있고 "학술프로그램에 적절한" 질문들을 제기해서 그 공동체의 이해관계를 〈흑인 묘지 프로젝트〉에 반영할 수 있도록 하려는 목표를 갖고 있었다(Blakey 1998 : 400). 아프리카계 미국인들 역시 "이 나라를 건설하는 과정에 아프리카계 미국인이 어떤 조건에서 얼마나 참여했는가에 대해서 거부해 왔던 유럽중심주의적 왜곡효과를 교정하는 데에 기여할 수 있는 시각을 도입할 수 있다"는 인식론적 근거에서 포함되었다(400). 블래키에 따르면 이런 과정을 통해 "아프리카계 미국인 대중"들이 그 프로젝트를 소유하게 되었다.[14] 그는 유명한 링컨의 게티스버그 연설의 마지막 부분을 연상시키는 "우리의 연구는 주요한 관련을 맺고 있는 민중의, 민중에 의한, 민중을 위한 것이다"라고 결론 내렸다(400).

〈다양성 프로젝트〉의 조직가들은 유사한 일이 자신들의 연구에서도 성취되길 바랐다. 1993년 11월 〈웨너-그렌 재단〉의 회의에 이어서 북미지역위원회North America Regional Committee, NAmC의 위원들은 인구집단들이 연구과

---

13. 〈웨너-그렌 재단〉은 인류학 연구를 지원하는 기관이다.
14. 블래키는 〈흑인 묘지 프로젝트〉에 대해 말하면서 "후손이거나 문화적으로 관련된 공동체"라는 표현을 "아프리카계 미국인 대중"으로 바꿔 부르기도 했다.

정에 "파트너"가 되어야 한다고 제안했다. 그들은 DNA표본을 제공할 뿐만 아니라 연구질문을 구성하고 표본수집전략을 설계하며 표본을 수집할 수도 있었다. 연구대상에 대한 이러한 새로운 이해는 〈다양성 프로젝트〉의 모범윤리프로토콜의 "참여하는 인구집단들과의 파트너십" 항목에서 공식적인 표현으로 드러났다.[15] 프로토콜에서는

> 키워드는 "함께"이다. 우리는 이상적으로는 〈인간 게놈 다양성 프로젝트〉의 표본수집에 참여했던 연구자들이 표본을 제공한 인구집단과 밀접하게 연결되어 있어야 한다고, 그것도 "과학자"와 "대상"이 아니라 파트너로서 연결되어 있어야 한다고 주장한다. 공동체가 프로젝트에 참여하기 위해서 자신들의 표본을 제공한다면 과학자와 대상은 동일한 사람일 수도 있다 (NAmC 1997 : 1468).

아프리카계 미국인인 마이클 블래키가 다른 아프리카계 미국인들을 연구하기 위해서 참여했던 것처럼 〈다양성 프로젝트〉의 조직가들은 다른 인종 및 소수민족의 구성원들이 자기 자신의 유전자를 연구해야 한다고 주장했다.

> 인도인들은 인도와 함께 일한다. 우리들 중에는 아메리카 원주민이 없고……우리들 중에는 아프리카에 대한 연구를 하는 흑인이 없다. 그러나 우리들 중에 아시아에 대한 연구를 하는 아시아인은 있다. 예를 들어 인도인뿐만 아니라 중국인과 다른 인종들도 있다(인터뷰 E).

다른 조직가는 이 제안의 진정성을 방어했다.

---

15. 북미지역위원회의 위원들은 비판세력들에 대응하기 위해 1994, 1995년에 모범윤리 프로토콜의 초안을 작성했다. 이는 이후에 『휴스턴 법학 리뷰』(*Houston Law Review*)에 발표되었다(NAmC 1997).

[우리는] 이들을 단지 비웃으려는 게 아닙니다. 나는 우리가 시늉만 하는 건 아니라고 생각합니다. 나는 우리 연구실에 케냐 사람이 있으면 좋겠어요, 어느 정도 검증된 사람이기만 하면 야노마모족16 사람이 있어도 좋구요, 브라질에서 온 과학자도 좋습니다. 그게 아니면 브라질에 연구실을 만드는 일을 거들겠어요(인터뷰 A2).

실제로 〈다양성 프로젝트〉의 조직가들은 그들이 관심을 갖고 표본으로 수집하려고 목표했던 인구집단의 구성원들을 등록시켜서 교육하기 위해서 노력했다.17

　　〈흑인 묘지 프로젝트〉에서 블래키의 "후손이거나 문화적으로 관련된 공동체"와 이 프로토콜에서의 "파트너십" 조항은 적어도 한 가지 중요한 지점에서 차이가 있다.18 블래키가 뉴욕시의 아프리카계 미국인들과 협력했던 이유는 그것이 윤리적으로 옳은 옳은 일이라는 신념을 갖고 있었기 때문이다. 한편 모범윤리프로토콜의 경우에는, 프로젝트의 조직가들이 "파트너십"이 옳은 일이라고 믿었고 아울러 프로젝트에 대한 후원을 끌어내는 데 기여할 것이라고 믿었기 때문에 파트너십을 제안했다.19 예를 들어 프로토콜은

16. [옮긴이] 야노마모족 : 베네수엘라와 브라질 국경의 아마존 지역에 사는 2만명 규모의 소수민족으로 아직까지 석기시대 생활을 유지하고 있어서 살아 있는 인간의 조상이라고 불린다.
17. 선정된 인구집단의 구성원들을 등록시켜서 해당 인구집단의 표본을 수집하도록 하는 모델은 인구기반연구에서 제기된 윤리적 문제를 다루는 대중적인 전략이 되어 왔다. 이러한 접근방식이 제기하는 여러 문제들에 대한 논의는 이 글의 범위를 벗어나지만 이런 시도가 주요 연구자와 프로젝트 조직가들로부터 표본수집을 위해서 등록시킨 소수민족의 연구자들로 윤리적 부담을 이전시킨다는 것이 가장 중요하다. 중국에서 진행된 하버드/밀레니엄 연구컬렉션이 이러한 사례이다(Pomfret and Nelson 2000). 이런 접근방식이 갖고 있는 문제들에 대한 상세한 분석이 요구된다.
18. 두 번째 중요한 차이는 〈흑인 묘지 프로젝트〉에서는 연구설계에 참여했던 사람이 연구대상들 자신이 아니었다는 점이다. 이로 인해 〈다양성 프로젝트〉에서 문제가 되었던 정치적, 윤리적 쟁점들은 〈흑인 묘지 프로젝트〉에서의 쟁점들과는 매우 상이해진다.
19. 그렇다고 블래키의 노력이 문제를 야기하지 않았다는 것은 아니다. 예를 들어 내가 다른 곳(Reardon 2005 : 4장)에서 언급했던 것처럼 블래키는 "아프리카계 미국인"을 일관성 있고

명시적으로 "파트너십"은 실질적인 또는 인식된 착취의 문제를 극복할 수 있을 거라고 적시하고 있었다.

> 〈인간 게놈 다양성 프로젝트〉 표본수집에는 여러 가지 과업이 포함될 것이다. ······ 우리는 가능하면 언제나 연구자들이 이러한 작업을 수행할 때에 지역 주민들을 이용할 것을 권장한다. 이런 활동들을 통해 주민들이 연구에 보다 참여할 수 있게 될 것이다. 표본수집과정에서 그들이 참여하게 되면 계획과정에서의 참여와 마찬가지로 연구자들이 지역의 인구집단을 착취하거나 학대한다는 인식이나 실제로 착취하거나 학대하는 일을 방지할 것이다 (NAmC 1997 : 1471; 강조는 필자).

당시 조직가들이 자신들의 프로젝트를 반대하는 주요한 원인으로 착취에 대한 [주민들의] 인식을 들었다는 점을 회상한다면 이 구절은 매우 중요해진다.
　　계획과 표본수집 과정에서의 참여에 덧붙여 윤리프로토콜은 인구집단들이 연구결과에도 참여할 수 있어야 한다고 주장했다. 이에 대해 제시된 논리는 대체로 도구적이었다.

> 연구프로젝트 참여자들이 [일단] 표본과 시간을 제공하고 나면 지속적인 참여가 없는 일이 너무 빈번하다. 이로 인해 억울한 감정이 만들어질 수 있고, 대중들이 과학에 보다 참여해서 과학에 대해서 더 잘 알게 되는 기회를 낭비할 것이라는 사실은 분명하다(앞의 글 : 1472).

이미 구성되어 있는 집단, 즉 연구에 포함되기만 하면 되는 집단이라는 믿음을 견지하고 있었다. 그는 "아프리카계 미국인"의 정체성에 대한 의문이나 누가 "아프리카계 미국인"이라고 불리는 집단을 대변할 수 있는가(있거나 한가)라는 복잡한 질문을 명시적으로 제기하지 않았다.

다른 구절뿐만 아니라 이 구절에서 모범윤리프로토콜의 필자들은 파트너십이 연구자와 과학 모두에게 이로운 이유에 대해서 주목하고 있다. 파트너십은 억울한 감정을 감소시키고 "대중들"이 과학에 대해서 학습할 수 있도록 한다.[20] 파트너십은 참여적 주체를 창조하려는 노력과, 특정한 가치와 이해관계 사이의 연관을 드러낼 수 있었다. 모범윤리프로토콜의 본문에서 분명하게 드러나는 이러한 연관은 〈다양성 프로젝트〉의 조직가들이 "파트너십"이라는 개념을 잠재적인 연구대상에게 설명하기 시작하면서 곧 논쟁의 대상이 되었다.

누구의 이해관계에 따른 참여인가

"파트너십"이 연구대상이 되는 인구집단에게 도움이 될 수 있다는 믿음에 대한 도전은 1995년 10월 처음 발표된 모범윤리프로토콜에서 "파트너십"이 공식적으로 표현되기 이전부터 제기되었다. 최초의 문제제기는 〈맥아더 재단〉이 후원한, 〈다양성 프로젝트〉의 북미지역위원회와 미국의 인디언 원주민 부족 및 캐나다의 원주민 단체인 〈퍼스트네이션〉 구성원들 사이의 대화를 촉진하기 위한 회의에서 표출되었다.[21] 1994년 3월 샌프란시스코에서 열린 첫 번째 회의에서 북미지역위원회의 대표들은 연구를 계획하는 단계에 영향을 받는 공동체의 구성원을 참여시키는 블래키의 모델을 소개했다. 〈다양성 프로젝트〉의 옹호자들은 〈흑인 묘지 프로젝트〉의 사례에서처럼 연구

---

20. 필자들은 명시적으로 "〈인간 게놈 다양성 프로젝트〉의 핵심은 바로……어떤 공동체의 역사와 건강에 대한 이해를 증진하는 데에 유용할 수 있는 공동체에 대한 정보를 수집하는 것이다"라고 진술하고 있다(NAmC 1997 : 1472). 그러나 이러한 "이해"가 바로 그 공동체가 관심을 갖고 있는 것인가 라는 질문은 전혀 제기되지 않았다.
21. 이러한 회의를 후원한 〈맥아더 재단〉은 모범윤리프로토콜의 초안작성도 지원했다.

자와 공동체는 양자 모두의 이해관계에 부합하는 질문들을 발견해 낼 수 있을 거라고 가정했다. 따라서 그들은 공동의 기반을 발견해 낼 수 있으리라는 기대와 목표를 갖고 회의에 임했다. 그러나 이러한 가정이, 모두가 공유하지 않는 인종과 인종주의에 대한 특정한 역사와 특정한 사회구조와 가치의 집합에서 도출된 것이라는 사실이 순식간에 분명해졌다.

"파트너십"이라는 개념이 뉴욕시에서 아프리카계 미국인 공동체와 일했던 블래키의 경험에서 비롯되었다는 점을 회상해 보자. 이 경우에는 계보학적인 "뿌리"가 연구자들과 "사람들" 모두의 관심을 끌 수 있으리라고 합리적으로 주장할 수 있다. 알렉스 헤일리가 지은 『뿌리』의 대중적인 성공은 여러 아프리카계 미국인들이 노예제의 경험 때문에 지워져 있었던 선조들의 이야기를 회복하고자 하는 바람에 대해서 여러 가지를 얘기해 준다(Haley 1976). 그러나 〈다양성 프로젝트〉의 논쟁들에서 분명해진 것처럼 미국의 부족이나 캐나다의 〈퍼스트네이션〉의 구성원들에게 유사한 주장을 할 수는 없었다. [블래키의 사례에서] 기원에 대한 "민중들"의 요구에 유비할 만한 것이 이들 집단에는 없었다. 오히려 많은 사람들은 이런 류의 연구에 대해서 관심이 없음을 분명하게 드러냈다. 〈다양성 프로젝트〉 조직가와 미국 토착민 집단 사이의 대화를 촉진하기 위한 회의에 참석한 한 사람이 설명하길,

우리는 이미 우리에게 그것이 사실이 아니라고 말해 주는 이야기가 있기 때문에 당신이 지협地峽을 증명하는 데에 관심이 없습니다. 우리는 탄소연대측정법 같은 특정한 과학적 절차의 타당성에 대해서 의문을 제기하고 있고 당신의 용어로 그것이 정확하지 않다는 사실을 입증할 수 있습니다. 우리는 누가 우리처럼 말하는지를 알고 있기 때문에 언어학적 연구를 필요로 하지 않습니다. 그래서 이것이 전부라면 우리는 그것을 원하지 않습니다(인터뷰 F).

모든 인간이 아프리카에서 비롯되었다는 과학이론인 아웃오브아프리카 이론은 토착민 권리 운동의 한 조류와 연결될 수 있는 다리 — 모든 토착민들은 연결되어 있다 — 를 놓았다(인터뷰 M; Akwasasne Notes 1978). 그러나 이것을 넘어서는 인간기원에 대한 유전학 연구는 〈다양성 프로젝트〉 조직가들과의 회의에 참석한 "아메리카 원주민"들의 이해관계를 대표하도록 요청받은 사람들의 관심을 끌지 못했다. 그들이 주장했던 미주 지역의 토착민들 사이의 관계에 대한 질문들은 이미 오래 전에 답이 나왔다.[22]

어떤 사람들은 기원에 대한 자신들의 이야기와의 연결고리를 강요하려는 듯한 조직가들의 시도가 모욕적이라고 생각했다. 〈맥아더 재단〉이 후원한 2차 회의는 1998년 1월 스탠퍼드대학에서 열렸다. 여기에서 〈다양성 프로젝트〉의 대표자는, 연구자들은 참여자들이 이미 알고 있는 것 — 우리는 모두 하나입니다 — 을 탐구하려고 한다고 말했다(인터뷰 G). 이 진술은 프로젝트에 대한 지지를 형성하기는커녕 우려만 가중시켰다. 많은 사람들에게 이런 언급은 "공통의 자산" common stock에 대한 과거의 과학적 주장이 아메리카 인디언 부족으로부터 언어와 문화를 앗아갔던 미국의 "문명화" 프로젝트를 정당화하는 역할을 했다는 데에 대한 인식이 결여되어 있음을 드러내는 것으로 받아들여졌다(Weaver 1997 : 16).

누구의 비용을 수반한 참여인가

〈다양성 프로젝트〉 조직가들과의 회의에서 "아메리카 원주민"을 대표하

---

22. 다른 한편, 과학자들에게 아웃오브아프리카 이론은 유전학이 탐구하는 여정의 시작에 불과하다. 인간들이 아프리카에서 비롯되었다는 이론은 생물학자들의 빅뱅 — 탐구되기를 기다리고 있는 유전자의 이동과 뒤섞임의 전체 우주 — 이라고도 말할 수도 있다(참고 : 물리학에서 빅뱅은 우주의 기원에 대한 이론이다.)

도록 요청받은 사람들은, 참여가 자신들 공동체의 이해관계에 기여하지 않을 뿐만 아니라 상당한 물질적 비용을 수반한다고 주장했다. 특히 유전학이 보다 시급한 문제들을 제기하기 위해 활용될 수 있는 가치 있는 자원들을 내버릴 우려가 있다며 우려를 표했다. 1998년 스탠퍼드 회의에 참석한 사람이 설명하길,

> 사우스다코타 주의 노인들은 12월이면 표준 이하의 주거환경으로 인해 얼어죽는다. 당신들은 우리들의 삶과는 아무런 관련도 없고 인간으로서 우리들의 생존을 보장하려는 의도는 전혀 없이 토착민의 DNA를 연구하기 위해 사용되는 수백만, 수백만 달러를 보고 있다. 솔직히 말해 나는, 당신들은 우리가 지금의 우리 모습대로 살아갈 수 있기를 진정으로 보장하려는 관심이 그리 크다고 생각하지 않는다(인터뷰 J).

토착민의 DNA를 수집하면 과학자들의 관심을 끄는 질문에는 답할 수 있을지 모르지만 억압받은 사람의 생존에는 어떻게 기여할 수 있는가? 유전학 연구가 연구대상의 건강 상의 필요에 대한 더 많은 인식과 관심으로 이어질 수 있는가, 아니면 기본적인 의료서비스로부터 자원을 빼내는 것에 불과한가? 〈다양성 프로젝트〉를 검토했던 사람들은 조직가들에게 이러한 기본적인 질문에 대해서 답변을 요구했다.

어떤 이들은 요구된 작업이 표본수집의 목표집단에게 부담을 지운다는 점을 지적했다. 어떤 토착민 권리 운동가는 시간을 빼앗기는 곳이 많다고 설명했다. 그는 누구의 시간과 돈을 이런 이슈에 대한 관심을 제고하기 위해서 사용하고 있냐고 질문했다(인터뷰 K). 호피족 유전학자인 고㊀ 프랭크 두케푸는 국가생명윤리자문위원회에서 "인디언 주민들이 내게 와서는 여기에서 벌어지는 일들을 해석하는 데에 많은 노력을 기울여 달라고 한다. 우리들 중에는 이런 이슈들을 다룰 수 있는 능력을 가진 사람이 없다"고 말했다

(Dukepoo 1998). 요약하자면 〈다양성 프로젝트〉에 대한 대화에 참여하기를 요청받았던 많은 사람들은 이러한 대화가 자신들의 이해관계를 지지하지 않는 연구에 대해서 학습하고 인식을 제고하라는 부당한 부담을 자신들에게 지우고 있다고 주장했다.[23] 어떤 이들은 프로젝트에 대해서 학습하게 되는 이유를 그것이 공동체에 기여할 수 있기 때문이 아니라 그들을 위험에 빠뜨릴지도 모른다는 불안감 때문이라고 명시적으로 지적했다.

> 내가 지금 이 일을 하는 이유는 내가 두 세계를 걸어가면서 하나의 세계가 하려는 일과 그것이 다른 세계에 미칠 수 있는 잠재적인 위험을 이해하기 때문이다. 그래서 나는 지금 이 사안에 대해서 일을 해야 하는 도덕적인 책임을 느낀다. 이는 심각한 위협이 되어 왔다. 내 예측으로는 이 일은 일어날 것이다(인터뷰 F).

여러 해 동안 프로젝트 조직가들은 이 부분을 이해하기 어려웠다. 그들은 진심으로 〈다양성 프로젝트〉가 모든 사람들의 관심을 끌 수 있고 모든 사람들에게 도움이 될 것이라고 믿었다.[24] [그러나] 그들이 표본을 수집하고 싶어 했던 인구집단들의 많은 구성원들은 확신을 갖지 못했다.

표본수집의 목표가 되었던 토착민 집단의 구성원들은 참여가 공동체에서 가치 있는 자원을 빼내갈 수도 있을 뿐만 아니라 자신들의 영토, 자원, 자기결정권에 대한 권리를 위협할 수도 있다는 우려를 갖고 있었다. 이후에

---

23. 이런 저항이 있었다고 해서 그들이 유전학 연구는 어떤 경우에라도 원주민들에게 도움이 되지 않는다고 생각했다는 것은 아니다. 다른 인간의 유전적 변이에 대한 프로젝트들은 심각한 우려를 자아내기도 했지만 가장 가혹한 원주민 및 토착민 비평가조차 자신들의 공동체에 기여하는 유전학 연구를 설계할 수 있는 가능성에 대해 희망을 갖고 있었다. 예를 들어 Benjamin 2000을 보라.
24. 나중에 조직가들은 몇몇 인구집단들은 참여하기를 원하지 않을 수도 있다는 사실을 인지했다(인터뷰 A4, 인터뷰 R).

〈토착민 생물식민주의 위원회〉Indigenous Peoples Council on Biocolonialism, IPCB
에 대한 기본지침은 아래와 같이 설명했다.

과학자들은 유전적 변이를 연구해서 인간들의 이동패턴을 알아내면 세
계 인구의 역사를 재구성할 수 있다고 기대한다. 북미에서는 이러한 연구
가 베링 해협 이론[25]의 타당성을 밝히는 데 집중되고 있다. 우리의 기원에
대한 이러한 새로운 "과학적 결과"들이 영토, 자원, 자기결정에 대한 원주
민들의 권리에 도전하는 데 사용될 수도 있다. 사실 많은 정부들은 자신들
이 인종적으로 독일인이라는 근거에서 독일시민권을 주장하는 폴란드, 러
시아, 우크라이나의 사람들뿐만 아니라 티벳과 중국, 아제르바이젠과 아르
메니아, 세르비아와 크로아티아 사이의 영토분쟁과 선조들의 소유권 주장
을 해결하는 데 유전체의 원형을 활용하는 것을 인정하고 있다(Indigenous
Peoples Council on Biocolonialism 2000 : 24).[26]

토착민의 권리가 침식될 것이라는 이러한 우려는 환상에 기반한 것은 아니
었다. 예를 들어 미국의 어떤 부족들은 버몬트 주가 "개인의 요청과 비용부
담을 통해, 그(녀)가 아메리카 원주민인지를 판단하는 DNA-HLA 검사에 대
한 표준과 절차를 설정"하도록 하는, 버몬트 주의회가 제정한 법안Vermont H.

---

25. [옮긴이] 해수면이 낮던 빙하기에는 베링육교로 아시아와 아메리카가 연결되어 있었고, 이
를 통해 아메리카 대륙에 최초로 인류가 건너갈 수 있었다는 주장으로 아메리카인디언의
기원을 설명하고 있다.
26. 〈토착민 생물식민주의 위원회〉는 1990년대 중반 〈인간 게놈 다양성 프로젝트〉에 대
한 우려에 대응하기 위해 만들어졌다(당시 이 집단은 〈생물해적질에 반대하는 토착민 연
합〉[Indigenous Peoples Coalitions Against Biopiracy]으로 알려졌다). 현재, 이 조직은 생
명공학의 부정적인 영향으로부터 [토착민들의] 유전자원, 토착지식, 문화 및 인권보호까지
관심을 확대했다(www.ipcb.org; 2002년 6월 12일 접속). 베링 해협 이론의 유전학적 확증
을 이용하는 데에 대한 우려도 있다(Schmidt 2001 : A118).

⁸⁰⁹에 대해 심각한 우려를 표했다(Yona 2000).²⁷

마침내 다른 부족들에서는 기원에 대한 유전학 연구가 법적 권리를 침식할 뿐만 아니라 이야기를 말하고 쓰는 것처럼 부족의 정체성을 창조하고 유지하는 관행을 위협할 수도 있다는 우려를 하게 되었다. 키오와 부족 출신의 소설가인 스콧 모마데이가 설명하길, 이야기를 말하는 것은

> 본질적으로 창의적이고 상상력의 세계이다. 이것은 인간이 경이, 의미, 기쁨에 대한 자신의 능력을 실현시키기 위해서 노력하는 행동이다. 이것은 또한 인간이 사상의 맥락에 자신을 던져서 새로운 가능성을 열고, 자신을 보전하는 과정이기도 하다. 사람들은 그것이 무엇이건간에 자신의 경험을 이해하기 위해 이야기를 말한다. 스토리텔링을 할 수 있다는 것은 바로 인간의 경험을 이해할 수 있다는 것이다(Vizenor 1978:4).

〈다양성 프로젝트〉 조직가들로부터 "아메리카 원주민"의 시각에서 프로젝트에 대한 논평을 해 달라는 부탁을 받았던 사람들 중에는 인간의 유전적 다양성에 대한 연구가 이러한 생명을 지속하는 이야기들을 말하는 권력을 거의 비원주민들로 구성된 과학기술엘리트들의 손에 넘겨주는 위협이라고 우려하는 이들도 있었다. 이러한 권력이동은 매우 구체적인 방식의 종족학살이 될 수도 있다고 주장했다.

〈다양성 프로젝트〉가 원주민들을 파괴적으로 재현하게 될 것이라는 우

---

27. 이 법안은 버몬트 주가 부족정체성을 결정하기 위해 DNA검사를 의무화할 수 있는 법안으로 잘못해석되는 경우가 많았다. 실제로 이 법안을 제안한 의원은 개인이 자발적으로 요청한 DNA검사가 자신이 "아메리카 원주민"임을 입증하는 데에 활용될 수 있도록 하려는 의도였다. 킴벌리 톨베어가 날카롭게 설명한 것처럼 입법가의 "상대적으로 점잖은 의도"에도 불구하고 이 법안은 생물학이 "누가 정치적, 문화적 권위를 정당하게 주장할 수 있는지를 결정할 수 있다"는 관념을 수용하고 있으며 "어떤 사람 또는 사람들의 정치적 권리와 문화적 정체성이 생물학적으로 결정된다는 가정에 기반한 법과 정책들이 미래에 출현할 것이라는 사전경고가 될 수 있다"(Tallbear 2003:85~86).

려는 모범윤리프로토콜의 본문에 의해서 촉발되었다. 보건정책을 다루는 원주민 변호사는 자신이 전체 모범윤리프로토콜로부터 받은 이미지는 (단지 파트너십 부분만이 아니라) 부족민들을 권력을 부여받은 주체들이라기보다는 수동적으로 반응하는 대상들로 바라보고 있다는 느낌이었다고 설명했다.

> 프로토콜은 부족민들을 전적으로 세련되지 못한 사람처럼 보이게 했어요. 나는 정말 부족민과의 접촉이 별로 없었던 사람들이 [프로토콜을] 만들었구나라는 이미지를 갖게 되었어요. 프로토콜은 대상으로서 부족민의 이미지를 갖게 만듭니다.……그것은 부족민들을 사람으로 보게 하지 않았습니다. 오히려 부족민은 반응하기만 하는 대상이었습니다. 이런 프로토콜의 목표는 ─ 과학자들이 해야만 하는 일의 하나였겠죠 ─ [대상으로부터] 적절한 반응을 이끌어내는 것입니다(인터뷰 F).

실제로 "과학적으로 세련되지 않고"scientifically unsophisticated라는 표현은 모범윤리프로토콜의 바로 첫 쪽에 등장한다. 구체적으로는 "[이 프로토콜은] 어떤 프로젝트가 DNA를 명시적으로 개인이 아니라 인구집단으로부터 얻으려고 할 때에, 그리고 특히 그 인구집단이 과학적으로 세련되지 않고 정치적으로 취약할 때에, 제기되는 윤리적, 법적 쟁점들을 분명하게 다루고 있다"라고 명시되어 있다(NAmC 1997 : 1; 강조는 필자). 제안된 프로토콜의 초안을 작성한 사람들은 연구자들이 아니라 인구집단들이 필수적인 지식과 세련됨을 결여하고 있다고 가정하고 있다. 그들은 인구집단의 구성원들이 다양성연구에 대해 배울 수 있는 기회를 부여받고 유전학적 사안에 대해서 어느 정도의 "세련됨"을 획득한다면, 그것이 그들이 다양성연구의 가치를 알 수 있고 나름의 연구질문을 수립할 만한 동기부여가 될 것이라고 주장했다. 인구집단의 구성원들이 연구자들을 교육할 수 있는 위치에 설 수도 있다는 제안은 어디에도 없었다.

스티븐 엡스틴이 AIDS운동의 민주적 잠재력에 대한 연구에서 지적한 것처럼 "단순히 과학지식을 '아래' 방향으로 [확산시키려는 – 공동체기반 전문성의 창출 – 지식 및 권력에 대한 모델은 잠재적으로 순진하거나 적어도 충분하지 못하다. 이런 전략이 갖는 최악의 시나리오는 지식의 수용자를 권력의 대상으로 변형시키는 것이다"(Epstein 1991:55). 〈다양성 프로젝트〉의 검토를 요청받은 사람들의 우려가 바로 이것이었다. 참여적 주체로 자신들을 구성하는 것이 그들을 능동적인 주체로 활동하도록 하는 게 아니라 그들을 대상화하고 권력을 빼앗으리라는 위협을 갖게 했다.

유전학적 기원연구, 보다 구체적으로는 〈다양성 프로젝트〉에 대한 참여가 갖고 있는 이러한 여러 잠재적인 문제들을 고려할 때, 잠재적인 연구대상들로 간주된 사람들은 조직가들이 이 프로젝트들이 자신들의 공동체에게도 이득이 될 것이라고 생각한 이유를 이해할 수 없었다. 그들은 자신의 관점에서 납득할 수 없었을 뿐만 아니라 조직가들이 말했던 〈다양성 프로젝트〉의 목표와 이득이라는 관점에서도 마찬가지였다. 예를 들어 1994년 봄에 있었던 회의에 앞서 배포되었던 문서는 〈다양성 프로젝트〉를 제안했던 과학자들이 정의한 연구질문들을 소개하고 있었다. 들리는 말에 따르면 맥아더 회의에 참여했던 사람이 조직가들에게, 프로젝트가 공동체의 질문에 답할 거라고 했지만 지금까지는 과학자들만 질문을 해 왔다는 현실 사이의 간극을 어떻게 화해시켰는지를 질문했다. 북미지역위원회의 대표들은 〈다양성 프로젝트〉는 변화하고 있고 당시에는 표본수집 대상인 인구집단에게 이득이 되는 쟁점들을 찾아내고 있다는 식으로 대응했다. 그들은 건강 관련 이슈를 주요한 사례로 들었다. 예를 들어 북미지역위원회의 어떤 이는 특정한 인구집단에 대한 표본수집이 보다 나은 당뇨병 연구로 이어질 가능성에 대해서 얘기했다. 어떤 사람은 질병연구에서 자연적인 변이를 평가하는 활동의 중요성을 논의했다. 그리고 이 회의에서 어떤 사람들은 이러한 연구에 대한 관심을 표명했고 가능한 건강 상의 이득에 대한 관심을 계속 가지기도 했다. 그러나 여전히 질문은 남아 있다. 〈다양성 프로젝트〉 조직가들이 제안한 연구가 실제로 이러한 이득을 가져올 수 있는가?

이후의 경험들을 보면 의심할 만한 이유가 있었다는 게 분명해진다. 1997년, 한 연구자가 당뇨병 연구에 참여할 수 있는지를 타진하기 위해 어떤 부족을 접촉했다. 그 부족이 이러한 요청에 대해서 추가적으로 문의한 결과, 그런 연구는 존재하지 않는다는 사실이 드러났다(인터뷰 G). 사실, 연구자들은 생물학적다양성보존프로젝트를 위해 조직 표본을 수집하려고 했다. 이런 경험에 비추어서 몇몇 아메리카 원주민들은 연구자들이 그들의 건강에 관심을 가지는지, 그 연구자들이 단지 자신들의 생물학적보존프로젝트를 위해 DNA를 원하는 것인지를 질문하기 시작했다. 이들 아메리카 원주민들은 건강 상의 이득이 있을 거라는 약속을 인구집단을 유혹하기 위해 〈다양성 프로젝트〉의 목표에 덧붙여져 있는 "거짓 희망"으로 간주하기 시작했다(인터뷰 G; 몬태나 현장노트, October 10, 1998).[28]

사실 〈다양성 프로젝트〉의 조직가들 몇몇도 질병연구는 인구집단의 참여를 유인하기 위해서 추가되었고 건강 상의 이득에 대한 약속은 솔직하지 못했을 거라고 인정하고 있다. 이 문제에 대해서 어떤 조직가는 다음과 같이 말했다.

그 때[베테스타 윤리회의]부터, 그래요, 그 쟁점이 심각한 것으로 부각되기 시작했어요 : 진화에 대한 연구냐, 아니면 장기적으로는 의학과 관련이 있는 것인가.…… 당신이 진화를 연구하고 싶다면 가족을 연구할 필요는 없어요.…… 표본크기는 훨씬 작죠. 당신이 질병과 표지자[29] 사이의 연관에 대해

---

28. 일부 아메리카 원주민들은 제약회사들이 질병연구에 관심을 갖고 있는 주요 행위자라는 점을 우려하고 있다. 실제로 제1차 맥아더 회의의 참석자 한 명은 〈다양성 프로젝트〉 연구가 건강이 아니라 부에 대한 것이라는 주장을 했다고 알려진다.

29. [옮긴이] 유전자 표지자는 어떤 개인이나 종족에 고유한 유전자 또는 DNA배열순서이다.

서 관심이 없다면 많은 데이터 포인트들이 필요하지 않아요. 그래서 나는 솔직하게 이 문제에 대해 프로젝트 내부에서 갈등이 있었다고 말하고 싶어요. 당신이 정치적인 이유로 이 사실을 팔아버릴 수도 있지만, 당신이 결과적으로 지불할 수 있는 능력이 있는 규모의 표본크기는 유전자형/표현형 [연구]를 할 만큼 크지 않을 거에요(인터뷰 A4).

다른 말로 하면, 조직가들은 질병연구가 무언가를 공동체에게 되돌려 줄 수 있기 때문에 중요할 수 있다고 생각했지만 이후에 이러한 연구가 자신들이 제안한 연구의 범위를 넘어서는 것이라는 사실도 인식했다. 질병연구는 〈다양성 프로젝트〉가 수집하려는 계획이 없었던 "유전자형/표현형"에 대한 정보와, 조달할 가능성이 거의 없는 [상당한] 규모의 돈을 필요로 했다.[30]

보건연구에 대한 이 사례가 보여 주는 것처럼 프로젝트 조직가들은 진정으로 자신들이 표본을 수집하려고 하는 인구집단에게 이득이 되는 질문들을 제기하기를 원했을 수도 있지만, 인구집단들이 〈다양성 프로젝트〉를 제안하지 않았다는 것은 현실이다. 프로젝트를 제안한 것은 인구유전학자와 분자진화론 생물학자 들이었다. 그러므로 프로젝트가 지지할 수 있었던 질문들이 문제를 제기했던 과학자들의 관심을 반영하고 있다는 것은 놀랄 일이 아니다.

물질적 실천 : 회의

인간의 유전적 다양성에 대한 연구가 연구자뿐만 아니라 인구집단의 관

유전자표지자는 유전병을 유전자 수준에서 연구할 수 있게 한다.
30. 어떤 조직가는 "충분한 수준의 의학연구를 하기 위해서는 각각의 사례에 대해서 〈인간 게놈 프로젝트〉 수준의 비용이 필요하다"라고 인식하고 있었다(인터뷰 B). Mark 1988도 보라.

심을 반영하도록 변화시키기 위해서 〈다양성 프로젝트〉의 여러 조직가들은 수차례에 걸쳐서 인구집단의 구성원들이 연구의제가 형성되는 회의와 토론에 참여해야 한다고 말했다. 그러나 실제로 인간의 유전적 다양성에 대한 연구는 이러한 프로젝트를 만들어 냈던 과학자와 윤리학자의 가치를 지속적으로 체화하고 있었다. 이런 회의들은 변화를 위한 기회를 [소외계층에게] 개방하기보다는 배제와 특권이라는 [과거의] 패턴을 재생산할 조짐이 있었다. 1996년 가을부터 1998년 가을까지 인간의 유전적 다양성 연구에 관한 세 번의 회의에 대한 아래의 설명이 이 문제를 보여 준다.

누구를 위한 문호개방인가

1996년 9월 6일, 제1회 DNA표본수집에 대한 국제회의가 퀘벡 주 몬트리올의 델타호텔에서 열렸다. 이 회의를 조직했던 사람 중 한 명이 이후에 회상했다.

> 회의의 목적은 DNA표본수집에 대해서 누가 무엇을 하는지 알아보려는 것이었어요. 누가 역학연구를 위해서 표본을 수집하는가, 누가 신생아연구를 위해서 표본을 수집하는가, 누가 다양성연구를 위해서 표본을 수집하는가?(인터뷰 H)

앞서 말한 몬트리올 회의의 조직가에 따르면 회의의 목표는 누가 어떤 목적으로 DNA표본수집을 하는지에 대한 "사실들"을 수집하는 것이었다. [그런데] (상업화 같은) "쟁점들"을 토론하는 회의들이 뒤따랐다.[31] [회의에는] 아무나

---

31. "사실들"이라는 언어는 몬트리올 회의의 조직가 중 한 명이 사용한 것이다. 그녀는 "당신은 우선 사실부터 알아야 합니다. 당신은 회의에 올 수도 없고 말을 할 수도 없어요. 표본수집에 대한 제1차 국제회의에요, 표본수집기간에 대한 제1차 국제회의라구요. 표본수집이 무엇인지도 모르면 표본수집이 나쁘다는 말을 할 수 없어요"(인터뷰 H).

"참여해도 좋다"라고 했지만 발언할 수 있는 것은 – 인간의 유전적 다양성 연구에 대한 "사실들"을 알 것이라고 여겨지는 사람들인 – 과학자들뿐이었다.

그러나 이 회의에 참석하려고 했던 토착민단체와 공익단체의 회원들의 경험은 이것이 아니었다. 우연하게도 〈DNA표본수집회의〉가 열렸던 바로 그 날에 유엔 〈생물다양성협약〉Convention on Biological Diversity, CBD에 대한 과학기술자문위원회가 같은 길에서 몇 블록 떨어진 장소에서 끝났다. 토착민단체와 공익단체 회원들은 〈생물다양성협약〉 회의에서 발언을 요청받았지만 같은 길가에 있었던 – 토착민들에게는 동등하거나 또는 더 심각한 쟁점이었던 – DNA표본수집에 대한 회의에는 초대받지 못했다. 명시적으로 초청받은 것은 아니지만 이들 비정부기구 회원들은 자신들의 우려를 전달하기 위해 DNA회의에 참석하려고 했다.[32] 그러나 보안요원들이 그들의 출입을 저지했다. 입구에서 호텔의 보안요원뿐만 아니라 캐나다 연방경찰 및 몬트리올 경찰에 의해서 퇴짜를 맞자 〈퍼스트네이션 총회〉[33], 〈캐나다문화생존〉Cultural Survival Canada, 〈아시아토착민협정〉Asia Indigenous Peoples Pact, 〈아시아 토착 여성 네트워크〉, 〈농업발전재단인터내셔널〉Rural Advancement Foundation International(2001년 〈ETC 그룹〉으로 명칭변경)와 수많은 기타 토착민 단체와 공익단체들은 델타호텔 밖에서 회의 참가자들이 "윤리를 문 앞에 맡겨 놓았다"고 주장하는 시위를 조직했다(Benjamin 1996).

회의 조직위원회는 DNA표본수집에 대한 쟁점은 "어떤 인구집단"과도 관련이 없고 잠재적인 이해관계가 있는 모든 집단을 초청할 수는 없다는 단

---

32. 〈다양성 프로젝트〉를 조직했던 루카 카발리-스포르자가 〈DNA표본수집회의〉에서 발표할 거라는 게 알려지면서 이 회의가 〈생물다양성협약〉 회의에 참석했던 사람들의 관심을 끌었다. DNA회의를 조직했던 사람의 회상에 따르면, 토착민 단체와 공익단체는 "캐나다에 온 〈다양성프로젝트〉"가 생물식민주의를 촉진하고 원주민을 착취할 수도 있다는 주장을 전개했다(인터뷰 H).

33. [옮긴이] 〈퍼스트네이션 총회〉(Assembly of First Nations) : 캐나다 전역의 〈퍼스트네이션〉의 지도자들로 구성된 회의.

순한 이유를 들어 토착민을 초청해서 발언할 기회를 주지 않기로 한 결정을 변호했다(인터뷰 H). 그러나 그녀는 누구나 참석할 수 있고 회의의 청중석에서 발언함으로써 "민주적 권리"를 행사할 수 있어야 한다고 주장했다(Benjamin 1996). 참여를 용이하게 하기 위해서 조직위원회에서는 학생특별할인을 적용한 등록비를 35불에 책정하기도 했다(인터뷰 H).[34]

회의 조직위원회의 변호는 해당 공간에서 매우 다른 경험을 했던 〈생물다양성협약〉에 참여했던 대표자들에게는 진심으로 들리지 않았다. 우선, 그들은 청중석에서 발언할 "민주적 권리"를 거부당했다고 믿었을 뿐만 아니라 등록데스크 앞에 가기도 전에 경찰에 의해 끌려나왔기 때문에 회의에 참가하기 위해 등록비를 지불할 수 있는 "훨씬 낮은 수준의 민주적 권리"를 거부당했다고 진술했다(Benjamin 1996). 둘째, 토착민단체의 대표자들이 회의에서 발언하도록 초대받지 못한 이유를, ─ "이슈" 제기가 아니라 ─ "사실조사" 성격의 회의였기 때문이라고 주장한 것은 노골적으로 역사를 다시 쓰는 것이었다. 만약 조직자들이 주장했던 것처럼 "상업화"가 이러한 "이슈"의 하나였다면 DNA표본수집에 대한 회의는 "이슈"를 제기한 셈이다. 실제로 상업화는 전체세션 6의 주제("상업화와 특허")였다(First International Conference on DNA sampling 1996).

요약하면 몬트리올에서 열렸던 〈DNA표본수집회의〉에 참석하려고 했던 토착민단체와 공익단체들은 회의구조에 대한 조직가들의 변호가, 너무말이 안 될 뿐만 아니라 인간 DNA의 표본수집과 인간의 유전적 다양성연구에 대한 논쟁에서 토착민들이 배제된 방식을 잘 보여 주고 있다고 생각했다. 그들은 회의에 보낸 공개편지를 통해 아래와 같이 비판했다.

---

34. 내가 낸 등록비가 이것이다. 나는 둘째날에 도착했고 회의장에 쉽게 입장했다. 시위의 흔적은 전혀 없었다.

이 회의는 절실히 필요한 공개적인 논쟁과 대중적인 검토를 할 수 있는 기회를 제공할 수 있었다. 그러나 실제로는 DNA표본수집의 가장 주요한 목표인 토착민들은 회의장으로부터 전적으로 배제당했고 **참여**는 인간유전자를 대규모로 수집하고 상업화하려는 사람들로 제한되었다. 결과적으로 "제1차 국제DNA표본수집회의"는 유전체산업이 목표로 하는 사람들[연구대상]의 권리와 안전에 대한 냉담한 무시를 보여 주는 가장 최근의 사례로 그칠 것 같다(Cultural Survival Canada et. al. 1996; 강조는 필자).

인간의 유전적 다양성에 대한 학술회의 조직가들이 말로는 참여적일 것을 주장했지만 연구대상이 될 수도 있는 바로 그 집단을 배제시키려고 했다는 주장들도 비판적 진영에서 제기되었다.

누가 의제를 설정하는가

인간의 유전적 다양성 연구에 대한 논쟁 – 특히 〈다양성 프로젝트〉에 대한 논쟁 – 은 1998년 1월에 점차 커지기 시작하던 원주민과 토착민의 목소리를 배제했다. 〈다양성 프로젝트〉의 조직가들은 같은 달에 스탠퍼드에서 열리고 〈맥아더 재단〉 – 이 재단은 프로젝트 조직가와 원주민들 사이의 대화를 증진하기 위한 회의를 후원했다 – 이 후원한 두 번째 회의에 미국의 아메리카 원주민 부족과 캐나다의 〈퍼스트네이션〉을 초청했다.[35] 그러나 이 회의에서도 다시 과학자와 윤리학자가 의제를 설정했고 원주민들의 명시적인 이득이나 목표에 대해서는 언급하지 않은 채 회의는 교착상태에서 종결되고 말았다.

---

35. 많은 사람들이 〈다양성 프로젝트〉 조직가들이 원주민을 만나는 데 더 많은 노력을 기울이지 않았다고 비판했다. 〈다양성프로젝트〉가 〈맥아더 재단〉으로부터 재정지원을 받은 이유가 바로 이런 노력을 하라는 것이었다는 게 비판의 요지였다. 그들에 따르면 〈다양성프로젝트〉 조직가들은 [구체적인] 프로젝트가 없어서 자주 만나지 못했으며 국립연구위원회의 다양성프로젝트 심사의 결론을 기다리고 있었다고 주장했다. 이 회의는 국립연구위원회의 보고서가 발표되자마자 바로 열렸다.

이 회의가 끝나고 참석자들 중 몇몇은 〈다양성 프로젝트〉를 자신의 영토 내에서 논의하기 위해서 독자적인 회의를 조직할 필요가 있다고 결정했다. 1998년 10월 몬타나의 플랫헤드보호구역에서 열렸던 후속회의의 조직가들은 〈다양성 프로젝트 북미지역위원회〉 사람들을 초청했다. 그러나 북미지역위원회는 이 회의가 "편향되어 있다"는 이유로 초청을 거부했다. 특히, 지역위원회 위원장은 회의 이름 ─ "유전학 연구와 원주민 : 생물해적질을 통한 식민주의" ─ 에 "식민주의"와 "생물해적질"이라는 단어를 사용하는 것에 반대했다. 스탠퍼드 회의에 참가했고 이번 회의의 공동주최자인 살리쉬 쿠테나이 대학의 수학 및 과학 대학 학장인 주디 고버트는 아래와 같이 답했다.

> 회의 주제인 "생물해적질을 통한 식민주의"에 대해서 말하자면, 나는 그것을 바꿀 수 없었다. 나는 부족 지도부에게 다른 주제를 선정해야 한다고 강력히 제안했다. 그들은 요지부동으로 이 주제를 유지하려고 했다. 그들의 입장은 부족사람들이 〈인간 게놈 다양성 프로젝트〉, 〈환경 게놈 프로젝트〉, 그리고 기타 프로젝트 같은 연구에 참여해야 하는 이유로 "세계를 위해서", 또는 "지식추구"의 이상을 제시해야 한다는 것이었다. 이 사람들이 우리가 표본을 수집하려고 하는 바로 그 사람들이라는 점을 고려할 때, 나는 그들과 의미론에 대한 논쟁을 할 의지는 없다. 부족들은 그들이 미국에 최초로 상륙했을 때부터 착취당했다는 생각이 매우 강하다. 이 프로젝트를 아는 사람들이라면 누구나 이건 연구자들에게 좋은 일이지, 부족민들을 위한 일이 아니라고 생각한다. 어쨌거나 당신이 부족 지도자들 앞에서 당신의 주장을 말하기를 두려워하면, 오지 말아야 한다. 당신의 프로젝트가 "인종주의를 끝내는" 방법이고[36] 당신 연구의 타당성에 대해서 잘 알고 있다면, 당신의 입장을 떳떳하게 밝혀라(Gobert 1998).

---

36. [옮긴이] 〈다양성 프로젝트〉를 통해서 인종주의가 극복될 수 있을 거라는 믿음이 존재했다.

국립보건원 〈환경 게놈 프로젝트〉의 대표는 인간의 유전적 변이에 관련된 국립보건원의 다른 프로그램 책임자와 함께 참여했지만 〈다양성 프로젝트〉에서는 아무도 몬태나 회의에 참여하지 않았다. 과거 프로젝트 조직가들은 자신의 프로젝트가 인종주의와 반인종주의의 역사와 관련이 될 수도 있다는 사실을 인정하기를 거부했다.

주체성과 주체화

표본수집 권고대상에 포함된 집단의 구성원들에게 이들 회의는 연구자들과 생명윤리학자들이 대화에 참여하기 위한 조건들을 이미 설정해 놓았다는 걸 보여 주는 명백한 사례였다. 집단 구성원들의 "참여"를 증진시키려 노력하고 있다고는 했지만, 규칙을 설정하고 과학연구를 설계하고 규제하는 틀이 되는 바로 그 공간에 대한 접근을 거부하는 과거의 모습이 여전히 계속되었다. 이런 모습은 과학연구를 형성하는 과정에서 새로운 유형의 입구를 허용하려는 게 아니었다. 따라서 많은 사람들은 〈다양성 프로젝트〉 조직가들과의 "파트너십"을 시작하자는 제안을 상당히 회의적으로 바라보았다. 사람들은 이런 노력이 공동체의 필요를 제기하는 정직한 노력이라기 보다는 차별철폐의 논리와 "제도화된 대표의 현시顯示"해야 하는 시대적인 필요 때문에 표본수집과정을 정당화하려는 것에 불과하다는 의혹을 제기했다(Amit-Talai and Knowles 1996:99). 실제로 이러한 두려움은 근거없는 것이 아니었다. 프로젝트 조직가들은 〈맥아더 재단〉이 원주민과 토착민 공동체에 자문을 구해야 프로젝트에 지원을 하겠다고 말한 이후에야 잠재적 연구대상들과의 제1회 회의를 준비했다(Reardon 2004). 이를 포함해서 다른 사례에서도 프로젝트 조직가들이 연구목적상 표본을 수집하고 싶은 집단들의 "목소리들"을 들었다는 사실을 입증할 필요가 있었다는 점은 분명하다.

이렇게 제도적으로, 대표라는 절차를 요구하는 관습은 형식주의의 유령을 불러낸다. 스탠퍼드 회의에 참여했던 사람이 설명하길,

내가 말하려고 하는 문제의 하나가 바로 형식주의다. 우리가 우리들 인디언들과 이야기했다고 말하기는 쉽다. 그래서 우리는 우리들의 일로 넘어가려고 한다. 질문은 '당신이 어떤 사람과 말한다는 게 무엇을 의미하고 그들은 무슨 권위로 어떤 사람들을 대신해서 발언하는가?'이다(인터뷰 J).

또는 토착민 권리운동가가 관찰했던 것처럼, 당신[대표자]가 〈다양성 프로젝트〉 조직가들에게 말을 걸면 "삼투작용을 통해 당신이 [그 프로젝트를] 돕는 것이다"(인터뷰 K). 형식주의의 문제는 집단을 대표하도록 요청받은 사람들에게 딜레마를 불러 일으킨다. 사람들은 〈다양성 프로젝트〉에서 어떤 일을 하고 있는지 알고 싶어 하지만 조직가들과 대화를 하게 되면 프로젝트에 정당성을 부여할 우려가 있었다. 이 문제를 다루는 방법으로 어떤 토착민 권리운동가는 〈다양성 프로젝트〉 조직가의 점심식사 초대에는 종종 응했다고 말했다. 그는 어떤 일이 일어나고 있는지에 대해서 놓치지 않을 정도로만 관계를 유지하려고 했다.

미국의 원주민 부족들과 캐나다 〈퍼스트네이션〉의 사람들만 〈다양성 프로젝트〉 조직가들이 "대표"하는 목소리를 구성해 내는 것에 대해서 우려를 드러냈던 게 아니다. "아메리카 원주민" 공동체를 대표해서 발언해 달라는 요청을 받은 사람들과 마찬가지로 "아프리카계 미국인"을 대표해서 발언할 것을 요청받은 사람들은, 조직가들이, 전략적으로 프로젝트에 대한 "아프리카계 미국인의 발언"을 구성해 내려는 게 아닌가라는 두려움을 갖고 있었다. 이런 우려는 1994년 1월 워싱턴에서 『아프리카계 미국인들에 대한 유전체연구에 대한 선언문』(이하 『선언』)의 초안을 작성하기 위해 아프리카계 미국인 사회과학 및 생물학자들로 구성된 콘소시엄이 모임을 가졌을 때에 공

론화되었다(Jackson 1998). 콘소시엄의 연구자들은 관련된 여러 사안들 중에서도 과테말라에서 열렸던 1993년 〈세계 토착민 위원회〉World Council of Indigenous Peoples에서 퍼져나가기 시작한 에피소드를 비롯해서 〈다양성 프로젝트〉의 다양한 부정적인 경험에 대응하려고 했다. 이 회의[1993년 회의]에서 북미지역위원회 윤리위원장인 헨리 그릴리가, 아프리카계 미국인은 〈다양성 프로젝트〉를 지지한다고 말했다고 전해진다. 이 프로젝트에 대한 아프리카계 미국인 과학자들의 비판에 대해, 『선언』의 필자들은 그릴리의 발언은 인종적 소수집단과 토착민들의 지지를 만들어 내려는 의도가 깔린 정치적 진술에 불과하다고 해석했다.[37] 그들은 아프리카계 미국인들이 유전체혁명에서 공정하게 대표되지 않을 것이라는 우려가 "행크 그릴리(스탠퍼드대학교)가 퀘첼테난고의 세계토착민위원회에서 그릇되게 재현한 유전체연구에 대한 아프리카계 미국인들의 이해관계"에서 기인한다고 결론 내렸다.

　요약하면, 잠재적인 연구대상들은 〈다양성 프로젝트〉의 조직가들이 그들을 프로젝트의 설계 및 감독과정에 포함시키려 하지 않았다고 비판한 것이 아니다. 그들은 포함의 양식을 문제삼았다. [포함시키려는] 노력은 프로젝트를 끌고나가는 다수의 과학적 질문들이 결정된 이후에야 시작되었고 포함을 〈다양성 프로젝트〉 조직가들이 통제할 수 있는 자원을 활용하는 조건에서만 허용했으며(예를 들어, 〈맥아더 재단〉의 자금지원), 프로젝트를 정당화하는 쪽으로 이미 방향이 설정된 것처럼 보였다. 결과적으로 참여적 주체를 만들기 위한 과정이 도리어 권력을 갖고 있지 못한 집단의 대상화와 주변화를 심화시키는 결과를 빚게 될 것이라는 여러 사람의 우려를 자아냈다.

---

37. 만약 조직가들이 〈다양성 프로젝트〉가 아프리카계 미국인들 ─ 지배적인 권력구조에서 반대편에 있는 지위를 차지하고 있다고 미국 외부의 많은 사람들에 의해 인식된 ─ 의 지지를 얻었다고 주장할 수 있다면 이 프로젝트는 토착민들의 구미에도 맞을 것이라고 『선언』을 조직한 사람들은 설명했다(『선언』 필자와의 인터뷰, 1999).

결론

연구대상을 연구의 설계 및 규제에 포함시키려는 노력이 존중할 만한 약속임에도 불구하고 이 장에서는 이러한 노력들을 선험적으로 선**이라거나 순수한 행위로 간주할 수는 없음을 보여 주고 있다. 오히려 이런 노력들이 과학자와 일반인의 간극을 극복할 수 있고 사회정의라는 목표를 증진시킬 수 있는가라는 질문은 참여의 구조들이 주체를 구성하고 특정한 권력관계를 표출하는 역할에 보다 민감한 절차적 선택을 하는 것에 달려 있다. 〈다양성 프로젝트〉 사례는 [앞으로] 어떻게 해야 하는지에 대해서 가치 있는 교훈을 주고 있다.

우선, 연구자들이 연구대상의 이해관계와 목표를 반영하는 프로젝트를 만들어 내려면 연구에 대한 재정지원이 이루어지기 전에 대상들이 그 과정에 포함되어야 한다. 특히, 대상들은 연구절차뿐만 아니라 연구의 우선순위를 결정하는 정책과정에 참여할 필요가 있다. 다른 학자들은 이 영역에서의 일반인들의 참여결핍을 지적해 왔다(Brown et. al. forthcoming : 37). 〈다양성 프로젝트〉 사례는 의제가 형성되고 제도적인 후원을 얻어내는 회의와 정책적 상황에서 연구주체의 참여가 결여되면서 야기되는 문제들을 잘 보여 주고 있다.

둘째, 연구자들이 제도화된 인종주의와 식민주의의 역사 및 현실에 대해서 무감각했다는 것을 드러내는 방식으로 참여를 이끌어 내려다 보면, 바로 이러한 억압의 역사와 현재의 구조 속에서 자신들의 삶이 형성되고 있는 주체들과의 파트너십을 만들어 내려는 노력이 오히려 평가절하될 뿐이다. 연구자들은 자신들이 파트너로 삼고 싶은 사람들이 표출한 이해관계와 우려를 기꺼이 정당한 것으로 수용하고 그것으로부터 배울 수 있어야만 한다. 구조적으로 사회적인 혜택을 받지 못한 집단의 경우, 차별과 인종주의가 객관성 주장으로는 해소될 수 없는 매우 중요한 쟁점이 될 수 있다는 것에 대해서 연구자들이 놀라서는 안 된다. 〈다양성 프로젝트〉 논쟁에서 조직가들은 회의가 편향되었다는 이유로 몬태나의 플랫헤드보존지역에서 열렸던 회의에 참석하기를 거부했다. 이는 과학자와 연구대상과의 단절에 한층 깊은 쐐기를 박아넣고 말았다.

셋째, 권력을 갖지 못한 집단들의 목소리를 듣고 그것으로부터 배울 수 있는 능력은 연구자들의 선의에서 자연스럽게 비롯될 수는 없다. 이보다는 이런 집단들이 설계한 회의에 대해서 제도적인 지원을 하고 〈다양성 프로젝트〉 같은 프로젝트 조직가들이 참가하도록 장려하는 정책이 필요하다. 보다 근본적으로는 연구자들이 인간의 유전적 다양성에 대한 연구를 수행할 때에 필요한 "지식"이 무엇인가에 대한 자신들의 개념을 확대해야 한다. 유전학자들은 자신들을 다양한 사람들이 과학적인 질문을 위해 필요한 지식에 접근할 수 있도록 허가해 주는 문지기라고 생각하기보다는, 잠재적인 연구대상들이 지식이 형성되는 바로 그 공간에서 역할을 하고, 그들이 과학자들을 교육할 수 있다는 사실을 인식하는 편이 현명한 태도이다. 〈다양성 프로젝트〉는 지식생산의 실천이 연구대상의 정체성을 구성하는 "되먹임"loop back의 방식을 부각시켰다. 이로부터 유사한 연구프로그램은 지식과 주체형성의 뒤엉킴entanglement을 드러내는 제도적 틀로부터 도움을 받을 수 있다(Hacking 1999).

마지막으로 연구자들이 자신의 연구를 충분히 잘 설명하기만 한다면 연구자들과 그들의 연구대상 모두에게 흥미로운 질문을 찾아낼 수 있을 것이라고 가정해서는 안 된다. 이런 의미에서의 참여는 선험적으로 모두에게 높게 평가되는 선이 아니다. 오히려 참여는 오랫동안 존재했던 것, 즉 무엇이 지식, 민주주의, 가치 있는 인간의 삶으로 간주되는가를 형성하는 거버넌스의 기술a technique of governance로 남아 있을 것이다.

14장

과학에서의 합의와 투표

〈아실로마〉에서 〈국가독성학프로그램〉까지

데이비드 H. 거스턴

"중력 법칙을 폐지하는 투표를 할 수는 없다!" 이런 언급은 과학이 보다 민주적인 요구에 열려 있어야 한다는 요청에 대해 기성과학제도scientific establishment의 옹호자들이 맞서 싸울 때에 활용하는 카드다. 이러한 표현은 특정한 과학적 진리는 민주주의 정치의 집합의지와 독립적으로 존재한다는 의미이다. 갈릴레오처럼 정치적 권위나 기독교의 권위를 완강하게 거부했던 사람들이 공유하고 있는 역사나 알프레드 베게너(대륙이동설)나 스탠리 프루즈너(프리온 가설)처럼 공고한 기존의 과학적 의견에 대해서 종국에는 승리를 거두었던, 끈질겼지만 외로운 목소리들과 더불어 투표가 효과적이지 않다는 주장은 과학과 정치가 필연적으로 충돌할 수밖에 없는 이유를 제기하고 있다. 투표가 민주주의에는 적합하지만 과학을 위해서는 부적합하다는 생각은 일시적인transience 민중주권popular sovereignty이 누적적 지식의 피할 수 없는 견고함 앞에서는 굴복해야만 한다는 믿음을 뒷받침한다.

이런 주장은 특정한 의미에서는 진실일 수도 있겠지만 과학 관련 투표 행위가 갖고 있는 상당한 다양성이나 심지어 이러한 투표행위의 필요성을 무시하는 셈이다. 투표는 과학이 무엇을 하고, 누가 그것을 수행하며, 무엇이 지식으로 인정되는지를 결정하는 절차로 널리 활용되고 있다. 통상적으로 투표는 미국 의회처럼 정치적이라고 정의되는 공간에서 이루어진다. 이런 공간에서는 어떤 연구에 자원을 배분할 것인가, 그리고 어떤 지식이 생산될 것인지를 투표로 결정한다. 초전도초대형입자가속기[1]에 대한 지원을 중단하는 투표를 할 때에도 의회는 대통일장이론[2]으로 향하는 경로에 대해서 여전히 무지했다. 한푼 아끼려다 열냥 잃는 식이라거나 반과학적이라는 비판에 종종 직면하곤 했지만 과학에 대한 지원 여부를 결정할 수 있는 의회의 합법적인 투표권은 좀처럼 문제가 되지 않았다.

전통적으로 과학적이라고 정의된 여러 영역들에서도 입법부에서처럼 개인들의 견해를 집계해야 할 때가 있다. 예를 들어 연구비 제안서나 논문의 심사위원들은 제한된 자원 ― 예산이나 저널의 지면 ― 이 특정한 프로젝트에 할애되어야 하는지를 표결로 결정한다. 분명히 이 과정이 국민투표는 아니다. 동료심사위원들의 투표결과는 대개 재정후원기관이나 편집인들에게 공식적인 구속력을 주는 것은 아니며 [투표와 함께 제출된] 심사평을 통해 "좋아요", "아닌데" 또는 "기권"보다 풍부한 정보를 전달한다. 그러나 아리 립(2003, 391)이 파악했던 것처럼 동료심사는 개개인들의 관점을 편집해서 어떤 공동체 전체의 인지된 목소리로 만들어 내는 "계수기"計數器로 작동하고 있다. 이 과정에서 채택된 절차와 기준들은 ― 계수기의 속도를 조절하는 탈진기脫盡機 역할을 한다 ― 누가 연구를 수행할 수 있는 특권을 가진 과학적 권위를 보유하고 있는

---

1. [옮긴이] 텍사스 주에 건설예정이었던 강입자가속기로 계획 당시에는 세계 최대 규모인 둘레 87.1km로 설계되었다. 설계 중이던 1980년대부터 의회에서 논쟁이 되었지만, 20억 달러를 이미 투자한 이후 1993년 10월 공식적으로 중단되었다.
2. [옮긴이] 입자물리학에서 기본입자 사이에 작용하는 모든 힘의 형태와 상호관계를 장이론을 중심으로 하나로 통합하려는 이론. 1974년 미국의 하워드 조지(Howard Georgi)와 셸던 글래쇼(Sheldon Glashow)에 의해 전자기력, 강력(기본입자인 쿼크 3개를 연결하여 양성자나 중성자를 만드는 힘), 약력(하나의 입자를 다른 종류의 입자로 바꾸는 힘)을 통일하는 이론이 발표되었다.

지, 그리고 과학을 위해 발언하려고 하는 사람들이 그들의 견해를 어떻게 취합해야 할지를 중재하도록 함으로써 과학의 내용에 영향을 미친다. 따라서 투표는, 우리가 과학공동체 내의 의사결정과 앞으로 살펴볼 과학과 정치 사이에서 이루어지는 의사결정에 대해서 관심이 있다면 눈길을 끌 만한 절차적 요소들 중의 하나이다.

이 장은 과학에서 투표의 역할과, 보다 친숙한 개념인 합의 개념과 투표 사이의 관계에 대한 예비적 검토이다. 내가 제기하는 핵심적인 주장은 과학적 합의에 대한 단순한 관점은 대중들이 과학이 기여하기를 바라는 여러 역할들, 특히 정책에 정보를 제공하는 역할에 적절하지 않다는 것이다. 대신, 투표와 여타의 절차적 요소들은 과학이 사람들을 계몽하는 기원으로 작동하거나 정책을 정당화하려고 할 때에 결정적인 중요성을 갖는다. 투표의 이러한 역할을 옹호하게 되면 정치와 과학이 긴밀하게 통합되어 있다는 것을 함축하기 때문에 논쟁적일 수 있다. 어떤 의미에서 과학적 합의는 과학자들에게만 맡겨두기에는 너무 중요하다고 말하는 셈이다.

이런 주장까지 도달하기 위해 첫 번째 절에서는 투표에 대한 논의를 정당화하는, 다시 말해 무엇이 과학에서의 "사회적 선택"으로 도입되어야 하는지에 대한 논의를 간략하게 전개한다. 두 번째 절에서는 합의consensus가 적절한 개념이 아닌 이유와 투표에 대한 토론이 필수적인 이유를 설명하기 위해 기존의 논의들을 선별적으로 개관하고 있다. 세 번째 절에서는 과학에서의 사회적 선택 기제의 하나로서 투표가 활용될 수 있는 가능성에 대해 보다 상세하게 묘사하고 있다. 여기에서는 재조합DNA의 위험에 대한 〈아실로마 회의〉와 〈국가독성학프로그램〉에서 발간한 『발암물질보고서』를 과학에서의 투표에 대한 두 가지 사례로 다룬다. 이러한 사례들은 투표가 의사결정에서 행하는 결정적인 역할을 부각시킬 뿐만 아니라 투표에 대한 보다 공식적인 고려가 보다 민주적인 결과outcome로 이어질 수 있다는 것을 보여 주고 있다. 결론에서는 투표와 같은 절차적인 규칙에 확고하게 착근되어 있지 않은 과학적 합의에 대한 개념이라면 포기하는 게 차라리 가치 있을 수도 있는 이유에 대해 논의하고 있다.

과학에서의 사회적 선택

정치학이나 사회이론에서 "사회적 선택"이라는 개념은 개인들의 선호를 집단이나 "사회적" 표현 또는 "선택"으로 취합하는 일을 의미한다. 투표는 어떤 국가의 시민들이 선호를 표시하는 사회적 선택의 사례로 누가 그 정체ᵖᵒˡⁱᵗʸ, polity를 통치해야 하는가라는 문제에 대한 결정을 내리는 방식의 하나이다. 사회적 선택의 두 번째 사례로는 소비자들이 재화와 서비스에 대한 수요의 형태로 선호를 드러내는 시장을 들 수 있다. 이상적으로 잘 정의된 규칙에 따라 작동하는 시장에서는 수요와 공급 사이의 균형이 이루어지고 재화와 서비스는 효율적으로 분배된다. 경제학자 케네스 애로우(1963)는 투표와 시장은 현대 자본주의적 (자유)민주주의에서의 사회적 선택이 갖는 두 가지 주요 형태라고 주장했다. 여전히 비민주주의적인 사회나, 자유민주주의 내에서도 자유주의적이지 않은 하위체계에는 독재나 관습적인 의사결정이 존재할지라도 투표와 시장은 대부분의 공적인 목적을 위해서는 독재나 관습 (또는 전통) 같은 다른 사회적 방식을 압도하고 있다.

과학은 대부분의 민주주의 국가들 – 다른 형태의 국가들에서도 마찬가지이다 – 내부 또는 국가들 간에 있는 매우 중요한 하위체계이다. 사회적 선택은 과학 내에서도 일어나는가, 만약 그렇다면 어떤 형태인가?

과학자들의 견해는 시민들의 정치적 의견이나 소비자들의 선호와는 근본적으로 다르기 때문에 과학에서 "선택"이라는 개념은 말도 안 된다는 입장이 있다. 과학적 견해, 정치적 의견, 소비자 선호 사이의 유사성과 차이점에 대한 충분한 분석은 이 절의 범위를 넘어서지만 적어도 다음과 같은 사항들은 시사점이 있다. 만약 과학이 정치적 의견이나 소비자 선호와는 다르다면, 그것은 과학자들이, 시민들이 의견을 갖거나 소비자들이 선호를 갖도록 강제되는 것과는 매우 상이한 방식으로 견해를 갖도록 자연에 의해 강제되기 때문일 수도 있다. 이런 관점은 과학에 대한 매우 많은 사회적 연구가 제시한 바에 따르면(Jasanoff et. al. 1995), 과학적 견해가 자연으로부터 직접적으로 강제되기보다는 여러 다양한 요소들에 의해 (예를 들면 물질적, 사회적, 심리학적, 이데올로기적으로) 구성된다는 점을 고려하면 오도된 것이다. 과학적 견해는 정치적 의견이나 상업적인 선호를 구성하는 것과 동일한 요소들에 의해 만들어진다.

뿐만 아니라 시민들이 견지하는 정치적인 견해나 소비자들의 선호보다 과학자들이 자신들의 입장에 대해서 확신을 갖고 있다고 볼 수는 없다. 정치적 견해를 둘러싼 갈등, 그리고 소비자의 선호를 둘러싼 갈등도 합의를 원하지 않는 사람들에 의한 폭력이나 공격적인 행동을 유발할 수도 있다. 과학자들 역시 "입장을 바꾸기보다는 싸우려고" 할 수도 있지만 다행히도 자신들의 과학적 견해에 대해서 은유적으로 싸우는 경우 이외에는 싸우기를 요구받는 경우는 별로 없다는 점은 행운이다(가장 혹독한 체제의 과학자들은 예외이다). 과학자 개인이 시민이나 소비자들과는 달리 그들에 대한 사회적 선택의 작동으로부터 면제된 채로 자신들의 견해를 갖는다고 단정적으로 말할 수 없다. 소비자들의 선호는 광고에 의해서 형성될 수도 있지만 경험, 시험, 평가에 의해서 구성될 수도 있다. 정치적 견해도 이데올로기에 의해 만들어질 수도 있지만 분석, 토론, 숙의에 의해서도 형성될 수 있다.

마지막으로 과학자들의 견해들도 동일하지 않다. 그들의 견해가 자연에 의해서 강제된다면 동일할 것이라고 기대할 수도 있겠지만 말이다. 로버트 달(1989)이 중요하게 논의했던 것처럼 잘 훈련받은 기술관료들 집단이라도 어떤 쟁점에 대해서는 의견이 일치하지 않을 수 있다. 이는 자신들의 전문분야 내에서도 발생할 수 있는 일이다. 이런 상황에서는 사회적 선택을 위한 절차가 필요하게 되곤 한다.

과학자들의 견해가 정치적 의견이나 소비자들의 선호와 다르기 때문에 사회적 선택과정에서 배제해야 할 만큼 본질적으로 특수하지는 않다는 게 합리적인 결론이다. 만약 우리가 과학에서의 사회적 선택에 대해 생각하는 것이 정당화된다면 어떤 유형의 사회적 선택을 발견할 수 있는가?

과학자 사회scientific community에 대한 가장 저명한 설명인 마이클 폴라니의 「과학공화국 : 정치경제적 이론」The Republic of Science : Its Political and Economic Theory에서는 과학자들 사이의 사회적 선택 기제로서 자유경쟁시장3 같은 상호조정에 대해서 언급하고 있다. 폴라니(467)는 "시장의 조정기능은 상호조정의 특수한 경우에 불과하다. 시장에서의 상호조정이 현재의 교환비율을 널리 알려서 수요와 공급을 일치시키는 가격체계에 의해서 매개되는 것이라면, 과학에서 조정은 다른 과학자들이 발표한 결과에 주목함으로써 이루어진다." 이런 주장은 ─ 폴라니가 조합된 직소퍼즐로 유비한 ─ 과학적 합의는 과학자 개인들의 이러한 상호조정에 따른 균형의 산물이라는 결론으로 이어진다.

그러나 폴라니가 말하는 과학에서의 상호조정 모델은 과학을 경제에 유비하지만 어떻게 유사한지에 대해서는 충분한 설명을 하고 있지 못하다. 앞에서 요약한 그의 논의에서는 과학적 발견을 발표하는 학술지의 존재를 가정하고 있다. 과학도 상호작용의 전제 조건을 위해서는 시장에서의 기업과 유사한 제도가 필요하다. 과학기술학 분야에서는 이러한 기업과 유사한 제도에 대해서 라투르와 울가(1976)는 학술지와 연구후원자가 등록된 "신뢰성 회로"credibility cycle를 제시했고 립(1994)은 연구회research council를 들었다.

학술지나 연구회들은 상호조정에 의해서 작동하기 보다는 앞서 제안된 것처럼 투표 등의 "집계장치"aggregation machines에 의해서 작동한다. 투표와 같

---

3. [옮긴이] 원문에는 free economic market으로 되어 있지만, '자유경쟁시장'으로 번역한다.

은 절차가 요구되는 집계가 필요한 상황에 대한 짧은 목록을 들어 보면 다음
과 같다:연구집단 내에서의 비공식적인 의사결정(예를 들어 또 다른 실험을
해 볼 것인가에 대한 결정), 박사과정 논문제출자격시험을 통과시킬 것인가에
서부터 학과의 테뉴어 심사[4]에 이르는 인사와 관련된 의사결정, 연구비, 상, 명
예회원 같은 권위의 배분, 몇몇 과학기술자문위원회의 운영 등이 있다.

　　물론 이런 활동들이 폴라니의 직소퍼즐의 영향을 제한시킬 수도 있다.
그러나 이러한 의사결정 방식은 〈아실로마〉 사례에서처럼 공식적인 절차로
간주되지 않았을 때에도 영향력이 있었으며, 〈국가독성학프로그램〉이 보여
주는 것처럼 [공식적으로] 인정될 만큼 영향력이 있다. 이 절에서는 과학에서
사회적 선택과 투표에 대해서 고려해야 한다는 것까지만 얘기했지만 이런
활동이 필수적이라는 암시를 하고 있다. 그것이 필수적인 이유에 대해서는
다음 절에서 보다 심도 있게 다루겠다.

합의와 합의형성

합의의 가치

　　과학적 합의는 과학을 연구대상으로 삼는 학계에서나 과학을 도구적이
고 이데올로기적 자원으로 활용하는 정치에서나 쉽사리 잡히지 않는 주제
다. [과학적 합의의] 정의를 둘러싼 토론을 너무 끌지 않기 위해서 앞 절에서부
터 나는 과학적 합의를 다소 직관적으로 폴라니의 직소퍼즐이 다 맞추어진
상태로 한정했다.[5] 이 절에서 나는 과학에서의 합의에 대한 여러 가지 생각

---

4. [옮긴이] 테뉴어 심사:교수 종신고용 심사. 미국의 대학에서 조교수(assistant professor)에
　서 부교수(associate professor)로 승진하는 단계의 심사로 이 심사에서 통과하면 종신고용
　이 보장된다.
5. [옮긴이] 이후에 나오는 결과로서의 합의와 과정으로서의 합의의 구분에 대한 표현으로, 결

들에 대해서 일화逸話적으로 접근할 것이다. 그러나 개별 일화들은 투표 같은 절차에 대한 논의를 합의에 포함해야 한다는 것을 보여 주고 있다.

과학적 합의를 완성된 직소퍼즐로 간주하는 아이디어가 가치 있는 이유로 "내적" 요인과 "외적" 요인을 들 수 있다. 토마스 쿤(1977 : 231~232)에 따르면 과학적 합의의 내적 가치는 어떤 분과학문 내에서 진보를 촉진할 수 있게 만드는 발전과정의 전환점이다. 특정한 세계관을 갖고 있는 과학자들이 미지의 것을 함께 밝혀내는 데에 집중하도록 함으로써 합의는 과학자들이 이미 알고 있는 것을 문제삼는 비생산적인 활동을 하지 않도록 한다. 학술지, 연구비 지원기관, 대학의 학과 같은 조직들은 ― 설령 선의에서 비롯되었을지라도 ― 이를 거부하는 개인들에게 자원배분을 중단하는 방식으로 합의를 강제한다. 학술지, 후원자, 학과들은 이런 결정을 내리기 위해 투표를 활용하곤 한다.

과학적 합의의 외적 가치는 과학적 합의에 근거를 두려고 하는 입법부, 행정부, 사법부의 일련의 판단들에서 명백하다. 1958년 개정된 〈식품첨가물 수정안〉에서는 식품첨가물의 역사와 사용에 대한 합의를 성문화하기 위해서 "일반적으로 안전하다고 인식되는" GRAS, generally recognized as safe이라는 범주를 만들었다(Jasanoff 1990 : 218~222를 보라). 미국 대법원은 1993년 도버트 소송[6]에서 법정에서 수용가능한 전문가 증언에 대한 기준을 제시했다. 이 때에 어떤 주장이 "관련된 과학자 사회 내에서 일반적으로 수용"되는가는 판사가 배심원들에게 제시가능한 전문가 증언 여부를 판단하는 데에 사용할 수 있는 하나의 기준이다.[7]

과로서의 합의를 말한다.

6. [옮긴이] 법정에서 수용가능한 전문가 증언에 대한 기준을 제시했다. 이때 어떤 주장이 "관련된 과학자 사회 내에서 일반적으로 수용"되는가는 판사가 배심원들에게 제시가능한 전문가 증언 여부를 판단하는 데에 사용할 수 있는 하나의 기준이다.

7. 프라이와 미국 정부(Fry v. the United States) 소송(1923)에서 연방대법원은 전문가 증언을 인정하는 유일한 기준으로 관련된 과학자 공동체 내에서 일반적으로 수용되어야 한다

과학정책에 대한 연구는 과학자 사회의 구성원인지 여부, 책임범위, 기타 경계구분을 결정하는 서술어 – 과학자 사회는 합의를 통해 의사결정을 내린다 – 로 합의를 정의하고 있다. 정치학자인 야론 에즈라히(1980)는 과학자 사회 및 정치인 공동체 내에서 합의가 있는지 없는지에 따라 과학자들이 정치인들에게 제공하는 자문의 유형이 달라진다고 주장했다. [에즈라히에 따르면] 과학적인 합의는 있지만 정치적인 합의가 없는 경우에 과학자들은 서로 다른 선택지에 대한 일종의 기술영향평가에 참여해야만 한다. 반면, 정치적 합의는 있지만 과학적 합의가 없을 때에는 대신 동의의 정도와 동의하지 못하는 이유를 구체적으로 적시해야 한다.[8]

그러나 과학적 동의를 도구적으로 정의하려는 이러한 제안들은 관련된 과학자 공동체를 구획하는 방식이나 과학자 공동체의 동의 수준, 일반적인 수용, 논조 등을 관찰하는 방식에 대해서 단순한 해결책을 가정하고 있었다. 도구적인 과학적 합의에 따른 성과는 폴라니의 은유가 갖고 있는 정치적 측면에 대한 고찰을 통해서 "과학공화국"이 시민권의 본질을 구체화하는 데 실패하고 있다고 지적한 리차드 바크(2003)의 논의에 부합한다. 그리고 보다 중요하게는 [과학공화국의] 내가 관심을 갖고 있는 다수결에 대한 존중이 없다. 합의가 과학자와 정책결정자들이 합리적으로 결론을 내릴 수 있는 데 중요한 자원이 되기 위해서는 합의를 구분하고 정의하는 절차가 필수적이다.

(general acceptance within the relevant scientific community)는 프라이 규칙을 제정했다. 대법원은 1975년 의회에서 통과된 연방증거규칙(the Federal Rules of Evidence)을 따르기보다는 [새로운] 도버트(Daubert) 규칙을 적용했다. [연방증거규칙은 과학자가 아닌 전문가들도 법정에서 증언을 할 수 있도록 하고, 판사들에게 이들을 임명할 수 있는 권한을 부여했다. 즉, 프라이 규칙이 과학계의 합의를 강조했던 과학계의 요구를 수용한 것이라면, 연방증거규칙은 판사에게 권한을 부여한 것이다. 이런 상황에서 도버트 규칙은 보다 정교한 설명을 통해서 프라이 규칙과 연방증거규칙을 절충하려 했다. – 옮긴이]. 법정에서의 전문성이 어떻게 구성되는가에 대해서는 재서노프(1995)를 참고하라.

8. 에즈라히는 콜링리지와 리브(1980)가 제기했던, 과학적 동의와 정치적 동의가 서로 영향을 준다는 복잡한 설명을 회피하고 있다.

물론 투표가 이러한 구분을 내리는 것은 아니지만 합의가 필요하다는 사실을 명확하게 하고 이런 합의를 고려하는 실질적인 조건을 촉진한다. 뿐만 아니라 투표는 동의 수준을 정의한다.

결과와 과정

일반적인 용어로 말할 때, "합의"에는 두 가지 주요한 의미가 있다. "그 집단의 합의는 제안에 반대하는 것이다"는 표현은 "그 집단은 합의에 의해 운영된다"와는 다르다. 나는 지금까지 폴라니의 직소퍼즐을 전자에 대한 대리물로 이용해 왔다. "과학자 공동체의 합의는 직소퍼즐이 완성되면 N이 나타나는 것이다." 나는 이것을 "결과물로서의 합의"라고 부른다. 후자는 어떻게 어떤 집단이 결과물 그 자체가 아니라 결과물에 도달하는지에 대한 운영절차를 의미한다. 이런 "과정으로서의 합의"는 숙의과정이 개입할 것을 함축하고 있다. 그러나 합의가 정확히 결과물을 말하는지 아니면 절차를 말하는지는 집단의 규모와 속성에 따라 대체로 좌우된다. 사회학자인 제임스 콜맨(1990:857)의 정의에 따르면, 구성원들 간에 사회관계의 밀도가 높은 소규모 집단에서 합의는 모든 구성원이 명시적인 투표절차 없이 합의에 이르는 것을 의미하고, 집단의 어느 구성원들도 반대를 계속하지 않을 때에 합의에 도달했다고 인식된다. 따라서 합의는 의사결정이나 종결의 규칙을 함축하기도 한다. 예를 들어 만장일치의 동의보다는 반대가 지속되지 않는 것이 합의일 수도 있는데, 이러한 동의를 결정짓기 위해서는 명시적인 투표절차를 필요로 할 수도 있다.

규모가 더 큰 집단에서 의사결정을 내리는 경우의 합의는 만장일치와 유사하기보다는 충분히 많은 다수를 의미한다. 압도적 다수supermajority가 합의를 대신하기 위해서 얼마나 큰 집단이어야 하는지, 압도적 다수를 얻었다는 게 단지 꽤 많은 수를 말하는 게 아니라 합의라고 하기 위해서는 얼마나 압도적 다수여야 하는지를 말해 주는 규칙은 정해져 있지 않다. 단지 예를 들어 여론조사에서 일반적인 관행은 약 3분의 2 또는 70% 가량의 압도적 다수를 동의로 간주한다(Kay 1998).

그러나 과학은 사회관계의 밀도가 높은 작은 집단이라기보다는 매우 다양한 밀도의 관계를 갖고 있는 국제적으로 산재한 연결망이다. 이런 모집단에서 합의를 추구하기 위해서는 여론조사에 의존해야 할 것 같다. 동료심사 패널이나 자문위원회에서 과학자들은 종종, 콜맨의 사회관계의 밀도가 높은 소규모 집단처럼 운영되며 합의도 만들어 낸다. 그러나 이러한 합의는 보다 큰 공동체의 (비록 엘리트들일지라도) 대표되지 않은 표본 내에서 이루어진 것에 불과하다. 포커스그룹9이 정치정당이나 소비자들의 합의가 아닌 것처럼 이것이 과학자 공동체의 합의는 아니다. 게다가 이런 집단에서 얻어진 결과가 더 큰 집단에서의 합의사실 또는 작은 집단과 큰 집단의 합치에 좌우될 필요는 없다. 이러한 작은 집단에서 유능한 행위자가 마치 자신들의 견해가 전체 집단의 견해를 대표하는 것처럼 행동하는 능력에 따라 영향력의 정도가 달라질 수 있다.

이런 세부사항들은 과학적 합의의 내적 가치와 외적 가치가 결과물로서의 합의뿐만 아니라 과정으로서의 합의와도 관련이 있기 때문에 중요하다. 관련된 과학자 사회가 어떤 과정을 통해서 그러한 결론에 도달했는지 보다는 어떤 생각을 하는지를 아는 것이 특히 합의의 내적 가치에서는 가장 중요하다는 의심을 가질 수도 있다. 한편, 과학적 합의를 활용하는 외부자들은 방법의 전문성은 과학자들에게 돌린다. 그리고 정책결정자들의 관심은 단지 — 그 공동체에 의해서 건전하다고 판단 내려진 — 결론뿐이다.

그러나 실제로는 과학적 방법의 결과를 과도하게 선형적으로 적용한 사례들은 합의를 활용하려는 사람들을 만족시키지 못하고 있으며, 그렇게 될

---

9. [옮긴이] 포커스그룹 : 정성적 연구방법의 하나로 특정 주제에 대해서 소수의 참여자들이 집중적으로 논의하는 것을 관찰하는 기법이다. 주로 마케팅조사에서 많이 사용된다.

수도 없다. 최소한 합의의 일원인 과학자들은 합의형성 절차에 참여하기 위해서 이 절차를 정의하는 데 어느 정도 이해관계를 갖고 있다. 앞서 언급했던 동료심사 패널의 사례에서 엘리트 과학자들은 자신들의 지위에서 나오는 권위를 활용해서 불완전한 합의를 연장하고 공고하게 만들 수 있다. 그런데 합의에 참여하지 않는 바로 이러한 과학자들이 합의를 방해하고 논박하며 다른 대안을 구성하기 위해 절차들을 정의하는 데 주요한 관심을 갖고 있다는 점이 보다 중요하다. 과학자들 또한 비정치적인 주체가 아니며 공정성과 정의 ─ 그들이 과학적인 제도에 대해서 평가할 때에도 근거로 삼는 기준이다 ─ 에 대한 나름의 생각을 가질 수 있다. 합의의 내적 가치를 위해 절차는 결과물만큼이나 결정적인 중요성을 갖는다.

과학적 합의라고 주장되는 사실과 이해관계가 엇갈리는 사람들은 합의가 갖고 있는 정치적 권위를 깎아내리기 위해 합의형성과정에 도전할 수도 있다. 그러나 [이와 반대로] 합의 결과물의 내용에 동의하는 사람들은 합의형성과정을 쉽게 논박하지는 않는다. 이런 유인을 정책결정자들도 가질 수 있다.[10] 그러나 외부에 보여질 때에는 과정으로서의 합의가 갖고 있는 권위 때문에 결과물로서의 합의에 의존하는 것이 편리하기도 하고 도움이 되기도 한다. 에즈라히(1990)가 주장한 바와 같이 진보적이고 비폭력적인 합의형성의 모델로서 과학의 역할은 합의가 갖고 있는 도구적인 속성만큼이나 민주주의 정치에서의 영향력이라는 면에서 중요하다. 예를 들어 도버트 결정을 내렸던 법원은 판사들이 [전문가 증인의] 일반적인 수용조건에 대해서 갖는 유일한 관심은 어떤 연구가 채택하고 있는 방법론이지 결론이 아니라는 입장을 견지했다. 이런 입장이 방법론에 대한 합의가 어떻게 형성되었는지에 대해서는 다루지 않는다고 할지라도 의사결정자들이 합의에서 나온 결

---

10. 법정에서의 이러한 행동에 대해서는 재서노프(1992)를 참고할 수 있고 미국 연방의회에서의 동일한 행위에 대해서는 빔버와 거스턴(1995)을 보라.

과 뿐만 아니라 과정에 대해서도 개방적이라는 사실을 단언하고 있다. 따라서 결과물로서의 합의가 절차를 통해서 드러나는 방식은 과학자와 정치가들 모두에게 관심을 끈다.

절차적으로 강제된 합의

스티브 풀러(1988:9장)가 정교화한 합의에 대한 유형학은 결과뿐만 아니라 절차에 대해서 고려해야만 하는 이유를 이해할 때에 유용하다. 풀러의 가장 중요한 기여는, 관련된 집단의 숙의가 잠재적인 갈등의 영역으로 들어가지 않도록 합의를 이끌어내는 규칙, 언어, 기타 절차에 의해서 상당히 제약되는 "절차적으로 강제된 합의"를 묘사했다는 점이다. 여기에서는 암묵적으로 적어도 정책 논쟁에서 관심을 끌 정도로 두드러진 과학 분야에서 나타나는 합의는 절차적으로 강제되는 것이라고 가정하고 있다. 물론 투표는 이러한 절차적 메커니즘의 하나이다. 다른 메커니즘으로는 [법정에서의] 증거용인 규칙, 입증책임, 판단적용기준 등이 있다.

풀러가 정의한 합의의 두 가지 유형에는 어떤 집단의 개인들이 (여론조사에서처럼) 독립적으로 동일한 결론에 도달해서 합의에 이르는 "우연한 합의"accidental consensus와, 어떤 집단이 위원회 같은 집단적인 숙의과정을 거쳐서 집합적인 의사결정을 내리는 "본질적 합의"essential consensus가 있다. 풀러는 우연한 합의가 본질적 합의보다 불안정하다고 주장했다. 우연한 합의에 참여하는 개인들은 미래의 어느 시점에서는 자신들만의 독특한 증거에 대한 해석을 자유롭게 바꿀 수 있지만 본질적 합의에 연루된 개인들은 자신들의 신념에 대해서 공개적으로 수용가능한 이유를 제시해야 하기 때문에 이를 쉽게 변화시킬 수 없다. 뿐만 아니라 본질적 합의는 숙의적 의사결정의 이상을 보다 잘 반영하기 때문에 규범적으로도 선호된다.

기존의 문헌들에서 절차적으로 강제된 합의의 중요성에 대한 실마리를 찾을 수 있다. 풀러의 제자로 그의 작업을 경험적으로 확장한 김경만(1994)

은 20세기 전반기에 멘델 유전학과 관련된 합의에 대해서 다루고 있다.[11] 김경만(1994 : 23)은 과학적 합의를, "특정 기간의 시간 동안 과학적인 면에서 아군과 적군의 진화하는 연결망 구조의 과학적 변형에서 분명해지는, 근본적으로는 인식론적인 중요성이 있는 쟁점에 대한 결단resolution"으로 정의했다. 물론 "결단"이라거나 "근본적으로는 인식론적인 중요성"이 무엇인가라는 말이 무엇을 의미하는지에 중요한 뉘앙스가 담겨 있다. 이런 뉘앙스의 중요성은 (바크의 시민권에 대한 관심과 대응하는) 연결망의 정도나, 도전자나 관찰자에 의해 "특정화"될 수 있는 "일정 기간의 시간"에서는 말할 나위 없다. 합의에 대한 이러한 김경만의 정의는 절차적인 강제에 연루되어 있는 개인들에 대해서는 언급하고 있지 않다는 점이 중요하다.

카린 크노르-세티나(1995 : 120)는 연구자들이 변이를 추적해야 하고 "합의형성에 대한 단일한 모델이나 언어가 아니라 다양한 모델이나 언어"로 말해야 한다고 제안했다(강조는 원문). 그녀는 고에너지물리학에서 합의는—"장비의 상태들을 종합하고 측정치와 시뮬레이션의 과정을 표현하고 다른 실험에서 사용하는 방법과 기술들을 분명하게 하면서" 스스로를 영속화시키는—"초유기체"superorganism처럼 작동하는 고에너지물리학 분야의 협력에서 비롯되는 발현적emergent 속성이라고 주장했다(Knorr-Cetina 1995 : 122). 그녀는 고에너지물리학에 대한 계보학적 작업을 통해 고에너지물리학 분야에서 합의가 이루어지는 결정적인 시점이 실험의 종결에서 실험의 시작으로 전치되었음을 보였다. 이로 인해 그녀는 실험결과에 대한 논쟁이 줄어들고 실험 자체가 중요하게 간주되었음을 보였다. 따라서 실험을 구성할 때에 어떤 과정이 중요한지에 대해서 질문을 던져야 한다. 예를 들어 립이 말했던 "집계장치"를 통해서 프로젝트와 사이트들을 선별하는 상황을 고려해 보면, 합의형성

---

11. [옮긴이] 현재 서강대학교 사회학과 교수인 김경만은 과학적 합의에 대해서 풀러와 의견을 나누기는 했지만, 지도교수와 학생이라는 의미에서 제자는 아니다.

에 대한 크노르-세티나의 유기적 관점조차 과학적 견해의 집계를 위한 공식적인 절차에 대한 관심을 내포하고 있다. 해리 콜린스(1998)는 중력파에 대한 연구에서 합의가 어떻게 연구실 내에서 그리고 때로는 서로 다른 연구실 사이에서 얻어지는가를 연구하면서 절차적으로 강제된 합의에 대해서 작지만 보다 명시적인 일보를 내딛고 있다. 그는 합의가 세 가지 차원으로 구성된 "입증 문화"evidential culture의 귀결이라고 본다 : (1) 입증에 대한 집단주의 대 개인주의. 초기부터 연구결과의 평가를 보다 넓은 과학자 사회의 역할로 돌릴 것인가 아니면 연구결과를 공개하기 전에 가능한 완전한 형태로 연구의 의미를 입증하고 해석하는 일을 연구자 개인이나 개별 연구실의 책임으로 할 것인가에 대한 해당 연구실에서의 지배적인 태도 (2) 입증에 대한 강한 입장과 약한 입장. 해석에서 기인할 수 있는 위험은 크지만, 의미는 매우 클 수 있는 데이터로부터의 긴 추론의 연쇄를 선호하는지, 아니면 추론의 연쇄를 짧게 해서 위험도 줄이고 중요성도 낮추려고 하는지에 대한 해당 연구실에서의 지배적인 선호. (3) 입증의 문턱값이 높은 경우와 낮은 경우. 어떤 연구실이 흔쾌히 감수하려고 하는 (해석에 대응하는 의미에서) 통계적인 위험 (예를 들어 표준편차의 두 배, 또는 세 배 정도로 확실해야 학술대회에서 발표하거나 학술지에 투고할 것인지, 아니면 결과가 표준편차의 예닐곱배 정도로 확실해질 때까지 기다릴 것인가에 대한 태도). 콜린스의 사례연구는 서로 다른 입증문화를 갖고 있는 연구실들도 협력을 할 수는 있지만, 한 연구실이 자료공유의 조건으로 협력하는 다른 연구실에게 자신의 문화를 따르도록 강제할 수도 있다는 것 ─ 이로 인해 특정한 실험방식에 대한 합의를 강요하는 것 ─ 을 보여 주었다. 이러한 입증문화는 과학을 규제나 다른 정책문제에 적용하는 기관들의 운영 규칙과도 친화성이 있다.

　　그렇다면 과학에서의 투표와 사회적 선택에 대해서 논의하는 것은 적합할 뿐만 아니라 발현적 또는 우발적인 합의가 개념적으로나 실천적으로 만족스럽지 못하다는 점을 고려하면 매우 많은 상황에서는 필수적일 수 있다.

그러나 투표에 대한 토론이 필요하다고 할지라도 과학에서의 투표가 만족스러우려면 어떤 조건을 갖추어야 하는가?

과학에서의 투표

투표의 편익

숙의를 통한 합의가 매력적임에도 불구하고 정치학자 로버트 달(1989)이 논의한 것처럼 투표와 다수결이 선호되는 건전한 이유가 있다. 우선, 다수결은 참여자들의 자기결정 능력을 극대화한다. 단순다수결이 문제가 되는 경우는 다수가 소수의 방해 활동으로 인해 인질이 되는 경우이다. 다수결은 진실이 밝혀질 여유가 있는 상황에서는 매력적일 수 있지만 예를 들어 법이 마감일을 부과하거나 환경이나 공중보건이 문제가 되는 경우에는 그리 바람직하지 않다.

둘째, 다른 의사결정규칙에 비해 다수결은 동등한 이해관계를 갖고 있는 참여자들의 효용을 극대화한다. 다수결에서는 근소한 차이로 결과가 나오더라도 결과적으로는 양의 효용을 얻는다. 서로 다른 편에 투표한 사람들의 효용과 비효용이 상쇄되고, 균형을 깨뜨리는 투표자가 최종적으로 효용을 얻기 때문이다. 동일한 조건에서 다른 규칙들은 효용이 음이 될 것이다. 정치적 맥락이 아니라 과학적 맥락에서는 효용이 그리 중요하지 않더라도 과학자들은 과학자문위원회나 기타 의사결정의 맥락(예:학술지와 연구비 심사)에서 문제가 될 수 있는 이해관계를 분명히 갖고 있다.

셋째, 달이 수학자 케네스 메이의 작업으로부터 논의했듯이, 다수결은 의사결정규칙의 중요한 기준들을 만족시키는 유일한 방식이다:다수결은 가능한 선택지들 중에서 결정을 내릴 수 있는 능력이 있고 decisive, 어떤 사람이 어떤 선택지를 선호하는지에 무관하고, 현 상황을 포함해서 결과에 대해 중립적이며, 한계선호에 대해서 긍정적으로 반응한다. 그러나 메이의 결론은 선택지가 둘밖에 없는 투표상황을 따르고 있다. 선택지가 둘 이상이라면 애로우가 보였던 것처럼 순환투표[12]가 이루어지면 다수결은 결정을 내릴 수 있는 수단이 될 수 없다. 그러나 과학자문위원회의 결론이 특정한 결론을 내려야만 할 필요는 없다. 왜냐하면 자문위원회의 역할은 단지 자문에 그치며, 정치적으로 책임 있는 행위자들이 법적으로 결정력이 있는 판단을 내리기 때문이다. 순환투표를 막기 위해서 묶음투표[13]를 옹호하는 과학정책의 규칙을 만들 수도 있다. 게다가 과학정보는 끊임없이 변화하고 있고 특정한 결정을 내리지 않는 규정은 의사결정체계의 유연성과 새로움을 증가시킴으로써 생산적인 방식으로 새로운 정보와 상호작용할 수도 있다.

마지막으로 달은 콩도르세를 따라서, 다수결은 누구나 오류를 범할 수 있는 인간들의 세계에서 실질적으로 옳을 수 있는 규칙이라고 주장했다. 콩도르세는 개인들이 종종, 그리고 비슷한 확률로 실수할 수 있다면 다수결은 소수결보다 옳을 수 있고 다수가 옳을 확률은 크기에 비례할 것이라고 계산했다. 그러나 누군가가 압도적인 다수를 고집한다면 더 작은 수의 소수 — 옳을 확률도 더 낮은 — 가 대세가 될 것이다.

달은 정치적 평등에 대한 헌신, 의사결정집단의 잘 정의된 경계, 집단적 의사결정의 필요 등, 의사결정규칙이 결정을 내릴 수 있고, 작동가능하고, 수용가능하기 위해 필요한 조건들이, 다수결을 옹호하는 이런 주장들에 필수

---

12. [옮긴이] A, B, C라는 세 명의 유권자가 a, b, c 세 명의 입후보자에게 투표를 하는 상황을 가정하자. A의 선호는 a > b > c 이고, B의 선호는 b > c > a이고 C의 선호는 c > a> b라고 하자. 이 때, 후보가 두 명으로 제한되면, a와 b가 후보자인 경우에는 a가, b와 c가 후보자인 경우는 b, c와 a가 후보자인 경우에는 c가 선출된다. 이런 상황은 무관한 비교대상으로부터 독립적이어야 한다는(independence of irrelevant alternatives) 가정에 위배된다. 다시 말해, 이 경우에 다수결로 A, B, C로 구성된 집단의 집합적 선호가 상황에 따라 순환하는 현상을 보이고, 이는 다수결이라는 규칙이 집단의 선호를 밝히는 수단이 되지 못한다는 사실을 보여준다.
13. [옮긴이] 묶음투표(pair-wise voting): 선택지를 두 개씩 묶어서 하는 투표.

적인 가정들이라고 강조했다. 이러한 가정들은 정치에서와 마찬가지로 과학에서의 의사결정에서도 매력적인 요인들이다. 가장 논쟁적일 수도 있는 정치적 평등은 다음과 같은 방식으로 작동한다. 특정한 의사결정의 영향력이 미치는 집단 내에 있는 구성원들이, 엄격한 심사과정을 거쳐서 선발되었다면, 인구학적 속성, 분과학문, 이데올로기에 무관하게 해당 집단의 규칙 앞에서 동등한 대우를 받아야 한다. 즉 윤리학자나 변호사가 일단 과학자문위원회에 임명되면 그들은 과학자들과 동일한 발언권을 가져야 한다.

이런 주장에 담겨 있는 가정들이 정치에서 작동하지 않는다고 해서 우리가 투표를 거부한다고 말하는 건 아니다. 시민들이 결과에 대해서 동등한 이해관계를 갖고 있지 않다는 것은 다수결의 공리주의적 순수성을 위협한다. 시민들의 오류가능성도 개개인마다 다를 수 있다는 점은 다수결의 실질적 정당성을 위협한다. 이러한 문제에 대해서는 대의제와 압도적 다수라는 두 가지 일반적인 유형의 해결책이 존재한다. 특히 조직된 이해관계자 집단이나 이해당사자들에 의한 대의제는 시민들이 결과에 대해서 갖는 서로 다른 이해관계와 선호의 강도를 설명할 수 있다. 긴밀하게 보유한 권리를 바꾸기 위해서는 단순다수결보다는 압도적 다수를 요구하는 것은 흡사하게 작동할 수 있다. 대의제에서는 대표들이 일반적인 시민들에 비해 (보다 정확하다고 추정되는) 실체적인 지식을 확보하려는 이해관계를 더 많이 갖게 되기 때문에 [시민들 간의] 지식격차를 평준화할 수 있다. 특정한 결정의 함의가 상당할 경우에는 (예를 들어 이미 확고해진 헌법적인 주장을 변형시키거나 대통령의 거부권을 기각하는 것) 압도적 다수에 의해서 대표되는 보다 높은 수준의 확실성을 요구하는 것처럼, 압도적 다수는 의사결정의 추정된 정당성에 대한 장애물을 뛰어넘는다.

물론 일반적으로 안정성, 예의, 소수자의 인간적, 정치적 권리 등의 가치를 보호하기 위해 압도적 다수결이 선호되는 이유가 있다. 다수결 보다 더 높은 수준의 동의를 추구하는 위원회는 모든 위원들이 이탈하지 않도록 언어에 대해 논의하고 [신중하게] 표현을 가다듬는다. 이런 위원회는 다수로부터 합의를 끌어내기 위해 구성원들이 선호를 드러내도록 허용하는 경향도 있다. 게다가 명백한 투표규칙을 도입함으로써 의사결정을 명료하게 하려는 시도는 자연의 수동적 관찰자이고 증거에 의해서 합의를 하도록 강제되는 과학자의 전통적인 이미지와 충돌한다. 그럼에도 불구하고 선호취합과정은 한 명 이상의 행위자가 포함된 의사결정체제라면 당연히 있어야 하고 이러한 절차가 과학에서 갖는 호소력은 정치에서의 호소력에 비해 작다고 볼 수는 없다. 〈아실로마〉와 〈국가독성학프로그램〉에 대한 사례연구는 각각 [선호취합 과정의] 필요성과 호소력을 보여 주고 있다.

〈아실로마〉

행사가 열렸던 캘리포니아의 컨벤션 센터의 이름인 "아실로마"Asilomar로 [흔히] 알려져 있는, 1975년의 〈국제 DNA분자재조합 컨퍼런스〉는 "전례 없던 과학자 사회의 자기규제"의 사례로 묘사되곤 한다(Regers 1977 : 4).[14] 〈아실로마〉는 참가자들과 방청객들 모두 DNA재조합의 위험에 대해서 비교적 공개된 숙의를 했다는 점에서 최초의 핵분열 실험 당시 핵과학자들이 보여 주었던 비밀스러운 행태와는 대조적이었다. 〈아실로마〉에서는 DNA재조합기술과 관련된 연구자들이 안전에 대한 쟁점을 제기했고, 다른 과학자들을 초청해서 함께 숙의과정을 거치면서 자신들의 실험행위를 규제하기 위한 계획 초안을 발표했기 때문에, 과학자 사회의 자기규제로 간주된다. 또한 〈아실로마〉는 결론에 이르기 위해 투표라는 규칙을 과학자들이 채택한 사례이기도 하다.

---

14. 이런 논의의 출처는 로저스(1977), 크림스키(1982), 그리고 매사추세츠 캠브리지 시 소재 MIT 도서관의 대학사료 및 특별자료실에 있는, 재조합 DNA역사 문서철(이하 RDHC)의 MC 100의 3~10쪽에 게재된 "역사적 기록"과 구술사 자료이다. 구술사 자료는 1975년 후반, MIT의 기관 역사학자인 찰스 워너와 동료들이 채록했다.

일반적으로 〈아실로마〉에 대한 이야기는 허버트 보이어가 잡종DNA분자에 대한 최초의 실험을 발표했던 1973년 6월의 〈핵산에 대한 고든연구회의〉에서 시작한다. 로저스(1977 : 42)에 따르면, 어떤 사람이 보이어의 발표에 대해서 "그래요, 이제 우리는 우리가 원하는 대로 어떤 DNA라도 조합할 수 있군요"라고 말했던 것을 들었던 맥신 싱어가 안전에 대한 토론을 제기했다. 로저스(1977 : 42)는 "전례 없던 발의에 대해서 90명 남짓의 참가자들 중 78명이 명망있는 국립과학아카데미에 우려의 편지를 보내는 데에 동의했다. 그러고 나서는 매우 근소하지만 결과적로는 매우 결정적이었던 결정은 48대 42로 동일한 편지를 보다 넓은 독자들에게 발표하기로 했다는 점이다"라고 이야기하고 있다. 〈핵산에 대한 고든연구회의〉의 공동의장이었던 싱어와 디어트 솔이 작성한 편지는 국립과학아카데미로 발송되었고 이후에는 〈고든연구회〉의 참석자들의 투표결과 근소한 차이였지만 다수결이라는 권위로 『사이언스』에 발표되었다.

싱어와 더불어 오랫동안 생물학적 위험에 대해서 우려하던 폴 버그는 MIT에서 과학자들로 구성된 소그룹을 구성했다. 이 조직위원회는 아실로마에서의 회의를 기획했고 이후에 『사이언스』, 『네이처』, 『국립과학아카데미보』 등에 발표된, 특정한 실험에 대한 자발적인 모라토리엄을 요구하는 편지의 초안을 잡았다. 이 편지는 몇 회의 수정을 거친 다음에 국립과학아카데미의 공식 보고서가 되었다. 이 기간 동안 추가적인 결정이 그때그때 내려졌다. 예를 들어 스탠퍼드대학교는 어떤 과학자들에게는 시약 제공을 거절했고 모라토리엄을 준수하기 위해 상업용 시약에는 경고문을 게시했다. 언론과의 관계도 제한되었다. 〈아실로마 회의〉를 계획했던 과학자들은 몇 명의 기자들에게 참석을 허용하고 그들이 어떤 규칙을 따르게 할 것인가를 두고 내부 회의를 가졌을 뿐만 아니라 언론사들과도 토론을 벌였다. 실제로 〈아실로마〉에서 했던 최초의 투표 중 하나는 16명의 기자들이 녹음기를 사용하게 할 것인지 여부를 묻는 것이었다. 여러 금지조항이 있었지만 "투표한 사람들 중의 다수가 언론사 종사자들이 녹음장치를 휴대하도록 허용하자는 의견이었다"(Rogers 1977:54).

병원체, 전염병, 새로운 분야인 재조합기술의 국제적 전문가들이 아실로마에 모였다. 보이어는 "대략 150명의 과학자들이 있었고 150가지의 서로 다른 의견들이 있었을 겁니다. 그들 모두는 동등하게 권위가 있었고 한편으로는 동등하게 생각이 없었습니다."[15]라고 말했다. 회의를 시작하기 전에 몇몇 실무그룹들이 회의에서 더 많은 사람들과 함께 검토할 보고서 초안을 작성했다. 규제를 위해 실험이 금지되어야 하는 경우를 포함해서 [실험을] 여섯 가지 범주로 분류하자는 권고를 포함한 보고서를 어떤 그룹에서 발표하자, 버그는 그 그룹은 쓰여진 그대로 보고서를 채택해야 한다는 동의動議를 했다. 로저스(1977:60)가 인용한 바에 따르면, 버그는 "당시에는 최첨단 분야의 과학연구를 하는 주도적 과학자들 중 상당수가 어떻게 회의를 운영해야 할지에 대해서 동의하지 못할 것이라고 생각했다. 그러나 그 날 아침에는 상황이 100억년 전의 몇몇 모호한 원시부족을 닮아가기 시작했고 시행착오를 거치면서 최종적으로는 의회에서의 절차라는 비밀로 나아갔다."

과학자들의 학문적 자유, 작업장 안전 등에 대해서 과학자들이 갖고 있던 개념에 대해서 비판적 견해를 갖고 있기도 했던 변호사의 도발적인 발표를 비롯한 토론을 한 이후, 조직위원회는 최종적으로 다섯 페이지로 구성된 회의참가자들의 선언문 초안작성에 들어갔다. 그중 한 명이었던 데이비드 볼티모어는 "충분한 정도의 동의를 끌어내지 못해서 회의가 어떤 결정도 내리지 못하게 될까봐" 조마조마했었다.[16] 버그도 이런 두려움을 갖고 있었다. "나는 걱정스러웠다. [왜냐하면] 나는 전체를 엮어내는 흐름을 발견하지 못했다. 나는 합의를 목격하지 못했다. 내가 생각하기에 사람들은 지나치게 자기

---

15. 허버트 보이어, RDHC, 31쪽.
16. 데이비드 볼티모어, RDHC, 31쪽.

이익만을 추구하고 있었다."[17] 회의 마지막 날 오전, 선언문 초안을 발표하면서 버그는 30분을 할애해서 참가자들이 [초안을] 먼저 읽도록 했으며 투표 이외의 방식을 통한 합의에 도달하기 위해서 정오를 마감시한으로 정했다. "이 선언문은 합의가 존재하고 있다는 [조직위원회의] 평가를 대표하고 있습니다"라고 버그는 말했다(Rogers 1977 : 83). 누구인지는 알 수 없는 청중 한 명이 "우리를 대표하는 합의를 결정하는 방식에 대해서 아는 바가 있으신지요? 매 단락에 대해서 투표를 하자는 건가요?"라고 집요하게 물었다. 버그는 "아뇨……우리는 투표에 대해서 말하는 게 아닙니다. 나는 우리가 투표가 아닌 방식으로 합의에 대한 견해를 가질 수 있을 거라 생각합니다"라고 대답했다(85). 시드니 브레너에 따르면 데이비드 볼티모어는 "이 합의[18]가 어떻게 달성되는가에 따라 [이후에는] 어떤 합의라도 이루어질 수 있을 것입니다"라고 대답했다."[19]

볼티모어에 따르면 버그는 회의에서 얻어진 가이드라인에 대한 합의라는 아이디어에 대해서 평가절하했다 : 버그는 "회의에서 가이드라인을 발전시키기를 원하지 않았다……나는 폴[버그]가 회의에서 합의를 이끌어낼 수 있는 가능성에 대해서 상당히 미심쩍어 했다고 생각한다. 나는 일종의 정치적인 대화나 관련된 사안에 대해서 조금 더 경험이 있었고 당신이 그러한 일을 해 낼 수 있으리라는 것을 알고 있었다. 그러나 나는 그것이 어려운 일이라는 것을 알고 있었다."[20] 싱어는 보다 명확하게 말하고 있다. "우리는 [우리가 작성한 초안이] 매우 좋은 반응을 받을지 예상하지 못했다.……우리는 투표를 해야 하는지 말아야 하는지에 대해서 격렬한 토론을 벌였고 투표를 하지 않기로 결정했다.……왜냐하면 우리는 표결에서 질 수도 있다고 생각했

---

17. 폴 버그, RDHC, 95쪽.
18. [옮긴이] 합의에 어떻게 도달할 것인가, 합의란 무엇인가에 대한 합의를 말한다.
19. 시드니 브레너, RDHC, 52~3쪽.
20. 데이비드 볼티모어, RDHC, 83쪽.

기 때문이다."[21] 조직위원회가 초안을 작성한 선언문과 그룹에서 제안한 내용 사이의 관계에 대한 토론과 조직위원회의 견해가 전체 그룹을 얼마나 대표한다고 볼 수 있는지에 대한 논의도 있었다. 조직위원회는 선언문의 내용이 [전체 참석자가 아닌] 위원회의 의견을 대표할 수 있기 때문에 집단의 공식적인 선언이 아니라고 결정했기 때문에 "입장의 합의를 이루지 못하면 조직위원회가 권고문을 국립과학아카데미에 제출하지 못하도록 할 수도 있었다"(Krimaky 1982 : 143).

버그는 전체 그룹에게 이 계획에 대해서 공지했지만 투표를 거치지 않고 어떻게 합의에 도달했다는 결정을 내릴 수 있는가라는 문제에 직면했고 마침내 거수에 의한 표결을 피할 수 없었다. 투표를 지지했던 데이비드 보트스타인은 "어쩌면, 우리는 기자들에게 회의장을 나가라고 말할 수도 있었습니다. 우리는 여기에 모인 사람들 중에서 80% 정도가 무엇을 좋아하는지, 또는 싫어하는지 또는 다른 어떤 생각을 가지고 있는지에 대해서 느낄 수 있을 것입니다.……나는 여기에 있는 사람들 중 압도적인 다수는 이런 일에 대해서 흔쾌히 헌신할 것이라고 생각합니다"(Rogers 1977 : 85; 강조는 원문). 시드니 브레너는 자리에서 일어서서, 연구는 계속되어야 하지만 상당한 통제가 필요하다는 선언문의 첫 문단에 표현된 원칙에 대한 거수투표를 요청했다. 버그가 반대하는 의견을 표명해 달라는 요청을 했을 때에 반대자가 아무도 없었고 선언문에 대한 합의가 이루어졌다. 브레너는 "당시 우리는 투표를 막 시작하고 있었어요"라고 회상했다.[22] 대담해진 버그는 선언문의 다른 부분에 대해서도 추가적인 투표를 요청했다. 특정한 종류의 실험을 최고수준의 차폐containment시설 내에서만 허용하기보다는 현재 방식대로는 수행되지 못하도록 하자는 권고에 대한 쟁점만이 유일한 예외였다. [이 쟁점에 대해

---

21. 맥신 싱어, RDHC, 71쪽.
22. 브레너, RDHC, 53쪽.

세] 버그는 투표없이 다수가 후자를 지지한다고 결론 내렸다. 기권이 늘어나고 쟁점이 논쟁적이 되어가고 회의가 계획된 결론에 도달하고 있을 때, 투표의 선택지에 대한 혼란이 확산되고 있다는 게 분명히 드러나고 있었다. 그럼에도 불구하고 점심식사를 알리는 종이 두 번째 울린 다음, 버그는 전체 문서에 대해서 성급하게 표결에 들어갔다. 네 명이 손을 들어 반대 의사를 표했고 선언문에 대한 "실질적인 합의"substantial agreement가 선언되었다(Rogers 1977:100). 이프라임 앤더슨은 참여자로서 "결국 우리는 마감시간을 맞추기 위해서 우리가 아직 정확하게는 잘 알지 못하는 문서에 대해서 찬성표를 던졌다"라고 말했다.[23]

실제로 최종선언문은 회의에서 토론된 버전과는 차이가 있다. 로버트 신샤이머는 "내가 보기에 그들은 회의결과를 정확하지 않게 요약했고 최종보고서는 마지막 날에 모두가 질의하고 투표했던 실제 초안과는 몇 가지 중요한 면에서 달라보였다"고 말했다.[24] 그러나 맥신 싱어는 "그들이 우리들의 선언문을 부결시켰을지라도 우리는 우리끼리 선언문을 보내는 데 동의했을 것이다"라고 이후에 말했다(Rogers 1977:83).

〈국가독성학프로그램〉

과학자문위원회는 투표 같은 과학적 견해의 집계절차에 대한 연구를 가능하게 하는, [외부인들] 이 접근가능한 공간이다. 과학자문위원회에 대한 문헌들은 성공과 실패를 낳는 원인에 대해서 정교한 논의를 하기도 하지만(Jasanoff 1990), 적어도 미국에서는 역사적이거나 제도적인 연구가 대부분이다(예:Smith 1992). 이 작업들은 증거에 대한 규칙과 의사결정에 대한 입증책임을 포함해서 과학정책에서의 결정에 주목하려고 하지만, 위원회 구성

---

23. 이프라임 S. 앤더슨, RDHC, 15쪽.
24. 로버스 신샤이머, RDHC, 15쪽.

원들 간의 견해의 집계에 대해서는 상세하게 다루고 있지 않다.

어떤 자문위원회들은 합의를 추구하기도 하고 다른 자문위원회에서는 투표를 한다. 〈국가독성학프로그램〉 과학자문위원회의 발암물질보고서 분과위원회는 후자에 속한다. 〈국가독성학프로그램〉은 미국 보건복지부 국립보건원 산하의 20여 개의 연구소 중 하나인 국립환경보건연구원의 활동이다. 1979년, 의회에서 제정한 법(PL-95)을 집행하기 위해 〈국가독성학프로그램〉이 시작되었는데, 그중에는 인간에 대한 발암물질이라고 알려졌거나 합리적으로 [발암물질이라고] 예상되는 물질들의 목록에 대해서 정기적으로 출판하는 일도 포함되었다. 〈국가독성학프로그램〉은 2년에 한 번씩 정교한 숙의과정을 거친 이후에 발암물질의 목록을 수록한 『발암물질보고서』*Report on Carcinogen*를 발간한다. 여기에서의 숙의과정은 ― 보고서의 최종내용을 결정하는 ― 〈국가독성학프로그램〉 위원장에게 자문하는 발암물질보고서 분과위원회를 포함한 3개의 자문위원회의 투표과정이 포함된다.

인간에 대한 발암물질이라고 알려졌거나 합리적으로 예상되는 화학물질을 대중들이 추천하면 심의가 시작된다(여기에서 어떤 화학물질을 제외하자는 추천도 가능하다).[25] 동료심사를 거친 문헌들에만 기초해서 해당 물질들에 대한 정보들을 포괄적으로 수집, 검토한 이후에 연방공무원들로만 구성된 두 위원회 ― 하나는 〈국가독성학프로그램〉에 근무하는 사람들이며 다른 하나는 식품의약청, 국립암연구소 같은 유관기관의 대표자들로 구성된다 ― 에서 추천물질에 대한 투표를 한다. 이러한 일련의 투표의 총계는 공개되지만, 이러한 절차가 끝난 이후에만 공개가 되고 국가기록물에는 위원들이 어디에 투표했는지에 대해서는 알려지지 않는다. 그러나 발암물질보고서 분과위원회에는 연방공무원이 아닌 사람들도 참여하고 있기 때문에 회의 및 기록을 공개해야 하는 〈연방자문위원회법〉(FACA, PL 92-463)의 관할범위 내에 있

---

25. "화학물질"뿐만 아니라 노출 조건도 과정에 포함된다.

다. 따라서 발암물질보고서 분과위원회에서의 투표는 보다 상세하게 분석될 수 있다.

자문위원회 위원들에게는 과학적인 판단을 도와줄 수 있는, 상대적으로 엄격하면서도 간결한 기준들이 제공된다. 자문위원들은 "해당 용제, 물질, 혼합물에 대한 노출과 인간의 암 사이의 인과관계를 제시하는 인간에 대한 연구로부터 발암성에 대한 충분한 증거가 있는" 경우에만 "알려진 인간에 대한 발암물질"이 된다고 교육을 받는다(DHHS 1996). 아래와 같은 조건을 만족하는 경우에만 "합리적으로 인체발암성이 있다고 예상되는 물질"이 된다.

인간에 대한 연구에서 발암성에 대한 증거가 제한적으로 존재한다. 이는 인과관계에 대한 해석은 신뢰할 만하지만 우연, 편향, 혼란스러운 요인들 같은 대안적인 설명들이 적절하게 배제되지 않았을 수 있다는 의미이다.

또는

실험동물에 대한 실험에서 발암성에 대한 증거가 충분히 존재한다. 온건한 종양과 악성종양이 결합되어 있거나 악성종양이 발생할 가능성이 높다고 판명되는 경우이다. (1) 복수의 종이나 복수의 조직에서 발견 (2) 복수의 노출경로 (3) 발생율, 종양의 위치 및 종류, 발병 당시의 나이에서 비정상적인 정도로 발견되는 경우를 포함한다.

또는

특정한 물질, 원료, 혼합물들이 인간 및 실험동물에서 발암성에 대해 밝혀진 증거가 충분한 수준은 아니지만 과거의 『발암물질보고서』에서 인간에 대한 발암물질 또는 합리적으로 인간에 대한 발암물질이라고 예상된다고 알려진 물질로 등재된 경우이다. 또는 해당 물질이 인간에게서 암을 유발할 수 있다고 알려진 메커니즘처럼 작용한다는 관련 정보가 설득력 있는 수준으로 있는 경우이다.

〈국가독성학프로그램〉은 자문위원회에 대해서도 공식적으로 규정하고 있다.

인간 및 실험동물에서의 발암성에 대한 결론은 모든 관련된 정보에 대해 고려한 과학적 판단에 근거한다. 관련된 정보에는 용량-반응관계, 노출경로, 화학구조, 대사작용, 약물동력학[26], 민감한 하위집단, 유전학적 효과, 해당 물질에 독특할 수도 있는 행동이나 요인들의 메커니즘과 관련된 자료가 포함되지만, 여기에 그치는 것은 아니다. 예를 들어 실험동물에서는 발암성의 증거가 있지만 같은 물질이 인간에게는 동일한 메커니즘으로 작용하지 않는다는 설득력 있는 증거가 있어서 인간에게는 암을 유발할 거라고 합리적으로 예상하지 않는 물질이 있을 수 있다.

이런 기준들이 자문위원회의 구성원들 간의 합의의 대부분을 설명하는 이유의 일부이다. 이런 기준들에 근거해서 사카린, 다이옥신, 타목시펜 등 중요하면서도 논쟁적인 화학물질에 대해 다뤘던 『제9차 발암물질보고서』(NTP 2000)도 투표의 80% 이상을 동일한 절차로 시행했다(Guston 1999).[27] 이렇게 과학적인 판단을 인도하는 명확한 과학정책상의 규칙이 없다면 자문위원들

---

26. [옮긴이] 약물동력학(pharmacokinetics) : 특정한 약품이나 약물이 생물 체내로 투입되었을 때에 어떤 경로를 거쳐서 배출되는지를 탐구하는 약학의 하위 연구분야.
27. [옮긴이] 사카린의 유해성에 대한 사회적 논쟁으로 인해 미국에서는 사카린이 완전히 금지되지는 않았지만 1970년대 초반 이래 사카린이 포함된 음식에는 경고표시를 부착하도록 되어 있었다. 그러나 쥐에 대한 실험에서 방광암을 유발한다는 결과를 얻었지만, 같은 결과가 인간에게는 관찰되지 않는다는 연구가 나오면서 2000년에는 〈국가독성학프로그램〉에서 사카린을 발암물질에서 제외했고, 경고표시 조치도 철회되었다.

은 비생산적인 갈등 같은 좋지 않은 상황에 직면할 수도 있다(Jasanoff 1990).

이러한 과학정책의 규칙들이 결과에 미치는 영향에 대해서 심도 있게 살펴보기 위해서 사카린 사례를 살펴보도록 하자. 1995년 이전에는 "합리적인 예상에 의한 인간에 대한 발암물질"로 등록시키기 위한 기준이 앞의 인용보다 간략했고 기계론적인 데이터에 대한 참고조항을 특정하고 있지 않았다. 그러나 〈국가독성학프로그램〉이 "인간에게는 작동하지 않고 인간에게 암을 유발할 것이라고 합리적으로 예상되지 않는 메커니즘"에 대한 고려사항을 기준에 포함시키면서 위원회에서는 매우 근소한 차이로 실험용 쥐에서의 발견에 근거해서 사카린을 합리적으로 예상되는 인간에 대한 발암물질 목록에서 빼기로 결정했다(Guston 2004).

투표를 분석하면 투표의 규칙 때문에 합의라는 규칙에서라면 나오지 않았을 법한 결정에 이르게 되었다는 것이 드러난다. 〈국가독성학프로그램〉이 세 분과위원회의 투표를 해석하는 규칙을 갖고 있지 않지만, 가설적인 규칙에 따라 각각의 물질들에 대한 투표를 분류해 볼 수 있다:**만장일치**unanimity, 투표에 참석한 모두가 동일한 결과를 지지했다; **강한 합의**strict consensus, 투표에 참석한 누구도 다른 사람들이 선호하는 결과에 반대하는 투표를 하지 않았다; **압도적 다수**, 투표에 참석한 모두는 아니지만 적어도 3분의 2가 동일한 결과를 지지했다; **단순 다수결**simple majority, 절반에서 3분의 2 정도의 사람들이 동일한 결과를 지지했다. 『제9차 발암물질보고서』의 세 분과위원회는 총 73회의 투표를 했다(1회의 반복투표가 있어서 전체가 3으로 나누어지지 않는다). 35회(48%)의 투표는 만장일치, 6회(8%)는 강한 합의, 23회(30%)는 압도적 다수, 10회(14%)는 단순다수결이었다. 위원회가 합의에 대한 공식적인 규칙을 갖고 있었다면 약 40%에 대해서는 권고사항을 만들어 내지 못했을 수도 있고 14%는 압도적 다수 규칙 하에서도 해결될 수 없었을 것이다(Guston 1999).

〈국가독성학프로그램〉은 투표와 같이 절차적으로 강제된 합의가 어떻게 해야 상대적으로 잘 작동할 수 있는지에 대해서 강조하고 있다. 〈국가독성학프로그램〉은 〈아실로마 회의〉가 잘 모르면서도 달성하고자 분투했던 바로 그것을 공식적으로 실행하고 있다. 그러나 〈국가독성학프로그램〉의 이러한 공식성 때문에 결과들이 아무리 동료심사를 거친 문헌에 의해서 인도되고 소규모의 과학자들에 의해 수행되는 절차일지라도 과학자들의 관점을 어렵사리 끌어내고 집계하는 데에 사용되는 절차에 의해 결과가 어떻게 영향을 받을 수 있는지를 보다 수월하게 밝혀낼 수 있다.

투표를 통한 과학적 합의

〈아실로마〉와 〈국가독성학프로그램〉 사례는 과학자들이 과학적이면서 사회적인 영향력이 있는 사안에 대해서도 투표를 하고 있음을 분명하게 보여 주고 있다. 〈아실로마〉 사례는 달이 후견인 제도[28]나 기술관료주의에 대해서 전개했던 비판에서 지적했던 본래적 형태에 가깝다고도 볼 수 있다. 가장 잘 훈련받은 과학자들이 생물학적 위험에 대한 문제를 제기하고 이 문제에 대해 논의하기 위해 최고로 훈련받은 두뇌들을 소집해서 행동을 위한 일정한 합의에 도달하기 위해 숙의했다. 그러나 이러한 후견인들도 동의를 위해서는 견해들을 취합하기 위한 기제인 투표가 필요했다. 다른 고려사항들(예를 들어 후견인 집단의 "시민권", 의제설정, 수정 등)은 전적으로 그때그때 이루어졌다.

최고의 훈련을 받은 사람들 중에서도 최고라 할 수 있는 〈아실로마 조직위원회〉가 간단히 보고서를 작성해 버렸다면 투표를 위한 규칙이 필요 없었을 수도 있다는 주장도 가능하다. 그러나 조직위원회의 보고서만으로는 정당하지도 않고 보다 많은 사람들이 모인 총회에서의 보고서보다 기술적

---

28. [옮긴이] 후견인 제도(guardianship) : 이 수혜자에게 혜택을 베풀고 대가로 자발적인 보답을 받는 관계. 상품교환관계처럼 평등하고 동시적이지는 않지만 지배관계처럼 일방적이지는 않은 중간적 속성의 관계.

으로 세련되지 않았을 수도 있다는 강력한 반론을 제기할 수도 있다. 조직위원회만 [보고서 작성에] 참여했다면 어떤 누가 최종문서가 진정한 숙의를 통해서 얻어졌다고, 다시 말해 풀러가 말하는 본질적인 합의를 대변한다고 말할 수 있겠는가. 그게 아니려면 몇몇 생각이 비슷한 잔소리쟁이들의 우연적인 합의라고 말할 수도 있다.

〈아실로마〉에서 결정되었던 것은 과학이라기보다는 규제정책 또는 과학정책이고 따라서 전통적인 정치적 양식의 의사결정방식이 있었던 게 놀랄일이 아니라는 반론을 제기할 수도 있다. 그러나 과학과 과학정책을 깔끔하게 구분할 수는 없다(Gieryn 1999; Jasanoff 1990). 이러한 경계를 분명하게 그려낼 수 있다면 과학자들이 규제 또는 정책적 결정을 부당하게 내리고 의회의 절차를 처음부터 상황을 봐가면서 그때그때 자신들의 정치와 투표를 "원시부족"처럼 수행할 것이다.

〈아실로마〉는 합의를 위한 조직이라는 측면에서, 심각한 결함이 있었다. 크림스키(1982 : 151)는 "〈아실로마〉는 선택적인 참여, 의사결정과정의 명료함, 담론의 경계, 대중참여, 반대의 통제 등에서 상당한 수준의 제약이 있었다"라고 썼다. 보다 구체적으로는 "합의에 어떻게 도달할 수 있을지에 대해서 불확실했고 참여하는 과학자들은 투표의 의미에 대해서 의문을 제기했다" 그리고 "조직위원회가 제시한 최종보고서는 회의 당시 존재했던 수준의 반대를 반영하지 못했고 〈아실로마〉의 과학자들, 특히 실무그룹의 구성원들이 해당 문서들에 대해서 동의했던 수준에 대한 잘못된 인상을 제공할 수도 있었다"라고 결론 내렸다(Krimsky 1982 : 152). 명료한 투표규칙과 누가 어떻게 어떤 주제에 대해서 투표를 할 수 있는지에 대한 관련된 토론은 이런 상황들에 대해서 도움을 주었다.

〈국가독성학프로그램〉에서의 경험은 명료한 규칙과 절차가 합의와 공정성fairness에 대한 전망을 향상시키면서도 〈국가독성학프로그램〉 활동의 과학적 본질의 가치를 떨어뜨리지 않는다는 반가운 대조를 보여 준다. 〈아실

이름	더 강하게	동등함	더 약하게
베일러	1	21	1
벨린스키	0	18	5
빙햄	2	9	1
프레데릭	1	18	2
프리드먼-지메네즈	0	17	0
헨리	0	7	3
후퍼	3	19	1
마이러	3	18	0
헥트	0	12	0
켈시	1	14	0
메딘스키	0	8	2
루소	1	7	2
자암	0	13	0

〈표 1〉 모든 물질에 대한 발암물질보고서 분과위원회에 대한 위원들의 투표

로마〉에 비해 〈국가독성학프로그램〉에서는 발암물질을 정의하도록 맡겨진 임무가 위험평가나 위험관리보다는 과학적이라는 데 대해서 그리 논쟁이 없었기 때문에 "그게 과학인가"라는 질문은 제기되지 않았다. 그러나 이런 과학적 임무는 풀러가 말하는 절차적으로 강제된 합의의 알기 쉬운 사례이다. 사카린 사례가 보여 주는 것처럼 최종적인 결과를 달라지게 만들 수 있는 규정이나 기준들이 있다. 〈국가독성학프로그램〉 자문위원회들에서 동의에 대한 인식은 관점이 어떤 경로 – 합의, 만장일치, 압도적 다수, 단순다수결 – 를 통해서 만들어졌는지에 따라서 달라진다.

그러나 〈국가독성학프로그램〉의 모든 것이 완벽했던 것은 아니다. 본질적 합의 또는 숙의적 합의가 〈국가독성학프로그램〉 절차를 통해서 출현했다는 생각에 신뢰를 보낼 수 있는 것은 – 비록 이런 합의를 드러낸 것은 투표라는 메커니즘이지만 – 발암물질을 지정하는 과학적 판단을 인도한 기준이다. 그럼에도 불구하고, 추가적인 증거들에서는 우연적인 합의를 완전히 배제할

	더 강하게	동등함	더 약하게
학계	5	80	4
정부	3	50	6
기업	1	33	7
노동	3	18	0
통계학/인구학	1	34	1
개체중심	7	65	3
실험실	4	82	13

〈표 2〉 모든 물질에 대한 발암물질보고서 분과위원회의 투표, 부문 및 학문분과별로 집계

수는 없다는 게 드러난다. 표 1은 발암물질보고서 분과위원회의 위원들이
『제9차 보고서』에서 고려대상이었던 물질에 대한 투표결과를 보여 준다.[29]
분과위원회 위원들의 부문별 또는 학문 분야별 소속에 따라 투표를 집계해
보면 우연적인 속성이 결과에 영향을 미쳤음이 드러난다.

표 1에서 "더 강하게"는 해당 개인이 특정한 대상물질에 대해서 분과위
원회의 다수보다 얼마나 많이 "보다 보호주의적"인 투표를 했는지를 나타내
고, "동등함"은 얼마나 많이 다수와 동일한 투표를 했는지, 그리고 "더 약하
게"는 다수보다 "덜 보호주의적"인 투표를 했던 횟수를 각각 나타낸다. 보다
보호주의적인 투표는 대다수가 해당물질을 "합리적인 예상에 의한 인간에
대한 발암물질"로 투표하지 않았을 때에 이를 지지하는 투표를 하거나, "합
리적인 예상에 따른 인간에 대한 발암물질"로 투표를 했을 때에 "인간에 대
한 발암물질이라고 알려진" 것이라는 투표를 하는 것을 말한다. "덜 보호주
의적"인 투표는 이와 반대이다.[30]

---

29. 표 1과 표 2는 거스턴(2004)에서 인용했다.
30. 몇몇 사람들은 숙의과정에서 서로 다른 시기에 위원회에 참여할 수도 있기 때문에 개인들
   이 동일한 수의 투표를 행사하는 것은 아니다. 어떤 사람들은 회의에 참석하지 못할 수도
   있고 어떤 사람들은 이해충돌을 이유로 아예 회의에 참석하지 않거나 공공연하게 발표할

표 2는 부문 및 학문 분야별 소속에 따른 투표를 집계했다. 산업계 위원들은 전반적으로 다른 위원들보다 덜 보호주의적이었고 유일한 노동계 위원은 보다 보호주의적이었다. 학문 분야별 분석을 해 보면 실험실 분과(예를 들어 독성학)에 소속된 위원들은 덜 보호주의적이었고 인구학 및 통계학(예를 들어 생물통계학이나 역학)에 소속된 위원들은 중간 정도였고 개체 수준의 연구(동물학, 의학)를 하는 위원들은 보다 보호주의적이었다. 적어도 보다 논쟁적인 물질들 몇몇에 대해서 말하자면 〈국가독성학프로그램〉에서의 합의가 우연적이었다는 사실을 거부할 수 없다.

결론

이 장에서 보여 주는 것처럼 과학에서의 사회적 선택이라는 관념은 이치에 부합하고 과학적 합의에 대한 불충분한 학술적 작업은 과학에서의 투표에 대한 연구를 필요로 한다. 이 글에서의 사례연구는 과학에서 투표가 존재할 뿐만 아니라 투표를 하는 방식이 과학적이면서도 정치적으로 중요하다는 점을 보여 주고 있다.

〈아실로마 회의〉의 참가자가 한 역사학자에게 "심지어 눈먼 닭도 씨앗을 찾아낼 수 있어요"[31]라고 외쳤다. 그런데 어떤 씨앗인가? 볼티모어는 "지금까지 일어났던 것들만큼이나 다른 사람들을 만족하게 할 수 있는 다른 수많은 일들이 일어날 수 있었습니다"라고 말했다.[32] 많은 사람들이 훨씬 만족하지 못했던 다른 많은 일들 또한 일어났다. 요점은 그 절차가 어떻게 일련의 가능한 결과들에 영향을 미칠 수 있었는지를 설명하지 못하는 의사결정과정

수도 있다. 그러나 모든 투표는 『제9차 보고서』에서 고려된 물질에 대한 것이다.

31. 앤더슨, RDHC, 58쪽. 번역은 필자.

32. 볼티모어, RDHC, 112~113쪽.

이라면 심각하게 잘못된 것이라는 점이다. 쉴라 재서노프(2003 : 160)가 말한 것처럼 "전문성은 민주적으로 위임된 다른 형태의 권력과 마찬가지로 투명성과 숙의적 적절성이라는 규범을 따를 때에만 존중될 가치가 있다." 상세한 절차적인 세부사항에 대한 합의가 없다면 이러한 규범을 만족시킬 수 없다.

〈국가독성학프로그램〉 사례는 투표가 과학적 맥락에서 결과물을 촉진할 수 있지만 합의를 보장하지는 않는다는 것을 보여 준다. 일국 수준에서는 미국에서의 과학자문위원회나, 국제적인 수준에서는 〈암연구국제기구〉 International Agency for Research on Cancer나 〈기후변화에 대한 정부 간 패널〉IPCC 처럼 절차적으로 강제된 합의를 연구할 수 있는 상이한 여러 맥락들이 존재한다. 보다 비공식적인 과학적 조건뿐만 아니라 이러한 조직들에 대한 추가 연구들은 앞서 논의한 바와 같이 과학자, 학자, 정책결정자들이 이해해야만 하는 절차로서의 과학적 합의에 대한 우리들의 이해를 향상시키는 데 현저히 기여할 것이다.

과학자들은 투표를 한다. 때로는 매우 조화로운 투표장에서, 때로는 혼란스럽고 즉석에서 마련된 투표장에서 한다. 실질적인 불일치와 분과별, 분파별 이해관계를 합의라는 위장으로 은폐하면서 투표와 같은 투명한 사회적 선택의 정치에 참여하지 않는 과학적 하위체제는 충분히 민주적이지 않다. 자연법칙을 폐기하기 위한 투표가 아니냐는 식의 주장은 붉은 청어[33]에 불과하다. 법률에 대한 실질적인 영향력을 행사하려는 과학자들이라면 잘 조정된 방식으로 투표할 필요가 있다.

---

33. [옮긴이] 붉은 청어(red-herring)란 사냥개를 훈련시킬 때 붉은색의 훈제 청어 냄새를 이용하는 데서 유래한 표현으로, 관심을 다른 곳으로 돌리려는 언사라는 의미이다.

15장

무엇을 배우는가, 성찰인가 굴절인가

미국의 생명과학자들에 대한 대학원교육과 윤리교육정책

로렐 스미스-도어

2003년 여름, 워싱턴에서 가족휴가를 즐기던 나는 스미소니언 박물관에서 〈게놈:생명이 작동하는 비밀〉이라는 전시를 봤다. 전시장에 들어서자 제약회사인 〈화이자〉Pfizer가 후원했다는 걸 쉽게 알 수 있었고 과학관을 찾은 사람들은 "당신의 이야기"를 말해 주는 좁은 통로를 따라가게 되어 있었다. 첫 번째 모서리에는 커다란 배반포1 그림에 "과거의 당신"이라는 꼬리표가 달려 있었다. 다음 모서리의 벽에는 "현재의 당신"이라는 꼬리표를 달고 있는 거울이 관람객을 반기고 있었다. 마지막에 있던 좁고 구불구불한 통로는 "당신의 비밀은 이것입니다"라는 이중나선 그림으로 끝나고 있었다. 관람객이 올바르게 과학관의 전시공간으로 들어 왔다면 25피트 정도 길이의 DNA를 따라 걷게 된다. 이와 동시에 옆에 있는 스크린에서는 왠지 친근하게 보이는 백인남성이 과장된 목소리로 "안녕하세요. 내 이름은 에릭 랜더입니다. 당신 앞에

---

1. [옮긴이] 배반포란 수정란이 분할을 계속하여 여러 개의 세포가 된 상태로, 이때 배반포의 내부에 있는 세포들은 이후 배아로 성장하고 외부에 있는 세포들은 태반으로 발전하게 된다.

있는 것은 DNA 이중나선입니다. 당신의 비밀이고, 나의 비밀이며 지구 모든 생명의 비밀이죠. DNA 이중나선은 당신이 누구인지를 말해 주는 일종의 레시피인 유전자들로 이루어져 있습니다. 유일한 문제는 이 레시피가 암호로 되어 있다는 것입니다. 우리가 이 암호를 읽는 방법을 알아내기까지는 오랜 시간이 걸렸습니다 ─ 그러나 이제 우리는 읽을 수 있어요!"라고 말하고 있었다.[2] 전시의 나머지 부분도 비슷한 톤으로 인간유전체의 신비와 인간의 건강을 위해 인간유전체연구가 어떻게 응용될 수 있는지를 발랄하게 묘사하고 있었다.

유전자 결정론과 유전학에 대한 상업적 이해관계가 어떻게 상호연관되어 있는지를 추적하면서 이 전시를 해체하는 내용에 한 장을 모두 할애할 수도 있다. 그러나 나는 이 글에서 '무엇이 소거되었는가'라는 관련된 질문을 제기한다. 인간유전체연구의 윤리적 함의에 대해서는 거의 언급하지 않을 것이다. 32개로 구성된 전시공간의 마지막인 "현실점검극장"에서 에릭 랜더는 "대부분의 과학자들은 복제를 통해 태아를 만들어 내려는 시도는 나쁜 생각이라는 데에 동의합니다. 장애를 갖고 태어날 확률은 감당하기에는 너무 크고, 고려해야 할 심각한 윤리적 쟁점[원문 그대로]들이 있습니다."라고 말한다. 그는 "희망은 매우 크지만 유전학에 대한 모든 것이 명백하지 않기 때문에 환상과 현실, 오락과 실제 쟁점을 구분하는 것이 중요합니다."라고 결론짓는다. 이런 식으로 유전체연구의 윤리적인 쟁점들에 대해서 관심을 드러내는 것은 ("환상"을 제외하면) 이런 쟁점들이 존재한다는 사실을 부정한다. 그리고 윤리적인 사안에 대한 관심은 과연 생물학자들이 연구의 상업적 가치나 다른 사람들과 소통하는 방식에 대해서 언제 어떻게 학습하고 있는가라는 의문을 제기하고 있다.

미국 연방정부의 생명공학 분야에 대한 연구비 지원기관인 국립보건원

---

2. 이 전시는 http://genome.pfizer.com/menulong.cfm에 공개되었다. 마지막으로 접속한 날짜는 2004년 11월 15일.

은 2000년 10월 이래로, 연구비 지원의 조건으로 주 연구대상이 인간이 될 경우에 지켜야 하는 연구윤리에 대한 교육인증을 받기를 요구하고 있다. 이런 요구조건을 걸면서 국립보건원은 과학자 및 수련을 받고 있는 과학자들[학생 및 박사후연구원]이 − 임상의는 말할 것도 없다 − 자신의 활동의 사회적 의미를 고려해야 한다고 주장하고 있다. 국립보건원의 결정을 뒷받침하는 논리는 대학원 프로그램들이 합리적으로 행동하리라는 기대에 근거하고 있다. 여기에서의 정책결정모형은 재정지원이 관련되어 있다면 과학자들은 자신들의 작업의 사회적, 윤리적 맥락에 대해서 진지하게 숙의할 유인이 있을 거라는 가정을 따르고 있다. 이 장에서는 미국의 분자생물학 대학원 과정이 국립보건원의 새로운 요구조건에 어느 정도로 맞추고 있는지에 집중하고 있다.[3] 이러한 교육정책이 국립보건원의 유인체계가 주장하는 방식대로 실제로 작동되고 있으며 이들 프로그램에서 진지하게 받아들여지고 있다는 증거가 있는가? 혹은 대학의 과학자들은 실질적인 변화를 사실상 거부하지만 연방정부의 가이드라인을 준수하는 것처럼 보임으로써 이런 요구사항들의 영향을 회피하는 게 아닌가?

이런 질문들을 확인하기 위해서 나는 자료조사와 인터뷰를 했다. 2001년과 2003년 생물학 및 생화학 박사과정 50곳에 대한 무작위표본으로부터 정보를 수집했고 국립보건원 가이드라인을 실행하는 것에 관해 생명과학자들과 예비인터뷰를 수행했다. 나는 과학의 윤리적, 사회적 측면이 공식적이고 가시적인 교과과정이 일부인지, 아니라면 비공식적으로 논의되는 경향이 언제 발생하는지, 그리고 몇몇 과학자들이 연구윤리에 대한 상의하달식 접근방식을 정당화하는 정부 연구지원기관에 대해 반감을 표현하는 이유가

---

3. 분자생물학/생화학을 선택한 이유는 이 두 분야가 생명과학 분야를 대표하고 있을 뿐 아니라 중심적인 역할을 하고 있기 때문이다(Smith-Doerr 2004). 또 연구의 사회적/윤리적 맥락에 대한 이해가 특히 중요한 인간의 치료 분야에 응용되는 정도가 크고 생명공학산업에서 이 두 분야가 중요하기 때문이다.

무엇인가를 탐구했다. 이 연구결과는 과학의 정치적, 조직적 제도를 이해하는 데에 도움을 주며 왜 [과학자들이] 과학정책을 따르지 않게 되는지에 대해서도 함의를 갖고 있다.

우리는 2000년의 국립보건원 정책에 따라 박사과정 학생들이 연구윤리에 대해서 적어도 어느 정도의 교육을 받을 거라고 예상할 수 있다. 매우 많은 박사과정 학생들이 국립보건원으로부터 재정지원을 받고 있으며 연구윤리에 대한 대학원 교과목도 확인할 수 있다. 1997년, 생의료 분야의 대학원생 중 44.9%가 연방정부의 재정지원을 받았으며 이 중 75%는 국립보건원으로부터 지원받았다(NRC 2000 : 24). 실제로 국립보건원의 이 정책에 대한 토론은, 교육 관련 프로그램으로 지원받은 대학원생들이 "연구대상으로 참여하는 인간을 어떻게 보호할 것인가에 대한 주제를 포함한, 책임 있는 연구에 대한 교육과정을 이수해야만 한다"고 지도교수들에게 말하고 있다(NIH, Extramural Research 2002). 대부분의 대학원 박사과정이 [국립보건원] 교육지원프로그램의 지원을 받고 있거나 지원을 받을 예정이기 때문에 사실상 지도교수들에 대한 국립보건원의 정책은 대학원생에게 연구윤리 교육을 시행해야 하는 또 다른 유인체계이다. 이에 맞춰서 윤리교육인증 같은 국립보건원의 지시사항은 대학원 프로그램에 모종의 영향력을 갖고 있다.

금전적 유인을 제공하는 이러한 국립보건원의 정책은 정치인들과 정책결정자들에게, 과학자들이 생의료과학의 윤리적 쟁점에 대한 기존의 행동을 바꾸어야 할 필요가 있지만 자발적으로 변화하지는 않을 거라는 인상을 주었다. 데이비드 거스턴(2000)이 주장했듯이 연구윤리국Office of Research Integrity이 설치되고 의회가 과학을 규제하기 위해서 만들어 낸 여러 조치들은 과학에 대한 사회계약 ─ 과학이 스스로를 감독할 수 있다는 과학에 대한 신뢰 ─ 이 1980년대에는 무너져 내렸다는 것을 보여 준다. 과학에 대한 신뢰가 깨졌을 때, 정치적 해결책은 위에서부터 가이드라인을 통해서 신뢰를 복원하려고 하는 것일 수 있다. 실제로 국립보건원 정책의 역사는 대통령에서부터 장관, 그리고 해당 공무원으로 이어지는 상위하달식으로 되어 있다. 2000년 5월 25일 미국 상원에서, 과학정책 차관보인 윌리엄 라웁은 보건복지부가 임상시험의 안전에 대한 대중들의 우려를 누그러뜨리라는 클린턴 대통령의 요구사항이 이러한 의무적인 교육을 실행하게 된 동기로 작동했다고 증언했다. 보건복지부 장관인 도나 샬랄라의 요구를 받은 국립보건원은 연구책임자가 되기 위해서는 인간대상연구를 할 때의 유의사항에 대한 교육을 이수했다는 증명을 제시해야 하는 정책으로 발전시켰다(NIH, Director 2000). 국립보건원의 이러한 의무조항은 연구자들이 과학의 윤리적 함의에 대해서 관심을 갖게 하는 데에는 강제가 필요하다는 것을 지적하고 있다. 그러나 겉으로 드러나는 행위의 변화가, 과학자들이 의도되었던 종류의 교육을 받고 있음을 의미하는 것일까?

학교에서 어떻게 가르치는지를 이해하기 위한 사고방식들의 결합

이 글에서는 신제도주의적 조직연구와 과학기술학이라는 두 가지 학문 분야를 통해 생명과학자들이 대학원 과정에서 연구의 윤리적 함의를 교육하라는 의무조항을 준수하지 않으려는 것처럼 보이는 이유를 설명해 보려고 한다. [두 가지 분야가] 각각 나름대로 강력한 관점이지만 양자를 결합하면 한층 유용하다. 신제도주의가 보다 거시적인 수준에서 분석을 전개할 수 있다면 과학기술학은 보다 소규모의 분석을 하는 경향이 있다.

신제도주의와 과학기술학이 어떻게 국가 수준의 정책결정에 보완적인 관점이 될 수 있는지 생각해 보자. 양자 모두 금전적인 유인이 직접적으로 행위를 이끈다고 가정하기보다는 정책의 효과가 문화적으로 민감하다는 설명을 제시하고 있다. 신제도주의는 정책이 현장 수준에서 조직문화를 통해 어떻게 해석되고 집행되는지를 보여 준다. 여기에는 관성이 중요한 역할을 한다. 다시 말해 새로운 법률이 도입되었다고 하더라도 [그것은 변화를 가져오기보다는] 문화적인 역사와 이해관계의 연결망이 이미 자리잡고 있는 조직의

장을 관할하는 것이다(Edelman 1992). 예를 들어 미국 기업에서 출산휴직 정책이 도입된 이유는 이미 노동자로 고용되어 있는 여성들이 시장에서 행사했던 힘뿐만 아니라 공공정책에 대한 과거의 조직적 해석의 도움을 받았기 때문이었다(Kelly and Dobbin 1999). 신제도주의가 지난 수십 년 동안 전 세계에서 과학 관련 정부부처 및 공식적인 과학정책이 등장한 것에 대해서 우리에게 말해 줄 수 있지만(Drori, Meyer, Ramirez and Schofer 2003), 전략적으로 자신의 전문영역을 정의하는 과학적 행위자에 대한 분석을 제공하지는 못했다(Gieryn 2004).

반면 과학기술학은 과학 분야의 정책결정자들이 만들어 낸 국지적 문화에 대해서 살펴보았다(Jasanoff 1995; Hilgartner 2000). 예를 들어 커(2004)는 유럽의 생명윤리정책의 내용에 대한 연구에서 정책 연결망이 개인의 선택 및 과학의 진보라는 견지에서 쟁점을 프레임하는 방식에 대해서 묘사했다. 이런 연구들이 가치가 있음에도 불구하고 과학기술학의 관점은 조직 수준의 동학과 권력구조의 중요한 영향을 놓치고 있다(Klein and Kleinman 2002). 따라서 신제도주의와 과학기술학의 서로 다른 분석수준은 각각 사회적 실재의 상이한 측면을 부각시킨다는 것을 의미한다. 나는 생명과학 대학원을 조직의 장으로 보는 신제도주의적 통찰과 인기 없는 정책을 굴절시키기 위해서 과학자들이 선택하는 행동에 대한 과학기술학의 시각을 활용하기 위해 양자의 관점을 채택한다.

과학윤리에 대한 관점들

전통적으로 윤리는 도덕적 가치체계에 기반하는 다소 정태적인 행위에 대한 표준으로 정의되었다. 캐스퍼(1998:138)는 [이와 달리] 윤리에 대해 "수용가능한 실천이라고 생각되는 행위들의 근저에 있는 사회적 절차와 판단을 검토함으로써 알아낼 수 있는 특정한 사회적 실천의 집합"이라는 보다 실천적인 정의를 제시하고 있다. 여기에서 나는 윤리강령이나 윤리적 행위의 내용에 집중하기보다는 과학자들이 자신의 활동이 갖고 있는 윤리적 함의를 생각하도록 하는 가시적인 실천이 대학교육에서 일어나고 있는지를 살펴보려고 한다. 따라서 나는 윤리 그 자체보다는 윤리교육을 강조하고 있다. 여기에서 윤리교육은 구체적인 교과목으로 전달되는 공식 교육을 의미한다(예를 들어 "연구윤리", "생명윤리", "책임 있는 연구활동" 등). 연구윤리는 [공식적인 교육이 아니라] 과학연구와 마찬가지로 멘토가 하는 바를 관찰하고 따라 하면서, 즉 "실행을 통해서 배우는 게" 최선이라는 비판이 있을 수 있다. 그러나 커리큘럼은 [과학연구를 위한] 과학적 주제를 다루는 과목을 명시적으로 포함하고 있다. 이와 마찬가지로 윤리교육이 얼마나 존재하는지는 개설된 교과목의 숫자나, 대학원 프로그램 웹사이트에서 필수과목으로 인정된다고 공개되어 있는 윤리관련 교과목의 수로 측정될 수 있다.

생명과학 분야의 조직에서 윤리적 쟁점에 대해서 인지했던 중요한 전례는 〈인간 게놈 프로젝트〉에서 시작되었다. 이 때에도 위원장에 의한 의무조항이 있었다. 에너지부의 〈인간 게놈 프로젝트〉가 시작된 초기에 찰스 델리시[4]는 윤리적인 부분에 대해서 생각했다(Cook-Deegan 1994). 이후에 제임스 왓슨은 국립보건원의 인간게놈계획 기금의 일부가 프로젝트의 윤리적, 법적 쟁점을 분석하는 데 쓰이도록 의무화했다Kevles and Hood 1992; Watson 1990). 결과적으로 〈인간 게놈 프로젝트 윤리적, 법적, 사회적 쟁점Ethical, Legal and Social Issues, ELSI 사무국〉(이하 〈ELSI〉)이 국립보건원과 에너지부 공동으로 설치되었다. 〈ELSI〉가 유전학의 도덕적 함의에 대한 진정한 우려에서 비롯되었건 국립인간게놈연구센터에 대한 정치적 지원을 확보하기 위한 요령 있는 전략 때문이건(Cook-Deegan 1994), 〈ELSI〉는 선도적인 자연과학자들이 〈인간 게놈 프로젝트〉의 역사와 잠재적인 도덕적인 결과에 대해서 사

---

4. [옮긴이] 찰스 델리시(Charles DeLisi) : 1985년 당시 미국 에너지부 보건환경연구프로그램 국장으로 〈인간 게놈 프로젝트〉를 계획하고 실현시키는 데에 주도적인 역할을 했다. 현재는 보스턴대학교 교수로 재직하고 있다.

회과학자, 법학자, 생명윤리학자들의 연구를 지원할 의지가 있다는 것을 보여 주는 것 같았다. 그러나 〈ELSI〉의 함의는 분명하지 않았다. 어떤 특정한 일부의 자금을 할당하면 자연과학자들이 윤리적, 법적, 사회적 쟁점에 대해서 스스로를 교육하는 의무로부터 면제되었다는 것을 의미하는가? 실제로는 그들이 자신들의 연구로 야기되는 윤리적 쟁점에 대한 우려를 "아웃소싱"하는 것 아닌가? 순수과학을 복잡한 이해충돌이나 여타의 사회적·윤리적 쟁점으로부터 분리시키려는 시도는 미국에서 국가가 과학을 지원할 때에 오랫동안 지속되었던 객관성의 에토스라는 오래된 역사를 다시 생각나게 한다(예를 들어 버니버 부시가 루스벨트 대통령에게 보낸 보고서[5]; Kleinman 1995).

기술(과 과학)이 중립적이지 않다는 과학기술학의 기본적인 아이디어는 과학의 객관성 가정과 직접적으로 충돌한다. 로버트 머튼(1973)이 관찰한 것처럼 과학자의 근본적인 에토스는 불편부당성이다 ─ 이상적으로 말해서 "순수한 연구"는 지식의 진보 이외의 주관성이나 이해관계에 의해 오염되지 않는다. 이러한 객관성 가정은 의도가 분명하고 주의 깊은 전문가는 과학의 결과에 대해서 책임이 없음을 의미할 수도 있다. "객관적 과학"은 넬킨과 린디(1995)가 과학자들이 사용하는 로드맵이라는 은유에 대한 묘사에서 명백하게 드러낸 것처럼 문화의 심층에 자리하고 있다. 〈인간 게놈 프로젝트〉는 "어떤 유전자가 어디에 있는지 발견되었다면 그것에 대한 해석은 객관적일 것이다"(8)라는 대응관계의 함수이미지를 활용하고 있다. 반면, 랭던 위너(1986)가 "기술정책"이라고 말했던 과학기술학적인 시각은 모든 기술이 내부에 이데올로기를 배태하고 있음을 의미한다. 역설적으로 과학의 객관적이고 불편부당한 에토스는 과학에 영향을 미치는 실질적인 기술정치학이다. 예를 들어 [앞서 언급한] 넬킨과 린디(1995)의 주장은 〈인간 게놈 프로젝트〉를 중립적인 지도를 만드는 활동으로 바라보는 관점이 일종의 정치적 태도라는 점

---

5. [옮긴이] 『과학, 끝없는 프론티어』(Science, the Endless Frontier)를 말한다.

을 잘 보여 주고 있다. 만약 유전적 차별이나 여타 잠재적인 사회적, 윤리적 딜레마에 대한 의문이 제기되지 않는다면 결과적으로 〈인간 게놈 프로젝트〉는 현 상황을 유지하려는 사람들에게 유리하게 작동할 것이기 때문이다.

정치적 이해관계가 과학을 형성하는 사례로는 폴 래비노우(1999)의 〈밀레니엄제약〉과 프랑스 정부 사이의 협력 실패에 대한 민속지적 연구를 들 수 있다. 근본적으로 프랑스 정부는 "프랑스 DNA를 미국기업에게 내주는 것"을 꺼려했다. 이러한 교착상태를 보면서 래비노우는 프랑스가 유전학의 윤리적 쟁점에 대해서 초기부터 우려를 갖고 있었고 국가윤리위원회를 구성했음을 발견했다. [이 경우에] 윤리적 쟁점들이 주목받았지만, 이런 문제를 제기한 사람들은 생명윤리 "전문가"들이었다. 생명윤리학이라는 전문분야의 존재는 과학자들이 자신들의 연구에서 기인하는 인문학적 (또는 프랑스의 경우에는 민족주의적) 쟁점에 대해서 생각해 봐야 하는가라는 질문을 야기했다. 래비노우(1999 : 110)는 이러한 지식의 분할은 윤리학의 활용이 "'유전체에 대한 것'을 탐구하고, 구성하고, 발견하고, 발명하는 작업이 벤처캐피털과 큰 다국적 제약회사뿐만 아니라 (지식과 건강을 발전시키기 위한 노력이 언제나 잉여를 위한 잠재력을 수반하는) 과학자와 의사들에게 맡겨지고 있는 상황에서는, 단지 사후적인 대응에 불과하다고 주장했다. 분자생물학 및 유전체학에서 새로 드러나고 있는 생명체에 대한 지식과 진리들이 야만적이고 퇴폐적인 세력들에 의해, 그리고 그들의 이해관계에 의해 형성될 것이라는 뚜렷한 위험이 존재한다"고 주장했다. 제약회사들이 "야만적"인지는 논쟁가능하지만 이러한 기업들은 윤리적 쟁점에 대해서 인지하지 못하는 "객관적"인 과학자들의 작업에 영향을 미칠 수 있는 경제적 이해관계를 분명히 갖고 있다.[6] 아무리 과학이 중립적이라고 주장하지만 과학이 중립적이지 않다는

---

6. 머튼(1973)이 이윤을 추구하는 조직에서 수행되는 과학은 이상적인 에토스에 부합하지 않을 수 있다고 말했다. 특히, "공유주의"(communism) — 지식공유 — 의 규범은 소유권이 있고 특허권이 부여된 과학에 의해 위반된다. 과거에도 여러 사람들이 언급했듯이, 머튼의 정

과학기술학의 이러한 논의가 윤리교과목이 인기가 없을 수 있는 이유에 대한 하나의 설명을 제공하고 있다. 윤리교과목은 과학활동의 본질에 대한 깊이 뿌리박힌 신념과 모순이 되기 때문이다.

　과학자들이 의무적인 윤리교육을 수용하길 꺼려하는 이유를 생각하는 또 다른 방식은 기술정치학이 나타나는 조직적 맥락에서 문제를 바라보는 것이다. 조직은 변화하기 어렵고 변화가 일어나는 경우라도, 변화는 단지 표면에서만 일어나곤 한다. 어떤 조직이 [일단] 한 방향으로 움직이기 시작하면 같은 경로로 계속 움직이려 하고, 상당한 노력을 들여야만 변화할 수 있다 (Stinchcombe 1965). 예를 들어 어떤 식당이 패스트푸드 거리에 개업하면 고급식당으로 변화하기는 극도로 어려워진다. 객관성의 에토스에 근거한 대학원 과정은 주요 교과과정에 윤리교과목을 즉시, 선뜻 의무화할 수 있을 것 같지 않다.

　조직적 관성은 조직들이 고립된 단위가 아니라는 사실에 의해 교란된다. 조직들이 자리하고 있는 현장인 보다 넓은 제도적 환경도 영향을 미칠 수 있다. 일단 대학원 프로그램을 설치하는 특정한 방식이 정당화되면 다른 프로그램들은 매우 흡사해질 수 있을 것이다. 이러한 동형화isomorphism는 저명한 다른 프로그램을 따라하거나 전문적으로 보여야 한다는 규범적 압력에 기인할 수 있다(DiMaggio and Powell 1983). 전세계의 조직들 사이의 유사성은 일을 하는 제도화된 방식에 내재하고 있는 동형화 압력에서 생겨난다. 자원을 잃어버릴 수 있다는 위협은 신제도주의 이론에서의 강제적 동형화를 만들어 낸다. 강제적 동형화는 각 조직들이 특정한 행위를 하도록 [외부로부터] 강제되었기 때문에 실제로 유사한 행동을 하는 것처럼 보일 수 있다는 설명이다(DiMaggio and Powell 1983). 아울러 새롭게 공유하는 구

식화는 현실의 다른 규범과 불편부당성에 대한 경험적 평가라기보다는 과학이 무엇이어야 하는가에 대한 이론적 논의다.

조나 조직적 행위에 대해서도 다른 식의 해석을 제공한다. 이런 구조나 행위는 어떤 조직이 실질적인 변화는 없었지만 "효율적" 또는 "효과적"인 집합체인 것처럼 자신을 드러냄으로써 스스로의 정당성을 입증하려고 활용하는 수단, 또는 "합리주의적 신화"일 수도 있다(Meyer and Rowan 1977). 로렌 에델만(1992)은 기업들이 고용평등법에 대응해서 차별철폐 부서를 설치했지만 실제로는 고용 및 승진관행를 거의 변화시키지 않았던 것을 사례로 들었다.

어떤 과학조직의 설계 변화는 의식적인 결정이지만 이러한 결정을 만들어 낸 사회적 과정은 명시적이거나 합리적이지 않을 수 있다(예를 들어 누가 기술을 활용하는가와 그들이 기술을 활용하는 방식이 무엇인가가 항상 명확하게 고려되는 것은 아니다). 대체로 이런 과정에서 얻어지는 산물은 의도하지 않은 결과이다. 의사결정자는 과거와 현재의 사회적 과정 및 구조와는 무관하게 조직과 기술을 최적화해 낼 수 있는, 맥락과 무관하게 합리적인 계산만 수행하는 사람이 아니다. 예를 들어 이윤 극대화보다는 비윤리적인 기업관행이 챌린저호 폭발사고 같은 기술적 재난으로 이어질 수 있다. 본(1996：68; 강조는 필자)은 이런 재난이 조직적 관성의 귀결임을 보여 주었다：챌린저호 사고가 "조직의 목표를 달성하기 위해 규칙을 의식적으로 위반하는, 비도덕적으로 계산하는 관리자들 때문에 발생한 것은 아니다.…… 의식적인 미적분학조차 요구하지 않고 엔지니어와 관리자들의 의사결정에 영향을 미치고 있는 생산의 압력이 제도화되었다." 조직적 맥락을 관찰하다 보면 현실에서의 윤리적 쟁점이 갖는 복잡성이 드러난다. 의사결정자들은 조직과 기술을, 제도화된 업무 방식에 근거해서 설계한다.

그럼에도 불구하고 조직 내에서 일하는 사람들이 꼭두각시라는 건 아니다. 미국 정책에 대한 신제도주의적 연구는 조직적 행위자가 정당성, 자원, 법적 제약 등의 사회적인 유인들에 반사적으로 반응하는 대신 이런 힘들과 어떻게 협상하고 어떻게 그것들을 해석하는지를 분명히 보여 주었다. 도빈,

서튼, 메이어, 스콧(1993)은 내부노동시장7의 발전에 대해서 설득력 있는 제도주의적 논의를 제공하고 있다. 내부노동시장이 단지 보다 효율적인 고용구조이기 때문에 생겨났다는 ─ 특히, 대규모의 기술집약적인 조직에서 ─ 합리주의적 이론과 대조적으로 도빈 등(1993)은 내부노동시장이 고용평등위원회Equal Employment Opportunity Commission, EEOC의 정책에 대한 조직적 반응으로 출현했음을 보여 주고 있다. 게다가 고용평등위원회 법률에 대한 법원의 해석으로 인해 기업에서는 표준화된 시험이나 경쟁적인 신규고용보다는 내부노동시장을 통한 관료주의적 고용과 승진체계를 선호하는 조직적 행위를 만들게 되었다. 인사부의 전문가들은 내부노동시장이라는 해결책을 제도화함으로써 기업에서의 규범적 동형화를 창조했고 이와 동시에 국가는 정책을 통한 강제적 동형화를 조장했다. 에델만, 풀러, 마라–드리타(2001)는 관리자들이 시민권 법안을 재해석하는 과정에서 정책을 어떻게 제도화했는지를 심층적으로 보여 주었다. 작업장에서 성별 및 인종의 다양성을 촉진하려는 연방정부의 고용평등위원회 정책은 다른 지역에서 오거나 다른 관점을 가진 사람들을 포함하는 것이 다양성이라는 식으로 "관리자적 관점으로 변형되었다.managerialized"

클레멘스(1997)가 보여준 것처럼, 특히 미국 같은 다원주의 체계에서 정책의 집행은 적극적인 지지유권자그룹을 갖고 있는가에 [크게] 좌우된다. 진보주의시대에 대한 연구에서 클레멘스는 제도적 환경과 이해당사자 집단의 결합이 새로운 정책의 결과에 매우 중요했음을 보여 주었다. 워싱턴 주에서는 인민주의자들이 의회에 진출하면서 자신들의 의제들을 통과시켰지만 새로운 노동자보상법안은 강제하지 않았던 것처럼, 후속 작업들이라 할 만한 것이 거의 없었다. 그러나 위스콘신에서는 사회주의정당의 농민과 조

---

7. [옮긴이] 기업이 필요로 하는 인력을 외부의 노동시장에 의존하지 않고, 노조와의 협의 또는 경영진의 계획에 의해서 노동자들의 배치전환, 임금, 승진을 통해 노동력을 관리하는 방식을 말한다.

직노동의 조합주의적 동맹이 위스콘신대학과 거대 농업자본의 이해관계보다는 소농들을 위해서 주정부가 농업 분야를 지원하도록 하는 투표블록을 구성했다.

위에서 논의한 경험연구로부터 구조화의 이중성duality이라는(Giddens 1984) 신제도주의가 갖고 있는 가정이 분명하게 드러난다. 어떤 유형의 조직들 – 기업이건 대학이건 – 이라도 그 내부의 제도들은 제약조건과 행위성의 요소를 갖고 있다.[8] 당연하게 받아들여지는 가정들 – 가령 과학자들의 자기통치가 가능하게 하는 메커니즘은 [과학의] 객관성 때문이다 – 이 조직행위자의 인식을 형성한다. 그러나 조직적 행위자들 역시 자신들을 움직이게 하는 제도들을 유지[재생산]하고 재창조[변형]한다.

과학기술학과 신제도주의 이론을 통해 생명공학전공 박사과정 학생들에게 자신들의 연구의 사회적, 윤리적 결과를 교육하는 문제를 생각해 보면, 대학원 프로그램이 완전한 수준의 윤리교육을 교육과정에 포함시키는 것을 꺼려할 것이라는 예측을 가능하게 한다. 연방정부의 연구비 지원기구의 유인체계가 가져올 수 있는 변화는 대학원 프로그램의 외형 변화에 그칠가능성이 더 높다. 관련된 문제는 어떤 대학이 그 학교의 위신에 따라 윤리교육을 시행하는지에 대한 것이다. 엘리트 대학은 연구비 지원기구, 정책결정자, 언론에 보다 잘 알려지기 때문에 대학원생에 대한 윤리교육을 [커리큘럼에] 포함시켜야 할 외부적인 압력을 느낄 가능성이 더 높다. 다른 한편, 엘리트 프로그램일수록 자신들의 교육정책을 형성하려는 외부압력에 저항할 권력을 가졌을 수도 있고 "과학적이지 않은" 수업은 생략할 수도 있다. 연구윤리

---

8. 그러면 아마도 유인과 합리주의적 신화의 병치는 잘못된 이분법이 될 것이다. 우리는 연방정부의 정책은 유인과 합리주의적 신화 양자 모두를 위한 제도적인 재료를 제공한다고 말할 수도 있다. 그러나 유인에 대한 단순한 비용/편익적 반응과 합리주의적인 규칙추종의 신화의 구성 – 행위의 적극성은 인정되지 않지만 – 사이의 구분을 인지하는 것은 여전히 중요하다.

나 생명과학에서의 사회적 쟁점에 대한 교과목들이 정책에 대한 대응으로 개설된다는 증거가 있다면 이런 교과과정이 진지하게 받아들여지고 있는지 또는 합리적인 신화를 제공하고 있는지는 두 번째 질문이 될 것이다. 이 글에서는 첫 번째 질문에 답하면서 두 번째 질문에 대해서 탐구하고 있다.

생명과학 박사과정 학생들에 대한 윤리교육의 관성을 측정하는 방법으로 서로 다른 대학에서 수행하는 방식들의 유사성을 살펴볼 수 있다. 특히 나는 동일한 수준의 명성을 갖고 있는 대학들이 윤리적인 쟁점에 대해서 과학자들을 교육할 때에 서로 흡사할 것이라고 예측했다. 엘리트 대학들은 외부에 쉽게 드러나고 자원이 많기 때문에 다른 대학들보다 윤리를 수용하기 쉬울 것이다. 그렇지 않으면 생명과학 분야의 대학원들에는 엘리트 대학의 모델이 전반적으로 확산되어 있기 때문에 윤리교육을 취급하는 방식도 그들과 동일할 수 있다. 주로 제도적, 조직적 압력에 기초해서 – 즉, 다른 대학들이 엘리트 대학에서 윤리를 다루는 방식을 모방할 수 있다 – 유사한 패턴이 [나타나리라고] 예상된다.

연방정부의 정책, 대학, 과학의 제도화

2000년에 시행된 윤리인증정책이 대학에 어떤 영향을 주었는지를 평가하기 위해서 유사한 사례들을 고려해 볼 수 있다. 미국에서의 관련된 정책 변화로는 1980년대에 연방정부의 연구비 지원기구에서 대학들이 연구부정행위 문제(예: 조작된 결과를 발표하는 경우)를 다루는 체계적인 방식을 설계하도록 했던 경우를 들 수 있다. 1987년 국립보건원이 연구비를 지원받는 대학들에서는 부정행위를 조사할 수 있는 절차를 적시하고 있어야 한다고 발표한 이후, 1988~1989년에 의회 청문회가 여러 번 열렸다. 추빈과 헤켓(1990:134~135)에 따르면 청문회에서는 연구의 질을 평가하는 독립 기구를 설치하자는 "급격한" 방식에서부터 대학원 교육과정에 연구윤리 과목을 필수로 하자는 "효과가 없는 듯한" ineffectual 방식의 제안들이 나왔다. 대학원 교과과정을 변화시킨다고 하더라도 이런 윤리 교과목들이 진지하게 다뤄지지 않는 게 보통이고, 학생들의 장래 진로에는 거의 영향을 미치지 못한다는 게 그동안의 교훈이기 때문에 효과가 없으리라는 예측이 있었다.

연구부정행위에 대해서 의회에서 관심을 가진 결과, 1995년 보건복지부 장관 산하에 연구윤리국이 설치되었다. 연구윤리국은 그 자체로 독립기구는 아니었지만 거스턴(2000)이 말하는 제도화된 과학과 조직화된 정치 사이의 구분을 연결해 주는 "경계조직"boundary organization이다. 연구윤리국은 대학들에게 부정행위와 과학자들의 책임accountability에 대한 공식화된 정의를 제공했다. 윤리교육 정책은 보다 분산적이고 탈집권화되어 있으며 윤리교육에서 다루는 줄기세포 복제나 유전적 차별 등의 쟁점들은 1980년대에 있었던 유명인사의 부정행위보다 개별적인 "나쁜 놈"을 지적하기에 어려움이 더 많았기 때문에 의회에서는 그리 좋은 반응을 받지 못했다. 이렇게 윤리교육인증정책을 연구윤리국으로 집중되기 이전의 연구윤리 문제와 비교해 볼 수 있다. 연구윤리 정책이 잘 정의되기 전까지는, 과학자들은 당연하게 받아들여지던 오래된 객관성의 에토스를 수용하고 있었다.

연구윤리국의 설립에도 불구하고 대중매체에서는 ─ 윤리교육을 포함해서 ─ 과학을 자기규제하는 제도로 묘사하는 경향이 있다. 『뉴욕타임즈』의 기사(Kolata 2003)는 정부가 생명과학자들을 대상으로 하는 연구윤리 개설 교과목 개수에 대한 데이터를 제공하지 않고 있다고 지적했다. 이 기사에서 기자는 학점이 부여되고, 매우 깊이 있는 내용을 다루는 하나의 연구윤리 교과목에 대한 관찰에 기반해서 "점점 더 많은 대학들이 실질적인 교과목을 개설하고 있고 학생들에게 수강을 의무화하고 있다"(강조는 필자)고 의견을 밝히고 있다. 과연 이런 설명은 이공계열 대학원 교육과정에 대해서 제대로 요약하고 있는가, 아니면 지나치게 낙관적인 견해인가?

제도들은 관련된 조직들의 경계 내부에서뿐만 아니라 광범위한 대중들의 기대 내에서 관성을 갖는다. 과학에 대한 객관성 에토스는 과학자들에게

만 존재하는 것이 아니다. 그것은 사회에서의 과학의 민주적 역할에 기여하기보다는 엘리트 전문가를 정당화하는 레토릭이 된다. 추빈과 해켓(1990 : 4)은 과학의 정당성의 기초가 무엇인가에 대해서 질문을 던진다 : "우리는 통상 우리가 이해하지 못하거나 교육과정에서 배우지 못했던 영역에 대한 결정을 내리는 권위를 전문가들에게 위임한다. 우리는 전문가들이 우리의 최선의 이해관계가 무엇인지를 염두에 두고 있다는 신뢰를 갖고 있다. 우리의 신뢰가 잘못된 것이라면 전문직이라는 집단이 우리들을 위해서 신속하고도 결정적인 교정 행동을 취할 것이라고 우리는 기대한다. 그러나 과연 이것이 과학과 민주주의 사회의 적절한 관계인가?"

자료와 방법

어떻게 한 개인이 연구윤리 인증을 받을 만큼 교육되는가? [이를 알기 위한] 한 가지 방법은 연구책임자들이 국립보건원 홈페이지www.nih.gov를 통해서 접근할 수 있는 웹사이트를 들어가 보는 것이다. 이 방법은 연구팀의 리더들은 활용할 수 있지만 연구비를 지원받은 연구실에서 일하는 대학원생들이 이용할 수는 없다. 인증웹사이트를 보다 자세히 살펴보면 과정이수가 윤리강령과 사례연구에 대한 수십 페이지의 웹사이트를 클릭하고 몇 가지 간단한 객관식 질문에 답하는 것으로 가능하다는 것을 알 수 있다.

사실 연구윤리를 가르치는 가장 흔한 방식은 [앞에서 말했던] 연구책임자가 웹에서 볼 수 있었던 교과과정과 같은 사례기반수업이다. 국립암연구원의 사례를 보자.9 "특정한 유전자와 수줍음의 연관성에 대해 알고 싶어 하는 연구자들이 있습니다. 그들은 다음과 같이 연구를 설계했습니다. 대규모 공

---

9. http://cme.cancer.gov/c01/g05_01.htm, 2004년 11월 11일 접속.

립학교의 2학년 학생들을 코호트[10]로 해서 연구가 수행되었습니다. 연구팀은 어린이들을 교실에서 관찰하였고 유전적 분석을 위해 그들의 침 표본을 수집하였습니다." 이런 인터넷 교육을 받는 학생은 이 사례의 위험들에 대한 질문에 대답하도록 요구받는다. 다음과 같은 네 가지 쟁점이 답으로 제공되었다. "교실에서의 행동이 관찰되기 때문에 어린이들의 프라이버시가 침해될 수 있다, '수줍음을 탄다'고 정의된 어린이들이 낙인찍힐 수 있다, 유전자검사나 유전자 활용, 또는 유전정보공개에 대한 주정부의 법률이 있을 수 있다, 연구가 종결될 때, 유전자 표본을 어떻게 할지에 대한 불확실성이 있다." 여기에서 수줍음 유전자를 찾는 데에 따르는 윤리적, 사회적 문제는 비밀유지, 법적지침준수, 개인적피해회피 등의 쟁점으로 협소화된다. 이 사이트에서는 독자들이 어떻게 하면 연구대상을 위험으로부터 보호할 수 있는지에 대해서 명확하게 말하고 있지 않다. 게다가 주어진 문화와 상황에서 수줍음이 어떻게 사회적으로 구성되는지를 인식하는가 ─ 다시 말해 특정한 맥락에서 "수줍음"이라고 고려되는 행위가 다른 맥락에서는 좋은 태도일 수도 있다 ─ 라는 보다 넓은 문제나 이 연구가 과학적 자원을 잘못된 방향으로 쓰고 있는 게 아닌가라는 질문은 제기되지 않는다. 사실상 이러한 온라인 강좌에 인터넷으로 접속하는 학생들은 이런 질문을 제기할 수도 없다.

전체적으로 테스트를 기반으로 하는 인터넷 인증은 실험대상이 되는 인간에 대한 보호와, 보다 일반적으로 연구윤리에 대한 지식의 확산을 보증하기에는 다소 피상적인 방식이다. 과학자들도 이런 인식에는 동의하는 것처럼 보인다. 과학자들에게 이런 교육의무조항에 대해서 의견을 물어보면 말할 가치도 없다는 듯, 눈을 굴리고 무시하듯 머리를 흔드는 게 전형적인 반응이다. 추가 질문이 요구되었을 때, 내가 들을 수 있는 언어적인 반응은 테

---

10. [옮긴이] 코호트 : 통계적인 연구를 위해서 특정한 집단을 설정해서 시간에 따라서 지속적으로 변화를 추적하는 연구를 할 때의 집단을 일컫는 표현.

스트를 조롱하는 것이었다(예: "멍청해," "웃기네," "농담이야").

인터넷이 연구윤리처럼 복잡한 주제에 대한 교육을 하기에 최선의 공간이 아닐지라도 대학원 프로그램에서 활용할 수 있는 교육에 대한 정보를 검색하기에는 유용하다. 생명과학 대학원 과정에서 윤리교육이 얼마나 이루어지고 있는지를 평가하기 위해서 나는 2001년 당시, 미국 대학의 웹사이트에서 찾을 수 있는 교과목 설명을 대상으로 내용분석content analysis을 수행했다. 여기에서의 내용분석은 [연구자가 감당할 만큼] 적당한 숫자의 대학원 프로그램과 각 프로그램의 필수교과목에 대해서 질적연구를 하기 위한 목적으로 시작되었지만, 표본의 일부는 전체 그림을 잘 대표할 수 있도록 하기 위해서 무작위로 선택되었다. 표본추출은 국립연구위원회(1995)의 생명과학 대학원 순위에 있는 미국의 전체 대학원 목록에서 확보했다. 나는 대학들(N=50)의 25%에 대해서 층화된 무작위표본을 선택했다. 표본은 생화학과 분자생물학 분야의 대학순위의 권위에 따라 층화했다. 상위 10개 프로그램 모두는 가시성이 높기 때문에 모두 포함시켰다. 모방적 동형화가 진행되고 있다면 이러한 상위프로그램들이 모방의 대상이 될 것이다. 상위 10개 대학은 생명과학 분야 박사의 거의 3분의 1을 배출하고 있다(대학원 프로그램 범주에 대한 심화된 논의는 Smith-Doerr 2004를 참고하라). 나는 무작위로 11~50위권 대학 및 51위 이하 대학이라는 다른 두 범주의 각각에서 20개 대학을 선택했다. 생명과학은 지식이 진화하는 영역이고 표준적인 학과 및 프로그램 명칭이 없는 현실은 해당 분야의 학제적인 속성을 반영하고 있다. 나는 관련 분야에 대해서 잘 알고 있는 인사들과의 토론에 입각해서 분자생물학을 생명과학의 가장 주요한 분야로 간주했다. 국립연구위원회의 목록에서 선택된 대학의 여러 학과들 중에서 분자생물학 분야를 가장 잘 대표하는 학과를 검색했다.

웹사이트의 내용을 연구하려면 특정한 유형의 정보에 의존해야만 한다. 몇몇 대학들은 다른 학교들에 비해 웹사이트를 디자인하는 데에 더 많은 자원을 활용했을 수도 있다. 2001년과 2003년, 표본에 있는 모든 학교들은 전문적으로 보이는 생화학–분자생물학 관련 프로그램 웹사이트를 갖고 있었다. 웹상에서 제공되는 프로그램에 대한 정보는 정도의 차이가 있었고 [이러한 차이는] 분석과정에서 고려되었다. 나는 어떤 프로그램에 윤리학 과목이 있는지를 판단할 때에는 다소 보수적인 방식을 사용했다. 예를 들어 하버드는 윤리학을 선택과목으로 갖고 있는 학교로 분류되었다. "줄기세포와 복제"라는 수업이 "발달생물학 분야의 고급과목이다. 다른 유기체에서의 배아줄기세포와 성체줄기세포는 분자, 세포, 잠재적인 치료적 속성이라는 측면에서 검토되었다.…… 역사적 맥락에서 현재의 성과가 고려될 것이다; 윤리적, 정치적 고려는 무시되지 않을 것이다"라고 묘사되었다.[11]

교육기관이 [교육내용에 대해서] 어떤 우선순위를 갖고 있는지가 웹사이트에 적절하게 반영되고 있는가는 중요하다. 대학원 프로그램의 비공식 조직들에 대한 정보는 온라인 상에서 구할 수 없는 게 분명하다.[12] 이런 자료들은 질적 관찰로부터만 수집될 수 있다. 웹사이트가 제공할 수 있는 것은 어떤 조직의 공개적인 측면에 대한 정보이다. 어떤 프로그램의 웹사이트에는 언급되지 않았음에도 윤리적 쟁점이 박사과정 학생들에게 비공식적으로 교육되었다는 게 중요할 수도 있다. 그러나 어떤 웹사이트에서는 "우리[생명과학자]에게 무엇이 중요한가"에 대해서 흥미로운 메시지를 담고 있는 경우도 있다. 과학자들을 위한 윤리교육에서 공개적으로 표방한 내용은 생명과학자의 적절한 역할에 대한 설명과 [대학원 프로그램의] 조직적 목표에 대한 정보를 알려줄 수 있다. 질적인 내용분석은 [대학원 프로그램에] 윤리교육을 포함시키는

---

11. www.mcb.harvard.edu/Education/Graduate/courses.html, 2003년 9월 30일 접속. 강조는 필자.

12. 그러나 매우 흥미롭게도 하버드는 대학원 프로그램과 연구실에서의 생활에 대해서 학생들과 박사후연구원들의 인터뷰 전문을 공개하고 있다. 이런 인터뷰는 학생들이 연구실에서 나와서 사람들과 노는지, 학계에서의 직업만큼이나 기업에서의 직업을 신뢰하는지 등과 관련한 비공식적 규범에 대한 토론을 포함하고 있다.

것이 대체로 연구비 지원기구, 대학의 행정당국, 또는 기타 청중들에게 정당성을 드러내기 위한 "쇼윈도 장식"에 불과한 것인가를 탐색해볼 것이다.

결과에 대한 토론

국립보건원이 정책을 발표한 2000년에서 1년이 지난 2001년에는 연구의 윤리적, 사회적 함의를 다루는 수업을 개설한 생화학 및 분자생물학 대학원 프로그램이 별로 없었다. 2001년에 추출한 50개 대학의 3분의 2는 온라인 상에 대학원 프로그램에서의 필수 또는 선택 윤리과목을 등록하지 않았다. 2003년에는 어느 정도 향상이 있었다. 가시적인 윤리교과목을 개설하지 않은 프로그램은 전체의 5분의 2로 감소했다.

표 1은 프로그램의 권위[13]와, 공식적인 윤리수업 – 몇 학점 수업인지는 무관하다 – 을 필수과목으로 하는 것이 어떤 관계를 갖는가를 보여 주고 있다. 2001년, 상위 50위권에 드는 연구중심 대학의 프로그램들은 대체로 윤리수업을 필수로 하고 있었지만 하위권의 대학들은 순위에 비례해서 [윤리과목을] 선택과목으로 하고 있었다(그림 1). 2003년에는 보다 많은 하위권 대학들이 윤리수업을 필수 과목으로 채택했고 보다 많은 상위권 대학교들은 연구의 사회적, 윤리적 측면을 포괄하는 선택과목들을 갖고 있었다(그림 2). 거의 모든 대학들이 웹사이트에 교과목을 올려 놓고 있었다. 2001년에는 하위권 대학들이 온라인 상에 자신의 프로그램에 대해서 충분히 설명해 놓지 않는 경향이 있었지만 2003년에는 다른 프로그램들과 유사한 모습을 띄었다.

이런 결과에 대해서 초기[2001년]에는 특히 학위권 대학의 웹사이트에는 대학원 프로그램에 대한 정보가 충분하지 않았다는 단순한 설명을 할 수

---

13. [옮긴이] 국립연구위원회의 순위를 의미한다.

국립연구위원회 순위	N	윤리학 필수		윤리학 선택 개설		웹사이트에 교과목 게시	
		2001	2003	2001	2003	2001	2003
1~10	10	3 (30%)	5 (50%)	0	4 (40%)	9 (90%)	10 (100%)
11~50	20	7 (35%)	9 (45%)	2 (10%)	3 (15%)	20 (100%)	19 (95%)
50~200	20	1 (5%)	6 (30%)	4 (20%)	4 (20%)	14 (70%)	19 (95%)
계	50	11 (22%)	20 (40%)	6 (12%)	11 (22%)	43 (86%)	48 (96%)

〈표 1〉 국립연구위원회 순위에 따른 생명과학 박사과정 프로그램 중 윤리학을 필수로 지정한 수(와 비율)(2001, 2003년) (출전 : 자료의 수집과 분석은 필자)

있다. 표 1의 마지막 열에서 우리는 프로그램의 88%가 2001년 웹상에 교과목을 올려 놓은 것을 알 수 있지만 몇몇은 하지 않았다. 특히, 캔자스주립대학교와 조지아의대는 국립연구위원회의 상위권에 있지 않았고 교과목 번호, 제목, 설명에 대한 구체적인 정보도 제공하지 않았다. 그럼에도 불구하고 두 학교 모두 필수교과목에 대해서는 일반적인 설명을 하고 있다. 캔자스주립대학교에서 학생들은 "(두 학기 과정의) 생화학 핵심교과목"을 수강한다. 조지아의대의 핵심 과목은 "분자복제, 유전자고립 및 분석, 유전자치료, 유전자변형동물, 세포배양, 형질주입transfection, 조각집게법patch clamp technology" 등의 주제를 포함한다. 그러나 프로그램에 대한 이런 특수한 설명에 연구윤리 쟁점은 언급되고 있지 않다. 그러므로 이 두 개의 웹사이트가 필수교과목의 교과목번호까지 정확하게 언급하고 있지는 않지만, 윤리학이 교과과정에 포함되어 있지 않다는 가정은 가능한 모든 정보에 대한 종합적인 분석에 근거하고 있다. 2003년에는 두 학교 모두 교과목과 필수과목을 명시적으로 나타냈다(그리고 당시 조지아의대는 윤리 과목 하나를 필수로 하고 있었고 캔자스주립대학교에는 선택과목으로 한 과목의 윤리교과목이 있었다).

몇몇 프로그램이 웹사이트에는 나오지 않는 윤리 필수조항을 갖고 있었을지라도 이 프로그램들이 윤리교육을 공공연하게 드러내지 않고 있었다는 사실이 말하는 바가 있다. 대학원 프로그램에 대해 설명하는 웹사이트의 청

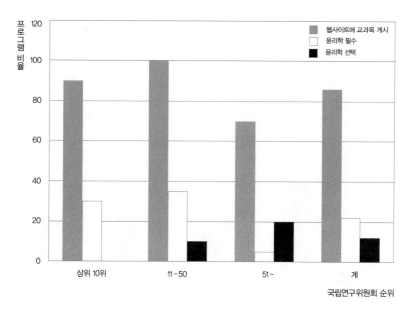

〈그림 1〉 윤리학 과목을 보유하고 있는 박사과정 프로그램의 비율 (국립연구위원회 순위, 2001년. 자료수집과 분석은 필자)

중이 미래의 학생들이라는 사실을 기억해 두자. 생물학과 대학원생들이 대학원에서 윤리수업을 통해서 충격을 받을 거라고 대학에서 가정하고 있을까? 만약 그렇다면 대학에서 생명과학을 전공했을 때의 사회화과정으로부터 기인했을 것이다. (아마도 그 당시에는 거의 윤리수업을 받지 않았을 것이다).

　　2003년의 내용분석에서 드러난 최근의 경향은 새로 개설된 교과목이, 대학원 학생들의 전문가로서의 사회화과정을 변화시키기보다는 국립보건원을 만족시키기 위한 형식적인 노력일 수 있음을 보여 주고 있다. 네 곳의 대학원 프로그램은 자신들의 교과목들이 국립보건원의 요구조건을 만족시키고 있다고 명시적으로 말하고 있는데, 윤리학을 배우기보다는 요구조건을 만족시키는 것이 핵심적인 목표라는 점을 분명히 했다. 예를 들면 남가주대학은 "생의료연구에서의 윤리와 책임"이라는 1학점짜리 교과목을 개설하고 있는데, 교과목 설명에 따르면 "이 교과목은 연방정부의 지원금으로 인건비

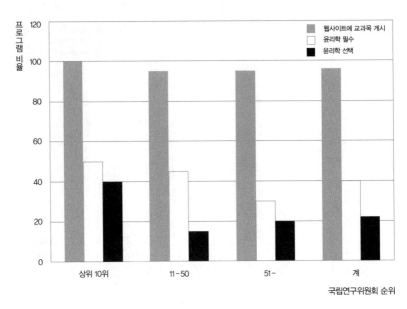

<그림 2> 윤리학 과목을 보유하고 있는 박사과정 프로그램의 비율 (국립연구위원회 순위, 2003년. 자료수집과 분석은 필자)

를 받고 있는 박사과정 및 박사후과정 연구원들이라면 모두 윤리교육을 받기를 의무화하는 현재의 연방정부의 규정을 만족시키기 위한 방법으로 설계되었다"라고 되어 있다. 이렇게 교과목 설명을 법적인 용어를 써가면서 설명하는 행위는 대학원 프로그램들이 법적인 조항에 친숙한 규칙추종자로 보이려고 노력하고 있음을 보여 준다. 2003년 자료에서 새롭게 등장한 또 다른 경향은 어떤 프로그램들은 국립보건원의 주도권을 추종하고 있으며 정규적인 수업시간 및 교수들의 시간을 할애해서 윤리 및 사회적 쟁점을 다루기보다는 새로운 교과목을 온라인으로 개설하고 있다는 점이다. 세 개의 대학들이 온라인으로 수업을 제공하고 있다. 예를 들어 로웰 소재 매사추세츠 대학은 "생명윤리학"을 1학점 과목으로 개설하고 있다. 학생들은 기업에서 온 초청연사들이 가르치는 정규 교과목을 수강하거나 온라인 강의를 들을 수 있다. 두 가지 모두 문제가 있다.

각 학위과정이, 자신들의 연구를 둘러싼 폭넓은 사회적 쟁점들에 대해 학생들을 교육하라는 국립보건원의 의무조항을 얼마나 진지하게 받아들이는지를 측정하는 또 다른 방법으로는 국립보건원 기준을 만족시키는 교과목에 대해서 몇 학점을 부여하는지를 보는 것이다. 2003년에 윤리교육을 필수로 하는 20개 학교에서 3개 학교만 이러한 교과목에 대해서 학점을 부여하고 있음을 명시하고 있었다(여기에는 제칠일안식일교회 전통에서 "종교" 과목을 필수로 하고 있는 로마린다대학도 포함된다). 두 개 학교는 연구윤리 과목에 대해서 학점을 명시하고 있지 않았고 나머지는 학점을 주지 않거나 정식 학점의 일부(대체로 1학점)만을 인정하고 있었다. 다른 말로 하면 "점점 더 많은" 대학들이 "실질적인" 연구윤리 과목을 필수로 하고 있다는 『뉴욕타임즈』의 보도보다는(Kolata 2003) 50개의 프로그램 중에서 단지 세 개만이 이러한 의무를 가시적으로 보여 주고 있었다.

내용분석자료는 생명과학 대학원 프로그램들이 실질적인 변화를 갖는 국립보건원 정책의 재정지원 유인에 응답하기보다는 윤리교육의 합리적 신화를 구성하고 있다는 생각을 뒷받침하는 초기의 증거가 되고 있다. 조직을 가로지르는 종류의 윤리교육에서 상대적인 균일성이 있기 때문에 제도적 동형화가 일어나고 있다는 걸 보여 주고 있다.

대학의 생명과학자들과의 인터뷰에서는 개인들이 연구의 폭넓은 윤리적 함의의 중요성을 얼마나 심각하게 생각하는지에 변이가 있었다. 몇몇은 쟁점들에 대해서 매우 진지하고 사려 깊었지만 자신들의 이해관계를 국립보건원이 강제한 정책들 외부에서 추구되어야 하는 것으로 보고 있다. 다른 사람들은 이러한 정책을 귀찮고 자신들의 권한 외부에 있다고 간주하고 있다.

엘리트 대학교에서 박사후과정을 밟고 있는, 스스로 생물학자라고 말하는 한 사려 깊은 사람은 "윤리교육 자체가 없는 (또는 우스울 정도로 있는) 상황에서도 대화는 여전히 계속되고 있습니다. 나는 새로운 [과학]지식이라면 [윤리적인 쟁점과 무관하게] 어느 것이라도 좋은 지식이라는 태도가 널리 퍼져 있다고 인정해야만 합니다. 그렇다 하더라도 나는 점점 더 윤리적인 쟁점들이 학술지에서나 커피를 마실 때, 그리고 강의실에서 논의되고 있다는 걸 발견할 수 있습니다"라고 주장했다.

윤리교과목이 다양한 쟁점에 대한 실질적인 생각이 전개되는 공간이 아니며, 윤리교과목이 개설되는지 여부는 평균적인 학생들의 일상생활에는 거의 영향력이 없다는 게 그녀가 말하려는 핵심이었다. 국립보건원 정책의 교육적 목표는 보다 다양한 쟁점들을 염두에 두고 있는 학생들 내부에서도 의도한 대상을 놓치고 있는 것처럼 보인다. 연구중심 대학의 대학원 주임교수 한 명은 국립보건원의 정책을 성가시게 보고 있었고 대부분의 대학원생들도 윤리교육에서의 시도들을 귀찮게 보고 있다는 의견을 제시했다. "솔직히 말해 대학원생들은 대부분 윤리교육을 농담이라고 생각해요." 그 주임교수에게 이러한 태도가 교수들이 갖고 있는 느낌도 반영하고 있는지를 물었을 때, 그는 멋쩍게 웃으면서 "네, 교수들도 별로 낫지는 않죠"라고 대답했다. 과학자들이 윤리 의무규정을 다루는 방식은 다른 조직적 행위자가 새로운 정책을 자신의 조직적 또는 정치적 의제를 위해 활용해서 기존의 제도와 부합하도록 정책을 해석하는 방식과 동일하지 않게 보일 수 있다(Edelman et. al. 2001; Clemens 1997). 대신 생명과학자들은 윤리학을 보다 진지하게 간주하거나, "과학이 아닌" 요구를 피하거나, 어떻게 국가가 만든 규칙들에 따라 살아갈 것인가에 집중하는 것처럼 보인다.

대학원 윤리교육에 대해서 내가 보았던 태도는 추빈과 해켓(1990)이 동료심사의 문제에 대해서 과학자들을 인터뷰했을 때에 나왔던 결과와 유사하다. 현 상황에 문제가 있다는 것에 대한 거부, 과학자들만이 과학을 관할할 수 있다는 신념, 과학자들이 항상 규칙에 따라 행동하지 않는다는 것은 인정하지만 과학자들이 무엇이 가장 좋은 작업인지를 알기 때문에 외부로부터의 개입은 필요하지 않는다는 신념의 지속. 그들은 연구부정행위 청문회를 제도화하라는 요구조건에 대해서 어떤 대학행정가를 인용했다. "많은 대학들처럼 우리는 일종의 무감각 때문에 이 문제를 다루기 위한 공식적인 메커니즘을 설치하는 데 더뎠습니다. 그동안 이런 일은 우리에게 없었습니다"(133). 당연하게 받아들여지던 과학의 정당성이 문제가 되면서 제도적 특징과 관성이 가시화되었다.

내가 인터뷰했던 — 과거에는 단과대학 학장도 했던 — 대학원 주임교수는 자신의 경험을 토대로 생명과학 분야의 새로운 대학원 프로그램을 만드는 관성에 대해서 설명했다. 그는 개인적으로 프로그램의 구상단계부터 공식화된 윤리교육을 포함시키는 게 중요하다고 느꼈지만 "비과학적"인 수업에 반대하는 교수들과의 갈등에 직면했다. 연구윤리 과목을 시작했던 경험을 회상하면서 그는 "사실, 여기의 모든 교수들이 윤리수업을 즉시 받아들였던 것은 아닙니다. 나는 윤리 수업을 강력히 지지하는 편이었습니다만, 어떤 교수들은 '왜 우리가 과학의 방법이나 내용이 아닌 것을 유지해야 합니까?'라고 말했습니다. 그러나 우리는 우리 학생들이 여기에서 선두에 있고, 나가서 무언가 중요한 일을 하도록 만들어야 하고 그들도 자신들이 하고 있는 일의 함의에 대해서 알고 있어야 할 필요가 있습니다"라고 말했다. 일단 그가 동료들에게 윤리수업의 필요성에 대해서 설득시킨 다음에는 윤리수업이 "진짜" 수업과 동등한 가치가 있는지가 쟁점이었다 : "몇몇 교수들은 2학점짜리 수업으로 만들고 싶어 했어요. 이게 정식 수업에는 못 미친다는 거 알죠. 2학점이면 말이에요." 그는 프로그램을 설립한 사람으로서 영향력을 행사해서(당시에는 학장이기도 했다) 의무적인 윤리수업을 "진짜" 수업으로 간주되도록 했다. "그래서 그 수업이 완전한 수업으로 있는 거에요. 다른 과목과 동일한 학점으로 말이죠." 이 대학원 주임교수는 도덕적인 설득과 전국적으로 알려진 학자라는 자신의 명성을 활용해서 동료 교수들이 학생들에게 과학의 윤리적, 사회적 함의를 가르치는 것을 진지하게 생각하도록 설득했다. 이러한 학과 내의 갈등은 국립보건원의 2000년 정책이 자리잡기 전에 일어났거나 정책은 그를 지지하는 논의로 활용되기도 했다. 이것이 연방정부의 연구비정책

의 주요 효과일 수 있다 - 이러한 정책은 자신들의 학과에서 대학원 교육의
폭을 확대하려는 사람들에게 도구로 활용될 수 있다.

나는 자신의 대학에서 과학의 사회적, 윤리적 측면에 대해서 논의하는
학제간 세미나를 성공적으로 제도화시킨 "활동가 과학자"(이들의 역할에 대
해서는 무어[1996]와 프리켈[2004]을 보라)와도 얘기를 했다. 그는 이러한 시
도를 연방정부의 정책 "외부에서, 그리고 그럼에도 불구하고"라면서 [세미나
에 대해서] 언급했다. 이런 캠퍼스 내의 적극적인 그룹을 한 자리에게 모이게
하도록 하기 위해서 그는, 사회운동에서의 경험을 활용해서 생명과학의 최
근 발전이 갖고 있는 사회적, 윤리적 함의에 대해서 관심을 갖고 있는 학내의
핵심적인 교수와 학생들을 조직했다. 이렇게 관심 있는 사람들과 함께하는
지역 수준의 풀뿌리 과학자 조직은, 자신들의 과학활동이 갖고 있는 복잡한
사회, 정치적 쟁점에 대한 신참 생명과학자들의 관심(과 교육)을 촉발시키는
보다 효과적인 방식일 수 있다. 이런 류의 운동이 전국 수준에서 지속가능한
지는 보다 넓은 정치적 기회구조에 의존할 것 같다(McAdam 1982).

윤리교육 정책에 대한 생명과학자들의 태도는 근본적으로 지시를 최소
한으로만 따르려는 것인가? 신제도주의와 과학기술학적인 관점을 결합시킨
이 연구의 독특함은 이 질문에 대답할 수 있다. 내용분석에 대한 신제도주
의적 시각은, 대학원 프로그램이 연방 정책을 해석해서 윤리 교과목이 공식
적으로 개설되었지만 학과들은 이러한 과목에 대해서 학점(과 정당성)을 주
지 않거나 적은 학점만을 부여하는 모형을 택했음을 보여 준다. 대학원 프
로그램에서 우리는 윤리교육을 의무화하는 공식정책과 이런 정책이 부분
적으로만 실현된 현실 - 윤리과목은 교과과목의 변두리에 있다 - 의 상호유리
decoupling를 볼 수 있었다. 과학자들과의 대화에서는 사회 속에서 생명과학
의 지위에 대해 성찰하는 보다 국지적인 해결책들이 시행되기도 하는 등 연
방정부의 요구사항이 굴절되고 있었다. 인터뷰에 대한 과학기술학적 해석은
모든 과학자들이 똑같이 과학의 사회적 측면을 중요하지 않다고 여긴다기보

다는 어떤 과학자들은 윤리적 쟁점에 대한 정당성 담론을 제공하는 풀뿌리 전략을 창조해 낼 수 있음을 보여 주었다.

결론

대학 교과과정에 통합된 윤리교육을 통해 생명과학 분야의 대학원생들은 어떻게 국가로부터 상위하달식으로 내려오는 정책을 굴절시킬 것인가라는 의도하지 않은 교훈을 배운다. 연구윤리 교과목의 수용은 늘어날 전망이지만 과학자들이 자신들의 작업의 사회-윤리적 쟁점에 대해서 어떻게 성찰할 것인가를 학습하는 데에는 상당한 다양성이 존재한다. 어디까지가 과학의 관할범위인가에 대해서 계속되는, 활발한 논의 역시 무엇이 과학이 아닌가를 정의한다(Gieryn 1999). 대학원 프로그램의 제도적인 배열과 여러 개별 과학자들의 담론이 윤리적 쟁점을 과학 외부의 것으로 정의하고 있다. 그리고 이러한 직업적인 문화를 변화시키는 보편적인 방법은 없다. 국가 수준의 정책에서 협소하게 정의된 가정은 작동하지 않는다. 이 사례에서 금전적인 유인은 생명과학 분야의 대학원들이 윤리교육을 부분적이고, 불완전하며, 다양한 방식으로 받아들이게 하고 있다.

이 연구는 정부의 과학정책에서 예상하지 못했던 모순을 밝혀내는 연구에 함의를 줄 수 있다. 서로 모순적인 방향을 지시하는 듯한 이 책의 두 장에 대해서 생각해 보자. 스티븐 엡스틴은 사회운동가들이, 정부의 과학 관련 기관이 마이너리티 집단을 정의하는 방식 같은 "생명정치학 패러다임"을 형성하는 데에 어떻게 기여할 수 있는지를 보여 준다. 다른 한편, 제니 리어던은 토착민 집단이 인종적 범주를 정의하는 과정에서 연방부처에 있는 과학자들과 대화를 하는 게 불가능했음을 보여 주고 있다. 두 사례는 모두 미국의 과학정책에 대한 것이지만, 시민집단이 어떤 정의를 내리는 과정에 참여하도록 하는 과정에서 일관성이 없는 것처럼 보인다. 그러나 일견 모순적으로 보이지만, 정책형성과 정책집행 사이의 상호유리에 대한 제도주의적 관점으로 양자 모두를 모순 없이 설명할 수 있다. 국립보건원처럼 크고, 관료주의적이며, 느슨하게 연결된loosely coupled 체제는 여러 절차들의 서로 다른 응용과 해석을 허용하기에 충분한 공간이다. 활동가들은 이러한 조직적 공간을 서로 다르게 인식할 수 있다. 토착민 권리단체 회원이나 조직들이 공식적인 전면 배후에 비공식적인 차별이 숨겨진 공간이라고 보는 곳이, 중산층 전문가들에게는 운신을 가능하게 하는 자원일 수 있다. 합리화된 정책시스템은 의도하지 않은 방식으로 해석되고 활용되고 때로는 거부된다. 정책결정자들은 머릿속에, 비용-편익 비율이 바람직한 행태적 결과로 단단하게 만들어지는 기계적인 모형을 갖고 있을 수 있다. 현실의 과학자들은 (그리고 제도가 활동을 허락하는 관련된 대중들은) 정책을, 분리하고, 쌓아올리고, 던져버릴 수 있는 레고블럭처럼 다룬다.[14]

이 연구에서 과학자들과의 시험인터뷰는 사회에서의 과학이라는 쟁점에 대한 담론을 다루는 비공식적인 지역 조직들이 발생할 수 있는지에 대한 결정적인 대답이라기보다는 다소 제안하는 듯한 자료를 제공하고 있다. 과학적 행위자가 정부 정책을 굴절시키는 데 정부 및 대학의 조직적 맥락을 어떻게 활용하는지에 대한 추가 연구가 필요하다. 최근의 연구들은 과학정책의 결정과정에서 민주적인 참여를 증대시키는 데 집중되어 있다(Kleinman 2000; Lengwiler 2004; Moore 이 책). 그러나 과학자들의 윤리교육의 인증 같은 제도화 노력은 과학의 민주화가 굴절되는 하나의 방식으로 생각된다. 일단 인증 체계와 참여자의 조직적 관행이 자리잡으면 고용평등법의 관리(Edelman et. al. 2001; Dobbin et. al. 1993), 과학부정행위(Chubin and Hackett 1990)와 마찬가지로 대중담론이 과학윤리교육에 진입하기는 어려

---

14. 실제로 유사한 과정이 "브리꼴라쥬"라고 불리운다(Levi-Strauss 1966).

울 것 같다. 이와 더불어 경계를 획정하는 과학자들의 협상과정에 대한 과학기술학적인 분석을 조직 및 국가적 맥락에서 제약조건 및 기회에 대한 신제도주의적 검토와 결합하는 것은 유익할 것이다.[15]

교육의무조건을 굴절시키는 과학자들의 능력을 확대시키고 대학원 프로그램들이 이러한 의무조건을 자신들의 실제 행위로부터 유리시키도록 하는 실질적인 요인은 정책들이 생명윤리에 관심을 갖기 때문이다. 존 에반스(2002)는 미국에서의 생명윤리학이 자리잡은 정책적 맥락 때문에 심오했던 초기의 논쟁이 합리주의적인 공식들로 앙상하게 되어 버렸다고 지적하고 있다. 이렇게 논의가 위축되고 왜소하게 되었던 데에는 의회가 연방정부의 연구비 지원기관을 통해 단순한 윤리적 원칙을 강제했다는 데에서 부분적인 원인을 찾을 수 있다. 어쨌건 생명윤리는 현재 제도화된 틈새이며, 충분한 정보에 근거한 동의 같은 표준화된 윤리적 쟁점을 너무 협소하고 얄팍하게 다루고 있다는 비판을 받고 있다(Evans 2002; Corrigan 2003).

그러나 과학정책에 대한 비판적 관점은 무엇을 해야 하는지에 대해서는 대답이 없다는 문제를 갖고 있다. 나는 적어도 이 연구가 생명과학자들에게 자신들이 하고 있는 작업이 어떤 맥락을 갖고 있는가를 생산적으로 교육하는 데에 몇가지 힌트를 주고 있다고 믿는다. 미국에서는 탈집중화된 (즉, 보다 지역적인) 방식으로 과학정책을 논의하는 게 보다 잘 받아들여지는 것 같다. 이 말은 실용적으로 볼 때, 각 대학들이, 대학원생을 교육시키는 최선의 방법이 무엇인가라는 질문에 대해서 창의적인 아래로부터의 해결책을 모색하기 위해 자원을 공급하는 역할을 잘 해 낼 수 있음을 의미한다. 국립보건원의 정책은 이런 창의성을 실질적으로 허용할 수 있을 정도의 유연성을 갖고 있었지만 결과적으로는 인터넷상의 생명윤리사례연구를 통한 인증이

---

15. 예를 들어 과학자들이 자신들의 작업의 사회적, 윤리적 맥락에 대해서 생각하도록 어떻게 교육할 것인가라는 관점에서 미국과 유럽연합 각국의 사례를 비교해 보면, 과학정책의 제도화와 과학교육과정의 국지적 의미 모두에서 흥미로운 차이가 발견될 수도 있다.

라는 협소한 제도화된 실천을 채택하는 것으로 귀결되고 말았다(국립보건원의 정책이 이렇게 보여주기식이 된 데에는 프로젝트의 주요 참여연구원 모두가 적절한 수준의 연구대상의 윤리적 대우에 대한 교육을 수료했음을 연구책임자가 서약하는 절차를 이수하도록 강제한 정책 때문이다). 과학에서의 사회적, 윤리적 쟁점을 가르치는 보다 창의적인 하나의 접근 방식의 사례를 생각해 보자. "올바른" 윤리적 해결책을 가진 표준 사례들의 교육과정을 배포하는 대신, 박사과정 학생들이 과학을 전공하는 학생들의 교과목을 설계하는 세미나를 상상해 보자. 대학원생들은 집합적으로 독서목록을 수집, 분석하고 고학, 윤리, 사회에 대한 문헌으로부터 제기되는 교육적 주제를 어떻게 선별할지에 대해서 논의하게 된다. 가르치면서 그들은 배울 수 있다. 불행하게도 이 장에 나온 바와 같이 쉽고, 직접적이며, 보편적으로 적용할 수 있는 정책적 해결책은 없다.

과학자들의 성찰을 장려하기 위해서는 창의적이고 국지적인 노력이 필요하지만 이런 노력이 보다 나아진 과학적 의제와 실천으로 귀결될 수 있다면 매우 가치 있는 목표가 될 수 있다. 예를 들어 다소 다르게 교육받은 생명과학자 공동체는 유전적 발견에 대한 스미소니언 박물관의 전시회에서 다른 메시지를 전달할 수도 있다. 〈화이자〉가 후원한 "너는 당신의 유전자입니다"라는 메시지 대신에 "어떻게 생각합니까?"를 전면에 내세우는 전시가 될 수도 있다. 이런 전시는 공룡들의 생활조건 및 형태학에 대한 이론에 대해서 어떻게 생각하는지에 대해서 과학관 방문객들에게 물어 보는 일을 잘 하고 있다. 과학관 방문객들에게 유전정보가 어떻게 다루어져야 하는지에 대해 질문을 던지면 유전적 차별, 공적 자금 지원, 과학의 상업적 결과 등에 대한 도발적인 토론으로 이어질 수도 있다. 생명과학에서의 난감한 윤리적 쟁점에 대한 숙의에 참여하는 사람들에게 어려운 질문을 제기할 때에 성찰이 시작된다는 것은 분명하다. 고도로 합리화되어 있는 제도적 체계에서는 이러한 성찰은 가능하지 않을 것이다.

16장

규제전환, 의약품에 대한 정의,
새로운 소비의 교차로

화학예방법 시대에 고위험군 여성의 구성

머린 클라위터

1998년 4월 6일, 미국 국립보건원, 국립암연구원, 〈국가 유방암/복부
보조적 수술 프로젝트〉National Surgical Adjuvant Breast Cancer and Bowel Project,
NSABP의 원장들은 〈유방암 예방 임상시험〉Breast Cancer Prevention Trial, BCPT을
계획보다 14개월 앞서 중단하기로 한 결정을 발표하기 위해 기자회견을 열
었다. 조기중단의 이유는, 중간결과에서 위약僞藥을 투여받은 여성들에 비해
타목시펜을 투여 받은 건강한 고위험군 여성들 집단에서 침투성유방암 발
병률이 45%나 감소했다는 인상적인 발견 때문이었다.[1] 〈유방암 예방 임상시

---

1. 이 장에서 나는 "건강한 여성"(health women)이라는 어구를 증상이 없고 암이 없다고 보이
며 유방암으로 진단받거나 치료받은 적이 없는 여성, 즉 유방암 화학예방법의 후보자가 될
수 있는 여성을 말한다. 이 말은 증상이 있고, 암의 증거를 보이고 있거나 유방암으로 진단
되거나 치료받은 적이 있는 여성은 건강하지 않은 여성임을 의미하는 ('암에 걸리지 않은 여
성은 아픈 적이 없다'라는 역도 성립한다) [의도하지 않은] 우연한 결과를 갖는다. 이것이 분
명히 사실은 아니다. 나는 건강한 여성이라는 표현이 불편하지만 이에 대한 성공적인 대안
을 찾아내지는 못했다. "유방암 예방 임상시험"(BCPT)은 〈국가 유방암/복부보조적 수술
프로젝트 유방암예방임상시험 P-1〉(NSABP BCPT-1)의 약어이다. 〈국가 유방암/복부보조
적 수술 프로젝트〉는 〈유방암 예방 임상시험〉을 위해 조직된 임상시험 집단이다. 〈국가 유

험)은 타목시펜이 침투성유방암이 발생할 위험이 높은 건강한 여성들에게서 유방암발병율을 낮추는 데 안전하고 유효한지를 평가하기 위해 설계된 무작위적이고, 통제된, 양맹식²의 제3상 임상시험이었다. 1992년에 착수된 〈유방암 예방 임상시험〉은 국립보건원으로부터 6천 8백만 불의 지원을 받았으며 미국과 캐나다의 270개 센터에서 1만 3천 명 이상의 여성이 참여했다. 리처드 클라우스너 국립암연구원 원장에 따르면 임상시험의 결과는 예상을 훨씬 뛰어넘어서 자료감독위원회는 시험을 중단하고 위약을 투약 중인 여성들에게도 타목시펜을 줘야 한다는 윤리적인 압박을 느꼈다고 한다.³ 추가 자료에 대한 분석을 통해 결과는 침투성유방암의 발병율을 49% 감소시킨다로 변화했다(Fisher et al. 1998을 보라). 타목시펜은 1970년대 후반부터 유방암을 가진 여성에게 사용되었고 현재는 전세계에서 가장 많이 팔리는 유방암 치료약이지만, 건강한 개인들을 대상으로 항암제가 시험되는 것은 미국에서가 최초였다. 결과는 단지 놀라운 게 아니라 역사적으로 전례 없었던 것이다.

기자회견은 미디어의 관심을 많이 끌었다. 다음 날 아침,『뉴욕타임즈』의 1면에는「연구자들이 유방암을 예방할 수 있다고 알려진 약품을 최초로

방암/복부보조적 수술 프로젝트〉는 1971년에 유방암 및 결장암 연구의 임상시험을 위해 구성되었고 참여자들은 1958년부터 공동연구를 수행해 왔다. 6천여 명 이상의 의료전문가들과 미국, 캐나다, 오스트레일리아 내 3백여 개의 의료센터가 참여하고 있으며 40년 이상의 임상시험 경험이 있는 〈국가 유방암/복부보조적 수술 프로젝트〉는 암 연구에서는 최대의 임상시험 집단이다. 그리고 〈국가 유방암/복부보조적 수술 프로젝트〉의 가장 큰 재원은 국립암연구원에서 나온다(NASBP n.d.).

2. [옮긴이] 양맹식(double-blind) : 약을 투여받은 사람은 약을 받았는지, 위약을 받았는지 알지 못하고 약을 투여한 의사도 어떤 사람이 실험군이고 어떤 사람이 대조군인지 알지 못하게 하는 방식.

3. 식품의약청이 건강한 고위험군의 여성의 치료를 위해 타목시펜을 허가(1998년 10월 30일)한 직후, 〈국가 유방암/복부보조적 수술 프로젝트〉는 놀바덱스의 제조사인 〈아스트라제네카〉(구 〈제네카〉)와 협력해서 5년 동안 임상시험에서 플라시보 군으로 할당된 〈유방암 예방 임상시험〉의 참여자에게 놀바덱스를 공급하는 프로그램을 만들었다(NSABP 1999-2000).

발견했다」(Altman 1988)라는 헤드라인의 기사가 실렸다. 중서부 지역에서는
『디트로이트뉴스』가 "과학전문가들"을 인용하면서 "간단한 알약이 유방암
을 예방할 수 있다는 뉴스는……25년 전 미국이 암과의 전쟁을 선포한 이
래 가장 극적인 승리일 것이다"고 말했다(Poe 1999 : 658). 서부에서는 『샌프
란시스코 이그재미너』가 기자회견을 특종으로 보도하면서 하루 전날 발표
된 AP통신의 기사를 「약이 유방암을 예방할 수 있다고 보고되었다」라는 제
목으로 보도했다. 이 기사에는 "유방암 위험군 여성들이 유방암을 예방할
수 있는 약이 최초로 개발되었다고 연방정부의 보건복지부 공무원이 득이양
양하게 오늘 발표했다"(Associated Press 1998)고 보도했다. 그러나 불행히도
타목시펜은, 드물지만 자궁암, 혈전, 발작 등의 심각한 부작용이 발생할 위
험을 배증시켰다. 실제로 타목시펜을 복용하는 여성과 위약을 복용하는 여
성 사이의 사망률에는 통계적으로 유의한 차이가 관찰되지 않았다.

이런 당혹스러운 부작용에도 불구하고 〈유방암 예방 임상시험〉의 결과
는 전현직 국립암연구원 공무원, 〈미국암협회〉의 이사진, 그리고 타목시펜
임상시험에 참여했던 의학연구자들의 억제되지 않은 열광에 의해 홍보되었
다. 유방암 연구 분야의 권위자로 임상시험의 책임을 맡았던 버나드 피셔는
이번 발표에 대해 "아마도 내가 연구자로서 살면서 가장 감정적이 되었던 순
간이었다.……역사상 최초로 우리가 유방암이 치료될 수 있을 뿐 아니라 예
방될 수 있다는 증거를 확보했다"라고 언급했다(인용은 Smigel 1998 : 648).
국립암연구원 원장인 리차드 클라우스너는 "놀라운 결과다. 이 결과는 유
방암이 예방가능하다는 사실을 말해 준다. 좋은 출발이다"라고 단언했다
(Klausner 1998). 〈미국암협회〉의 연구 및 의료부회장인 의학박사 하먼 에
이어는 "이 결과는 아무도 꿈꾸지 못했던 정도로 훌륭하다"라고 단언했다
(American Cancer Society 1998 : 3). 몇 달이 지난 이후, 이 선언의 영향에
대해서 전 국립보건원 원장이자 『국립암연구원저널』 *Journal of National Cancer*
*Institute*의 편집위원장인 버나딘 힐리는 "결과가 전세계에 울려퍼졌다.……강

렬한 열기가 지난 후에는 이 연구로부터 나오는 어떤 빛이라도 의미를 가질 수 있다. 그러나 이것은 단지 빛에 그치는 게 아니다. 이 임상시험이 주는 넘치는 축복은 유방암이 예방될 수 있다는 새로운 눈부신 지식이다"(Healy 1998:280). 이 역사적 사건에 대해 소비자 및 언론 친화적인 방식으로 국립암연구원은 〈유방암 예방 임상시험〉의 결과를, 이해하기 쉬운 요약과 설명을 다운로드하여 프레젠테이션에 사용할 수 있는 시각적 보조자료(그림, 그래프, 픽토리얼)와 함께 이 프로젝트를 위한 전용 웹사이트에 게시했다.

임상시험의 결론이 발표되고 3주 후, 놀바덱스라는 브랜드명으로 타목시펜을 생산한 〈제네카〉 제약은 식품의약청에 추가적응증확대신청Supplemental New Drug Application, SNDA을 신청했고 우선심사에 포함되었다. 9월 2일 〈항암제 자문위원회〉Oncologic Drugs Advisory Committee, ODAC는 〈제네카〉의 출원을 심사하기 위해서 모임을 가졌다.[4] 그 사이의 몇 달 동안 이탈리아와 영국에서 수행된 무작위의 통제된 이중맹검 위약 임상시험의 중간결과가 『랜싯』Lancet에 발표되었다. 두 임상시험 모두 〈유방암 예방 임상시험〉의 결과를 확증하지는 못했다. 어떤 연구에서도 타목시펜이 건강한 여성에게 침투성유방암의 발병을 감소시키지 않았다(Powles et al. 1998; Veronesi, Maisonneuve, et al. 1998). 〈항암제 자문위원회〉에서 식품의약청의 사례를 발표한 수잔 호닉은 "유럽의 임상시험이 부정적인 결과를 발표했지만, 두 시험의 설계상 차이로 인해 유럽에서의 연구에 보다 위험이 낮은 대상이 참여했기 때문이었다고 믿고 있습니다. 전반적으로 P-1 시험(〈유방암 예방 임상

---

4. 식품의약청은 약품승인에 대한 견실한 결정을 내려야 하는 경우, 전문적인 자문과 도움을 구하기 위해 외부의 전문가들로 구성된 독립자문위원회 체계를 활용한다. 각 위원회는 제안된 제품의 안전성, 효과성, 적절한 사용방식을 평가하고 이에 대한 가용한 증거를 평가하기 위해서 필요한 회의를 한다. 이와 더불어 각 위원회는 특정한 제품과는 관련이 없는 과학적 쟁점이나 일반적인 평가기준에 대해서 자문을 한다. 위원회의 구성은 연구자 및 임상 대표자들로 구성된다. 각 자문위원회에서 최소한 한 명은 "소비자의 관점"을 대표해야만 한다. 〈항암제 자문위원회〉는 암과 관련된 처치와 예방적 약품에 대한 자문을 하였다(NCI 2004).

시험))의 규모, 통계적 설명력, 내적 일관성을 고려할 때, 우리가 보기에는 결과는 탄탄하고 신뢰할 수 있습니다. 또한 우리는 우리의 임상시험 결과가 타목시펜의 예방 능력에 대해서 발표된 보고들 모두와 일관된다고 믿고 있습니다. 특히, 반대편 유방에 발생하는 암을 억제하는 데에도 탁월합니다. 따라서 우리는 이러한 증거의 무게감이 P-1에서 관찰된 사실을 뒷받침한다고 봅니다"(Oncologic Drugs Advisory Committee 1998).

유방암 활동가와 운동단체로부터 수차례의 증언을 청취하고, 약품의 후원자(현재의 〈아스트라제네카〉), 식품의약청, 〈국가 유방암/복부보조적 수술 프로젝트〉의 발표를 고려하고, 증거들에 대한 토론을 거친 이후, 〈항암제 자문위원회〉는 타목시펜이 "위험이 높아진 여성들 사이에 유방암발병율을 단기적으로 감소시킨다"는 적응증[5]으로 식품의약청에 승인을 권고했다. 식품의약청은 놀바덱스가 "위험이 높아진 여성들의 위험을 감소시키는 게 아니라" 유방암 "예방"으로 승인되기로 원했던 〈아스트라제네카〉와 협상한 이후에 합의에 도달했다. 〈제네카〉가 추가적응증확대신청 승인신청을 한 지 6개월도 안된 1998년 10월 28일, 식품의약청은 타목시펜을 승인하면서 "유방암 고위험군 여성들에게서 유방암의 발병율을 줄인다"고 발표했다. 국립암연구원의 계산에 따르면 미국에서 대략 2천 9백만 명의 여성들이 〈유방암 예방 임상시험〉과 식품의약청의 정의에 의한 "고위험군"에 속한다.

건강한 여성에 대한 새로운 시장이 발전하기 위한 조건은 상서롭다. 조사결과에 따르면 여성들은 유방암으로 진단될 위험을 주기적으로 과대평가하고 다른 질병들보다 유방암에 대해 훨씬 두려워하고 있음을 일관성 있게 보여 주고 있다(Phillips, Glendon, and Knight 1999). 게다가 미국의 여성들은 거의 30년 동안이나 유방암의 심각성을 감소시키고 유방암이 인체에 위

---

5. [옮긴이] 적응증(indication) : 어떤 약제에 의해서 치료효과가 예상되는 병 또는 증상. 한국에서 판매하는 약품에는 주료 효능, 효과로 표기하고 있다.

협이 되기 전에 성장을 억제하기 위해 자기검사, 임상검사, 유방조영술 등의 방식으로 예방하는 활동의 중요성에 대해서 교육을 받아 왔다(Aronowitz 2001; Reagan 1997; Lerner 2000; Leopold 1999; Gardner 1999). 게다가 상당한 정도로 유방암은 질병연속체[6]로 이미 재개념화되었다(Klawiter 2002). 셋째, 타목시펜은 미국에서 사용된 20년 동안 이미 널리 알려지게 되었고, 자주 처방되는 약이다. 마지막으로 이러한 신기술은 [의사의] 처방이 있어야 구할 수 있는 약을 소비자에게 직접 광고하는 것을 금지하는 규제가 완화되고 얼마 지나지 않아서 발표되었다(특히 Palumbo 2002, Wilkes, Bell and Kravitz 2000을 보라).

나는 이 장의 기초가 된 연구를 1999년에 시작했다. 나는 건강한 고위험군의 여성으로 구성된 타목시펜의 신시장의 급속한 발전에 대한 연구를 예상했다. 그러나 신시장은 적어도 내가 기대했던 방식으로는 현실화되지 않았다. 신제품인 타목시펜에 대한 처방은 이뤄졌지만 여성들이 의사들에게 물밀 듯이 찾아가리라는 예상은 전혀 현실화되지 않았다. 1997년 〈제네카〉의 놀바덱스의 전세계 매출액은 5억 2백만 달러였다(Zeneca 1997). 1998년, 이 수치는 5억 2천 6백만 달러로 조금 올랐고(6% 성장), 1999년에는 5억 7천 3백만 달러(7% 성장), 2000년에는 5억 7천 6백만 달러(1% 성장)였다(AstraZeneca 1998, 1999, 2000). 건강한 고위험군 여성에 대한 신규 처방이 얼마나 내려졌는지에 대해서는 정확한 숫자는 모르지만, 아마도 매출액 증가 — 1970년대 이래로 꾸준히 늘어나고 있다 — 에는 얼마 기여하지 못했을 것으로 보인다.

2001년 놀바덱스의 전세계 매출액은 6억 3천만 달러로 뛰었다. 전체적으로는 12% 증가였고 미국 매출액은 18% 증가였다(AstraZeneca 2001). 그

---

6. [옮긴이] 질병연속체(disease continuum) : 하나의 질병이 다른 질병을 상당한 확률로 유발할 때의 해당 질병들을 말한다. 예를 들어 심혈관질환의 경우, 심근경색, 부정맥, 심부전 등이 심혈관질환연속체에 포함된다.

러나 이러한 매출액 증가는 건강한 고위험군 여성에 대한 새로운 처방 때문이라기보다는 2000년 7월 식품의약청이, 놀바덱스가 유방상피내암 — 유방암으로 새로 진단되는 경우의 약 20%를 차지하는 비침투성 유방암 — 을 가진 여성이 침투성유방암에 걸릴 위험을 감소시킨다고 승인했기 때문이다(Fisher et al. 1999). 2002년에는 놀바덱스의 매출액이 21% 감소해서 4억 8천만 달러였고 2003년에는 1억 7천 8백만 달러로 감소했다(AstraZeneca 2002, 2003). 매출액의 극적인 감소는 2002년 〈바르 연구소〉[7]와 유통협약이 종료(〈바르 연구소〉가 타목시펜의 제네릭 의약품을 팔 수 있도록 했다)된 것의 반영이었고 2003년 2월 〈아스트라제네카〉의 놀바덱스 미국 특허가 소멸했다. 식품의약청이 건강한 고위험군 여성을 위해 놀바덱스를 승인한 후 미국 특허가 소멸하기까지 존재했던 4년이 넘는 기간 동안 〈아스트라제네카〉는 식품의약청이 수용하는 정의에 따르면 고위험군으로 평가되는 여성들 사이에서 유방암의 화학예방법에 대한 상당한 수요를 형성하는 데 성공적이지 못했다. 돌이켜보면 큰 물보라가 결국에는 작은 물장구에 그치고 말았다. 왜 이런 일이 발생했는가? 타목시펜이 1차 예방을 위한 기술이 되지 못한 이유는 무엇인가?

이 장에서 나는 타목시펜의 용도를 다시 정의하고[8] 새로운 사용자를 구성하는 과정이 약품규제체제의 변화와 약품 소비를 재조직했던 유방암 운동의 출현에 의해서 형성되었음을 검토한다. 우선, 나는 조제약을 소비자에게 직접 광고하지 못하도록 했던 규제가 자유화되고 약품승인과정의 간소화와 가속화 과정이 제약산업의 권력과 소비자들에 대한 접근을 (다른 사

---

7. [옮긴이] 〈바르 연구소〉 : 1970년 설립된 제약회사로, 2008년에 세계에서 가장 큰 제네릭 생산업체인 〈테바제약〉에 인수되었다.
8. [옮긴이] 이 글에서 필자는 타목시펜의 사용범위가 고위험군의 건강한 여성들에게로 확대된 과정을 설명할 때, 타목시펜을 rescript했고, 이 과정은 고위험군 여성을 configure하는 과정이었다고 표현하고 있다. 여기에서 다소의 뉘앙스는 다르지만 rescript는 '용도를 재정의했다'로 configure는 '구성했다'로 번역한다. 이런 표현의 기원은 Akrich 2003과 Oudshoorn 2003을 참고하라.

람들도 말했던 것처럼) 실제로 향상시켰다고 주장한다. 동시에 이러한 규제 환경의 변화는 시장형성과정에 환자단체, 소비자단체, 사회운동 들이 개입할 수 있는 기회를 늘려주면서 이들의 목소리를 강화시켰다. 둘째, 〈유방암 예방 임상시험〉의 시작과 같은 시기에 유방암 운동이 출현했다. 셋째9, 1990년대 유방암 활동가와 단체들이 〈유방암 예방 임상시험〉의 설계와 수행에 대해서 감시하고, 공개적으로 비판하면서 이에 반대하는 증언을 하는 〈전국 여성 보건 네트워크〉National Women's Health Network의 활동에 참여했다. 따라서 식품의약청이 건강한 고위험군 여성들에게 유방암의 위험을 감소시킨다는 이유로 타목시펜을 승인하기 훨씬 전부터 복수의 공간에서 이 약은 대중적인 논쟁을 불러일으키고 있었다. 실제로 〈제네카〉, 그리고 이후의 〈아스트라제네카〉는 타목시펜의 용도를 다시 정의하고 새로운 적응증의 최종소비자를 구성해 내려고 했지만 유방암 활동가 및 여성보건활동가들은 타목시펜을 1차 예방기술로 "탈서술했고"de-script 건강한 여성을 고위험 소비자로 구성하려는 노력을 붕괴시켰다.

여성보건 및 소비자권리 운동단체들은 유방암의 예방과 위험감소의 약학적 유형에 관한 지식생산 및 시장창출에 적극적으로 개입해서 논쟁을 일으켰다. 이러한 과정 하나하나마다 〈유방암 예방 임상시험〉은 전문가 회의, 의학 분야의 학술지, 학술문헌, 일간지, 대중잡지, 라디오방송, 텔레비전, 웹사이트 등 여러 공간과 현장에서 논쟁되고 번역되었으며, 형성되고 재형성되었다. 보건운동가들은 공식적인 서술에 도전하는 분석을 전개해서 상황을 복잡하게 만들었고 이러한 분석을 소식지, 보도자료, 인터넷, 기타 매체를 통해서 확산시켰다. 그들은 의학 분야의 학술지에도 논문을 발표했고 세 번의 의회 공청회와 〈항암제 자문위원회〉에서 증언했으며, 소비자직접광고10

---

9. [옮긴이] 원문에는 "둘째"(second)로 표기되어 있으나 맥락상 "셋째"(third)의 오기로 보여 "셋째"로 수정했다.

10. [옮긴이] 의사의 처방이 있어야만 구할 수 있는 약을 인쇄매체나 방송을 통해 소비자들에

에 반대하는 광고운동을 조직했다.

그들은 임상시험을 중단시키는 데는 성공하지 못했고 식품의약청의 승인을 막지도 못했지만 소음과 부정적인 관심을 증가시켰다. 이로 인해 [타목시펜에 대한] 회의론과 반대를 형성하는 데에 성공하면서 대중들의 주의를 환기시켰고 더 이상의 진전을 막았다. 위에서 개략적으로 다뤄진 논의는 "왜"라는 질문에 대한 완전한 답은 아니지만 이 책의 관심에 부합하는 주제와 쟁점들에 관련된 이야기의 일부이다(Hogel 2001; Klawter 2002; Wooddell 2004; Fosket 2004). 그러나 [이 글에서 내가 모든 얘기를 할 수 있는 것은 아니다. 하나에 초점을 맞춰서 논의를 전개하다보면] 이야기의 다른 차원에 대해서 괄호를 치는 것은 필연적이다. 예를 들어 [이 글에서] 나는 의사들의 역할을 제기하거나(Klawiter 2001를 보라) 타목시펜의 고위험 사용자로 재구성되거나 그렇게 되지 않았던 건강한 여성의 경험을 논의하지는 않는다(Tchou 2004, 2005를 보라). 타목시펜을 둘러싼 이런 이야기의 다른 차원들은 과정이나 역사에 대한 인식 없이 기정사실로 받아들여진다. 예를 들어 내가 다른 곳에서(Klawiter 1999, 2000, 2003) 운동의 복합성에 대해서 다뤘던 유방암 운동은 이런 논의에서는 이미 내적 갈등과 다양성이 없는 기성의 실체인 것처럼 보인다. 비록 [여기에서] 나는 최근 식품의약청의 주요한 변화에 대해서 다루지만 이런 변화를 촉발시키는 데에 AIDS 활동가와 개혁연합이 했던 역할에 대해서 논의하지 않는다.

이 장의 분석은 의회 공청회와 항암제자문위원회의 회의록, 국립보건원과 국립암연구원의 보고서와 보도자료, 소비자직접광고, 식품의약청의 〈의약품 마케팅, 광고, 커뮤니케이션국〉Drug Marketing, Advertising, and Communication, DDMAC이 발표한 경고문, 여성보건운동, 소비자운동, 유방암 운동 활동가 및 단체들이 만들어 낸 자료들에 기초를 두고 있다. 이 장의 구성은 다음

게 직접 홍보하는 광고로 세계적으로 미국과 뉴질랜드만 허용하고 있다.

과 같다. 나는 제약산업에 대한 연구와 이 연구의 지적 자원이 되는 과학기술학에서의 기본적인 틀에 대한 논의로부터 시작한다. 다음 절에서는 처방약의 소비양상을 재형성했던 규제체제의 주요 변화에 대해서 개괄한다. 그러고 나서 타목시펜에 대한 사례연구로 넘어간다. 나는 〈유방암 예방 임상시험〉에서 고위험군 여성의 구성에 대한 분석으로 시작해서 이어지는 세 개의 절에서 여성보건활동가와 유방암 활동가들이 타목시펜의 용도를 재정의하고 고위험군 여성의 구성에 개입한 방식들을 보여 줄 것이다. 결론에서는 이 연구의 함의에 대해서 언급하면서 마무리한다.

제약기술의 정의와 사용자의 구성

제약산업은 과학지식, 기술혁신, 의료적 치료법 등의 중요한 원천이고 정부의 규제와 감독의 초점이자, 글로벌 산업, 경제성장의 동력, 보건의료비용의 주요 원천, 미국에서 가장 부유하고 강력한 정치적 로비집단이자 논쟁의 피뢰침이다. 지난 10년 동안 점점 더 많은 수의 과학, 기술, 의료 분야의 연구자들이 약품과 제약산업에 대해서 관심을 가져왔다. 이런 연구들은 실험실 수준의 연구에 초점을 맞추는 것부터 임상시험, 규제관행, 사용자의 구획 등에 이르기까지 다양하다(예를 들어 Abraham and Sheppard 1999; Clarke and Montini 1993; Corrigan 2002; Davis 1996; Epstein 1996, 1997; Fishman 2004; Geest, Whyte, and Hardon 1996; Goodman and Walsh 2001; Greene 2004; Kawachi and Conrad 1996; Lakoff 2004; Mamo and Fishman 2001; Marks 1997; McCrea and Markle 1984; Metzl 2003; Vuckovic and Nichter 1997).

과학기술학이라는 학제적 분야에서 활동하는 학자들은 기술을 최종사용자[의 필요]에 적합하게 하고, 반대로 최종사용자를 기술에 적합하도록 맞추는 과정을 기술의 사용방식을 정의script한다거나 사용자를 구성configure한다는 표현을 써서 표현해 왔다(Akrich 1992; Bijker, Hughes, and Pinch 1987; Cowan 1987; Oudshoorn 2003; Oudshoorn and Pinch 2003; van Kammen 2003). 기술은 특정한 목적을 위해서 설계되기보다는 특정한 사용자를 위해서 "정의"scripted되기도 한다. 의식적으로건 무의식적으로건 잠재적인 사용자에 대한 이미지, 생각, 연관된 가정들로 구성되는 이러한 대본들[11]은 서로 다른 단계에서 상이한 수준의 유연성으로 기술과 결부된다. 이와 마찬가지로 신기술에 대한 시장이 구성될 때에는 소비자를 구성하고 배치하는 절차 — 종종 매우 다양한 절차들 — 를 포함하게 된다.

전체적으로 볼 때, 이러한 연구들은 의약품의 생산과 소비에 대한 우리들의 이해를 넓혀주고 심화시켰다. 간략하게 말하면 우리는 여타의 테크노사이언스적인 제품처럼 의약품의 생산이 철저하게 사회적이고 역사적인 과정이라는 사실을 알고 있다. 의약품의 생산은 재정지원 구조와 우선순위에 의해서 영향을 받고 있다. 그리고 할 수 있는 문제들doable problems이 남겨놓은 유산, 과학지식의 수준, 과학적 도구의 융통성에 따라 달라진다. 또한 작업반, 연결망, 분과학문, 전문직업, 조직, 관련기관, 대학, 산업에 의해서 구조화된 사회세계 내에 체화되어 있다. 의약품의 생산은 행위자들의 연결망이 만들어 내는 번역행위를 통해 안정화되고 탈안정화된다. 그리고 규제체제, 소비자시장, 사회운동에 의해서 심대하게 형성된다.

그러나 규제체제는 이러한 설명변수의 조합을 늘리는 데에 필요한 또 하나의 행위자 또는 변수에 지나지 않는다. 스콧 프리켈과 켈리 무어가 이 책의 서문에서 지적했듯이 규제체제의 변화는 지식생산의 관행과 권력분배에 심대한 영향을 미칠 수 있다. 의약품은 기업에 의해 생산되는 다른 화학제품

---

11. [옮긴이] script의 번역어이다. 필자가 사용하는 동사로서의 script에 대응하는 표현으로, 필자는 특정한 기술이 정의(script)되어서 만들어진 이미지 등을 명사로 대본(script)이라고 부르고 있다.

처럼 국가의 규제를 받지만 의약품을 규제하는 기제는 다른 화학제품들의 경우와는 상이하다. 기업적으로 생산되고 활용되는 화학물질과 달리 환자 치료에 사용되는 화학물질[12]은 시장에 도입되기 전에 비용이 많이 들고 시간도 오래 걸리는 임상시험을 통해 안전성, 투약방법, 효과를 시험해서 식품의약청의 승인을 얻어야 한다. 그리고 최종적으로 조제약은 처방을 내릴 수 있도록 면허받은 의사와 약을 유통시킬 수 있도록 허가받은 약사에 의해서 규제된다.

조제약에 대한 접근이 식품의약청에 의해서 규제되고, 의사에 의해서 중재되기 때문에 제약 기술의 용도를 정의하고 사용자를 구성하는 과정은 매우 복잡한 절차가 된다. 거의 20여 년 전에 루스 슈워츠 코완은 "소비자가 경쟁하는 기술 사이에서 선택을 내리는 공간과 시간"을 묘사하면서 그것을 "소비의 교차로"consumption junction라고 명명했다(Cowan 1987 : 263). 이 개념은 과학기술학에서 소비의 암흑상자를 여는 데 특히 강력한 방식이었고 여러 학자들이 이러한 개념적 틀에 기반해서 분석을 전개하거나 개념적 틀 자체를 확장시키고 있다(Oudshoorn and Pinch 2003). 나의 분석은 이러한 연구에 크게 의존하고 있지만 나는 소비의 교차로를 소비의 장field of consumption 으로 재개념화하는 게 유용하다고 여기게 되었다.

장이라는 개념은 피에르 부르디외의 작업(Bourdieu 1977)에서 연원한 것으로 사회운동 연구자들과(Ray 1998, 1999; Crossley 2003, 2005; Goldstone 2004) "신제도주의" 전통(Scott et al. 2000; Kleinman and Vallas, 이 책; Epstein 이 책)에 의해서 생산적으로 활용되고 발전되었다. 장을 힘의 배열과 투쟁의 공간으로 이해하는 부르디외의 생각으로부터 라카 레이는 장을 "조직이 체화되고 조직과 활동가들이 지속적으로 대응하는 구조화되고, 불평등하며, 사회적으로 구성된 환경"이라고 정의하면서 "조직들은 자율적

---

12. [옮긴이] 의약품을 말한다.

이거나 자유로운 행위자가 아니며 오히려 어떤 장과 그것에 딸려 있는 사회관계를 물려받는다. 그들이 행위할 때에는 이러한 장에 대한 대응으로 행동하는 것이다"라고 말했다(Ray 1999:6). 레이가 말했던 것처럼 장이라는 개념은 국가, 사회운동, 의약품시장 형성의 관계를 연구할 때 특히 유용하다.

규제의 변화와 소비지형의 재조직화

식품의약청 규제관행에서의 중요한 변화는 지난 15~20년 사이에 일어났다. 이러한 변화로는 두 가지를 들 수 있다. 하나는 의약품 승인절차이며 다른 하나는 의약품 광고활동에 대한 것이다. 첫째, 신약승인절차와 추가적 응증확대신청 승인절차는 1992년 〈조제약 사용자 비용법〉Prescription Drug User Fee Act, PDUFA과 1997년 〈식품의약 근대화법〉Food and Drug Modernization Act, FDAMA에 의해 간소화되고 신속해졌다(FDA n.d.; Lasagna 1989). 〈식품의약 근대화법〉이 시행되기 이전에 신약 신청은 어렵고 비용과 시간이 많이 소요되는 것이었기 때문에 제약회사들은, 기존에 승인된 약품을 새로운 적응증과 새로운 치료 대중들에게 적용하려고 할 때에 신청하는 추가적응증 확대신청을 제출하기를 꺼렸다. 하나의 목적이나 특정한 환자범주에 대해서 승인된 약품은 [다른] 어떤 환자집단에게도 또는 어떤 목적으로도 처방될 수 있다. 이는 "오프-레이블"off-label 처방으로 알려져 있다. 사실 어떤 약은 레이블에 적혀 있거나 지시된 사용방식대로보다는 "오프-레이블"로 더 많이 처방된다(Beck 1998). 그러나 제약회사가 약품을 광고할 때에는 오프레이블 사용방식을 드러낼 수 없도록 법적으로 금지하고 있다. 따라서 식품의약청이 새로운 적응증에 대한 처방을 허용하면, 제약회사가 이러한 적응증에 대해서 소비자에게 직접 광고할 수 있게 된다.

둘째, [의사의 처방이 필요한] 조제약을 소비자에게 직접 광고하는 것을 금지하는 것은 식품의약청의 오래된 정책이었다. 그러나 1980년대 후반, 신문과 잡지의 인쇄광고가 허용될 수 있다는 공식적인 재해석이 있었고 1997년에는 제약회사가 조제약을 소비자들에게 직접 방송으로 광고할 수 있도록—즉 TV를 통한 광고의 물꼬를 텄다—규제가 완전히 개정되었다. 이러한 변화는 소비의 장, 의약품 소비를 둘러싼 의사결정의 동학, 구매자·환자·최종사용자와 처방전을 쓰는 의사 및 제약기술의 관계를 변화시켰다. 또한 식품의약청의 규제범위를 확대했고 제약산업에 대한 대중들의 관심과 숙고의 수준을 높였으며 소비자, 보건, 질병기반 사회운동의 새로운 장을 열었다.

오늘날 소비자직접광고의 뿌리는 1981년 소비자직접광고가 처음으로 시작된 직후, 제약산업이 식품의약청에 제안했던 변화에서 시작되었다 (Mirken 1996; Palumbo and Mullins 2002). 제약기업들은 조제약에 대한 대중 "교육"을 위해 광고를 활용하겠다는 제안을 했고, 식품의약청은 일단 이에 대한 연구를 위해 자발적인 모라토리엄을 기업들에게 요청했다. 자발적인 모라토리엄은 식품의약청이 『관보』Federal Register에 현재의 규제가 "오류가 있거나 소비자를 오도할 우려가 있는 광고로부터 소비자를 보호하기에 충분하다"라고 언급하는 발표를 했던 1985년까지 지속되었다(Wilkes, Bell, and Kravitz 2000:113). 1985년 식품의약청의 이러한 정책은 가이드라인의 공식적인 개정이라기보다는 재해석이었고 규제환경이 완화되고 제약산업이 변화된 환경을 활용할 수 있게 되기까지는 시간이 걸렸다. 소비자직접광고의 규모는 1989년 1천 2백만 달러에서 1995년 3억 1천 3백만 달러로 늘어났다 (Palumbo and Mullins 2002).

이렇게 재해석된 가이드라인이 인쇄광고를 가능한 선택지로 만들었지만 여전히 이 가이드라인은 텔레비전이나 라디오를 통한 제품 광고에 대해서는 텔레비전이나 라디오 광고는 너무 짧기 때문에 반드시 포함해야 하는 경고와 부작용이 있는 적응증을 간략하게 소개하기에 적합하지 않다는 이유로 억제했다. 조제약에 대한 소비자직접광고에 대한 수차례의 공청회가 있었고 수십 건의 연구에서 소비자직접광고가 의사들의 태도, 의사-환자 관계, 소비자들의 인지도, 소비자들의 행위, 전반적인 처방패턴에 어떤 영향을 주는지에 대해서 다루었다(최근에 발표된 종합적인 연구로는 Aiken 2003, FDA 2003, Rados 2004). 이러한 연구에서 얻어진 증거들은 일관적인 결과를 보이지 않고 있다. 이는 관행과 태도가 지금도 계속 변화하고 있기 때문이라고 부분적으로 설명할 수 있다. 그래도 적어도 이것만은 명백하다. 소비자직접광고는 의사, 제약회사, 환자, 소비자 사이의 관계를 재조직함으로써 조제약 소비의 장을 재조직하고 있다.

이러한 규제체제의 변화는 식품의약청의 규제범위를 확장했고 제약산업에 대한 대중들의 의식과 감시 수준을 높였다. 아울러 제약산업의 영향력을 확대하고 대중문화, 대중매체, 소비자에 대한 영향을 심화시키는 동시에 보건 및 질병 관련 사회운동이 개입할 수 있는 기회를 확장시킴으로써 이들의 영향력을 제고시켰다. 건강한 여성에 대한 타목시펜 사례로 다시 돌아가자.

〈유방암 예방 임상시험〉의 고위험군 여성의 구성

국립암연구원의 화학예방법프로그램은 1978년부터 1981년까지 "임상 및 실험실에서의 화학예방법 연구의 타당성"을 조사하는 여러 작업반이 제기한 건의사항의 결과로 1980년대 초에 만들어졌다(Greenwald and Sondik 1986). 〈유방암 예방 임상시험〉이라는 개념은 국립암연구원의 화학예방법프로그램이 막 시작되었던 1984년 이래 암연구원에서 논의되었다. 타목시펜이 건강한 여성에게 화학예방적 속성이 있는지를 시험하는 것의 정당성은 1970년대 초반 이래 지속되어 오던 유방암 환자에 대한 타목시펜의 효과를 다룬 과거의 연구결과에서 비롯되었다. 이러한 임상시험은 타목시펜이 재발이 없는 생존율을 현저히 증가시켰고, 유방암으로 인한 사망률을 감소시켰으며, 반대편 유방에서 새로운 암의 발생을 감소시켰고, [부작용이라는 측면에서되 유방암 환자들이 충분히 감당할 만한 것이었음을 설득력 있게 보여 주었다.[13] 1990년 6월, 국립암연구원은 제안서 모집공고를 냈고 이듬해 2월, 〈전국 암 자문위원회〉는 유방암 치료에 대한 가장 중요한 임상시험 여럿을 설계하고 수행했던 버나드 피셔가 이끄는 매우 권위 있는 임상시험 그룹인 〈국가 유방암/복부보조적 수술 프로젝트〉가 제출한 임상시험 계획서를 승인했다.

〈유방암 예방 임상시험〉에 [피험자로] 지원할 수 있는 자격은 위험수준에 의해 결정되었다. 60세 이상 여성은 나이만으로도 지원이 가능했고, 35세에서 59세 사이 여성은 평균적인 60세 여성의 5년 동안의 위험 이상을 가진 경우에 참여가 가능했다. 60세 여성의 평균 위험은 5년 동안 1.66%로 밝혀졌다. 그러므로 평균적인 60세 여성, 다시 말해 정상적인 위험은 진입의 경계를 설정한 것이고 "고위험군" 여성의 작업적 정의에 대한 물질적 지시물이 되었다.

위험 점수는 1980년대 국립암연구원의 통계학자 집단에 의해서 개발된, 유방암 위험을 추정하는 알고리듬인 게일 모델 — 당시 프로젝트를 이끌었던 생물통계학자인 미첼 게일의 이름이다 — 을 활용해서 계산했다. 게일 모델은 여러 위험 요인들을 조합해서 다룰 수 있는 몇 안 되는 모델 중 하나이기 때문에 〈유방암 예방 임상시험〉에서 사용하기 위해 선택되었다. 이 모델은 절대적인 위험을 나타내는데, 최종적인 수치는 일정 시간 동안 발생할 확률이다. 게일 모델은 위험을 계산하기 위해서 나이, 유방암에 걸린 부모, 형제, 자녀의 수, 과거의 유방생체검사, 비정형과형성atypical hyperplasia의 존재 또는 부재(종양이 없는 상태의 유방), 출산이력(초산 때의 나이와 출산회수), 초경 나

---

13. 〈유방암 예방 임상시험〉과 그것의 발전의 배후에 있는 합리성에 대해서는 Smigel 1992, Fisher et al. 1992, Bush and Helzlsouer 1998, Fosket 2004, Wooddell 2004 등을 참고하라.

이 등의 위험 요인을 활용했다.

〈유방암 예방 임상시험〉은 처음에는 유방암 위험이 높아진 1만 6천 명의 여성을 포함하려고 설계했지만 실제 등록된 여성의 위험수치가 예상보다 높았기 때문에 13,388명에서 모집을 중단했다. 이는 연구를 위해서는 보다 적은 수의 대상이 필요하다는 것을 의미한다. (연구를 설계할 때에 예상했던 평균 위험수치와 비교할 때) 실제로 〈유방암 예방 임상시험〉에 참여했던 여성의 평균 위험수치는 최소 1.66% 이상이었다. 35세에서 49세 사이의 여성 참여자들에게 5년 평균 위험수치는 3.22%였고 50~59세 여성에게는 3.75%였으며 60세 이상의 유방암 5년 평균 위험은 3.92%였다. 실제 연구참여자들의 위험수치와 무관하게 연구설계 상의 매개변수에 의해서 "고위험"은 계속 정의되었다.

게일 모델이 분류 체계라기보다는 알고리듬이라면, 어떤 범주를 정의하는 한도가 1.66이 되는 이유는 무엇인가? 이 수치가 위험을 정의하는 이유는 무엇인가? 달리 말하자면 왜 향후 5년 동안 유방암으로 진단받지 않을 확률이 98.44%인데 고위험으로 분류되는가? 임상시험에 진입하는 기준점으로 평균 60세인 여성의 5년 동안의 위험을 선택하는 이유는 무엇인가? 여기에 대한 답은 명백하지 않다. 의학 학술지의 논문, 편집자의 글, 논평 등이 〈유방암 예방 임상시험〉의 정의를 따라서 "고위험"이라는 범주를 재생산하고 확산시키지만 이 범주를 문제화하거나 역사화하는 경우는 드물다.

"고위험"을 향후 5년 동안 유방암에 걸릴 확률을 1.66 또는 그 이상으로 정의하는 것은 고위험의 의미나 매개변수에 대한 모종의 의학적 합의가 아니라 적용가능하고 가용한 실험대상들의 예상공급량, 시간, 비용 등의 이유로 선택된 것이다. 〈국가 유방암/복부보조적 수술 프로젝트〉에서 일하는 생물통계학자들은 타목시펜이 어느 정도 효과를 내는지에 대해서 미리 기대를 갖고 있었고, 그 정도의 효과가 통계적으로 의미 있으려면 5년 평균 확률이 1.66인 여성이 1만 6천 명 필요했다. 〈유방암 예방 임상시험〉은 기존의 합의나 기존의 분류체계를 반영하지 않았다. 1.66이라는 숫자는 〈유방암 예방 임상시험〉의 설계에 내재되어 있었고 결과적으로 고위험은 이런 방식으로 이해되었다.

실용주의적으로 보면, 1.66을 선택한 데에는 자의적인 것은 전혀 없지만 그렇다고 과학적으로 필연적이지도 않았다. 예를 들어 영국의 로얄마스덴 임상시험은 특정한 위험 수치의 여성보다는 유방암 가족력이 강한 여성을 모집했다(Powles et al. 1998). 따라서 고위험은 수학적 알고리듬에 의해서 예측된 절대적 위험이라기보다는 가족력이라는 견지에서 이해되었다. 한편, 이탈리아의 임상시험에서는 일반적인 사람들 중에서 여성을 모집했다. 따라서 이탈리아의 타목시펜예방연구에서 임상시험에 참여한 대상들의 유방암 위험수준은 〈유방암 예방 임상시험〉에 비해서 훨씬 낮았다(Veronesi, Maisonneuve, et al. 1998). 또한 이탈리아의 타목시펜예방연구는 "자궁절제술을 한 여성"을 별도로 다루었다. 이는 타목시펜의 드물지만 심각한 부작용인 자궁내막암을 최소화하기 위해서였다. 결과적으로 이탈리아 임상시험의 실험대상 모집은 새로운 위험 범주나 분류체계를 만들지 않았다.

〈유방암 예방 임상시험〉을 설계하기 전에 "고위험"은 특정한 의미가 없는 느슨한 용어였다. 그러나 〈유방암 예방 임상시험〉으로 인해 "고위험"은 특정한 의미를 갖는 범주가 되었다. 이러한 새로운 분류 체계에서 "고위험"은 기의였고 1.66은 기표였다. 이 두 가지가 함께 고위험 여성이라는 새로운 범주를 구성했다. 국립암연구원이 채택하고 〈유방암 예방 임상시험〉에 내재되어 있는 고위험 여성이라는 정의가 다른 영역에서 아무런 문제없이 수용된 것은 아니다.

공청회에서의 유방암 활동가들의 증언

활동가와 페미니스트 정치인들의 관심으로 인해 〈유방암 예방 임상시험〉에 대한 의회 공청회가 1992, 1994, 1998년에 열렸다. 활동가의 관심에 의해 자극을 받은 도날드 페인 하원의원은 1992년 10월 22일 하원 〈인적자원 및 부처 간 관계 상임위원회〉에서 특별 공청회를 열어서 연구의 안전성과 건전성에 대한 증언을 들었다. 이 공청회에 대해서 『국립암연구원저널』에는 「(다시) 검토 중인 〈유방암 예방 임상시험〉」이라는 제목의 기사가 실렸다. 이 기사에서 "이 임상시험이 270개 이상의 센터에서 3천 3백 명 이상의 여성이 등록해서 진행 중이다. …… 연방정부의 자금을 7천만 달러나 들여서 유방암에 걸릴 위험이 높은 여성들 사이에서 타목시펜이 예방효과가 있는지를 판단하기 위한 연구에 대한 반대의 목소리가 다시 제기되고 있다"고 지적했다 (Smigel 1992 : 1692). "다시"라는 표현은 1992년에 이미 활동가 그룹이 제기했던 비판의 포화를 염두에 둔 것이다. 이 기사에서는 〈전국 여성 보건 네트워크〉를 인용하면서 임상시험에 대해서 "예방이라는 주장을 뒷받침하는 증거가 거의 없다. …… 시험에 등록할 수 있는 여성들이 유방암에 걸릴 위험이 높은 것은 아니다. …… 타목시펜은 건강한 여성들에게 사용하기에는 너무 유독하다"(1692). 당시 〈미국보건학회〉 차기회장으로 선출되었던 헬렌 로드리게스-트리아스는 "그 연구의 지나칠 정도의 유명세에서 야기될 수 있는 문제뿐 아니라 타목시펜의 편익 대비 잠재적 위험에 대해서 의문을 제기했다"(1693). 이런 비판에도 불구하고 임상시험은 계속되었다.

1994년 상원 〈암 연대〉에 소속된 다이안 페인스타인과 코니 맥 상원의원은 "6천 8백만 달러가 들어간 2년간의 연구에 대한 윤리적, 절차적 쟁점을 조사"하기 위해 또 다른 공청회를 개최했다. 이 공청회는 타목시펜이 생각보다 안전하지 않다는 사실을 보여 주는 자료공개가 발단이 되어 열리게 되었다. 충분한 정보에 근거한 동의 절차가 갖고 있는 문제도 논의되었다. 이 때,

〈전미 유방암 단체연합〉의 에이미 랑거는 『워싱턴포스트』의 기사에서 이 임상시험을 중단하는 것은 타목시펜을 "스스로" 먹음으로써 "주방과 사무실에서 각자 자신의 사적인 임상시험을 수행하는 것"을 의미한다고 말했다(Sawyer 1994). 이 말은 "뒷골목에서의 낙태"라는 상징과 분명하게 조응했다. 어떤 암전문가가 "타목시펜보다 1천 배나 위험한 약품에 대한 임상시험이 진행 중이다"라고 말했기 때문에 이 임상시험은 "반드시 계속되어야 한다"고 〈미국 암 연구재단〉의 캐롤린 올디지가 말했다고 기사에서 인용되었다. 『워싱턴포스트』에서는 랑거와 올디지 모두를 "연구에 대해서 강력한 지지"를 피력하는 "독립적인 지지자"라고 언급했다. 그러나 〈전미 유방암 단체연합〉와 〈미국 암 연구재단〉 모두 제약산업으로부터 상당한 재정지원을 받고 있었다.

  페인스타인과 맥이 소집한 1994년의 공청회는, 〈국가 유방암/복부보조적 수술 프로젝트〉가 수행하는 "유방암의 치료와 예방에 대해 국가적으로 가장 중요한 임상시험에서 발생한 심각한 위조와 조작과 관련된 중요한 쟁점들"을 조사하기 위한 하원감독조사위원회의 4월 13일, 6월 15일 공청회 사이에 끼어 있었다. 자료 위조를 인정한 프와송 박사는 식품의약청으로부터 임상시험 중인 의약품에 대한 연구수행을 평생 금지당했고 〈유방암 예방 임상시험〉을 위한 연구대상 모집은 일시적으로 중단되었다. 충분한 정보에 근거한 동의 절차는 수정되었고 위험과 부작용에 대한 보다 강력한 경고가 포함된 상태로 ─ 비록 평판은 점차 엉망이 되었지만 ─ 임상시험은 계속되었다.

  1998년 4월 22일 상원 세출위원회의 노동보건복지 소위원회는 〈유방암 예방 임상시험〉의 조기 종결에 대한 결정을 심사하기 위해 공청회를 열었다. 〈제네카〉가 추가적응증확대를 신청하기 직전인 1998년 4월 30일에 〈여성문제 의원모임〉에서는 식품의약청이 〈제네카〉의 승인요청을 심사하기 위해서 활용하는 절차에 대해 토론하는 공개포럼을 개최했다. 9월 2일 〈항암제 자문위원회〉가 열렸을 때, 위원들의 관심이 높아졌고 대중들도 자문위원회의 진행에 대해서 숙고하게 되었다. 대체로 예방목적의 승인에 반대하는 환자, 소비자, 의견집단으로부터의 증언이 제출되었고 기록에 남겨졌다. 공개증언이 있은 이후에 〈항암제 자문위원회〉는 두 개의 주요 질문에 대한 숙의에 들어갔다. (1) 예방의 증거가 있는가, 아니면 단지 위험이 감소되었다는 증거만 있는가? (2) 이 의약품은 어떤 증상의 사람들에게 주어지는가? 나는 다른 지면에서 이러한 질문에 대한 〈항암제 자문위원회〉의 숙의과정에 대해서 상당히 상세하게 논의했다(Klawiter 2002; Wooddell 2004를 보라). 이 글에서 나는 회의에 참석했던 여성보건운동 활동가와 의견그룹의 대변인들의 증언에 초점을 맞출 것이다.

〈유방암 행동〉의 집행위원장인 바바라 브레너가 제출한 편지가 기록에 남아 있다. 이 편지는 "존경하는 위원님들께, 최근에 알려진 국립암연구원과 최근 발표된 유럽에서의 자료에 따라 〈유방암 행동〉은 놀바덱스에 대해서 현재 제안된 적응증에 대한 허가에 반대합니다. 여성들은 유방암을 예방하기 위해 인가된 의약품이 실질적으로 유방암을 예방하고, 이를 복용해서 유발되는 위험을 넘어서는 편익이 수반되기를 기대할 자격이 있습니다. 우리가 지금 알고 있는 한, 놀바덱스는 이러한 두 가지 모두를 만족하지 않습니다. 우리는 지금의 신청에 대해서 '아니다'라고 말할 것을 주장합니다.…… 〈유방암 행동〉은 오래 전에 이 임상시험을 '여성을 위한 나쁜 연구, 나쁜 약품, 나쁜 뉴스'라고 요약했습니다"(ODAC 1998)라고 언급했다. 〈전국 여성 보건 네트워크〉의 집행위원장인 신시아 피어슨은 "우리 네트워크는 식품의약청과 식품의약청으로부터 자문을 요청받은 이 위원회가 이번 회의에서 위험 축소이건 예방이건 타목시펜을 허가하지 않을 것을 주장한다"라고 증언했다(ODAC 1998).

여덟 곳의 여성보건 및 유방암 단체를 대표하는 여덟 명의 활동가들이 〈항암제 자문위원회〉에게 건강한 여성을 위한 [예방] 용도로 타목시펜을 허가하지 않도록 식품의약청에 자문할 것을 주장했다. 각 대표자들은 자기가 속한 조직의 임무, 회원의 수, 제약산업으로부터의 독립성에 대해서 언급했다. 그들의 증언은 〈유방암 예방 임상시험〉의 자료와 이러한 자료의 중요성에 대한 상세하고도 꼼꼼한 토론에 포함되었다. 단지 한 명의 대표자만이 〈항암제 자문위원회〉가 승인해야 한다는 주장을 펼쳤는데, 그녀는 자신이 대표하는 조직이 제약산업으로부터 재정지원을 받고 있음을 인정했다.

유방암 활동가들의 소비자직접광고에 대한 반대

다른 제약회사와 마찬가지로 〈아스트라제네카〉도 소비자직접광고라는 새로운 규제환경을 활용하려고 했다. 〈아스트라제네카〉는 더 이상 의사들의 태도나 관심에 대해서 의지할 필요 없이 소비자직접광고를 통해서 새로 허용된 타목시펜의 사용방식에 대해서 잠재적인 소비자들에게 홍보하는 광고를 설계했다. 〈아스트라제네카〉의 최초의 소비자직접광고는 "당신이 할 수 있는 일이 있습니다"라는 말을 반복하면서 추가정보와 무료비디오를 얻을 수 있는 발신자부담전화번호를 안내하는 케이블텔레비전의 "건강정보광고"였다. "블록버스터 의약품"에 대한 텔레비전광고와는 달리 〈아스트라제네카〉는 대부분의 소비자직접광고를 인쇄매체를 통해서 했다.

나는 다른 지면에서 식품의약청의 〈의약품 마케팅, 광고, 커뮤니케이션국〉의 경고 편지를 야기한 〈아스트라제네카〉의 의사직접광고와 소비자직접광고에 대해서 발표했다(Klawiter 2002). 여기에서 나는 여성보건과 유방암 활동가들이 1차 예방기술로서의 타목시펜의 용도를 "정의"하고(Akrich 1992) 건강한 여성을 고위험최종사용자로 구성하는 것을 붕괴시켰던 활동에 주목하려고 한다. 소비자직접광고가 타목시펜의 용도를 정의하고 고위험 여성의 구성이 일어나는 핵심적인 공간의 하나라는 사실을 인식하고 있었던 여성보건 및 유방암 활동가들은 〈아스트라제네카〉의 광고를 주의 깊게 관찰하고 있었다. 그들은 식품의약청의 지침을 위반하는 것처럼 보이는 광고를 찾아냈을 때, 〈의약품 마케팅, 광고, 커뮤니케이션국〉에 항의를 제출했다. 〈의약품 마케팅, 광고, 커뮤니케이션국〉이 인력부족에 시달리고 있고 지침을 효과적으로 강제하지 못한다는 것을 알게된 활동가들은 문화적인 공간에서 전투를 하기도 했다.

〈전국 여성 보건 네트워크〉는 타목시펜이 [유방암이 발생할] 위험을 감소시킨다는 담론과 [타목시펜을 홍보하고 사용하는] 관행에 대해서 적극적인 감시와 토론을 전개했다. 예를 들어 2000년 1월, 〈전국 여성 보건 네트워크〉는 『뉴스위크』에 실린 타목시펜 광고에 대해서 〈의약품 마케팅, 광고, 커뮤니케이션국〉에 항의를 제출했다. 2000년 1월 12일자 편지에서, 〈전국 여성 보건 네트워크〉 집행위원장인 신디 피어슨은 〈의약품 마케팅, 광고, 커뮤니케이션국〉에게, 〈제네카〉가 식품의약청이 보낸 과거의 경고 편지에도 불구하고 놀바덱스의 광고에서 "허위진술의 패턴"을 지속적으로 보였다고 주장하면서 〈제네카〉가 광고를 취소하도록 하라는 요청을 했다. 〈전국 여성 보건 네트워크〉는 1월 12일에 보낸 편지에서 〈제네카〉의 광고는 "위험에 대한 절대적 수치와 상대적 수치를 바꾸어 사용했기 때문에" 사실을 오도하고 있다고 주장했다. 예를 들어 이 광고에서는 타목시펜을 사용한 여성들이 유방암에 걸리는 수치(위약을 투약한 여성과 비교한 상대적 위험)가 49% 줄어드는 것을 경험했다고 언급하고 있다. 그러나 〈제네카〉는 위험을 표현할 때에는 절대위험에 대한 자료를 제시하면서 건강을 위협하는 부작용은 "여성들 중에서 1% 이하에서 발생한다"라고 말하고 있었다. 피어슨은 "이 광고에서 상대적인 위험을 일관성 있게 사용했다면 타목시펜을 투약한 여성들은 유방암에 걸릴 확률이 49% 감소하고 자궁내막암에 걸릴 확률은 253%가 높아진다라고 말했어야 한다. 또는 〈제네카〉가 절대적인 숫자를 써서 타목시펜에 의해서 피해를 보는 여성이 1% 이하라고 말하려고 했다면, 절대적인 수치로 말할 때에는 처음부터 여성들이 유방암에 걸릴 확률을 고려해서 타목시펜으로부터 편익을 누릴 확률은 1~2%에 불과하다라고 말했어야만 한다"고 지적했다.

2001년 2월 초, 식품의약청은 〈전국 여성 보건 네트워크〉의 항의에서 의미 있는 부분이 있었음을 밝히는 편지를 발표했다.

〈전국 여성 보건 네트워크〉는 〈아스트라제네카〉의 소비자직접광고를 추적하고 식품의약청에 항의하는 것 이외에 〈전국 여성 보건 네트워크〉가 특별히 문제라고 생각하는 광고에 대한 대항운동을 조직했다. 1999년 4월 〈제네카〉는 건강한 여성들에게 타목시펜을 홍보하는 두 페이지짜리 광고를 대중적인 매체인 『피플』에 실었다. 첫 페이지는 카메라를 등지고 헝클어진 시트가 놓여진 침대 옆에 앉아있는 젊은 여성의 사진이었다. 여성은 검은색 레이스가 있는 브래지어와 검은 색 팬티를 입고 있었다. 페이지 위에는 "당신이 유방암에 대해서 걱정한다면 ⋯⋯"이라고 써 있었고 마주보는 페이지의 위에서 "36B보다는 1.7에 더 신경써야 합니다"라고 말이 이어지고 있었다. 바로 그 아래에는 "당신의 유방암위험평가수치를 알아두십시오. 놀바덱스 ®(타목시펜 구연산염)은 당신이 고위험군일 때, 유방암에 걸릴 확률을 줄여줄 수 있습니다"라고 쓰여 있었다.

이 광고는 성적으로 매력적으로 보이고 싶어 하는 여성들의 욕망에 호소하고 있었고(검은색 레이스의 브래지어), 피상적이면서도 정형화되어 있는 방식으로 호소하고 있었으며(여성들은 브래지어 사이즈에 관심이 있다는 가정), "새로운 위험평가시험"을 통해 자신의 수치를 알아내는 것과 1.7 이상일 경우 놀바덱스를 먹는 것과의 관계를 설정하고 있었기 때문에 유방암 및 여성 보건 활동가들로서는 유난히 불쾌했다. 〈전국 여성 보건 네트워크〉는 이 광고를 변형시켜서 회원들에게 재발송하는 식으로 대응했다. 광고의 윗부분에서 〈전국 여성 보건 네트워크〉는 진한 대문자로 "이 광고에서 무엇이 잘못되었습니까?"라고 썼다. 뒷면에 이 질문이 다시 써 있고 그 아래에 〈아스트라제네카〉는 "건강한 여성들이 자궁내막암, 혈전 등을 비롯한 생명을 위협하는 건강 상의 문제를 야기한다고 알려진 약을 먹게 하고 있다. 이러한 광고에서는 놀바덱스를 먹은 여성들이 임상시험에서 폐색전증으로 사망했다는 말을 하고 있지 않다"는 분석을 포함해서 [질문에 대한] 일련의 답을 제시했다. 〈전국 여성 보건 네트워크〉의 대응은 유방암 운동 내부에서 광범위하게 유통되었다.

이와 같은 시기에 〈유방암 행동〉과 〈유방암 행동〉 집행위원장인 바바라 브레너는 다양한 수단과 방식으로 소비자직접광고에 대한 비판적 분석을 전개하는 한편, "모두에게 허용되지 않는 개인적인 예방"인 "약학적 개입을 통한 위험 감소"보다는 환경으로부터 독성물질을 제거함으로써 암을 예방할 것을 강조하는 공공보건의 관점을 확대하려는 공통된 관심을 갖고 있는 단체들을 조직하는 데에 앞장섰다. 이러한 단체들의 모임은 〈예방 우선〉Prevention First이라는 새로운 연대기구로 이어졌다. 〈예방 우선〉은 샌프란시스코에 있는 유방암 및 환경 관련 프로젝트를 지원해 왔던 〈리차드 앤 로다 골드만 펀드〉로부터 2년 동안 30만 달러의 지원을 받아냈다.

2001년 10월, 〈예방 우선〉은 유인물을 만들어서 소속 단체들이 자신들의 연결망(소식지에 포함시키거나 웹사이트 공지 등)을 통해서 유통시키도록 했다. 유인물에서는 건강한 여성들에게 타목시펜을 홍보하기 위해서 소비자직접광고를 하려는 시도에 대한 반대를 통해 제약산업에 맞서는 〈예방 우선〉의 출범은 공개적으로 발표하고 있었다. 유인물은 "유방암예방이 알약으로 가능할까요?"라는 질문으로 시작하고 있다. 유인물에 적힌 답은 아래와 같다.

매년 수십 억 달러가 암 연구에 쓰이고 있지만 이러한 연구의 압도적 다수는 예방이 아니라 의약품 개발입니다. 암을 "예방"한다는 장점을 내세우는 알약은 암이 발생할 위험을 약간은 낮출 수 있겠지만 건강상의 다른 문제들을 야기할 위험이 있습니다. 진정한 암의 예방을 위해서는 암의 환경적인 요인들을 이해하고 제거해야 합니다.

유인물은 몇 개의 이름을 들면서 계속된다.

미국인들은 유방암 같은 질병을 "예방한다"는 약에 대한 광고의 포화 속에 살고 있다. …… 〈일라이 릴리〉[14]는 유방암에 대한 에비스타®(랄록시펜)를 광고하고 있지만 실제로 이 약은 골다공증에만 허가되었다. 그리고 유방암 약인 놀바덱스®(타목시펜)를 생산하는 〈아스트라제네카〉는 건강한 여성들에게 이 약을 마케팅하고 있지만, 이 약은 그들을 돕기보다는 해칠 가능성이 더 높다.

이 유인물에서는 일라이 릴리와 〈아스트라제네카〉의 의약품 광고가 "오도된 정보"misinformation을 만들어 내고 의약품 가격을 상승시킴으로써 모든 사람에게 피해를 준다고 주장했다. 이 유인물은 제약회사로부터의 독립성을 유지하기 위해서 제약회사의 재정지원을 거부하는 보건단체들이 만들었다고 자신들의 정체성을 밝혔다. 유인물의 왼편에 있는 2.5인치 정도의 "사실들"이라는 코너에서는 세 가지 주장을 하고 있다 : 제약회사는 연구개발보다 마케팅과 관리에 두 배나 많은 돈을 쓰고 있다, 식품의약청은 〈아스트라제네카〉에게 몇 가지 광고를 철회할 것을 요청했다, "의약품 광고는 유방암 '예방'을 위한 알약에 초점을 맞춤으로써 병의 원인으로부터 관심을 다른 곳으로 돌리게 만든다."

2001년 5월 23일, 식품의약청은 "소비자 라운드테이블"을 개최했고 〈예방 우선〉은 소비자직접광고와 암에 대한 신약인가기준에 대해 증언을 했다. 〈예방 우선〉은 식품의약청과 소비자직접광고의 구조와 기능에 대한 몇 가지 변화를 주장했다. 가장 강력한 방식을 먼저 제기하면서 〈예방 우선〉은 "식품의약청이 소비자직접광고의 위험으로부터 대중들을 적절하게 보호하

---

14. [옮긴이] Eli Lily라는 다국적 제약기업이다.

는 자원 또는 권위를 갖고 있지 않다는 게 드러났기 때문에……[〈예방 우선〉
은] 소비자직접광고를 전면적으로 금지할 것을 주장"했다. 둘째, 전면적인 금
지 대신, 〈예방 우선〉은 약품 종류에 관계없이 어떤 회사가 식품의약청으로
부터 7년 동안 "중단하고 그만두라"는 편지를 세 번 받으면 해당 약품을 소
비자에게 직접 광고하지 못하도록 하는 "삼진아웃제" 규칙의 도입을 주장했
다. 셋째, 〈예방 우선〉은 (금지 대신에) 식품의약청의 지침을 위반하는 광고
를 하는 기업들에게 "즉시 정정광고를 잘못된 광고가 유통되었던 것과 같은
시장에 같은 방식으로 같은 시간 동안 내도록 해야 한다"고 주장했다. 마지
막으로 〈예방 우선〉은 자원을 재조정해서 식품의약청이 소비자직접광고가
이루어지기 이전에 사전심사를 하고 특정한 광고에 관련된 대중들이 공식적
인 항의를 할 때에 보다 신속하게 대응할 수 있어야 한다고 주장했다. 이런
쟁점들은 의회와 식품의약청 내에서 지속되었다.

결론

이 장은 과학연구, 기술혁신, 규제개입, 의료관행, 사회운동에게 점차 중
요한 공간이 되고 있는 위험조건에 대한 처방으로 의약품을 사용하는 문제
를 집중적으로 다루고 있다. 보다 구체적으로 말해 암의 화학예방법이라는
맥락에서 타목시펜이 유방암위험축소기술로 용도가 재정의되고 건강한 여
성을 고위험최종사용자로 재구성시키려는 노력에 초점을 맞춰서 위험의 약
제화pharmaceuticalization를 검토한다. 이 장에서 나는 규제체제에서의 최근 변
화들이 소비자의 목소리와 사회운동의 영향력을 강화하는 방식으로 소비의
장을 재조직했는데, 이 과정에서 동시에 제약산업의 취약성과 권력이 향상되
었다고 주장했다. 이런 모순적인 결과의 집합은 타목시펜이 이러한 새로운
적응증과 특정 집단에 대해서 식품의약청의 신속한 승인을 받았지만 시장

에서는 1차 예방 기술로서는 실패한 이유를 설명할 수 있을 것이다.

〈전국 여성 보건 네트워크〉, 〈유방암 행동〉, 〈예방 우선〉 같은 조직들은 1차 예방기술로서 타목시펜을 단순히 거부하거나 반대하지는 않았고, 건강한 여성을 고위험최종사용자라는 구성을 방해하려고 하지는 않았다. 이런 단체들은 나름대로 유방암의 위험과 예방에 대한 대안적 담론을 만들어 냈다. 규제체제의 변화는 소비의 장을 재조직했지만, 이와 동시에 여성보건운동 및 유방암 사회운동은 타목시펜이 유방암예방기술로 용도가 정의되고 여성이 고위험사용자로 구성되는 담론과 관행이 형성되는 과정을 형성하는데에 기여했다.

그들은 해오던 대로 계속 했다. 타목시펜을 둘러싼 투쟁, 그리고 유방암 위험 감소를 위한 투쟁은 오늘까지 지속되고 있다. 여성보건 및 유방암 운동은 출판, 웹사이트, 공개 증언 등을 통해서 여성들이 〈유방암 예방 임상시험〉에 대한 결론이 내려진 직후에 시작된 타목시펜과 랄록시펜에 대한 연구에 [임상시험의 연구대상으로] 참여하지 않도록 적극적으로 여성들을 설득했다. 이 연구는 폐경 이후 고위험군의 건강한 여성들에게서 유방암 발병율을 줄이는 데에 타목시펜과 랄록시펜의 효과를 비교하기 위해 시작되었다.

이 사례연구를 특별히 흥미롭게 만드는 여러 요인들이 있다. 우선, 타목시펜 사례는 의료관행, 제약기술, 지식의 생산을 변형시키는 위험의 약품화와 연관된 일련의 변화의 일부이다. 알렉산드라 베니스가 5년 전에 『하버드 공공보건 리뷰』*Harvard Review of Public Health*에서[15] "타목시펜의 이야기는 화학예방법의 약속에 대한 눈부신 상징이자 약물탐구의 과정이 얼마나 과학적으로, 경제적으로, 윤리적으로 복잡하고 복합적인가를 폭로해 주었다"라고 지적했다. 내가 이 장에서 보여 주려고 했듯이, 이러한 복잡성은 유방암 운동의 출현과 소비의 장을 재조직한 규제체제에서의 변화에 의해서 한층 복

---

15. [옮긴이] 여기에서 저자는 Benis 1999를 언급하고 있다.

합적으로 변했다. 둘째, 타목시펜이 암예방을 위해 허가된 최초의 의약품이지만 마지막이지는 않을 것이다. 암의 화학예방법은 약학 분야 연구개발의 중요한 영역이다. 타목시펜에 대한 논쟁이 잦아들었지만 이 논쟁이 제기한 쟁점들은 암의 화학예방법에 대한 새로운 약학기술을 시험하려는 전세계의 여러 임상시험에 지속되고 있다. 마지막으로 이 연구는 시장에서의 성공보다 실패에 대한 것이기 때문에 흥미롭다. 타목시펜 사례는 제약산업이 소비자 직접광고를 통해 소비자 대중들을 현혹해서 실제로 필요해서건, 아니면 가상적인 필요 때문이건 약을 잔뜩 먹일 수 있다는 대중적인 인식을 교정할 수 있는 유용한 수단으로 작용했다. 제약산업이 엄청난 권력과 이윤을 제약회사 친화적인 정책과 규제관행으로 번역해 낼 수 있었다는 게 사실이지만 개별 기업들이 언제나 이기는 것은 아니며 개별 의약품의 성공은 보장된 것이 아니다.

사회운동이 전능한 행위자는 아니고 그렇다고 내가 사회운동이 아무런 영향력이 없었다고 말하려는 것도 아니다. 여러 번에 걸쳐 공청회가 열렸고 반대의견이 피력되었지만 〈유방암 예방 임상시험〉은 지속되었으며 〈제네카〉가 추가적응증확대신청을 제출한 지 6개월 만에 식품의약청은 여성 보건 및 유방암 운동의 반대에도 불구하고 건강한 고위험 여성의 치료에 대해 타목시펜을 승인했다. 그러나 타목시펜이 시장에 나왔을 때, [타목시펜을 활용한] 화학예방법은 건강한 여성의 욕망을 사로잡지 못했고 〈아스트라제네카〉는 이러한 두려움을 기회로 활용하는 데 실패했다. 여성보건 및 유방암 운동이 이런 실패에 기여했다. 이런 사회운동들은 규제변화로 인해 재조직화된 소비의 장 내에서 영향력을 증폭시킴으로써 이런 결과를 만들어 낼 수 있었다.

:: 장별 감사의 글

1장 신과학정치사회학의 전망과 도전

이 장의 초고에 대해 통찰력 있는 논평을 해 준 엘리자베스 S. 클레멘스, 스티븐 엡스틴, 닐 그로스, 데이비드 헤스, 레이첼 셔먼, 그리고 리스 H. 윌리엄스에게 감사드린다.

2장 수렴 속의 모순

이 장은 2003년 10월에 미국 조지아 주 애틀란타에서 열린 〈과학의 사회적 연구를 위한 학회〉 학술회의에서 발표하기 위해 준비되었다. 우리 연구에 참여해 준 분들, 그리고 연구 현장에 접근할 수 있게 해준 샘 겔먼에게 감사드린다. 또한 연구비를 지원해 준 학술진흥재단(〈미국사회학회〉/국립과학재단), 〈조지아 공대 재단〉, 그리고 위스콘신대학 대학원에 감사드린다. 마지막으로 연구 조교 애비 킨치와 롤 니코치아, 이 장의 초고를 읽고 논평을 해 준 스콧 프리켈, 켈리 무어, 우디 포웰, 카렌 쉐이프, 마크 슈네이버그, 로렐 스미스-도어, 그리고 로빈 스트라이커에게 감사의 말을 전한다. 이 필자들도 이 장의 개념을 구체화하는 데 마찬가지로 기여했다.

3장 상업적 뒤얽힘

이 장을 읽고 사려 깊은 논평을 해 준 편집자들과 엘리자베스 S. 클레멘스에게 감사드린다. 남은 오류는 모두 나의 책임이다.

4장 농식품 혁신 체계에서 나타나는 집단 자원의 상업적 재구조화

이 논문이 나오는 데 없어서는 안 되었던 질 알레어의 공헌에 감사드린다. 또한 편집자들과 엘리자베스 S. 클레멘스의 건설적인 논평에도 감사한다.

5장 혈관형성방지 연구와 과학 장의 동역학

이 글의 초고를 읽고 유용한 평을 해 준 조어그 알브레히트, 아서 댐리히, 스콧 프리켈, 대니얼 클라인맨, 그리고 켈리 무어에게 감사드린다. 또한 펜실베이니아대학, 시드니대학, 그리고 그 밖의 여러 학술대회에서 소중한 논평을 해 준 교수와 학생들에게도 감사를 전한다.

6장 나노과학, 녹색화학, 과학의 특권적 지위

유익한 논평과 새로운 생각을 촉발시키는 토론을 해 준 브라이언 마틴, 스티브 브레이만, 댄 새러위츠, 에드 헤켓, 엘리자베스 클레멘스에게 감사한다.

7장 관습이 논쟁적인 것으로 변할 때

이 장은 이전에 Scott Frickel, "Organizing a Scientists' Movement," in *Chemical Consequences : Environmental Mutagens, Scientist Activism, and the Rise of Genetic Toxicology* (New Brunswick, NJ : Rutgers University Press, 2004)로 발표되었던 내용에 근거하고 있으며, 러트거스대학 출판부의 허락을 얻어 재수록했다. 책의 일부를 활용할 수 있게 허락해 준 러트거스대학 출판부와 연구를 후원해 준 국립과학재단(과제번호 SBR-9710776)에 감사를 드린다. 아울러 시간을 내어 나와 대화를 나눈 과학자들, 특

히 자신의 개인 파일에서 핵심 문서들을 볼 수 있게 해 준 존 와섬에게 감사를 표하고 싶다. 내가 코넬대학의 세미나에서 발표할 수 있도록 초빙해 준 스티븐 울프에게도 고마움을 전한다. 이 글의 논증은 엘리자베스 클레멘스, 니콜 할라, 애비 킨치, 마이클 라운즈버리, 켈리 무어, 네드 우드하우스가 이전 판본에 던진 논평들로부터 크게 도움을 받았다.

8장 변화하는 생태

가장 먼저, 이 글에서는 익명으로 소개됐지만, 이 연구를 가능하게 해 준 캘리포니아 농업 고문들과 재배자들에게 감사를 표하고 싶다. 이 장의 이전 판본들은 코넬대학 과학기술학과, 콜게이트대학 환경학 프로그램, 〈미국사회학회〉 2001년 연례 총회, 〈과학의 사회적 연구 학회〉 2003년 연례 총회에서 발표되었다. 이 행사들에 참석했던 모든 사람들이 보내준 의견에 감사를 드린다. 여기에 더해 플로리언 샤볼린, 디미트라 두카스, 조슈아 던스비, 릴랜드 글래나, 스티브 힐가르트너, 캐롤린 슈, 프랑소아 멜라드, 캐런 오슬룬드, 엘리자베스 툰도 귀중한 의견과 논평을 해 주었다. 마지막으로 이 원고의 초안에 수많은 유용한 논평들을 해 준 편집자 스콧 프리켈과 켈리 무어에게 고마움을 전하고 싶다.

9장 체화된 보건운동

이 연구는 제3저자[필 브라운]가 〈로버트 우드 존슨 재단〉이 운영하는 보건정책 연구 프로그램 연구원 상과 국립과학재단이 운영하는 공학, 과학, 기술의 사회적 차원 프로그램으로부터 받은 연구지원의 도움을 받았다(과제번호 SES-9975518).

10장 대안과학의 전략들

초고에 귀중한 논평을 해 준 스콧 프리켈, 켈리 무어, 네드 우드하우스, 엘리자베스 S. 클레멘스에게 감사를 표한다.

11장 사람들이 힘을 불어넣다

초고에 논평을 해 준 엘리자베스 S. 클레멘스, 스콧 프리켈, 브라이언 마틴, 리스 H. 윌리엄스에게 심심한 사의를 표한다.

12장 미국 생의료연구에서 차이에 대한 새로운 정치학의 제도화

이 장은 보다 큰 연구프로젝트의 일부이며 내가 여기에서 감사의 말을 전할 수 있는 사람들보다 더 많은 사람들의 조언으로부터 간접적인 도움을 받았다. 이 프로젝트에서 나의 생각에 영향을 주었던 여러 글들을 참고문헌에서 모두 담아내지도 못했다. 하지만 이 책의 편집자인 스콧 프리켈과 켈리 무어에게 특별히 감사의 말을 전하고 싶다. 그들의 유익했던 논평은 그들이 이 책을 통해 하려고 하는 프로젝트에 내 작업이 어떻게 이겨할 수 있는지에 대한 통찰을 주었다. 엘리자베스 클레멘스도 중요한 제안을 해주었다. 이 연구는 국립과학재단의 지원(SRB-9710423)을 받았다. 이 글의 모든 의견, 결과, 결론, 제안은 필자의 것이며 국립과학재단의 견해를 반영하고 있지 않다. 또한 〈로버트 우드 존슨 재단〉의 보건정책연구 부문의 연구지원 및 샌디에이고에 있는 캘리포니아대학교의 지원을 받았다.

13장 참여적 주체를 만들어 내기

이 글은 보다 큰 프로젝트의 한 장에 기초하고 있으며(Reardon 2005) 여기에서 모두 말할 수 없는 많은 사람들의 비판적인 토론으로부터 많은 도움을 받았다. 특히 수잔 콘래드, 엘리자베스 클레멘스와 이 책의 편집자인 켈리 무어, 스콧 프리켈이 초고를 꼼꼼하게 읽어주고 빈틈없는 제안을 해 준 데 대해 감사한다. 미국 국립과학재단은 이 글의 기초가 된 연구를 지원해 주었다(SBR-9818409). 이 글에서의 관점, 결론, 제안은 필자의 것이며 국립연구재단의 관점을 반영하고 있지 않다. 코넬대학교의 과학기술학과와 케네디 정책대학원의 과학기술사회 프로그램, 듀크대학교의 게놈과학 및정 책연구소의 게놈윤리법 정책센터의 연구지원과 연구비도 이 글이 기초한 연구에 대한 지원을 했다.

14장 과학에서의 합의와 투표

필자는 마크 브라운, 아리 립, 에드 헤켓, 엘리자베스 클레멘스과 편집자들의 유익한 논평에 감사한다. 이 글의 일부는 미국 국립과학재단의 지원(SBR 98-10390)을 받았다. 여기에 표현된 의견, 결과, 결론이나 제언들은 필자의 것이며 국립과학재단의 견해를 반영하는 것은 아니다.

15장 무엇을 배우는가, 성찰인가 굴절인가

이 장은 2003년 조지아 주 아틀란타에서 열렸던 〈과학의 사회적 연구 연례학술대회〉에서 발표되었다. 나는 이 연구를 계속하도록 격려해 주고 통찰력 있는 논평을 해 주었던 이 책의 편집자 켈리 무어와 스콧 프리켈에게 감사한다. 켈리 무어는 수정본에 대해서 직무 범위를 넘어서는 수준으로 상세하게 제안을 해 주었다. 나는 머린 클라위터, 데이브 거스턴, 대니얼 클라인맨, 에드 헤켓, 엘리자베스 클레멘스가 해 주었던 유익한 논평에 대해서 감사하고 연구보조원이었던 존 언더우드에게 고마움을 전한다.

16장 규제전환, 의약품에 대한 정의, 새로운 소비의 교차로

나는 〈로버트 우드 존슨 재단〉과 내가 1999년부터 2001년까지 미시간대학교에서 이 연구를 할 수 있는 사치를 누리도록 지원해 준 보건정책연구프로그램의 로버트 우드 존슨 연구자 사업의 여러 좋은 사람들에게 사의를 표현한다. 로드니 헤이워드, 마이클 세르뉴, 르네 안스파크, 파울라 랜츠, 캐서린 맥러플린, 딘 스미스에게는 특별히 감사드린다.

:: 참고문헌

1장 신과학정치사회학의 전망과 도전

Abraham, John, and Tim Reid. 2002. "Progress, Innovation, and Regulatory Science in Drug Development: The Politics of International Standard-Setting." *Social Studies of Science* 32: 337-370.

Akrich, Madeleine, and Bruno Latour. 1992. "A Summary of a Convenient Vocabulary for the Semiotics of Human and Non-human Assemblies." In *Shaping Technology/Building Society: Studies in Sociotechnical Change*, ed. W. E. Bijker and J. Law, pp. 259-264. Cambridge, MA: MIT Press.

Alford, Robert, and Roger Friedland. 1991. "Bringing Society Back In: Symbols, Practices and Institutional Contradictions." In *The New Institutionalism in Organizational Analysis*, ed. W. W. Powell and P. J. DiMaggio, pp. 232-263. Chicago: University of Chicago Press.

Arditti, Rita, Pat Brennan, and Steve Cavrak. 1980. *Science and Liberation*. Boston: South End Press.

Aronowitz, Stanley. 1988. *Science as Power: Discourse and Ideology in Modern Society*. Minneapolis: University of Minnesota Press.

Barnes, Barry. 1974. *Scientific Knowledge and Sociological Theory*. London: Routledge & Kegan Paul.

Bell, Susan. 1994. "Translating Science to the People: Updating the New Our Bodies Ourselves." *Women's Studies International Forum* 17: 9-18.

Ben-David, Joseph. 1991. *Scientific Growth: Essays on the Social Organization and Ethos of Science*. Berkeley: University of California Press.

Bijker, Wiebe E., and John Law. 1992. *Shaping Technology/Building Society: Studies in Sociotechnical Change*. Cambridge, MA: MIT Press.

Blume, Stuart S. 1974. *Toward a Political Sociology of Science*. New York: Free Press.

Bourdieu, Pierre. 1984. *Distinction: A Social Critique of the Judgment of Taste*. Cambridge, MA: Cambridge University Press [피에르 부르디외, 『구별짓기』 상·하, 최종철 옮김, 새물결, 2005].

Brown, Phil. 1987. "Popular Epidemiology: Community Response to Toxic Waste-Induced Disease in Woburn, Massachusetts." *Science, Technology, & Human Values* 12: 78-85.

_____, ed. 2002. *Health and the Environment*. Thousand Oaks, CA: Sage.

Callon, Michel. 1995. "Four Models for the Dynamics of Science." In *Handbook of Science and Technology Studies*, ed. S. Jasanoff, G. E. Markle, J. C. Petersen, and T. Pinch, pp. 29-63. Thousand Oaks, CA: Sage.

Casper, Monica. 1998. *The Making of the Unborn Patient: A Social Anatomy of Fetal Surgery*. New Brunswick, NJ: Rutgers University Press.

Clarke, Adele E. 1998. *Disciplining Reproduction: Modernity, American Life Sciences, and the Problems of Sex*. Berkeley: University of California Press.

_____, and Joan H. Fujimura. 1992. *The Right Tools for the Job: At Work in Twentieth-Century Life Sciences*. Princeton, NJ: Princeton University Press.

_____, and Virginia L. Oleson, eds. 1999. *Revisioning Women, Health, and Healing: Feminist, Cultural, and Technoscientific Perspectives*. New York: Routledge.

_____, Janet K. Shim, Laura Mamo, Jennifer Ruth Fosket, and Jennifer R. Fishman. 2003. "Biomedicalization: Technoscientific Transformations of Health, Illness, and U.S. Biomedicine." *American Sociological Review* 68: 161-194.

Clemens, Elizabeth S. 1997. *The People's Lobby: Organizational Innovation and the Rise of Interest Group Politics in the U.S., 1890-1925*. Chicago: University of Chicago Press.

_____, and James M. Cook. 1999. "Politics and Institutionalism: Explaining Durability and Change." *Annual Review of Sociology* 25: 441-466.

Coleman, James S. 1990. *Foundations of Social Theory*. Cambridge, MA: Harvard University Press.

Collins, Harry M. 1983. "The Sociology of Scientific Knowledge: Studies of Contemporary Science." *Annual Review of Sociology* 9:265-285.

DiMaggio, Paul J., and Walter W. Powell. 1983. "The Iron Cage Revisited:Institutional Isomorphism and Collective Rationality in Organizational Fields." *American Sociological Review* 48:47-160 [폴 디마지오·월터 포웰,「조직부문의 구조화:제도적 동형화와 집합적 합리성」, 공유식 편역, 『신경제사회학의 이해』, 역사비평사, 1994. 267~290쪽].

Downey, Gary Lee, and Joseph Dumit, eds. 1997. *Cyborgs and Citadels:Anthropological Interventions in Emerging Sciences and Technologies*. Santa Fe, NM:School of American Research Press.

Edelman, Lauren. B. 1992. *Legal Ambiguity and Symbolic Structures:Organizational Mediation of Civil Rights Law*. Chicago:University of Chicago Press.

Emirbayer, Mustafa. 1997. "Manifesto for a Relational Sociology." *American Journal of Sociology* 103:281-317.

Epstein, Steven. 1996. *Impure Science:AIDS, Activism, and the Politics of Knowledge*. Berkeley:University of California Press.

_____. 1998. "History and Diagnosis of 'Scientific' Medicine." *Social Studies of Science* 28:489-495.

Etzkowitz, Henry, Andrew Webster, and Peter Healy, eds. 1998. *Capitalizing Knowledge*. Albany:State University of New York Press.

Fischer, Frank. 2000. *Citizens, Experts, and the Environment:The Politics of Local Knowledge*. Durham, NC:Duke University Press.

Foucault, Michel. 1978. *The History of Sexuality*. Vol. 1:*An Introduction*. Trans. R. Hurley. New York:Vintage [미셸 푸코, 『성의 역사 — 제1권 지식의 의지』, 이규현 옮김, 나남출판, 2010].

Frickel, Scott. 2004. *Chemical Consequences:Environmental Mutagens, Scientist Activism, and the Rise of Genetic Toxicology*. New Brunswick, NJ:Rutgers University Press.

_____, and Neil Gross. 2005. "A General Theory of Scientific/Intellectual Movements." *American Sociological Review* 70:204-232.

Fujimura, Joan H. 1996. *Crafting Science:A Sociohistory of the Quest for the Genetics of Cancer*. Cambridge, MA:Harvard University Press.

Galison, Peter, and David J. Stump. 1996. *The Disunity of Science:Boundaries, Contexts, and Power*. Stanford, CA:Stanford University Press.

Gieryn, Thomas F. 1999. *Cultural Boundaries of Science:Credibility on the Line*. Chicago:University of Chicago Press.

Granovetter, Mark S. 1973. "The Strength of Weak Ties." *American Journal of Sociology* 78:1360-1380.

Gross, Matthias. 2003. *Inventing Nature:Ecological Restoration by Public Experiments*. Lanham, MD:Lexington Books.

Hacking, Ian. 1999. *The Social Construction of What?* Cambridge, MA:Harvard University Press.

Hagstrom, Warren O. 1965. *The Scientific Community*. New York:Basic Books.

Halpern, Sydney A. 2004. *Lesser Harms:The Morality of Risk in Medical Research*. Chicago:University of Chicago Press.

Harding, Sandra. 1998. *Is Science Multicultural? Postcolonialisms, Feminisms, and Epistemologies*. Bloomington:Indiana University Press.

Hassanein, Neva. 2000. "Democratizing Agricultural Knowledge through Sustainable Farming Networks." In *Science, Technology, and Democracy*, ed. Daniel Lee Kleinman, pp. 49-66. Albany:State University of New York Press [네바 해서네인,「지속가능한 농업 네트워크를 통한 농업 지식의 민주화」, 『과학, 기술, 민주주의』, 대니얼 클라인맨 엮음, 김명진·김병윤·오은정 옮김, 갈무리, 2012, 88~146쪽].

Hilgartner, Stephen. 2001. "Election 2000 and the Production of the Unknowable." *Social Studies of Science* 31:439-441.

Hoffman, Lily M. 1989. *The Politics of Knowledge:Activist Movements in Medicine and Planning*. Albany:State University of New York Press.

Kleinman, Daniel L., ed. 2000. *Science, Technology, and Democracy*. Albany:State University of New York Press [대니얼 클라인맨 외, 『과학, 기술, 민주주의』, 대니얼 클라인맨 엮음, 김명진·김병윤·오은정 옮김, 갈무리, 2012].

_____. 2003. *Impure Cultures : University Biology and the World of Commerce*. Madison : University of Wisconsin Press.

Kloppenburg, Jack R. 1988. *First the Seed : The Political Economy of Plant Biotechnology, 1492-2000*. Cambridge : Cambridge University Press [잭 클로펜버그 2세, 『농업생명공학의 정치경제』, 허남혁 옮김, 나남출판, 2007].

Knorr-Cetina, Karin. 1999. *Epistemic Cultures : How the Sciences Make Knowledge*. Cambridge, MA : Harvard University Press.

Kroll-Smith, Steve, Phil Brown, and Valerie J. Gunter. 2000. *Environment and Illness : A Reader in Contested Medicine*. New York : New York University Press.

Kuhn, Thomas S. 1970 [1962]. *The Structure of Scientific Revolutions*. Chicago : University of Chicago Press [토머스 새뮤얼 쿤, 『과학혁명의 구조』, 김명자 · 홍성욱 옮김, 까치글방, 2013].

Latour, Bruno. 1987. *Science in Action : How to Follow Scientists and Engineers through Society*. Milton Keynes, UK : Open University Press.

_____. 2004. "Why Has Critique Run Out of Steam? From Matters of Fact to Matters of Concern." *Critical Inquiry* 30 : 225-248.

Latour, Bruno, and Steve Woolgar. 1986. *Laboratory Life : The Construction of Scientific Facts*. Second Edition. Princeton, NJ : Princeton University Press.

Lounsbury, Michael. 2001. "Institutional Sources of Practice Variation : Staffing College and University Recycling Programs." *Administrative Science Quarterly* 46 : 29-56.

Lounsbury, Michael, and Marc Ventresca. 2003. "The New Structuralism in Organizational Theory." *Organization* 10 : 457-480.

Lukes, Steven. "Power and Agency." 2002. *British Journal of Sociology* 53 : 491-496.

MacKenzie, Donald, and Graham Spinardi. 1995. "Tacit Knowledge, Weapons Design, and the Uninvention of Nuclear Weapons." *American Journal of Sociology* 101 : 44-99.

Mannheim, Karl. 1991 [1936]. *Ideology and Utopia*. London : Routledge [카를 만하임, 『이데올로기와 유토피아』, 임석진 옮김, 김영사, 2012].

Martin, Brian. 1993. "The Critique of Science Becomes Academic." *Science, Technology, & Human Values* 18 : 247-259.

Merton, Robert K. 1973. *The Sociology of Science*. Chicago : University of Chicago Press [로버트 K. 머튼, 『과학사회학』 1~2, 석현호 옮김, 민음사, 1998].

Meyer, John, and Brian Rowan. 1977. "Institutionalized Organizations : Formal Structure as Myth and Ceremony." *American Journal of Sociology* 83 : 340-363.

Moon, J. Y., and Lee Sproull. 2000. "Essence of a Distributed Network : The Case of the Linux Kernel." In *Distributed Work*, ed. Pamela Hinds and Sara Kiesler, pp. 381-404. Cambridge, MA : MIT Press.

Moore, Kelly. 2008. *Disrupting Science : Social Movement, American Scientists, and the Politics of the Military*. Princeton, NJ : Princeton University Press.

Morgen, Sandra. 2002. *Into Our Own Hands : The Women's Health Movement in the United States, 1969-1990*. New Brunswick, NJ : Rutgers University Press.

Mukerji, Chandra. 1989. *A Fragile Power : Scientists and the State*. Princeton, NJ : Princeton University Press.

Mulkay, Michael. 1979. *Science and the Sociology of Knowledge*. London : Allen & Unwin.

Noble, David. 1977. *America by Design : Science, Technology, and Corporate Capitalism*. New York : Alfred A. Knopf.

Pickering, Andrew. 1992. *Science as Practice and Culture*. Chicago : University of Chicago Press.

_____. 1995. *The Mangle of Practice : Time, Agency, and Science*. Chicago : University of Chicago Press.

Powell, Walter W. and Kaisa Snellman. 2004. "The Knowledge Economy." *Annual Review of Sociology* 30 : 199-200.

Restivo, Sal P., and Jennifer Croissant. 2001. *Degrees of Compromise : Industrial Interests and Academic Values*. Albany : State University of New York Press.

Schiebinger, Londa. 1993. *Nature's Body : Gender in the Making of Modern Science*. Boston : Beacon.

Schiebinger, Londa, Angela N. H. Creager, and Elizabeth Lunbeck. 2001. *Feminism in Twentieth Century Science, Technology, and Medicine*. Chicago : University of Chicago Press.

Schindler, Amy S. 2004. "Roads to Legitimacy : Strategies of Scientific Inclusion in Creationism and the Search for Extra-Terrestrial Life." Paper presented at the annual meeting of the American Sociological Association.

Schurman, Rachel. 2004. "Fighting 'Frankenfoods' : Industry Opportunity Structures and the Efficacy of the Anti-biotech Movement in Western Europe." *Social Problems* 51 : 243-268.

Scott, James C. 1990. *Domination and the Arts of Resistance*. New Haven, CT : Yale University Press.

Scott, Richard W. 1995. *Institutions and Organizations*. Thousand Oaks, CA : Sage.

Star, Susan Leigh. 1996. *Ecologies of Knowledge : Work and Politics in Science and Technology*. Albany : State University of New York Press.

Sutton, John R., Frank Dobbin, John W. Meyer, and Richard W. Scott. 1994. "The Legalization of the Workplace." *American Journal of Sociology* 99 : 944-971.

U.S. Congress, House Committee on Science. 2004. *A Compilation of Federal Science Laws as Amended through December 31, 2003*. 108th Cong., 2nd sess., April. Washington, D.C. : U.S. Government Printing Office.

Vaughan, Diane. 1999. "The Role of the Organization in the Production of Techno-Scientific Knowledge." *Social Studies of Science* 29 : 913-943.

Weber, Max. 1949. *The Methodology of the Social Sciences*. Trans. and ed. Edward Shils and Henry Finch. Glencoe, IL : Free Press [막스 베버, 『막스 베버 사회과학방법론 선집』, 전성우 옮김, 나남출판, 2011].

Weisman, Carol S. 1998. *Women's Health Care : Activist Traditions and Institutional Change*. Baltimore : Johns Hopkins University Press.

Weiss, Linda. 1998. *The Myth of the Powerless State : Governing the Economy in a Global Era*. Cambridge, UK : Polity Press.

Woodhouse, Edward J., David J. Hess, Steve Breyman, and Brian Martin. 2002. "Science Studies and Activism : Possibilities and Problems for Reconstructivist Agendas." *Social Studies of Science* 32 : 297-319.

2장 수렴 속의 모순

Adams, James D., Eric P. Chiang, and Katara Starkey. 2001. "Industry-University Cooperative Research Centers." *Journal of Technology Transfer* 26 : 73-86.

Albert, Steven, and Keith Bradley. 1997. *Managing Knowledge : Experts, Agencies, and Organizations*. Cambridge : Cambridge University Press.

Blumenthal, David, Michael Gluck, Karen Seashore Louis, Michael A. Stoto, and David Wise. 1986. "University-Industry Research Relations in Biotechnology : Implications for the University." *Science* 232 (June 13) : 1361-1366.

Callon, Michel. 1986. "Some Elements of a Sociology of Translation : Domestication of the Scallops and the Fishermen of St. Brieuc Bay." In *Power, Action, and Belief : A New Sociology of Knowledge*, ed. John Law, pp. 196-233. Sociological Review Monograph no. 32. London : Routledge and Kegan Paul.

Campbell, Eric G., Brian R. Clarridge, Manjusha Gokhale, Lauren Birenbaum, Stephen Hilgartner, Neil A. Holtzman, and David Blumenthal. 2002. "Data Withholding in Academic Genetics : Evidence from a National Survey." *Journal of the American Medical Association* 287 : 473-480.

DiMaggio, Paul, and Walter Powell. 1983. "The Iron Cage Revisited : Institutional Isomorphism and Collective Rationality in Organizational Fields." *American Sociological Review* 48 : 147-160 [폴 디마지오 · 월터 포웰, 「조직부문의 구조화 : 제도적 동형화와 집합적 합리성」, 공유식 편역, 『신경제사회학의 이해』, 역사비평사, 1994. 267~290쪽].

Dubinskas, Frank. 1988. "Cultural Constructions : The Many Faces of Time." In *Making Time : Ethnographies of High-Technology Organizations*, ed. Frank A. Dubinskas, pp. 3-38. Philadelphia : Temple University Press.

Etzkowitz, Henry, and Andrew Webster. 1998. "Entrepreneurial Science : The Second Academic Revolution." In

Capitalizing Knowledge: New Intersections of Industry and Academia, ed. A. Webster H. Etzkowitz and P. Healey, pp. 21, 46. Albany: State University of New York Press.

Fujimura, Joan. 1988. "The Molecular Biological Bandwagon in Cancer Research: Where Social Worlds Meet." *Social Problems* 35(3): 261-283.

Geiger, Roger. 1993. *Research and Relevant Knowledge: American Research Universities Since World War II*. New York: Oxford University Press.

Gieryn, Thomas F. 1999. *Cultural Boundaries of Science: Credibility on the Line*. Chicago: University of Chicago Press.

Gouldner, Alvin. 1979. *The Future of Intellectuals and the Rise of the New Class*. New York: Oxford University Press.

Hounshell, David. 1996. The Evolution of Industrial Research. In *Engines of Innovation: U.S. Industrial Research at the End of an Era*, ed. Richard S. Rosenbloom and William J. Spencer, pp. 13-85. Boston: Harvard Business School Press.

Kleinman, Daniel Lee. 2003. *Impure Cultures: University Biology and the World of Commerce*. Madison: University of Wisconsin Press.

Kleinman, Daniel Lee, and Steven Vallas. 2001. "Science, Capitalism, and the Rise of the 'Knowledge Worker': The Changing Structure of Knowledge Production in the United States." *Theory and Society* 30(4): 451-492.

Latour, Bruno. 1987. *Science in Action*. Cambridge, MA: Harvard University Press.

Leicht, Kevin, and Fennell, Mary. 1998. "The Changing Context of Professional Work." In *Annual Review of Sociology*, ed. John Egan. Palo Alto, CA: Annual Reviews.

McMillan, G. Steven, Francis Narin, and David L. Deeds. 2000. "An Analysis of the Critical Role of Public Science in Innovation: The Case of Biotechnology." *Research Policy* 29: 1-8.

Marshall, Eliot. 1997. "Secretiveness Found Widespread in Life Sciences," *Science* 276 (April 25): 525.

McMath, Robert C., Jr., Ronald H. Bayor, James E. Brittain, Lawrence Foster, August Giebelhaus, and Germaine M. Reed. 1985. *Engineering the New South: Georgia Tech, 1885-1985*. Athens: University of Georgia Press.

Mees, C. E. Kenneth. 1920. *The Organization of Industrial Scientific Research*. New York: McGraw-Hill Book Company, Inc.

Merton, Robert K. 1973 [1942]. *The Sociology of Science*. Chicago: University of Chicago Press [로버트 K. 머튼, 『과학사회학』 1~2, 석현호 옮김, 민음사, 1998].

Meyer, John, and Brian Rowan. 1977. "Institutionalized Organizations: Formal Structure as Myth and Ceremony." *American Journal of Sociology* 83: 340-363.

Noble, David. 1977. *America by Design: Science, Technology, and the Rise of Corporate Capitalism*. New York: Oxford University Press.

Owen-Smith, Jason. 2003. "From Separate Systems to a Hybrid Order: Accumulative Advantage Across Public and Private Science at Research One Universities." *Research Policy* 32: 1081-1104.

Owen-Smith, Jason, and Walter Powell. 2001. "Careers and Contradictions: Faculty Responses to the Transformation of Knowledge and Its Uses in the Life Sciences." In *The Transformation of Work: Research in the Sociology of Work*, vol. 10, ed. Steven P. Vallas. Greenwich, CT: JAI Press.

Pinch, J. Trevor, and Wiebe E. Bijker. 1989. "The Social Construction of Facts and Artifacts: Or How the Sociology of Science and the Sociology of Technology Might Benefit Each Other." In *The Social Construction of Technological Systems: New Directions in the Sociology and History of Technology*, ed. Wiebe E. Bijker, Thomas P. Hughes, and Trevor J. Pinch, pp. 17-50. Cambridge, MA: MIT Press.

Powell, Walter. 2001. "The Capitalist Firm in the Twenty-First Century: Emerging Patterns in Western Enterprise." In *The Twenty-First-Century Firm: Changing Economic Organization in International Perspective*, ed. Paul DiMaggio, pp. 33-68. Princeton, NJ: Princeton University Press.

Powell, Walter, and Jason Owen-Smith. 1998. "Universities and the Market for Intellectual Property in the Life Sciences." *Journal of Policy Analysis and Management* 17(2): 253-277.

Saxenian, Anna Lee. 1994. *Regional Advantage: Culture and Competition in Silicon Valley and Route 128*. Cambridge, MA : Harvard University Press.

Schneiberg, Marc, and Elisabeth S. Clemens. 2006. "The Typical Tools for the Job : Research Strategies in Institutional Analysis." *Sociological Theory* 24(3) : 195-227.

Shenk, David. 1999. "Money + Science = Ethics Problems on Campus." *Nation*, March 22, 11-18.

Slaughter, Sheila, and Larry Leslie. 1997. *Academic Capitalism : Politics, Policies and the Entrepreneurial University*. Baltimore : Johns Hopkins University Press.

Smith-Doerr, Laurel. 2004. *Women's Work : Gender Equality vs. Hierarchy in the Life Sciences*. Boulder, CO : Lynne Rienner.

Stephan, Paula E. 1996. "The Economics of Science." *Journal of Economic Literature* 34 : 1199-1235.

Vallas, Steven P. 2003. "Why Teamwork Fails : Obstacles to Workplace Transformation in Four Manufacturing Plants." *American Sociological Review* 68(2) : 223-250.

3장 상업적 뒤얽힘

Adrangi, Sahm. 2001. "Doctor's Group Asks Yale to Relax Drug Patent." *Yale Daily News*, February 28.

Association of University Technology Managers. 1999. *Licensing Survey, FY 1999 : Full Report*. Northbrook, IL : Association of University Technology Managers.

Babcock, C. R. 2000. "Senator Tries to Extend Alma Mater's Patent; Columbia Would Gain $100 Million a Year." *Washington Post*, May 19.

Barboza, David. 1998. "Loving a Stock, Not Wisely But Too Well." *New York Times*, September 20.

Bok, Derek. 2003. *Universities in the Marketplace : The Commercialization of Higher Education*. Princeton, NJ : Princeton University Press [데렉 복, 『파우스트의 거래 ― 시장만능시대의 대학 가치』, 김홍덕 · 윤주영 옮김, 성균관대학교출판부, 2005].

Borger, Julian, and Sarah Boseley. 2001. "Campus Revolt Challenges Yale over $40M AIDS Drug." *Guardian* (London), March 13.

Chubin, Daryl. 1994. "How Large an R&D Enterprise?" In *The Fragile Contract : University Science and the Federal Government*, ed. David H. Guston and Kenneth Kenniston, pp. 119-125. Cambridge, MA : MIT Press.

Clemens, Elisabeth S., and James M. Cook. 1999. "Politics and Institutionalism : Explaining Durability and Change." *Annual Review of Sociology* 25 : 441-466.

Dalton, Rex. 2003. "Berkeley Accused of Biotech Bias as Ecologist Is Denied Tenure." *Nature* 426 : 591.

Dasgupta, Partha, and Paul David. 1987. "Information Disclosure and the Economics of Science and Technology." In *Arrow and the Ascent of Modern Economic Theory*, ed. George R. Feiwel, pp. 659-689. New York : New York University Press.

_____. 1994. "Toward a New Economics of Science." *Research Policy* 23 : 487-521.

Deveney, Ann. 2003. "Boston University's Board of Trustees Names Three New Members." Boston University news release.

Eisenberg, Rebecca S. 2003. "Science and the Law : Patent Swords and Shields." *Science* 299(5609) : 1018-1019.

Etzkowitz, Henry, and Loet Leydesdorff. 1998. "The Endless Transition : A 'Triple Helix' of University-Industry-Government Relations." *Minerva* 36 : 203-208.

_____, Andrew Webster, and Peter Healey. 1998. *Capitalizing Knowledge : New Intersections of Industry and Academia*. Albany : State University of New York Press.

Feller, Irwin. 1990. "Universities as Engines of R and D-Based Economic-Growth-They Think They Can." *Research Policy* 19 : 335-348.

Florida, Richard. 1999. "The Role of the University : Leveraging Talent, not Technology." *Issues in Science and Technology* 15 : 67-73.

Friedland, Roger, and R. Alford. 1991. "Bringing Society Back In : Symbols, Practices, and Institutional Contradictions." In *The New Institutionalism in Organizational Analysis*, ed. W. W. Powell and P. J. DiMaggio, pp. 232-266. Chicago : University of Chicago Press.

Geiger, Roger L. 1986. *To Advance Knowledge : The Growth of American Research Universities, 1900-1940*. New York : Oxford University Press.

Gibbons, Michael, Camille Limoges, Helga Nowotny, Simon Schwartzman, Peter Scott, and Martin Trow. 1994. *The New Production of Knowledge*. London : Sage.

Guston, David H., and Kenneth Keniston, eds. 1994. *The Fragile Contract : University Science and the Federal Government*. Cambridge, MA : MIT Press.

Hicks, Diana, Tony Breitzman, Dominic Olivastro, and Kimberly Hamilton. 2001. "The Changing Composition of Innovative Activity in the US — A Portrait Based on Patent Analysis." *Research Policy*. 30 : 681-703.

"Innovation's Golden Goose." 2002. *Economist*, December 13.

Kapczynski, Amy, E. Tyler Crone, and Michael Merson. 2003. "Global Health and University Patents." *Science* 301(5640) : 1629.

Kennedy, Donald. 2003. "Industry and Academia in Transition." *Science* 302(5649):1293-1293.

Kerr, Clark. 2002. "Shock Wave II : An Introduction to the Twenty-First Century." In *The Future of the City of Intellect*, ed. Steven G. Brint, pp. 1-19. Stanford, CA : Stanford University Press.

Kleinman, Daniel L. 1995. *Politics on the Endless Frontier : Postwar Research Policy in the United States*. Durham, NC : Duke University Press.

_____. 2003. *Impure Cultures : University Biology and the World of Commerce*. Madison : University of Wisconsin Press.

_____, and Steven P. Vallas. 2001. "Science, Capitalism, and the Rise of the 'Knowledge Worker' : The Changing Structure of Knowledge Production in the United States." *Theory and Society* 30 : 451-492.

Krimsky, Sheldon. 2003. *Science in the Private Interest : Has the Lure of Profits Corrupted Biomedical Research?* Lanham, MA : Rowan & Littlefield [셸던 크림스키, 『부정한 동맹 — 대학 과학의 상업화는 과학의 공익성을 어떻게 파괴하는가』, 김동광 옮김, 궁리, 2010].

Latour, Bruno. 1983. "Give Me a Laboratory and I Will Raise the World." In *Science Observed : Perspectives on the Sociology of Science*, ed. Karin Knorr-Cetina and Michael J. Mulkay, pp. 141-170. Los Angeles : Sage [브뤼노 라투르, 「나에게 실험실을 달라, 그러면 내가 세상을 들어올리리라」, 김명진 옮김, 『한국과학기술학회 강연/강좌 자료』, 한국과학기술학회, 77~96쪽].

_____. 1987. *Science in Action : How to Follow Scientists and Engineers through Society*. Cambridge, MA : Harvard University Press.

_____. 1993. *We Have Never Been Modern*. New York : Harvester Wheatsheaf [브뤼노 라투르, 『우리는 결코 근대인이었던 적이 없다』, 홍철기 옮김, 갈무리, 2009].

_____. 1996. *Aramis, or, The Love of Technology*. Cambridge, MA : Harvard University Press.

_____. 1999. *Pandora's Hope : Essays on the Reality of Science Studies*. Cambridge, MA : Harvard University Press.

Law, John. 1994. *Organizing Modernity*. Cambridge, MA : Blackwell.

Leslie, Stuart W. 1993. *The Cold War and American Science : The Military-Industrial-Academic Complex at MIT and Stanford*. New York : Columbia University Press.

Lindsey, Daryl. 2001. "Amy and Goliath." *Salon*, May 1.

Lowen, Rebecca S. 1997. *Creating the Cold War University : The Transformation of Stanford*. Berkeley : University of California Press.

March, James G., and Herbert A. Simon. 1958. *Organizations*. New York : Wiley.

Marshall, E. 2003. "Intellectual Property : Depth Charges Aimed at Columbia's 'Submarine Patent.'" *Science* 301(5632) : 448.

McNeil, Donald G. 2001. "Yale Pressed to Help Cut Drug Costs in Africa." *New York Times*, March 12.

Merson, Michael. 2002. "Access to Essential Medicines and University Research : Building Best Practices." Workshop report, September 25. New Haven, CT : Yale University Center for Interdisciplinary Research on AIDS.

Merton, Robert K. 1968. "The Matthew Effect in Science." *Science* 159(3810) : 56-62.

_____. 1973 [1942]. "The Normative Structure of Science." *The Sociology of Science*. Chicago : University of Chicago Press [로버트 K. 머튼, 「과학의 규범구조」, 『과학사회학 1』, 석현호 옮김, 민음사, 1998].

Meyer, John W., and Brian Rowan. 1977. "Institutionalized Organizations : Formal Structure as Myth and Ceremony." *American Journal of Sociology* 83 : 340-363.

Mol, Arthur, and John Law. 1994. "Regions, Networks and Fluids : Anemia and Social Topology." *Social Studies of Science* 24 : 641-671.

Mowery, David C. 1992. "The United States National Innovation System : Origins and Prospects for Change." *Research Policy* 21 : 125-144.

_____, Richard R. Nelson, Bhavan N. Sampat, and Arvids A. Ziedonis. 2001. "The Growth of Patenting and Licensing by US Universities : An Assessment of the Effects of the Bayh-Dole Act of 1980." *Research Policy* 30 : 99-119.

National Science Board. 2002. *Science and Engineering Indicators*. Washington, DC, National Science Board.

Owen-Smith, Jason. 2003. "From Separate Systems to a Hybrid Order : Accumulative Advantage across Public and Private Science at Research One Universities." *Research Policy* 32 : 1081-1104.

_____, and Walter W. Powell. 2001. "Careers and Contradictions : Faculty Responses to the Transformation of Knowledge and Its Uses in the Life Sciences." *Research in the Sociology of Work* 10 : 109-140.

Phillips, Damon J., and Ezra W. Zuckerman. 2001. "Middle-Status Conformity : Theoretical Restatement and Empirical Demonstration in Two Markets." *American Journal of Sociology* 107 : 379-429.

Pollack, Andrew. 2000. "Columbia Gets Help from Alumnus on Patent Extension." *New York Times*, May 21.

Press, Eyal, and Jennifer Washburn. 2000. "The Kept University." *Atlantic Monthly* 285 : 39-54.

Rip, Arie. 1986. "Mobilizing Resources through Texts." In *Mapping the Dynamics of Science and Technology : Sociology of Science in the Real World*, ed. Michel Callon, John Law, and Arie Rip. Houndmills, Basingstoke, UK : Macmillan Press.

Rosenberg, Nathan. 2000. *Schumpeter and the Endogeneity of Technology : Some American Perspectives*. New York : Routledge.

Rosenberg, Ronald. 1997. "Higher Learning, Higher Stakes : As BU Awaits a Big Seragen Payoff That May Never Come, Its Relationship Shifts." *Boston Globe*, April 13.

Schlesinger, Robert. 2001. "For BU, Lobbying Pays a Smart Return." *Boston Globe*, May 6.

Sewell, William H. 1992. "A Theory of Structure : Duality, Agency, and Transformation." *American Journal of Sociology* 98 : 1-29.

Slaughter, Shelia, and Larry L. Leslie. 1997. *Academic Capitalism : Politics, Policies, and the Entrepreneurial University*. Baltimore : Johns Hopkins University Press.

Slaughter, S. and G. Rhoades. 1996. "The Emergence of a Competitiveness Research and Development Policy Coalition and the Commercialization of Academic Science and Technology." *Science, Technology, & Human Values*. 21 : 303-339.

Wright, Erik O. 1984. *Classes*. New York : Verso [에릭 올린 라이트, 『계급론』, 이한 옮김, 한울, 2005].

Zucker, Lynne G. 1977. "The Role of Institutionalization in Cultural Persistence." *American Sociological Review*. 42 : 726-743.

Zuger, Abigail. 2001. "A Molecular Offspring, Off to Join the AIDS Wars." *New York Times*, March 20.

4장 농식품 혁신 체계에서 나타나는 집단 자원의 상업적 재구조화

Allaire, Gille, and Steven Wolf. 2002. "Collective Goods and Accountability in Technical Information Systems : Innovation and Conflict in Agriculture." Unpublished paper, INRA, Toulouse, France, and Cornell University, Ithaca, NY.

_____. 2004. "Cognitive Models and Institutional Hybridity in Agrofood Innovation." *Science, Technology, & Human Values* 29 : 431-458.

Allen, Robert C. 1983. "Collective Invention." *Journal of Economic Behavior and Organization* 4 : 1-24.

Antonelli, Cristiano. 1998. *The Microdynamics of Technological Change*. London : Routledge.

Bateson, Gregory. 1980. *Mind and Nature : A Necessary Unity*. Toronto : Bantam.

Berkhout, Frans. 2002. "Technological Regimes, Path Dependency and the Environment." *Global Environmental Change* 12 : 1-4.

Bok, Derek. 2003. *Universities in the Marketplace : The Commercialization of Higher Education*. Princeton, NJ : Princeton University Press [데렉 복, 『파우스트의 거래 — 시장만능시대의 대학 가치』, 김홍덕 · 윤주영 옮김, 성균관대학교출판부, 2005].

Bowles, Samuel, and Herbert Gintis. 2002. "Social Capital and Community Governance." *The Economic Journal* 112 : 419-436.

Braverman, Harry. 1974. *Labor and Monopoly Capital : The Degradation of Work in the Twentieth Century*. New York : Monthly Review Press [해리 브레이버맨, 『노동과 독점자본』, 이한주 · 강남훈 옮김, 까치글방, 1998].

Castells, Manuel. 2000. *The Rise of the Network Society*. Oxford : Blackwell [마누엘 카스텔, 『네트워크 사회의 도래』, 김묵한 외 옮김, 한울, 2008].

Chambers, Robert, Arnold Pacey, and Lori Ann Thrupp, eds. 1989. *Farmer First : Farmer Innovation and Agricultural Research*. New York : Bootstrap Press.

Daly, Herman, and John Cobb. 1989. *For the Common Good : Redirecting the Economy toward Community, the Environment, and a Sustainable Future*. Boston : Beacon Press.

Edquist, Charles. 1997. *Systems of Innovation : Technologies, Institutions and Organizations*. London : Pinter.

Elliott, Philip. 1972. *The Sociology of the Professions*. New York : Herder and Herder.

Feder, Gershon, Anthony Willett, and Willem Zijp. 2001. "Challenges for Public Agricultural Research and Extension in a World of Proprietary Science and Technology." In *Knowledge Generation and Technical Change : Institutional Innovation in Agriculture,* ed. Steven Wolf and David Zilberman. Norwell, MA : Kluwer Academic.

Flora, Cornelia B. 2001. "Agricultural Knowledge Systems : Issues of Accountability." In *Knowledge Generation and Technical Change : Institutional Innovation in Agriculture*, ed. Steven Wolf and David Zilberman, pp. 111-124. Norwell, MA : Kluwer Academic.

Freidson, Eliot. 1986. *Professional Powers : A Study of the Institutionalization of Knowledge*. Chicago : University of Chicago Press.

Friedland, William, Amy E. Barton, and Robert J. Thomas. 1981. *Manufacturing Green Gold*. New York : Cambridge University Press.

Graedel, Thomas E., and Braden R. Allenby. 1995. *Industrial Ecology*. Englewood Cliffs, NJ : Prentice Hall.

Heffernan, William. 1999. *Consolidation in the Food and Agricultural Industry*. Report to the National Farmers Union. http://home.hiwaay.net/~becraft/NFU FarmCrisis.htm (accessed June 8, 2005).

Hemmelskamp, Jens, Klaus Rennings, and Fabio Leone, eds. 2000. *Innovation-Oriented Environmental Regulation*. ZEW Economic Studies 10. Heidelberg : Physica-Verlag.

Hightower, Jim. 1973. *Hard Tomatoes, Hard Times : A Report of the Agribusiness Accountability Project on the Failure of America's Land Grant College Complex*. Cambridge : Schenkman.

Hollingsworth, J. Rogers, and Robert Boyer, eds. 1997. *Contemporary Capitalism : The Embeddedness of Institutions*. New York : Cambridge University Press.

Klein, Hans, and Daniel L. Kleinman. 2002. "The Social Construction of Technology : Structural Considerations." *Science, Technology & Human Values* 27 : 28-52.

Kleinman, Daniel L. 1998. "Untangling Context : Understanding a University Laboratory in a Commercial World." *Science, Technology & Human Values* 23 : 285-314.

Kloppenburg, Jack, Jr. 1991. "Social Theory and the De/reconstruction of Agricultural Science : Local Knowledge for Sustainable Agriculture." *Rural Sociology* 56 : 519-548.

Lee, Kai. N. 1993. *Compass and Gyroscope : Integrating Science and Politics for the Environment*. Washington, DC : Island Press.

Levitt, Barbara, and James G. March. 1988. "Organizational Learning." *Annual Review of Sociology* 14 : 319-340.

Lundvall, Bergt-Åke. 1992. *National Systems of Innovation*. London : Pinter.

Marcus, Alan. 1985. *Agricultural Science and the Quest for Legitimacy : Farmers, Agricultural Colleges, and Experi-*

ment Stations, 1870-1890. Ames : Iowa State University Press.

Menard, Claude. 2002. "The Economics of Hybrid Organizations." Presidential address, International Society for New Institutional Economics, Paris, September 29.

Mokyr, Joel. 1990. *The Lever of Riches : Technological Creativity and Economic Progress*. New York : Oxford University Press.

Mol, Arthur P. J., and David A. Sonnenfeld. 2000. *Ecological Modernisation around the World : Perspectives and Critical Debates*. London : Frank Cass.

National Research Council. 1995. *Colleges of Agriculture at the Land Grant Universities*. Washington, D.C. : National Academy Press.

Nonaka, Ikujiro. 1994. "A Dynamic Theory of Organizational Knowledge Creation." *Organization Science* 51 (February) : 14-37.

Porter, Michael, and Claas van der Linde. 1995. "Toward a New Conception of the Environment-Competitiveness Relationship." *Journal of Economic Perspectives* 9 : 97-118.

Reinhardt, Nola, and Peggy Bartlett. 1989. "The Persistence of Family Farms in U.S. Agriculture." *Sociologia Ruralis* 29 : 203-225.

Robertson, Paul L., ed. 1999. *Authority and Control in Modern Industry : Theoretical and Empirical Perspectives*. London : Routledge.

Rosenberg, Nathan. 1982. *Inside the Black Box : Technology and Economics*. New York : Cambridge University Press [네이션 로젠버그, 『인사이드 더 블랙박스 — 기술혁신과 경제적 분석』, 이근 옮김, 아카넷, 2001].

Savage, Deborah A., and Paul L. Robertson. 1997. "The Maintenance of Professional Authority : The Case of Physicians and Hospitals in the United States." Social Science Research Network. http://papers.ssrn.com/sol3/papers.cfm?abstract_id=86528 (accessed May 6, 2005).

Senker, Jacqueline, and Wendy Faulkner. 2001. "Origins of Public-Private Knowledge Flows and Current State-of-the-Art : Can Agriculture Learn from Industry?" In *Knowledge Generation and Technical Change : Institutional Innovation in Agriculture*, ed. Steven Wolf and David Zilberman, pp. 203-232. Norwell, MA : Kluwer Academic.

Thrupp, Lori Ann, and Miguel A. Altieri. 2001. "Innovative Models of Technology Generation and Transfer : Lessons Learned from the South." In *Knowledge Generation and Technical Change : Institutional Innovation in Agriculture*, ed. S. Wolf and D. Zilberman, pp. 267-290. Norwell, MA : Kluwer Academic.

Von Hippel, Eric. 1983. "Cooperation between Rivals : Informal Know-how Trading." In *Industrial Dynamics : Technological, Organizational, and Structural Changes in Industries and Firms*, ed. Bo Carlsson. Boston : Kluwer Academic.

Walters, Carl J, and Crawford S. Holling. 1990. "Large-Scale Management Experiments and Learning by Doing." *Ecology* 71 : 2060-2068.

Williamson, Oliver. 1987. *The Economic Institutions of Capitalism : Firms, Markets, Relational Contracting*. London : Collier Macmillan.

Wolf, Steven. 2004. "Community Governance and Natural Resources." Manuscript submitted for publication.

_____. ed. 1998. *Privatization of Information and Agricultural Industrialization*. Boca Raton, FL : CRC Press.

_____, and David Zilberman, eds. 2001. *Knowledge Generation and Technical Change : Institutional Innovation in Agriculture*. Norwell, MA : Kluwer Academic.

5장 혈관형성방지 연구와 과학 장의 동역학

Algire, Glen, and Harold Chalkley. 1945. "Vascular Reactions of Normal and Malignant Tissues in Vivo : 1, Vascular Reactions of Mice to Wounds and to Normal and Neoplastic Transplants." *Journal of the National Cancer Institute* 6 : 73-85.

Angiogenesis Foundation. n.d. "Historical Highlights of the Angiogenesis Field." www.angio.org/researcher/library/highlight.html (accessed October 23, 2003).

_____. 1999. "FDA Demands Halt to Sale of Lane Lab's BeneFin Citing UnprovenClaims." www.angio.org/newsandviews/archive1999/dec_17_1999.html (accessed October 22, 2003).

_____. 1999a. "Historical Highlights of the Angiogenesis Field." www.angio.org/researcher/library/library.html (accessed October 28, 2003).

_____. 2002. "Angiogenesis State of the Art Highlighted at Florida Summit." www.angio.org/newsandviews/archive2002/June02.html (accessed October 22, 2003).

Beardsley, Tim. 1993. "Sharks Do Get Cancer." Scientific American, October: 24-25.

Beck, Ullrich. 1992. The Risk Society. Newbury Park, CA.: Sage [울리히 벡, 『위험사회』, 홍성태 옮김, 새물결, 2006].

Bernal, John. 1969. Science in History. Cambridge, MA.: MIT Press.

Birmingham, Karen. 2002. "Judah Folkman." Nature Medicine 8:1052.

Boik, John. 1996. Cancer and Natural Medicine. Princeton, MN: Oregon Medical Press.

Bourdieu, Pierre. 2001. Science de la science et réflexivité. Paris: Raisons d'agir.

Chubin, Daryl. 1984. "Research Mission and the Public: Over-Selling and Buying on the U.S. War on Cancer." Citizen Participation in Science Policy, ed. James Petersen, pp. 109-129. Amherst, MA.: University of Massachusetts Press.

Cooke, Robert. 2001. Dr. Folkman's War: Angiogenesis and the Struggle to Defeat Cancer. New York: Random House.

Culliton, Barbara. 1977. "Harvard and Monsanto: The $23 Million Alliance." Science 195:759-763.

Daniels, George. 1976. "The Pure-Science Ideal and Democratic Culture." Science 156:1699-1705.

Fett, James, D.J. Strydom, R. R. Lobb, E. M. Alderman, J. L. Bethune, J. F. Riordan, and B. L. Vallee. 1985. "Isolation and Characterization of Angiogenin, an Angiogenic Protein from Human Carcinoma Cells." Biochemistry 24:5480-5486.

Flint, Vivekan, and Michael Lerner. 1996. Does Cartilage Cure Cancer? Bolinas, CA: Commonweal.

Folkman, Judah. 1971. "Tumor Angiogenesis: Therapeutic Implications." New England Journal of Medicine 285:1182-1186.

_____. 1996. "Fighting Cancer by Attacking Its Blood Supply." Scientific American 275:150-154.

Folkman, Judah, Christian Haudenschild, and Bruce Zetter. 1979. "Long-Term Cultivation of Capillary Endothelial Cells." Proceedings of the National Academy of Sciences 76:5217-5221.

_____, and Elton Watkins. 1957. "An Artificial Conduction System for the Management of Experimental Complete Heart Block." Surgical Forum 8:331-334.

Frickel, Scott. 2004. "Just Science? Organizing Scientist Activism in the U.S. Environmental Justice Movement." Science as Culture 13:459-469.

Fujimura, Joan. 1996. Crafting Science. Cambridge, MA.: Harvard University Press.

Fuller, Steve. 2000. Thomas Kuhn: A Philosophical History for Our Times. Chicago: University of Chicago Press.

Gimbrone, Michael, Ramzi S. Cotran, Christian Haudenschild, and Judah Folkman. 1973. "Growth and Ultrastructure of Human Vascular Endothelial and Smooth-Muscle Cells in Culture." Journal of Cell Biology 59:A109.

Goldman, E. 1907. "The Growth of Malignant Disease in Man and the Lower Animals with Special Reference to the Vascular System." Lancet 2:1236-1240.

Greenblatt, Melvin, and Philippe Shubik. 1968. "Tumor Angiogenesis." Journal of the National Cancer Institute 41:111-116.

Greene, Harry S. N. 1941. "Heterologous Transplantation of Mammalian Tumors: 1, The Transfer of Rabbit Tumors to Alien Species. 2, The Transfer of Human Tumors to Alien Species." Journal of Experimental Medicine 73:461-486.

Guston, David. 2001. "Boundary Organizations in Environmental Policy and Science: An Introduction." Science, Technology, & Human Values 26:399-408.

Health Supplement Retailer. 2000. "FTC: Firms Can No Longer Make Shark Cartilage/Cancer Claims." Government Watch column, September. www.hsrmagazine.com/articles/091govwa.html (accessed October 22, 2003).

Hess, David J. 1997. Can Bacteria Cause Cancer? Alternative Medicine Confronts Big Science. New York: New York University Press.

_____, ed. 1999. *Evaluating Alternative Cancer Therapies: A Guide to the Science and Politics of an Emerging Medical Field.* NewBrunswick, NJ: Rutgers University Press.

_____. 2001a. *Alternative Pathways in Globalization.* Niskayuna, NY: Letters and Sciences. http://home.earthlink.net/~davidhesshomepage (accessed October 22, 2003).

_____. 2001b. "Ethnography and the Development of STS." In *Handbook of Ethnography*, ed. Paul Atkinson, Amanda Coffey, Sara Delmont, John Lofland, and Lyn Lofland, pp. 234-245. Thousand Oaks, CA, : Sage.

_____. 2003. "CAM Cancer Therapies in Twentieth-Century North America: Examining Continuities and Change." In *The Politics of Healing*, ed. Robert Johnston, pp. 231-243. New York: Routledge.

Hessen, Boris. 1971. *The Social and Economic Roots of Newton's Principia.* New York: Howard Fertig.

Jaffe, Eric, Ralph Nachman, Carl Becker, and C. Richard Minick. 1973. "Culture of Human Endothelial Cells Derived from Uumbilical Veins." *Journal of Clinical Investigation* 52: 2745-2756.

Jansen, Sue Curry, and Brian Martin. 2003. "Making Censorship Backfire." *Counterpoise* 7(3): 5-15. www.uow.edu.au/arts/sts/bmartin/pubs/03counterpoise.html (accessed December 3, 2003).

King, Ralph. 1998. "Laboratory Hitch: Novel Cancer Approach from Noted Scientist Hits Stumbling Block." *Wall Street Journal*, November 12, A1.

Kleinman, Daniel Lee. 1995. *Politics on the Endless Frontier.* Durham, NC: Duke University Press.

_____. 2003. *Impure Cultures: University Biology and the World of Commerce.* Madison: University of Wisconsin Press.

Knorr-Cetina, Karin, and Michael Mulkay. 1983. *Science Observed.* Beverly Hills, CA: Sage.

Kolata, Gina. 1998. "Hope in the Lab: A Special Report." *New York Times*, May 3, 1: 1.

Kuhn, Thomas. 1970. *The Structure of Scientific Revolutions.* 2nd ed. Chicago: University of Chicago Press [토머스 새뮤얼 쿤, 『과학혁명의 구조』, 김명자 · 홍성욱 옮김, 까치글방, 2013].

Lane, I. William, and Linda Comac. 1992. *Sharks Don't Get Cancer.* Garden City Park, NY: Avery.

_____. 1996. *Sharks Still Don't Get Cancer.* Garden City Park, NY: Avery.

Langer, Robert, Henry Brem, Kenneth Falterman, Michael Klein, and Judah Folkman. 1976. "Isolation of a Cartilage Factor That Inhibits Tumor Neovascularization." *Science* 193: 70-72.

Leung, D. W., G. Cachianes, W. J. Kuang, D. V. Goeddel, and N. Ferrara. 1989. "Vascular Endothelial Growth-Factor Is a Secreted Angiogenic Mitogen." *Science* 246: 1306-1309.

MacKenzie, Donald, and Barry Barnes. 1979. "Scientific Judgment: The Biometry-Mendelism Controversy." In *Natural Order*, ed. Barry Barnes and Steve Shapin, pp. 191-210. Beverly Hills, CA: Sage.

Merton, Robert. 1970. *Science, Technology, and Society in Seventeenth-Century England.* New York: Howard Fertig.

_____. 1973. *The Sociology of Science.* Chicago: University of Chicago Press [로버트 K. 머튼, 『과학사회학』 1~2, 석현호 옮김, 민음사, 1998].

Misa, Thomas, Philip Brey, and Andrew Feenberg, eds. 2003. *Modernity and Technology.* Cambridge, MA: MIT Press.

Moore, Kelly. 1996. "Organizing Integrity: American Science and the Creation of Public Interest Science Organizations, 1955-1975." *American Journal of Sociology* 101: 1592-1627.

Moss, Ralph. 1991. "Sharks May Take a Bite out of Cancer." *Cancer Chronicles*, no. 10, n.p. www.ralphmoss.com/html/shark.shtml (accessed November 18, 2003).

_____. 1992. *Cancer Therapy.* Brooklyn, NY: Equinox Press.

_____. 1993. "A Potent Normalization." *Cancer Chronicles* no.16: n.p. www.ralphmoss.com.html/bovine.shtml (accessed October 21, 2003).

_____. 1998. "Visit to Toronto." *Cancer Chronicles*, Winter 1997-1998, n.p. www.ralphmoss.com/html/toronto1.shtml (accessed November 26, 2003).

_____. 2004. "FDA Approves Avastin." *Townsend Letters for Doctors and Patients*, May, 30-31.

Mulkay, Michael. 1976. "Norms and Ideology in Science." *Social Science Information* 15: 637-656.

National Center for Complementary and Alternative Medicine. 2003. "Shark Cartilage Trials." www.nccam.nih.gov/

clinicaltrials/sharkcartilage.htm/ (accessed November 26, 2003).

National Cancer Institute. 2003a. "Cartilage (Bovine and Shark)." 2003년 7월 9일 최종 수정. www.cancer.gov/cancerinfo/pdq/cam/cartilage (accessed November 26, 2003).

_____. 2003b. "Phase II Randomized Study of Genistein in Patients with Localized Prostate Cancer Treated with Radical Prostectomy; Phase II Randomized Study of Soy Isoflavone in Patients with Breast Cancer." http://cancer.gov/search/clinical_trials/results_clinicaltrialsadvanced.aspx ?protocolsearchid=412785 (accessed October 22, 2003).

O'Reilly, Michael, Lars Holmgren, Yuen Shing, Catherine Chen, Rosalind Rosenthal, Marsha Moses, William Lane, Yihai Cao, E. Helene Sage, and Judah Folkman. 1994. "Angiostatin : A Novel Angiogenesis Inhibitor That Mediates the Suppression of Metastases by a Lewis Lung-Carcinoma." *Cell* 79 : 315-328.

Pelton, Ross, and Lee Overholser. 1994. *Alternatives in Cancer Therapy.* New York : Simon and Schuster.

Prudden, John. 1985. "The Treatment of Human Cancer with Agents Prepared from Bovine Cartilage." *Journal of Biological Response Modifiers* 4 : 551-584.

_____, Gentaro Nishikara, and Lester Baker. 1957. "The Acceleration of Wound Healing with Cartilage-1." *Surgery, Gynecology, and Obstetrics* 105 : 283-286.

Rescher, Nicholas. 1978. *Scientific Progress.* Pittsburgh : University of Pittsburgh Press.

Shing, Y., J. Folkman, R. Sullivan, C. Butterfield, J. Murray, and M. Klagsbrun. 1984. "Heparin Affinity : Purification of a Tumor-Derived Capillary Endothelial Growth Factor." *Science* 223 : 1296-1299.

Williams, David. 1993. *The Amazing New Anti-Cancer Secret That's About to Take the World by Storm.* Ingram, TX : Mountain Home.

Woodhouse, Edward, David Hess, Steve Breyman, and Brian Martin. 2002. "Science Studies and Activism : Possibilities and Problems for Reconstructivist Agendas." *Social Studies of Science* 32 : 297-319

Young, Robert, and Michael Surrusco. 2001. "Rx R&D Myths : The Case against the Drug Industry's R&D 'Scare Card.'" Washington, DC : Public Citizen. www.citizen.org/documents/ACFDC.PDF (accessed October 23, 2003).

7장 관습이 논쟁적인 것으로 변할 때

Allen, Barbara. 2003. *Uneasy Alchemy : Citizens and Experts in Louisiana's Chemical Corridor Disputes.* Cambridge, MA : MIT Press.

Allen, Garland E. 1975. "The Introduction of Drosophila into the Study of Heredity and Evolution, 1900-1910." *Isis* 66 : 322-333.

Ames, Bruce N., et al. 1973. "Carcinogens Are Mutagens : A Simple Test System Combining Liver Homogenates for Activiation and Bacteria for Detection." *Proceedings of the National Academy of Science* 70 : 2281-2285.

Andrews, Richard N. L. 1999. *Managing the Environment, Managing Ourselves : A History of American Environmental Policy.* New Haven, CT : Yale University Press.

Auerbach, Charlotte. 1962. *Mutations : An Introduction to Research on Mutagenesis.* Edinburgh, Scotland : Oliver and Boyd.

_____. 1963. "Past Achievements and Future Tasks of Research in Chemical Mutagenesis." In *Genetics Today (Proceedings of the XI International Congress of Genetics, The Hague, The Netherlands)*, vol. 2, ed. S. J. Geerts, pp. 275-284. New York : Pergamon Press.

Beale, G. 1993. "The Discovery of Mustard Gas Mutagenesis by Auerbach and Robson in 1941." *Genetics* 134 : 393-399.

Brown, Phil, Steve Kroll-Smith, and Valerie J. Gunter. 2000. "Knowledge, Citizens, and Organizations : An Overview of Environments, Disease, and Social Conflict." In *Illness and the Environment : A Reader m Contested Medicine*, ed. S. Kroll-Smith, P. Brown, and V. J. Gunter, pp. 9-25. New York : New York University Press.

Clarke, Adele E., et al. 2003. "Biomedicalization : Technoscientific Transformations of Health, Illness, and U.S. Biomedicine." *American Sociological Review* 68 : 161-194.

Crow, James F. 1968. "Chemical Risk to Future Generations." *Scientist and Citizen* 10 : 113-117.

de Serres, Frederick J., and Michael D. Shelby. 1981. "Comparative Chemical Mutagenesis." In *Environmental Science Research*, vol. 24. New York: Plenum Press.

Dickson, David. 1988. *The New Politics of Science*. Chicago: University of Chicago Press.

Drake, John W. 1970. *The Molecular Basis of Mutation*. San Francisco: Holden-Day.

_____, et al. 1975. "Environmental Mutagenic Hazards." *Science* 187: 503-514.

_____, and R. E. Koch. 1976. *Mutagenesis*. Stroudsburg: Dowden, Hutchinson & Ross.

Epstein, Samuel S. 1974. "Introductory Remarks to Session on 'Mutagens in the Biosphere.'" *Mutation Research* 26: 219-223.

Food and Drug Administration Advisory Committee on Protocols for Safety Evaluation. 1970. "Panel on Reproduction Report on Reproduction Studies in the Safety Evaluation of Food Additives and Pesticide Residues." *Toxicology and Applied Pharmacology* 16: 264-296.

Foucault, Michel. 1980. *Power /Knowledge: Selected Interviews and Other Writings 1972-1977*. New York: Random House.

Frickel, Scott. 2004a. "Building an Interdiscipline: Collective Action Framing and the Rise of Genetic Toxicology." *Social Problems* 51: 269-287.

_____. 2004b. *Chemical Consequences: Environmental Mutagens, Scientist Activism, and the Rise of Genetic Toxicology*. New Brunswick, NJ: Rutgers University Press.

_____. 2004c. "Just Science? Organizing Scientist Activism in the US Environmental Justice Movement." *Science as Culture* 13: 449-469.

Geiger, Roger L. 1993. *Research and Relevant Knowledge: American Research Universities Since World War II*. New York: Oxford University Press.

Gieryn, Thomas F. 1999. *Cultural Boundaries of Science: Credibility on the Line*. Chicago: University of Chicago Press.

Goodell, Rae S. 1977. *The Visible Scientists*. Boston: Little, Brown.

Gottlieb, Robert. 1993. *Forcing the Spring: The Transformation of the American Environmental Movement*. Washington, DC: Island Press.

Guston, David H. 2000. *Between Science and Politics: Assuring the Integrity and Productivity of Research*. New York: Cambridge University Press.

_____, ed. 2001. "Special Issue on Environmental Boundary Organizations." *Science, Technology, & Human Values* 26(4).

Hays, Harry W. 1986. *Society of Toxicology History, 1961-1986*. Washington, DC: Society of Toxicology.

Hollaender, A., and F. J. de Serres. 1971-1986. *Chemical Mutagens: Principles and Methods for Their Detection*, vols. 1-10. New York: Plenum Press.

Hollaender, Alexander. 1973. "General Summary and Recommendations for Workshop on the Evaluation of Chemical Mutagenicity Data in Relation to Population Risk." *Environmental Health Perspectives* 6: 229-232.

Jasanoff, Sheila S. 1987. "Contested Boundaries in Policy-Relevant Science." *Social Studies of Science* 17: 195-230.

Jenkins, J. Craig. 1987. "Nonprofit Organizations and Policy Advocacy." In *The Nonprofit Sector: A Research Handbook*, ed. W. W. Powell, pp. 296-318. New Haven, CT: Yale University Press.

Kinchy, Abby J. 2002. "On the Borders of Advocacy: The Organizational Boundary-Work of the Ecological Society of America." Paper presented at the Fourth Triple Helix Conference, Copenhagen, Denmark, November 6-9.

_____, and Daniel L. Kleinman. 2003. "Organizing Credibility: Discursive and Organizational Orthodoxy on the Borders of Ecology and Politics." *Social Studies of Science* 33: 1-28.

Kleinman, Daniel Lee, and Abby J. Kinchy. 2003. "Boundaries in Science Policymaking: Bovine Growth Hormone in the European Union." *Sociological Quarterly* 44: 577-595.

_____, and Mark Solovey. 1995. "Hot Science/Cold War: The National Science Foundation after World War II." *Radical History Journal* 63: 110-139.

Kuznick, Peter J. 1987. *Beyond the Laboratory: Scientists as Political Activists in 1930s America*. Chicago: University of Chicago Press.

Lederberg, Joshua. 1969. "Environmental Chemicals' Hazards Still Little Known." *Washington Post*, p. A 15, November 1.

_____. 1997. "Some Early Stirrings (1950 ff.) of Concern about Environmental Mutagens." *Environmental and Molecular Mutagenesis* 30:3-10.

Legator, Marvin S. 1970. "Chemical Mutagenesis Comes of Age: Environmental Implications." *Journal of Heredity* 61:239-242.

Legator, Marvin S., and Heinrich V. Malling. 1971. "The Host Mediated Assay, a Practical Procedure for Evaluating Potential Mutagenic Agents in Mammals." In *Chemical Mutagens: Principles and Methods for Their Detection*, vol. 1, ed. A. Hollaender. New York: Plenum Press.

Malling, Heinrich V. 1970. "Chemical Mutagens as a Possible Genetic Hazard in Human Populations." *Journal of the American Hygiene Association* 31:657-666.

_____. 1971. "Environmental Mutagen Information Center (EMIC) II: Development for the Future." *EMS Newsletter* 4:11-15.

_____. 1977. "Goals and Programs of the Laboratory of Environmental Mutagenesis." *Environmental Health Perspectives* 20:263-265.

_____, and J. S. Wassom. 1969. "Environmental Mutagen Information Center (EMIC) I: Initial Organization." *EMS Newsletter* 1:16-18.

McGucken, William. 1984. *Scientists, Society, and the State: The Social Relations of Science Movement in Great Britain, 1931-1947*. Columbus: Ohio State University Press.

Meselson, Matthew. 1971. Preface to *Chemical Mutagens: Principles and Methods for Their Detection*, vol. 1, ed. A. Hollaender, pp. ix-xii. New York: Plenum.

Moore, Kelly. 1996. "Organizing Integrity: American Science and the Creation of Public Interest Science Organizations, 1955-1975." *American Journal of Sociology* 101:1592-1627.

_____. Forthcoming. *Disruptive Science: Professionals, Activism, and the Politics of War in the United States, 1945-1975*. Princeton, NJ: Princeton University Press.

_____, and Nicole Hala. 2002. "Organizing Identity: The Creation of Science for the People." In *Social Structure and Organisations Revisited*, vol.19, ed. M. Lounsbury and M. J. Ventresca, pp. 309-335. Amsterdam: JAI Press.

Muskie, Edmund S. 1969. "Chemicals, the Toxicologist, and the Future of Man." *Forum for the Advancement of Toxicology* 2:1, 3.

National Institute of Environmental Health Sciences. 1975. "Annual Report." National Institute of Environmental Health Sciences, Research Triangle Park, NC.

_____. 1977. "Annual Report." National Institute of Environmental Health Sciences, Research Triangle Park, NC.

Neel, James V. 1970. "Evaluation of the Effects of Chemical Mutagens on Man: The Long Road Ahead." *Proceedings of the National Academy of Sciences* 67:908-915.

Pauly, Philip J. 2000. *Biologists and the Promise of American Life*. Princeton, NJ: Princeton University Press.

Preston, Julian R., and George R. Hoffman. 2001. "Genetic Toxicology." In *Casarett and Doull's Toxicology: The Basic Science of Poisons*, ed. C. D. Klaassen, pp. 321-350. New York: McGraw-Hill.

Research Triangle Institute. 1965. "Recommendations for the Development and Operation of the National Environmental Health Sciences Center." Department of Health, Education, and Welfare, U.S. Public Health Service, Bureau of State Services (Environmental Health), Research Triangle Park, NC.

Sellers, Christopher C. 1997. *Hazards of the Job: From Industrial Disease to Environmental Health Science*. Chapel Hill: University of North Carolina Press.

Shostak, Sara. 2003. "Disciplinary Emergence in the Environmental Health Sciences, 1950-2000." Ph.D. diss., Department of Social and Behavioral Sciences, University of California San Francisco.

Straney, Sister Margaret J., and Thomas R. Mertens. 1969. "A Survey of Introductory College Genetics Courses." *Journal of Heredity* 60:223-228.

Toxic Substances Control Act of 1976, Public Law 94-469, 94th Cong., 2nd sess. (11 October 1976).

U.S. Department of Health, Education, and Welfare. 1969. *Report of the Secretary's Commission on Pesticides and*

Their Relationship to Environmental Health. Washington, DC : U.S. GPO.

U.S. Senate. 1971. "Chemicals and the Future of Man : Hearings before the Subcommittee on Executive Reorganization and Government Research." 92nd Cong., 1st sess. Washington, DC : U.S. GPO.

Wassom, John S. 1989. "Origins of Genetic Toxicology and the Environmental Mutagen Society." *Environmental and Molecular Mutagenesis* 14, Supplement 16 : 1-6.

Woodhouse, Edward J., and Steve Breyman. 2005. "Green Chemistry as Social Movement?" *Science, Technology, & Human Values*, 30 : 199-222.

8장 변화하는 생태

Athanasiou, Tom. 1996. "The Age of Greenwashing." *Capitalism, Nature, Socialism* 7 : 1-36.

Austin, Andrew. 2002. "Advancing Accumulation and Managing Its Discontents : The US Antienvironmental Countermovement." *Sociological Spectrum* 22 : 71-105.

Beck, Ulrich. 1992. *Risk Society : Towards a New Modernity*. London : Sage [울리히 벡, 『위험사회』, 홍성태 옮김, 새물결, 2006].

_____. 1996. "World Risk Society as Cosmopolitan Society? Ecological Questions in a Framework of Manufactured Uncertainties." *Theory, Culture, and Society* 13 : 1-32.

_____, Anthony Giddens, and Scott Lash. 1994. *Reflexive Modernization : Politics, Tradition, and Aesthetics in the Modern Social Order*. Stanford, GA : Stanford University Press [앤서니 기든스 · 울리히 벡 · 스콧 래쉬, 『성찰적 근대화』, 임현진 · 정일준 옮김, 한울, 1998].

Bloor, David. 1991. *Knowledge and Social Imagery*, 2nd ed. Chicago : University of Chicago Press [데이비드 블루어, 『지식과 사회의 상』, 한길그레이트북스, 김경만 옮김, 2000].

Burawoy, Michael. 1991. "The Extended Case Method." In *Ethnography Unbound : Power and Resistance in the Modern Metropolis*, ed. Michael Burawoy, et al., pp. 271-290. Berkeley, CA : University of California Press.

Busch, Lawrence, and William B. Lacy. 1983. *Science, Agriculture, and the Politics of Research*. Boulder, CO : Westview Press.

California Agricultural Statistics Service, 2001a. "California Agricultural Statistics." www.nass.usda.gov/ca/bul/agstat/indexcas.htm (accessed June 20, 2003).

_____. 2001b. "Summary of County Agricultural Commissioners' Reports, 2001." www.nass.usda.gov/ca/bul/agcom/indexcav.htm (accessed June 20, 2003).

Gallon, Michel. 1986. "Some Elements of a Sociology of Translation : Domestication of the Scallops and the Fishermen of St. Brieuc Bay." In *Power, Action, and Belief : A New Sociology of Knowledge?* ed. John Law, pp. 196-233. London : Routledge, Kegan, and Paul.

Clarke, Adele E., and Joan H. Fujimura, editors. 1992. *The Right Tools for the Job : At Work in Twentieth Century Life Sciences*. Princeton, NJ : Princeton University Press.

Clifford, James. 1988. "On Ethnographic Authority." In *The Predicament of Culture : Twentieth-Century Ethnography, Literature, and Art*, ed. James Clifford, pp. 21-54. Cambridge, MA : Harvard University Press.

_____, and George E. Marcus, editors. 1986. *Writing Culture : The Poetics and Politics of Ethnography*. Berkeley : University of California Press [제임스 클리포드 · 조지 E. 마커스 엮음, 『문화를 쓴다』, 이기우 옮김, 한국문화사, 2000].

Cohen, Maurie J. 1997. "Risk Society and Ecological Modernisation : Alternative Visions for Post-Industrial Nations." *Futures* 29 : 105-119.

Danbom, David B. 1979. *The Resisted Revolution : Urban America and the Industrialization of Agriculture, 1900-1930*. Ames : Iowa State University Press.

_____. 1995. *Born in the Country : A History of Rural America*. Baltimore : Johns Hopkins University Press.

Fine, Gary Alan. 1984. "Negotiated Orders and Organizational Cultures." *Annual Review of Sociology* 10 : 239-262.

Fischer, Frank. 2000. *Citizen, Experts, and the Environment : The Politics of Local Knowledge*. Durham, NC : Duke University Press.

Fitzgerald, Deborah. 1990. *The Business of Breeding : Hybrid Corn in Illinois, 1890-1940.* Ithaca, NY : Cornell University Press.

Gieryn, Thomas F. 1983. "Boundary-Work and the Demarcation of Science from Non-Science : Strains and Interests in Professional Ideologies of Science." *American Sociological Review* 48 : 781-795.

―――――. 1999. *Cultural Boundaries of Science : Credibility on the Line.* Chicago : University of Chicago Press.

Gould, Kenneth A., Allan Schnaiberg, and Adam S. Weinberg. 1996. *Local Environmental Struggles : Citizen Activism in the Treadmill of Production.* New York : Cambridge University Press.

Hajer, Maarten A. 1995. *The Politics of Environmental Discourse : Ecological Modernization and the Policy Process.* New York : Oxford University Press.

Henke, Christopher R. 2000. "Making a Place for Science : The Field Trial." *Social Studies of Science* 30 : 483-512.

―――――. 2000b. "The Mechanics of Workplace Order : Toward a Sociology of Repair." *Berkeley Journal of Sociology* 44 : 55-81.

Hilgartner, Stephen, and Charles L. Bosk. 1988. "The Rise and Fall of Social Problems : A Public Arenas Model." *American Journal of Sociology* 94 : 53-78.

Kline, Ronald R. 2000. *Consumers in the Country : Technology and Social Change in Rural America.* Baltimore : Johns Hopkins University Press.

Kloppenburg, Jack, Jr. 1988. *First the Seed : The Political Economy of Plant Biotechnology, 1492-2000.* Cambridge : Cambridge University Press [잭 클로펜버그 2세, 『농업생명공학의 정치경제』, 허남혁 옮김, 나남출판, 2007].

―――――, and Frederick H. Buttel. 1987. "Two Blades of Grass : The Contradiction of Agricultural Research as State Intervention." *Research in Political Sociology* 3 : 111-135.

Latour, Bruno. 1988. *The Pasteurization of France.* Cambridge, MA : Harvard University Press.

―――――. 1987. *Science in Action : How to Follow Scientists and Engineers through Society.* Cambridge, MA : Harvard University Press.

―――――. 1993. *We Have Never Been Modern.* Cambridge, MA : Harvard University Press [브뤼노 라투르, 『우리는 결코 근대인이었던 적이 없다』, 홍철기 옮김, 갈무리, 2009].

Law, John. 1987. "Technology and Heterogenous Engineering : The Case of Portuguese Expansion." In *The Social Construction of Technological Systems : New Directions in the Sociology and History of Technology,* ed. Wiebe E. Bijker, Thomas P. Hughes, and Trevor J. Pinch, pp. 111-134. Cambridge, MA : MIT Press.

―――――. 2002. *Aircraft Stories : Decentering the Object in Technoscience.* Durham, NC : Duke University Press.

Luke, Timothy. 1999. "Eco-Managerialism : Environmental Studies as a Power/Knowledge Formation." In *Living with Nature : Environmental Politics as Cultural Discourse,* ed. Frank Fischer and Maarten A. Hajer, pp. 103-120. New York : Oxford University Press.

Marcus, Alan I. 1985. *Agricultural Science and the Quest for Legitimacy : Farmers, Agricultural Colleges, and Experiment Stations, 1870-1890.* Ames : Iowa State University Press.

McCabe, Michael. 1998a. "Nitrate-Laced Water Sickens Town; Monterey County Warns Residents Not to Use Taps." *San Francisco Chronicle*, May 12, 1998, p. A1.

―――――. 1998b. "Monterey County OKs Well for Its Poorest Town." *San Francisco Chronicle*, May 26, 1998, p. A11.

Mol, Arthur P. J. 1996. "Ecological Modernisation and Institutional Reflexivity : Environmental Reform in the Late Modern Age." *Environmental Politics* 5 : 302-323.

―――――, and Gert Spaargaren. 1993. "Environment, Modernity, and the Risk Society : The Apocalyptic Horizon of Environmental Reform." *International Sociology* 8 : 431-459.

Monterey County Water Resources Agency. 2002. "2001 Nitrate Management Survey Results Report." Salinas, CA : MCWRA.

National Research Council, Board on Agriculture. 1989. *Alternative Agriculture.* Washington DC : National Academy Press.

Pickering, Andrew, editor. 1992. *Science as Practice and Culture.* Chicago : University of Chicago Press.

Rasmussen, Wayne. 1989. *Taking the University to the People: Seventy-Five Years of Cooperative Extension.* Ames: Iowa University Press.

Rose, Tricia. 1994. *Black Noise: Rap Music and Black Culture in Contemporary America.* Hanover, NH: Wesleyan University Press.

Rycroft, Robert W. 1991. "Environmentalism and Science: Politics and the Pursuit of Knowledge." *Knowledge: Creation, Diffusion, Utilization* 13: 150-169.

Scott, Roy V. 1970. *The Reluctant Farmer: The Rise of Agricultural Extension to 1914.* Urbana: University of Illinois Press.

Spaargaren, Gert, and Arthur P. J. Mol. 1992. "Sociology, Environment, and Modernity: Ecological Modernization as a Theory of Social Change." *Society and Natural Resources* 5: 323-344.

Star, Susan Leigh, editor. 1995. *Ecologies of Knowledge: Work and Politics in Science and Technology.* Albany: State University of New York Press.

_____, and J. R. Griesemer. 1989. "Institutional Ecology, 'Translations,' and Boundary Objects: Amateurs and Professionals in Berkeley's Museum of Vertebrate Zoology, 1907-1939." *Social Studies of Science* 19: 387-420.

Tesh, Sylvia Noble. 2000. *Uncertain Hazards: Environmental Activists and Scientific Proof.* Ithaca, NY: Cornell University Press.

U.S. Department of Agriculture, National Agricultural Statistics Service. 2004. "Historical Data." www.usda.gov/nass/pubs/histdata.htm (accessed November 12, 2004).

U.S. Environmental Protection Agency. 1998. "National Water Quality Inventory: 1998 Report to Congress." Washington, DC: EPA.

Van Loon, Joost. 2002. *Risk and Technological Culture: Towards a Sociology of Virulence.* New York: Routledge.

Wynne, Brian. 1996. "May the Sheep Safely Graze? A Reflexive View of the Expert-Lay Divide." In *Risk, Environment, and Modernity: Towards a New Ecology*, ed. Scott Lash, Bronislaw Szerszynski, and Brian Wynne, pp. 44-83. Thousand Oaks, CA: Sage.

9장 체화된 보건운동

Beck, Ulrich. 1992. "From Industrial Society to the Risk Society: Questions of Survival, Social Structure and Ecological Enlightenment." *Theory, Culture and Society* 9: 97-123.

Berkman, Lisa, and Ichiro Kawachi. 2000. *Social Epidemiology.* Cambridge: Oxford University Press.

Brauer, Michael, Gerard Hoek, Patricia Van Vliet, Kees Meliefste, Paul H. Fischer, Alet Wijga, Laurens P. Koopman, et al. 2002. "Air Pollution from Traffic and the Development of Respiratory Infections and Asthmatic and Allergic Symptoms in Children." *American Journal of Respiratory and Critical Care* 166: 1092-1098.

Brown, Phil. 1984. "The Right to Refuse Treatment and the Movement for Mental Health Reform." *Journal of Health Policy, Politics, and Law* 9: 291-313.

_____, Brian Mayer, Stephen Zavestoski, Theo Luebke, Joshua Mandel-baum, and Sabrina McCormick. 2003. "The Politics of Asthma Suffering: Environmental Justice and the Social Movement Transformation of Illness Experience." *Social Science and Medicine* 57: 453-464.

_____, Stephen Zavestoski, Brian Mayer, Sabrina McCormick, and Pamela Webster. 2002. "Policy Issues in Environmental Health Disputes." *Annals of the American Academy of Political and Social Science* 584: 175-202.

_____, Stephen Zavestoski, Sabrina McCormick, Joshua Mandelbaum, Theo Luebke, and Meadow Linder. 2001. "A Gulf of Difference: Disputes over Gulf War-Related Illnesses." *Journal of Health and Social Behavior* 42: 235-257.

_____, Stephen Zavestoski, Sabrina McCormick, Brian Mayer, Rachel Morello-Frosch, and Rebecca Gasior. 2004. "Embodied Health Movements: Uncharted Territory in Social Movement Research." *Sociology of Health & Illness* 26: 131.

Bullard, Robert, ed. 1994. *Confronting Environmental Racism: Voices from the Grassroots.* Boston: South End Press.

Davis, Devra. 2002. *When Smoke Ran Like Water: Tales of Environmental Deception and the Battle against Pollution*. New York: Basic Books.

_____, and H. Leon Bradlow. 1995. "Can Environmental Estrogens Cause Breast Cancer?" *Scientific American* 273: 167-172.

Epstein, Steven. 1996. *Impure Science: AIDS, Activism, and the Politics of Knowledge*. Berkeley: University of California Press.

Fauroux, B., M. Sampil, P. Quénel, and Y. Lemoullec. 2000. "Ozone: A Trigger for Hospital Pediatric Asthma Emergency Room Visits." *Pediatric Pulmonology* 30: 41-46.

Freund, Peter, Meredith McGuire, and Linda Podhurst. 2003. *Health, Illness, and the Social Body: A Critical Sociology*, 4th ed. Englewood Cliffs, NJ: Prentice-Hall.

Garrett, Laurie. 1994. *The Coming Plague: Newly Emerging Diseases in a World Out of Balance*. New York: Farrar, Straus and Giroux.

Gelbspan, Ross. 1997. *The Heat Is On: The Climate Crisis, the Cover-Up, the Prescription*. Cambridge, MA: Perseus.

Gent, Janneane F., Elizabeth W. Triche, Theodore R. Holford, Kathleen Belanger, Michael B. Bracken, William S. Beckett, and Brian P. Leaderer. 2003. "Association of Low-Level Ozone and Fine Particles with Respiratory Symptoms in Children with Asthma." *Journal of the American Medical Association* 290: 1859-1867.

Gilliland, Frank D., Kiros Berhane, Edward B. Rappaport, Duncan C. Thomas, Edward Avol, W. James Gauderman, Stephanie J. London, et al. 2001. "The Effects of Ambient Air Pollution on School Absenteeism Due to Respiratory Illnesses." *Epidemiology* 12: 43-54.

_____, Yu-Fen Li, Andrew Saxon, and David Diaz-Sanchez. 2004. "Effect of Glutathione-S-Transferase M1 and P1 Genotypes on Xenobiotic Enhancement of Allergic Responses: Randomised, Placebo-Controlled Crossover Stud." *Lancet* 363: 119-125.

Goldstein, Michael. 1999. *Alternative Health Care: Medicine, Miracle, or Mirage?* Philadelphia: Temple University Press.

Greer, Linda, and Rena Steinzor. 2002. "Bad Science." *Environmental Forum* January/February, 28-43.

Klawiter, Maren. 1999. "Racing for the Cure, Walking Women, and Toxic Touring: Mapping Cultures of Action within the Bay Area Terrain of Breast Cancer." *Social Problems* 46: 104-126.

Krieger, N., D. L. Rowley, A. A. Herman, B. Avery, and M. T. Phillips. 1993. "Racism, Sexism, and Social Class: Implications for Studies of Health, Disease, and Well-Being." *American Journal of Preventive Medicine* 9: 82-122.

Krimsky, Sheldon. 2003. *Science in the Private Interest: Has the Lure of Profits Corrupted Biomedical Research?* Lanham, MD: Rowman & Littlefield [셸던 크림스키, 『부정한 동맹 — 대학 과학의 상업화는 과학의 공익성을 어떻게 파괴하는가』, 김동광 옮김, 궁리, 2010].

Künzli, N., R. Kaiser, S. Medina, M. Studnicka, O. Chanel, P. Filliger, M. Herry, et al. 2000. "Public-Health Impact of Outdoor and Traffic-Related Air Pollution: A European Assessment." *Lancet* 356: 795-801.

"Laxity in the Labs." 2001. *Boston Globe*, editorial, September 2, D6.

Le Roux, P., F. Toutain, and B. Le Luyer. 2002. "Asthma in Infants and Young Children. Prevention, Challenge of the 21st century?" *Archives of Pediatrics* 9: 408s-414s.

Light, Donald. 2000. "Sociological Perspectives on Competition in Health care." *Journal of Health Politics, Policy, and Law* 25: 969-974.

McCally, Michael. 2002. Personal communication, November 15.

McConnell, R., K. Berhane, F. Gilliland, S. J. London, T. Islam, W. J. Gaudermann, E. Avol, H. G. Margolis, and J. M. Peters. 2002. "Asthma in Exercising Children Exposed to Ozone: A Cohort Study." *Lancet* 359: 386-391.

McCormick, Sabrina, Phil Brown, and Stephen Zavestoski. 2003. "The Personal Is Scientific, The Scientific Is Political: The Public Paradigm of the Environmental Breast Cancer Movement." *Sociological Forum* 18: 545-576.

McKeown, Thomas. 1976. *The Modern Rise of Population*. New York: Academic Press.

Morello-Frosch, Rachel. 2002. "The Political Economy of Environmental Discrimination." *Environment and Planning. C, Government and Policy* 20: 477-496.

Morello-Frosch, Rachel, Manual Pastor, Carlos Porras, and James Sadd. 2002. "Environmental Justice and Regional Inequality in Southern California : Implications for Future Research." *Environmental Health Perspectives* 110 (Suppl. 2) : 149-154.

Morgen, Sandra. 2002. *Into Our Own Hands : The Women's Health Movement in the United States, 1969-1990*. New Brunswick, NJ : Rutgers University Press.

Mortimer, K. M., L. M. Neas, D. W. Dockery, S. Redline, and I. B. Tager. 2002. "The Effect of Air Pollution on Inner-City Children with Asthma." *European Respiratory Journal* 19 : 899-705.

Ong, Elisa K., and Stanton A. Glantz. 2001. "Constructing Sound Science and Good Epidemiology : Tobacco, Lawyers, and Public Relations Firms." *American Journal of Public Health* 91 : 1749-1757.

Porter, Roy. 1997. *The Greatest Benefit to Mankind : A Medical History of Humanity*. New York : W. W. Norton.

Raffensperger, Carolyn, and Joel Tickner, eds. 1999. *Protecting Public Health and the Environment : Implementing the Precautionary Principle*. Washington, DC : Island Press.

Ries, E. A. G., M. P. Eisner, C. E. Kosary, B. F. Hankey, B. A. Miller, E. Clegg, and B. K. Edwards, eds. 2002. *SEER Cancer Statistics Review, 1973-1999*. Bethesda, MD : National Cancer Institute.

Rose, Geoffrey. 1985. "Sick Individuals and Sick Populations." *International Journal of Epidemiology* 14 : 32-38.

Rosenstock, E, and L. J. Lee. 1992. "Attacks on Science : The Risks to Evidence-Based Policy." *American Journal of Public Health* 92 : 14-18.

Rosner, David, and Gerald Markowitz. 1987. *Dying for Work : Workers' Safety and Health in Twentieth-Century America*. Bloomington : Indiana University Press.

Rudel, Rurhann A., David E. Camann, John D. Spengler, Leo R. Korn, and Julia G. Brody. 2003. "Phthalates, Alkylphenols, Pesticides, Polybrominated Diphenyl Ethers, and Other Endocrine Disrupting Compounds in Indoor Air and Dust." *Environmental Science and Technology* 37 : 4543-4553.

Ruzek, Sheryl Burt. 1978. *The Women's Health Movement : Feminist Alternatives to Medical Control*. New York : Praeger.

Ruzck, Sheryl Burt, Virginia E. Olesen, and Adele E. Clarke, eds. 1997. *Women's Health : Complexities and Differences*. Columbus : Ohio State University Press.

Schell, E., and A. Tarbell. 1998. "A Partnership Study of PCBs and the Health of Mohawk Youth : Lessons from Our Past and Guidelines for Our Future." *Environmental Health Perspectives* 106 (Suppl. 3) : 833-840.

Schulte, P. A., and M. H. Sweeney. 1995. "Ethical Considerations, Confidentiality Issues, Rights of Human Subjects, and Uses of Monitoring Data in Research and Regulation." *Environmental Health Perspectives* 103 (Suppl. 3) : 69-74.

Schulte, P. A., D. Hunter, and N. Rothman. 1997. "Ethical and Social Issues in the Use of Biomarkers in Epidemiological Research, in Application of Bio-markers in Cancer Epidemiology." *International Agency for Research on Cancer* 1422 : 313-318.

Shapiro, Joseph. 1993. *No Pity : People with Disabilities Forging a New Civil Rights Movement*. New York : Random.

Shepard, Peggy M., Mary E. Northridge, Swati Prakash, and Gabriel Stover. 2002. Preface : Advancing Environmental Justice through Community-Based Participatory Research. *Environmental Health Perspectives* 110 (Suppl. 2) : 139-140.

Steinbrook, Robert. 2002. "Protecting Research Subjects — The Crisis at Johns Hopkins." *New England Journal of Medicine* 346 : 716-720.

Szasz, Andrew. 1994. *Ecopopulism : Toxic Waste and the Movement for Environmental Justice*. Minneapolis : University of Minnesota Press.

Tesh, Sylvia. 2000. *Uncertain Hazards : Environmental Activists and Scientific Proof*. Ithaca, NY : Cornell University Press.

U.S. Environmental Protection Agency (EPA). 2003. *America's Children and the Environment : Measures of Contaminants, Body Burdens, and Illnesses*. 2nd ed. EPA 240-R-03-001. Available at www.epa.gov/envirohealth/children/ace_2003.pdf (accessed November 3, 2004).

Waitzkin, Howard. 2001. *At the Frontlines of Medicine: How the Health Care System Alienates Doctors and Mistreats Patients*. Lanham, MD: Rowman & Littlefield.

Weinberg, Alvin. 1972. "Science and Transcience." *Minerva* 10: 209-222.

Weiss, Rick. 2004. "Peer Review Plan Draws Criticism under Bush Proposal, OMB Would Evaluate Science before New Rules Take Effect." *Washington Post*, January 15, A19.

10장 대안과학의 전략들

Aas, Solveig, and Tord Høivik. 1986. "Demilitarization in Costa Rica: A Farewell to Arms?" In *Costa Rica: Politik, Gesellschaft und Kultur eines Staates mit Ständiger Aktiver und Unbewaffneter Neutralität*, ed. Andreas Maislinger, pp. 343-375. Innsbrück, Austria: Inn-Verlag.

Armstrong, J. Scott. 1980. "Unintelligible Management Research and Academic Prestige." *Interfaces* 10: 80-86.

Bernal, J. D. 1939. *The Social Function of Science*. London: George Routledge & Sons.

Beyerchen, Alan D. 1977. *Scientists under Hitler: Politics and the Physics Community in the Third Reich*. New Haven, CT: Yale University Press.

Blissett, Marlan. 1972. *Politics in Science*. Boston: Little, Brown.

Boggs, Carl. 1986. *Social Movements and Political Power: Emerging Forms of Radicalism in the West*. Philadelphia: Temple University Press.

Boyle, Godfrey, Peter Harper, and the editors of *Undercurrents*, eds. 1976. *Radical Technology*. London: Wildwood House.

Brock-Utne, Birgit. 1985. *Educating for Peace: A Feminist Perspective*. New York: Pergamon.

Burrowes, Robert J. 1996. *The Strategy of Nonviolent Defense: A Gandhian Approach*. Albany: State University of New York Press.

Carson, Lyn, and Brian Martin. 2002. "Random Selection of Citizens for Technological Decision Making." *Science and Public Policy* 29: 105-113.

Carter, April. 1992. *Peace Movements: International Protest and World Politics since 1945*. London: Longman.

Cassidy, Kevin J., and Gregory A. Bischak, eds. 1993. *Real Security: Converting the Defense Economy and Building Peace*. Albany: State University of New York Press.

Cortright, David. 1993. *Peace Works: The Citizen's Role in Ending the Cold War*. Boulder, CO: Westview.

Darrow, Ken, and Mike Saxenian, eds. 1986. *Appropriate Technology Sourcebook: A Guide to Practical Books for Village and Small Community Technology*. Stanford, CA: Volunteers in Asia.

de Bono, Edward. 1986. *Six Thinking Hats*. Boston: Little, Brown.

———. 1992. *Serious Creativity: Using the Power of Lateral Thinking to Create New Ideas*. London: HarperCollins.

———. 1995. *Parallel Thinking: From Socratic Thinking to de Bono Thinking*. Harmondsworth, UK: Penguin.

Elias, Norbert, Herminio Martins, and Richard Whitley, eds. 1982. *Scientific Establishments and Hierarchies*. Dordrecht, Germany: D. Reidel.

Epstein, Steven. 1996. *Impure Science: AIDS, Activism, and the Politics of Knowledge*. Berkeley: University of California Press.

Falk, Jim. 1982. *Global Fission: The Battle over Nuclear Power*. Melbourne: Oxford University Press.

Farkas, Nicole. 1999. "Dutch Science Shops: Matching Community Needs with University R&D." *Science Studies* 12(2): 33-47.

Ferris, Timothy. 2003. *Seeing in the Dark: How Amateur Astronomers Are Discovering the Wonders of the Universe*. New York: Simon and Schuster.

Fixdal, Jon. 1997. "Consensus Conferences as 'Extended Peer Groups.'" *Science and Public Policy* 24: 366-376.

Gieryn, Thomas F. 1995. *Boundaries of Science*. In *Handbook of Science and Technology Studies*, ed. Sheila Jasanoff, Gerald E. Markle, James C. Petersen, and Trevor Pinch, pp. 393-443. Thousand Oaks, CA: Sage.

Gnanadason, Aruna, Musimbi Kanyoro, and Lucia Ann McSpadden, eds. 1996. *Women, Violence and Nonviolent*

Change. Geneva: WCC.

Haberer, Joseph. 1969. *Politics and the Community of Science*. New York: Van Nostrand Reinhold.

Illich, Ivan. 1973. *Tools for Conviviality*. London: Calder and Boyars.

Johnston, Robert D., ed. 2003. *The Politics of Healing: A History of Alternative Medicine in Twentieth-Century North America*. New York: Routledge.

Kroll-Smith, Steve, and H. Hugh Floyd. 1997. *Bodies in Protest: Environmental Illness and the Struggle over Medical Knowledge*. New York: New York University Press.

MacKenzie, Donald, and Graham Spinardi. 1995. "Tacit Knowledge, Weapons Design, and the Uninvention of Nuclear Weapons." *American Journal of Sociology* 101:44-99.

MacKenzie, Donald, and Judy Wajcman, eds. *The Social Shaping of Technology*. 2nd ed. Buckingham, UK: Open University Press.

Martin, Brian. 1997. "Science, Technology and Nonviolent Action: The Case for a Utopian Dimension in the Social Analysis of Science and Technology." *Social Studies of Science* 27:439-463.

_____. 1998. "Technology in Different Worlds." *Bulletin of Science, Technology and Society* 18:333-339.

_____. 2001. *Technology for Nonviolent Struggle*. London: War Resisters' International.

Maxwell, Nicholas. 1984. *From Knowledge to Wisdom: A Revolution in the Aims and Methods of Science*. Oxford: Basil Blackwell.

_____. 1992. "What Kind of Inquiry Can Best Help Us Create a Good World?" *Science, Technology, & Human Values* 17:205-227.

Melman, Seymour. 1988. *The Demilitarized Society: Disarmament and Conversion*. Montreal: Harvest House.

Mendelsohn, Everett H., Merritt Roe Smith, and Peter Weingart, eds. 1988. *Science, Technology and the Military*. Dordrecht, Germany: Kluwer.

Moody, Glyn. 2002. *Rebel Code: Linux and the Open Source Revolution*. New York: Perseus.

Murphy, Danny, Madeleine Scammell, and Richard Sclove, eds. 1997. *Doing Community-Based Research: A Reader*. Amherst, MA: Loka Institute.

Patterson, Walter C. 1977. *The Fissile Society*. London: Earth Resources Research.

Primack, Joel, and Frank von Hippel. 1974. *Advice and Dissent: Scientists in the Political Arena*. New York: Basic Books.

Randle, Michael. 1994. *Civil Resistance*. London: Fontana.

Reppy, Judith, ed. 1998. *Conversion of Military R&D*. Basingstoke, UK: Macmillan.

Roberts, Adam. 1976. *Nations in Arms: The Theory and Practice of Territorial Defence*. London: Chatto and Windus.

Rüdig, Wolfgang. 1990. *Anti-Nuclear Movements: A World Survey of Opposition to Nuclear Energy*. Harlow, UK: Longman.

Schutt, Randy. 2001. *Inciting Democracy: A Practical Proposal for Creating a Good Society*. Cleveland: Spring Forward Press.

Schweitzer, Glenn E. 1996. *Moscow DMZ: The Story of the International Effort to Convert Russian Weapons Science to Peaceful Purposes*. Armonk, NY: M. E. Sharpe.

Science for the People. 1974. *China: Science Walks on Two Legs*. New York: Avon.

Smith, Merritt Roe, ed. 1985. *Military Enterprise and Technological Change: Perspectives on the American Experience*. Cambridge, MA: MIT Press.

_____, and Leo Marx, eds. 1994. *Does Technology Drive History? The Dilemma of Technological Determinism*. Cambridge, MA: MIT Press.

Sørensen, Knut H., and Robin Williams, eds. 2002. *Shaping Technology, Guiding Policy: Concepts, Spaces and Tools*. Cheltenham, UK: Edward Elgar.

Soros, George. 2002. *George Soros on Globalization*. New York: Public Affairs.

Summy, Ralph, and Michael E. Salla, eds. 1995. *Why the Cold War Ended: A Range of Interpretations*. Westport, CT: Greenwood.

Turnbull, Shann. 1975. *Democratising the Wealth of Nations from New Money Sources and Profit Motives*. Sydney: Company Directors Association of Australia.

Ui, Jun. 1977. "The Interdisciplinary Study of Environmental Problems." *Kogai — The Newsletter from Polluted Japan* 5(2): 12-24.

Wainwright, Hilary, and Dave Elliott. 1982. *The Lucas Plan: A New Trade Unionism in the Making?* London: Allison & Busby.

Whyte, William Foote. 1991. *Participatory Action Research*. Newbury Park, GA: Sage.

Winner, Langdon. 1977. *Autonomous Technology: Technics-out-of-Control as a Theme in Political Thought*. Cambridge, MA: MIT Press [랭던 위너, 『자율적 테크놀로지와 정치철학』, 강정인 옮김, 아카넷, 2000].

Woodhouse, Edward, David Hess, Steve Breyman, and Brian Martin. 2002. "Science Studies and Activism: Possibilities and Problems for Reconstructivist Agendas," *Social Studies of Science* 32: 297-319.

11장 사람들이 힘을 불어넣다

Ainley, Marianne Gosztonyi. 1979/1980. "The Contribution of the Amateur to North American Ornithology: A Historical Perspective." *Living Bird* 18: 161-177.

Allen, Barbara. 2003. *Uneasy Alchemy: Citizens and Experts in Louisiana's Chemical Corridor*. Cambridge, MA.: MIT Press.

Amenta, Edwin. 1998. *Bold Relief: Institutional Politics and the Origins of Modern American Social Policy*. Princeton, NJ: Princeton University Press.

American Birding Association, in cooperation with the Bureau of Land Management, U.S. Forest Service, U.S. Fish and Wildlife Service, and the National Park Service. 2004. *Opportunities for Birders*. Colorado Springs, CO: American Birding Association. Available at http://americanbirding.org/opps/voldinam.htm (accessed May 25, 2005).

Bergman, Albert. 1977. "Albert Syzent-Györgi's Theory of Syntropy and Creationism." *Impact* 54: 12-22.

Binder, Amy. 2002. *Contentious Curricula: Afrocentrism and Creationism in American Public Schools*. Princeton, NJ: Princeton University Press.

Boston Women's Health Book Collective. 1973. *Our Bodies, Ourselves*. New York: Simon and Schuster [보스턴여성건강서공동체, 『우리 몸 우리 자신』, 또문몸살림터 옮김, 또하나의문화, 2005].

Brown, Phil. 1984. "The Right to Refuse Treatment and the Movement for Mental Health Reform." *Journal of Health Policy, Politics, and Law* 9: 291-313.

_____. 1992. "Popular Epidemiology and Toxic Waste Contamination: Lay and Professional Ways of Knowing." *Journal of Health and Social Behavior* 33: 267-281.

_____. 1997. "Popular Epidemiology Revisited." *Current Sociology* 45: 137-156.

_____, and Faith T. Ferguson. 1995. "Making a Big Stink: Women's Work, Women's Relationships and Toxic Waste Activism." *Gender and Society* 9: 142-174.

_____, Steve Kroll-Smith, and Valerie J. Gunter. 2000. "Knowledge, Citizens, and Organizations: An Overview of Environments, Disease, and Social Conflict." In *Illness and the Environment: A Reader in Contested Medicine*, ed. S. Kroll-Smith, P. Brown, and V. J. Gunter, pp. g 25. New York: New York University Press.

Bullard, Robert D. 1994. *Dumping in Dixie: Race, Class, and Environmental Quality*. Boulder, CO: Westview Press.

Callon, Michel. 1999. "The Role of Lay People in the Production and Dissemination of Scientific Knowledge." *Science, Technology and Society* 4: 81-94.

Clemens, Elisabeth S. 1997. *The People's Lobby: Organizational Innovation and the Rise of Interest Group Politics in America, 1890-1920*. Chicago: University of Chicago Press.

Collins, Harry M., and Robert Evans. 2002. "The Third Wave of Science Studies: Studies of Expertise and Experience." *Social Studies of Science* 32: 235-296.

Crossley, Nick. 1998. "R. D. Laing and the British Anti-Psychiatry Move-ment." *Social Science and Medicine* 47: 877-

889.

D'Emilio, John. 1998. *Sexual Politics, Sexual Communities: The Making of a Homosexual Minority in the United States, 1940-1970*. Chicago: University of Chicago Press.

Dunlap, Riley, and Angela G. Mertig. 1991. "The Evolution of the U.S. Environmental Movement from 1970-1990." *Society and Natural Resources* 4:209-218.

Dunn, Erica. 2004. Telephone interview with the author February 22; e-mail correspondence with the author, February 23.

Environmental Protection Agency (EPA). Community Assistance Program, 2003. "Lessons Learned from the Baltimore Community Environmental Partnership." www.epa.gov/oppt/cahp/cattlessons.html (accessed November 22, 2003).

———. Interagency Working Group on Environmental Justice. 2004. www.epa.gov/compliancc/environmental-justice/interagency/index.html (accessed November 22, 2003).

———. Office of Environmental Justice. 2003. *Environmental Justice Collaborative Problem-Solving Grants Request for Applications*. Author's files, June 6.

Epstein, Steven. 1996. *Impure Science: AIDS, Activism, and the Politics of Knowledge*. Berkeley: University of California Press.

Ezrahi, Yaron. 1990. *The Descent of Icarus: Science and the Transformation of American Democracy*. Cambridge, MA: Harvard University Press.

Faden, Ruth R., and Tom L. Beauchart, in collaboration with Nancy M. P. King. 1986. *A History and Theory of Informed Consent*. New York: Oxford.

Fals Borda, Orlando. 1987. "The Application of Participatory-Action Research in Latin America." *International Sociology* 1:329-347.

Ferris, Timothy. 2002. *Seeing in the Dark: How Backyard Stargazers Are Probing Deep Space and Guarding Earth From Interplanetary Peril*. New York: Simon and Schuster.

Fiorino, Daniel J. 1990. "Environmental Risk: A Survey of Institutional Mechanisms." *Science, Technology & Human Values* 15:226-243.

Fischer, Frank. 2000. *Citizens, Experts, and the Environment: The Politics of Local Knowledge*. Durham, NC: Duke University Press.

Frickel, Scott. 2004. *Chemical Consequences: Environmental Mutagens, Scientist Activism, and the Rise of Genetic Toxicology*. New Brunswick, NJ: Rutgers University Press.

Futrell, Robert. 2003. "Technical Adversarialism and Participatory Collaboration in the U.S. Chemical Weapons Disposal Program." *Science, Technology, & Human Values* 28:451-482.

Gobster, Paul H., and R. Bruce Hull, eds. 2000. *Restoring Nature: Perspectives from the Social Sciences and Humanities*. Washington, DC: Island Press.

Gross, Matthias. 2003. *Inventing Nature: Ecological Restoration by Public Experiments*. Lanham, MD: Lexington Books.

Guston, David H. 1999. "Evaluating the First U.S. Consensus Conference: The Impact of the Citizens' Panel on Telecommunications and the Future of Democarcy." *Science, Technology, & Human Values* 24:451-482.

Habermas, Jürgen. c1984-1987. *Theory of Communicative Action*. Trans. Thomas McCarthy. Boston: Beacon Press [위르겐 하버마스, 『의사소통행위이론』 1~2, 장춘익 옮김, 나남출판, 2006].

Hall, Budd. 1993. Introduction to *Voices of Change: Participatory Research in the United States*, ed. Peter Park, Mary Brydon-Miller, Budd Hall, and Ted Jackson, pp. xiii-xxii. Westport, CT.: Bergen and Garvey.

Halpern, Sydney. 2004. *Lesser Harms: The Morality of Risk in Medical Research*. Chicago: University of Chicago Press.

Hays, Samuel P. 2000. *History of Environmental Policy since 1945*. Pittsburgh: University of Pittsburgh Press.

Higgs, Eric. 2003. *Nature by Design: People, Natural Process, and Ecological Restoration*. Cambridge, MA: MIT Press.

Hoffman, Lily. 1989. *Politics of Knowledge: Activist Movements in Medicine and Planning*. Albany: State University of New York Press.

Holloran, Pete. 2000. "Seeing the Trees through the Forest: Oaks and History in the Presidio." In *Reclaiming San Francisco: History, Politics, Culture*, ed. James Brook, Chris Carlsson, and Nancy J. Peters, pp. 353-352. San Francisco: City Lights Books.

Humphreys, Russell. 2003. "Recently Measured Helium Diffusion Rate for Zircon Suggests Inconsistency with U-Pb Age for Fenton Hill Granodiorite." Poster presented at the Annual Meeting of the American Geophysical Union, San Francisco, CA.

Irwin, Alan. 1995. *Citizen Science: A Study of People, Expertise, and Sustainable Devel-opment*. New York: Routledge [앨런 어윈, 『시민과학』, 김명진·김병수·김병윤 옮김, 당대, 2011].

Kitcher, Philip. 2003. *Science, Truth and Democracy*. New York: Oxford University Press.

Kleinman, Daniel L., ed. 2000. *Science, Technology, and Democracy*. Albany: State University of New York Press [대니얼 클라인맨 외, 『과학, 기술, 민주주의』, 대니얼 클라인맨 엮음, 김명진·김병윤·오은정 옮김, 갈무리, 2012].

Laird, Frank N. 1993. "Participatory Analysis, Democracy, and Technical Decision Making." *Science, Technology, & Human Values* 18: 341-361.

Latour, Bruno. 2004. *Politics of Nature: How to Bring the Sciences Into Democracy*. Cambridge, MA: Harvard University Press.

Lichterman, Paul. 1996. *The Search for Political Community: Activists Reinvent Commitment*. Cambridge, MA: Cambridge University Press.

Masters, Janet. 1995. "A History of Action Research." In *Action Research Electronic Reader*, ed. I. Hughes. University of Sydney, www.scu.edu.au/schools/gcm/ar/arr/arow/rmasters.html (accessed May 26, 2005).

Minkler, Meredith, Angela Glover Blackwell, Mildred Thompson, and Heather Tamir. 2003. "Community-Based Participatory Research: Implications for Public Health Funding." *American Journal of Public Health* 8: 1210-1214.

Moore, Kelly. 1996. "Doing Good While Doing Science: American Science and the Creation of Public Interest Science Organizations, 1955-1975" *American Journal of Sociology* 101: 1121-1149.

_____. 2004. "DeNaturalizing Nature: Native Habitat Restoration in San Francisco, 1998-2003" Paper presented at the Annual Meeting of the American Sociological Association, San Francisco, August.

_____. Forthcoming. *Disruptive Science: Social Movements, American Scientists, and the Politics of the Military, 1945-1975*. Princeton: Princeton University Press.

Moore, Kelly, and Nicole Hala. 2002. "Organizing Identity: The Creation of Science for the People." *Research in the Sociology of Organizations* 19: 309-335.

Morgen, Sandra. 2002. *Into Our Own Hands: The Women's Health Movement in the United States, 1969-1990*. New Brunswick, NJ: Rutgers University Press.

National Environmental Policy Act of 1969. United States Congress.

Park, Peter, Mary Brydon-Miller, Budd Hall, and Ted Jackson, eds. 1993. *Voices of Change: Participatory Research in the United States*. Westport, CT: Bergen and Garvey.

Piven, Frances Fox and Richard A. Cloward. 1979. *Poor People's Movements: How They Succeed, Why They Fail*. New York: Vintage.

Polletta, Francesca. 2003. *Freedom Is an Endless Meeting: Democracy in American Social Movements*. Chicago: University of Chicago Press.

Rip, Arie. 2003. "Constructing Expertise: In a Third Wave of Science Studies?" *Social Studies of Science* 33: 419-434.

Rome, Adam. 2003. "'Give Earth a Chance': The Environmental Movement and the Sixties." *Journal of American History* 90: 525-555.

Schindler, Amy. 2003. "How Creationists Use the Mantle of Science." Paper presented at the Annual Meeting of American Sociological Association, Atlanta, August 16-19.

Sclove, Richard. 1997. "Research by the People, for the People." *Futures* 29: 541-551.

Skrentny, John. 1996. *The Ironies of Affirmative Action: Politics, Justice, and Culture in America*. Chicago: University of Chicago Press.

Smith, Alice Kimball. 1965. *A Peril and a Hope: The Scientists' Movement in America, 1945-1947*. Chicago: University of Chicago Press.

Society for Ecological Restoration (SER). 1988-2004. Annual meeting programs.

Szasz, Andrew. 1994. *Ecopopulism: Toxic Waste and the Movement for Environmental Justice*. Minneapolis: University of Minnesota Press.

Topper, Hank, Environmental Protection Agency. 2004. Telephone interview by the author, January 17, 2004.

United Nations Division of Economic and Social Affairs Division of Sustainable Development, www.un.org/esa/sustdev/documents/agenda21/english/agenda21toc.htm (accessed June 13, 2005).

Weindling, Paul. 2001. "The Origins of Informed Consent: The International Scientific Commission on Medical War Crimes, and the Nuremberg Code." *Bulletin of the History of Medicine* 75: 37-71.

Welsome, Nancy. 1999. *The Plutonium Files: America's Secret Medical Experiment in the Cold War*. New York: Delacourt Press.

West Harlem Environmental Action. N.D. www.weact.org/history.html (accessed May 25, 2005).

Woodhouse, Edward J. 1991. "The Turn toward Society? Social Reconstruction of Science." *Science, Technology, & Human Values* 3: 390-404.

_____, and Dean A. Nieumsa. 2001. "Democratic Expertise: Integrating Knowledge, Power, and Participation." In *Knowledge, Power and Participation in Environmental Policy Analysis*, eds. Matthis Hisschemoller, Rob Hoppe, William N. Dunn, and Jerry R. Ravetz, pp. 73-96. New Brunswick, NJ: Transaction.

12장 미국 생의료연구에서 차이에 대한 새로운 정치학의 제도화

Abrams, Philip. 1988. "Notes on the Difficulty of Studying the State (1977)." *Journal of Historical Sociology* 1: 58-89.

Akrich, Madeleine. 1992. "The De-Scription of Technical Objects." In *Shaping Technology/Building Society: Studies in Sociotechnical Change*, ed. W. E. Bijker and J. Law, pp. 205-224. Cambridge, MA: MIT Press.

Auerbach, Judith D., and Anne E. Figert. 1995. "Women's Health Research: Public Policy and Sociology." *Journal of Health and Social Behavior* 35 (extra issue): 115-131.

Baird, Karen L. 1999. "The New NIH and FDA Medical Research Policies: Targeting Gender, Promoting Justice." *Journal of Health Politics, Policy, and Law* 24: 531-565.

Barkey, Karen, and Sunita Parikh. 1991. "Comparative Perspectives on the State." *Annual Review of Sociology* 17: 523-549.

Benford, Robert D., and David A. Snow. 2000. "Framing Processes and Social Movements: An Overview and Assessment." *Annual Review of Sociology* 26: 611-639 ·

Bourdieu, Pierre. 1985. "The Social Space and the Genesis of Groups." *Theory and Society* 14: 723-744.

_____. 1998. *Practical Reason: On the Theory of Action*. Stanford, CA: Stanford University Press [피에르 부르디외, 『실천이성: 행동의 이론에 대하여』, 김웅권 옮김, 동문선, 2005].

Bowker, Geoffrey C., and Susan Leigh Star. 1999. *Sorting Things Out: Classification and Its Consequences*. Cambridge, MA: MIT Press [제프리 C. 보커 외, 『사물의 분류』, 주은우 옮김, 현실문화연구, 2005].

Braun, Lundy. 2002. "Race, Ethnicity, and Health: Can Genetics Explain Disparities?" *Perspectives in Biology and Medicine* 45: 159-174.

Briggs, Charles L., and Clara Mantini-Briggs. 2003. *Stories in Times of Cholera: Racial Profiling during a Medical Nightmare*. Berkeley: University of California Press.

Brown, Wendy. 1992. "Finding the Man in the State." *Feminist Studies* 18: 7-34.

Brubaker, Rogers, and Frederick Cooper. 2000. "Beyond 'Identity.'" *Theory and Society* 29: 1-47.

Burchell, Graham; Colin Gordon, and Peter Miller, eds. 1991. *The Foucault Effect: Studies in Governmentality*. Chicago: University of Chicago Press.

Burstein, Paul. 1991. "Policy Domains: Organization, Culture, and Policy Outcomes." *Annual Review of Sociology* 17: 327-350.

Carroll, Patrick Eamonn. 1998. "Engineering Ireland: The Material Constitution of the Technoscientific State." PhD diss., Sociology (Science Studies), University of California, San Diego, La Jolla.

Clarke, Adele E., Janet K. Shim, Laura Mamo, Jennifer Ruth Fosket, and Jennifer R. Fishman. 2003. "Biomedicalization: Technoscientific Transformations of Health, Illness, and U.S. Biomedicine." *American Sociological Review* 68:161-194.

Connell, R. W. 1990. "The State, Gender, and Sexual Politics." *Theory and Society* 19:507-544.

Conrad, Peter, and Jonathan Gabe, eds. 1999. *Sociological Perspectives on the New Genetics.* Oxford: Blackwell.

Corrigan, Oonagh P. 2002. "'First in Man': The Politics and Ethics of Women in Clinical Drug Trials." *Feminist Review* 72:40-52.

Desrosières, Alain. 1998. *The Politics of Large Numbers: A History of Statistical Reasoning.* Cambridge, MA: Harvard University Press.

Dobbin, Frank. 1994. *Forging Industrial Policy: The United States, Britain, and France in the Railway Age.* Cambridge: Cambridge University Press.

Dupré, John. 1993. *The Disorder of Things: Metaphysical Foundations of the Disunity of Science.* Cambridge, MA: Harvard University Press.

Duster, Troy. 1990. *Backdoor to Eugenics.* New York: Routledge.

_____. 2003. "Buried Alive: The Concept of Race in Science." In *Genetic Nature/Culture: Anthropology and Science beyond the Two-Culture Divide,* ed. A. H. Goodman, D. Heath, and M. S. Lindee, pp. 258-277. Berkeley: University of California Press.

Echols, Alice. 1989. *Daring to Be Bad: Radical Feminism in America, 1967-1975.* Minneapolis: University of Minnesota Press.

Eckenwiler, Lisa. 1999. "Pursuing Reform in Clinical Research: Lessons from Women's Experience." *Journal of Law, Medicine and Ethics* 27:158-188.

Epstein, Steven. 1996. *Impure Science: AIDS, Activism, and the Politics of Knowledge.* Berkeley: University of California Press.

_____. 2003a. "Inclusion, Diversity, and Biomedical Knowledge Making: The Multiple Politics of Representation." In *How Users Matter: The Co-Construction of Users and Technology,* ed. N. Oudshoorn and T. Pinch, pp. 173-190. Cambridge, MA: MIT Press.

_____. 2003b. "Sexualizing Governance and Medicalizing Identities: The Emergence of 'State-Centered' LGBT Health Politics in the United States." *Sexualities* 6:131-171.

_____. 2004a. "Bodily Differences and Collective Identities: Representation, Generalizability, and the Politics of Gender and Race in Biomedical Research in the United States." *Body and Society* 10:183-203.

_____. 2004b. "Beyond the Standard Human?" In *Reckoning with Standards,* ed. S. L. Star and M. Lampland. Manuscript submitted for publication.

_____. 2004c. "'One Size Does Not Fit All': Standards, Categories, and the Inclusion-and-Difference Paradigm in U.S. Biomedical Research." Manuscript submitted for publication.

Espeland, Wendy Nelson, and Mitchell L. Stevens. 1998. "Commensuration as a Social Process." *Annual Review of Sociology* 24:313-343.

Espiritu, Yen Le. 1992. *Asian American Panethnicity: Bridging Institutions and Identities.* Philadelphia: Temple University Press.

Foucault, Michel. 1980. *The History of Sexuality.* Vol.I: *An Introduction.* Trans. R. Hurley. New York: Vintage Books [미셸 푸코, 『성의 역사 1: 지식의 의지』, 이규현 옮김, 나남출판, 2010].

Franklin, Sarah, and Margaret Lock, eds. 2003. *Remaking Life and Death: Toward an Anthropology of the Biosciences.* Santa Fe, NM: School of American Research Press.

Fujimura, Joan. 1987. "Constructing 'Do-Able' Problems in Cancer Research: Articulating Alignments." *Social Studies of Science* 11:257-293.

_____. 1988. "The Molecular Biological Bandwagon in Cancer Research: Where Social Worlds Meet." *Social Problems* 35:261-283.

Goldberg, David Theo. 2002. *The Racial State.* Malden, MA: Blackwell.

Goldstone, Jack A. 2003. "Introduction: Bridging Institutionalized and Noninstitutionalized Politics." In *States, Parties, and Social Movements*, ed. J. A. Goldstone, pp. 1-24. Cambridge: Cambridge University Press.

Hacking, Ian. 1990. *The Taming of Chance.* Cambridge: Cambridge University Press [이언 해킹, 『우연을 길들이다』, 정혜경 옮김, 바다출판사, 2012].

Hall, Peter A. 1993. "Policy Paradigms, Social Learning, and the State: The Case of Economic Policymaking in Britain." *Comparative Politics* 25: 275-296.

Hanson, Barbara. 1997. *Social Assumptions, Medical Categories.* Greenwich, CT: JAI Press.

Hayunga, Eugene G., and Vivian W. Pinn. 1996. "Implementing the 1994 NIH Guidelines." *Applied Clinical Trials*, October, 35-40.

Heath, Deborah, Rayna, Rapp, and Karen-Sue Taussig. 2004. "Genetic Citizenship." In *A Companion to the Anthropology of Politics*, ed. D. Nugent and I. Vincent, pp. 152-167. London: Blackwell.

Hilgartner, Stephen, and Charles L. Bosk. 1988. "The Rise and Fall of Social Problems: A Public Arenas Model." *American Journal of Sociology* 94: 53-78.

Jasanoff, Sheila. 1990. *The Fifth Branch: Science Advisers as Policymakers.* Cambridge, MA: Harvard University Press.

Jenness, Valerie. 1995. "Social Movement Growth, Domain Expansion, and Framing Processes: The Case of Violence against Gays and Lesbians as a Social Problem." *Social Problems* 42: 145-170.

_____. 1999. "Managing Differences and Making Legislation: Social Movements and the Racialization, Sexualization, and Gendering of Federal Hate Crime Law in the U.S., 1985-1998." *Social Problems* 46: 548-571.

Kahn, Jonathan. 2004. "How a Drug Becomes 'Ethnic': Law, Commerce, and the Production of Racial Categories in Medicine." *Yale Journal of Health Policy, Law and Ethics* 4: 1-46.

Keating, Peter, and Alberto Cambrosio. 2000. "Biomedical Platforms." *Configurations* 8: 337-387.

Kingdon, John W. 1984. *Agendas, Alternatives, and Public Policies.* Boston: Little, Brown.

Lamont, Michèle, and Virág Molnár. 2002. "The Study of Boundaries in the Social Sciences." *Annual Review of Sociology* 28: 167-195.

Latour, Bruno. 1987. *Science in Action: How to Follow Scientists and Engineers through Society.* Cambridge, MA: Harvard University Press.

Lock, Margaret, Allan Young, and Alberto Cambrosio, eds. 2000. *Living and Working with the New Medical Technologies: Intersections of Inquiry.* Cambridge: Cambridge University Press.

Luker, Kristin. 1998. "Sex, Social Hygiene, and the State: The Double-Edged Sword of Social Reform." *Theory and Society* 27: 601-634.

McAdam, Doug. 1995. "'Initiator' and 'Spin-Off' Movements: Diffusion Processes in Protest Cycles." In *Repertoires and Cycles of Collective Action* ed. M. Traugott, pp. 217-239. Durham, NC: Duke University Press.

Melucci, Alberto. 1989. *Nomads of the Present: Social Movements and Individual Needs in Contemporary Society.* Philadelphia: Temple University Press.

Meyer, David S., and Nancy Whittier. 1994. "Social Movement Spillover." *Social Problems* 41: 277-298.

Mitchell, Timothy. 1999. "Society, Economy, and the State Effect." In *Science/Culture: State-Formation after the Cultural Turn*, ed. G. Steinmetz. Ithaca, NY: Cornell University Press.

Mol, Annemarie. 2002. *The Body Multiple: Ontology in Medical Practice.* Durham, NC: Duke University Press.

Montoya, Michael J. 2001. "Bioethnic Conscripts: Biological Capital and the Genetics of Type 2 Diabetes." Paper presented at the annual meeting of the American Sociological Association, Anaheim, CA, August.

Moore, Kelly. 1999. "Political Protest and Institutional Change: The Anti Vietnam War Movement and American Science." In *How Social Movements Matter*, ed. M. Giugni, D. McAdam, and C. Tilly, pp. 97-118. Minneapolis: University of Minnesota Press.

Mukerji, Chandra. 1994. "Toward a Sociology of Material Culture: Science Studies, Cultural Studies and the Meanings of Things." In *The Sociology of Culture: Emerging Theoretical Perspectives*, ed. D. Crane, pp. 143-162. Oxford: Blackwell.

Nagel, Joane. 1995. "American Indian Ethnic Renewal: Politics and the Resurgence of Identity." *American Sociologi-*

cal Review 60:947-965.

Narrigan, Deborah, Jane Sprague Zones, Nancy Worcester, and Maxine J. Grad. 1997. "Research to Improve Women's Health: An Agenda for Equity." In *Women's Health: Complexities and Differences*, ed. S. B. Ruzek, V. L. Olesen, and A. E. Clarke, pp. 551-579. Columbus: Ohio State University Press.

Oliver, Thomas R., and Pamela Paul-Shaheen. 1997. "Translating Ideas into Actions: Entrepreneurial Leadership in State Health Care Reforms." *Journal of Health Politics, Policy and Law* 22:721-788.

Omi, Michael, and Howard Winant. 1986. *Racial Formation in the United States: From the 1960's to the 1980's.* New York: Routledge & Kegan Paul.

Oudshoorn, Nelly. 2003. *The Male Pill: A Biography of a Technology in the Making.* Durham, NC: Duke University Press.

Petersen, Alan, and Robin Bunton. 2002. *The New Genetics and the Public Health.* London: Routledge.

Petryna, Adriana. 2002. *Life Exposed: Biological Citizens after Chernobyl.* Princeton, NJ: Princeton University Press.

Porter, Theodore M. 1995. *Trust in Numbers: The Pursuit of Objectivity in Science and Public Life.* Princeton, NJ: Princeton University Press.

Rabeharisoa, Vololona, and Michel Callon. 2002. "The Involvement of Patients' Associations in Research." *International Social Science Journal* 54:57-65.

Rabinow, Paul. 1996. *Essays on the Anthropology of Reason.* Princeton, NJ: Princeton University Press.

Rao, Hayagreeva, Calvin Morrill, and Mayer N. Zald. 2000. "Power Plays: How Social Movements and Collective Action Create New Organizational Forms." *Research in Organizational Behavior* 22:237-281.

Reardon, Jennifer. 2001. "The Human Genome Diversity Project: A Case Study in Coproduction." *Social Studies of Science* 31:357-388.

_____. 2004. *Race to the Finish: Identity and Governance in an Age of Genomics.* Princeton, NJ: Princeton University Press.

Rose, Nikolas. 2001. "The Politics of Life Itself." *Theory, Culture and Society* 18:1-30.

Satel, Sally. 2000. *P.C., M.D.: How Political Correctness Is Corrupting Medicine.* New York: Basic Books.

Schiebinger, Londa. 1999. *Has Feminism Changed Science?* Cambridge, MA: Harvard University Press.

Sewell, William H. 1992. "A Theory of Structure: Duality, Agency, and Transformation." *American Journal of Sociology* 98:1-29.

Shapin, Steven, and Simon Schaffer. 1985. *Leviathan and the Air-Pump: Hobbes, Boyle and the Experimental Life.* Princeton, NJ: Princeton University Press.

Shim, Janet K. 2000. "Bio-Power and Racial, Class, and Gender Formation in Biomedical Knowledge Production." *Research in the Sociology of Health Care* 17:173-195.

Skocpol, Theda. 1995. *Social Policy in the United States: Future Possibilities in Historical Perspective.* Princeton, NJ: Princeton University Press.

_____, and Edwin Amenta. 1986. "States and Social Policies." *Annual Review of Sociology* 12:131-157.

Skrentny, John David. 1996. *The Ironies of Affirmative Action: Politics, Culture, and Justice in America.* Chicago: University of Chicago Press.

_____. 2002. *The Minority Rights Revolution.* Cambridge, MA: Harvard University Press.

Snow, David A., E. Burke Rochford Jr., Steven K. Worden, and Robert D. Benford. 1986. "Frame Alignment Processes: Micromobilization and Movement Participation." *American Sociological Review* 51:464-481.

Star, Susan Leigh, and James R. Griesemer. 1989. "Institutional Ecology, 'Translations' and Boundary Objects: Amateurs and Professionals in Berkeley's Museum of Vertebrate Zoology, 1907-39." *Social Studies of Science* 19:387-420.

Starr, Paul. 1992. "Social Categories and Claims in the Liberal State." In *How Classification Works: Nelson Goodman among the Social Sciences*, ed. M. Douglas and D. Hull, pp. 159-174. Edinburgh: Edinburgh University Press.

Steinmetz, George. 1999. "Introduction: Culture and the State." In *State/Culture: State-Formation after the Cultural Turn*, ed. G. Steinmetz, pp. 1-49. Ithaca, NY: Cornell University Press.

Tapper, Melbourne. 1999. *In the Blood: Sickle Cell Anemia and the Politics of Race*. Philadelphia: University of Pennsylvania Press.

Timmermans, Stefan, and Marc Berg. 2003. *The Gold Standard: The Challenge of Evidence-Based Medicine and Standardization in Health Care*. Philadelphia: Temple University Press.

U.S. Public Health Service. 2004. *Grant Application Instructions* (PHS 398). National Institutes of Health 1998. Revised September 2004. www.nih.gov/grants/funding/phs398/phs398.html (accessed June 9, 2005).

Wailoo, Keith. 1997. *Drawing Blood: Technology and Disease Identity in Twentieth Century America*. Baltimore: Johns Hopkins University Press.

Watson, Wilbur H. 1999. *Blacks in the Profession of Medicine in the United States: Against the Odds*. New Brunswick, NJ: Transaction.

Weir, Margaret. 1992. *Politics and Jobs: The Boundaries if Employment Policy in the United States*. Princeton, NJ: Princeton University Press.

_____, Ann Shola Orloff, and Theda Skocpol. 1988. "Introduction: Understanding American Social Politics." In *The Politics if Social Policy in the United States*, ed. M. Weir, A. S. Orloff, and T. Skocpol, pp. 3-27. Princeton, NJ: Princeton University Press.

Weisman, Carol S. 1998. *Women's Health Care: Activist Traditions and Institutional Change*. Baltimore: Johns Hopkins University Press.

_____. 2000. "Breast Cancer Policymaking." In *Breast Cancer: Society Shapes an Epidemic*, ed. A. S. Kasper and S. J. Ferguson, pp. 213-243. New York: St. Martin's Press.

Wolfson, Mark. 2001. *The Fight against Big Tobacco: TIe Movement, the State, and the Public's Health*. New York: Aldine de Gruyter.

13장 참여적 주체를 만들어 내기

Akwasasne Notes. 1978. *Basic Call to Consciousness*. Summertown, TN: Book.

Amit-Talai, Vered, and Caroline Knowles, eds. 1996. *Re-Situating Identities: The Politics of Race, Ethnicity and Culture*. Peterborough, ON: Broadview Press.

Benjamin, Craig. 1996. "Check Your Ethics at the Door: Exclusion of Indigenous Peoples' Representatives from DNA Sampling Conference Casts Doubts on Gene Hunters' Sincerity." http://nativenet.uthscsa.edu/archive/nl/9609/0060.html (accessed February 15, 2001).

_____. 2000. "Sampling Indigenous Blood for Whose Benefit?" *Native Americans* 17: 38-45.

Blakey, Michael. 1998. "Beyond European Enlightenment: Toward a Critical and Humanistic Biology." In *Building a New Biocultural Synthesis: Political-Economic Perspectives on Human Biology*, ed. Alan Goodman and Thomas Leatherman, pp. 379-406. Ann Arbor: University of Michigan Press.

Bowcock, Anne and Luca Cavalli-Sforza. 1991. "The Study of Variation in the Human Genome." *Genomics* 11 (Summer): 491-498.

Brown, Phil, Sabrina McCormick, Brian Mayer, Stephen Zavestoski, Rachel Morello-Frosch, Rebecca Gasior Altman, and Pamela Webster. In press. "Ahab of Our Own: Environmental Causation of Breast Cancer and Challenges to the Dominant Epidemiological Paradigm." *Science, Technology & Human Values*.

Butler, Judith. 1992. "Contingent Foundations: Feminism and the Question of 'Postmodernism.'" In *Feminists Theorize the Political*, ed. Judith Butler and Joan Scott, pp. 3-21. New York: Routledge.

Cavalli-Sforza, Luca. 1994. "The Human Genome Diversity Project." An Address Delivered to a Special Meeting of UNESCO. Paris, France, September 12.

_____, Allan C. Wilson, Charles R. Cantor, Robert M. Cook-Deegan, and Mary-Claire King. 1991. "Call for a Worldwide Survey of Human Genetic Diversity: A Vanishing Opportunity for the Human Genome Project." *Genomics* 11 (Summer): 490-491.

Cruikshank, Barbara. 1999. *The Will to Empower: Democratic Citizens and Other Subjects*. Ithaca, NY: Cornell University Press [바바라 크루이크섕크, 『통치성과 민주주의: 임파워의 의지』, 심성보 옮김, 갈무리, 근간].

Cultural Survival Canada et al. 1996. Open Letter to First International Conference on DNA Sampling. Montreal, Quebec. www.yvwiiusdinvnohii.net/articles/dna-con.htm (accessed May 24, 2005).

Dukepoo, Frank. 1998. "Sensitivities and Concerns in Native American Communities." Hearing of the National Bioethics Advisory Commission, December 2. http://bioethics.gov/transcripts/jul98/native.html (accessed June 12, 2000).

Epstein, Steven. 1991. "Democratic Science? AIDS Activism and the Contested Construction of Knowledge." *Socialist Review* (April-June): 35-64.

_____. 1996. *Impure Science: Aids, Activism, and the Politics of Knowledge.* Berkeley: University of California Press.

First International Conference on DNA Sampling. 1996. *Conference Program.* Organized by Centre de recherché en droit public, Université de Montréal and the Health Law Institute, University of Alberta.

Foucault, Michel. 1997. "Technologies of the Self." In *Michel Foucault / Ethics: Subjectivity and Truth,* ed. Paul Rabinow, pp. 223-252. New York: New Press.

Gobert, Judy. 1998. Letter to North American Committee of the Human Genome Diversity Project. October 9.

Hacking, Ian. 1999. *The Social Construction of What?* Cambridge, MA: Harvard University Press.

Haley, Alex. 1976. *Roots.* Garden City, NY: Doubleday.

Human Genome Organization. 1993. The Human Genome Diversity (HGD) Project — Summary Document. Report of the International Planning Workshop held in Porte Conte, Sardinia, Italy, 9-12 September.

Indigenous Peoples Council on Biocolonialism. 2000. "Indigenous Peoples, Genes and Genetics: What Indigenous People Should Know about Biocolonialism." www.ipcb.org/publications/primers/htmls/ipgg.html (accessed June 13, 2005).

Jackson, Fatimah. 1998. "Scientific Limitations and Ethical Ramifications of a Non-representative Human Genome Project: African American Responses." *Science and Engineering Ethics* 4: 155-170.

Kitcher, Phillip. 2001. *Science, Truth, and Democracy.* Oxford: Oxford University Press.

Klawiter, Maren. 2000. "From Private Stigma to Global Assembly: Transforming the Terrain of Breast Cancer." In *Global Ethnography: Forces, Connections and Imaginations in a Postmodern World,* ed. Michael Burawoy et al., pp. 299-334. Berkeley: University of California Press.

Marks, Jonathan. 1998. "Letter: The Trouble with the HGDP." *Molecular Medicine Today* (June): 243.

North American Regional Committee of the Human Genome Diversity Project (NAmC). 1997. "Proposed Model Ethical Protocol for Collecting DNA Samples." *Houston Law Review* 33: 1431-1473.

Pomfret, John, and Deborah Nelson. 2000. "In Rural China, a Genetic Mother Lode." *Washington Post,* December 20, A1.

Reardon, Jenny. 2005. *Race to the Finish: Identity and Governance in an Age of Genomics.* Princeton, NJ: Princeton University Press.

Roberts, Leslie. 1991. "Scientific Split over Sampling Strategy." Science 252(June 21): 1615-1617.

Schmidt, Charles W. 2001. "Spheres of Influence: Indi-gene-ous Conflicts." *Environmental Health Perspectives* 109: A216-A219.

Sclove, Richard E. 1995. *Democracy and Technology.* New York: Guilford Press.

Tallbear, Kimberly. 2003. "DNA, Blood, and Racializing the Tribe." *Wicazo Sa Review* 18(1): 81-107.

Vizenor, Gerald. 1978. *Wordarrows: Indians and Whites in the New Fur Trade.* Minneapolis: University of Minnesota Press.

Weaver, Jace. 1997. *That the People Might Live: Native American Literatures and Native American Community.* Oxford: Oxford University Press.

Weiss, Kenneth M. 1993. "Letter dated April 30, 1993 to Senator Akaka." In Committee on Governmental Affairs, *Human Genome Diversity Project: Hearing before the Committee on Governmental Affairs*, U.S. Senate, 103rd Cong., 1st sess., April 26, 43-44.

Yona, Nokwisa. 2000. "DNA Testing, Vermont H. 809, and the First Nations." *Native American Village. Abolitionist Examiner,* April/May 2001. www.multiracial.com/abolitionist/word/yona-partone.html (accessed May 23, 2005).

인터뷰

본 논문이 기초로 하고 있는 연구에는 〈다양성 프로젝트〉의 제안서를 작성하는 데 참여했던 주요행위자들과의 인터뷰가 수록되었다. 인터뷰에 참여한 사람들과는 인적사항이 비밀에 부쳐진다는 약속을 했다. 인터뷰에는 아래와 같이 부호를 매겼다.

인터뷰 B, 초기 〈다양성 프로젝트〉 조직에 참여, 팔로 알토 (1996년 7월 2일)

인터뷰 E, 초기 〈다양성 프로젝트〉 조직에 참여 (1996년 7월 2일)

인터뷰 F, (원주민) 변호사, 전화인터뷰 (1998년 11월 5일)

인터뷰 G, (원주민) 과학자, 전화인터뷰 (2001년 4월 3일)

인터뷰 H, 변호사 겸 생명윤리학자 (1999년 4월 1일)

인터뷰 J, 토착주민권리활동가 (1999년 4월 16일)

인터뷰 K, 토착주민권리운동지도자 (1999년 4월 13일)

인터뷰 M, 토착주민권리운동지도자 (2000년 6월 13일)

인터뷰 R, 초기 〈다양성 프로젝트〉 조직에 참여 (1999년 4월 7일)

인터뷰 A2, 초기 〈다양성 프로젝트〉 조직에 참여 (1998년 8월 25일)

인터뷰 A4, 초기 〈다양성 프로젝트〉 조직에 참여 (1999년 4월 19일)

14장 과학에서의 합의와 투표

Arrow, Kenneth J. 1963 [1951]. *Social Choice and Individual Values.* 2nd ed. New Haven, CT: Yale University Press.

Barke, Richard P. 2003. "Politics and Interests in the Republic of Science." *Minerva* 41: 305-325.

Bimber, Bruce, and David H. Guston. 1995. "Politics by the Same Means: Government and Science in the Unites States." In *Handbook of Science and Technology Studies,* Sheila Jasanoff, Gerald E. Markle, James C. Petersen, and Trevor Pinch, pp. 554-571. Thousand Oaks, CA: Sage.

Coleman, James. 1990. *Foundations of Social Theory.* Cambridge, MA: Harvard University Press.

Collingridge, David, and Colin Reeve. 1980. *Science Speaks to Power: The Role of Expert in Policy Making.* London: Pinter.

Collins, H. M. 1998. "The Meaning of Data: Open and Closed Evidential Cultures in the Search for Gravitational Waves." *American Journal of Sociology* 104: 293-338.

Dahl, Robert. 1989. *Democracy and Its Critics.* New Haven, CT: Yale University Press [로버트 달, 『민주주의와 그 비판자들』, 조기제 옮김, 문학과지성사, 1999].

Department of Health and Human Services. 1996. "Notice: Revised Criteria and Process for Listing Substances in the Biennial Report on Carcinogens." *Federal Register* 61(188,26 September): 50499-50500.

Ezrahi, Yaron. 1980. "Utopian and Pragmatic Rationalism: The Political Context of Science Advice." *Minerva* 18: 111-131.

_____. 1990. *The Descent of Icarus: Science and the Transformation of Contemporary Democracy.* Cambridge, MA: Harvard University Press.

Fuller, Steve. 1988. *Social Epistemology.* Bloomington: Indiana University Press.

Gieryn, Thomas F. 1999. *Cultural Boundaries of Science: Credibility on the Line.* Chicago: University of Chicago Press.

Guston, David H. 1999. "Constructing Consensus in Food Safety Science: The National Toxicology Program's Report on Carcinogens." Paper presented at the annual meeting of the American Association for the Advancement of Science, Anaheim, CA, 22 January.

_____. 2004. "Institutional Design for Robust Knowledge: The National Toxicology Program's Report on Carcinogens." In *Yearbook in the Sociology of Science,* 2004, ed. P. Weingart et al.

Jasanoff, Sheila. 1990. *The Fifth Branch: Science Advisors as Policymakers.* Cambridge MA: Harvard University Press.

_____. 1992. "What Judges Should Know about the Sociology of Knowledge." *Jurimetrics Journal* 43:345-359.

_____. 1995. *Science at the Bar:Law, Science, and Technology in America.* Cambridge, MA:Harvard University Press. [실라 재서너프, 『법정에 선 과학』, 박상준 옮김, 동아시아, 2011].

_____. 2003. "(No?) Accounting for Expertise?" *Science and Public Policy* 30:157-162.

_____, Gerald E. Markle, James C. Petersen, and Trevor Pinch. 1995. *Handbook of Science and Technology Studies.* Thousand Oaks, CA:Sage.

Kay, Alan F. 1998. *Locating Consensus for Democracy:A Ten-Year U.S. Experiment.* St. Augustine, FL:Americans Talk Issues.

Kim, Kyung-Man. 1994. *Explaining Scientific Consensus:The Case of Mendelian Genetics.* New York:Guilford Press.

Knorr-Cetina, Karen. 1995. "How Superorganisms Change:Consensus Formation and the Social Ontology of High-Energy Physics Experiments." *Social Studies of Science* 25:119-147.

Krimsky, Sheldon. 1982. *Genetic Alchemy:The Social History of the Recombinant DNA Controversy.* Cambridge, MA:MIT Press.

Kuhn, Thomas. 1977. *The Essential Tension:Selected Studies in Scientific Tradition and Change.* Chicago:University of Chicago Press.

Latour, Bruno, and Steve Woolgar. 1979. *Laboratory Life:The Social Construction of Scientific Facts.* Beverly Hills, CA:Sage.

National Toxicology Program (NTP). 2000. *Ninth Report on Carcinogens.* Research Triangle Park, NC:National Institute of Environmental Health Sciences.

Polanyi, Michael. 2002 [1962]. "The Republic of Science:Its Political and Economic Theory." *Minerva* 1:54-73. Reprinted in *Science Bought and Sold:Essays in the Economics of Science,* ed. Philip Mirowski and Esther-Mirjam Sent. Chicago:University of Chicago Press.

Rip, Arie. 1994. "The Republic of Science in the 1990s." *Higher Education* 28:3-23.

_____. 2003. "Aggregation Machines:A Political Science of Science Approach to the Future of the Peer Review System." In *Knowledge, Power and Participation in Environmental Policy Analysis,* ed. William Dunn, Matthias Hisschemoller, Jerome R. Ravetz, and Robert Hoppe. *Policy Studies Review Annual,* vol. 12. New Brunswick, NJ:Transaction Press.

Rogers, Michael. 1977. *Biohazard.* New York:Alfred A. Knopf.

Smith, Bruce L. R. 1992. *The Advisers:Scientists in the Policy Process.* Washington, DC:Brookings.

15장 무엇을 배우는가, 성찰인가 굴절인가

Casper, Monica J. 1998. *The Making of the Unborn Patient:A Social Anatomy of Fetal Surgery.* New Brunswick, NJ:Rutgers University Press.

Chubin, Daryl E., and Edward J. Hackett. 1990. *Peerless Science:Peer Review and U.S. Science Policy.* Albany:State University of New York Press.

Clemens, Elisabeth S. 1997. *The People's Lobby:Organizational Innovation and the Rise of Interest Group Politics in the United States, 1890-1925.* Chicago:University of Chicago Press.

Cook-Deegan, Robert. 1994. *The Gene Wars:Science, Politics, and the Human Genome.* New York:W. W. Norton.

Corrigan, Oonagh. 2003. "Empty Ethics:The Problem with Informed Consent." *Sociology of Health & Illness* 25:768-792.

DiMaggio, Paul J., and Walter W. Powell. 1983. "The Iron Cage Revisited:Institutional Isomorphism and Collective Rationality in Organizational Fields." *American Sociological Review* 48:147-160. [폴 디마지오, 「조직부문의 구조화:제도적 동형화와 집합적 합리성」, 공유식 편역, 『신경제사회학의 이해』, 역사비평사, 1994, 267~290쪽].

Dobbin, Frank, John R. Sutton, John W. Meyer, and W. Richard Scott. 1993. "Equal Opportunity Law and the Construction of Internal Labor Markets." *American Journal of Sociology* 99:396-427.

Drori, Gili S., John W. Meyer, Francisco O. Ramirez, and Evan Schofer. 2003. *Science in the Modern World Pol-*

ity : Institutionalization and Globalization. Stanford, CA : Stanford University Press.

Edelman, Lauren. 1992. "Legal Ambiguity and Symbolic Structures : Organizational Mediation of Civil Rights Law." American Journal of Sociology 97 : 1531-1576.

_____, Sally Riggs Fuller, and Iona Mara-Drita. 2001. "Diversity Rhetoric and the Managerialization of Law." American Journal of Sociology 106 : 1589-1641.

Evans, John H. 2002. Playing God? Human Genetic Engineering and the Rationalization of the Public Bioethical Debate. Chicago : University of Chicago Press.

Frickel, Scott. 2004. Chemical Consequences : Environmental Mutagens, Scientist Activism, and the Rise of Genetic Toxicology. Rutgers, NJ : Rutgers University Press.

Giddens, Anthony. 1984. The Constitution of Society : Outline of the Theory of Structuration. Cambridge : Polity Press [앤서니 기든스, 『사회구성론』, 황명주 외 옮김, 간디서원, 2012].

Gieryn, Thomas F. 1999. Cultural Boundaries of Science : Credibility on the Line. Chicago : University of Chicago Press.

_____. 2004. "Tom Gieryn's Rant and Rave on Science in the Modern World Polity." Handout summarizing presentation during "Authors Meet Critics" session at the American Sociological Association annual meetings, San Francisco, August.

Guston, David H. 2000. Between Politics and Science : Assuring the Integrity and Productivity of Research. Cambridge : Cambridge University Press.

Hilgartner, Stephen. 2000. Science on Stage : Expert Advice as Public Drama. Stanford, CA : Stanford University Press.

Jasonoff, Sheila. 1995. The Fifth Branch : Science Advisors as Policymakers. Cambridge, MA : Harvard University Press.

Kelly, Erin, and Frank Dobbin. 1999. "Civil Rights Law at Work : Sex Discrimination and the Rise of Maternity Leave Policies." American Journal of Sociology 105 : 455-492.

Kerr, Anne. 2003. "Governing Genetics : Reifying Choice and Progress." New Genetics and Society 22 : 141-156.

Kevles, Daniel J., and Leroy Hood, eds. 1992. The Code of Codes : Scientific and Social Issues in the Human Genome Project. Cambridge, MA : Harvard University Press.

Klein, Hans, and Daniel Lee Kleinman. 2002. "The Social Construction of Technology : Structural Considerations." Science, Technology, & Human Values 27 : 28-52.

Kleinman, Daniel Lee. 1995. Politics on the Endless Frontier : Postwar Research Policy in the United States. Durham, NC : Duke University Press.

_____, ed. 2000. Science, Technology, and Democracy. Albany : State University of New York [대니얼 클라인맨 외, 『과학, 기술, 민주주의』, 대니얼 클라인맨 엮음, 김명진 · 김병윤 · 오은정 옮김, 갈무리, 2012].

Kolata, Gina. 2003. "Ethics 101 : A Course about the Pitfalls." New York Times, October 21.

Lengwiler, Martin. 2004. "Shifting Boundaries between Science and Politics : New Insights into the Participatory Question in Science Studies." Technoscience 20(3) : 2-5.

Levi-Strauss, Claude. 1966. The Savage Mind. Chicago : University of Chicago Press [클로드 레비-스트로스, 『야생의 사고』, 안정남 옮김, 한길사, 1996].

McAdam, Doug. 1982. Political Process and the Development of Black Insurgency, 1930-1970. Chicago : University of Chicago Press.

Merton, Robert K. 1973. "The Normative Structure of Science." In The Sociology of Science : Theoretical and Empirical Investigations, ed. N. W. Storer, pp. 267-278. Chicago : University of Chicago Press [로버트 K. 머튼, 「과학의 규범구조」, 『과학사회학 1』, 석현호 옮김, 민음사, 1998].

Meyer, John W. and Brian Rowan. 1977. "Institutionalized Organizations : Formal Structure as Myth and Ceremony." American Journal of Sociology 83 : 340-363.

Moore, Kelly. 1996. "Organizing Integrity : American Science and the Creation of Public Interest Organizations, 1955-1975." American Journal of Sociology 101 : 1592-1627.

National Institutes of Health (NIH). Office of the Director. 2000. "Required Education in the Protection of Human

Research Participants." OD-00-39, June 5.

Office of Extramural Research. 2002. "Frequently Asked Questions for the Requirement for Education on the Protection of Human Subjects." http://grants1.nih.gov/grants/policy/hs_educ_faq.htm (accessed September 24, 2004).

National Research Council (NRC). 1995. *Research-Doctorate Programs in the United States: Continuity and Change.* Washington DC: National Academy Press.

_____. 2000. *Addressing the Nation's Changing Needs for Biomedical and Behavioral Scientists.* Washington, DC: National Academy Press.

Nelkin, Dorothy, and M. Susan Lindee. 1995. *The DNA Mystique: The Gene as a Cultural Icon.* New York: W. H. Freeman.

Rabinow, Paul. 1999. *French DNA: Trouble in Purgatory.* Chicago: University of Chicago Press.

Smith-Doerr, Laurel. 2004. *Women's Work: Gender Equality vs. Hierarchy in the Life Sciences.* Boulder, CO: Lynne Rienner.

Stinchcombe, Arthur L. 1965. "Social Structure and Organizations." In *Handbook of Organizations,* ed. J. G. March, pp. 142-193. New York: Rand McNally.

Vaughan, Diane. 1996. *The Challenger Launch Decision: Risky Technology, Culture, and Deviance at NASA.* Chicago: University of Chicago Press.

Watson, James D. 1990. "The Human Genome Project: Past, Present, and Future." *Science* 248:44-49.

Winner, Langdon. 1986. *The Whale and the Reactor: A Search for Limits in an Age of High Technology.* Chicago: University of Chicago Press [랭던 위너, 『길을 묻는 테크놀로지: 첨단 기술 시대의 한계를 찾아서』, 손화철 옮김, CIR, 2010].

16장 규제전환, 의약품에 대한 정의, 새로운 소비의 교차로

Abraham, John, and Julie Sheppard. 1999. "Complacent and Conflicting Scientific Drug Regulation: Clinical Risk Assessment of Triazolam." *Social Studies of Science* 29:803-843.

Aiken, Kathryn J. 2003. "Direct-to-Consumer Advertising of Prescription Drugs: Physician Survey Preliminary Results." Study presented at Direct-to-Consumer Promotion: Public Meeting, September 22-23, Food and Drug Administration, Washington, D.C. www.fda.gov/cder/ddmac/globalsummit2003/index.htm (accessed June 15, 2005).

Akrich, Madeleine. 1992. "The De-Scription of Technical Objects." In *Shaping Technology/Building Society: Studies in Sociotechnical Change,* ed. W. E. Bijker and J. Law, pp. 205-224. Cambridge, MA: MIT Press.

Altman, Lawrence K. 1998. "Researchers Find the First Drug Known to Prevent Breast Cancer." *New York Times,* April 7.

American Cancer Society. 1998. *Update* 4(2):3.

Aronowitz, Robert. 2001. "Do Not Delay: Breast Cancer and Time, 1900-1970." *Milbank Quarterly* 79:355-386.

Associated Press. 1998. "Breast Cancer Drug Reportedly Can Prevent Disease." *San Francisco Examiner,* April 5.

_____. 2002. "Drug Ads Targeting Patients." *Arizona Republic,* February 14.

AstraZeneca. 1999. "Annual Report." www.astrazeneca.com (accessed June 15, 2005).

_____. 2000. "Annual Report." www.astrazeneca.com (accessed June 15, 2005).

_____. 2001. "Annual Report." www.astrazeneca.com (accessed June 15, 2005).

_____. 2002. "Annual Report." www.astrazeneca.com (accessed June 15, 2005).

_____. 2003. "Annual Report." www.astrazeneca.com (accessed June 15, 2005).

Benis, Alexandra. 1999. "A Prescription for Prevention?" *Harvard Public Health Review* (summer). www.hsph.harvard.edu/review/summer_tamoxifen.shtml.

Bijker, Wiebe E., Thomas P. Hughes, and Trevor Pinch. 1987. *The Social Construction of Technological Systems.* Cambridge, MA: MIT Press.

Bourdieu, Pierre. 1977. *Outline of a Theory of Practice.* Cambridge: Cambridge University Press.

Breast Cancer Breakthrough. 1998. *New York Times,* April 8.

Bush, Trudy L., and Kathy J. Helzlsouer. 1993. "Tamoxifen for the Primary Prevention of Breast Cancer: A Review and Critique of the Concept and Trial." *Epideimiologic Reviews* 15: 233-243.

Clarke, Adele, and Theresa Montini. 1993. "The Many Faces of RU486: Tales of Situated Knowledges and Technological Contestations." *Science, Technology, & Human Values* 18: 42-78.

Corrigan, Oonagh P. 2002. "'First in Man': The Politics and Ethics of Women in Clinical Drug Trials." *Feminist Review* 72: 40-52.

Cowan, Ruth Schwartz. 1987. "The Consumption Junction: A Proposal for Research Strategies in the Sociology of Technology." In *The Social Construction of Technological Systems*, ed. W. Bijker, pp. 261-280. Cambridge, MA: MIT Press.

Crossley, Nick. 2003. "From Reproduction to Transformation." *Theory, Culture and Society* 20: 43-68.

_____. 2005. "How Social Movements Move: From First to Second Wave Developments in the UK Field of Psychiatric Contention." *Social Movement Studies* 4: 21-48.

Davis, Peter. 1996. *Contested Ground: Public Purpose and Private Interest in the Regulation of Prescription Drugs*. New York: Oxford University Press.

Epstein, Steven. 1996. *Impure Science: AIDS, Activism, and the Politics of Knowledge*. Berkeley: University of California Press.

_____. 1997. "Activism, Drug Regulation, and the Politics of Therapeutic Evaluation in the AIDS Era: A Case Study of ddC and the 'Surrogate Markers' Debate." *Social Studies of Science* 27: 691-727.

Fisher, B., J. P. Costantino, D. L. Wickerham, et al. 1998. "Tamoxifen for Prevention of Breast Cancer: Report of the National Surgical Adjuvant Breast and Bowel Project P-1 Study." *Journal of the National Cancer Institute* 90: 1371-1388.

Fisher, Bernard, J. Dignam, and N. Wolmark. 1999. "Tamoxifen in Treatment of Intraductal Breast Cancer: National Surgical Adjuvant Breast and Bowel Project B-24 Randomized Controlled Trial." *Lancet* 353: 1993-2000.

Fishman, Jennifer R. 2004. "Manufacturing Desire: The Commodification of Female Sexual Dysfunction." *Social Studies of Science* 34: 187-218.

Food and Drug Administration (FDA). N.d. FDA Modernization Act, www.fda.gov/cder/guidance/105-115.htm (accessed May 26, 2005).

_____. 2003. Direct-to-Consumer Promotion: Public Meeting. September 22-23, Washington, D.C., Presentations Including Public Testimony, Results from National Surveys, and Research Examining Advertising Effectiveness, Effects on Physicians' Prescribing Practices, Utilization and Demand, and Internet Advertising. www.fda.gov/cder/ddmac/DTCmeeting2003_presentations.html.

Fosket, Jennifer. 2004. "Constructing 'High-Risk Women': The Development and Standardization of a Breast Cancer Risk Assessment Tool." *Science, Technology & Human Values* 29: 291-313.

Fugh-Berman, Adrian, and Samuel S. Epstein. 1992a. "Should Healthy Women Take Tamoxifen?" *New England Journal of Medicine* 327: 1596-1597.

_____. 1992b. "Tamoxifen: Disease Prevention or Disease Substitution?" *Lancet* 340: 1143-1145.

Gardner, Kirsten E. 1999. "'By Women, For Women, With Women': A History of Female Cancer Awareness Efforts in the United States, 1913-1970s." PhD diss., Department of History, University of Cincinnati.

Geest, Sjaak van der, Susan Reynolds Whyte, and Anita Hardon. 1996. "The Anthropology of Pharmaceuticals: A Biographical Approach." *Annual Review of Anthropology* 25: 153-178.

Goldstone, Jack A. 2004. "More Social Movements or Fewer? Beyond Political Opportunity Structures to Relational Fields." *Theory and Society* 33: 333-365.

Goodman, Jordan, and Vivien Walsh. 2001. *The Story of Taxol: Nature and Politics in the Pursuit of an Anti-Cancer Drug*. New York: Cambridge University Press.

Greene, Dennis. 2001. "The Shift in Promotional Spending Mix." *DTC Perspectives*, vol. 1, 12-14.

Greene, Jeremy A. 2004. "Attention to 'Details': Etiquette and the Pharmaceutical Salesman in Postwar American." *Social Studies of Science* 34: 271-292.

Greenwald, Peter, and Edward Sondik. 1986. "Diet and Chemoprevention in NCI's Research Strategy to Achieve

National Cancer Control Objectives." *Annual Review of Public Health* 7:267-291.

Healy, Bernardine. 1998. "Tamoxifen and the Breast Cancer Prevention Trial: Women Helping Women." *Journal of Women's Health* 7:279-280.

Hogle, Linda F. 2001. "Chemoprevention for Healthy Women: Harbinger of Things to Come?" *Health* 5:299-320.

Kawachi, Ichiro, and Peter Conrad. 1996. "Medicalization and the Pharmacological Treatment of Blood Pressure." In *Contested Ground: Public Purpose and Private Interest in the Regulation of Prescription Drugs,* ed. P. Davis, pp. 46-71. New York: Oxford University Press.

Klausner, Richard. 1998. Testimony before the Senate Appropriations Subcommittee on Labor, Health, Human Services and Related Agencies. 105th Cong., 2nd sess., April 21.

Klawiter, Maren. 1999. "Racing for the Cure, Walking Women, and Toxic Touring: Mapping Cultures of Action within the Bay Area Terrain of Breast Cancer." *Social Problems* 46:104-126.

_____. 2000. "From Private Stigma to Global Assembly: Transforming the Terrain of Breast Cancer." In *Global Ethnography: Forces, Connections, and Imaginations in a Postmodern World,* ed. M. Burawoy, J. Blum, S. George, Z. Gille, T. Gowan, L. Haney, M. Klawiter, S. Lopez, S. O Riain, and M. Thayer, pp. 299-334. Berkeley: University of California Press.

_____. 2001. The Rocky Road to Cancer Chemoprevention: Detour, Delay, or Dead-end? Paper presented at the annual meeting of the Robert Wood Johnson Foundation Scholars in Health Policy Research Program, May 30-June 1, Aspen, CO.

_____. 2002. "Risk, Prevention and the Breast Cancer Continuum: The NCI, the FDA, Health Activism and the Pharmaceutical Industry." *History and Technology* 18:309-353.

_____. 2003. "Chemicals, Cancer, and Prevention: The Synergy of Synthetic Social Movements." In *Synthetic Planet: Chemical Politics and the Hazards of Modern Life,* ed. M. Casper, pp. 155-193. New York: Routledge.

_____. 2004. "Breast Cancer in Two Regimes: The Impact of Social Movements on Illness Experience." *Sociology of Health & Illness* 26:845-874.

Lakoff, Andrew. 2004. "The Anxieties of Globalization: Antidepressant Sales and Economic Crisis in Argentina." *Social Studies of Science* 24:247-269.

Lasagna, L. 1989. "Congress, the FDA, and New Drug Development: Before and After 1962." *Perspectives in Biology and Medicine* 32:322-341.

Leopold, Ellen. 1999. *A Darker Ribbon: Breast Cancer, Women, and Their Doctors in the Twentieth Century.* Boston: Beacon Press.

Lerner, Barron H. 2000. "Inventing a Curable Disease: Historical Perspectives on Breast Cancer." In *Breast Cancer: The Social Construction of Illness,* ed. S. J. Ferguson and A. S. Kasper, pp. 25-49. New York: St. Martin's Press.

Mamo, Laura, and Jennifer Fishman. 2001. "Potency in All the Right Places: Viagra as a Technology of the Gendered Body." *Body & Society.* 7:13-35.

Marks, Harry M. 1997. *The Progress of Experiment: Science and Therapeutic Reform in the United States, 1900-1990.* Cambridge: Cambridge University Press.

McCrea, Frances B., and Gerald E. Markle. 1984. "The Estrogen Replacement Controversy in the USA and UK: Different Answers to the Same Question?" *Social Studies of Science* 15:1-26.

Metzl, Jonathan. 2003. *Prozac on the Couch: Prescribing Gender in the Era of Wonder Drugs.* Durham, NC: Duke University Press.

Mirken, Bruce. 1996. "Ask Your Doctor." *San Francisco Guardian,* October 23, 45-47.

National Cancer Institute. 2004. Understanding the Approval Process for New Cancer Treatments. www.nci.nih.gov/clinicaltrials/learning/approvalprocess-for-cancer-drugs, last updated January 6, 2004 (accessed August 6, 2004).

National Surgical Adjuvant Breast and Bowel Project (NSABP). 1999-2000. "No Cost Tamoxifen Program Announced for BCPT Women on Placebo." *Coast to Coast* (newsletter published by the NSABP for BCPT Participants), Winter, pp. 1, 4. www.nsabp.pitt.edu/Coast_to_Coast_Newsletter.pdf (accessed May 27, 2005).

_____. N.d. "What Is the NSABP?" www.nsabp.pitt.edu (accessed June 13, 2000).

Oncologic Drugs Advisory Committee (ODAC). 1998. 58th Meeting, Bethesda, MD, September 2.

Oudshoorn, Nelly. 2003. "Clinical Trials as a Cultural Niche in Which to Configure the Gender Identities of Users: The Case of Male Contraceptive Development." *How Users Matter: The Co-Construction of Users and Technologies,* edited by Nelly Oudshoorn and Trevor Pinch, pp. 209-228. Boston: MIT Press.

_____, and Trevor Pinch, eds. 2003. *How Users Matter: The Co-Construction of Users and Technologies.* Cambridge, MA: MIT Press.

Palumbo, Francis B., and Daniel C. Mullins. 2002. "The Development of Direct-to-Consumer Prescription Drug Advertising Regulation." *Food and Drug Law Journal* 57: 423-444.

Phillips, Kelly-Anne, Gordon Glendon, and Julia A. Knight. 1999. "Putting the Risk of Breast Cancer in Perspective." *New England Journal of Medicine* 340: 141-144.

Poe, Amy. 1999. "Cancer Prevention or Drug Promotion? Journalists Mishandle the Tamoxifen Story." *International Journal of Health Services* 29: 657-661.

Powles, T., R. Eeles, S. Ashley, et al. 1998. "Interim Analysis of the Incidence of Breast Cancer in the Royal Marsden Hospital Tamoxifen Randomised Chemoprevention Trial." *Lancet* 352: 98-101.

Rados, Carol. 2004. "Truth in Advertising Rx Drug Ads Come of Age." *FDA Consumer Magazine,* July-August. www.fda.gov/fdac (accessed September 20, 2005).

Ray, Raka. 1998. "Women's Movements and Political Fields: A Comparison of Two Indian Cities." *Social Problems* 45: 21-36.

_____. 1999. *Fields of Protest: Women's Movements in India.* Minneapolis: University of Minnesota Press.

Reagan, Leslie J. 1997. "Engendering the Dread Disease: Women, Men, and Cancer." *American Journal of Public Health* 87: 1779-1787.

Sawyer, Kathy. 1994. "Breast Cancer Drug Testing Will Continue: Potential of Tamoxifen Is Said to Outweigh the Risks." *Washington Post,* May 12.

Scott, Richard W., Martin Ruef, Peter J. Mendel, and Carol A. Caronna. 2000. *Institutional Change and Healthcare Organizations: From Professional Dominance to Managed Care.* Chicago: University of Chicago Press.

Smigel, Kara. 1992. "Breast Cancer Prevention Trial under Scrutiny (Again)." *Journal of the National Cancer Institute* 84: 1692-1694.

_____. 1998. "Breast Cancer Prevention Trial Shows Major Benefit, Some Risk." *Journal of the National Cancer Institute* 90: 647-648.

Tchou, J., N. Hou, A. Rademaker, V. C. Jordan, and M. Morrow. 2004. "Acceptance of Tamoxifen Chemoprevention by Physicians and Women at Risk." *Cancer* 100: 1800-1806.

_____. 2005. "Acceptance of Tamoxifen Chemoprevention by Physicians and Women at Risk." *Cancer* 103: 209-210.

van Kammen, Jessica. 2003. "Who Represents the User? Critical Encounters Between Women's Health Advocates and Scientists in Contraceptive R&D." *How Users Matter: The Co-Construction of Users and Technologies,* edited by Nelly Oudshoorn and Trevor Pinch, pp. 151-171. Boston: MIT Press.

Veronesi, U., P. Maisonneuve, et al. 1998. "Prevention of Breast Cancer with Tamoxifen: Preliminary Findings from the Italian Randomised Trial among Hysterectomised Women." *Lancet* 352: 93-97.

Vuckovic, Nancy, and Mark Nichter. 1997. "Changing Patterns of Pharmaceutical Practice in the United States." *Social Science and Medicine* 44: 1285-1302.

Wilkes, Michael S., Robert A. Bell, and Richard L. Kravitz. 2000. "Direct-to-Consumer Prescription Drug Advertising: Trends, Impact, and Implications." *Health Affairs* 19: 110-128.

Wooddell, Margaret J. 2004. "Codes, Identities and Pathologies in the Construction of Tamoxifen as a Chemoprophylactic for Breast Cancer Risk Reduction in Healthy Women at High Risk." PhD diss., Science and Technology Studies, Rensselaer Polytechnic Institute, Troy, NY.

Zeneca. 1997. "Annual Report." www.astrazeneca.com/article/11221.aspx.

_____. 1998. "Annual Report." www.astrazeneca.com/article/11221.aspx.

레베카 개셔 앨트먼 (Rebecca Gasior Altman)

환경보건 관련 사회운동단체인 〈과학 및 환경보건 네트워크〉(Science and Environmental Health Network)의 이사로 활동하고 있다. 사회운동가가 되기 전에 앨트만은 브라운대학교에서 필 브라운의 지도로 환경정의운동과 지역기반 참여연구의 관계에 대한 연구로 사회학 박사학위를 받았다. 주요 관심사는 환경보건정치학, 보건사회운동, 담배산업의 정치사 등이다.

필 브라운 (Phil Brown)

브라운대학교 사회학 및 환경학 교수이다. 천식, 유방암, 걸프전 관련 질병처럼 환경적 요인에 대한 대중 논쟁이 존재하고 사회운동이 이러한 논쟁에 영향을 미치는 "경합하는 질병"(contested illness)에 대해서 연구했다. 그는 환경운동, 노동조합, 기타 노동단체들 사이의 연합에 대해서 연구하고 있으며, 유방암 운동 조직과 환경정의 단체들 사이의 연관을 연구하는 프로젝트도 진행중이다. 저서로는 『안전한 곳은 없다 : 독성폐기물, 백혈병, 지역운동』(*No Safe Place : Toxic Waste, Leukemia, and Community Action*, 에드윈 미켈슨과 공저, 1990)과 『경합하는 질병 : 시민, 과학, 보건사회운동』(*Contested Illnesses : Citizens, Science and Health Social Movements*, 레이첼 모렐로-프로쉬와 스티븐 자베스토스키와 공저, 2011), 『독성노출 : 경합하는 질병과 환경보건운동』(*Toxic Exposures : Contested Illnesses and the Environmental Health Movement*, 로이 깁스와 공저, 2007)이 있고 편저로는 『의료사회학의 관점들』(*Perspectives in Medical Sociology*, 2000), 『질병과 환경 : 경합하는 의학 논문집』(*Illness and Environment : A Reader in Contested Medicine*, 스티브 크롤-스미스와 발레리 군터와 공편, 2000), 『보건사회운동』(*Social Movements in Health*, 스티븐 자베스토스키와 공편, 2005) 등이 있다.

스티븐 엡스틴 (Steven Epstein)

노스웨스턴대학교 사회학과 및 '인간문화에서의 과학' 프로그램의 교수이다. 저서 『순수하지 않은 과학 : 에이즈, 사회운동, 지식의 정치』(*Impure Science : AIDS, Activism, and the Politics of Knowledge*, 1996)는 〈미국사회학회〉 과학, 지식, 기술분과의 로버트 K. 머튼 상과 〈사회문제연구학회〉의 C. 라이트 밀즈 상을 수상했고, 『포함 : 의학연구에서의 차이의 정치』(*Inclu-*

sion: The Politics of Difference in Medical Research, 2007)로는 〈미국사회학회〉의 우수도서 상을 수상했다. 주요 관심사는 생명의료정치학, 과학-사회운동-국가의 관계, 섹슈얼리티와 인 종의 정치학이다.

스콧 프리켈 (Scott Frickel)

워싱턴주립대학교의 사회학과 부교수이다. 과학학, 사회운동, 환경사회학 등이 주요 연구분야 이다. 저서인 『화학적 결과: 환경적 돌연변이 유발원, 과학자운동, 유전독성학의 대두』(*Chemical Consequences: Environmental Mutagens, Scientists Activism, and the Rise of Genetic Toxicology*, 2004)는 2006년 〈미국사회학회〉 과학, 지식, 기술 분과의 로버트 K. 머튼 상을 수 상했다. 그 외 『미국사회학리뷰』(*American Sociological Review*), 『국제사회학』(*International Sociology*), 『조직과 환경』(*Organization & Environment*), 『문화로서의 과학』(*Science as Culture*), 『사회문제』(*Social Problems*) 등에 논문을 게재했다.

데이비드 H. 거스턴 (David H. Guston)

애리조나주립대학교의 정치학과 교수이며 〈과학, 정책, 성과 컨소시엄〉(Consortium for Science, Policy, and Outcomes)의 부소장이다. 박사논문을 발전시킨 『정치와 과학 사이』(*Between Politics and Science: Assuring the Integrity and Productivity of Research*, 2000)는 〈미국정치학회〉가 과학기술정책 분야의 우수 저술에 대해 수여하는 돈 K. 프라이스 상을 받 았다. 그 외에도 『과학기술정책의 형성: 후속세대의 연구』(*Shaping Science and Technology Policy: The Next Generation of Research*, 대니얼 새러위츠와 공편, 2006), 『입법부에 대한 정 보제공』(*Informed Legislatures*), 메건 존스와 루이 M. 브랜스쿰과 공저, 1996), 『취약한 계약』 (*The Fragile Contract*, 케네스 켄싱턴과 공저, 1994) 등의 저술이 있다. 거스턴은 『과학과 공공 정책』(*Science and Public Policy*)의 편집위원장을 지냈고 〈미국과학진흥협회〉의 정회원이다.

크리스토퍼 R. 헨케 (Christopher R. Henke)

콜게이트대학교 사회학 교수로 과학, 노동, 환경에 대한 교육과 연구를 하고 있다. 2000년 캘리 포니아 지역 산업농에서의 과학-기업 관계에 대한 연구를 통해 샌디에이고 소재 캘리포니아대 학교의 사회학/과학학과에서 박사학위를 받았다. 저서로는 『과학의 양성, 권력의 수확: 캘리 포니아의 과학과 기업적 농업』(*Cultivating Science, Harvesting Power: Science and Industrial Agriculture in California*, 2008)이 있다. 주요 관심사는 과학, 농업, 환경이며 특히 유전자조작

생명체의 환경적 영향에 관심이 있다.

데이비드 J. 헤스 (David J. Hess)

밴더빌트대학교 사회학과 교수이다. 최근의 주요 관심사인 미국의 사회운동과 환경정책에 대해 『과학과 산업의 대안적 경로』(*Alternative Pathways in Science and Industry*, 2007), 『전지구적 경제에서 지역주의 운동』(*Localist Movement in a Global Economy*, 2009)을 출판했고, 환경운동과 경제성장을 함께 시도하려는 사회운동의 노력에 대한 또 한 권의 단행본을 준비하고 있다. 그 외에도 과학기술학 분야의 10여 권의 책을 집필 또는 편집했다.

머린 클라위터 (Maren Klawiter)

현재 보스턴에서 변호사로 일하고 있다. 클라위터는 1999년 버클리 소재 캘리포니아대학교에서 박사학위를 받았고 2001년까지는 미시간대학교의 보건정책연구프로그램에서 〈로버트 우드 존슨 재단〉 연구원으로 있었으며 조지아 공과대학교 역사, 기술, 사회학부에서 조교수를 지냈다. 이후에 다시 예일대학교 법과대학에 입학해서 법학박사(JD) 학위를 취득하여 변호사가 되었다. 저서로는 『유방암의 생명정치』(*The Biopolitics of Breast Cancer*, 2008)와 『글로벌민속지』(*Global Ethnography*, 공저, 2000)가 있다.

대니얼 리 클라인맨 (Daniel Lee Kleinman)

매디슨 소재 위스콘신대학교 농업사회학과 교수이며 홀츠 과학기술학센터에도 소속되어 있다. 현재 진행하고 있는 연구는 『순수하지 않은 문화: 대학에서의 생물학과 상업세계』(*Impure Cultures: University Biology and the World of Commerce*, 2003)에 반영되어 있다. 다른 연구는 유전자조작작물이 사회적 기준에 따라 규제되는 조건에 대한 탐구이다. 렌슬리어공대의 과학기술학과 교수인 애비 J. 킨치와 작업한 결과를 『문화로서의 과학』(*Science as Culture*), 『사회학쿼털리』(*Sociological Quarterly*)에 발표했다. 학계 이외의 독자를 위한 작업으로는 『사회에서의 과학기술: 생명공학에서 인터넷까지』(*Science and Technology in Society: From Biotechnology to the Internet*, 2005), 『과학기술에서의 논쟁 I: 옥수수에서 폐경까지』(*Controversies in Science and Technology Volume I: From Maize to Menopause*, 조 핸델스만과 애비킨치 공편, 2004)가 있다.

브라이언 마틴 (Brian Martin)

오스트레일리아 월롱공대학교의 과학기술사회학 교수로 사회과학연구를 하기 전에는 응용 수학자였다. 마틴은 과학논쟁, 이의제기, 비폭력, 민주주의, 정보정치학 등의 주제에 대한 10여 권의 책과 수백여 편의 논문을 발표했다. 보다 자세한 정보는 홈페이지(http://www.uow.edu. au/~bmartin/)를 참고하라.

브라이언 메이어 (Brian Mayer)

애리조나대학교 사회학과 교수이다. 필 브라운의 지도로 브라운대학교에서 노동운동과 환경 운동 단체 간에 성공적인 연합을 이룰 수 있는 조건과 전략에 대한 연구를 통해 사회학 박사 학위를 받았다. 메이어는 과학, 정책, 의학분야에서 환경문제와 함께 발생하는 논쟁과 환경보 건위험의 사회적 생산에 관심을 갖고 있다. 저서로는 『청록연대 : 안전한 작업장과 건강한 환경 을 위한 투쟁』(*Blue-Green Coalitions : Fighting for Safe Workplaces and Healthy Environ- ments*, 2008)이 있다.

사브리나 매코믹 (Sabrina Mccormick)

조지워싱턴대학교 보건대학원 교수이자 영화감독이다. 브라운대학교에서 2005년에 브라질의 댐반대 운동과 미국의 유방암 운동을 비교해서 두 운동이 전문지식에 대해서 도전하고 이러 한 전문지식을 어떻게 형성하려고 했는지에 대한 연구로 사회학 박사 학위를 받았다. 매코믹은 〈로버트 우드 존슨 재단〉이 후원하는 연구팀의 일원이었고, 〈왓슨국제학연구소〉의 〈헨리 루 스 재단〉 환경 펠로우로 일했으며, 이 기간 동안 미국의 보건사회운동에 대해서 연구했다. 저서 로는 『과학의 동원 : 운동, 참여, 지식의 재구성』(*Mobilizing Science : Movement, Participation and the Remaking of Knowledge*, 2009)이 있고 〈가족력은 없다 : 유방암에 대한 환경적 요인 의 발견〉(No Family History : Finding the Environmental Links to Breast Cancer)이라는 다큐 멘터리 영화로 2009년 필라델피아 독립영화페스티벌에서 다큐멘터리 부문 대상을 수상했다.

켈리 무어 (Kelly Moore)

시카고 로욜라대학교의 사회학과 교수이다. 무어는 사회운동이 과학자와 대중의 관계를 조직 적인 관점에서 어떻게 변화시키는가에 대해서 연구했다. 저서인 『과학의 균열 : 사회운동, 미국 과학자, 군대의 정치 (1945~1975)』(*Disrupting Science : Social Movements, American Scien- tists, and the Politics of the Military, 1945-1975*, 2008)는 2011년 〈미국사회학회〉 과학, 지식,

기술 분과의 로버트 K. 머튼 상을 수상했다. 무어는 현재 샌프란시스코와 뉴욕의 복원생태학 프로젝트에 대한 비교를 통해서 정치제도와 사회운동이 도시경관을 형성하는 방식에 대한 연구를 진행하고 있다.

레이첼 모렐로-프로쉬 (Rachel Morello-Frosch)

버클리 소재 캘리포니아대학교 환경과학·정책·관리학과 교수이다. 주요 관심은 환경보건과 환경정의로, 구체적으로는 캘리포니아의 여러 지역에서의 누적적인 환경영향을 파악하기 위한 분석적 방법론을 개발하고 구체적인 경험연구를 수행하고 있다. 저서로는 『경합하는 질병: 시민, 과학, 보건사회운동』(*Contested Illnesses: Citizens, Science and Health Social Movements*, 필 브라운과 스티븐 자베스토스키와 공저, 2011)이 있다.

제이슨 오웬-스미스 (Jason Owen-Smith)

앤아버 소재 미시간대학교 사회학 및 조직연구 부교수이다. 관심분야로는 제도변화, 과학에서의 협력연구, 조직학습, 복잡계네트워크의 동학, 학술연구의 상업화 등이다. 현재 오웬-스미스는 특허, 특허사용허가, 산학협력의 영향에 초점을 맞춰서 대학에서의 과학, 기술, 상업의 교집합 영역에 대한 연구를 진행하고 있다. 이 주제에 대한 연구는 『미국사회학리뷰』, 『미국사회학저널』(*American Journal of Sociology*), 『과학의 사회적 연구』(*Social Studies of Science*), 『연구정책』(*Research Policy*), 『고등교육저널』(*Journal of Higher Education*), 『조직과학』(*Organization Science*) 등에 게재되었다.

제니 리어던 (Jenny Reardon)

산타크루즈 소재 캘리포니아대학교 사회학과 부교수이면서 과학과 정의 연구센터 소장이다. 2002년 코넬대학교 과학기술학과에서 박사학위를 받고 2003~2004년에는 브라운대학교 펨브록 여성교육연구센터에서 상임연구원으로 일했으며, 2004~2005년에는 듀크대학교 여성학과 연구조교수 및 게놈과학및정책연구소 연구원으로 일했다. 저서로는 『결승점을 향한 질주: 유전체학 시대의 정체성과 거버넌스』(*Race to the Finish: Identity and Governance in an Age of Genomics*, 2005)가 있다.

로렐 스미스-도어 (Laurel Smith-doerr)

보스턴대학교 사회학과 부교수로 조직사회학의 관점으로 과학을 연구하고 있다. 저서인 『여

성노동: 생명과학에서 성평등 대 위계』(*Women's Work : Gender Equality vs. Hierarchy in the Life Sciences*, 2004)에서는 조직의 맥락이 생명과학 분야의 박사들의 진로 기회를 어떻게 형성했기에 생명공학기업에서 여성들에게 보다 제약이 적고 유연성이 높은 환경이 조성될 수 있었는지를 연구했다. 최근의 연구주제는 조직 간 협력, 조직적 유형의 차이가 여성평등에 미치는 함의, 과학분야의 연결망의 성별화, 사회-윤리적 책임에 대한 과학자들의 태도, 과학정책 제도화의 긴장 등 다양한 분야에 걸쳐 있다.

스티븐 P. 밸러스 (Steven P. Vallas)

노스이스턴대학교의 사회학 및 인류학과 교수이다. 주된 관심은 제조업 및 지식기반 기업에서의 노동, 문화, 사회적 불평등이다. 저서로는 『노동 : 비판』(*Work : A Critique*, 2012), 『노동사회학 : 구조와 불평등』(*The Sociology of Work : Structures and Inequalities*, 윌리엄 핀레이와 에이미 S. 와튼과 공저, 2009), 『노동의 변형』(*The Transformation of Work*, 2001), 『작업장에서의 권력 : AT&T의 생산의 정치』(*Power in the Workplace : The Politics of Production at AT&T*, 1993)가 있고 편저로는 『노동의 본질 : 사회학적 시각』(*The Nature of Work : Sociological Perspectives*, 카이 에릭슨과 공편, 1992)이 있다.

스티븐 울프 (Steven Wolf)

코넬대학교 자연자원학과 부교수이다. 울프는 매디슨 소재 위스콘신대학교에서 환경학으로 박사학위를 받았으며 버클리 소재 캘리포니아대학교와 프랑스 툴루즈의 국립농업연구소 (Institut National de la Recherche Agronomique)에서 박사후과정 연구원으로 근무했다. 주된 관심은 환경거버넌스이며, 보다 구체적으로는 사유화되어 가는 조건에서 공공재를 어떻게 지켜낼 것인가에 있다. 편저로는 『정보의 사유화와 농업의 산업화』(*Privatization of Information and Agricultural Industrialization*, 2001)와 『지식생산과 기술변화 : 농업분야의 제도혁신』(*Knowledge Generation and Technical Change : Institutional Innovation in Agriculture*, 데이비드 질베르만과 공편. 2001)이 있다.

에드워드 J. 우드하우스 (Edward J. Woodhouse)

렌슬리어공대의 과학기술학과에서 정치학을 가르치고 있다. 우드하우스는 전지구적으로 기술을 보다 현명하고 공정하게 통제할 수 있는 메커니즘에 관심이 있는 의사결정이론가이다. 저서로는 『정책결정이론』(*The Policy-Making Process*, 찰스 린드블롬과 공저, 1993), 『핵에너지의

종말: 기술의 민주적 통제에 대한 교훈』(*The Demise of Nuclear Energy? Lessons for Democratic Control of Technology*, 조셉 모론과 공저, 1989)이 있다. 녹색화학과 나노기술 이외에도 전지구의 부유층의 과잉소비, 로봇공학에서의 고삐풀린 전문성, 기업 및 소비자의 의사결정을 관할하는 민주적 실천의 설계 등에 관심을 갖고 있다.

스티븐 자베스토스키 (Stephen Zavestoski)

샌프란시스코대학교의 사회학과 및 환경학과 부교수이다. 최근의 주된 연구주제는 보건사회운동에서 과학과 사회운동의 관계와 인터넷을 활용하는 환경분야의 시민참여이며, 브라운대학교의 필 브라운이 운영하는 경합하는 질병 연구그룹과 공동연구를 하고 있다. 편저로는 『보건사회운동』(*Social Movements in Health*, 필 브라운과 공편, 2005)이 있다.

과학지식 정치의
권력과 불평등에 대한 관심

오늘날 과학기술이 사회를 규정하는 가장 중요한 요인 중 하나라는 데에는 거의 이견이 없을 것이다. 경제력과 함께 기술력이 그 나라의 수준을 가늠하는 잣대가 된 지는 이미 오래다. 특히 1980년대 후반 사회주의권이 사실상 붕괴하면서 독주체제를 맞이한 자본주의 진영은 전세계를 역사상 유례를 찾을 수 없을 정도로 긴밀하게 자본의 그물망으로 통합시키게 되었다. 이른바 신자유주의 체제가 그것이다. 이제는 자본의 논리라 칭하는 것조차 무색할 만큼 인류의 지식과 실행은 그 어느 것 하나 남김없이 돈이 되느냐 여부에 의해 판단되고 재단되는 지경이 되었다.

이러한 변화는 과학기술의 실행 양식에도 크게 영향을 미쳤다. 특히 과학지식이 생산되는 방식은 1980년대 이후 심대한 변화를 겪었다. 연방자금의 지원으로 연구를 진행한 대학이나 기업이 발명에 대한 권리를 가지고 특허를 신청할 수 있는 길을 열어준 미국의 〈베이돌 법〉과 생물특허의 길을 열어준 〈다이아몬드-차크라바티 판결〉은 과학기술의 상업화가 가속되는 발판이 되었다. 또한 〈몬산토〉와 같은 초국적 기업들이 화학이나 농업 등의 전통적 분야에 머물지 않고 더 높은 부가가치를 찾아 생명공학 등 새로운 기술에 천문학적 연구비를 쏟아붓기 시작하면서 과학기술지식 생산의 상업화를 가속시키는 새로운 구조적 기반을 제공했다.

필립 미로프스키와 에스더-미람 센트와 같은 학자들이 주장하듯이 과학기술의 상업화는 이제 일화적 현상이 아니라 전지구적 사유화체제global-ized privatization regime로 굳어지게 되었다. 이러한 과정에서 과학기술이 발달하면 그 혜택이 모두에게 돌아갈 것이라는 순진한 기대는 더 이상 설 자리를 잃게 된다. 과학이 발달할수록 그 혜택이나 피해가 특정 집단에게 쏠리는 사회적 불평등의 문제가 부상하게 되었다. 인터넷과 같은 정보기술이 발달할수록 그 기술을 이용해서 자기향상을 이룰 수 있는 계층과 그렇지 못한 계층 사이의 간격이 더 벌어진다는 정보 격차digital divide 개념은 이미 고전이 되었다. 각국 정부는 이러한 문제를 해결하기 위해 안간힘을 기울였지만 사실상 모두 실패했다. 이러한 격차는 오늘날 생명공학, 나노, 로봇 등 거의 모든 분야에서 판박이처럼 되풀이되고 있다.

과학의 새로운 정치사회학, 또는 신과학정치사회학new political sociology of science, NPSS이라는 이름으로 포괄되는 학자들은 이러한 변화를 구조의 문제로 접근하려 시도한다. 1장에서 스콧 프리켈과 켈리 무어가 이야기하듯이 이 진영에 속하는 학자들은 과학지식 생산에서 제도적 기반과 같은 구조적 문제가 중요하다고 역설한다. 신과학정치사회학은 지식정치의 권력과 불평등이라는 구조적 차원에 초점을 맞춘다. 이 접근방식은 왜 과학이 어떤 집단보다 다른 집단에서 더 잘, 또는 자주 작동하는지, 그리고 인종, 젠더, 계급, 직업 등의 사회적 속성이 특정 결과를 조건지우고 상호작용하는 방식은 무엇인지 탐구한다. 따라서 민주주의, 대학-기업 관계, 페미니즘, 환경, 보건 등의 주제가 주된 관심사로 부상하게 되며, 분석의 초점이 권력과 자원의 비대칭성에 집중된다.

이 접근방식에 따르면 신자유주의 정치경제학은 환경, 보건, 안전, 윤리

등의 가치가 상대적으로 간과될 수밖에 없는 구조적 측면을 갖고 있다. 따라서 불평등은 과학지식 생산양식의 변화에 따른 결과이면서 동시에 전지구적 사유화 체제 속에서 생산되는 과학지식에 규정적 영향을 미치는 요소로 파악된다. 신과학정치사회학 학자들은 불평등이라는 주제가 오늘날 과학기술 연구의 적극적 주제로 다루어져야 한다고 말한다. 즉, 지금까지 어떤 과학기술이 수행되었는가에 초점을 맞추는 방식이 아니라 "왜 어떤 과학기술이 수행되지 않았는가의 문제" undone science problem에 대해 진지한 질문을 제기해야 한다는 것이다. 그것은 우연적이거나 일화적 현상이 아니라, 제도, 연결망, 권력이라는 구조에 의해 특정 지식만을 생산하고, 공공의 이익을 추구하려는 사람들에게 필요한 지식은 생산되지 않는, "체계적인 지식 비생산"nonproduction of knowledge, "강요된 무지"의 문제이기 때문이다. 따라서 그들은 다음과 같은 물음을 제기한다. 왜 과학이 다른 집단보다 특정 집단에게 더 유용한가? 누가 그 지식에 접근할 수 있는가? 왜 어떤 지식은 생산되지 않는가?

아울러 이 진영에 속하는 학자들은 과학기술의 내용과 방향을 틀짓는 과정에서 사회운동의 능동적 역할과 국가의 규제 역할이 갖는 중요성에 주목한다. 흔히 환경운동이나 보건운동 같은 사회운동 진영은 특정한 과학기술이나 개발 프로젝트에 반대만 하는 집단으로 인식이 굳어져 있는 경우가 많다. 그러나 이 책의 여러 논문들은 사회운동이 이미 진행 중인 프로젝트에 단지 수동적으로 반응하는 것이 아니라 좀더 능동적인 참여를 통해 그것의 내용과 방향을 함께 만들어 나가는 역할을 줄곧 해 왔음을 강조하면서, 그러한 참여를 제약하고 구조화하는 요인들은 어떤 것이 있는지를 탐구하고 있다.

이 진영에 속하는 학자들은 기존의 과학기술학 science and technology studies, STS의 접근방식에 대해 꽤 비판적이다. 가령 신과학정치사회학 진영에 속하는 학자들의 비판은 주로 과학지식 생산에 대한 기존의 이론들이 행위자 중심agent-oriented 접근방식이었다는 점에 초점을 맞춘다. 그렇다고 신과학정치사회학 학자들이 사회구성주의나 행위자 연결망 이론actor network theory, ANT의 주장을 전면적으로 부정하는 것은 아니지만 행위자들이 '이미 구성된' 세계 속에 처해 있다는 점을 강조한다. 즉, 구성주의가 행위자들의 능동적인 구성과정을 강조하는 경향이 있지만, 행위자들이 마음대로 세상을 구성하기에는 구조와 제도의 힘이 그렇게 녹록치 않다는 것이다. 1970년대 이후 과학기술학의 주류가 인식론(사회구성주의)이나 존재론(행위자 연결망 이론)처럼 이론적인 방향으로 치우쳐 있었다면, 이 책의 저자들은 1970년대 이전 과학기술학STS(당시에는 STS가 과학기술과 사회science, technology, and society의 약자로 주로 쓰였음에 유의하라)의 실천적 문제의식을 2000년대 들어 좀더 세련된 방식으로 복원하고 있다고 볼 수도 있다.

이런 문제의식을 드러내기 위해 이 책에 참여한 필자들은 다양한 이론적 자원을 활용하고 있다. 이런 자원들에는 과학기술학뿐만 아니라 부르디외의 장場, field 이론, 신제도주의, 권력에 대한 정치학계 내의 논의, 사회운동 이론 등에서 발전되었던 개념과 통찰들이 있다. 과학기술학의 경향에 대한 필자들의 비판이 얼마나 타당하고 그들이 제시하는 접근방법이 얼마나 유용한가에 대한 질문은 잠시 접어두고서라도 다양한 자원을 활용하려는 노력이 과학기술과 사회의 관계에 대한 사회과학계의 관심을 반영하고 있다는 데에 주목할 필요가 있다. 학계의 이러한 반응은 과학기술을 빼놓고는 현대 사회를 충분히 이해할 수 없다는 인식인 동시에 과학기술 역시 사회활동의 연장이라는 주장이 이제는 당연하게 수용되고 있다는 증거로 생각할 수 있다.

이 책의 '과학과 상업화(1부)', '과학과 사회운동(2부)', '과학과 규제 국가(3부)'는 각각 전통적인 분류인 경제, 시민사회, 국가에 대응하는 것처럼 보인다. 그러나 스티븐 엡스틴의 지적처럼 구체적인 실천들은 이런 경계들을 가로지르고 있다. 『과학의 새로운 정치사회학을 향하여』는 이런 가로지르는 실천들이 무엇이고, 그것의 의미가 무엇인가에 대한 집단적인 탐색작업이다.

'집단적인' 작업이었기 때문에 각 논문들의 이론적 배경, 방법론, 문제의식들은 모두 상이하지만, 편집자들이 한국어판 서문에서 밝히고 있는 것처럼 각 논문들은 "연구가 실험실을 넘어 정부와 시장"으로 나아가는 현상과 "사회기술 시스템의 특정한 질서 속에서 누가 승리하고 누가 패배하는지"에 대해서 관심을 가지고 있다는 데에서 공감대를 형성하고 있다. 불평등한 권력과 자원의 분배 및 재생산이 과학계 내에서, 그리고 과학에 의해서 지속되고 있다는 이 책의 문제의식은 현대 사회에서의 과학의 역할에 대해서, 그리고 우드하우스(6장)가 말한 것처럼 구성을 넘어서 재구성에 대해서 생각하게 한다.

* * *

이 책을 번역하게 된 계기는 2008년까지 거슬러 올라간다. 〈시민과학센터〉의 분과모임으로 운영되는 시민참여연구실 세미나에서 이 책을 함께 읽게 된 것이다. 좀더 직접적인 계기가 마련된 것은 2010년 11월에 "과학기술의 발전과 지식생산의 변화"를 주제로 열린 『문화/과학』과 〈시민과학센터〉의 공동심포지움이었다. 그 자리에서 같은 주제의 발표가 있었고, 이 세미나에 참석했던 갈무리 출판사 편집부에서 신과학정치사회학의 문제의식을 국내에 소개할 적절한 책을 번역하자는 제의가 있었다. 적극적으로 번역을 제안해 주고 예상보다 번역이 많이 늦어졌음에도 불구하고 인내심 깊게 기다려준 갈무리 출판사에게 감사드린다. 참고로 1장에서 5장은 김동광, 7장에서 11장은 김명진, 12장에서 16장, 그리고 6장은 김병윤이 번역했다.

2013년 11월
옮긴이 일동

:: 본문 내에 사용된 이미지의 출처

2부 표지 : http://www.flickr.com/photos/infrogmation/4675884836/sizes/o/in/photostream/
3부 표지 : http://www.flickr.com/photos/mtowber/2367984761/sizes/o/in/photostream/